KB140666

이색의 삶과 생각

The Life and Thoughts of Lee Saek

이색의 삶과 생각

The Life and Thoughts of Lee Saek

이익주 지음

일조각

이 저서는 2007년 정부(교육인적자원부)의 재원으로
한국학술진흥재단의 지원을 받아 수행된 연구임(KRF-2007-812-A00014).

책머리에

목은은 51세 되던 1378년(우왕 4) 새해를 맞이하며 다음과 같은 시를 지었다.

天教牧隱子	하늘이 목은자로 하여금
晩歲臥窮廬	만년에 궁한 집에 눕게 하였네
位列三重後	지위는 삼중대광에 반열하였고
年登五十餘	나이는 오십여 세에 올랐는데
許身憂社稷	몸 바친 곳은 사직의 걱정이요
刻骨感詩書	뼈에 새긴 건 시서의 감상이로다
自信無他望	스스로 믿건대 다른 소망은 없고
秉心金石如	마음이나 금석처럼 가질 뿐일세

목은의 삶과 생각을 좇아 『목은집』을 읽으면서, 이 시만큼 노년에 접어든 목은의 처지를 잘 표현한 작품도 없겠다는 생각이 들었다. 젊은 날 학자로서, 관료로서 온갖 영예를 누렸으나 50대 들어 노병과 궁핍에 힘겨워하는 외로운 노인의 모습이 보이는 것 같아서이다.

목은은 젊은 시절 원의 국자감에 유학하고 돌아와 고려의 과거와 원의 제과에 연이어 합격했고, 공민왕의 특별한 총애를 받으며 승승장구했다. 40세가 되기 전에 이미 재추의 반열에 들었고, 47세에는 최고 관계官階인 삼중대광에 올랐다. 동년배들 가운데 그만큼 잘나간 사람은 아무도 없었다. 하지만 그의 운세는 거기까지인 듯했다. 이 시를 지을 무렵 목은은 관직에서 쫓겨나듯 물러나 있었고, 경제적으로도 풍요롭지 못했으며, 친구나 제자들의 발걸음도 끊어져 외로움에 시달리고 있었다. 노년의 쓸쓸함은 젊은 날의 영광과 대비되어 그를 더욱더 힘들게 했다. 목은은 그러한 어려움을 하늘의 뜻으로 돌리고 사직 걱정과 시서 감상에 몰두하며 마음을 금석처럼 단단히 하겠다는 다짐을 시에 담았다.

하지만 목은의 일생에서 정작 더 큰 어려움은 이 시를 지은 지 10년 뒤에 닥쳐왔다. 환갑이 되던 1388년(우왕 14)에 위화도회군이 일어났고, 그때부터 목은은 권력자들과 맞서면서 정치적으로 박해받고 유배지를 전전했으며 목숨이 위태로운 지경에 몰리기도 했다. 끝내 자신이 충성했던 왕조의 멸망을 지켜봐야 했고, 뜻을 같이한 동지와 제자, 그리고 아들의 불행한 죽음을 유배지에서 소문으로 들어야 했다. 그 자신도, 원치 않던 왕조의 하늘 아래서 쓸쓸히 객사하고 말았다.

목은의 일생은 마치 뚜렷한 사계와도 같다. 스무 살 남짓까지는 더없이 화창한 봄 같았고, 30·40대의 청·장년기는 뜨거운 햇살을 받으며 잘 익어가는 여름 같았다. 40대 후반부터 쓸쓸한 가을이 찾아왔고, 예순 살 이후의 겨울은 혹독한 엄동설한이었다. '행복은 한 종류밖에 없지만 불행은 사람에 따라 천차만별'이라고 했던가. 목은의 불행은 인생의 3막에 찾아와 만회할 겨를도 없이 종신 그를 괴롭혔다.

조선 건국의 반대자이며, 성리학 수용에 기여한 대학자이며, 당대 최고의 문장가라는 등의 평가가 그의 삶에 대한 최종적인 결론일 것이다. '한 인물에 대한 진정한 평가는 관 뚜껑에 못이 박힌 후에야 이루어진다' 고도 하지만, 그런 사후의 평가는 자칫 삶의 과정을 외면하고 결과만을 보게 될 위험이 있다. 그래서 어떤 이의 진정한 모습을 보려면 그의 인생을 옆에서 지켜봐야 한다는 생각이다. 마치 흐르는 강물처럼, 이 책은 목은의 삶과 생각을 옆에서 지켜보려고 노력한 결과물이다.

『목은시고牧隱詩藁』를 통째로 읽기 시작한 것은 2003년 여름부터였다. 한국역사연구회의 '고려시대 인물사 연구반' 에서 『목은시고』를 강독했는데, 박종기, 채웅석, 남동신, 도현철, 김인호 등 다섯 분이 함께 했다. 우리는 작품 하나하나를 읽어가며 서로의 부족함을 채워주었고, 어떤 대목에서는 자못 진지한 토론을 벌이며 자신의 생각을 벼렸다. 지금 생각하면 다시 올 것 같지 않은 행복한 시간이었다. 함께 공부했던 분들께 이 자리를 빌려 감사를 드린다.

2004년에는 대학원에서 『목은시고』 강독을 시작했다. 인물사 연구반 강독과 반년의 시차를 두고 진행된 이 재독再讀의 기회를 이용하여 첫 강독 때의 미비함을 보완하면서 한편으로는 작품연보作品年譜를 정리해갔다. 그러던 중에 2006년 4월 한국역사연구회 연구발표회와 5월 진단학회 한국고전연구심포지엄에서 각각 '우왕대 이색의 정치적 위상' 과 '『목은집』의 간행과 사료적 가치' 라는 제목으로 발표의 기회를 가졌다. 발표회장에서 좋은 토론을 해주신 김영수, 홍영의 두 분 덕에 목은에 대한 생각을 좀 더 가다듬을 수 있었다. 연이은 목은 관련 발표로 『목은시고』 강독에 더욱 집중할 수 있게 되었으니, 그 또한 행운이었다고 할 수 있다.

2006년 연말쯤 『목은시고』 강독을 거의 마무리하고, 2007년 한 해 동안은 하버드대학 옌칭연구소에 가 있으면서 그곳에서 작품연보를 일차 완성했다. 그런데 그것을 발표할 방법이 마땅치가 않았다. 학술지에 싣기에는 분량이 너무 많고, 그렇다고 단행본으로 내기에도 마땅치 않은, 어중간한 상태였다. 이리저리 고심하던 차에 마침 한국연구재단의 인문저술 지원사업 소식이 들려왔고, 계제에 작품연보를 바탕으로 목은에 대한 연구서를 저술하기로 마음먹었다. 그해 가을 보스턴의 한 도서관에서 인문저술 지원신청서를 쓰던 기억이 새롭다. 아무에게도 방해받지 않는 나만의 시간 속에서 이 책을 구상하면서 더없는 행복감을 느낄 수 있었다.

고맙게도 한국연구재단의 지원을 받게 되어 2008년 귀국한 뒤로 작품연보를 다시 한 번 정리했다. 이를 위해 『목은시고』를 통독했고, 특히 문제가 되는 제7권부터 제13권까지, 우왕 4년의 작품들은 몇 번을 읽었는지 모른다. 그 과정에서 『목은시고』의 작품들을 꼼꼼하게 정리해서 일상사와 연결을 시도했다. 『한국사학보』 제32호(2008. 8)에 실린 논문 「『목은시고』를 통해 본 고려 말 이색의 일상」이 그것으로, 정치사나 사상사를 떠나 그가 어디 살았고, 살림은 어떻게 했으며, 평소 무슨 일을 했고, 누구누구와 어울렸는지 하는 소소한 사실들을 밝혀보고자 했다. 일상사에 대한 관심은 실은 2004년, 2005년 두 해 동안 박용운, 이진한 두 분의 호의로 '중세인의 조상에 대한 기록과 기억의 방식' 공동연구에 참여하면서 갖게 된 것이었다. 평소 고려-원 관계사를 공부하면서 국제질서의 구조에 대한 거시적 관찰에 관심을 쏟아왔던 나에게 개인의 일상에 대한 미시적인 연구는 새롭고 흥미로운 경험이 되었다.

2010년 1월에는 연세대 국학연구원에서 발표할 기회가 있었다. 그날의 주제는 '이색 연구를 통해 본 한국중세사 연구방법'이었다. 마침 그 무렵 『목은시고』의 우왕 4년 작품들을 시기순으로 정리하는 작업을 대충 마무리한 터였으므로 그것을 토대로 목은의 원·명에 대한 생각과 불교·유교에 대한 생각이 시간이 흐르면서 달라졌다는 가설을 제시해보았다. 그날 민현구, 박원호, 정재철, 남동신, 도현철 등 여러 분의 유익하고 진지한 토론이 있어 많은 도움을 받을 수 있었다. 특히 그 자리를 주선한 도현철 교수는 일찍부터 목은에 대해 연구해왔고, 수많은 논저를 발표하여 나의 이 연구에도 디딤돌이 되어주었다. 이 자리를 빌려 감사의 마음을 전하고 싶다.

한편, 『목은시고』를 통독하는 데는 2000년부터 나오기 시작한 역주본들이 큰 도움이 되었다. 목은의 시 속에 중요한 사료가 많이 숨어 있다는 사실은 일찍부터 알려져 있었지만, 그 방대함 때문에 누구도 쉬이 접근하지 못하고 필요한 부분을 찾아 인용하는 수준에 머물고 있었다. 역사학자의 보통 한문 실력으로는 한시를 해석하기가 결코 쉽지 않은 것도 사실이었다. 이러한 어려움을 임정기, 이상현, 여운필, 성범중, 최재남 등 한문학을 하시는 분들이 각고의 노력으로 해결해주었다. 『국역 목은집』(1-9, 민족문화추진회, 2000-2003)과 『역주 목은시고』(1-12, 月印, 2000-2007)가 그것이다. 이 분들께 특별히 감사드린다. 이 분들의 노력이 아니었으면 나의 이 연구는 시작조차 하지 못했을 것이다.

마지막으로, 이 책의 간행을 흔쾌히 맡아 수고해준 일조각에 고마움을 전한다. 무엇보다도 나의 첫 저서를 전통 있는 출판사에서 낼 수 있게 되어 기쁘다.

이 책의 원고를 마무리한 2012년은 내 나이가 51세 되는 해였다. 새해 첫날 『목은집』을 꺼내 목은이 51세를 맞으며 지은 시들을 읽고 생각해보았다. 만년의 곤궁함과 쓸쓸함 속에서도 금석처럼 굳어지고자 했던 그의 마음을 내가 진정으로 이해할 수 있을까? 아마도 불가능할 것이라 여겼다. 그렇다면 내가 그의 생각을 글로 옮기는 것이 가능할까? 그것은 혹시 가능할지도 모른다는 생각이 들었다. 나의 경험과 생각이 그에게 훨씬 못 미치는 것은 어찌할 수 없지만, 그가 알지 못했던 그의 미래를 나는 알고 있기 때문이다.

『목은시고』를 읽을 때마다 내 마음의 끄트머리를 잡는 시가 있었다. 목은이 1381년(우왕 7) 5월 어느 날 지은 「백주白晝」라는 제목의 다음 시이다.

白晝誰高臥	백주에 높이 누운 사람 그 누구인고
清晨我獨吟	아침부터 혼자서 시 읊는 이 몸이지
行年過知命	지금 나이가 지명을 넘겼을 따름이니
所欲昧從心	종심소욕의 경지를 감히 엄두낼 수야
雲卷天如水	구름이 걷히고 나니 하늘은 물과 같고
鳥啼風在林	바람 부는 숲 속에선 새들의 노랫소리
吾生頗自適	나의 삶도 이만하면 유유자적하지 않소
千載有知音	천년 뒤 언젠가는 알아주는 이 있으리다

나는 과연 목은이 기다렸던, 천년 뒤 언젠가 그를 알아주는 사람이 될 수 있을까?

지난 10년 동안 『목은집』을 읽으면서 참 행복했다.

목은에게 진심으로 감사드린다.

2013년 4월

이익주

차례

일러두기

1. 『牧隱集』을 이용할 때는 민족문화추진회(현 한국고전번역원)에서 간행한 『韓國文集叢刊』의 『牧隱藁』를 저본으로 하였다. 해제에 따르면 이 판본은 1626년(인조 4)에 간행된 重刊本으로, 서울대학교 奎章閣藏本을 標點, 影印한 것이다.
2. 『牧隱詩藁』 작품의 번역문은 임정기와 이상현의 『국역 목은집』(1-9, 민족문화추진회, 2000-2003)을 인용했으며, 일일이 인용 사실을 밝히지 않았다. 다만, 필요하다고 생각되는 경우 여운필, 성범중, 최재남의 『역주 목은시고』(1-12, 月印, 2000-2007)를 인용하고 인용 사실을 밝혀 놓았다.
3. 『牧隱集』의 모든 작품에는 작품번호를 부여하였다. 작품번호는 권수와 권내 일련번호를 조합하여 만들었다. 예를 들어, '『牧隱詩藁』 01-001'은 『牧隱詩藁』 제1권의 첫 번째 작품을 가리킨다. 하나의 詩題 아래 여러 소제목이 있는 경우에는 권내 일련번호 아래에 다시 일련번호를 부여하였다. 예를 들어, '『牧隱詩藁』 03-043-01'은 『牧隱詩藁』 제3권의 43번째 작품 중 첫 번째 작품을 가리킨다.
4. 고려시대의 墓誌銘은 金龍善 編著, 『高麗墓誌銘集成』(第五版, 한림대학교 출판부, 2012)에서 정리한 것을 이용하였다.
5. 날짜는 陰曆을 기본으로 하며, 모두 아라비아 숫자로 표시하는 것을 원칙으로 하였다. 干支의 날짜 환산은 韓甫植 編著, 『中國年曆大典』(上·中·下, 嶺南大學校 出版部, 2003)에 의거하였다. 이 책은 董作賓 編著, 『中國年曆總譜』(香港大學出版社, 1960)를 근거로 한 것이다.
6. 고려시대의 地名이 현재와 다를 경우는 현재 지명을 밝혔으며, 북한 지역의 경우는 현재의 행정 구역에 따랐다. 단, 지명의 연결은 명칭만을 기준으로 한 것이므로 실제 영역이 반드시 일치하지는 않는다.

제1장 서론

이색李穡(1328~1396)은 고려 말의 가장 대표적인 정치가이며 학자이자 문장가이다. 그는 고려 말의 전제 개혁으로부터 조선 건국에 이르기까지 줄곧 개혁반대 세력의 중심인물로 활약했다. 또 그는 원의 국자감에 유학하여 성리학을 공부했고, 귀국해서는 정몽주鄭夢周, 정도전鄭道傳, 이숭인李崇仁, 윤소종尹紹宗, 권근權近 등 다음 세대의 대표적인 성리학자들을 육성함으로써 성리학 수용 과정에서 대단히 중요한 역할을 했다. 그뿐 아니라 그의 문집인 『목은집牧隱集』*에는 4,262편의 시와 232편의 산문이 실려 있는데, 이는 조선 후기 실학자 이전의 저술로는 분량이 가장 많은 것으로 그의 문장가로서의 면모를 여실히 보여준다.

이색은 살아 있을 때 이미 '유종儒宗', 즉 유학의 종장宗匠이라는 칭호를 들었다. 그러나 당대 최고의 학자로 인정받고, 또 당대 최고의 문장가였음

* 『牧隱集』은 『牧隱藁』라고도 하며, 目錄과 詩藁, 文藁로 구성되어 있다. 그 가운데 詩藁와 文藁는 『牧隱集』의 篇名이기도 하지만 각기 독자적인 문집의 체제를 갖추고 있으므로 이 책에서는 『牧隱詩藁』와 『牧隱文藁』를 書名으로 사용하였다.

에도 불구하고 그의 일생은 평탄하지 않았다. 어린 시절 원의 국자감에 유학하는 행운을 누렸고, 제과制科에 급제하여 출세를 보장받는 듯했으나 원이 쇠망하고 말았다. 원에서 성리학을 배우고 돌아와 고려 성리학이 발흥하는 계기를 만들었으나, 이단 배척을 주장하는 후배 성리학자들로부터 '영불佞佛', 즉 부처에 아첨한다는 비난을 들어야 했다. 고려왕조에 충성하며 고위 관직에 오르고 가문의 위상을 높였으나, 어느 순간부터 반대파의 정치 공세에 시달리며 목숨마저 위협받는 처지가 되고 충성을 바쳤던 왕조는 멸망하고 말았다. 이러한 이색의 개인적인 불행은 어디서 비롯되었을까? 원이 쇠망하지 않았다면, 유교와 불교의 공존이 그대로 유지되었다면, 고려왕조가 멸망하지 않았다면, 이색의 삶은 아주 많이 달라졌을 것이다. 그렇다면 이색의 불행은 그를 둘러싼 세상의 변화로부터 비롯되었다고 할 수 있겠다.

한국사에서 14세기 후반은 거대한 변화의 시기였다. 우선 고려에서 조선으로 왕조가 교체되었다. 중국 대륙에서는 몽골족의 원이 물러가고 한족의 명이 들어서는 커다란 변화가 있었다. 또한 사상계에서는 불교의 지배적인 지위가 부정되고 성리학이 지배 이념으로 자리 잡는 유-불 교체가 일어났다. 세계 질서와 현실 정치, 정신세계의 변화가 한데 어우러져 진행되었던 것이다. 이색은 이 세 가지 변화로부터 자유롭지 못했고, 동시대의 다른 사람들보다 더 큰 영향을 받았다.

왕조 교체가 드문 한국 역사에서 고려-조선의 교체는 그 자체로 중요한 의미를 갖는다. 하지만 고려의 멸망과 조선 건국은 단순히 왕실의 교체에 그치는 것이 아니라 사회 저변에서 진행된 사회 변동의 결과라는 점에서 더욱더 중요한 의미가 있다. 조선 건국은 고려 후기 이래 사회 변동을 주도하면서 성장한 지방의 중소지주들이 중앙의 권력을 장악함으로써 가능했던 만큼, 그것을 계기로 지배 계층이 귀족에서 사대부로 교체되는 커다란 변화가 일어났다. 동시에 고려 사회를 지탱했던 불교의 영향력이 쇠퇴하고 성리학이 새로운 지배 이념으로 등장하는 문화적 변동도 수반되었다.

이와 같이 14세기 후반에는 정치적으로는 고려에서 조선으로의 왕조 교체, 사회적으로는 귀족 사회에서 사대부 사회로의 이행, 문화적으로는 불교에서 성리학으로 넘어가는 유-불 교체 등이 상호작용을 하면서 동시에 진행되었다. 그리고 그러한 변화의 밑바탕에는 농업 생산력의 발달로부터 시작된 사회 변동이 자리 잡고 있었다.[1] 결국 조선 건국은 정치·경제·사회·문화 등 전 부문에 걸친 일대 변혁이며 발전이라고 할 수 있으며, 이것이 한국사에서 조선 건국이 갖는 '일국사적一國史的' 의미라고 하겠다. 여기에 더하여 조선 건국은 14세기 후반에 진행된 세계질서—실제로는 당시 '세계'로서 동아시아의 국제질서 재편과 연동되었다는 점에서 '세계사적' 의미를 갖는다.

13세기 후반과 14세기 전반에 걸친 100년 동안 몽골제국 중심의 세계질서가 유지되었다. 1260년 무렵 쿠빌라이 칸에 의해 성립된 몽골제국은 유라시아 대륙 거의 전부를 차지했으며, 중국·몽골 지역의 대원大元(원)과 그 밖의 차가타이 울루스, 훌레구 울루스, 주치 울루스 등 4개 국가로 이루어져 있었다.* 고려는 그 가운데 원과의 관계를 통해 몽골제국 중심의 세계질서에 편입되었다. 소위 '원간섭기元干涉期'라 불리는 이 기간 동안 고려는 원과 밀접한 관계를 맺고 있었다. 그러다가 14세기 후반 몽골제국이 쇠퇴하면서 고려도 그 영향을 받게 되었는데, 거의 같은 시기에 일어난 중

---

* 종래 사용되던 '몽고', '차가타이 한국', '일 한국', '킵차크 한국' 등의 명칭은 최근 연구 성과를 반영하여 각각 '몽골', '차가타이 울루스', '훌레구 울루스', '주치 울루스'로 바로잡았다. 金浩東, 「몽골제국과 '大元'」(『歷史學報』192, 2006)에 따르면 元, 즉 大元도 실은 몽골제국 전체를 가리키는 한자식 명칭이며, 우리가 흔히 元이라고 하는 몽골·중국 지역의 울루스는 '카안 울루스'라고 불렀다고 한다. 하지만 이 책에서는 몽골제국의 일부로서 몽골·중국 지역에 존재했던 왕조를 원으로 표기했는데, 이는 단지 지금까지의 관행과 서술의 편의를 고려한 것이다.

국의 원-명 교체, 일본의 남북조 통일과 한국의 고려-조선 왕조 교체는 모두 동아시아 국제질서의 변화와 관련된 것이라고 할 수 있다.[2]

이색은 이러한 변화의 시기를 어떻게 살았을까? 사람들의 현실 인식은 언제나 다양하지만, 변동기에는 더 큰 차이를 보이기 마련이다. 변화에 대한 태도가 각자의 경제적 기반과 사회적 지위, 정치적 성향, 사상적 지향 등에 따라 달라지기 때문이다. 그 차이는 때로는 격렬한 정쟁을 불러일으키기도 하고, 사상투쟁으로 흐르기도 하는데, 고려 말의 상황이 바로 그러했다. 이색을 비롯하여 정몽주, 정도전, 조준趙浚, 이숭인, 윤소종, 권근 등 수많은 학자, 정치가들이 고려 말에 전개된 전제 개혁과 척불운동, 조선왕조 개창 등 중요한 고비마다 대립했다. 그중에서도 이색의 위치는 정치적으로나 학문적으로 단연 독보적이었으므로 그를 통해 14세기 후반 사회변동에 처했던 사람들의 삶과 생각을 살피는 것은 매우 의미 있는 일이 될 것이다.

이색의 삶과 생각을 살펴보기에 앞서 이색이 살았던 시대, 고려의 역사를 개관하면 다음과 같다.

13세기에 고려는 몽골의 침략을 받아 약 30년 동안 항전을 벌였고, 1259년(고종 46) 강화를 맺었다. 그로부터 1356년(공민왕 5) 반원反元 운동이 성공할 때까지 약 100년 동안 고려는 원의 정치적 간섭을 받았다. 이 '원간섭기'의 고려-원 관계에 대해서는 여러 가지 견해가 있지만, 고려가 원의 정치적 간섭을 받기는 했으나 국가를 유지하고(즉, 원의 영토에 편입되지 않고) 원과 책봉-조공 관계를 맺고 있었다는 것이 필자의 생각이다.[3]

고려와 원의 책봉-조공 관계는 1259년 강화의 조건으로 입조한 고려 태자(뒤의 원종)가 쿠빌라이를 만났을 때 몽골이 고려의 토풍土風, 즉 전통문화를 고치도록 강요하지 않겠다는 '불개토풍不改土風'의 약속으로부터 시작해서, 1278년(충렬왕 4) 충렬왕이 친조親朝했을 때 쿠빌라이가 고려에 주둔하고 있던 군대와 관리(다루가치)를 소환하고 고려에 대해 호구조사 결과를 요구하지 않겠다고 약속하는 것으로 일단락되었다. 그 20년 사이에 몽골의 유목 전통에 따른 이른바 '6사六事'* 요구와 그로 인한 갈등, 재항전을 주장하던 무신정권 붕괴와 삼별초의 반란, 양국의 왕실 결혼 등 수많은 사건들이 있었지만, 결국 '6사' 가운데 핵심 요소인 호구조사 결과 보고와 다루가치 설치 등 두 가지가 철회되고, 책봉과 조공이 교환되는 형식으로 귀결되었다. 이러한 관계는 몽골의 쿠빌라이 칸(원 세조) 때 만들어졌다는 의미에서 뒷날 '세조구제世祖舊制'라고 불리었으며, 이 점에 주목하여 필자는 고려-원 관계의 구조를 '세조구제'로써 설명한 바 있다.[4]

'세조구제'로 표현되는 고려-원 관계는 기본적으로 책봉-조공 관계이며, 고려 국가의 유지와 원의 정치적 간섭을 특징으로 한다. 국왕 책봉과 퇴위가 원에 의해 결정되고 정치적 간섭이 행해지는 상태를 책봉-조공 관계라고 할 수 있는가 하는 반론이 있을 수 있지만, ① 책봉국과 조공국(피책봉국)이 모두 국가로서 존재하고, ② 양국이 상하 관계를 서로 인정하며, ③ 책봉과 조공의 행위가 있다면 책봉-조공 관계로 볼 수 있다는 것이 필자의 견해이다.[5] 고려와 원 사이에는 이 세 가지 조건이 모두 갖추어져 있었고, 원의 정치적 간섭이나 책봉권을 이용한 국왕 교체, 고려의 과도한 공물 부담, 왕실 혼인에 따른 부마국왕駙馬國王의 존재 등은 동아시아 국제질서 속에서 한반도의 왕조가 장기적으로 유지하고 있던 책봉-조공 관계의 시기적 양상이라고 보면 될 것이다.

고려-원 관계에 대한 현재적 관점의 논의를 일단 접어두더라도, 당시 고려 사람들은 원과의 관계가 책봉-조공 관계임을 의심치 않았다. 원은 송,

* 몽골이 고려에 요구한 '6事'란 ① 왕족 등을 인질을 보낼 것〔納質〕, ② 몽골이 전쟁을 할 때 군사를 내어 도울 것〔助軍〕, ③ 몽골이 요구하면 식량을 운반해올 것〔輸糧〕, ④ 몽골과 고려의 교통로에 역참을 설치할 것〔設驛〕, ⑤ 호구조사 결과를 보고할 것〔供戶數籍〕, ⑥ 고려에 다루가치를 설치할 것〔置達魯花赤〕 등 여섯 가지를 말한다.

요, 금을 잇는 중국왕조이고, 고려는 그 왕조들에게 했던 것처럼 원과 책봉-조공 관계를 맺고 사대事大해야 한다고 생각했다.[6] 원이 한족 왕조가 아니기 때문에 사대할 수 없다는 생각은 이미 거란과 여진이 세운 왕조에 사대했던 고려 사람들에게는 오히려 생소했다. 당시 고려에서는 오랜 전쟁 끝에 '세조구제'를 통해 국가를 유지할 수 있던 것에 안도했으며, 입성론立省論 등 '세조구제'를 부정하려는 움직임에 대응하는 데 급급했다. 그러한 상황에서 반원反元 의식이 나타나기는 매우 어려웠으며, 그보다는 원에 대한 사대를 합리화하는 분위기가 널리 퍼져 있었다.

비록 국가의 존립은 보장받았지만 원의 간섭은 강력하게 미쳐왔고, 그것은 고려의 정치에 심대한 영향을 끼쳤다. 우선, 왕위의 계승과 퇴위가 원에 의해 결정되었다. 이는 원이 고려국왕에 대한 책봉권을 강화한 결과로, 송, 요, 금이 고려국왕의 즉위를 추인하는 데 그쳤던 것과 커다란 차이였다. 그 때문에 부자가 번갈아 왕위에 오르는 중조重祚 현상이 발생하기도 했지만, 그것이 아니라도 원과의 관계에서 왕권이 취약해지면서 원의 간섭이 국왕을 통해 실현되는 구조가 만들어졌다. 고려국왕은 이제 원에 의해 퇴위당할 수도 있는 존재가 되었으며, 그러한 상황에서 국왕은 자신과 정치적 진퇴를 함께할 수 있는 측근 인물들을 중심으로 정치를 운영하게 되었다. 그 때문에 고려-원 관계에서 '세조구제'에 조응하는 정치형태로서 측근정치가 나타나게 되었다.[7]

측근정치 아래서는 국왕 측근 인물들의 권력 남용이 문제를 일으켰다. 국왕 주변의 환관과 내료內僚, 역관譯官, 심지어는 관노官奴에 이르기까지 다양한 신분의 사람들이 국왕의 총애를 받아 출세하고 권력에 접근했다. 이들에게 관직을 주는 과정에서 인사의 규칙과 관행이 무시되었고, 이들이 권력을 앞세워 다른 사람의 토지와 노비를 빼앗는 것을 막지 못했다. 그 때문에 인사 문란 등으로 관료 사회가 동요했으며, 일반민들이 권세가

들의 토지 탈점과 과중한 수탈을 견디지 못해 국외의 요양遼陽, 심양瀋陽, 쌍성雙城 지방으로까지 유망流亡하는 사태가 벌어졌다. 당시 토지 탈점은 권세가들의 농장이 '산천으로 경계를 삼는다〔山川爲標〕'고 할 만큼 심각했다. '원간섭기'에 국왕의 교서 등을 통해 제시된 개혁안은 민民의 유망에 대응하기 위한 것이었지만, 측근정치를 청산하지 못하는 한 성공할 수 없는 구조적인 한계를 가지고 있었다.[8]

한편, 고려-원 관계가 장기화되면서 원 황실 및 귀족들과 혼인 관계를 통해서, 또는 원의 관리나 환관이 되어 권력을 행사하려는 사람들이 나타났다. 전쟁 중 몽골군에 항복하여 고려 침략의 길잡이 노릇을 하고 강화 후에는 원의 요양행성을 중심으로 세력을 키운 홍복원洪福源·홍차구洪茶丘 일가나, 원 순제의 황후를 배출한 기철奇轍 집안이 대표적인 사례였다. 이들 부원附元 세력은 원의 후원을 배경으로 고려에서 권세를 부렸고, 여의치 않을 경우에는 심왕瀋王 옹립운동이나 입성책동立省策動을 벌여 '세조구제'를 부정하고 고려 국가를 없애려 했다.[9]

따라서 '원간섭기' 고려의 시대적 과제는 고려-원 관계에서 '세조구제'를 지키고, 국내에서는 측근정치의 폐해를 개혁하는 것이었다고 할 수 있다. 그러나 그 과제를 수행할 수 있는 정치세력은 형성되지 못했고, 현실에서는 국왕이 부원 세력과 대립하는 과정에서 오히려 국왕측근 세력이 강화되는 악순환이 반복되었다. 이러한 어려움 속에서 역사 발전의 가능성은 지방 사회에서 잉태되었는데, 농업 생산력의 발달로부터 시작된 사회변동 과정에서 지방의 중소지주들이 성장했고, 이들의 활발한 중앙 진출에 따라 사대부 계층이 등장했다. 신진사대부 또는 신흥사대부라고 불리는 사람들로, 결국 이들이 고려 말에 이르러 전제 개혁을 비롯한 개혁정치를 성공적으로 이끌고 조선을 건국했다. 그러므로 '원간섭기' 사대부의 성장은 역사적으로 매우 중요한 의미가 있다고 하겠다.[10]

사대부가 성장하는 과정에서 성리학이 매우 중요한 역할을 했다. 북송 때 발생한 성리학은 남송에서 주자朱子에 의해 집대성되었고, 남송 멸망 후 원에서 관학官學으로 변질되어 고려에 수용되었다.[11] 안향安珦을 시작으로 백이정白頤正, 권부權溥, 이제현李齊賢, 이곡李穀, 백문보白文寶, 이인복李仁復 등이 성리학을 받아들였고, 이색이 원에서 유학하고 돌아와 성리학자들을 길러냄으로써 더욱 확산되었다. 특히 1313년 원에서 과거제도를 실시하면서 성리학을 시험 과목에 포함시킨 것이 고려에서도 성리학이 확산되는 계기가 되었다. 고려인들도 원의 제과에 응시할 수 있었고, 그 합격을 큰 영광으로 여겼는데, 그러기 위해서는 반드시 성리학을 공부해야 했기 때문이다. 더 나아가 1344년(충목왕 즉위)에는 과거제도가 개편되어 성리학 서적인 사서四書가 과목에 포함되었다. 이로써 고려에서 성리학을 공부하는 사람이 크게 늘고, 그에 따라 성리학적 세계관과 현실인식을 공유하는 사람들도 많아지게 되었다.

과거제도의 개편은 성리학을 확산시키는 데 그치지 않았다. 과거를 통해 좌주座主-문생門生 관계가 형성되고, 그를 통해 성리학자들이 정치세력을 이룰 수 있는 계기가 마련되었다. 다만, 고려에서 성리학은 사대부의 전유물이 아니었고, 과거 또는 원의 제과 응시를 위해 세족世族들도 당연히 성리학을 공부했다. 여기서 '성리학자＝사대부'의 등식은 깨질 수밖에 없으며,* 사대부와 세족을 막론하고 성리학을 받아들여 현실인식을 같이

* 고려 후기 (신흥)사대부에 대한 연구를 검토해보면, 사대부는 중소지주 출신의 학자관료라는 의미와 성리학자라는 의미가 섞여 있음을 알 수 있다. 고려 후기에 등장한 중소지주 출신의 학자관료들, 즉 (신흥)사대부가 성리학을 수용한 것은 사실이지만, 성리학 수용자가 모두 중소지주 출신이라고 하기는 어렵다. 이 점에 주목하여 필자는 중소지주〔士大夫〕 출신 관료와 대지주〔世族〕 출신 관료를 막론하고 성리학을 받아들여 현실인식을 공유하고, 과거에 급제하여 좌주-문생 관계를 맺은 사람들을 '新興儒臣'이라고 부를 것을 제안한 바 있다. 고려 후기 사대부에 대한 연구사는 이익주, 「권문세족과 사대부」(『한국역사입문』2, 풀빛, 1995), '신흥유신'의 개념은 이익주, 「고려말의 정치사회적 혼돈과 신흥사대부의 성장」(『한국사 시민강좌』35, 일조각, 2004) 참조

한 사람들을 가리키는 용어가 필요하다. 필자는 '성리학자이면서 과거에 급제하여 관리가 된 사람'이라는 뜻에서 '신흥유신新興儒臣'이라는 용어를 사용할 것을 제안한 바 있다.[12] 고려 후기 사대부의 성장 과정에서 신흥유신의 존재가 중요한 의미를 갖는 것은, 이들이 성리학자로서 현실의식을 공유하고 좌주-문생 관계를 통해 세력을 결집함으로써 개혁을 추진할 수 있었고, 그 과정을 거치면서 사대부의 정치 세력화가 이루어졌기 때문이다.

신흥유신들은 성리학자로서 민에 대한 책임 의식과 현실 참여 의지를 가지고 있었고, 측근정치에 대한 비판 의식을 가지고 있었다. 이들의 정치 활동이 처음 모습을 드러낸 것은 충목왕대 정치도감의 개혁에서였지만, 정치도감의 활동은 원의 개입으로 중단되고 말았다. 이 사건은 외세의 간섭 아래서 고려의 자체적인 개혁이 불가능하며, 개혁을 통한 신흥유신의 성장도 한계가 있음을 보여준 사례였다. 그러한 점에서 1356년(공민왕 5) 공민왕의 반원운동은 신흥유신들에게도 매우 중요한 의미를 갖는 사건이었다. 공민왕은 원의 간섭에서 벗어나 자주성을 회복하는 동시에 '원간섭기'에 누적된 폐해를 개혁하고자 했다. 그러나 당시 이제현을 비롯한 신흥유신들은 공민왕의 반원운동을 적극 지지하지 않았다. 성리학자로서 오랫동안 원에 대한 사대를 당연시하고 합리화해왔던 이들로서는 반원운동에 선뜻 동의하기 어려웠던 것이다. 신흥유신들의 비협조로 말미암아 공민왕의 반원운동은 소수 측근 세력을 중심으로 추진될 수밖에 없었고, 그 때문에 반원운동에 뒤이은 개혁정치가 추진력을 갖기 어려웠다.

공민왕의 개혁은 반원에 성공한 지 10여 년이 지난 1365년(공민왕 14)에 속개되었다. 공민왕은 신돈을 등용하고, 그를 앞세워 권세가들의 불법 행위를 처벌하여 토지와 노비 문제를 해결하고자 했다. 그와 동시에 성균관을 다시 짓고 성리학 교육을 강화했는데, 이는 신흥유신들을 개혁에 동참시키기 위해서였다. 이색을 비롯하여 김구용金九容, 정몽주, 이숭인, 박상충朴尙衷 등 신흥유신들이 성균관의 교관敎官으로 활동함으로써 공민왕의 정치에 참여했다. 이것은 이제현이 끝까지 신돈과 대립했던 것과는 다른 선택이었다. 하지만 신돈의 개혁은 탈점된 토지를 본래 주인에게 돌려주고, 억지로 노비가 된 사람을 본래대로 되돌리는, 이전에도 여러 차례 시도된 적이 있는 전민변정田民辨整 수준의 것이었으므로, 신흥유신들이 경제적 기반에 관계없이 동의할 만한 개혁이었다.

신돈의 개혁이 진행되는 동안 신흥유신들은 성균관을 중심으로 세력을 결집했다.[13] 하지만 곧 신돈이 죽음을 당하면서 개혁도 중단되었고, 공민왕마저 시해당한 뒤에는 공민왕대의 정치를 전면 부정하는 움직임이 나타났다. 그 가운데 하나가 공민왕이 평생 고수했던 반원친명反元親明 사대외교를 부정하려는 것이었다. 일찍이 공민왕은 반원운동을 일으켜 원의 간섭에서 벗어났을 뿐 아니라 원-명 교체에 적극 대응하여 1370년(공민왕 19)에는 명과 책봉-조공 관계를 수립했다. 그러나 우왕을 옹립하고 권력을 잡은 이인임李仁任 등은 대원對元 외교를 재개했고, 신흥유신들은 이에 반대하다가 관직에서 쫓겨나거나 유배되는 등 탄압을 받게 되었다. 우왕대에는 소수 권신들의 전횡과 그로 인한 정치, 사회적 혼란 속에서 신흥유신들의 활동도 침체될 수밖에 없었다. 하지만 이 시기에도 정도전이 이성계를 찾아가 제휴를 모색하고, 조준이 개혁방안을 구상하는 등 신흥유신들의 현실 개혁을 위한 노력은 계속되었다.

1388년(우왕 14) 위화도회군으로 이성계가 권력을 잡자 조준, 정도전 등 신흥유신들이 전면에 등장하여 개혁을 추진하기 시작했다. 그 첫 번째가 조준에 의해 촉발된 전제 개혁이었다. 조준은 개혁의 핵심으로 토지제도를 바르게 할 것〔正田制〕과 인재를 가려 쓸 것〔擇人材〕, 두 가지를 제시했다. 토지제도와 관련해서는 수조권收租權의 중복 문제를 해결하고자 했는데, 세족들이 수조권을 근거로 적법하지 않게 점유하고 있는 사전私田을 모두 없애고 현직 관리나 군인들에게 재분배하자는 주장이었다. 이것이 실현된다면 조상 대대로 관직에 있던 사람들은 대부분 자신의 사전을 내놓아야 할 처지가 되었다. 따라서 조준의 주장은 사전을 소유하지 않고 있거나, 현재 수조권을 가진 사람들로부터 침해를 받고 있었을 중소지주들의 이익을 대변하는 것이었다.[14]

사전 폐지를 둘러싼 논란에서 반대론의 선두에 선 사람이 당시 신흥유신을 대표하던 이색이었다. 개혁론이 중소지주의 이익을 대변했다면, 반대론은 대지주들의 주장을 반영하고 있었다. 전제 개혁을 둘러싼 대립은 신흥유신 내부에서 사대부(중소지주)와 세족(대지주)의 분열을 불러왔고, 그 과정에서 사대부의 정치 세력화가 실현되었다.[15] 전제 개혁은 1391년(공양왕 3) 새로운 토지제도인 과전법이 제정됨으로써 개혁파 신흥유신, 즉 사대부의 정치적 승리로 귀결되었다. 하지만 그 뒤에 개혁파 신흥유신 내에서 또 한 번의 분열이 일어났다. 정도전은 성리학적 질서를 구현하기 위한 근본적인 개혁을 추구한 반면, 전제 개혁과 공양왕 옹립까지는 행동을 같이했던 정몽주는 국왕권 회복을 주장하며 이성계 일파와 대립했다.[16]

개혁파 신흥유신 가운데 정도전을 중심으로 하는 일파가 정몽주 등 반대파를 공격하는 수단으로 택한 것이 바로 척불斥佛운동이었다. 1391년 정도전이 주도한 척불운동은 단순히 사상의 문제가 아니라 정치적 목적을 가지고 있었으며,[17] 척불운동의 과정을 거치면서 공양왕과 정몽주, 이성계와 정도전 두 세력의 대결 구도가 더욱 분명해졌다. 그리고 그 대결에서 승리한 후자가 조선을 건국했다. 따라서 조선 건국 세력은 고려 후기에 성장한 중소지주 출신의 사대부 가운데 전제 개혁과 척불운동을 주도했거나 지지한 사람들이 주류를 이루게 되었다.

고려 말 정치사의 흐름에서 이색은 신돈의 개혁 당시 신흥유신을 대표하는 위치에서 성균관에 참여했고, 전제 개혁에 대한 찬반으로 신흥유신이 분열될 때는 반대론의 선두에 서서 세족의 이익을 대변했다. 그로부터 개혁파 신흥유신의 공격을 받고 파직되어 유배지를 전전했고, 척불운동 때에는 '유종儒宗으로서 부처에게 아첨한다'는 이유로 공격을 받았다. 이와 같이 한때는 신흥유신을 대표했고, 전제 개혁 이후로는 개혁에 반대하며 고려의 구세력을 대표한 것이 고려 말 이색의 정치적 위상이었다. 그뿐 아니라 이색은 성리학 수용 과정에서 중요한 역할을 한 학자로서, 당대 최고의 문장가이자 고려시대에 가장 많은 작품을 남긴 문인으로서 사상사 및 문학사에서도 뚜렷한 위치를 차지하고 있다.

이색의 정치적, 사상사적, 문학적 위상을 반영하듯, 지금까지 그에 대한 연구는 비교적 많이 이루어진 편이다. 정치사와 사상사 등 역사학 분야뿐 아니라 문학 분야에서도 이색은 중요한 연구 대상이 되었다.[18] 그 결과 그의 정치 활동과 정치 사상에서부터 성리학에 대한 이해 및 불교에 대한 태도, 역사인식과 천하관, 학맥·인맥 등 인간관계, 그리고 문장론에 이르기까지 다양한 분야에서 연구가 진행되었다.[19] 특히, 이색의 활동과 업적이 다방면에 걸쳐 있었던 만큼 그에 대한 연구도 역사학과 문학, 철학 등의 학제 간 연구로 진행된 경우가 적지 않다. 1996년 6월 이색의 서세逝世 600주기를 기념하는 학술대회를 시작으로[20] 2006년 4월 한국역사연구회의 '목은 이색의 삶과 생각'을 주제로 한 연구발표회와[21] 같은 해 5월 진단학회의 '『목은집』의 종합적 검토'를 주제로 한 한국고전연구 심포지엄에서[22] 이색과 『목은집』이 집중적으로 검토된 바 있다.

이색에 대한 연구가 비교적 많이 이루어졌음에도 불구하고 미진한 부분이 물론 없지 않다. 먼저, 지금까지 이색에 대한 연구가 이색을 고려 말 개혁과 조선 건국에 반대한 계열로서 '온건개량파' 사대부[23] 또는 '구법파舊法派'[24] 사대부로 분류하고, 그의 정치사상을 '급진개혁파' 또는 '신법파新

法派' 사대부와 대비하는 방식으로 진행되어온 데 대해서는 문제를 제기하지 않을 수 없다.* 이러한 '범주화를 통한 비교 연구'는 고려 말의 정치사를 명료하게 설명하는 데는 효과적일 수 있지만, 정치사상을 설명함에 있어서 이분법에 빠질 가능성이 클 뿐 아니라 양자의 차이점을 지나치게 강조할 위험성이 있기 때문이다.** 즉, 이색의 정치사상이 유불동도론儒佛同道論과 불교개선론, 형세·문화론적 화이관, 정치체제 개선론의 경향을 가지고 있었다 하더라도, 그것은 정도전으로 대표되는 '신법파'와 비교할 때 그렇다는 것일 뿐 이색 사상의 본모습을 드러낸 것이라고 보기는 어렵다. 또 신·구법파 사대부의 정치사상을 비교하면서 『목은집』에 실린 이색의 글과 정도전이 조선 건국 후에 지은 『조선경국전朝鮮經國典』을 대비하는 것도 문제가 된다. 양자의 정치사상에는 대립하는 측면이 분명히 있지만 연속되는 측면도 분명히 존재하며, 특히 같은 사람의 사상이라도 고려 말에서 조선 초로 넘어가는 상황의 변화에 따라 달라졌을 수 있기 때문이다.

기왕의 연구에서처럼 이색의 정치사상을 전제 개혁론에 대비되는 개선론, 척불론에 대비되는 유불동도론 등으로 설명할 때, 또 한 가지 중요한 의문이 생긴다. 과연 그런 정치사상은 이색의 몇 살 때 것이었을까? 예를 들어, 이색을 유불동도론자라고 할 경우 그것은 그의 몇 살 때 생각이었을까? 불교에 대한 생각이나 유·불 관계에 대한 생각이 나이가 들면서 달라

* 都賢喆, 『高麗末 士大夫의 政治思想研究』(一潮閣, 1999)가 대표적이다. 도현철은 고려 말의 사대부를 이색 계열의 '舊法派'와 정도전 계열의 '新法派'로 구분하고, 전자의 정치사상을 (1) 儒佛同道論과 佛教改善論, (2) 私恩 중시의 禮論과 形勢·文化論的 華夷觀, (3) 政治體制 改善論과 王霸兼用的 理想君主論, (4) 地方官 자율의 人性教育과 民蘇生論으로, 후자의 정치사상을 (1) 排佛論과 佛教改革論, (2) 公義 중시의 禮論과 名分論的 華夷觀, (3) 政治體制 改革論과 王道的 理想君主論, (4) 國家 주도의 生業安定과 學校論으로 대비시켜 설명했다.

** 도현철의 연구가 신·구법파 사대부의 차이를 드러내는 데 치중하고 있다는 점은 두 편의 書評에서도 이미 지적된 바 있다. 이석규, 「〈書評〉 都賢喆 著 『高麗末 士大夫의 政治思想研究』, 一潮閣, 1999」 『韓國史研九』 107, 1999 ;이봉규, 「고려말 사대부의 사상을 유형화하는 한 讀法 :구법파와 신법파의 대비」 『정신문화연구』 23-1, 2000

졌을 가능성은 없을까? 원에 대한 생각이나 왕조 교체에 대한 생각도 마찬가지로 시간이 흐르면서 달라지지 않았을까? 자칫 우문愚問처럼 보이는 이러한 질문들이 의미를 갖게 되는 것은 이색 연구에 사용하는 자료의 성격 때문이다. 이색은 자신의 정치적 주장이나 학문적 견해를 체계적으로 정리한 저술을 남기지 않았다. 정도전은 조건 건국 후 자신의 정치적 구상을 정리한 『조선경국전』을 저술했고, 권근은 자신의 학문적 수준을 보여주는 『입학도설入學圖說』과 『오경천견록五經淺見錄』을 남겼지만, 이색에게는 그런 저술이 없다. 또 조준에게는 전제 개혁 상소를 비롯한 여러 편의 상소문이 『고려사』 등에 남아 있지만, 이색의 주장은 반대자의 주장 속에 부분적으로 인용되어 있을 뿐이다. 그 대신 이색 연구에서 중요하게 사용되는 자료는 『목은집』에 실려 있는 시문들이다. 이 방대한 시문들은 이색에 대한 연구를 풍부하게 해주지만, 체계적인 저술을 이용하는 연구들과는 다른 방법을 필요로 한다.

『목은집』에는 이색이 21세이던 1348년(충목왕 4)부터 68세이던 1395년(태조 4)까지, 거의 평생 동안 지은 시와 산문이 수록되어 있다. 그런데 이 시와 산문들은 이색의 사상을 체계적으로 정리한 글이 아니다. 『목은문고』의 산문들은 다른 사람의 청탁을 받아 지은 경우가 많고, 『목은시고』의 시들은 대부분 그때그때의 생각과 감정을 표현한 것이다. 산문의 경우 왕명이나 다른 사람의 청탁을 받아 지은 글에 얼마만큼의 진정성이 담길 수 있었을까 의문이다. 또 시는 압축된 표현 속에 비유, 과장, 반어 등 문학적 기교가 섞여 있으므로 읽는 사람에 따라 다양한 해석이 가능하고, 그러한 점이 사료로서의 가치를 떨어뜨리는 요인이 되기도 한다. 『목은집』의 분량이 방대하고 풍부한 내용을 담고 있음에도 불구하고 한국사 연구에 적극적으로 활용된 사례가 그리 많지 않은 것은 아마도 그러한 이유 때문인 듯하다.

하지만 『목은문고』의 글들에 역사적 사실이 풍부하게 담겨 있음은 부정할 수 없는 사실이고, 『목은시고』에도 시제詩題나 제주題註로부터 역사적 사실을 찾아낼 수 있는 경우가 많이 있다. 더 나아가 『목은집』의 작품들을 전체적인 흐름에 따라 맥락을 파악하며 읽는다면 사료로의 활용 가치가 충분하다. 그러기 위해서는 무엇보다도 먼저 『목은집』에 수록된 작품의 연보, 즉 작품연보作品年譜를 정리할 필요가 있다. 작품연보를 활용하면 각 작품이 언제 지어졌는지 알 수 있을 뿐 아니라 지어질 당시의 상황 속에서 작품을 정확하게 해석할 수 있을 것이다.*

특히 『목은시고』의 작품에는 이색의 개인적이고 즉흥적인 감정뿐 아니라 원-명 교체, 유-불 교체, 왕조 교체 등 역사적으로 중요한 사건들에 대한 생각이 담겨 있는데, 그것을 시기별로 분석하면 시간이 흐름에 따라 이색의 생각이 변화하는 양상을 추적할 수 있을 것이다. 원이 쇠망하고 명이 흥기하는 원-명 교체기를 살아가면서 이색의 원과 명에 대한 생각도 달라졌을 가능성이 크다. 또 25세에 진사의 신분으로 불교계의 개혁을 주장했던 것이 평생 변하지 않은 이색의 불교관이라고 보기는 어렵다. 따라서 이색의 생각이 시간의 흐름에 따라 변화하는 양상을 추적할 필요가 있으며, 이러한 연구방법은 종래 연구들이 이색의 현실인식, 정치사상, 학문관, 불교관 등을 어느 한 시점을 기준으로 설명하거나, 혹은 시점에 대한 고려 없이 진행된 것과 달리 각 주제에 대한 생각의 변화를 알 수 있게 해줄 것이다. 여기에 체계적인 저술이 아닌 시문을 주로 사용하는 이색 연구의 특별함이 있다.

하지만 역사 연구에서 문집의 시문을 자료로 활용하고자 할 때는 시문이 체계적이고 책임 있는 저술이 아니라 개인의 주관적이고 때로는 즉흥

---

* 문집의 시문들을 연대순으로 배열하고 시기별 차이를 분석하는 연구방법은 李廷柱, 「麗末鮮初 儒學者의 佛敎觀—鄭道傳과 權近을 중심으로—」(고려대 박사학위논문, 1997)에서 시도된 바 있다.

적이며, 가변적인 감정과 생각을 담고 있다는 점을 역시 염두에 두지 않으면 안 된다. 그 때문에 작품연보를 작성하여 자료 이용에 만전을 기하고 변화의 양상을 추적하겠지만, 시에 반영되어 있는 필자의 생각을 추출하여 역사 연구에 활용하기 위해서는 개인의 '사상'이 아닌 '생각'을 연구대상으로 삼아야 한다. 즉, 문집을 활용한 연구는 체계적으로 정리된 '사상'이 아니라 상황에 따라 변화하는 '생각'을 대상으로 하게 되는데, 바로 여기에 『목은집』을 활용하여 이색의 삶과 생각을 정리한 이 연구의 독창성이 있다.

『목은집』에 실려 있는 작품들을 역사 연구에 활용하면서 또 한 가지 주의할 점은 그 작품들의 의례적인 성격이다. 『목은시고』의 작품들이 개인적인 감정을 표현했다면, 『목은문고』에는 다른 사람의 청탁을 받아 지은 글이 많이 실려 있다. 이러한 글들은 청탁한 사람의 입장을 고려하여 짓기 마련이므로, 지은이의 생각이 그대로 반영되어 있다고 보기 어렵다. 특히 왕명을 받아 지은 글이나 고인을 추모할 목적에서 지은 글, 국가의 공식적인 입장을 담게 되는 외교문서 등에는 의례적인 표현이 많을 수밖에 없다. 따라서 이러한 글들을 사료로 이용할 때는 지을 당시의 상황에 대한 면밀한 검토가 필요하며, 심지어는 사료로 사용하기 어려운 경우도 상당히 많다. 이러한 이유에서 이 책에서는 이색의 생각을 살피는 데 있어 『목은시고』의 작품들을 주로 사용하고, 『목은문고』의 산문들은 매우 제한적으로 사용했다.

이색에 대한 연구에서 가장 기초가 되는 자료로는 그의 평생을 정리한 전기傳記들이 있다. 『고려사』 열전[25]을 비롯하여 『태조실록』의 졸기卒記,[26] 권근이 지은 행장行狀,[27] 하륜이 지은 신도비문神道碑文[28] 등이 그것들이다. 이 전기 자료들은 지어진 시기와 찬자에 따라 내용이 달라지기도 하므로 서로 대조하며 사실에 접근해야 한다.[29] 하지만 이색의 생각을 살피는 데 있어서는 무엇보다도 『목은집』에 수록된 그의 작품들이 가장 중요한 자료가 된다.

이색의 문집인 『목은집』의 간행 과정에 대해서는 기존 해제들의 설명이 대체로 일치한다.[30] 이를 다시 정리하면 다음과 같다.

『목은집』은 이색이 사망한 지 8년 뒤인 1404년(태종 4) 3남 이종선李種善에 의해 처음 간행되었다. 이 사실은 그해 5월과 7월에 이첨李詹과 권근이 지은 서문이 있는 데서 확인된다.[31] 그러나 이 초간본은 현재 남아 있지 않으며, 다만 초간본으로 추정되는 영본零本 2책이 규장각에 소장되어 있다.[32] 『목은집』이 처음 간행된 뒤 이색의 손자인 이계전李季甸(1404～1459)이 시고詩藁를 12권으로 산정刪定하여 『목은시정선牧隱詩精選』을 편찬했고, 이것을 이계전의 아들 이봉李封(1441～1493)이 1484년(성종 15)에 간행했다. 이 『목은시정선』은 현재 규장각에 소장되어 있으며, 여기에 누락된 서거정徐居正(1420～1488)의 서문은 현재 남아 있는 『목은집』 중간본에 실려 있다. 그 뒤 1583년(선조 16)에도 이색의 7세손인 이증李增(1525～1600)이 『문고文藁』 18권을 간행했는데, 지금은 전하지 않는다.

임진왜란을 거치면서 기존의 『목은집』이 거의 남아 있지 않게 되었던 듯, 1626년(인조 4) 8월에 이색의 10대손인 이덕수李德洙(1577～1645)가 중간했다. 이 중간본이 현재 규장각에 소장되어 있으며,* 오늘날 사용되는 영인본들은 모두 규장각 소장본을 저본으로 한 것이다. 규장각 외에도 여러 곳에 『목은집』이 소장되어 있지만 초간본으로 확인되는 판본은 아직 발견되지 않았다. 최근 연세대학교 학술정보원이 일본에서 '아사쿠사문고〔淺草文庫〕' 장서인藏書印이 있는 『목은집』을 입수했는데, 국내에 유통

* 盧明鎬, 「奎章閣所藏 『高麗史』·『高麗史節要』·高麗時代 文集」 『奎章閣』25, 2002, 27-29쪽에 의하면 규장각에는 『牧隱集』 7종이 소장되어 있고, 그 가운데 1종은 초간본의 零本, 나머지 6종은 중간본이라고 한다.

되고 있는 판본과는 다른 것이어서 주목된다. 앞으로 판본의 정밀한 대조가 필요하지만, 현재로서는 초간본이 아니라 또 다른 중간본일 가능성이 높아 보인다.*

따라서 현재로서는 『목은집』 중간본을 기본 자료로 활용할 수밖에 없다. 규장각 소장 중간본을 영인한 『한국문집총간』에 실려 있는 『목은집』의 구성을 살펴보면 다음과 같다.

『목은집』은 『목은시고牧隱詩藁』와 『목은문고牧隱文藁』로 구분되어 있으며, 『목은시고』 35권, 『목은문고』 20권, 총 55권으로 이루어져 있다. 『목은집』의 맨 처음에는 「목은시고 목록」(상·중·하)과 「목은문고 목록」이 있고, 권근과 이첨이 지은 2편의 서문(「목은선생문집서牧隱先生文集序」)이 있으며, 연보(「목은선생연보牧隱先生年譜」)가 뒤를 잇는다. 연보 뒤로 권근이 지은 행장과 하륜이 지은 신도비문,[33]⁑ 1433년(세종 15) 후손 이맹균李孟畇이 지은 비음기碑陰記, 그리고 권근이 지은 화상찬畵像讚과 이색 사후에 내려진 교서⁂가 순서대로 이어진다. 그다음에 본문이 시작되어 『목은시고』와 『목은문고』가 차례로 실려 있고, 본문 뒤에 서거정이 지은 「목은시정선서牧隱詩精選序」와 이항복이 지은 「문헌서원기文獻書院記」가 부록되어 있으며, 말미에 1626년(인조 4) 『목은집』을 중간한 이덕수의 발문跋文이 있다.

---

* 도현철, 『목은 이색의 정치사상 연구』(혜안, 2011), 19쪽에서는 千惠鳳의 설명을 인용하여 초간본 『牧隱集』이 日本國立公文書館 內閣文庫에 있다고 했고(千惠鳳, 『日本 蓬佐文庫 韓國典籍』, 지식산업사, 2003), 또 국립중앙도서관과 연세대학교에도 초간본이 소장되어 있다고 했으나 확인하지 못했다.

⁑ 권근이 지은 행장의 원 제목은 '朝鮮牧隱先生李文靖公行狀'이고, 하륜이 지은 신도비문의 원 제목은 '有明朝鮮國元宣授朝列大夫征東行中書省左右司郎中本國特進輔國崇祿大夫韓山伯謚文靖公李公神道碑〈幷序〉'이다.

⁂ 원 제목은 '教卒特進輔國崇祿大夫韓山伯李穡'이다. 『목은집』에는 이 교서를 지은 사람이 밝혀져 있지 않으나 『東文選』에 李詹으로 밝혀져 있고, 이첨의 『雙梅堂篋藏集』에도 이 글이 실려 있다. 여운필·성범중·최재남, 「『목은시고』 해제」 『역주 목은시고』 1, 月印, 2000, 98쪽에서는 '죽은 이에게 조의를 표한 글'이라는 의미에서 賜祭文으로 분류했다.

한편, 이색의 시문은 『동문선東文選』에도 많이 수록되어 있다.* 『동문선』은 조선 전기인 1478년(성종 9)에 처음 간행되었고, 현재 남아 있는 것은 비록 초간본은 아닐지라도 임진왜란 이전에 간행된 목판본이므로[34] 『목은문고』 중간본보다 간행 시기가 앞선다. 따라서 『동문선』에 수록된 이색의 작품은 『목은집』 초간본에 있던 것이라고 할 수 있다. 『목은집』 중간본과 『동문선』에 같은 글이 조금 다르게 되어 있는 경우가 있는데, 『목은문고』 제15권과 『동문선』 제119권에 실려 있는 이자춘李子春 신도비문이[35] 그 대표적인 사례이다.

이자춘 신도비문은 이색이 1387년(우왕 13) 이성계의 부탁을 받아 지은 것으로, 『목은문고』와 『동문선』에 같은 제목으로 실려 있다. 하지만 글의 형식부터가 서로 다른데, 특정 어휘 앞에 공란을 두거나 행을 바꾸는 제두提頭가 『동문선』에 실린 글에는 없는 데 반해 『목은문고』의 것에는 있다. 자녀를 나열하는 방식도 다르다. 『동문선』에서는 출생순으로 '이원계李元桂-이성계-이화李和-딸'을 기록한 데 비해, 『목은문고』에서는 적서 구분을 우선하여 '이성계-딸-이원계-이화'의 순으로 기록하고 이원계의 생모인 이씨 앞에 '측실側室' 두 글자를 더해놓았다. 이 가운데 전자가 고려시대 묘지류에서 흔히 보이는 방식이고 후자는 조선시대에 적서 구별이 강화되면서 나타난 방식이므로, 『목은문고』 초간본에 있던 글이 뒤에 중간하는 과정에서 일부 변형된 것으로 보인다. 또 내용에 있어서도 이성계 집안의 고려 말 행적과 관련된 부분이 『목은문고』 중간본에 실린 글에서는 일부 삭제되어 있다.[36] 따라서 『목은집』을 사료로 활용할 때는 판본의 수집 및

---

* 여운필·성범중·최재남, 「『목은시고』 해제」 『역주 목은시고』 1, 月印, 2000, 44-47쪽에 의하면 이색의 작품 가운데 辭 6제, 賦 2제, 詩 70제 76수와 산문 226편이 『東文選』에 수록되어 있다고 한다. 『牧隱文藁』의 작품이 모두 232편이므로 산문은 거의 대부분 『東文選』에 수록된 셈이다. 『牧隱文藁』와 『東文選』에 수록된 이색 작품 목록은 李益柱, 「『牧隱集』의 간행과 사료적 가치」 『震檀學報』 102, 2006, 243-248쪽에 정리해두었다.

교감과 더불어 『동문선』에 수록된 이색의 작품들을 대조할 필요가 있다.

『목은집』의 사료적 가치와 관련하여, 『목은집』이 본래 70권이었다는 주장이 있어 그에 대한 검토가 필요하다. 그 주장의 근거는 『동문선』에 실려 있는 이첨의 목은집 서문에 '시문이 모두 70권에 이른다'고 한 것이다.[37] 하지만 이첨의 같은 글이 『목은집』 중간본에는 '시문이 모두 55권에 이른다'라고 되어 있고, 그밖에 『태조실록』의 이색 졸기나 『목은집』·『동문선』·『양촌집陽村集』에 수록된 권근의 이색행장, 『목은집』·『동문선』·『호정집浩亭集』에 수록된 하륜의 이색신도비문 등에는 일제히 55권으로 되어 있다. 이 가운데 『동문선』의 '70권' 기록을 받아들이는 쪽은 조선왕실을 중심으로 하는 건국 세력이 정치적으로 민감한 글들을 고의로 삭제했고, 그 결과 지금 55권만이 남게 되었다고 주장한다. 그것이 사실이라면 지금 남아 있는 『목은집』을 이용하여 이색의 고려 말 행적이나 왕조 교체에 대한 생각 등을 알아보는 것은 한계를 가질 수밖에 없다. 이것은 매우 중요한 문제이므로 자세히 살펴보고자 한다.

조선 초에 이색에 관한 기록이 고의로 고쳐진 사례는 다른 곳에서도 찾아 볼 수 있다. 권근이 지은 행장과 하륜이 지은 신도비문의 경우가 그러하다. 1411년(태종 11) 명에서 진련陳璉이 지은 이색의 비명碑銘이 전해지면서 권근과 하륜의 글이 그 저본으로 지목되어 관심을 끌게 되었고, 그 일로 권근, 하륜 두 사람을 처벌해야 한다는 주장이 빗발친 적이 있었다.[38] 이때 주로 논란이 된 것은 다음의 세 가지였다. 첫째, 공양왕 즉위 직후에 이색을 장단현으로 쫓아낸 사람을 권력을 마음대로 부리는 사람이라는 뜻의 '용사자用事者'라고 표현한 것, 둘째, 윤이·이초 사건을 '무옥誣獄'이라고 표현하고 옥사 중 청주옥에 홍수가 난 것을 두고 '공의 충성이 하늘을 감동시켰다'고 서술한 것, 셋째, 건국 직후에 '공(이색)을 꺼리는 자가 죄를 꾸며 극형을 가하려 했다'고 한 것 등이었다.[39]

지금 남아 있는 권근의 글을 보면, 문제가 되었던 '용사자가 공이 자기에게 붙지 않는 것을 꺼려〔用事者忌公不附己〕 탄핵하여 장단으로 내쫓았다'라고 한 대목은 '공을 꺼리는 자〔忌公者〕가 탄핵하여 장단으로 내쫓았다'로 바뀌어 있고, 하륜의 글에서는 '공이 자기에게 붙지 않는 것을 꺼리는 자〔忌公不付己者〕가 탄핵하여 장단으로 내쫓았다'로 바뀌어 '용사자'라는 말이 삭제되었다. 하지만 이 두 기록이 없어지지는 않았고, 윤이 · 이초 사건은 여전히 '무옥'으로 표현되었으며, 청주옥의 홍수를 이색의 충성과 연결시켜 평가한 대목도 그대로 남아 있다. 심지어 하륜의 이색신도비문에는 건국 직후 '공을 꺼리는 자가 죄를 꾸몄다〔忌公者誣公以罪〕'는 표현도 그대로 남아 있다. 즉, 이 필화는 논란이 된 글을 전부 없애지 않고 이성계를 가리키는 것일 수도 있는 '용사자'라는 표현만을 삭제하는 선에서 마무리되었던 것이다. 이러한 사례로 미루어 보건대 조선 건국 세력이 『목은집』의 약 20% 분량에 해당하는 15권을 삭제했다는 주장은 받아들이기 어려운 점이 있다.

『목은집』의 일부가 고의로 삭제되었다고 주장하는 또 하나의 근거는 이정향李廷馨(1549~1607)이 지은 『동각잡기東閣雜記』의 기사이다. 그에 따르면 1417년(태종 17) 서운관에 소장되어 있던 참서讖書 등을 없앨 때 이색 문집의 '제15권'을 바치도록 했다고 한다.[40] 여기서 '제15권'의 '제第'를 잘못 들어간 글자로 보아 『목은집』 70권 가운데 15권을 이때 없앤 것으로 해석하면,[41] 현재 55권이 남게 된 사정을 설명할 수 있게 된다. 그러나 '제'를 잘못 들어간 글자로 볼 이유는 어디에도 없으며, 설사 그렇다고 하더라도 『동각잡기』의 기사대로라면 『목은집』에서 문제가 되는 15권을 가려내 없앴다는 것인데, 과연 가능한 일이었을지 의문이다. 마침 1417년에는 이색이 지은 정릉신도비문定陵神道碑文, 즉 이자춘 신도비문을 거두어들인 일이 있는데,[42] 그 비문이 『목은문고』 제15권에 수록되어 있었기 때문에 『동각잡기』와 같은 기록이 나오게 된 것이 아닌가 한다.

그러면 1417년(태종 17)에 이색의 이자춘 신도비문을 거두어들인 것은 어떤 이유에서일까? 이자춘의 신도비문은 조선 건국 직후인 1392년(태조 1) 7월 이성계의 4대를 추증할 때 정총鄭摠에 의해 다시 지어졌다.* 여기에는 당연히 이색의 첫 번째 신도비문 이후의 사실들이 추가되었고, 특히 조선 건국의 정당성이 강조되었다. 그 밖에 이성계의 선대와 관련하여 새로운 내용이 추가된 점이 주목되는데, 이색이 지은 신도비문에는 이성계의 선대가 신라아간新羅阿干 광희光禧로부터 시작된 것으로 되어 있었지만, 정총의 신도비문에서는 광희 앞에 사공司空 한翰, 시중侍中 자연自延, 복야僕射 천상天祥 등 3대가 추가되었다. 뒷날 『태조실록』 총서總書에도 같은 내용이 실렸고, 이것이 이후 조선왕실의 공식적인 선원계보로 자리를 잡게 되는데, 바로 이 대목에서 이색의 이자춘 신도비문이 문제가 되었던 것이 아닌가 한다. 시조에 대한 기록 변경은 왕실의 권위를 높이기 위한 것이지만, 불과 몇 해 전에 이광희를 시조로 기록한 이색의 글을 그대로 두기는 곤란했을 것이다. 아마 이 때문에 이색 이자춘 신도비문을 회수했다고 보이는데, 이러한 추정이 가능하다면 이 일은 사실상 이색과는 무관하고, 따라서 문집의 일부를 고의로 삭제했다는 주장은 사실과 다르다고 할 수 있다.

결국, 『동문선』에 실려 있는 이첨의 '70권' 운운한 기록에 대해 설명할 일이 남아 있지만, 『목은집』은 처음부터 55권이었을 가능성이 크다. 물론

---

* 이자춘의 두 번째 신도비는 權近의 『陽村集』과 鄭摠의 『復齋集』에 함께 실려 있어(『陽村集』 권36, 有明朝鮮國桓王定陵神道碑銘〈幷序〉; 『復齋集』 권下, 有明朝鮮國桓王定陵碑銘) 지은이가 누구인지 단언하기 어렵다. 하지만 권근이 1408년(태종 8)에 지은 健元陵神道碑에서 기왕에 이색이 지은 桓王墓碑와 정총이 지은 桓王定陵碑가 있다고 밝혔으므로(『陽村集』 권36, 有明諡康獻朝鮮國太祖至仁啓運聖文神武大王健元陵神道碑銘〈幷序〉 "則我太祖龍淵之時 先正李穡所撰桓王墓碑 具載之矣 我太祖創業垂統 神功偉烈之盛 追王四代之時 文臣鄭摠所撰桓王定陵之碑 悉書之矣…") 정총이 지은 것이 분명하다. 『東文選』에도 같은 글이 권근의 작품으로 소개되어 있어 조선 전기부터 이미 그러한 오해가 있었음을 알 수 있다.

『목은집』이 처음에 70권이었다가 55권으로 줄었을 가능성이 전혀 없는 것은 아니지만, 현재로서는 그것을 입증할 근거를 찾기 어렵다.* 이러한 상황에서 조선 건국 세력이 이색의 글을 온전히 남겨두지 않았을 것이라는 예단과, 『동각잡기』 기록의 '제15권'을 '15권'으로 고치고 70권 가운데 15권을 뺀 55권이 남아 있는 우연에 기대어 『목은집』 일부가 고의로 삭제되었다고 주장하는 데는 동의할 수 없다. 따라서 현재로서는 『목은집』이 후대의 고의적인 훼손과 변개가 거의 가해지지 않은, 이색이 살아 있을 때 지은 시문들이 그대로 수록되어 있는 자료라고 하겠다.

이 책은 『목은집』의 시문들을 활용하여 이색의 생애를 정리하고 그의 현실인식에 대해 살핀 것이다. 제2장 '이색의 삶'에서는 이색의 생애를 성장·수학기(24세 이전), 관직활동기(25~44세), 퇴직·은거기(45~60세), 정치적 시련기(61~69세) 등 네 시기 나누어 정리하되, 이색의 개인적인 활동뿐 아니라 친인척·교우·사제 관계와 정치 세력 등 다양한 인간관계 속에서 정치적·사회적 위상이 변해가는 양상에 주의를 기울였다. 제3장 '이색의 생각'에서는 그가 살았던 14세기 후반을 세계질서의 변화로서 원-명 교체, 정신세계의 변화로서 유-불 교체, 현실정치의 변화로서 왕조 교체 등 세 가지 변화가 동시에 진행된 변동기로 파악하고, 그러한 변화에 대한 이색의 생각과 그 생각이 변해가는 모습을 밝히고자 했다.

특히 이 책에서는 『목은시고』를 기본 자료로 활용했으며, 그를 위해 먼저 작품연보를 정리했다. 『목은시고』의 시문들은 대부분 그때그때의 생각과 감정을 표현한 것이므로 사료로 활용하기 위해서는 언제, 어떤 상황에

* 여운필·성범중·최재남, 「『목은시고』 해제」 『역주 목은시고』 1(月印, 2000), 39쪽에서도 『東文選』에 실린 이첨의 글에서 『牧隱集』이 70권이었다고 한 것을 轉寫 과정의 착오로 보고 애초부터 55권이었을 가능성이 크다고 하였다. 한편, 高柄翊, 「牧隱集」 『高麗名賢集』 3, 1973, 9쪽에는 『牧隱集』이 처음부터 55권이었고, 1404년(태종 4)에 이종선이 간행할 때 이색의 다른 遺稿나 編纂物들을 합쳐 70권이 되었을 것이라는 견해가 제시되어 있다.

서 지었는지를 밝혀야 한다고 생각했기 때문이다. 작품연보를 통해 각 작품의 지은 시기를 밝힘으로써 사료와 사실의 시제時制를 일치시키고 시간의 흐름에 따라 작품을 읽으면서 이색의 생각을 좇아가려고 노력했으며, 이색의 생각을 미리 규정하고 그 근거를 이색의 작품에서 찾으려고 하지 않았다. 『목은시고』와 『목은문고』의 작품들에 고유한 작품번호를 붙인 것도 자료 이용의 엄밀성을 기하기 위해서였다.*

이색이 자신의 사상을 체계적으로 정리한 저술을 남기지 않은 점에도 유의했다. 『목은시고』의 작품들을 기본 자료로 활용한 이 책의 제목을 이색의 '사상'이 아니라 '생각'이라고 붙인 이유도 여기에 있다. 굳이 체계적인 사상이 아니더라도 무언가에 대한 한 사람의 생각이 시간의 흐름에 따라 달라지는 모습을 밝히는 일도 의미가 있을 것이라고 생각했다. 특히, 이색처럼 역사적으로 중요한 변동기를 살았던 사람이 그 변화에 대해 어떻게 생각했고, 그 생각이 어떻게 변해갔는지를 살피는 일은 학문적으로 의미가 있을 것이다. 이러한 점에서 이 책은 지금까지의 일반적인 사상사 연구와 구별되며, 이 연구를 통해 문집 자료를 이용한 역사 연구의 새로운 방법과 영역을 개척할 수 있을 것으로 기대한다.

이색의 삶에 대해서는 『고려사』 열전과 권근이 지은 행장, 하륜이 지은 신도비문, 『목은집』에 실린 연보 등을 바탕으로 정리했지만, 그것 말고도 『목은집』의 작품들을 이용하여 훨씬 더 상세한 연보를 재구성할 수 있었다. 이색의 시문에는 다른 전기 자료들을 보완할 수 있는 새로운 내용이 적지 않으며, 특히 가족이나 친지, 동료 등 다른 사람들과의 관계를 보여주

---

* 『牧隱詩藁』와 『牧隱文藁』의 작품번호는 권수와 권내 일련번호를 조합하여 만들었다. 문집에 작품번호를 붙이는 일은 同名의 작품을 구별하기 위해서도 필요하고, 색인을 만들거나 작품을 검색하기에도 가장 좋은 방법이다. 『牧隱詩藁』에 작품번호를 붙이는 작업은 여운필·성범중·최재남, 『역주 목은시고』(1~12, 月印, 2000~2007)와 金鎭英·金東建, 『牧隱 李穡 詩語 索引』(上·下, 이회, 2007)에서도 시도한 바 있는데, 작품 통계의 차이 때문에 작품 번호가 조금씩 다르다.

는 자료들을 많이 찾을 수 있다. 이러한 자료들을 적극 활용하여 정치인, 학자, 문장가로서가 아닌, 이색의 인간적인 면모를 들여다보려고 노력했고, 그것이 한 사람의 삶에 대한 온당한 관찰 방식이라고 생각했다. 이를 통해 독자들은 역사의 거대한 변화에 직면한 한 개인의 삶과 생각을 지켜보게 될 것이다.

'이색의 삶과 생각'이라는 제목을 붙였지만, 이 책은 이색에 대한 본격적인 연구서는 아니다. 이색의 학문과 사상, 정치적 위상, 현실인식, 역사인식, 문학관과 문장론 등 각론에서 더욱 구체화되어야 할 학문적 과제들이 많이 남아 있기 때문이다. 이 책에서는 각각의 주제들에 대해 깊이 있게 분석하거나, 지금까지의 연구 성과들을 면밀하게 검토하지 못했다. 또 이 책은 이색에 대한 본격적인 평전도 아니다. 평전은 위 주제들에 대한 연구가 좀 더 심화되기를 기다린 다음, 그 성과를 종합하여 다시 쓰여야 할 것이다. 이 책은 단지 이색의 삶과 생각이 현실의 변화에 따라 함께 변해가는 모습을 보여줌으로써 이색 연구의 새로운 방향을 모색해보고자 한 것이다. 그래서 이 책의 키워드는 '변화'이고, 그 변화를 보여주는 것이 문집을 활용한 연구의 특장特長이라고 생각했다. 부록으로 실은 『목은시고』 작품연보도 앞으로 많은 연구자들에 의해 활용되고, 또 수정·보완되기를 바란다.

본격적인 연구서도, 평전도 아닌 이 책을 내놓으면서 불안감이 앞서지만, 지금까지 시도되지 않았던 문집 자료의 연대기적 활용이라는 방법론의 면에서 연구의 출발로서는 나름대로 의미가 있을 것이라고 생각하고 자위하고자 한다. 그럼에도 『목은집』의 판본 수집과 대조 작업을 하지 못한 점은 끝내 아쉬움으로 남는다. 특히 『목은집』 초간본을 반영한다고 생각되는 『동문선』의 이색 작품들과 『목은집』 중간본의 시문들을 대조하는 작업을 미처 하지 못해 아쉽다. 앞으로의 숙제로 남긴다.

제2장 이색의 삶

1. 성장·수학기

이색은 1328년(충숙왕 15) 5월 9일 경상도 영해(지금 경상북도 영덕군 영해읍)에서 태어났다.* 아버지는 이곡李穀이고 어머니는 김씨이다. 본관은 충청도 한산(지금 충청남도 서천군 한산면)으로 조상 대대로 그곳에 살았으나, 이곡이 젊은 시절을 외가가 있던 영해에서 보냈으므로 그곳에서 태어났던 것이다.

영해에 자리 잡고 있던 이색의 진외가에 대해서는 1350년(충정왕 2) 이제현李齊賢이 지은 이색의 할머니 이씨의 묘지명에 간단한 언급이 있다.[1] 그에 따르면 이색의 진외가는 본관이 홍례부, 즉 울산으로 할머니의 증조부 이순광李淳匡은 사재주부司宰注簿를 지냈고 할아버지 이우李祐와 아버지 이춘년李椿年은 '미사未仕', 즉 벼슬을 하지 않았다. 이순광이 지낸 사

* 후손들의 조사에 따르면 이색의 탄생지는 경상도 영해의 槐市村 또는 濠池末의 務稼亭이었다고 한다. 李亨求·李特求,「牧隱의 史蹟」『牧隱 李穡의 生涯와 思想』(一潮閣, 1996) 457-460쪽 참조

재주부가 실직實職이 아니라 동정직同正職이었을 것으로도 생각되지만, 아무튼 이 집안은 영해지방에 대대로 살아온 사족士族이었다고 할 수 있다. 이색의 할머니 이씨는 1282년(충렬왕 8)에 이자성李自成과 결혼하여 3남 1녀를 두었는데, 그 가운데 셋째 아들이 이곡이다.

이색의 선대는 아버지 이곡이 1333년(충숙왕 후2) 원의 제과에 합격했을 때의 방목인 「원통원년 진사록元統元年進士錄」에서 확인할 수 있다.[2] 여기에는 이색의 고조부 이장진李將進과 증조부 이세창李世昌이 '본주호장本州戶長'으로, 할아버지 이자성이 '국사순위 별장동정國司巡衛別將同正'으로 되어 있다.* 이것을 보면 이색 집안도 한산의 향리로서 대대로 호장을 세습하다가 할아버지 때 겨우 무반 동정직을 얻는 정도였음을 알 수 있다. 따라서 이색의 할아버지 이자성과 할머니 이씨의 혼인은 지방의 사족 또는 향리로서 사회적 지위가 비슷한 집안 사이에 이루어진 것이라고 할 수 있다.

이색의 아버지 이곡은 1298년(충렬왕 24) 한산 북고촌北古村에서 태어났다.[3] 하지만 소년기를 외가가 있던 영해에서 보냈는데, 이 사실은 이곡이 10대 초에 그곳에서 우탁禹倬과 인연을 맺은 데서도 확인된다. 즉, 이곡이 11세이던 1308년(충렬왕 34)에 우탁의 감찰규정 임명을 축하하는 시를 지었는데,[4] 우탁은 그 전에 영해사록寧海司錄을 지낸 적이 있었으므로[5] 그때 이곡을 만났을 것이다.[6] 우탁은 역학易學에 조예가 있었던 초기 성리학자로,[7] 뒷날 이곡이 원의 제과에서 5경 중 『주역周易』을 택해 시험을 본 것이

---

* 李自成은 『高麗史』 李穀傳에는 韓山郡吏로, 妻李氏 墓誌銘에는 監井邑務로 각각 다르게 기록되어 있다. 그에 대해 허홍식은 "실제로는 호장의 지위를 계속하고 입사직의 직첩을 받은 정도"라고 하였다(許興植, 「李穡의 18人結契로 본 高麗 青少年의 集團 行態」 『정신문화연구』70, 1998 ;同改題「李穡의 結契와 청소년의 행태」 『고려의 문화전통과 사회사상』, 집문당, 2004, 322쪽). 한편, 『韓山李氏族譜』와 『氏族源流』 등 족보류에는 이색의 고조부가 李孝進, 증조부가 李昌世라고 되어 있어 이곡의 「元統元年進士錄」과 다르지만, 후자가 일차 사료인 점을 감안하여 그 기록에 따랐다.

나,[8] 동료에게서 '역에 밝다〔明易〕'는 평가를 들었던 것,[9] 그리고 무엇보다도 일찍부터 성리학에 관심을 가지고 공부하여 원의 제과에 응시하게 된 것 등은 어린 시절 우탁과의 인연에서 비롯된 것이 아닌가 한다.

어린 시절을 영해에서 보내던 이곡은 13세 때 아버지를 여의었다. 그리고 그곳에서 기실記室 이천년李天年의 주선으로 김택金澤의 딸과 결혼했다.[10] 김택에 대해서 『경상도지리지慶尙道地理志』에서는 생원生員이라고만 하였지만, 『신증동국여지승람新增東國輿地勝覽』에서는 이곡의 혼인 당시 '향교대현鄕校大賢'이었다고 기록하고 이어서 '대현大賢이란 생도의 연장자를 가리키는 말이다'라는 설명을 붙여놓았다.[11] 고려시대에 생원은 생원시生員試에 합격했으나 아직 관직에 오르지 못한 상태를 말하고, 향교대현은 향교의 생도 가운데 연장자를 가리키는 말이니, 어느 쪽이든 관직에 오르기 전의 상태이고, 따라서 이곡의 처가 역시 이곡 집안과 마찬가지로 지방의 사족이었다고 할 수 있다. 다만, 이곡의 경우 본관지를 떠난 지방 사족의 유자遺子로서 생원가와의 혼인은 오히려 과분한 일이 아니었을까 한다.

결혼을 전후한 10대 후반에 이곡은 도평의사사의 연리掾吏가 되어 이속직으로 중앙 진출을 모색한 적이 있었다.[12] 그러나 곧 과거에 뜻을 두고 개경에 머물며 시험을 준비한 끝에 1317년(충숙왕 4) 당시 거자과擧子科라고 불리던 국자감시에 합격하여 진사가 되었고, 그로부터 3년 뒤인 1320년(충숙왕 7) 과거에 급제하여 복주사록참군福州司錄參軍이 되었다. 이로써 이 집안에서 처음으로 과거급제자가 배출된 셈이었다. 하지만 이곡은 거기서 그치지 않고 계속해서 원의 제과에 도전했다. 그것을 위해 29세이던 1326년(충숙왕 13) 정동행성 향시鄕試에 합격했고, 이듬해 원에 가서 회시會試를 치렀으나 낙방하고 말았다.[13]

비록 낙방했지만, 이곡은 제과에 응시하기 위해 성리학을 공부했을 것이다. 당시 원의 과거에서는 성리학 서적인 『대학大學』·『논어論語』·『맹자孟子』·『중용中庸』 등 사서四書가 과목에 포함되어 있었기 때문이다.[14] 백문보白文寶의 7대손인 백현룡白見龍이 지은 백문보행장에 의하면 이곡이 백이정白頤正에게서 성리학을 배웠다고 하는데,[15] 그것이 사실이라면 그 시기는 백이정의 몰년인 1323년(충숙왕 10) 이전이 될 것이니, 이곡이 과거에 급제한 1320년(충숙왕 7) 전후였을 가능성이 크다. 이곡은 안축安軸으로부터도 수업을 받았는데,[16] 그것도 같은 시기였을 것이다.[17]

이곡이 급제한 1320년의 과거는 여러 면에서 성리학과 관련이 있었다.[18] 이 과거의 시관은 일찍이 원 대도大都의 만권당萬卷堂에서 성리학을 공부하고 돌아온 이제현이었다. 그리고 이곡과 함께 급제한 사람들 가운데 백문보는 권부權溥 및 백이정 문하에서 성리학을 수학했고,[19] 최용갑崔龍甲과 안보安輔는 이곡과 마찬가지로 원의 제과에 응시한 것으로 보아[20] 역시 성리학을 공부한 사람들이었다. 따라서 이 과거에 급제함으로써 이곡은 이제현을 비롯한 성리학자들과 좌주–문생 및 동년 관계를 맺게 되었고, 더 나아가 고려 후기에 성장하고 있던 '신흥유신新興儒臣'의 일원이 되었던 것이다.

제과를 준비하는 동안 이곡은 관직에서 물러나 있었고, 낙방한 뒤에는 관직에 복귀하는 것이 쉽지 않았던 듯하다. 회시에 낙방한 바로 그해에 관직을 구하기 위해 동년인 조중서趙中書, 최헌납崔獻納 두 사람에게 다음과 같은 글을 보냈다.[21]

> 한미한 가문, 궁벽한 마을 출신의 선비는 자기 힘만으로는 출세할 수가 없는 법입니다. 반드시 청운의 귀한 신분에 오른 지기知己가 있어서 끌어당겨주어야만 굽히고 있다가 펼 수 있고 움츠리고 있다가 활동할 수 있는 것입니다. 나는 본래 노둔하고 겁이 많아서 진퇴할 적에 부끄러워하며 머뭇거리곤 합니다. 그

리하여 주문朱門을 바라보기라도 하면 함정처럼 느껴져서 발이 앞으로 나아가지를 않고, 높이 쓴 고관의 관을 쳐다보기라도 하면 마치 귀신처럼 느껴져서 머리를 감히 들지도 못하는 형편입니다. 그러한 까닭에 뭇사람들에게 뒤처진 채 여태까지 일명一命의 은혜도 입지 못했습니다. 그러다가 두 분 공의 지우를 받은 이래로 이제는 이 몸도 청운의 귀한 신분에 오른 지기가 끌어당겨줄 것이라고 생각했습니다. … 나는 일찍부터 "사람의 곤궁과 영달에는 운명이 개재한다. 구하는 것도 운명이요 구하지 못하는 것도 운명이라면, 구했다가 얻지 못해서 얼굴이 달아오르기보다는 차라리 구하지 않고서 얻지 않은 채 태연자약하는 것이 더 낫지 않겠는가" 라고 생각했습니다. 바로 이런 이유 때문에 구하지 않고서 오늘에까지 이른 것인데, 급기야 구하던 자들이 모두 나보다 먼저 채찍을 잡고 달려가는 것을 보고서야 나의 생각이 너무도 오활했다는 사실과 운명을 운위할 것이 못 된다는 사실을 알게 되었습니다. 삼가 굽어 살펴주시기만을 바랄 뿐입니다. … 태정泰定 4년(1327, 충숙왕 14) 6월 ○일에 절하고 올립니다.

이 편지에는 당시 '시골의 이름 없는 집안의 선비' 로서 후원해주는 사람이 없어 관직에 나가지 못하고 있던 이곡의 처지가 잘 나타나 있다. 하지만 그러한 상태는 당분간 더 계속되었고, 그런 중이던 1328년(충숙왕 15)에 이색이 태어났다. 이색이 태어난 다음 해에 이곡 부부는 본관지인 한산으로 돌아왔는데, 이 사실은 뒷날 이색이 "내가 두 살 때 부모님이 고향으로 돌아오셨다" 고 한 데서 확인된다.[22] 한산으로 옮긴 지 2년 만인 1331년(충혜왕 1)에 이곡은 비로소 정9품 예문검열藝文檢閱에 임명되어 관직에 나가게 되었다.[23]

하지만 이곡은 원 제과를 포기하지 않고 다시 도전하여 1332년(충숙왕 후1) 정동행성 향시에 제1명으로 합격하고 이듬해 회시에 합격했다.[24] 뒤이은 전시殿試에서 한인漢人·남인南人 제2갑 15명 중 제8명으로 뽑혀 원의 정7품 관직인 승사랑承事郎 한림국사원검열관翰林國史院檢閱官에 임명되었다.[25] 그리고 다음 해인 1334년(충숙왕 후3)에 원의 흥학조興學詔를 받들고 고려에 파견되어 왔다.[26] 고려에서는 1335년(충숙왕 후4) 봄에 종4품 봉선대부奉善大夫 시전의부령試典儀副令 직보문각直寶文閣에 임명되었는데,[27] 정9품 예문검열로부터 불과 4년 만에 9등급을 건너뛰어 종4품으로 승진한 것이었다. 이는 당시 고려에서 원 제과 급제와 원 관직 제수가 얼마나 대단한 일이었는지를 잘 보여준다. 이곡은 그해 3월 다시 원으로 돌아갔고,[28] 연말에는 원에 있으면서 '동녀童女를 없앨 것을 요청하는 글'을 올렸다.[29]

이곡이 원과 고려를 오가는 동안 이색은 한산에서 어린 시절을 보냈다. 그때 아버지에게서 성리학을 배웠을 수도 있지만, 실제로는 너무 어려서 그러지 못했던 것으로 보인다. 뒷날 이색이 원의 국자감에 입학했을 때 다음과 같은 일이 있었다.

> 내가 관례를 치르고 나서 그 이듬해에 벽옹璧雍(국자감-필자)에 입학했다. 역易은 우리 집안의 가학家學이었는데도 나는 아직 본격적으로 배우질 못했다. 그때 마침 선군의 동년인 우문자정宇文子貞(우문공량宇文公諒-필자) 선생이 학관學官으로 부름을 받아 벽옹에 부임하셨다. 이에 내가 즉시 찾아뵙고는 앞으로 나아가 스스로 청하기를, "저는 고려 이가정李稼亭의 아들입니다. 바라건대 제게 역을 가르쳐주셨으면 합니다"라고 했더니, 선생이 이르시기를, "중보中甫(이곡-필자)야말로 역에 밝았고, 그 때문에 내가 경외하는 바이다. 그런데 필시 자네가 아직 어려서 자네 부친이 미처 가르쳐주지 못했으리라고 여겨진다. 동년의 아들은 나의 아들과 같으니, 내가 자네를 가르쳐 주지 않을까 걱정하지 말라"고 하셨다. 그리하여 선생께 나아가 가르침을 받게 되었다.[30]

이 일화로부터, 이색이 8세가 되던 1335년(충숙왕 후4)에 이곡이 원으로 떠났고, 그 때문에 아버지로부터 가학家學인 역을 미처 배우지 못했던 정황이 이해가 된다.

이곡이 원으로 떠난 뒤 이색은 한산 숭정산에 들어가 공부를 시작했다.[31] 이색은 이때 공부하던 곳을 숭정사崇政寺라고도 했고, 학당學堂이라고도 했는데,[32] 어디가 되었든 당시 지방의 교육 수준이 그다지 높지는 못했을 것이다. 그러한 사실은 이색의 다음 글에서 미루어 짐작할 수 있다.

> 나는 열네 살이 될 때까지 아직 시를 배우지 못하고 있었다. 그런데 이따금씩 송씨를 찾아가 노니노라면 송씨가 나에게 시 짓는 법을 가르쳐주기도 했는데, 내가 지은 시를 보고나서는 항상 "그만하면 됐다" 며 인가해주었다. 그해에 송정松亭 김 선생(김광재金光載-필자)이 성균시를 주관할 적에, 송씨가 나에게 시험을 쳐보라고 권했다. 그런데 당시에는 선군先君께서 연경에 계셨고 또 대부인大夫人께서는 나를 어리게만 보셨기 때문에 내가 응시하려 한다는 말을 들으시고는, "네가 분별없이 행동하는 것이 분명하다. 네가 공부한 실력이 응시할 정도는 되지 못할 터이니 경거망동하는 것이 틀림없다. 그렇지 않다면 필시 누군가가 너에게 허탄한 소리를 했기 때문에 그러는 것일 게다" 라고 하면서 종이도 주려고 하지 않으셨다. 하지만 송씨가 직접 종이를 사주면서 응시해보라고 적극 권하는 바람에 그만둘 수도 없어서 시험장에 나갔다가 우연히 급제를 하게 되었다. 대부인이 이 소식을 듣고는 "네가 지금 이렇게 되고 보니 내 의심이 비로소 풀렸다" 고 하셨다.[33]

송씨는 이색이 14세쯤에 어울렸던 사람으로, 이색보다 11년 연상이었다. 이색은 14세 때 25세의 송씨에게서 시 짓는 법을 배웠고 그것을 가지고 성균시에 합격했던 것인데, 뒷날 "이때부터 학문에 뜻을 세운 뒤로 다행히도 중도에 그만두지 않은 덕분에 오늘에까지 이르게 되었으니, 이는 전적으로 시서詩書의 힘인 동시에 송씨의 힘이라고 해야 할 것이다"라며 고마움을 표했을 정도이다. 그러나 한산의 그 송씨가 유명한 학자는 물론 아니었다.

이색이 한산에서 어린 시절을 보내면서 어울린 사람으로는 송씨 이외에도 백린白麟과 나잔자懶殘子 두 사람이 더 있었다. 이들은 한산에서 이색과 함께 공부하면서 결계結契한 사이였다.[34] 특히 백린은 이웃 마을에 살면서 어린 시절부터 함께 어울렸는데, 그의 아버지 백함정白咸正이 내시부 속관을 거쳐 통례문사인에 이르렀고 외조가 고사庫使를 지냈다는 것을 보면[35] 하급관인 집안이었을 것이다. 이곡이 1331년(충혜왕 후1)에야 정9품 예문검열이 되었으니, 이색과 백린은 비슷한 하급 관인의 자제로서 함께 어울렸다고 할 수 있다. 이색이 한산에서 보낸 어린 시절의 교우 관계는 대체로 이와 같은 지역적, 계층적 테두리 안에서 이루어졌다.

이색은 14세인 1341년(충혜왕 후2)에 김광재가 주관한 성균시, 즉 국자감시에 합격했다.[36] 뒷날 이색은 "이 일은 어디까지나 요행히 이루어진 것일 뿐이지 내가 실제로 재능이 있어서 된 것은 아닌 만큼 공부를 더 열심히 하지 않으면 안 되겠다는 생각이 들었다. 그래서 이때부터 학문에 뜻을 세웠다"고 술회했다.[37] 이색은 그로부터 교동(지금 인천시 강화군 교동면)의 화개산을 시작으로, 17세에 한양의 삼각산과 견주見州(지금 경기도 양주시)의 감악산·청룡산, 18세에 서주西州(지금 충청남도 서천군)의 대둔산, 19세에 평주平州(지금 황해북도 평산군)의 모란산 등을 옮겨 다니며 학업을 닦았다.[38] 여러 곳으로 독서처를 옮기면서 함께 공부하는 사람들과 친교를 맺게 되었고, 자연히 교우관계의 폭도 넓어졌다. 이 무렵 이색이 어울린 사람들로는 출가 전의 환암 혼수幻庵混修, 천태 원공天台圓公과 백린, 오동吳仝, 한홍도韓弘度, 홍의원洪義元, 김정신金鼎臣, 이무방李茂芳, 김군필金君

弼, 한득광韓得光, 한수韓脩, 이서원李舒原, 신덕린申德麟 등이 있는데,[39] 그 중 한홍도와 오동, 이무방, 김군필은 이색의 국자감시 동년이었다. 이처럼 이색이 10대에 형성한 교우관계는 주로 함께 공부했거나 국자감시에 같이 합격한 사람들을 중심으로 이루어졌으며, 그러면서 점차 지역적으로는 한산 지역을 벗어나고 출신 배경의 차이 또한 극복해갔다고 할 수 있다.

1341년(충혜왕 후2)에 이색은 국자감시에 합격했을 뿐 아니라, 평생을 함께 하게 되는 부인 권씨와 결혼했다.[40]* 14세의 신랑과 12세의 신부가 결혼한, 당시로서도 조혼에 속하는 사례였다. 부인 권씨는 본관이 안동으로, 한 세대 앞에 최고 권력을 누렸던 권한공權漢功의 손녀이고, 아버지는 권한공의 장남인 권중달權仲達이다. 이 집안은 당대 최고 문벌이라고 해도 과언이 아닐 정도로 성세를 누리고 있었는데, 이러한 문벌과 당대에 처음으로 중앙 관리를 배출한 이곡 가문의 혼인은 매우 이례적인 일이었다. 하지만 뒷날 권근이 지은 이색 행장에는 "한때의 고문망족高門望族으로서 사위를 고르고 있던 이들이 모두 딸을 (이색에게) 시집보내고자 하여 혼인하는 날 저녁까지도 서로 다투었다"는 일화가 전한다.[41] 이곡이 원의 제과에 급제하고 원의 관직을 받은 것이 당시 고려 사회에서 갖는 위력을 다시금 확인할 수 있는 대목이다.

이곡은 1335년(충숙왕 후4)에 원으로 돌아간 뒤 이듬해에 종6품 유림랑儒林郞 휘정원관구徽政院管勾 겸승발가각고兼承發架閣庫로 승진했고, 1337

* 李穡과 權氏의 혼인 시기를 權近이 지은 권씨부인의 묘지명에서는 1341년(충혜왕 후2)이라고 했고, 『牧隱集』에 실려 있는 「牧隱先生年譜」에서는 1346년(충목왕 2년)이라고 하여 혼선이 빚어지고 있다. 李成珪, 「高麗와 元의 官僚 李穀(1298~1351) 年譜稿」 『東아시아 歷史의 還流』 (지식산업사, 2000), 221쪽에서는 후자를 받아들여 1346년, 이색이 19세에 결혼했다고 보았고, 필자도 같은 견해를 피력한 적이 있었다(이익주, 「『牧隱詩藁』를 통해 본 고려 말 李穡의 일상—1379년(우왕 5)의 사례—」 『韓國史學報』32, 2008, 102쪽). 그러나 권근이 지은 권씨부인 묘지명의 기록이 분명하고, 『牧隱集』의 年譜보다 시기적으로 앞서는 자료임을 감안할 때 그 기록을 믿지 못할 이유가 없는 것 같아 기왕의 견해를 수정하여 이색의 결혼 시기를 1341년, 14세 때의 일로 보고자 한다.

년(충숙왕 後6)에는 정동행성원외랑에 임명되어 고려에 왔다.[42] 고려에서는 귀국한 해에 종3품 중현대부中顯大夫 성균좨주成均祭酒 예문관제학藝文館提學 지제교知製敎를 거쳐 1339년(충숙왕 後8)에는 정3품 정순대부正順大夫 판전교시사判典校寺事 예문관제학 지제교에 올랐다.[43] 역시 원의 관직을 겸하고 있는 데 힘입은 초고속 승진이었고, 그러한 가운데 1341년(충혜왕 後2) 이색의 혼인이 이루어졌던 것이다. 그리고 그해에 이곡은 다시 원으로 돌아가 6년을 그곳에 머물렀다.[44]

한편, 이색은 국자감시에 합격한 다음 해인 1342년(충혜왕 後3)에 아버지의 문음으로 무반직인 별장에 임명되었다.[45] 이 별장직은 음직蔭職일 뿐이었고 실제로 근무하는 관직은 물론 아니었다. 이 무렵 이색은 성균관에서 수학하고 있었는데, 뒷날 자신이 성균관 9재의 각촉부시刻燭賦詩에서 16세에 4, 5차례, 17세에 20차례 장원을 했다고 술회한 시가 있다.[46] 성균관에서의 수학은 물론 과거 준비를 위한 것이었다. 그러나 이색은 17세이던 1344년(충혜왕 後5) 11월에 실시된 과거에 응시하여 낙방하고 말았다. 이 사실은 잘 알려져 있지 않지만, 이색 스스로 "내가 17세 때 동당시東堂試에 응하여 화씨벽부和氏璧賦를 지었다"고 술회한 데서 밝혀진다.[47] 낙방에도 좌절하지 않고 다음 해 서주의 대둔산, 또 그다음 해에는 평주의 모란산으로 옮기면서 공부를 계속했다.[48]

이색이 과거를 준비하는 동안 고려에서는 충혜왕이 원에 잡혀가 유배되는 도중에 사망하는 사건이 발생하고, 충목왕이 그 뒤를 이어 즉위했다. 1344년의 일이었다. 원에 있던 이곡은 1343년(충혜왕 後4) 종5품 봉훈대부奉訓大夫 중서사전부中瑞司典簿로 승진했고, 이듬해 충목왕의 즉위에 즈음하여 고려의 재상들에게 다음과 같은 글을 보냈다.

> 생각건대 우리 삼한이 나라답지 못한 지가 또한 오래되었습니다. 풍속이 무

너지고 형정이 문란하여 백성들이 제대로 살 수가 없게 된 것이 도탄에 빠진 것과 같은데, 다행히 지금 국왕이 명을 받아 나라에 갔으니 백성들의 바람이 큰 가뭄 중에 단비를 바라는 것과 같을 것입니다.[49]

이는 충목왕 즉위 후 전개될 고려의 정치에 대한 기대를 내비친 것으로, 실제로 충목왕 때는 정치도감整治都監이 설치되어 개혁정치가 추진되었고, 이제현을 필두로 신흥유신들의 정치 참여가 활발하게 이루어졌다.[50] 그러한 때에 이제현의 문생이면서, 원의 관직을 가지고 있던 이곡의 정치적 비중은 매우 컸을 것이다. 이곡은 충목왕의 즉위한 뒤 1345년(충목왕 1) 밀직부사가 되어 재추의 반열에 올랐고,[51] 이듬해 원에서 귀국했다. 그 한 해 동안 이곡의 관직은 밀직부사에서 동지밀직사사, 지밀직사사를 거쳐 정당문학政堂文學에 이르렀다.[52] 그와 동시에 이제현의 천거를 받아 서연관書筵官이 되고,[53] 이제현과 함께 『편년강목編年綱目』 증수와 충렬·충선·충숙왕의 실록 찬수 작업에 참여했으며,[54] 예부시의 동지공거가 되었다.[55] 이곡의 나이 49, 50세 때의 일로, 이때가 이곡의 일생에서 가장 득의에 찬 시절이었다.

하지만 이곡의 행복은 그리 오래가지 못했다. 이곡이 허백許伯과 함께 예부시를 주관했을 때 '세가世家의 불학자제不學子弟'들을 많이 뽑았다고 하여 헌사의 탄핵을 받고, 그 때문에 원으로 다시 돌아가게 되었던 것이다.[56] 하지만 이곡이 원으로 돌아간 것은 단지 과거 부정 때문만은 아니었다. 충목왕 즉위 후 기대 속에 시작된 정치도감의 개혁 활동이 1347년(충목왕 3) 3월 기황후의 족제인 기삼만奇三萬의 옥사 사건을 계기로 중단되고 충혜왕 측근 세력과 부원배들의 반격이 시작되었다. 이 해 4월에 정동행성 이문소에서 정치도감 관원들을 수감했고,[57] 10월에는 원에서 기삼만 죽음의 책임을 물어 정치관들을 처벌했다.[58] 이로써 정치도감의 활동은 사실상 중단되고 개혁 역시 실패로 끝나게 되었는데, 이곡이 원으로 돌아간 것도 이러한 사태의 진전과 무관하지 않았을 것이다.

원으로 돌아간 이곡은 곧 이색을 원으로 불러들였다. 당시 이곡이 원의 5품 관직인 중서사전부였으므로, 이색은 조관朝官의 아들로서 국자감 입학이 허용되었다.[59] 이곡의 다음 시는 이 무렵에 지은 것으로 보인다.

男兒須宦帝王都	남아는 제왕의 도읍에서 벼슬을 해야 하고말고
若欲致身均是勞	벼슬하려면 고생하기는 여기나 저기나 마찬가지
汝識宣尼小天下	너도 알다시피 선니가 천하를 작게 여겼던 것도
只緣身在泰山高[60]	단지 몸이 높은 태산 위에 있었기 때문이었느니라[61]

이곡은 또 사신으로 결정된 이공수李公遂에게 다음과 같은 시를 보내 이색이 원에 올 수 있도록 주선해줄 것을 부탁했다.

胄庠文物盛唐虞	국자감의 문물이 요순 때보다 성대하니
有子爭教守海隅	자식 둔 부모가 본국서만 교육시키려 하리이까
聞說先生朝北闕	듣자 하니 선생께서 북궐 조회 가신다니
可令豚犬執鞭無[62]	제 자식이 말고삐 잡게 해 주실 순 없을지요[63]

이색은 1348년(충목왕 4) 3월 하성절사 이능간李凌幹과 이공수 일행에 끼어 원의 대도에 갔고,[64] 같은 해 국자감에 입학했다.[65] 고려-원 간에 인적 교류가 활발하게 이루어지는 가운데 원에서 유학하는 사람들도 많았지만, 국자감에 입학한 것은 이색이 처음이었다. 그 당시의 기쁨을 이색은 뒷날 다음과 같이 회고했다.

同游儕輩盡豪傑　　함께 글 읽던 동료들은 모두가 호걸이라
學海浩瀚窮淵源　　광대한 학문 세계에 근원을 궁구했는데
相觀而善尙不足　　서로 보아서 착하게 연마해도 부족하고
高飛斥鷃才踰藩　　높이 날아봤자 뱁새는 울을 넘을 뿐이었네
中朝天子重學校　　때마침 중국 천자가 학교를 중히 여겨
璧水縉紳方討論　　태학의 선비들이 한창 경전을 토론할 제
東人鼓篋亦甚少　　동인으로 취학한 이는 매우 적었는지라
朝官子弟何其尊　　조관의 자제는 어찌 그리 존귀했던고
先君簉跡奉訓列　　나는 선군이 봉훈의 반열에 오른 관계로
援例得以游橋門　　전례에 따라 태학에 유학할 수 있었는데
螟蛉變化不閱歲　　훌륭한 교화 받은 지 한 해도 안 지나서
綴文往往稱高騫[66]　　글 지으면 이따금 뛰어나단 칭찬 들었네

당시 원의 국자감에서는 유학, 특히 과거 과목인 성리학을 교육했으므로, 이곳에서 이색은 당연히 성리학을 공부했다. 그리고 그 경험은 뒷날 이색이 고려의 성리학 수용에 이바지하면서 대학자로 성장하는 중요한 기반이 되었다.

그러나 국자감 유학의 의미는 나중에야 발휘된 것이고, 머나먼 이국땅에서의 유학은 21세 젊은이에게 신산의 길이 아닐 수 없었다. 우선, 이색을 원으로 불러들였던 아버지는 어떤 이유에서인지 곧 고려로 돌아왔다. 이색이 원에 도착하고 불과 몇 달 뒤인 1348년(충목왕 4) 여름에 이곡은 고려에서 광정대부匡靖大夫 도첨의찬성사都僉議贊成事 우문관대제학右文館大提學 감춘추관사監春秋館事 상호군上護軍에 올라 귀국했던 것이다.[67] 하지만 귀국 후에는 곧 고향인 한산으로 내려가 은거했는데,[68] 이것을 보면 그 전해에 있었던 정치도감의 활동 때문에 고려와 원에서 모두 배척을 받았

던 것 같다. 그렇다면 이곡의 귀국은 미리 계획된 것이 아니라 타의에 의해 갑자기 이루어졌을 가능성이 크다. 이색은 원에서 아버지를 배웅하며 지은 시에서

遠游萬里爲思親	만리 밖에 원유함은 부모 생각 때문인데
親却東還鼻自辛	어버이 동으로 가시니 코가 절로 시큰하네
天地一身渾似夢	천지 사이의 한 몸은 온통 꿈만 같은데
風塵四面暗傷神	풍진은 사면에 어두워 심신을 상하누나
書林底處猶迷路	학문은 어디에나 아직도 길을 헤매고
宦海無涯試問津	벼슬길은 끝없어 시험 삼아 나루를 묻네
努力分陰當自惜	노력하여 스스로 일초의 시각을 아껴서
好將功業樹昌辰[69]	좋이 공업을 태평한 시대에 세우리다

라고 하여, 이별의 슬픔과 함께 앞으로의 각오를 다짐했다.

원의 대도에 혼자 남게 된 이색은 숭덕사崇德寺라는 절에 머물렀고,[70] 뒤에는 도성 거리의 남쪽에 셋집 한 칸을 얻어 살았다.[71] 이색의 다른 시에서는 1349년(충정왕 1)에 독칠방獨七房에 기거하였다고 했으므로,[72] 그 셋방을 독칠방이라고 불렀던 것이 아닌가 한다. 다음 시를 보면 이 독칠방은 부인이 모아둔 돈으로 얻은 것이었다.

至正己丑歲	지정 기축년 그 당시에는
四海富布粟	입고 먹을 것이 세상에 풍부해서
匹絹四五布	명주 한 필 값이 고작 포목 너더댓 필
貴賤悉取足	돈 없는 사람들도 명주를 살 수 있었다오
婦曰我少畜	부인이 조금 모아둔 것이 있다면서

獨處獨七屋	나에게 독칠방을 혼자 쓰게 하고서는
乞▨向祖父	조부님께 간청하며 아뢰고 나서
市易得所欲	시장에 나가 원하는 만큼 바꿔 왔는데
製服趁節序	계절 따라 지어 준 옷을 몸에 걸치면
潔淨若沐浴[73]	정결한 느낌이 목욕을 한 듯 상쾌했다오

시에서 부인이 간청했다는 '조부님'은 이색의 처조부인 권한공을 가리키는바,[74] 원에서의 거처뿐 아니라 생활비도 처가에서 댄 사실을 이 시를 통해 알 수 있다.

대도에서 이색은 고려 사람들과 많이 어울렸다. 그 무렵 박중강朴仲剛과 주고받은 시가 세 편 남아 있는데,[75] 그는 이색의 성균시 좌주인 김광재의 생질로 이색과는 남다른 사이였다. 뒷날 이색이 그를 위해 지은 글에 따르면, 그는 "대장부가 답답하게 한쪽 구석에만 처박혀 있다면 우물 안 개구리와 무엇이 다른가"라고 하고는 길을 떠나 대도에 갔다고 한다.[76] 또 대도에서 유학하고 있던 회당檜堂과도 어울렸고,[77] 고려 사람으로서 원에서 태어난 승려 법진法珍과도 어울렸다.[78] 이곡과 함께 정동행성에서 근무한 적이 있던 홍빈洪彬도 이 시기에 대도에 살면서 이색을 보살펴주었다. 이 인연으로 이색은 그의 묘지명을 짓게 되었는데, 그에 따르면 홍빈이 호중연胡仲淵이라는 학자를 불러들여 아들 홍수산洪壽山을 가르치게 하고 이색도 함께 수업을 받을 수 있도록 했다고 한다.[79] 그 밖에도 이색은 기황후의 일족인 기집현奇集賢이 고려에 가는 것을 배웅하며 시를 지었는데,[80] 이것을 보면 유학생뿐 아니라 대도에 있던 고려 사람들과 광범하게 접촉했음을 알 수 있다.

이색은 또 국자감에서 함께 공부하는 동사생同舍生들과도 친분을 쌓았다. 『목은시고』에는 이 무렵 이색이 동사생들과 어울리면서 지은 시가 실려 있다.[81] 또 국자감 박사인 홍의손洪義孫과도 왕래했고,[82] 국자감 조교였던 섭항葉恒의 아들 섭공소葉孔昭와는 함께 어울리며 여러 편의 시를 남겼다.[83] 이 밖에 이색은 우문공량, 성준成遵, 여정심余廷心 등 이곡의 동년들과도 왕래가 있었는데, 우문공량은 마침 국자감 학관으로 부임하여 이색에게 역학易學을 가르쳤고,[84] 나머지 두 사람도 이색의 학업을 권면하고 때로는 음식을 보내주는 등 도움을 주었다.[85] 실로 제과 급제자의 아들로서 누릴 수 있는 특별한 혜택이 아닐 수 없었다.

그러나 대도에서 이색의 유학 생활은 외롭고 힘들었던 것으로 보인다. 이 시기에 지은 시에는 고향 생각, 부모에 대한 그리움, 나그네의 처지 등이 자주 피력되었다. 게다가 이색은 중국어가 능숙하지 않아 큰 어려움을 겪었다.[86] 아버지의 동년인 성준을 방문한 자리에서

海外同年子	해외에 사는 동년의 아들이
門前此日身	오늘 그 문전에 이르렀는데
童心猶未化	동심은 아직 변하지 못했고
漢語摠非眞[87]	중국말은 서툴기만 하여라

라고 한 데서 그러한 형편을 엿볼 수 있다. 또한 뒷날 유학 시절을 회상할 때도

璧水光陰記少年	태학의 세월이라 소년 시절 기억하노니
八齋環列誦聲連	빙 두른 팔재에 글 읽는 소리 이어질 제
升堂最怕抽籤講	당에 올라 찌 뽑아 강하기 가장 두려웠으니
爲是音訛意莫傳	발음이 틀려 뜻을 전하지 못한 때문이었네

當時諸子摠眞儒 당시의 다른 이들은 다 참다운 유자였기에
說到精微肯囁嚅 정미한 곳 설파하여라 어찌 머뭇거리랴만
獨有牧翁長閉口 유독 이 목은 늙은이는 길이 입을 닫고서
中堂兀坐似枯株[88] 마른 나무 등걸처럼 중당에 우뚝 앉았었네

라고 하여 서툰 중국어 때문에 곤혹스러웠던 기억을 가장 먼저 떠올릴 정도였다.

결국 이색은 1350년(충정왕 2) 봄 귀국길에 올랐다.* 원에 간 지 3년 만의 일이었다. 유학 중에 아무런 이유 없이 귀국한 것은 학업을 포기한 것으로 보기에 충분하다. 이색이 대도를 출발하면서 지은 시에는

天敎小臣生東垌 하늘이 소신을 동쪽 나라 내었기에
變化氣質希螟蛉 기질을 변화시켜 훌륭하게 진취하고자
負笈來游壁水下 책을 지고 태학에 와서 유학을 했으나
數年聽瑩絃誦聲 수년 동안 학문을 제대로 닦지 못하고
今朝垂橐故山去 오늘 아침 빈 주머니로 고향을 향하여
騎馬悠悠出鳳城[89] 말에 올라 유유히 봉성을 나가는구나

라고 하여, 태학 즉 국자감에서 학문을 제대로 닦지 못하고 고향을 향해 출발하는 허탈한 심정이 나타나 있다. 이 귀국길은 봄에 시작해서 가을에 한산에 도착하는 것으로 끝이 나는데,[90] 여정이 이렇게 길어진 것은 학업을

* 『牧隱集』의 「牧隱先生年譜」에는 이 해 여름에 '上都分學', 즉 上都의 國子監 分學에 갔다가 가을에 '歸覲'하고 겨울에 '還學'한 것으로 되어 있지만, 『牧隱詩藁』의 시들을 면밀하게 추적해 보면 봄에 大都를 출발해서 곧장 고려로 향했음을 확인할 수 있다. 이때 이색의 여정은 森平雅彦, 「牧隱 李穡의 두 가지 入元 루트—몽골 시대 高麗-大都 간의 육상 교통—」 『震檀學報』 114, 2012, 106-112쪽에 정리되어 있다.

포기하고 유람하듯 돌아왔기 때문일 것이다.

하지만 이색은 고향에 돌아온 지 불과 수개월 뒤, 타향살이의 상처가 채 아물기도 전인 1350년(충정왕 2) 12월에 다시 원으로 돌아갔다. 즉, 그해 12월 20일 개경을 출발하여 이듬해 1월 대도에 도착했고 곧 국자감에 복귀했다.[91] 고려로 돌아올 때와는 달리 약 1개월 정도가 걸린 짧은 여정으로, 이번에는 발길을 서둘렀던 것으로 짐작된다. 그런데 국자감에서 학업을 다시 시작할 무렵, 이번에는 아버지의 갑작스런 부음을 듣고 또다시 귀국하게 되었다.[92] 이곡이 세상을 떠난 것은 1351년(충정왕 3) 1월 1일의 일이었고,[93] 이색에게 부음이 전해진 것은 1월 말이었다.[94] 부음을 접한 이색은 즉시 귀국하여 1353년(공민왕 2) 여름까지 고향 한산에서 삼년상을 치렀다.

이색에게 삶의 본보기가 되었고, 원 국자감 유학이라는 남다른 길을 제시해주었던 아버지의 죽음은 이색에게 큰 충격이었을 것이다. 게다가 시기적으로 볼 때 국자감 유학을 중단하게 된 것도 아쉬운 일이 아닐 수 없었다. 이때 귀국한 뒤로는 다시 국자감에 돌아가지 않았으므로 이색의 국자감 유학은 1348년(충목왕 4) 여름부터 1350년(충정왕 2) 봄까지와 1351년 1월 한 달을 더해 모두 24개월 미만에 불과한 셈이었다. 또 국자감에 있을 때 이색은 유예재游藝齋에 속해 있었는데,[95] 유예재는 당시 원 국자감 학제의 상·중·하 등급 가운데 하재下齋에 해당하여 주로 『소학』을 교육하는 곳이었다.[96] 따라서 이색의 국자감 유학이 기간이나 수준에서 성리학을 익히는 데 충분했다고는 보기 어렵다.

하지만 이색이 부친상을 마친 직후에 고려의 과거에 응시하여 장원으로 급제하고 연이어 원의 제과에 합격한 것을 보면 성리학 이해 수준이 낮지는 않았다. 그가 국자감에서 유학하면서 어려움을 겪었던 이유가 주로 언어 때문이었다면, 중국 학생들에게 뒤떨어지지 않는 한문 실력으로 그것을 보완할 수 있었을 것이다.[97] 또 대도에서의 성리학 공부가 반드시 국자감에서만 이루어진 것은 아니어서 이곡의 동년인 우문공량에게서 『주역』을 배웠고, 홍빈의 주선으로 호중연에게도 사사했다. 이렇게 다양한 교육의 기회와 더불어 필시 이색의 노력이 더해져 단기간 유학이었음에도 불구하고 나름의 실력을 갖추게 되었던 것이 아닌가 한다.

한편, 이색의 20대 전반에는 부친상 말고도 집안에 상사喪事가 잇따랐다. 먼저 22세이던 1349년(충정왕 1) 9월에는 처조부인 권한공이 사망했다.[98] 당시 국가의 원로이자, 이색 개인에게는 처가의 가장 웃어른이던 권한공의 죽음은 약관을 막 지나 아직 관직에 오르지 못하고 있던 이색에게는 아쉬운 일일 수 있었다. 또 23세이던 이듬해 10월에는 할머니가 세상을 떠났다.[99] 어린 시절 한산에서 자신을 돌보아준 할머니의 죽음은 이색에게 커다란 슬픔이었을 것이다. 하지만 상사만 있었던 것은 아니어서 이곡이 사망한 바로 그해에 첫아들 종덕種德을 얻는 기쁨도 있었다.[100] 결혼한 지 10년 만의 경사로, 이때 이색의 나이 24세였다.

2. 관직활동기

이색이 부친상을 치른 1351년(충정왕 3)부터 1353년(공민왕 2)까지 3년 동안 고려에서는 충정왕이 퇴위하고 공민왕이 즉위하는 커다란 변화가 있었다. 이색은 상중이던 1352년(공민왕 1) 4월에 진사의 자격으로 글을 올려 시무를 논했는데, 그것이 유명한 '복중상서服中上書'이다.[101] 이 상서는 공민왕이 즉위교서에서 구언求言한 데 응하여 올린 것으로, 젊은 시절 이색의 현실인식을 보여주는 귀중한 자료이다.

이색은 1353년(공민왕 2) 여름에 상을 마친 뒤 곧바로 과거에 응시하여 장원으로 급제했다.[102] 시험을 주관한 지공거는 이제현과 홍언박洪彦博으로, 특히 당대 최고의 학자로 칭송받던 이제현의 문하에서 장원으로 급제한 사실은 이색에게 커다란 자부심을 갖게 했다. 이색은 이 무렵 지은 시에서 "내 헛된 명성이 좌중을 놀래킬 만한 것은 / 익재 선생 문하의 장원랑인 때문이라오"라고 하여[103] 그러한 심정의 일단을 드러냈다. 게다가 이곡도 이제현의 문생이었으므로, 부자가 함께 이제현의 문생이 되는 기연을 맺기도 했다.

이색은 과거에 급제한 뒤 공민왕비 노국대장공주의 부府인 숙옹부肅雍府의 정7품 승丞에 임명되었다.[104] 하지만 이에 만족하지 않고 같은 해 가을 정동행성 향시에 합격하고,[105] 제과에 응시하기 위해 10월 진하사 김희조金希祖의 서장관이 되어 원에 갔다.[106] 그리고 이듬해 원에서 실시된 회시에 합격했으며, 뒤이은 전시에서 제2갑 제2명의 석차를 얻어 정7품 승사랑承事郎 응봉한림문자應奉翰林文字 동지제고同知制誥 겸국사원편수관兼國史院編修官에 임명되었다.[107] 당시 시험을 주관한 독권관讀卷官 두병이杜秉彝와 구양현歐陽玄이 이색의 대책對策을 보고 크게 칭찬했다고 한다.[108] 이색이 받은 관직은 이곡이 제과에서 제2갑 제8명으로 합격하여 정7품 승사랑 한림국사원검열관翰林國史院檢閱官에 임명되었던 것과 비슷한 수준으로, 아버지가 그랬던 것처럼 고려에 돌아가면 승진과 함께 순탄한 관직생활을 보장받은 것이나 마찬가지였다. 이색은 제과 합격의 기쁨을 반어적으로 "불행히도 일찍 과거에 급제하여〔不幸登科早〕"로 시작하는 다음의 시로 표현했다.

不幸登科早	불행히도 일찍 과거에 급제하여
晨興每永省	새벽이면 일어나 늘 반성해 보니
清明氣猶存	청명한 기운은 아직 남아 있어

澹若深淵靚	깊은 못처럼 맑고 고요하다가도
俄而物來攻	이윽고 사물이 와서 공격하면은
逐外肆馳騁	밖을 향해 제멋대로 달려가누나
取暎逼明鑑	비춰 보려고 거울은 가까이하건만
汲古嗟短綆	물을 긷자도 두레박줄이 짧구려
聖賢教多術	성현의 가르침은 방도가 많아서
未易挈裘領	수이 요령을 얻을 수가 없도다
已往不可追	이왕지사는 만회할 수 없거니와
愼勿事僥倖	삼가 요행을 일삼지 말아야겠네

不幸登科早	불행히도 일찍 과거에 급제하여
晝坐心如裂	낮에 앉으매 마음이 찢길 듯하네
煌煌黃金牓	저 반짝반짝 빛나는 황금방을
豈爲闒茸設	어찌 무능한 자 위해 베풀었으랴
念此每自愧	이를 생각하면 늘 스스로 부끄러워
背汗面發熱	등엔 땀나고 낯은 붉게 달아오르네
知無封侯相	봉후가 될 상이 없음은 알거니와
亦非識時傑	시기를 아는 호걸 또한 아니거니
且去讀詩書	우선 가서 시서나 읽고 있다가
行年立不惑	내 나이 사십 세에 이르거든
始可秣吾駒	비로소 내 망아지 꼴 먹여 가지고
往取千鍾祿	가서 천종의 봉록을 취해 볼거나

不幸登科早	불행히도 일찍 과거에 급제하여
夜半推枕起	밤중에 베개 밀치고 벌떡 일어나네

有實宜若虛　　실하여도 허한 것처럼 해야 하나니
過情胡不恥　　실정에 지나침이 왜 안 부끄러우랴
窮通休問天　　궁통은 하늘에 묻지 말 일이거니와
用舍何與己　　용사인들 어찌 나에게 상관되리요
俯仰無愧怍　　하늘과 사람께 부끄럽지 않으려면
平生愼終始　　평생토록 시종을 조심하여야 하리
道學不可晝　　도학을 닦음엔 획정할 수는 없으나
竟成在有志　　끝내 이룸은 뜻을 두는 데 있나니
盈科必放海　　꼭 구덩이 채우고 바다에 이르므로
仲尼稱水亟[109]　　중니께서 자주 물을 일컬었다오

제과에 합격한 이색은 곧 귀국길에 올라 고향인 한산으로 돌아왔다. 그 도중에 지은 시에는 제과에 급제하고 금의환향하는 27세 젊은이의 기쁨과 뿌듯함이 묻어 있다. 예를 들자면

今日東歸非昨日　　오늘 돌아가는 길은 예전과 아주 달라라
中朝內翰跨飛鸞[110]　　중조의 한림학사로 난새를 걸터탔다오

라거나,

衣錦還鄕世所榮　　금의환향은 세상이 영화롭게 여기거니와
榮親盛事在科名　　영친의 성대한 일은 과거 급제에 있도다
…　　……
由來漢水蒲萄綠　　예로부터 한강 물은 포도빛처럼 푸른데
一棹淸吟快我情[111]　　노 저으며 시 읊으니 내 마음 유쾌하여라

라고 한 것이 그것이다.

고려의 관직을 가지고 있으면서 원 제과에 급제한 상태에서 앞으로 고려와 원 어느 쪽에서 관직 생활을 할지는 이색 자신도 아직 결정하지 않은 상태였다. 하지만 마음속으로는 고려로 돌아오는 쪽으로 기울었는데, 귀국 후 한산으로 가는 길에 지은 시에서 "앞으로는 내 여생을 동해에 기탁할 게고 / 행여도 천만 리 밖에 다시 놀지 않으리"라고 한 데[112] 그러한 심경이 피력되어 있다. 이색이 그렇게 생각한 데는 타향살이의 어려움이나 고향의 가족들에 대한 그리움뿐만이 아니라, 당시 원의 정세에 대한 불안감도 일부 작용했던 듯하다. 한산에서 어머니를 뵙고 개경으로 돌아가는 길에,

桂林濟美是文章	선친을 이어 급제한 것은 바로 문장이요
萱草忘憂是風化	모친을 즐겁게 함은 곧 풍속의 교화로다
幸勤三遷孟母心	다행히 삼천지교 맹모의 마음 지극하여라
回首青燈照茅舍	회상컨대 외로운 등불이 띳집을 비추겠지
…	……
當時太平勢可致	그 당시엔 태평을 이룰 만했어도 그랬는데
奈此四海方多艱	더구나 천하가 한창 어려운 이때임에랴
掛冠徑向天東走	벼슬 버리고 곧장 하늘 동쪽으로 달려가
自斷此生誰掣肘	내 생애 스스로 결단하는 걸 누가 막으랴
歸來歸來好歸來	돌아가자 돌아가자 좋이 어서 돌아가잣다
下有妻孥上有母[113]	위에는 모친이 아래는 처자가 있질 않나

라고 읊은 시에서 "천하가 한창 어려운 이때"라든가 "벼슬 버리고 곧장 하늘 동쪽으로 달려가"라고 한 구절들이 눈길을 끈다. 이 시기는 원 말기의

혼란이 한창이던 때로, 수년 전부터 원의 수도에서 유학하고 있던 이색의 눈에도 그러한 혼란상이 분명히 비쳐졌을 것이다. 이 무렵 이색의 내면을 정리하자면, 제과 급제의 기쁨이 넘쳐나는 가운데 원의 쇠퇴에 대한 일말의 불안감이 섞여 있었다고 하겠다.

한산에서 영친을 마치고 1354년(공민왕 3) 12월에 개경으로 돌아온 이색은 전달에 자신이 전리정랑典理正郞 예문응교藝文應敎에 임명되었다는 소식을 듣게 된다.[114] 그 정식 직함은 통직랑通直郞 전리정랑 예문응교 지제교 겸춘추관편수관이었는데,[115] 이것이 제과 합격 후 고려에서 처음 받은 관직이었다. 전리정랑과 예문응교는 모두 정5품으로, 과거에 급제하여 정7품 숙옹부승에 임명된 지 1년 만에 4계단을 뛰어오른 파격적인 승진이었다. 게다가 전리사典理司는 문신의 인사를 담당하는 관청이었고, 예문관은 왕명을 제찬하는 관청으로 모두 요직이었다. 그 기쁨을 이색은

寵異何曾望　　특별한 은총을 어찌 바랐으리요
超升自古難　　등급 뛰어오름은 예부터 어려웠네
掌銓郞署重　　인재 선발하는 낭서는 막중하고
演誥禁林寒[116]　　조서를 초할 제 금림은 차가우리

라는 시로 표현했다. 한편 그러면서도 "평생에 뜻을 모름지기 견실하게 세워서 / 세상일을 너무 성급히 이루려고 말아야지"라고 하여 자신을 경계하고,[117] 다음과 같은 시로 학문에 정진할 것임을 다짐했다.

達人輕爵祿　　달인은 작록을 가벼이 여기고
君子重衣冠　　군자는 의관을 중히 여기는데
自恨起家早　　한스러워라 일찍 세상에 나가서

已知行路難	이미 세상길 어려움을 알았네
詞鋒森劍戟	문장 예봉은 검극처럼 삼엄하고
學海浩波瀾	학문 바다는 파도가 광대하니
努力休中廢	중도에 폐하지 말고 노력하여야
芳名垂不刊[118]	훌륭한 명성 영구히 전하리라

이색은 전리정랑 예문응교에 오른 지 2개월여 만인 1355년(공민왕 4) 윤1월에 왕부비체치王府必闍赤가 되고 종4품 내서사인內書舍人으로 승진했다.[119] 비체치란 몽골의 영향을 받아 설치된 국왕의 측근 관직으로, 그 임명에 대해 권근은 "비목批目 쓰는 일을 담당하였으니 유림儒林이 영예롭게 여기는 자리이다"라는 설명을 붙여놓았다.[120] 이색은 그 직후 어머니를 뵙기 위해 다시 한산에 다녀왔는데, 한산의 집에 도착해서 지은 시에서 자신을 원의 한림학사이자 고려의 중서사인이라고 표현하여[121] 원과 고려의 관리로서 이중적인 정체성을 내비쳤다. 이것은 아마 이 해 3월에 사은사 윤지표尹之彪의 서장관이 되어 원에 파견이 예정된 사실과[122] 관련된다. 즉, 이색은 정식으로 원의 관직을 제수받기 위해 원에 가기로 되어 있었고, 그것을 앞두고 자신이 고려의 관리일 뿐 아니라 원의 한림학사라는 사실을 상기했던 것이다.

서장관이 되어 원에 도착한 이색이 곧바로 원의 관직에 임명된 것은 아니었다. 1355년(공민왕 4) 6월 15일 이후에도 '수차須次', 즉 관직 임명을 기다리는 상태였고,[123] 입추가 지나서야 관직에 임명되었다.[124] 그리고는 한림원에 들어갔는데,[125] 연보에는 이 해 8월에 한림원에 예임禮任되었다고 기록되어 있다.[126] 이때 이색이 받은 관직은 응봉한림문자로, 제과 합격 후에 받았던 관직에 정식으로 임명된 것이었다. 그로부터 원의 응봉한림문자로서 실제 업무를 보았는데, 이 해 가을에는 추정秋丁의 문묘제사에 참여했고,[127] 중서성의 명을 받들어 어가를 영접하기도 했다.[128] 특히 이해 겨울에는 한림원경력사의 종5품 관직인 경력經歷의 업무를 임시로 맡아 때마침 원에서 공민왕의 공신호를 정하는 절차에 참여했다.[129]

하지만 이색이 원에서 관직 생활을 하고 있는 동안 원의 정세는 점점 더 악화되었다. 이 무렵 이색이 지은 시에는 "바람 가득한 강회江淮에 성난 파도 일어나서 / 파도 소리 싸우는 듯 싸움 소리 들레어라" 라거나,[130] "강회에는 창칼이 서로 번쩍여라 / 요란한 북소리에 해가 저물어 가네" 라고 하여[131] 전란을 소재로 한 대목이 있다. 이색은 원에 남을지, 그렇지 않으면 고려로 돌아갈지를 두고 심각하게 고민했을 것이다. 그리고 결국 고려로 돌아가는 길을 택하고 1356년(공민왕 5) 1월 대도를 떠나 고향으로 돌아왔다.[132] 그때의 심정을 이색은 다음과 같이 두 시에 담았다.

岳瀆埋雲氣	산천은 운기를 묻어 감추는데
煙塵暗日華	연기와 먼지는 햇빛을 가리누나
天寒歸野鶴	날이 추우니 들 학은 돌아가고
林暝集昏鴉	숲이 어두우니 밤 까마귀 모이네
山送霏微雪	산에서는 가랑눈을 내려 보내고
風摧爛熳花	바람은 찬란한 꽃을 꺾는구려
可憐東海客	가련하여라 동해의 나그네는
匹馬獨還家[133]	필마로 혼자 고향엘 돌아가네

征鞍風雪月將闌	나그네 길 눈보라 속에 달은 지려 하는데
回首燕都似夢間	머리 돌려 연도를 바라보니 꿈속만 같구나
壯志昔年頻北上	뜻 장대했던 옛날엔 자주 북으로 갔었다가
倦游今日始東還	벼슬이 싫증난 오늘에야 동으로 돌아가네

一鞭紅日投孤店　한 자쯤 석양 아래 객사를 찾아 들어가니
數點靑山認故關　두어 점 푸른 산이 옛 관소임을 알겠도다
遙想鎭江煙水闊　진강의 뿌연 안개 광활함을 멀리 생각하니
眼中髣髴對慈顔[134]　눈에 어머님 얼굴을 대한 듯하구나

당시 이색은 어머니를 봉양한다는 구실로 원에서 사직하고 고려로 돌아왔다. 하지만 권근이 행장에서 "장차 천하가 어지러워질 것을 알았기 때문이다"라고 밝혔듯이[135] 원의 정세 악화가 사직과 귀국의 직접적인 이유였다. 이색이 귀국한 해에 고려에서는 공민왕이 주도한 반원운동이 일어났고, 그로부터 10여 년 뒤에는 원이 대도를 빼앗기고 북쪽으로 쫓겨났으므로 이색의 예측이 적중했다고 할 수 있다.

1356년(공민왕 5) 1월 고려에 돌아온 이색은 우선 한산에 갔다가 개경으로 올라와 공민왕을 배알했다.[136] 그런데 이 해 5월 18일에 공민왕이 기철奇轍, 노책盧頙, 권겸權謙과 그 일족을 죽이고, 정동행성 이문소를 폐지하며, 동북면과 서북면에 군대를 보내 각각 쌍성총관부를 수복하고 원의 공격에 대비하도록 하는 사건이 일어났다.[137] 이것이 뒷날 반원운동으로 알려지지만, 적어도 그 당시에는 기철 등의 모반을 공민왕이 진압한 것으로 인식되었다. 그것은 거사 직후 공민왕이 반포한 교서의

> 기철, 노책, 권겸 등이 원조元朝에서 우리를 구휼한 뜻과 선왕께서 창업수통創業垂統하신 법을 생각하지 않고 세력을 믿고 임금을 업신여기며 권력을 함부로 행사하여 백성을 해치기에 끝이 없었다. 나는 그들이 원나라 황실과 혼인 관계가 있기 때문에 그들이 말하는 대로 한결같이 모두 들어주었는데, 그들은 오히려 부족하게 여겨 몰래 반역을 도모하고 사직을 위태롭게 하였다. 다행히 천지와 조종의 영靈에 힘입어 기철 등을 처단하였다.[138]

라고 한 대목에서 확인할 수 있다. 즉, 기철 등이 원 세력을 배경으로 권세를 부리는 데 그치지 않고 모반을 하여 사직을 위태롭게 했으므로 그들을 처벌했다는 것이다. 이 무렵 이색이 지은 다음 시는 그러한 정황을 소재로 한 것으로 추측된다.

鳳舞盤安地	봉황은 태평한 땅에서 춤추고
龍興鼎定都	용은 세워진 나라에 일어나네
已無投器鼠	이미 투서기기할 일이 없는데
何患假威狐	어찌하여 호가호위를 걱정하랴
雷雨洗舊染	뇌우는 예전 때를 깨끗이 씻고
山河扶壯圖	장대한 계획은 산하를 붙들도다
中興誰有頌	그 누가 중흥송을 지을런고
愧我僅操觚[139]	나의 문장 졸렬함이 부끄럽네

여기서 '호가호위狐假虎威', 즉 남의 권세를 빌려 위세를 부린다는 것은 원에 기대어 권세를 부리던 기철 등에 대한 비유이고, '투서기기投鼠忌器', 즉 돌을 던져 쥐를 잡고 싶으나 곁에 있는 그릇을 깰까봐 꺼린다는 것은 국왕 곁의 간신을 제거하려다 국왕에게 화가 미칠까 두렵다는 뜻으로 해석된다. 그렇다면 이 시는 공민왕이 기철 일당을 제거한 뒤에 지은 것이며, 이색이 공민왕의 기철 제거를 고려의 중흥으로 생각했음을 보여준다고 하겠다. 그리고 이러한 생각은 공민왕의 거사를 원에 대한 전면적인 반대운동이 아니라, 기철 등의 모반을 진압한 것으로 한정해서 이해했기 때문에 커다란 고민 없이 나타날 수 있었던 것이 아닌가 한다.

반원운동 직후 이색은 공민왕의 구언에 따라 시정 8사時政八事를 건의했다. 그 가운데 정방政房을 폐지하고 이부와 병부의 인사권을 회복하자는 내용이 포함되어 있었는데,[140] 이것이 받아들여져 정방이 폐지되고 이색은 중산대부中散大夫 이부시랑吏部侍郎 한림직학사翰林直學士 지제고 겸춘추관편수관 겸병부낭중兼兵部郎中에 임명되었다.[141] 이부시랑과 겸병부낭중으로서 문반과 무반의 인사에 모두 관여할 수 있는 자리였다. 자신이 이부와 병부의 인사권 회복을 건의하고, 스스로 그 권한을 행사하게 된 데 대하여 이색은 그해 연말 「조롱을 해명하며 읊다」라는 시를 짓고 그 서문에서

> 이 해에 기씨의 난이 일어나자, 군신이 서로 정신을 분발하여 경화更化에 힘썼다. 중관中官이 각사에 왕명을 전해 직언을 구하므로 나는 비천함을 헤아리지 않고 십수사十數事를 갖추 진술하여 모두 시행되는 은혜를 입었으니 정방을 혁파하라는 것이 그중 하나였다. 그 후 얼마 안 되어 나에게 이부시랑이 제수되었고, 연말에는 백관의 근만勤慢을 살펴 전최殿最를 매겼으니, 이부가 실로 그 직임을 관장하였다. 그러자 같은 반열에 있는 사람들이 모두 웃으며 말하기를, "이 시랑李侍郎은 그 자리를 스스로 요구한 것이다"라고 하므로 이에 단가短歌를 지어서 해명하는 바이다.[142]

라고 썼다. 여기서 공민왕의 반원운동은 기씨의 난을 제압한 것으로, 이후 공민왕의 정치는 '경화更化', 즉 개혁으로 표현되었고, 자신이 시사時事를 건의하여 그 개혁에 참여한 사실을 긍정적으로 평가했음을 볼 수 있다. 즉, 이색은 공민왕의 반원운동에 즈음하여 정방 폐지를 건의하는 등 정치개혁에 협력했을 뿐 아니라 스스로 개혁에 참여했던 것이다.

1356년(공민왕 5) 반원운동이 성공을 거두어 원의 간섭에서 벗어나는 동시에, 국내 정치에서는 공민왕의 왕권이 강화되었다. 그리고 이색은 공민왕의 두터운 신임을 얻으며 승진을 거듭했다. 우선 1357년(공민왕 6) 2월 중대부中大夫 국자좨주가 되어 3품 관직에 올랐다.[143] 이색의 나이 30세,

과거에 급제한 지 불과 5년 만의 일이었다. 이색은 그 기쁨을 「새로 좨주에 임명되어 문묘를 참알하다」에서 다음과 같이 표현했다.

書生無寸效	국가에 조금의 공도 없는 서생이
高步上華聯	화려한 높은 지위에 오르고 보니
祭酒秩三品	좨주의 작질은 삼품이고요
登科今五年[144]	급제한 지는 지금 오 년이로다

또 얼마 뒤에는 지인상서知印尙書가 되었는데, 권근의 행장에 따르면 '비체치必闍赤의 장長'이라고 되어 있다.[145] 그리고 1357년(공민왕 6) 7월에는 우간의대부로 옮겨 간관이 되었다.[146] 이색이 간관직에 임명된 것은 그때가 처음이었다. 이색은 그 심정을 다음과 같은 시로 표현했다.

曾聞諫院有題名	일찍이 간원제명기가 있단 말 들었더니
今日茫然感愧生	오늘은 망연히 부끄러운 마음이 생기네
千古陽城高義在	천고에 양성은 높은 의리가 있었거니와
令人還憶魏玄成[147]	나로 하여금 또한 위현성을 생각케 하네

양성陽城과 위현성魏玄成(위징魏徵)은 모두 당나라의 직간直諫으로 유명한 사람들로, 이색은 이들을 생각하며 간관으로서의 각오를 가다듬었다. 하지만 간관으로서 이색의 활약은 그다지 두드러진 편이 아니었다. 한 예로, 1357년(공민왕 6) 9월 염철별감鹽鐵別監의 파견을 간관들이 반대하자 공민왕이 재상과 간관들을 모아 다시 의논하게 한 일이 있는데, 이색과 이보림李寶林은 병을 핑계로 나오지 않았고, 전녹생田祿生과 정추鄭樞는 반대 의견을 고집했다.[148] 결국 왕의 뜻에 따라 염철별감을 파견하는 것으로

마무리되었지만, 당초 그에 반대했던 간관들 가운데 이색, 이보림과 전녹생, 정추의 태도는 분명 달랐고, 이색이 간관으로서 강직했다고 보기는 어렵다.

이색이 31세가 되던 1358년(공민왕 7)에는 언관들이 권귀權貴들의 뜻을 거슬러 모두 좌천되는 일이 있었다. 하지만 이색만은 오히려 통의대부通議大夫 추밀원우부승선樞密院右副承宣 한림학사翰林學士로 승진했다.[149] 이때 공민왕이 "이색은 재덕이 출중하니 쓰고 버리는 것을 다른 사람들과 같이 할 수 없다. 이렇게 하지 않으면 사람들의 마음을 복종시킬 수가 없다"라고 하여 특별한 신임을 보인 것으로 기록되어 있지만, 여기서도 다른 간관들과 처신이 달랐음을 의심해볼 만하다.

이후 이색의 관직 생활은 매우 순조로웠다. 1360년(공민왕 9) 3월에는 정의대부正議大夫 추밀원좌부승선 지예부사知禮部事로 옮겼고, 1362년(공민왕 11) 3월에는 정순대부正順大夫 밀직사우대언密直司右代言 진현관제학進賢館提學 지제교 충춘추관수찬관充春秋館修撰官 지군부사사知軍簿司事로 승진했다.[150] 그 사이인 1361년(공민왕 10) 11월에는 홍건적의 침입으로 개경이 함락되고 국왕이 복주福州(지금 경상북도 안동시)로 파천하는 사건이 있었다. 당시 이색은 승선으로서 국왕을 호종했고, 그 공로를 인정받아 전란이 끝난 뒤 논공행상에서 1등공신에 책봉되고 토지 100결과 노비 20구를 받았다.[151] 한편, 복주로 피난 가던 바로 그해에 2남 종학種學이 태어났다. 장남 종덕種德을 낳은 지 10년 만의 경사였지만, 파천하는 국왕을 호종하여 복주로 내려가는 길이 남들보다 더 힘들었을 것이다.

1362년(공민왕 11)에는 이색이 보기 드물게 관직을 내놓고 직언을 한 일이 있었다. 공민왕이 불호사佛護寺에 토지를 하사하고자 하여 이색에게 사패에 날인할 것을 명했는데, 이색이 "이 일은 여러 대신들과 의논해야 할 것이며 가벼이 할 수 없습니다"라며 따르지 않았던 것이다.[152] 왕이 크게 노하자 이색은 곧 사패에 날인했지만, 그래도 왕의 노여움이 풀리지 않자 전箋을 올려 "일에 임하여 뜻을 바르게 하려다가 도리어 노여움을 샀으니, 스스로 돌아보건대 천지 사이에 용납되기 어려울 것 같습니다"라며 사직했다.[153] 공민왕이 윤허하지 않아 사직에 이르지는 않았지만, 그 결과와 관계없이 이색이 이만큼 자신의 뜻을 굽히지 않은 것도 드문 일이었다. 아마 쟁점이 된 사안이 사원에 토지를 하사하는 문제였기 때문이 아니었나 생각되는데, 당시 불교 사원의 농장 소유 등 세속적 폐단이 사회문제가 되고 있었고, 성리학자였던 이색이 그 문제에 대해서만큼은 강경한 태도를 보였던 것이 아닌가 한다.

홍건적의 침입을 격퇴한 뒤 고려에서는 원과의 관계를 개선할 필요성이 대두했고, 그 때문에 공민왕은 반원운동의 성과를 일부 철회했다. 1362년(공민왕 11) 관제를 원간섭기 체제로 환원한 것도 그 일환이었지만, 이듬해 정동행성을 다시 설치한 것은 그 대표적인 사례였다. 정동행성이 설치되자 이색은 정동행성의 유학제거儒學提擧에 임명되었다.[154] 1356년(공민왕 5) 원에서 사직하고 귀국한 지 7년 만에 원의 관직을 다시 받은 셈이었다. 이때 대원외교의 재개는 전적으로 고려의 필요에 따른 것이었으므로 원의 영향력이 부활한 것은 아니었고, 이색의 유학제거 역시 실질적인 관직이라기보다는 다분히 명예직의 성격이 강했다. 유학제거 임명과 동시에 봉익대부奉翊大夫 밀직제학密直提學으로 승진했는데,[155] 오히려 여기에 중요한 의미가 있었다. 밀직제학부터는 재추宰樞의 일원으로서 국정을 의논하는 각종 회의에 참석했기 때문이다. 이때 이색이 36세로, 30대에 재추의 반열에 오르는 것은 고려시대를 통틀어 흔치 않은 일이었다.

1365년(공민왕 14) 3월에는 밀직제학에서 첨서밀직사사簽書密直司事로 승진했고,[156] 그해 겨울에는 동지공거同知貢擧가 되어 지공거 이인복李仁復과 함께 과거를 주관했다.[157] 이색은 평생 동안 4회에 걸쳐 과거의 시관을 역임했는데, 이것이 그 첫 번째였다. 이때 이색의 나이 38세로, 윤소종尹紹宗, 하륜河崙, 박상진朴尙眞, 노숭盧嵩, 맹희도孟希道, 조호趙瑚 등 나이 차이가 비교적 적은 문생들과 학문적으로나 정치적으로 동지 관계를 맺게 되었다.[158] 한편, 이 과거에서는 이인복과 이색의 건의에 따라 거자擧子들이 책을 끼고 시험장에 들어가거나 시험지를 바꿔 쓰는 것을 금지했는데,[159] 이는 당시 과거의 문란상과 더불어 두 사람이 과거의 공정성을 회복하기 위해 노력한 흔적을 보여준다.

공민왕의 신임을 바탕으로 비교적 순탄하게 관직 생활을 이어가던 이색에게도 정치적 위기가 없지는 않았다. 1365년(공민왕 14)에 공민왕이 신돈을 중용하여 대대적인 개혁정치에 착수했고,[160] 그로부터 고려의 정국에는 일대 소용돌이가 일었다. 첨서추밀원사로서 이미 재추의 반열에 올라 있던 이색으로서도 당시의 정치 변동과 무관할 수 없었다.

공민왕이 신돈을 등용한 것은 홍건적을 격퇴하는 과정에서 공민왕의 측근 세력이 와해되고 무장들의 세력이 커지는 가운데 국왕권을 다시 강화하고 개혁을 추진하기 위해서였다.[161] 공민왕은 신돈 등용과 동시에 대표적인 무장이던 최영崔瑩을 계림윤鷄林尹에 임명하여 멀리 좇아냈는데,[162] 이는 무장 세력을 무력화하는 데 그치지 않고 전체 정치 세력을 재편하기 위한 것이었다. 공민왕의 그러한 의도는 신돈을 등용할 때 다음과 같이 말한 데서 확인된다.

> 세신대족世臣大族들은 친당親黨이 뿌리처럼 이어져 있어 서로 허물을 가려주고, 초야신진草野新進들은 감정을 감추고 행동을 꾸며 명망을 탐하다가 귀현貴顯해지면 집안이 한미寒微한 것을 부끄럽게 여겨 대족과 혼인하고 처음의 뜻을 다 버린다. 유생儒生들은 유약하며 강직하지 못하고 또 문생門生, 좌주座主, 동년同年이라 칭하면서 당을 만들고 사사로운 정을 따르니 이 셋은 모두 쓰지

못하겠다. 세상을 떠나 홀로 선 사람〔離世獨立之人〕을 구해 크게 써서 머뭇거리며 고치지 않는 폐단〔因循之弊〕을 개혁하리라고 생각했다.[163]

즉, 공민왕은 세신대족과 초야신진, 유생 등 기존의 정치 세력에 대한 불신에서 그들과 연결되지 않은 '세상을 떠나 홀로 선 사람'을 중용하여 '머뭇거리며 고치지 않는 폐단'를 개혁하고자 했는데, 여기서 유생에 대한 비판은 특별히 주목된다. 즉, 과거 급제자들의 좌주-문생 및 동년 관계를 비판한 것은 당시 과거를 매개로 하는 신흥유신들의 세력 결집을 문제 삼은 것이기 때문이다.[164] 신돈은 공민왕의 의중을 파악하고 공민왕에게

유자儒者들은 좌주-문생을 칭하면서 안팎에 포열하여 서로 간청하면서 그 하고자 하는 바를 마음대로 합니다. 이제현 같은 이는 문생의 문하에서 또 문생을 보아서 마침내 나라에 가득한 도적이 되었습니다. 유자의 폐해가 이와 같습니다.[165]

라고 하여 당시 신흥유신의 중심인물이던 이제현을 직접 비난했다.

공민왕이 신돈을 중용할 때 이제현은 왕에게 후환이 있을 것이니 가까이 하지 말도록 조언한 바 있었다.[166] 그러나 공민왕의 유생에 대한 부정적인 인식은 이제현을 비롯한 신흥유신들의 몰락을 예고하는 것이었다. 그렇다면 역시 신흥유신의 일원이던 이색도 공민왕이나 신돈의 유생에 대한 비난에서 벗어나 있지 않았고, 특히 좌주인 이제현이 신돈으로부터 공격을 받았던 만큼 신돈과는 대립하는 위치에 있었다고 할 수 있다. 하지만 공민왕의 신돈을 중심으로 하는 정치 운영에 대하여 이색은 어떠한 문제도 제기하지 않았을 뿐 아니라 오히려 공민왕의 정치에 협력했다. 그 대표적인 사례가 성균관 중영重營에 참여한 일이었다. 유학 교육의 진흥책으로

서 국학, 즉 성균관이 다시 지어진 것은 신돈 집권기인 1367년(공민왕 16) 5월의 일이었고,[167] 이색은 그해 12월 겸대사성兼大司成이 되어 성균관을 책임지게 되었다.[168] 당시 상황은 『고려사』에 다음과 같이 기록되어 있다.

> 성균관을 다시 짓고 이색으로 판개성부사 겸성균대사성을 삼았으며, 생원을 증치하고 경술지사經術之士인 김구용金九容, 정몽주鄭夢周, 박상충朴尙衷, 박의중朴宜中, 이숭인李崇仁을 선발하여 모두 타관他官으로서 교관敎官을 겸하게 했다. 그 전에는 성균관 생원이 수십 명에 지나지 않았는데, 이색이 학식學式을 다시 정하고 매일 명륜당에 앉아 경전을 나누어 수업한 뒤 강의가 끝나면 서로 어려운 것을 토론하는 데 지칠 줄을 몰랐다. 이에 학자들이 모여들어 서로 보고 감동했다. 정주성리학程朱性理學이 비로소 홍기하였다.[169]

이 글에는 성균관을 중영한 뒤 이색이 겸대사성으로서 매일 명륜당에 나가 열정적으로 성리학을 가르치고 함께 토론하는 모습이 잘 나타나 있다. 또 말미에 언급되었다시피 이 성균관 중영은 고려에서 성리학이 홍기하는 데 있어 매우 중요한 계기가 되었다.

고려에 성리학이 수용된 것은 이보다 훨씬 전인 13세기 말, 충렬·충선왕 때였고, 과거 과목에 사서四書가 포함되어 성리학의 이해 수준을 시험하기 시작한 것이 1344년(충목왕 즉위)의 일이었으니,[170] 성균관에서 성리학 교육을 본격적으로 시작한 시기는 꽤 늦은 편이었다. 그리고 그만큼 이색을 비롯한 성리학자들이 성균관 중영에 대한 기대가 컸을 것인데, 그중에서도 특히 원 국자감에서 성리학을 공부하고 돌아온 이색으로서는 성균관 중영을 크게 환영했을 것이다. 이 점에서 이색이 공민왕의 정치에 협력할 수 있는 조건이 마련되었다고 할 수 있다.

실제로 이색이 신돈을 비난한 흔적은 찾아볼 수 없다. 오히려 신돈 집권기인 1367년(공민왕 16) 겨울에는 원으로부터 조열대부朝列大夫 정동행성 좌우사낭중에 제수되었고,[171] 이듬해 8월에는 삼사좌사三司左使, 그다음 해 6월에는 삼사우사로 승진했다.[172] 삼사의 좌·우사에 임명한 것은, 이색 자신이 술회했듯이 참의參議, 즉 정책을 의논하는 데 참여시키기 위해서였으며,[173] 여기에 신돈 집권기 이색의 정치적 비중이 반영되었다고 할 수 있다. 그리고 1368년(공민왕 17) 4월 친시親試의 독권관讀卷官이 된 것을 시작으로[174] 1369년과 1371년(공민왕 20) 예부시의 시관을 연이어 지냈다.[175] 이처럼 신돈 집권기에 이색은 성균관에서의 교육뿐 아니라 정치적으로도 활발하게 활동했다. 이색은 뒷날 신돈 정권의 2인자였던 이춘부李春富와 사돈 관계를 맺는데,[176] 이 역시 신돈 집권기 이색의 처신과 무관하지 않은 것으로 보인다.

하지만 그렇다고 해서 이색이 신돈의 당여黨與가 된 것은 아니었다. 한 예로, 1366년(공민왕 15)에 신돈을 격렬하게 비난한 정추와 이존오李存吾 두 사람을 국문하는 데 이색이 이춘부, 김란金蘭, 김달상金達祥 등과 함께 참여한 적이 있었다.[177] 이 가운데 이춘부와 김란은 뒷날 신돈의 당여로 몰려 죽음을 당했고,[178] 김달상은 그 전에 신돈에 의해 죽음을 당했지만 이때까지만 해도 신돈의 우익이었다. 이 자리에서 이색은 이춘부에게

> 두 사람이 미치고 망녕되었으니 진실로 죄를 줄만 합니다. 그러나 태조 이후로 5백 년 동안 일찍이 한 사람의 간관도 죽이지 않았는데 이제 영공令公(신돈-필자)의 일로 인하여 간관을 죽인다면 나쁜 평판이 널리 퍼질 것입니다. 더구나 소유小儒의 말이 대인大人에게 무슨 손상이 되겠습니까. 영공에게 아뢰어 그들을 죽이지 않는 것만 못하다고 하십시오.[179]

라고 하여 정추와 이존오의 목숨을 구하기 위해 노력했다. 신돈 집권 후

이제현, 윤택尹澤, 백문보 등 원로 문신들이 축출된 상황에서 간쟁하는 간관을 죽이면 안 된다는 정도의 원칙론을 주장할 수 있었던 유일한 사람이 이색이었다.

1368년(공민왕 17) 8월에도 이색이 국왕에게 직언을 한 일이 있었다. 이때는 시중 유탁柳濯이 공민왕에게 노국공주의 영전影殿을 마암馬岩에 옮겨 짓는 공사를 중단할 것을 주청했다가 왕의 노여움을 사서 사형에 처해질 뻔했는데, 이색은 그 사유를 밝힌 교서를 지으라는 왕명을 거역하면서까지 유탁을 구명했다. 그 때문에 이색 자신이 옥에 갇히고 국문을 받게 되었지만, "지금 유 시중이 옥에 갇혀 있으니 색이 문사관問事官이 되어서 감히 말을 다 하는 것은 왕의 마음을 움직여 깨달으시도록 하기 위한 것이었다"라고 하고, 또 "색이 우는 것은 죽음을 두려워해서가 아니라, 다만 이 한 번의 실수 때문에 주상의 이름이 천하 후세에 아름답지 못하게 될까 두려워하기 때문이다"라고 하여 결국 왕의 마음을 움직였다는 일화가 있다.[180] 여기서는 재상의 목숨이 오가는 위태로운 상황에서도 왕의 잘못을 끝내 바로잡고자 하는 결연한 모습마저 엿보인다.

신돈의 집권이 이색에게는 커다란 위기가 될 수도 있는 사건이었다. 신돈의 집권과 함께 대대적인 정계 개편이 진행되어 최영을 비롯한 무장 세력은 물론이고 이제현 등 원로 문신들이 대거 파직·유배 또는 봉군封君되어 관직에서 물러나고 신돈을 중심으로 하는 새로운 권력집단이 대두했다.[181] 그런데 공민왕의 신돈 등용이 세신대족, 초야신진뿐 아니라 유생들에 대한 불신을 바탕에 깔고 있었다는 점에서 유생의 일원이던 이색도 영향을 받지 않을 수 없었다. 게다가 공민왕과 신돈에 의해 신흥유신들의 좌주-문생 관계가 부정되고, 자신의 좌주인 이제현이 신돈과 대립하는 상황에서 이색이 신돈 정권에 협조하기도 쉽지 않았을 것이다. 하지만 이색은 성균관 중영을 계기로 신돈 정권에 참여했고, 그 결과 이제현 등 원로들이 물러난 가운데 새로운 세대의 신흥유신을 대표하는 위치에 서게 되었던 것이다. 이색의 일생을 통해 볼 때 성균관에서 성리학 교육을 담당하고, 과거의 시험관을 연이어 역임하며, 자신의 직위를 걸고 재상 및 간관들의 목숨을 구하기까지 했던 신돈 집권기가 가장 전성기라고 할 만하다. 이색에게 따라붙는 최상의 호칭인 '유종儒宗'도 실은 이 시기 성균관에서의 활약에서 비롯된 것이었다.

이러한 득의의 시절에 집안에도 경사가 있어 1368년(공민왕 17) 3남 종선種善이 태어났고 1371년에는 장남 종덕에게서 손자 맹균孟畇이 태어났다.[182] 맹균은 종덕의 2남으로 그 위에 1녀와 1남 맹유孟畩가 있었는데 이 둘의 생년은 확인되지 않지만 종덕이 1351년생이므로 대략 15세가 되는 1365년 전후에 결혼해서 1371년까지 2남 1녀를 두었다고 볼 수 있을 것이니, 모두 이색의 30대 후반, 40대 전반의 일이다. 이때가 이색의 가정사에서도 가장 행복한 시기였을 것이다.

1371년(공민왕 20) 들어 정세가 일변하여 신돈이 공민왕에 의해 죽음을 당하는 일이 벌어졌다. 그로부터 다시 대대적인 정계 개편이 일어나 신돈에 의해 축출되었던 사람들이 다시 요직에 올랐다. 하지만 이색은 이러한 격변 속에서도 큰 타격을 입지 않고 오히려 정당문학으로 승진했다.[183] 그와 동시에 이성계가 지문하성사知門下省事가 되었는데, 그때 공민왕이 '문무 모두 제일류로 재상을 삼았다'며 만족해 했다는 일화가 있다.[184] 이 무렵 공민왕은 이인복과 이색을 맞이할 때면 언제나 청소하고 향을 피우게 했는데, 그 까닭을 묻자 "(이 두 사람은) 그 도덕이 평범한 유생〔傭儒〕이 아니다. 또 이색의 학문은 껍질을 버리고 골수를 체득해 비록 중국에서도 그와 비견할 자가 드문데 어찌 소홀히 하겠는가"라고 대답했다고 한다.[185] 이러한 일화들은 이색에 대한 공민왕의 신임이 어느 정도였는지를 잘 보여준다.

하지만 신돈의 죽음은 공민왕에게는 개혁의 좌절을 뜻했다. 그 뒤로는 개혁의 성과가 부정되는 가운데 왕권은 점점 약화되었다. 그 위기를 공민왕은 자제위子弟衛를 설치하여 자신의 측근 세력을 다시 양성하는 극단적인 방법으로 돌파하려고 했지만 정치적 혼란을 가중시킬 뿐이었다. 이러한 상황에서 이색이 아무리 국왕의 신임을 받고 있었다 하더라도 정치적 입지는 넓을 수가 없었다. 게다가 정당문학에 오른 지 2개월 만인 1371년(공민왕 20) 9월에 모친상을 당해 관직에서 물러나게 되었다.[186] 삼년상을 마치지 못하고 이듬해 6월에 기복起復되었으나, 곧 병을 칭탁하고 사직하여 결국 1373년(공민왕 22) 11월 관직에서 물러나 대광大匡 한산군韓山君에 봉해졌다.[187] 이때 이색의 나이 46세였다. 이로부터 1379년(우왕 5) 정당문학에 복직될 때까지 6년 동안 관직에 나오지 못했고, 그 뒤로도 나왔다 물러나기를 거듭하였으니, 순조롭게 관직생활을 한 것은 40대 전반이 마지막이었다.

3. 퇴직·은거기

이색은 44세인 1371년(공민왕 20) 모친상을 당해 관직에서 일시 물러났지만, 관직 복귀는 생각보다 훨씬 늦어졌다. 이색이 관직에서 물러나 있던 동안 공민왕이 시해당하고 정국이 요동쳤기 때문이다. 이 무렵 이색이 처해 있던 상황은 권근이 지은 행장에 잘 나타나 있다.

> 공민왕이 돌아가셨다. 공은 요양현군遼陽縣君(이색의 어머니-필자)이 돌아가신 뒤 심한 슬픔으로 구토와 설사병을 얻었는데, 왕이 돌아가셨다는 소식을 듣고 더욱 위독해졌으니, 문을 닫고 나가지 않은 것이 7, 8년이었다.[188]

이에 따르면 이색이 7, 8년을 두문불출했다고 하는데, 그렇다면 1377년(우왕 3) 또는 그 이듬해까지가 되겠다. 이 무렵 이색의 공식 직함은 추충보절동덕찬화공신推忠保節同德贊化功臣 삼중대광 한산군 영예문춘추관사領藝文春秋館事 겸성균대사성이었지만,[189] 공신호와 관계官階, 봉군호封君號, 관직館職, 겸직兼職만 있을 뿐 실직은 없는 상태였다.

공민왕의 갑작스런 죽음은 이색에게 더할 수 없는 충격이었다. 공민왕대에 왕의 신임을 받으며 순탄한 관직 생활을 해왔던 이색으로서는 든든한 후원자를 잃은 셈이었지만, 이색이 공민왕에 대해 느끼는 감정은 그 이상이었다. 뒷날 이색은 자신과 공민왕의 관계를 다음과 같이 술회했다.

遇知玄陵自稼亭	현릉께 알아줌 입기는 가정부터였거니와
至今滿目燕山青	연산의 푸른 빛은 지금도 눈에 가득하구나
初科狀元拜政堂	초과의 장원 때부터 정당에 오를 때까지
幾度手賜黃金觴	몇 번이나 손수 황금술잔을 내리었던고
病中問候方絡繹	병중에 문후 행렬이 한창 줄을 이었는데
鼎湖龍去門寂寂	성상께서 승하하니 문은 적적하기만 해라
光巖碑上刻纔終	광암사 빗돌 위에 글자 새김 끝내자마자
我亦再就韓山封	나는 또한 재차 한산군에 봉해지었네
政堂封君玄陵命	정당 제수와 봉군은 다 현릉의 명이거니
十年飽德何雋永[190]	십 년을 덕에 배불러라 어찌 그리 후했던고

이 시는 1380년(우왕 6)에 지은 것으로, 과거 급제에서 정당문학에 오른 것까지, 그리고 광암사비光巖寺碑를 지은 후 한산군에 봉해진 것까지가 모두 공민왕의 덕택이라 하여 감사하는 내용을 담고 있다. 또 다른 시에서는 '현릉(공민왕-필자)은 나의 하늘〔我昊天〕' 이라는 표현을 썼다.[191]

공민왕의 죽음으로 인한 충격과 슬픔에 더하여 이색을 힘들게 한 것은 그의 건강이었다. 1376년(우왕 2)에 지은 시에서 이색은,

可憐哉此身	가련하다 이 몸이여
疾病常繞纏	질병이 항상 몸을 싸고 돌아서
呻吟劇刀刮	칼로 도린 듯 아파 끙끙 앓아라
腸胃如膏煎	위장은 고화가 오글오글 타듯하네
艱辛冬夜永	고통 속에 긴 겨울 밤을 지새노라면
寸刻無安眠	잠시도 편안히 잠들 때가 없어라
萬戶睡正熟	오만 집이 한창 깊이 잠들었을 때
鼻息方綿綿[192]	근근이 숨만 쉬고 있을 뿐이라오

라고 하여 질병으로 인한 고통을 호소했다. 권근이 행장에서 "왕이 돌아가셨다는 소식을 듣고 더욱 위독해졌다"고 한 것은 이러한 상태를 말한다.

한편, 이색은 관직에서 물러나 있는 사이에 50세가 되어 노년에 접어들었다. 그는 50세가 되는 감상을

一壽巍巍冠九疇	첫째의 수가 우뚝이 오복에 으뜸했는데
行年五十樂忘憂	나이 오십에 배우길 즐기며 근심 잊었네
焚香讀易思無盡	분향하고 주역 읽으니 생각이 끝없어라
大過從今得免不	이제부터 큰 허물은 혹 면하지 않겠나

生死彭殤海一漚	장수나 요절이 모두 일개 물거품 같은 건데
況今知命更何虞	더구나 오십이 되어서 또 무얼 걱정하랴
靜中大極生天地	고요한 가운데 태극이 천지를 내었거니

不必瀾飜辨有無[193] 굳이 여러 말로 유무를 분변할 것 없어라

라고 읊었다. 공자가 "나에게 수년의 나이를 더 주어 50세에 주역을 읽게 된다면 큰 허물을 없게 할 수 있을 것이다"라고 한 고사를 인용하여,[194] 노년을 담담하게 받아들이는 모습을 보이고자 한 것이었다. 하지만 관직에서 물러나 있고, 공민왕의 죽음으로 복직될 희망도 갖기 어려웠을 뿐 아니라 건강마저 좋지 않은 상태에서 노년을 맞이하기가 그다지 편치는 못했을 것이다. 이러한 상황에서 이색은 출처出處를 놓고 고민했는데, 출사와 은거 사이에서 갈등하기보다는 출사하지 못하는 처지를 스스로 달래는 측면이 강했다. 다음 시에서

幼學非文身 유년에 배움은 자신을 빛내기 위함이 아니요
壯行非圖己 장년에 실천함은 자기를 도모하기 위함이 아니었네.
枉尺直乃尋 한 자를 굽힘은 한 길을 펴기 위함이라지만
君子豈降志 군자가 어찌 뜻을 낮추랴?
發達雖人情 홍성함은 비록 사람의 뜻이지만
低回或天意 막힘은 간혹 하늘의 뜻이리.
酣歌矢我音 취하여 노래하며 나의 뜻을 다짐하는데
歲今云暮矣[195] 이제 한 해가 저물었다고 하네.[196]

라고 하여 자신을 '뜻을 낮추지 않는 군자'에 비유했고, 곧 이어지는 다른 시에서는 군자를 '이끗을 버리고 의리를 지키는 사람'으로 묘사했다.

有目別其色 눈이 있으니 빛깔을 잘 구별하여
勿爲朱紫移 주자에 판단이 바뀌지 말아야 하고

有舌別其味	혀가 있으니 맛을 잘 구별하여
勿爲易牙嗤	역아의 비웃음을 사지 말아야 하리
義利若畫一	의리와 이끗은 구분이 정연하지만
其初在毫釐	그 처음은 차이가 털끝에 불과한 법
差之卽千里	한번 어긋나면 천 리나 멀어지나니
君子其念玆[197]	군자는 이것을 항상 유념해야 하리

관직에서 물러나 은거하고 있던 상황에서 정치에 관여하기란 매우 힘들었을 것이다. 우왕이 즉위한 뒤에 고려에는 커다란 정치적 사건이 두 가지가 있었고, 둘 다 이색과 밀접한 관련이 있었다. 하나는 1375년(우왕 1)에 대명·대원 외교를 둘러싼 대립으로 신흥유신들이 대거 축출된 사건이었고,[198] 또 하나는 1377년(우왕 3) 무장 지윤池奫이 제거된 사건이었다.[199] 앞의 사건에서는 박상충, 정몽주, 이숭인, 정도전 등 공민왕 때 성균관 중영에 이색과 함께 참여했던 신흥유신들이 대원 외교의 재개에 반대하다가 쫓겨나거나 심지어는 죽음을 당했고, 지윤이 제거될 때에는 이색의 동년으로 젊은 시절 교유한 적이 있던 이열李悅과 화지원華之元이[200] 당여로 몰려 함께 죽음을 당했다. 하지만 이색은 두 사건에 대해 아무런 언급도 하지 않았다. 이는 당시 이색이 정계에서 철저히 배제되어 있었음을 보여준다.

1371년(공민왕 20) 이후 두문불출하고 있던 이색의 처지에 변화가 생긴 것은 1377년 말 무렵이었다. 그해 10월에 재추들이 공민왕을 기리기 위해 광통보제선사비廣通普濟禪寺碑를 세울 것을 주청하면서 비문 짓는 일을 이색에게 맡기도록 의견을 모았고,[201] 이색은 그 일을 맡으면서 활동을 재개했다. 11월에는 왕명으로 당태종백자비唐太宗百字碑를 주해하여 바쳤는데,[202] 이것이 우왕대 들어 이색의 첫 공식적인 활동이었다. 그리고 이듬해 정월에 쓴 시들에서는 활기가 돋는 것이 느껴진다. 예를 들어, 정월 중순

에 봄을 맞이하면서 지은 시에서는

老牧邇來無恙　　늙은 목은이 근래에는 무양하여
青山盡日高歌　　온종일 청산에서 소리 높여 노래하네
…　　……
老牧從今豁達　　늙은 목은이 이제부턴 활달해져서
敲門盡是淸閑　　찾아오는 이가 모두 청한하리라
…　　……
老牧從今豁達　　늙은 목은이 이제부턴 활달해져서
會通明月淸風　　밝은 달 맑은 바람과 회통하리라
…　　……
老牧從今豁達　　늙은 목은이 이제부턴 활달해져서
逍遙天地淸寧[203]　　태평한 천지 사이에 소요하리라

라고 했고, 또 다른 시에서는

地偏東極早逢春　　땅이 동쪽 끝에 치우쳐 일찍 봄을 만나니
花柳依依又日新　　꽃과 버들 무성함이 또 날로 새로워지네
擬向殘生歌聖德　　나는 남은 생애를 성덕이나 노래하면서
每憑樽酒暢精神　　매양 술동이 의지해 정신을 화락케 하련다

夢裏悠悠又一春　　꿈속같이 유유히 또 한 봄을 만나고 보니
世人空歎白頭新　　세인들은 공연히 머리 세는 걸 한탄하는데
牧翁病起能詩甚　　목옹은 앓고 일어나 시에 더욱 능해져서
下筆風生似有神[204]　　붓끝에 바람 일어라 신이 붙은 듯하구나

라고 하여 모처럼 활기찬 모습이 드러나 있다.

또한 1378년(우왕 4) 정월부터는 출사의 의지를 공공연히 밝혔다. 먼저

寸心自信難欺己	내 마음은 스스로 못 속임을 자신하거니와
餘力猶堪更事君	남은 힘은 아직도 임금 다시 섬길 만하네
擧世滔滔誰具眼	온 세상이 다 그런데 누가 안목을 갖추어
昂昂野鶴在鷄群[205]	우뚝한 들 학이 닭의 무리에 끼여 있을꼬

라고 하여 스스로를 군계일학에 비유하면서 임금을 다시 섬기고 싶다는 희망을 드러냈는가 하면, 또 다른 시에서는

年來嘲自解	근래에는 조롱을 스스로 푸는데
老去隱誰招	늘그막에 누가 은사(隱士)를 부르는가?
欲草重興頌	중흥(中興)을 칭송하는 노래를 지으려는데
朝廷政採謠[206]	조정에서 마침 노래를 채록(採錄)한다네.[207]

라고 하여 조정에서 불러주기를 기대했다. 마침내 1378년 2월 16일에는 우왕에게 중흥송을 바쳤고,[208] 2월 24일에 우왕을 알현하고는 그 기쁨을 다음과 같이 노래했다.

夢入天門裏	꿈결 같은 속에 대궐 문을 들어가
恩承寶座傍	보좌의 곁에서 은총을 받노라니
乾坤通肺腑	하늘과 땅은 마음이 서로 통하고
雨露洽衣裳	깊은 은혜는 온몸에 흠뻑 젖네
今代身初健	지금의 내 몸은 처음 건강해졌고

前朝感更長　　전조의 감회는 다시 길기만 하네
行藏天所賦　　행장은 하늘이 부여하는 바이라
春色滿金觴[209]　　봄빛이 금 술잔에 가득하구나

우왕을 알현한 뒤로는 동료들과의 왕래도 재개되었는데, 그로부터 며칠 뒤 한평재韓平齋, 권정당權政堂 등과 어울리고는 그 소감을 "실로 내가 앓고 난 이후 가장 즐거운 일이었다"라고 피력했다.[210] 또 2월 24일부터 3월 27일까지 한 달여 동안 여러 재추와 친구들을 방문하는 것으로[211] 두문불출하던 상태에서 벗어났다. 이 무렵에는 건강도 호전되었던 듯, 3월 말경에 지은 「제비〔燕〕」라는 시에서

主人臥病似當時　　주인의 투병 생활이 그 당시와 똑같다면
窓下呻吟我悉知　　창 아래서 끙끙 앓던 걸 내가 잘 아는데
今日歸來能上馬　　오늘 돌아와 보니 능히 말을 탄다 하여
喃喃欲說喜無涯[212]　　끝없이 기쁜 뜻을 지지배배 말하려 하네

라고 하여 자신이 병석에서 일어나 말을 탈 수 있는 정도가 되었음을 은연중 과시했다. 실제로 이 무렵에 이색은 말을 타고 여행을 했는데, 4월 초에 지은 「기행紀行」에서

今日據鞍能策馬　　오늘은 안장에 올라 능히 말을 채찍질하니
絶勝扶病笋輿中[213]　　병든 몸으로 가마타기보단 월등히 낫구나

라고 한 데서 알 수 있다. 이처럼 활동을 재개하고 건강도 좋아지면서 이 해 봄부터 지은 시에는 불과 몇 개월 전과는 판이하게 다른, 희망적인 분위

기가 흐른다. 4월 초에 지은 다음 시도 그러하다.

酒醒窓白已天明	술 깨니 창문 밝아라 날이 이미 새었는데
記得登山夢裏行	어제 산 오른 것이 꿈결처럼 기억나누나
青嶂周遭京邑壯	푸른 봉우리 둘러 있어 도성은 웅장하고
白雲迢遞海門平	흰 구름 아득히 펼쳐 해문은 편평하여라
文章有數傷吾道	문장은 운수 있어 우리 도가 상심스럽고
天地無私寫我情	천지는 사가 없어 내 마음을 펴낸 듯하네
勝事從今須屈指	앞으로는 좋은 일을 꼭 손꼽아 기다리리
年過知命半浮生[214]	이제 내 나이 반평생 오십을 지났네그려

1378년(우왕 4) 11월에는 천도 논의가 진행되자 이색은 한산군의 직함을 가지고 논의에 참여했다.[215] 그리고 1379년(우왕 5)은 지금까지와 다르게 궁궐에 숙배하는 것으로 새해를 시작했다.[216] 이어 3월에는 도당에서 국사를 논의하는 자리에 부름을 받고 그 기쁨을 다음과 같은 시로 남겼다.

少年廊廟忝論思	소년 시절 묘당에서 논사의 직에 참예하여
或值危疑駭一時	혹 세상을 놀래킬 만한 두려운 일 만나면
耆老每邀俄滿座	원로들을 매양 맞아 자리 가득 모시고서
從容一定共傾巵	조용히 한 번 결정하곤 함께 술잔 기울였네
病後白頭參末議	병든 뒤에 백발로 말단 의론에 참여해보니
宛如曾見儘委蛇[217]	완연히 예전의 종용 자득한 그 모습이었네

이 회의는 원로들을 모아놓고 의견을 듣는 자리였고, 따라서 이색은 한산군의 자격으로 부름을 받은 것이었다. 회의의 의제가 밝혀져 있지 않지

만, 이 시 바로 다음에는 이색이 왕명으로 국서를 짓는 장면이 나온다.

龍喉傳旨撰書詞	승지가 분부 전해 국서를 지으라 하는데
白髮深慙筆力衰	백발에 필력마저 쇠한 게 몹시 부끄럽네
命意已從當國出	글 내용은 이미 당국자의 뜻에서 나왔지만
文言更向把毫思[218]	문장은 다시 붓을 잡고 생각해야 하잖는가

두 시를 종합하면 이 무렵에 무엇인가 정치적 현안이 있어서 원로들을 모아 의논하게 했고, 결정된 사항을 이색이 문서로 작성했음을 알 수 있다. 그러나 글의 내용은 이미 당국자의 뜻에서 나왔고 자신은 문장을 꾸밀 뿐이라는 자조적인 표현에서 보듯이, 이색이 국가의 정책을 결정하는 데 적극 참여할 수 있는 처지는 아니었다. 이때까지도 이색은 한산군이었고, 아직 실직을 제수받은 것은 아니었다.

그러다가 1379년(우왕 5) 5월에 이색은 홍중선洪仲宣을 대신하여 국왕의 사부師傅가 되었다.[219] 그리고 서연에서 진강하게 되었는데, 이색에게는 커다란 영예가 아닐 수 없었고, 정치적으로 재기할 수 있는 기회이기도 했다. 이색은 서연을 앞둔 기쁨과 포부를 이렇게 밝혔다.

病軀何幸遇昌辰	병든 몸이 태평 만나서 얼마나 다행한지
每荷宣招入紫宸	매양 성상의 부름 받고 대궐을 들어가네
況値書筵當講義	더구나 서연에 강의할 일을 만났음에랴
自慚學術尙迷眞	학술이 아직 어두운 게 부끄러울 뿐이네
氷峰永日應無暑	얼음 있어 여름날에도 응당 안 더울 게고
玉宇淸風自絶塵	대궐이라 맑은 바람에 절로 먼지 없으리
設醴針氈皆已矣	단술이건 바늘방석이건 다 상관치 않고

願天啓迪代諄諄[220]　원컨대 하늘을 대신해 순순히 계도하련다

위 시에서처럼 이색은 서연에서 군주를 바르게 계도할 수 있다는 생각으로 고무되어 있었다.[221] 하지만 서연은 이색의 생각처럼 순조롭게 진행되지 않았다. 첫 번째 진강을 마치고 돌아와 지은 시에서

精義難陳心更怯　정미한 뜻 진술키 어려워 마음 다시 겁나고
衰年已過貌仍癯　쇠하는 나이 이미 지나서 얼굴은 수척하네
乞歸何日如疏廣　어느 날에나 소광처럼 사직하고 돌아가
東海黃金得自娛[222]　황금 갖고 동해에서 스스로 즐겨볼거나

라고 하여, 벌써 사직을 생각할 정도였다. 게다가 첫 서연 다음 날부터 철강輟講했고,[223] 그다음 날에도 소재법석消災法席을 이유로 서연을 열지 않았다.[224] 다음 달인 윤5월에 서연이 두 차례 열렸지만,[225] 그다음에는 비가 많이 와 출입이 어렵다는 이유로 철강하여 궁궐로 가던 길을 되돌리게 되었다.[226] 그리고 윤5월 10일에야 서연이 다시 열렸으니[227] 10일 동안 겨우 3차례 열린 셈이었다. 그로부터 19일까지 9일 동안 5차례의 서연이 더 열려 제자리를 잡는 듯 했지만,[228] 20일에 왕이 전날 읽은 것을 익히지 못했다 하여 철강하고[229] 다음 날에는 왕이 설사를 한다 하여 또 철강했다.[230] 이번의 휴강은 매우 길어져 2개월 만인 8월 21일에야 속개되었고,[231] 그로부터 이틀 뒤에 다시 한 번 서연이 열렸지만,[232] 그것을 끝으로 더 이상 열리지 않았다. 결국 이색이 참여한 서연은 4개월 동안 11차례밖에 되지 않았고, 그나마 잦은 휴강 속에서 겨우 이어간 것이었다.

서연에서 우왕이 얼마나 열성을 보였는지는 알 수 없다. 또 서연을 통해 우왕에게 성리학적 군주론을 가르치려는 이색의 노력이 얼마나 효과를 거

두었는지도 알 수 없다. 다만, 이색이 우왕의 사부가 되어 서연에서 진강하는 것으로 정치적 위상을 높일 수 있을 것이라 기대했다면, 그것은 처음부터 불가능한 일이었다. 이색이 우왕의 사부가 될 수 있었던 것 자체가 당시 권력을 잡고 있던 이인임과 임견미林堅味의 정치적 계산에 따른 것으로, 이 두 사람은 왕의 사부였던 홍중선에게 '권력이 나뉘는' 것을 꺼려 홍중선 대신 이색을 사부로 삼게 했던 것이다.[233] 그렇다면 이색은 처음부터 이인임이나 임견미에게 위협이 되지 않는 존재였고, 그랬기 때문에 왕의 사부가 되고 서연에서 진강할 수 있었다고 할 수 있다. 홍중선은 사부에서 물러난 뒤 유배되었다가 같은 해 7월 양백연楊伯淵 옥사에 연루되어 죽음을 당하는데,[234] 그러한 분위기 속에서 홍중선 대신 사부가 된 이색이 몹시 위축되어 있었을 것임은 짐작하기 어렵지 않다.

1379년(우왕 5)에는 이인임과 임견미, 그리고 최영이 권력을 장악하는 과정에서 여러 차례 옥사가 일어났다. 앞의 홍중선 제거도 그중 하나였지만, 그해 7월에 양백연 옥사, 9월에 우왕의 유온乳媼인 장씨 축출사건이 연이어 발생했다. 그러나 이색은 이러한 사건들에 대해서 자신의 의견을 드러낸 적이 없다. 양백연 옥사는 이인임과 임견미, 최영 등이 헌사憲司로 하여금 양백연을 탄핵하게 하여 결국 죽음에 이르게 한 사건이었다. 그런데 이색은 그 전부터 양백연을 높이 평가하고 있었고,[235] 그가 탄핵을 받자 "원컨대 탄핵한 말들이 모두 허사였으면"이라고 하여 안타까운 심정을 드러내기도 했지만,[236] 정작 그의 죽음에 대해서는 아무런 반응을 보이지 않았다.

양백연 옥사는 무장들 간의 권력을 둘러싼 대립에서 비롯되었으므로 이색이 개입할 여지가 없었다. 그러나 같은 해 9월에 일어난 유온 장씨 축출사건은 유신儒臣으로서 그냥 지나치기 어려운 면이 있었다. 이것은 최영이 군대를 동원해 국왕을 협박하면서 국왕의 유모를 쫓아낸 사건으로, 군신 관계에 대한 일반적인 기준에서 볼 때 용납할 수 없는 것이었다. 사건 직후에 문하평리 김유金庾가 최영의 행위를 '신하가 임금을 거역한 것〔以臣抗君〕'이라고 했다가 유배되었는데,[237] 이러한 생각은 유학자 관료였던 이색에게 더욱 절실했을 것이다. 하지만 이색은 이에 대해서도 침묵했고, 양백연 옥사와 유온 장씨 사건을 거친 다음, 같은 해 10월 정당문학에 복직되었다.[238] 이러한 모습은 이색이 우왕대의 잘못된 정치 현실을 묵인했고, 그럼으로써 보신을 꾀했던 것으로도 해석된다.

이색은 1379년(우왕 5) 10월 광통보제선사비의 건립을 계기로 정당문학에 복직되었다.[239] 1371년(공민왕 20) 관직에서 물러난 이후 무려 8년 만의 복직이었다. 이때부터 이색의 생활에 많은 변화가 생겼는데, 무엇보다도 거의 매일 조정에 나가 조회에 참석하고 합좌소 회의에도 참석했다. 또 왕의 행차를 호종하고[240] 사신을 환송하는 자리나 팔관회 같은 국가 의식에 참석했다.[241] 하지만 이는 모두 재상으로서의 일상적인 업무였을 뿐 실질적인 권한을 행사한 것은 아니었다.

이색이 정당문학으로 있던 1379년 겨울에는 찬성사상의贊成事商議 양백익梁伯益이 유온 장씨의 당여로 몰려 유배되고, 헌부에서는 유배 중이던 장씨를 참하라는 상소를 올렸지만,[242] 이러한 것들은 재신들의 합좌소에서 거론조차 되지 않았다. 그것은 주요 정책이 몇몇 권력자들에 의해 결정되던 상황과 무관하지 않았다. 심지어는 수상이던 경복흥慶復興조차 정책결정 과정에서 소외되었는데, 그는 1377년(우왕 3) 무렵부터 이미 이인임과 지윤의 독주를 막지 못해 늘 술에 취해 있거나 도당 회의에 불참하는 것으로 불만을 표하고 있었다.[243] 이러한 상황에서 정당문학에 복직된 이색의 처지도 불안하고 답답하기는 마찬가지였을 것이다. 실제로 복직된 지 1개월이 지나자 분발分發*, 즉 관청으로부터의 통지가 없어 조정에 나가지 않

* 分發이 없으면 출근하지 않아도 되었음을 이색의 시에서 알 수 있다.

는 일이 빈번해졌는데,[244] 이색은 그것을 다행스런 일이라고 표현했지만, 실은 당시 조정에서 소외되고 있었던 것이다.

정치적 영향력과는 무관하게, 이색이 정당문학에 복직된 뒤에는 다른 사람들로부터 인사 청탁을 받는 일도 있었다. 도목정을 앞둔 12월에 그런 일이 잦았는데, 다음의 「벼슬을 구하는 자가 있어 장난삼아 짓다」는 청탁의 사례와 그에 대한 이색의 반응을 잘 보여준다.

欲墜懸崖路	낭떠러지 길에서 떨어질 지경이라
猶攀朽木枝	썩은 나뭇가지라도 붙잡으려 하네
可憐無所告	가련도 해라 호소할 곳 없음이여
相托欲何爲[245]	내게는 부탁해 그 무얼 하려는가

이 시에서처럼 이색은 자신에게 관직을 청탁하는 것을 '썩은 나뭇가지를 붙잡는 것'이라며 웃음에 붙였다. 삼한국대부인 홍씨가 청탁을 해왔을 때에도 자신에게 청탁할 까닭이 없다며 거절했고,[246] 동서인 김윤철金允轍의 아들인 김렴金廉이 관직에 오르지 못하고 있는 것을 보고도 "늙은 나는 추천하여 혜택을 입힐 길이 없다"며 외면했다.[247] 반면, 처남인 권계용權季容을 위해서는 이인임에게 관직을 청탁했는데,[248] 이것을 보면 이색이 인사 청탁 자체를 부정한 것이 아니라 여러 사람의 청탁을 들어줄 처지가 못 되었던 것이라고 할 수 있다. 한편, 이색은 재상으로서 비목에 서명하는 것으로 인사에 관여했지만, 제자리에 서명만 하고 누군지도 묻지를 않았다고 술회한 것처럼[249] 단순한 요식 절차에 불과했다.

이색이 이와 같이 실권 없는 재상직에 만족하기는 어려웠을 것이다. 그러나 그마저도 몇 개월 지나지 않아 1380년(우왕 6) 봄, 타의에 의해 물러나게 되었다. 이색이 정당문학에서 물러난 사실은 이색의 시문에서만 확인된다. 1380년(우왕 6) 3월 초에 지은 시 가운데 "목옹牧翁이 방금 치사致事했다"는 구절이 나오고,[250] 얼마 뒤 정추에게 보낸 시에서도 현재의 자신을 "재갈과 채찍을 벗은 말과 같다"고 표현했다.[251] 동년인 정양鄭驤이 자신의 환홀還笏, 즉 사직 사실을 모르고 편지를 보내온 것을 웃음에 부치며 지은 시도 있다.[252] 좀 더 직접적으로는 이 해 4월에 이색이 자신의 관력을 회상하면서

> 기미년(1379, 우왕 5) 겨울에 다시 정당에 제배되어서는 병을 무릅쓰고 반열을 따라다니면서 감히 사퇴를 청하지 못하고 있었더니, 동렬同列이 나의 괴로운 정황을 차마 보지 못하여 상께 청해서 면직을 시켜주었다.[253]

고 한 데서 사직 사실을 확인할 수 있다.

관직에서 물러난 이유를 이색은 아침마다 합좌하기 어려워서라고 했지만,[254] 이 말을 그대로 믿기는 어렵다. 광통보제선사비 건립의 공으로 이색과 함께 복직되었던 한수도 1380년 봄에 봉군되어 관직에서 물러났는데,[255] 이색과 한수 두 사람이 동시에 물러난 것은 어떤 정치적 이유가 있음을 짐작케 한다. 이와 관련하여 이 무렵에 이색이 자신의 심경을 내비친 두 편의 시가 눈길을 끄는데, 치사 직후에 지은 「즉사卽事」에서

邪正由來久乃明	사와 정은 예부터 오랜 뒤에 밝혀지나니
低昂未必得其平	서로 겨룬대서 꼭 공평을 얻지는 못하리
大臣去就關時勢	대신의 거취는 시세에 관계되거니와
病客吟哦非世情[256]	병객의 읊조림은 세정과는 다르고말고

라고 하여 옳고 그름이 분간되지 않는 현실을 개탄했고, 얼마 뒤에 지은

「군자」에서는

君子本不黨	군자는 본디 편당을 안 짓거니와
出處皆關天	출처는 모두 하늘에 달린 것인데
奈何勢所使	어찌하여 형세의 부림을 받아서
令人心自煎	사람을 스스로 맘 졸이게 하는고
朝廷得罪人	조정에서 죄인을 찾아내는 것은
罰一將勸千	장차 일벌백계를 하기 위함인데
非黨亦見擯	편당 아닌 자도 빈척을 입었으니
誰能辨其然	누가 그 사실을 변명할 수 있을꼬
書之示後來	사실 적어서 후인에게 보이자도
又恐不足傳	또 전할 만하지 못함이 염려로다
努力守爲大	노력하여 가장 큰 걸 지킨다면
終身無少愆[257]	종신토록 조금의 허물도 없으리

라고 하여 자신이 억울하게 편당偏黨의 혐의로 배척을 받게 되었음을 호소했다. 그런데 마침 1380년(우왕 6) 3월에 시중 경복흥이 이인임과 임견미에 의해 유배되고, 그의 당여들이 처벌되는 사건이 있어[258] 이색이 그에 연루된 것이 아닌가 추측된다. 그렇다면 앞에 인용한 「즉사」에서 '대신'이란 경복흥을 가리키고, '병객病客'은 이색 자신이며, 다음 시 「군자」는 경복흥과 편당을 짓지 않았는데도 배척을 받은 자신의 억울한 처지를 노래한 것이 될 것이다. 이 해 9월 경복흥이 죽었을 때도[259] 이색은 그의 죽음을 애도하는 한편,[260] 그를 죽음에 이르게 한 현실을 비판하는 다음 시를 지었다.

元老擯死已睽乖	원로가 빈사하여 이미 서로 헤어졌으니
孤生圖存宜卷懷	외론 생이 보존하려면 은퇴해야 하고말고
君臣大義保全少	군신의 대의를 보전하긴 드문 일이거니와
莫赤匪狐當道豺	안 붉어도 다 여우요 시랑이 길에 당했네
白日照天霧乍隔	하늘 비춘 태양은 안개가 잠깐 가렸는데
太山拔地雲重埋	땅에 솟은 태산은 겹겹 구름에 묻혔구나
誰將衰淚向風洒	누가 노쇠한 눈물을 바람 향해 뿌리는고
簑笠有客遭疑猜[261]	세상에 시기받고 은퇴한 이 나그네로세

관직에서 물러난 직후 이색은 한산군에 봉해졌다. 품계는 전과 같은 정1품 삼중대광이었다. 이색은 「삼중대광가三重大匡歌」라는 제목 아래

三重大匡卽開府	삼중대광 또한 바로 개부는 개부건만
幸是食邑非侯公	다행한 건 공후들처럼 식읍이 없음일세
一品上階近天陛	일품의 위 품계는 천폐에 가장 가깝거늘
豈可著此田舍翁	어찌 이런 농투성이를 앉힐 곳이겠는가
…	……
況今耆老在吾下	더구나 지금은 원로들이 내 밑에 있기에
序坐我汗如水流[262]	서열대로 앉노라면 땀이 줄줄 흐른다오

라고 하여, 기로들보다 자신의 서열이 더 위에 있음을 과시했다. 삼중대광 한산군으로서 이색의 서열은 부원군 바로 다음이었는데, 이 해 8월 세자의 탄생을 축하하는 자리에서 부원군들이 오지 않아 삼중대광인 이색이 반항班行의 선두에 섰다는 데서[263] 알 수 있는 사실이다.

이색은 한산군으로서 도당의 회의에도 참석했다. 예를 들어, 1380년(우왕

6) 8월 말, 9월 초에 도당 회의에 참석한 사실을 다음과 같은 시로 남겼다.

都評議使集羣英	도평의사가 여러 영걸들을 회집하면서
更著封君議事精	봉군된 나까지 정밀한 의논에 참여시키네
病後耗昏吾已甚	병든 뒤로 나는 이미 매우 혼미해졌지만
揚揚赴召儘光榮[264]	부름 받고 즐거워라 참으로 광영이로세

위 시의 시제에는 "무슨 일을 의논하는지 모르겠다〔不知議何事〕"라고 되어 있지만, 그다음 시에 따르면 명에 공물을 진헌하는 일을 의논하기 위한 회의였다.[265] 이듬해 1월에도 이색은 도당에서 칠원시중漆原侍中(윤환尹桓), 철원시중鐵原侍中(최영), 공산시중公山侍中(이자송李子松), 길창군吉昌君(권적權適) 등 원로들과 입공入貢 도로를 논의하는 데 참석한 적이 있었다.[266] 또 1382년(우왕 8) 7월에는 도당의 요청으로 회의에 참석했는데, 이날 안건도 시에서 "용이 날아 도서가 나올 성스러운 이 시대에 / 제후의 땅을 잠식하다니 형세가 의심스럽도다"라고 한 것으로 보아[267] 명과의 외교문제로 추정된다. 그렇다면 위의 세 사례가 모두 대명외교와 관련된 것으로, 당시 고려에서는 대명외교를 국가의 중대사로 인식하고 원로들에게 자문을 구했으며, 여기에 이색뿐 아니라 봉군된 사람들이 모두 포함되었음을 알 수 있다.

다만, 외교 문제를 다루는 데 있어 이색의 역할은 좀 특별한 데가 있었다. 바로 외교문서의 작성 때문이었다. 이색이 관직에서 물러난 뒤에도 여전히 사명辭命, 즉 외교문서의 작성에 참여했음은 치사 직후에 "아직도 나에게 사명에 참여하게 하네"라고 한 데서[268] 알 수 있다. 좀 더 구체적인 사례로는 1380년(우왕 6) 10월 감진색監進色이 명에 보낼 정문呈文을 작성하는 일로 이색에게 회의하기를 요청한 일이 있었고,[269] 11월에는 직접 표문을 지으라는 왕명이 있었다.[270] 그러나 당시 명과의 외교에서 이색이 자기 주장을 펴지는 못했을 것이다. 1382년(우왕 8) 9월 권적에게 보낸 시에서 "도당에서 그저 따르기만 하여 부끄러움이 넘치는데"라고 한 것이[271] 그에 대한 솔직한 심정인 듯하다. 또 감진색에서 명에 보낼 정문 때문에 회의를 할 때도 '도당에 자문하여 결정한 것이 있어야만 말을 만들 수 있다'는 취지로 발언했을 뿐 정문의 내용에 대한 의견을 내지는 않았다.[272]

즉, 이색은 한산군으로서 다른 원로들과 함께 도당에서 자문하고 외교문서를 작성하는 데도 참여했지만, 모두 형식적인 역할에 불과하고 정치적 역량을 발휘할 수 있는 일은 아니었다. 그것은 물론 이색이 현직에서 물러나 있었기 때문이었다. 예를 들어, 1380년(우왕 6) 9월 23일 공민왕의 기제에 참석하지 못했을 때

玄陵杳杳幾經春	현릉은 아득하여라 그 몇 해나 지났는고
白髮蕭蕭一介臣	이제 백발이 소소한 이 하나의 신하는
置散末由參祭享	산직에 있어 제향도 참여할 길이 없거니
含哀豈念損精神[273]	슬퍼하여 정신 손상됨을 어찌 염려하랴

라고 하여 그것이 산직散職에 있기 때문이라고 하였다. 더 나아가 이 시기에 이색은 자신이 배척을 받고 있다고까지 생각했다. 다음은 관직에서 물러난 직후인 1380년 4월 초에 한수와 어울리면서 지은 시이다.

纖阿俛首招兩人	섬아는 고개 숙이고 두 사람 불러 이르길
欲上蓬萊跨東海	봉래에 올라 동해를 걸터앉게 하고파라
仙人鶴背天如氷	신선이 탄 학 등 위엔 하늘이 얼음 같아
超出人世之炎蒸	인간 세상의 무더위를 멀리 벗어나기에

不須泚顙更洽背　　다시 등에 땀 흠뻑 흘릴 필요가 없거늘
每見擯斥遭欺凌　　매양 배척에 모욕까지 받느냐고 하누나
兩人拜謝纖阿公　　두 사람은 섬아공께 배사하면서 말하길
我輩不與他人同　　우리들은 다른 사람들과 같지 않아서
平生只守一敬字　　평생에 하나의 공경 경 자만 지키기에
外物不足干吾中　　외물이 우리 마음을 범하지 못하는지라
浩然有氣塞天地　　호연지기가 천지 사이에 가득 찼거니와
我且端坐歌王風　　우리는 또 단정히 앉아 왕풍을 노래하니
王風播兮民物阜　　왕풍이 널리 퍼지고 민물이 풍성해져서
對月快倒黃金鍾[274]　　달 대해 금술잔 유쾌히 기울인다 하였네

이 시는 섬아纖阿, 즉 달이 이색, 한수 두 사람에게 "왜 배척에 모욕까지 받느냐?" 고 묻고, "우리는 다른 사람들과 달라서 평생 '경敬' 자를 지키니 외물이 우리 마음을 범하지 못한다" 고 대답하는 형식으로 자신들에 대한 배척과 모욕을 이겨나가려는 의지를 표현한 것이다. 이보다 조금 전에 지은 시에서도 "한가해짐은 본래의 뜻 이룬 거지만 / 비방 부른 건 헛된 명성 때문일세" 라고 하여[275] 헛된 명성 때문에 비방을 초래했다고 했다. 그 비방이 어떠한 것인지는 말하지 않았지만, 비슷한 시기에

世事多非意　　세상일은 여의치 않은 게 많은데
人情漸不眞　　인정은 점차로 진실하지 못해져서
市恩方挾主　　한창 임금을 끼고 은혜를 팔아서
嫁禍動如神[276]　　남에게 화를 전가함이 귀신같구려

라고 하여 임금을 끼고 권세를 부리며 남에게 화를 전가하는 사람들을 비

난했는데, 그들이 이색과 한수가 관직에서 물러나고 배척과 비방을 받은 것과 관련이 있을 것이다.

관직에서 물러난 이색은 현실에 대한 불만을 시를 통해 표현했다. 1382년(우왕 8)에 지은 「역사를 읽다」가 대표적이다.

奸計天或相　　간사한 계책을 하늘이 간혹 돕는지라
忠言時不容　　충신의 말이 때때로 용납되지 못하도다
國危私黨偏　　나라가 위급한데 사당만 기승을 부리고
君弱偶人同　　임금은 허약해서 허수아비와 한가지라
卞玉參燕石　　변옥이 연석과 한자리에 끼어 있고
山苗蔭澗松　　산묘가 간송에 그늘을 지우는 세상
濟然抆清淚　　하염없이 흐르는 눈물을 씻어 닦으면서
掩▨向晴空[277]　　감정을 억누르고 맑게 갠 하늘 바라보네

이 시에서는 왕권이 허약해지고 간사한 계책을 가진 사람들이 사당私黨을 만들어 권세를 부리는 상황에서 자신과 같은 사람이 쓰이지 못하는 현실을 개탄하고 있다. 여기서 사당을 만들어 권세를 부리는 사람들이란 당시 권력을 장악하고 있던 이인임, 임견미 일파를 가리키는 것임에 틀림없다. 결국 이색은 이인임 등에 의해 배척을 받았고, 그들의 전횡에 대해 불만을 가지고 있었던 것이다.

비록 관직에서는 물러났지만 명색이 한산군이던 이색이 권세가에게 토지를 빼앗길 뻔 하기도 했다. 1382년 9월 말, 10월 초 무렵에 지은 「이천伊川의 전답을 빼앗으려는 자가 있기에」라는 시에서

我老山中有石田　　이 몸 늙어 산속에 돌밭 하나 일구고서

闔家糊口已多年　　온 가족이 입에 풀칠한 지 어언 몇 년
忽聞戚畹侵吾界　　홀연히 듣건대 척원이 침노를 한다니
高臥病床呼彼天　　병상에 높이 누워 하늘에 호소할 수밖에
若賜恩憐眞幸也　　불쌍히 여겨 은혜를 내려주시면 다행이나
儻蒙豪奪亦宜焉　　혹시 강제로 뺏긴다 한들 할 말이 있겠는가
孟光不識區區意　　맹광은 구구한 내 생각을 이해하지 못하고서
誚訕關門不向前[278]　툴툴거리며 문 닫고 모습을 보이지 않는구나

라고 하여, 이천(지금 강원도 이천군)에 있던 이색의 토지를 외척이 빼앗으려 했던 사실이 드러나 있다. 이에 이색은 '굉장한 분〔鉅公〕'을 몸소 찾아가 청탁을 하고 돌아와 그 자조의 심정을 다음과 같은 시로 남겼다.

可笑多病翁　　우스워라 병도 많은 이 늙은이가
凌晨鞭小驄　　꼭두새벽에 조랑말을 채찍질하며
馳向白沙道　　흰 모래 길을 급히도 치달려가서
傍門叅鉅公　　명함 내밀고 굉장한 분을 뵈었다나요
立談倒肝肺　　서서 얘기하며 속마음을 털어놓고
歸來朝日紅　　집에 오니 새빨간 아침 해가 둥실
酸辛遍支體　　몸뚱이가 온통 욱신거리며 쑤시는데
左右喧兒童[279]　좌우에선 아동들이 왁자지껄 떠드누나

관직에서 물러나 있는 동안 이색은 관직에 나아갈지 말지를 놓고 고민했지만, 끝내는 나아가는 쪽을 선택했다.[280] 이색은 1382년(우왕 8) 10월 우왕을 알현했다.[281] 당시 우왕이 간관들의 반대를 물리치고 한양 천도를 단행했는데,[282] 이색은 한양까지 왕을 찾아갔던 것이다.[283] 이에 대해서 왕

에게 아첨한다는 비난이 있었고, 이색도 이를 의식한 듯 "대궐에 나가 문후하는 건 신자의 예절이건만 / 옆에서 보고는 비웃겠지 땅에 옷자락 끈다고" 라거나,[284] "비루한 몸 병도 많아 휴직까지 하였는데 / 추운 날씨 겁내면서 추진하려니 부끄럽군" 이라는 등의[285] 계면쩍어 하는 시를 남겼다. 하지만 이색은 한양으로 가면서 "춥고 배고픈 우리 백성 볼 수 없게만 된다면야 / 오경에 대루하는 것도 어려울 것이 없으련만" 이라고 하여[286] 관직에 나아갈 의향이 있음을 적극적으로 밝혔다.

이색은 한양에 가서 우왕을 만난 뒤 한양의 지세를 찬양하는 시를 다음과 같이 지었다.

新京翼翼壯邦畿	웅장하도다 신경이여 경기의 장관이요
氣化推移自有機	저절로 기능 발휘하는 기화의 추이로다
宰相深謀周定鼎	재상은 심원한 계책으로 주정을 정하였고
君王盛德舜垂衣	군왕은 성대한 덕으로 순의를 드리우셨네
漢江外禦流淸駛	외적을 막는 한강은 맑고도 빠르게 흐르고
柏岳中尊聳翠微	가장 높은 백악은 푸르른 봉우리 솟았어라
白髮病臣眞萬幸	백발의 병든 이 신하 정말 얼마나 다행인가
抽毫攢日欲增輝[287]	붓 빼들고 태양 옆에서 빛 더해 드리고 싶네

이색이 한양에 가서 우왕을 알현하고 한양의 지세를 찬양한 것은 한양 천도를 반대한 간관들의 주장과 어긋나고, 한양의 진산인 삼각산이 화산火山이어서 목성木性의 나라인 고려의 도읍으로 삼아서는 안 된다는 풍수가의 주장과도[288] 다른 것으로, 천도를 고집한 우왕의 뜻에 부합하는 측면이 있었다. 이색은 한양에 머물면서 우왕으로부터 술과 음식을 하사받는 등 환대를 받았고,[289] 권중화, 한수와 함께 5일에 한 번 조회하는 특전을 누

렸다.[290] 이색은 우왕을 만나고 돌아와 지은 시에서 "경연에서 전대할 날은 다시 어느 때나 될꼬"라고 하여[291] 경연의 기회가 다시 주어지기를 기대하기도 했다.

마침내 이색은 1382년(우왕 8) 11월 25일에 판삼사사로 복직되었다.[292] 1380년 봄 정당문학에서 물러난 지 3년 만의 일이었다. 이때 이색에게 주어진 역할은 주로 외교문서의 작성 등 문한文翰과 관련된 일이었다. 판삼사사로 복직되기 바로 전에도 감진색監進色에서 명에 보내는 외교문서를 협의해오자 표문의 제두提頭와 권점圈點을 검토해준 일이 있었다.[293] 판삼사사에서 다시 물러난 뒤인 1383년(우왕 9) 8월에 지은 시에서는

謂吾潤色事大表與牋 나에게 사대의 표와 전을 윤색하라 하시는가
四六尙昧平仄後先 사륙문 짓는 평측의 앞뒤도 모른다오
謂吾歌頌上德播管絃 나에게 상의 덕 노래하여 연주케 하라 하시는가
呂律不知淸濁半全 십이 율려 청탁의 반음과 전음도 모른다오
謂吾秉筆修史篇 나에게 붓을 잡고 역사를 지으라 하시는가
華袞斧鉞誰所陳 화곤과 부월을 뉘라서 서술을 하겠는가
於斯三者皆舍旃 이 세 가지에도 모두 버림받은 가운데
獨糜廩粟而周旋[294] 국록만 축내면서 굽신거리고 지낸다오

라고 하여 관직에 있던 짧은 기간 동안 외교문서 작성과 더불어 왕의 덕을 칭송하는 글을 짓고 역사를 편찬하는 일이 주된 업무였음이 나타나 있다.

외교문서 등 문장을 짓는 것은 일찍부터 이색이 해왔던 일이지만 판삼사사로서 오랜만에 다시 시작한 이색의 관직 생활은 이번에도 그다지 만족스럽지 못했던 것으로 보인다. 복직한 직후에 지은 시에서

年來病骨怯風寒	몇 년 전부터 병이 깊어 풍한을 겁내면서
擁被終朝燠且安	아침 내내 뜨뜻하게 이불만 덮고 지내다가
早起修容眞勉强	일찍 일어나 용모를 닦자니 참으로 무리
淡湌無味每留殘	묽은 음식도 맛이 없어 남기기 일쑤라오
飛雲大野隨絲鞚	들판에 날리는 구름은 말 갈기를 따라오고
落月高峯掛玉盤	봉우리에 지는 달은 옥쟁반으로 걸린 새벽
尙恐侍中先下馬	시중이 먼저 출근할까 그래도 마음 안 놓여서
驅馳支體倍酸辛[295]	빨리 몰아 달리려니 육신이 배나 더 고되구만

이라고 하여 일찍 일어나 출근하느라 육신이 고됨을 호소했고, 바로 이어지는 「합좌소에서 매번 먼저 나가겠다고 청하는 것이 부끄럽기에 한 수 짓다」에서는

唯唯都堂愧十分	도당에서 맞장구만 치니 얼마나 부끄러운고
朝衙夕直合勤勤	아침 출근 저녁 숙직 열심히 해야 마땅한데
奈何後入頻先出	뻰질나게 뒤에 와서 먼저 나가니 어떡하노
亦是妄人何足云	이 또한 망녕된 인간이니 말해 무엇하리오
肉食豈宜從野性	고기를 먹으며 초야의 습성을 따르면 되겠는가
同尊敢不仰天文	지위가 함께 높다 해도 천문을 살피지 않아서야
汝今老矣可歸去	너는 지금 늙었으니 돌아가도 좋다 하고
倘賜黃金東海濆[296]	동해 가에 황금이나 듬뿍 내려주셨으면

이라고 하여 도당에 늦게 나갔다가 일찍 돌아오는 것이 부끄럽다는 뜻을 밝혔다. 하지만 이 시에서 더 눈에 띄는 것은 도당에서 맞장구만 치는 것이 부끄럽다고 한 대목이다. 이색이 비록 판삼사사에 복직되어 도당에 참

여했다고는 해도 여전히 자기 주장을 펴지는 못했던 것이다.

그나마 만족스럽지 못한 관직 생활도 오래가지 못했다. 이색은 판삼사사에 복직된 지 몇 달 만에 다시 물러났다. 『고려사』 등에는 이색이 1382년(우왕 8) 7월에 판삼사사가 되었으나 병을 칭하고 일을 보지 않은 것처럼 기록되어 있지만,[297] 실제로는 얼마 동안 판삼사사의 자리를 지켰다. 그리고 『목은집』 연보의 기록대로 이듬해 3월 삼중대광 한산군 영예문춘추관사에 봉해지면서 판삼사사에서 물러났다.[298] 그런데 바로 그달에 임견미가 수시중에 오르고 정방제조를 겸하면서 권력을 장악한 사실이 주목된다.[299] 이 무렵 이인임과 최영의 권력이 약화되고 임견미와 염흥방이 실세로 부상했는데,[300] 이색이 그 정쟁에 직접 끼어들지는 않았겠지만, 판삼사사에서 물러난 것이 그와 무관하지 않을 것이다.

이색이 판삼사사에서 물러난 뒤 몇 달 동안은 남아 있는 시가 없고, 7월 7일부터 가을까지 지은 시가 58편 있을 뿐이어서 이 시기의 행적은 전만큼 상세하게 알 수가 없다. 하지만 관직에서 물러나 있던 1383년(우왕 9) 9월에는 이색에게 매우 중요한 일이 있었으니, 신륵사 대장불사大藏佛事를 성공리에 마친 것이었다. 이 불사의 경위는 이숭인이 이색의 부탁을 받아 지은 기문記文에 자세히 실려 있다.[301] 그에 따르면 이 불사는 처음에 이곡이 돌아가신 부모를 위해 서원했던 것이 이색에 의해 "위로는 돌아가신 왕의 명복을 빌고, 아래로는 돌아가신 아버님의 뜻을 계승하는 일"로 확대되어 추진되었다. 그랬기 때문에 이 불사가 이색의 개인적인 일로 국한되지 않고 국가적인 사업으로 승격되었으며, 게다가 당시 불교계의 최대 문파였던 나옹懶翁 문도들이 참여함에 따라 규모가 크게 확대되었다.[302]

실제로 이색이 주관한 신륵사 대장불사의 단월檀越 명단에는 국사, 왕사를 비롯한 고위급 승려들과 영창부원군永昌府院君 왕유王瑜, 정창군定昌君 왕요王瑤 등 왕족 두 사람, 칠원부원군 윤환尹桓, 영삼사領三司 이인임, 판문하判門下 최영 이하 거의 모든 재추들, 왕비를 포함한 내·외명부內外命婦 등 모두 290여 명이 이름을 올렸다. 이들은 이색과 직접 관계가 없더라도 이 불사가 공민왕 추모 사업의 성격을 띤 국가적인 사업으로 진행되었기 때문에, 또는 그것이 아니라도 나옹 문도 및 신륵사와의 관계 등 여러 가지 이유로 참여하게 되었을 것이다. 하지만 이색의 입장에서는 자신이 발원한 불사가 국가적인 규모로 성대하게 치러졌다는 점에서 커다란 의미가 있었고, 그것은 곧 당시 정계와 불교계에서 이색의 위상을 재확인하는 계기가 되었을 것이다.

신륵사 불사가 끝난 직후인 1383년(우왕 9) 11월에 이색은 판삼사사로 복직되었다.[303] 하지만 이번에도 오래 가지 못하고 이듬해 7월에 다시 물러나 한산부원군에 봉해졌다.[304] 『고려사』에는 이때 이색이 병으로 사직했다고 되어 있고,[305] 이색이 1385년(우왕 11) 10월에 올린 사직서에도 이때 병 때문에 물러난 것으로 되어 있다.[306] 하지만 그 말을 그대로 믿기는 어렵고, 이번에도 역시 임견미, 염흥방과 이인임, 최영 등이 다투는 와중에서 진퇴가 결정되었던 것이 아닌가 한다. 다만, 관직에서 물러난 뒤에도 최영, 윤환, 이인임, 홍영통洪永通, 조민수曺敏修, 이성림李成林 등과 더불어 기로耆老로서 대우받았고,[307] 특히 명과의 외교에서는 나름 중요한 역할을 했다. 우왕 즉위 후 대명외교에서 현안으로 남아 있던 공민왕의 시호와 우왕의 승습을 인정받는 일이 1385년 9월에야 비로소 해결되었는데,[308] 그때 명의 사신으로 고려에 온 장부張溥와 주탁周倬 등이 이색의 안부를 물었으므로 판삼사사에 복직되어 명의 사신을 맞이했던 것이다.[309]

명의 사신이 이색의 안부를 물은 것은 그의 문명文名 때문이었을 것이다. 그 때문에 이색은 판삼사사에 복직되어 명의 사신을 맞이하고, 돌아갈 때는 전별하는 자리에도 참석했다.[310] 하지만 사신들이 돌아간 뒤 바로 사직을 요청했고,[311] 그것이 받아들여져 판삼사사에서 물러나 검교시중檢校

侍中이 되었다. 연보에 의하면 그해 12월의 일이었다. 비록 검교직이지만 문하시중이 된 데 대하여 이색은

判三司事近中台	판삼사사(判三司事)는 중태(中台)에 가까운 자리라서
例得封君府院開	관례에 따라 봉군되고 부원(府院)을 열었다네.
且看牧翁高一等	목은 늙은이가 한 등급 높아진 것을 보시라.
曾從檢校侍中來[312]	뜻밖에도 검교시중(檢校侍中)이 찾아왔다네.[313]

라고 하여 '한 등급 높아진 것'이라며 기뻐했다. 하지만 그로부터 수개월 뒤인 1386년(우왕 12) 5월 이색이 예부시 지공거가 되었을 때의 관직이 한산부원군으로 되어 있어[314] 검교시중직의 실체에 대한 의문이 생기기도 한다. 즉, 검교시중에서도 곧 물러난 것인지, 아니면 검교직보다는 부원군이 더 의미 있는 직함이었는지가 분명치 않다. 아무튼 현직에서 물러나 있는 상태에서 부원군으로서 지공거를 맡은 것은 매우 이례적인 일이었다. 그 직전에 우왕이 이색을 사부라 하여 높이고 친히 손을 잡고 들어가 걸상에 마주 앉고자 했다거나, 이색이 사양하자 친히 내구內廐의 안마鞍馬를 끌어다가 하사했다는 것을 보면,[315] 이 무렵 우왕이 이색을 매우 친신親信했음을 알 수 있고, 그렇다면 지공거가 된 것도 우왕의 의지가 반영된 것일 가능성이 크다.

예부시의 지공거로서 이색은 책문策問을 다시 시험하고 금방禁防을 엄하게 세웠으며, 20세가 되지 않은 거자擧子는 시험을 보지 못하도록 하는 등 과거의 규율을 강화했다.[316] 특히 이 예부시에서는 조민수의 아들이 합격하지 못했는데, 동지공거 염흥방이 그를 합격시키고자 이색에게 힘써 청했으나 이색이 듣지 않았다는 일화가 전한다.[317] 이색이 젊은 시절부터 가까이 지내던 염흥방과 대립한 것이 눈길을 끌지만, 이 무렵 이색이 이성림의

전민田民 점유와 염흥방의 취렴取斂을 일삼는 행위에 대하여 "나라를 그르칠 자는 반드시 이 두 사람이다"라며 자못 격렬하게 비난한 것을 보면[318] 이색과 염흥방 사이에 틈이 벌어졌음을 알 수 있다. 염흥방은 신흥유신의 일원이었고, 이색과는 사촌회四寸會,[319] 용두회龍頭會 등 모임을 함께 하며 절친한 친구로 지내왔지만, 1381년(우왕 7) 무렵 임견미와 혼인 관계를 맺은 뒤로는 권력의 핵심에 접근하여 전형적인 권신의 행태를 보이고 있었다.[320] 이색은 그런 염흥방과 언젠가부터 절연했던 것으로 보이는데, 앞서 1383년(우왕 9) 3월 염흥방과 협력 관계에 있던 임견미가 수시중 정방제조가 되면서 이색이 판삼사사에서 물러났던 사정이 여기서 이해가 된다.

이색이 이성림과 염흥방을 지목하여 '나라는 그르칠 자'라고 비난한 것은 이때까지 그의 처신에 비추어 보면 매우 이례적인 일이었다. 물론, 당시 권력자의 불법행위에 대한 비판이 권력의 핵심에 있던 이인임이나 임견미를 겨냥하지 못하고 같은 신흥유신이자 사촌회의 구성원이던 이성림과 염흥방을 지목하는 데 그친 한계는 있지만, 이 정도도 전에 없이 적극적인 발언이었다. 이색이 이렇게 자신의 생각을 내세울 수 있었던 데는 우왕의 친정親政 의지가 작용한 것으로 보인다. 즉위 후 줄곧 권신들에 둘러싸여 왕권을 행사하지 못하던 우왕이 1385년(우왕 11) 무렵부터 정치에 적극 개입하여 주도권을 장악하려는 의지를 보이기 시작했던 것이다.[321] 그해에 우왕이 20세가 되었고, 마침 이인임과 임견미 등이 권력다툼을 벌이고 있던 사정도 작용했을 것이다. 게다가 같은 해에 명으로부터 책봉을 받은 것도 우왕의 자신감을 북돋는 계기가 되었을 것이다. 그러한 상황에서 우왕은 믿을 만한 원로대신으로서 이색에게 주목했을 가능성이 크다. 그렇다면 결국 이색은 우왕의 신임을 바탕으로 염흥방 등과 대립했던 것으로, 마침 1388년(우왕 14) 1월에 우왕에 의해 이인임, 임견미, 염흥방 등 권신들이 모두 축출되자 이색은 곧 정계에 복귀하여 전에 없이 활발한 정치활동을 벌이면서 정치가로서의 새로운 면모를 보이게 된다.

4. 정치적 시련기

1388년(우왕 14)은 이색이 61세가 되던 해로, 국가적으로 커다란 사건들이 연이어 발생했다. 우선, 염흥방의 가노 이광李光이 전 밀직부사 조반趙胖의 토지를 탈점한 데서 비롯된 옥사로 한 해가 시작되었다.[322] 이 옥사는 염흥방이 조반을 제거하기 위해 일으켰지만 중간에 우왕과 최영, 이성계가 개입해서 염흥방을 잡아 가두고, 더 나아가 임견미, 도길부 등과 그들의 족당族黨을 대거 숙청함으로써 우왕 즉위 후 형성된 권력집단이 졸지에 몰락하는 대사건으로 확대되었다. 이렇게 해서 우왕의 왕권이 회복되고 최영과 이성계가 권력을 잡았지만, 이번에는 철령위 문제로 명과 대립하게 되어 요동 출병과 위화도회군이 이어졌고, 그 결과 우왕이 폐위되고 이성계를 중심으로 하는 일단의 무장과 신흥유신들이 권력을 장악했다.

이렇게 급변하는 상황 속에서 이색은 정계에 복귀하여 정치활동을 재개했다. 하지만 무장들이 군대를 동원해서 목숨을 걸고 싸우는 정국에서 그의 역할에는 한계가 있을 수밖에 없었다. 우선, 1388년 1월 임견미, 염흥방 등이 축출된 직후에 이색은 판삼사사에 복직되었다.[323] 문하시중 최영, 수문하시중 이성계에 이은 3재三宰의 지위였다. 우왕의 신임과 평소 최영, 이성계와의 개인적인 친분에 더하여 명망 있는 원로 유신이라는 점이 복직의 배경이 되었을 것이다. 하지만 곧 최영과 이성계가 갈등을 빚기 시작했고, 그 갈등은 명의 철령위 설치 통고를 계기로 요동 출병 문제를 둘러싸고 폭발했다. 이색은 요동 출병의 가부를 논의하는 회의에 참석했으나 어떤 의견을 제시했는지는 알려져 있지 않다. 또 요동 출병 도중에 단행된 이성계의 위화도회군에 대해서도 어떤 태도를 보였는지 확인되지 않는다. 『태조실록』 총서에서는 이성계가 위화도에서 회군하여 최영을 제압한 뒤 궁궐에 이르렀을 때 "이색이 도성에 남아 있던 기로 및 재추들과 함께 이성계를 맞이하니, 이성계가 이색과 오래 동안 이야기를 하고 군문 밖으로 돌아갔다"고 하여[324] 마치 이색이 회군을 환영한 것처럼 기록해놓았지만, 당시 이색의 위상이나 평소 태도를 미루어보면 오히려 우왕 편에서 사태를 수습하려 하지 않았을까 추측된다.

『목은집』에 실려 있는 연보에 따르면 이색은 위화도회군이 있던 1388년(우왕 14) 6월에 한산부원군에 봉해졌다. 구체적으로는 이성계 등이 개경을 점령하고 다음 날인 6월 3일에 조민수를 좌시중, 이성계를 우시중으로 하는 인사가[325] 실시되었을 때로 보인다. 그렇다면 판삼사사에 복직된 지 불과 6개월 만에 다시 물러난 셈이다. 하지만 곧 이성계와 조민수가 대립함으로써 이색의 정치적 영향력이 상대적으로 강화되는 일이 벌어졌다. 조민수가 창왕을 옹립하는 과정에서 이색을 끌어들였던 것이다. 당시 상황은 다음 기록에서 살필 수 있다.

> 조민수가 정비定妃의 전교로 우의 아들 창을 세웠다. 태조(이성계-필자)가 회군할 때 조민수와 왕씨의 후손을 다시 세우기로 의논했고, 조민수도 또한 그렇게 여겼다. 이때 이르러 태조가 왕씨를 세우려 하니 조민수가 이인임이 자기를 천거하여 발탁한 은혜를 생각하여 이인임의 외형제인 이림李琳의 딸 근비謹妃의 소생인 창을 세우고자 했다. 그러나 여러 장수들이 자기의 뜻을 어기고 왕씨를 세울까 두려워하여, 한산군 이색이 당시의 명유名儒이므로 그 말을 빙자하고자 비밀리에 이색에게 물었다. 이색 역시 창을 세우고자 하여, "당연히 전왕의 아들을 세워야 한다"고 했다. 태조가 민수에게 말하기를 "회군할 때에 한 말은 어찌된 것인가?" 하니 민수가 얼굴을 붉히며 말하기를 "원자元子를 세우기

로 한산군이 이미 정했으니 어떻게 어길 수 있겠는가?" 하고는 마침내 창을 세웠는데 나이 9세였다.[326]

위화도회군 당시 뜻을 같이했던 이성계와 조민수가 후계 국왕의 옹립을 둘러싸고 갈등을 빚는 가운데 조민수가 이색을 앞세워 자신의 뜻을 관철시켰던 것이다. 조민수가 자기주장을 실현시키기 위해 이색의 의견을 빙자한 것은 위 기록에 보이는 대로 이색이 '명유'라는 점을 이용한 것이었다. 이때가 이색의 일생에서 가장 중요한 정치적 고비였다.

창왕이 즉위한 지 얼마 지나지 않아 조민수가 토지 탈점의 죄목으로 조준의 탄핵을 받아 유배되고[327] 이성계가 권력을 장악했다. 그리고 곧 이은 인사에서 이색은 문하시중에 올라 조민수의 자리를 채우게 되었다.[328] 이색으로서는 난생 처음 수상의 지위에 오른 것이었지만 그 기쁨을 누릴 여유도 없이 창왕 편에 서서 이성계와 대립하는 역할을 하게 되었다. 이색의 복귀는 고려왕실 등 반이성계 세력의 여망에 부응하는 것이었지만, 이성계의 입장에서도 회군 이후 신흥유신들과 손을 잡고 정치를 운영하고 있는 이상 신흥유신의 대표적인 인물이었던 이색을 외면할 수 없었기에 가능한 일이었다. 신흥유신의 대표자로서 이색의 위상은 조민수가 창왕을 옹립할 때 이색이 '명유名儒'인 점을 이용한 데서도 이미 드러난 바 있지만, 이색이 문하시중으로서 영서연사領書筵事를 겸하고 정몽주, 권근, 유염柳琰, 정도전 등 신흥유신들과 함께 서연을 담당했던 데서도 확인된다.[329]

문하시중이 된 이색은 두 달 뒤인 10월에 하정사가 되어 명에 갔다.[330] 공민왕 사후 명과의 관계가 악화되면서 명에 사신으로 가는 것을 모두 꺼렸으나, 이때 이색은 사신을 자원했다. 정치적으로 불안한 시기에 수상인 문하시중이 직접 사신으로 가는 것이나, 젊은 시절 원에 다녀온 뒤 나라 밖으로 나가본 적이 없는 이색이 61세의 나이에 사행을 자원한 것은 무언가 절실한 이유가 있었기 때문이다. 그 절실한 이유가 무엇이었는지는 이색이 명에 가서 감국監國, 즉 관리를 파견하여 고려를 감시할 것과 창왕의 친조親朝를 요청했던 데서[331] 밝혀진다. 이러한 전례 없는 요청은 명에 의지하여 창왕의 왕권을 보호하고,[332] 동시에 이성계의 권력을 견제하기 위한 것이었다. 이색이 명으로 떠나면서 자신이 돌아오기 전에 '변이 있을까 두려워하여' 이성계의 아들 방원芳遠을 서장관으로 데리고 간 데서도 이런 의도가 분명히 드러난다.

그러나 명에서 이색의 요청을 받아들이지 않음으로써 이색의 노력은 수포로 돌아갔다. 감국은 거론조차 되지 않았고, 국왕 친조의 요청도 거부되었다.[333] 이색은 명 태조를 네 번 알현했는데, 태조가 이색에게 "너는 원조元朝에서 한림이 되었으니 한어漢語를 알겠구나"라고 하자 이색은 중국어로 급히 "친조를 청합니다"라고 말했지만 이색의 중국어가 서툰 까닭에 태조가 바로 알아듣지 못하고 "너의 한어는 꼭 나하추納哈出 같다"고 했다는 일화가 전한다.[334] 이색의 절실한 요청이 명 황제의 비웃음을 사는 것으로 끝난 셈인데, 이색은 고려로 돌아오는 길에 "황제는 마음에 중심으로 삼는 바가 없는 군주이다. 내가 '황제가 반드시 이 일을 물을 것이다' 하고 생각한 것은 묻지 않고, 황제가 물은 것은 모두 내가 생각지 않은 것이었다"라고 하여 실망감을 드러냈다.

별다른 성과 없이 명에서 돌아온 이색은 곧바로 전제 개혁을 둘러싼 논란에 휩쓸리게 된다. 사전私田 폐지를 골자로 하는 전제 개혁 주장은 회군 직후부터 조준 등 개혁파 신흥유신들에 의해 제기되었다. 즉, 1388년(우왕 14) 6월 창왕의 즉위 교서에서 전제 문란을 회복할 방법에 대한 구언이 있었고,[335] 그에 대해 7월 대사헌 조준 등의 상소를 필두로 간관 이행李行, 판도판서 황순상黃順常, 전법판서 조인옥趙仁沃, 우상시 허응許應 등이 상소를 올려 전제 개혁을 주장했다.[336] 사헌부와 낭사, 판도사, 전법사 등 사법

기관들이 총동원된 것으로, 이는 위화도회군 후 이들 관청이 이성계 일파에 의해 장악되었음을 보여주는 것이기도 하다. 그리고 이듬해 4월 이 문제를 도당에서 논의했는데, 당시 분위기가 다음과 같이 기록되어 있다.

> 우리 태조가 대사헌 조준과 더불어 사전을 개혁하고자 하니, 이색이 구법舊法을 가벼이 고칠 수 없다 하여 자기 의견을 고집하며 따르지 않았고, 이림, 우현보禹玄寶, 변안열邊安烈 등도 모두 개혁하지 않으려고 했다. 이색이 유종이었으므로 그의 입을 통하여 사람들의 귀를 현혹시켜 사전을 혁파하고 공전을 회복하자는 논의가 결정되지 못했다. 예문관제학 정도전과 대사성 윤소종은 조준의 의견에 찬동하고, 후덕부윤厚德府尹 권근과 판내부시사判內府寺事 유백유柳伯濡는 이색의 의견을 좇았으며, 찬성사 정몽주는 그 사이에서 머뭇거렸다. 이에 각 관사에 시켜 사전을 개혁하고 공전을 회복하는 일의 이해를 의논하게 했더니, 의논한 사람 53명 가운데 개혁하고자 하는 사람이 10에 8, 9명이었고 개혁하지 않으려는 사람들은 모두 거실자제巨室子弟들이었다.[337]

전제 개혁을 논의하는 자리에서 이색은 '구법을 가벼이 고칠 수 없다'는 논리를 앞세워 반대론을 주도했고, 결국 사전을 혁파하자는 조준의 주장을 저지하는 데 성공했다. 그의 유종으로서의 위상이 다시 한 번 확인된 순간이었다. 그러나 이색은 전제 개혁에 반대함으로써 이성계, 조준은 물론 같은 신흥유신인 정도전, 윤소종 등과 대립하게 되었고, 전제 개혁에 반대하는 '거실자제', 즉 세족世族의 계급적 이익을 대변하는 것으로 각인되어 개혁파의 공격을 받게 되는 불이익을 감수해야만 했다.

1389년(창왕 1) 7월에 이색은 문하시중에서 판문하부사判門下府事로 자리를 옮겼다.[338] 판문하부사는 문하시중보다 상위직이지만 실은 명예직으로 이색이 해직을 청하여 이루어진 인사였다. 그와 동시에 이색은 후임 문하시중으로 이림을 천거했다. 이림은 창왕의 외조로, 이색이 그를 천거한 것은 창왕의 왕권을 강화하기 위해서였지만, 다른 한편으로는 전제 개혁 논쟁을 거치면서 반개혁 세력과 확실하게 손잡았음을 의미했다. 이색은 판문하부사가 된 뒤에 창왕의 친조를 다시 한 번 추진했다. 명과 사전 협의 없이 일방적으로 추진한 것이었다. 이색은 추위가 오기 전에 친조를 서둘러야 한다고 재촉했지만, 이번에는 창왕의 모후 이씨의 반대로 끝내 뜻을 이루지 못했다.[339]

이색의 전제 개혁 반대와 친조 추진은 개혁파의 공격을 불러왔다. 이색에 대한 공격은 그 자신보다는 주변 사람들에 대한 공격으로 시작되었다. 먼저 간관들이 좌사의 문익점文益漸을 탄핵하여 파직시켰는데,[340] 그가 이색에게 붙어 전제를 논의하는 데 참여하지 않았다는 것이 그 이유였다. 또 이 무렵에는 "아들 이종학이 두 번 시험을 관장했는데, 종학이 문文에 능하지 못하여 사림들이 비웃었으나 이색은 오히려 아들을 편들었다"는 기록이 있다.[341] 이는 당시에 사림들이 이종학을 빌미 삼아 이색을 비난한 것이다. 그리고 얼마 후에는 이색과 가장 가깝던 이숭인과 권근이 간관 오사충吳思忠 등의 탄핵을 받아 유배되고 말았다.[342] 결국 이색은 판문하부사에서 물러나 별서別墅가 있던 장단長湍(지금 경기도 파주시 장단면)으로 낙향했고, 창왕이 불렀으나 끝내 나오지 않았다.[343] 1389년(창왕 1) 10월의 일이었다.

이색이 장단으로 내려간 직후인 1389년 11월 최영의 생질인 전 대호군 김저金佇가 여흥(지금 경기도 여주군)에 유배 중이던 우왕을 복위시키기 위해 모의했다가 발각된 일로 옥사가 일어났다.[344] 이른바 '김저 옥사'라 불리는 사건으로, 이성계 일파는 이 사건을 계기로 '폐가입진廢假立眞'을 명분으로 내세워 창왕을 폐위하고 공양왕을 옹립함으로써 정치권력을 더욱 공고히 하는 데 성공했다. 김저가 실제로 우왕을 복위시키려 했는지는 확인할 길이 없지만, 적어도 그 결과만을 놓고 볼 때 이성계 일파에 유리하게 작용했음은 부인할 수 없다. 이 사건의 전말을 상세히 기록한 『고려사절요』에 따르면, 11월 13일에 김저를 순군옥에 가두는 것으로 옥사가 시작되었고, 14일에 우왕을 강릉부로 옮기고 이성계 등이 흥국사에 모여 공양왕을 옹립하기로 결정했으며, 15일에 창왕을 강화도로 추방하고 공양왕을 옹립했다.[345] 옥사가 일어난 날로부터 공양왕 옹립까지가 불과 사흘밖에 걸리지 않은 것은 이 일이 치밀한 계획 아래 신속하게 진행되었음을 보여준다.

이성계 등이 공양왕을 옹립한 날 정양군定陽君 왕우王瑀에게 군사를 거느리고 장단에 가서 비상사태에 대비하게 했던 사실이[346] 주목된다. 당시 장단에는 이색이 머물고 있었으므로 이 조치는 창왕 폐위와 공양왕 옹립을 일사천리로 진행하면서 이색을 유력한 반대자로 설정하고 만일의 사태에 대비한 것이었다. 하지만 이색은 아무런 대응을 하지 못했고, 그것은 결과적으로 중대한 실기를 한 셈이 되었다. 이색이 장단으로부터 개경에 돌아온 것은 16일 또는 17일로 이미 공양왕이 즉위한 뒤였고, 공양왕의 왕위를 부정하지 않는 한 이성계 일파의 '폐가입진'은 되돌릴 수 없는 일이 되고 말았던 것이다. 공양왕은 이색을 내전으로 불러들이고 용상에서 내려와 맞이하는 등 존경의 예를 취했고, 이색에게 도움을 요청했다. 그리고는 곧 판문하부사에 복직시켰다.[347]

판문하부사가 된 이색은 공양왕 편에 서서 이성계 일파를 견제하고자 노력했다. 공양왕이 태묘에 즉위를 고하는 의식을 끝낸 뒤 궁궐에서 백관들의 진하를 받는 자리에서 남면南面하지 않으려 하자 "상께서는 이미 즉위를 고하시었는데 지금 남면을 하지 않으면 신민들의 여망에 보답할 수 없습니다"라고 했는데,[348] 이는 공양왕의 권위를 살리기 위한 것이었다. 또 유사有司에서 우왕 어머니의 신주 철거를 청하자, "이 일은 그 종말을 보장할 수 없으니 천천히 하라"고 하여 막았는데,[349] 이는 이성계 일파가 '폐가입진'의 근거로 내세운 '우창비왕설禑昌非王說'에 대해 의문을 제기한 것이었다. 하지만 공양왕의 신임에도 불구하고 이색의 입지는 좁을 수밖에 없었다. 공양왕 자신이 이성계 등에 의해 옹립된 국왕이었고, 이색이 판문하부사가 될 때 이성계가 수문하시중이 된 것을 비롯해서 심덕부沈德符, 정몽주, 지용기池湧奇, 설장수偰長壽, 성석린成石璘, 조준, 박위朴葳, 정도전 등 공양왕 옹립을 주도했던 소위 9공신이 모두 고위직에 올라[350] 정국을 확실하게 장악하고 있었기 때문이다.

이색에 대한 이성계 일파의 공격도 곧 시작되었다. 1389년(공양왕 1) 12월 1일 좌사의 오사충과 문하사인門下舍人 조박趙璞이 이색을 탄핵했고,[351] 그에 따라 이색은 판문하부사에서 파직되었다.[352] 위화도회군 후 이색이 직접 공격을 당한 것은 이때가 처음이었다. 오사충, 조박 등의 상소에는 이색의 죄목이 다음과 같이 열거되었다.

① 이인임이 우왕을 세울 때 의논을 도왔다.

② 위화도회군 이후 조민수와 의논하여 창왕을 세웠다.

③ 김저 등과 모의하여 우왕을 다시 맞이하려고 했다.

④ 이인임이 권력을 잡고 있을 때 그른 점을 말하지 않았다.

⑤ 우왕이 요동 출병을 결정할 때 반대하지 않았다.

⑥ 전법田法을 바로잡으려는 것을 불가하다고 했다.

⑦ 외척에 붙어서 지위를 보전하고자 이림을 천거했다.

⑧ 유종儒宗으로서 부처에게 아첨했다.

이 가운데 ①과 ③은 이때 처음 거론된 사실이지만 진위를 판단하기 어렵고, ④~⑧은 죄목으로 성립하기 어려운 것들이며, 그나마 ②가 이색을 공격하는 빌미가 될 만한 것이었다. 하지만 그 정도의 죄목으로 이색은 아들 이종학과 함께 파직되었는데, 이러한 결말은 당시 그의 입지가 얼마나 취약했는지를 보여준다.

이색을 파직시킨 뒤에도 이성계 일파의 공격은 계속되었다. 첫 번째 탄핵으로부터 불과 닷새 뒤인 12월 5일에 대간臺諫이 번갈아 상소하여 우왕과 창왕을 죽일 것을 청하면서 동시에 이색의 죄목도 재론하여 끝내 유배에 이르게 했다.[353] 이때 이색에게 씌워진 죄목은 모두 왕통과 관계된 것으로 첫째, 이인임이 우왕을 옹립할 때 한마디도 하지 않았고, 둘째, 조민수가 창왕을 옹립할 때 제일 먼저 주창했으며, 셋째, 김저와 함께 우왕을 다시 세우려 했다는 것이다. 수일 전 오사충, 조박의 상소에서는 이인임이 우왕을 세우려 할 때 이색이 '의논을 도왔다〔助議〕'고 했던 것이, 대간의 상소에서는 '한마디도 하지 않았다〔曾無一言〕'는 것으로 바뀌었는데, 오히려 후자가 사실에 가까운 표현이라고 할 수 있다. 하지만 우왕이 즉위할 때 이색은 관직에서 물러나 있었고 왕위계승 문제에 간여할 처지가 되지 못했으므로 이러한 공격은 부당한 것이 아닐 수 없었다. 또한 이색이 창왕 옹립을 주창했다거나 김저와 모의하여 우왕을 다시 세우려 했다는 것도 실은 근거가 없는 모함이었다. 그럼에도 불구하고 이색은 이숭인, 하륜, 권근, 이종학 등과 함께 유배되었다. 이색의 유배지는 장단이었다.[354]

탄핵과 파직, 유배는 모두 이색이 평생 처음 당하는 일이었다. 12월 5일 대간의 상소로 유배가 결정되었고, 그 사실이 바로 다음 날 이색에게 전해졌으며, 그날로 개경을 떠나 장단으로 향했다.[355] 그러나 그 뒤로도 이색에 대한 공격이 그치지 않았다. 1389년(공양왕 1) 12월 8일부터 14일 사이에 사헌규정司憲糾正 전시田時를 창녕에 보내 조민수를 국문했는데, 조민수는 창왕 옹립이 자신이 한 일이고 이색은 관여하지 않았다고 주장했지만 여러 날 동안 핍박하여 결국 이색이 그 일을 주도했다는 공사供辭를 받아냈다.[356] 또 14일에는 사재부령司宰副令 윤회종尹會宗의 상소에 따라 우왕과 창왕을 죽이기에 이르렀고,[357] 1390년(공양왕 2) 1월에는 김저 옥사에 연루되었던 변안열과 홍영통, 우현보, 왕안덕王安德, 우인열禹仁烈, 정희계鄭熙啓 등 여섯 사람을 극형에 처해야 한다는 낭사의 상소가 빗발치는 가운데[358] 결국 변안열이 처형되었다.[359] 이러한 공격은 마침내 이색에게도 미쳤다. 1월 말에 사헌부에서 이색과 조민수가 창왕을 옹립하고 우왕을 맞이하려 한 죄를 다스릴 것을 주장했고,[360] 2월 1일에는 간관이 상소하여 두 사람을 극형에 처할 것을 주장하기에 이르렀다.[361] 이때 이색은 관직을 삭탈당하는 데 그쳤지만, 곧 창왕을 옹립한 죄목에 대해 국문을 당하는 고초를 겪게 되었다.

1390년(공양왕 2) 2월 좌사의 오사충, 사헌집의司憲執義 이고李皐, 사헌규정 전시 등 대간들이 장단에 와서 이색을 국문했다.[362] 이색에게 씌워진 죄목은 창왕을 옹립할 때 조민수에게 협력했다는 것과 우왕을 다시 맞이하려 했다는 것이었다. 창왕 옹립 건에 대해서는 이미 전년 12월에 조민수에게서 이색의 연루 사실을 자백받아놓은 상태였다. 그때 공양왕은 대간들에게 "이색을 놀라게 하지 말라. 만약 복죄하지 않거든 교지를 다시 받도록 하라"는 명령을 내렸다. 이색이 죄를 인정하지 않고 조민수와 대질을 요구하자 대간들은 공양왕에게 그 사실을 보고하고 이색에게 고문을 가해도 좋다는 교지를 받아냈다. 그리고 옥졸로 하여금 밤낮으로 곤장을 들고 곁에 서 있게 하고는 전에 받아두었던 조민수의 공술을 보였는데, 이색은 "회군하여 왕을 세우기를 의논할 때 조민수가 내게 종친과 아들 창 중에서 누가 적당하냐고 물었으나 그때는 조민수가 주장主將으로서 군사를 거느리고 돌아왔고, 더구나 창의 외조부 이림과 친족 간이라 마음을 같이하고 있었으므로 감히 어길 수 없었다. 그래서 우가 왕이 된 지 이미 오래되었으니 마땅히 아들 창을 세워야 한다고 대답하였을 뿐이고 마음대로 세우기를 먼저 권고한 적은 없다"고 진술했다. 또 우왕을 복위시키려 했다는 혐의에 대해서는 명에 사신으로 갔을 때 명에서 우왕을 쫓아낸 일을 문제 삼았으므로 돌아와서 이성계에게 여흥은 땅이 머니 우왕을 가까운 곳에 두면 임금을 내쫓았다는 비난은 면할 수 있을 것이라고 했을 뿐, 다시 왕으로 세우자고 한 것은 아니었다고 맞섰다.

국문이 무위로 끝나자 대간에서 이색과 조민수의 죄를 다시 거론했지만, 공양왕이 받아들이지 않았다.[363] 공양왕은 전함을 시찰한다는 구실로 이색이 있는 장단에 행차하려 했는가 하면,[364] 사헌부에서 우인열, 왕안덕, 우홍수禹洪壽 등을 국문하기를 청하자 오히려 우인열 등을 봉군하고 탄핵을 멈추지 않는 윤소종과 오사충을 다른 관직으로 옮기는 등[365] 이성계의 그늘에서 벗어나 독자적인 왕권을 세우려는 의지를 드러냈다. 공양왕은 또 사헌부의 건의로 실시했던 대간면계법臺諫面啓法을 불과 1개월 만에 폐지하고[366] 더 나아가 윤소종을 추방했는데, 이성계가 그에 반발하여 사직했을 만큼[367] 윤소종 추방은 충격적인 사건이었다. 공양왕은 이성계를 억지로 다시 나오게 하고 자신을 옹립한 9공신들에게 내구마內廐馬와 백금, 백견 등을 하사하는 등 태도를 누그러뜨렸다.[368] 그러자 이번에는 대간들이 번갈아 상소하여 조민수와 이색, 권근을 탄핵하고 이림, 우인열, 왕안덕, 우홍수 등을 처벌할 것을 주장했고, 그에 따라 이색은 결국 함창(지금 경상북도 상주시 함창읍)으로 이배되었다.[369] 1390년(공양왕 2) 4월 5일의 일이었다.[370]

1390년 4월부터는 공양왕을 중심으로 하는 구세력과 이성계 일파의 정쟁이 치열하게 전개되었다. 공양왕은 이성계 등에 의해 옹립되었으나 점점 구세력을 옹호하고 개혁파를 견제했다. 구세력의 반격 조짐도 나타났는데, 이색의 문생인 이행이 공양왕을 옹립한 공신들이 간관을 시켜 이색을 공격하는 것이라고 비난하자 공신들이 모두 집무를 거부하고, 그러한 가운데 대간들이 왕에 대한 불만을 표시하고 집단으로 사직했다가 지방관으로 좌천되는 일이 벌어졌다.[371] 이러한 상황 전개는 공양왕을 옹립했던 이성계나 개혁파 신흥유신들에게 커다란 불만이 아닐 수 없었다. 그러나 자신들이 옹립한 국왕이 자신들에게 협력하지 않을 경우 대응책이 마땅치 않다는 데 그들의 고민이 있었다. 이러한 때에 마침 소위 '윤이尹彜·이초李初 옥사'가 일어났다.[372] 윤이와 이초 두 사람이 명에 가서 이성계가 명을 공격하려 하며, 이색 등이 그것을 반대하다가 유배되었다고 고발한 사실이 고려에 알려져 1390년(공양왕 2) 5월에 대규모 옥사가 일어났던 것이다.

윤이, 이초가 명에서 고발한 내용, 즉 이성계가 명을 공격하려 한다는 것은 당시 고려와 명의 관계, 특히 위화도회군 이후 이성계 일파와 명의 우호적인 관계를 감안한다면 좀처럼 일어나기 어려운 일이었다. 따라서 이 옥사는 앞서의 김저 옥사와 마찬가지로 이성계 측에서 조작했을 가능성이 큰데, 실제로 그때까지 이성계 일파와 대립하던 구세력이 이 옥사를 계기로 큰 타격을 받았다. 이색은 유배지 함창에서 청주옥으로 옮겨져 이림, 우인열, 이인민李仁敏, 이숭인, 권근, 이종학 등과 함께 수감되었고, 5월 19일 그곳에서 국문을 받게 되었다.[373] 그러나 마침 청주에 큰 비가 오자 다음 달 4일 수재를 이유로 청주옥의 죄수들을 모두 석방했는데[374] 이색도 석방되어 장단으로 돌아갔다.[375] 그리고 7월에 사면을 받고 유배에서 풀려났는데,[376] 윤이·이초 옥사를 계기로 이성계와 결별하고 공양왕 편에 섰던 정몽주의 건의에 따른 것이었다.[377] 그러나 그 뒤에도 사헌부와 형조에서 윤이·이초 옥사에 연루된 사람들에 대한 처벌을 거듭 주장했고,[378] 정몽주가 "윤이·이초 무리의 죄가 명백하지 않고, 또 사면을 받았으므로 다시 논죄할 수 없다"며 반대했지만 도당에서 다시 논의한 결과 우현보 등을 원지로 유배보냈다.[379] 그때 이색도 함창으로 유배되었는데, 그 사실은 『고려사』나 『고려사절요』에는 기록되어 있지 않고 『목은시고』 제35권 함창음咸昌吟의 첫 작품에서 확인된다.[380]

한편, 윤이·이초 옥사로 위축되었던 공양왕은 정몽주의 태도 변화에 힘입어 상황을 반전시키고자 했다. 그 대표적인 사례가 한양천도였다. 윤이·이초 옥사를 마무리한 직후인 1390년(공양왕 2) 7월 서운관書雲觀에서 천도를 건의했고, 박의중, 이실李室, 윤회종, 김사형金士衡 등 신흥유신들의 반대에도 불구하고 9월에 천도를 강행했다.[381] 천도의 명분도 "비록秘錄에 천도를 하지 않으면 군신을 폐하게 될 것이라고 했다"는 것으로,[382] 공양왕이 군신 관계의 재정립을 통해 왕권의 회복을 의도한 것이었다. 또한 공양왕은 이 무렵 연복사를 중수하는 등[383] 숭불의 태도를 강화했는데, 이는 국왕의 위상을 제고하는 동시에 정치적으로는 구세력과의 연계를 염두에 둔 것이었다. 한양 천도가 이루어진 뒤 2개월 만에 이성계가 사의를 표명했고,[384] 다음 날 우현보, 권근, 이숭인 등과 함께 이색도 사면되어 경외종편京外從便이 허용되었다.[385]

공양왕에 의해 이성계 일파가 수세에 몰리고 있을 때, 앞서 윤이·이초 옥사에 연루되었다가 사면된 김종연金宗衍이 이성계를 살해하려 한다는 고발로부터 또 한 차례의 옥사가 일어났다.[386] 1390년(공양왕 2) 11월의 일이었다. 그 결과 공양왕을 옹립했던 9공신 가운데 심덕부, 지용기, 박위 등이 유배되고,[387] 사헌부의 요청에 따라 이성계가 중앙과 지방의 모든 군사를 통솔하며, 원수들이 가지고 있던 인장을 회수하는 조치가 내려졌다.[388] 9공신 가운데 심덕부 등 세 사람의 무장을 몰아내고 이성계의 병권을 재확인한 것은 이들이 이성계에게 대항할 가능성이 있었기 때문으로, 정몽주의 위상 강화와 관련이 있었다. 당시 박위가 정몽주와 연결되었던 사실은 조선 건국 후 이성계의 다음과 같은 회고에서 확인할 수 있다.

상(태조-필자)께서 말씀하시기를 "박위가 내게 딴 마음을 품은 것이 오늘이 처음이 아니다. 지난 경오년(공양왕 2년)에 공양왕이 한양으로 옮겨갔을 때에도 정몽주의 말을 곡청曲聽하여 내게 모반하려는 마음이 있었다"라고 하셨다.[389]

즉, 정몽주의 부상은 개혁파 신흥유신뿐 아니라 무장 세력의 분열을 초래했고, 이성계가 자신에게 반대하는 무장들을 제거하고 병권을 확고히 함으로써 앞으로 정쟁에서 승리할 수 있는 최후의 수단을 확보했던 것이다. 그리고 이듬해 정월에는 이성계가 삼군도총제부를 설치하고 배극렴裵克廉, 조준, 정도전과 함께 총제사가 됨으로써 병권 장악을 마무리했다.[390]

하지만 다른 한편에서는 정몽주의 정치적 위상이 강화되고 있었다. 김종연 옥사가 진행 중이던 1390년(공양왕 2) 11월에 정몽주가 수문하시중에 올라 판상서시사判尙瑞寺事를 겸함으로써[391] 관리 인사에 관여하고 이를 통해 자기 세력을 확대할 수 있게 되었다.[392] 1391년(공양왕 3) 정월에는 우인열, 이숭인, 하륜, 권근 등 이성계 일파에 의해 유배되었던 사람들을 사면하고 경외종편을 허락하는 조치가 내려졌는데,[393] 이 역시 정몽주의 노력에 의한 것으로 보인다. 또한 정몽주가 경연에서 역사편찬의 필요성을 제기하고, 그에 따라 이색과 이숭인에게 직첩을 돌려주고 실록 편수를 맡기려 한 적도 있었다.[394] 공양왕의 비호 아래 정몽주의 정치적 비중이 커지는 것은 이성계와 개혁파 신흥유신의 입장에서 볼 때 매우 불만스러운 일이었다. 이러한 상황에서 개혁파의 반격이 정도전을 중심으로 하는 척불운동으로 나타났다.

1391년 5월에 시작된 척불운동은 그 전달인 4월에 있었던 공양왕의 구언에 대한 응답의 형식으로 제기되었다. 대사성 김자수金子粹의 척불상소를 시작으로 성균박사 김초金貂의 폐불론이 이어졌다.[395] 이에 전 전의부정典醫副正 김전金典과 전 호조판서戶曹判書 정사척鄭士倜이 반론을 제기하자,[396] 이번에는 성균생원 박초朴礎 등이 척불론을 지지하며 공양왕의 숭불을 비난하고 나섬으로써[397] 척불을 둘러싼 이념논쟁이 전개되었다. 그러나 이때의 척불상소들은 정치 공세의 의미가 강했고,[398] 그 일차적인 공격 대상은 공양왕이었다. 공양왕의 숭불행위는 이전에도 문제가 된 적이 있지만, 특히 이때의 척불운동은 공양왕의 부덕함을 부각함으로써 왕의 권위를 추락시키는 데까지 나아가고 있었다. 즉, 공양왕의 숭불에 대한 비판을 구실로 즉위 후 줄곧 개혁파에 비협조적이던 공양왕에 대한 공격이 시작된 것이었다.

척불운동의 과정에서 정도전이 이색에 대한 공격에 불을 붙였다. 정도전은 김초의 척불상소 직후에 글을 올려 공양왕의 정치를 비판하면서

> 우와 창이 우리 왕씨의 왕위를 도적질했으니 실로 조종의 죄인이며 왕씨의 자손과 신민들 모두의 원수입니다. … 여러 장수들이 회군하여 왕씨를 세우기를 의논했으니 이는 하늘이 다시 화란禍亂을 뉘우치고 조종祖宗이 가만히 도와서 왕씨가 다시 일어날 기회였습니다. 그 의논을 저지시키고 마침내 아들 창을 세워 왕씨가 다시 일어나지 못하게 한 자와, 신우를 맞이하여 왕씨를 영구히 끊으려고 한 자는 그 난적의 무리이니 왕법으로 용납할 수 없는 바입니다.[399]

라고 하여 우왕과 창왕 즉위에 일조한 혐의를 받고 있던 이색을 공격하고 나섰다. 그리고 도당에 글을 올려 이색과 우현보를 사형에 처할 것을 주장하기에 이르렀다.[400] 위화도회군 후 이성계 세력의 핵심으로 활동했던 정도전이 직접 자기 주장을 표현한 것은 이때가 처음이었고, 더욱이 젊은 시절부터 가까운 사이였던 이색을 공격한 것이었다.[401] 공양왕이 이색을 비호했지만, 공양왕과 대간이 몇 차례 공방을 거친 끝에 결국 이색은 1391년

(공양왕 3) 6월 13일에 함창으로 다시 유배되었다.[402] 전해 11월 4일에 사면된 지 7개월여 만이었다.

이색이 함창으로 유배되어 있는 동안에도 정몽주와 이성계의 대립은 계속되었다. 정몽주의 부상에 대한 불만에서 이성계가 사직했고,[403] 그 사이에 정도전이 대간과 형조의 탄핵을 받아 봉화현으로 추방되었다.[404] 이는 당시 사헌부와 낭사, 형조의 관원들이 정몽주 계열의 인물들로 채워졌고, 이들의 공격이 이성계 세력의 핵심에 미치고 있었음을 보여준다. 또한 정몽주는 창왕 옹립으로부터 윤이·이초 옥사에 이르기까지 이성계 일파가 일으켰던 여러 사건들에 대해 재심의할 것을 주장했고,[405] 결국 관련자들의 죄를 경감하고 그에 대한 논란을 종결지어 다시는 거론하지 못하도록 했다.[406] 그 가운데 이색의 창왕 옹립과 관련된 논의도 있었는데, 창왕 옹립은 조민수의 뜻이며, 이색이 비록 종실을 세우고자 하여 창왕 옹립에 반대했더라도 조민수의 뜻을 꺾지는 못했을 것이니 가벼운 죄로 처벌해야 한다는 정몽주의 주장이 받아들여졌다. 그에 따라 이색은 1391년(공양왕 3) 11월에 소환되어 개경으로 올라왔다.[407]

공양왕의 후원을 받은 정몽주 세력의 우세는 당분간 더 이어졌다. 1391년 12월 인사에서 강회백姜淮伯이 대사헌, 전오륜全五倫이 형조판서, 김진양金震陽과 이확李擴이 좌·우산기상시에 임명되어 간관과 형조의 책임자가 모두 정몽주 계열의 유신들로 채워졌다.[408] 같은 날 이색도 한산부원군 영예문춘추관사에 복직되었다. 1392년(공양왕 4) 3월에는 이성계가 사냥 중 말에서 떨어져 위독한 틈을 타 정몽주가 대간들을 동원하여 이성계파의 핵심인 조준, 정도전, 남은南誾, 윤소종, 남재南在, 오사충을 탄핵하여 유배보내는 데 성공했다.[409] 이때 이색도 정몽주가 대간을 동원하여 조준과 정도전을 탄핵하는 일에 가담했다.[410] 이색이 말년에 정쟁에 휘말리면서 언제나 핍박을 받는 입장이었는데, 이처럼 상대방을 공격한 것은 처음 있는 일이었다.

하지만 이성계 측의 반격으로 1392년(공양왕 4) 4월 4일에 정몽주가 죽임을 당했고,[411] 그로부터 전세가 역전되어 김진양 등 정몽주 계열의 대간들이 대거 유배되고[412] 조준 등은 소환되었다.[413] 이색도 화를 면치 못하여 4월 14일 금주衿州(지금 서울시 금천구)로 유배되었으며,[414] 그곳에 2개월 정도 머물다가 6월 초에 여흥으로 옮겨졌다.[415] 그리고 7월 12일에 공양왕이 이성계에게 왕위를 내주고 17일에 이성계가 즉위하여 조선이 건국되었으니,[416] 이색은 여흥의 유배지에서 그 소식을 들었다. 조선 건국 직후에 반포된 태조의 즉위교서에서는

> 유사가 상언하기를, '우현보, 이색, 설장수 등 56인이 고려 말에 도당徒黨을 결성하여 반란을 모의해서 맨 처음 화단禍端을 일으켰으니, 마땅히 법에 처하여 뒷사람들을 경계해야 할 것입니다'라고 하나, 나는 오히려 이들을 가엾이 여겨 목숨을 보전하게 할 것이니, 우현보, 이색, 설장수 등은 그 직첩을 회수하고 폐하여 서인으로 삼아 해상으로 옮기고 종신토록 임용되지 못하도록 하라.[417]

라고 하여 이색 등을 처벌하는 조치가 내려졌다. 그에 따라 이색은 7월 30일 장흥부(지금 전라남도 장흥군)로 옮겨졌고,[418] 그곳에서 2개월여를 머물다가 10월 12일에 외방종편外方從便되어 고향인 한산으로 돌아갔다.[419]

조선이 건국된 1392년은 이색이 65세가 되던 해로, 이색으로서는 참으로 견디기 힘든 한 해였다. 자신이 평생 충성을 바쳐왔던 왕조가 멸망한 것부터가 그랬다. 500년 가까이 존속해온 왕조의 멸망 자체가 매우 충격적인 일이었을 테지만, 가깝게는 자신을 후원하던 공양왕이 왕위에서 쫓겨났고, 평소 자신과 가까이 지내던 사람들이 정계에서 축출되었으며, 가장 의지했던 정몽주가 죽임을 당했다는 사실이 더해져 그를 고통스럽게

했다. 자신을 비난하고 공격하던 사람들이 새 왕조를 개창하고 권력을 잡았다. 하지만 이색에게는 막을 수 있는 방도가 전혀 없는, 그야말로 속수무책의 상황이었다.

개인적으로는 더욱더 견디기 힘든 일이 잇따랐다. 둘째 아들 종학과 애제자 이숭인이 유배지에서 죽임을 당했다.[420] 모두 고려의 구세력에 대한 과도한 탄압에서 비롯된 일이었다. 종학은 이때 32세의 젊은 나이였다. 장남 종덕이 1388년(우왕 14)에 세상을 떠나고 둘째 아들마저 그 뒤를 따랐으니, 세 아들 중 둘을 먼저 떠나보낸 참척慘慽의 슬픔을 거푸 겪었던 것이다. 유배가 풀려 한산으로 돌아온 지 2년이 채 지나지 않은 1394년(태조 3) 8월에는 부인 권씨가 세상을 떠났다. 11세에 시집와서 53년을 이색과 함께 했던 평생의 동반자였다. 수년 사이에 두 아들과, 믿고 의지했던 정몽주, 가장 아꼈던 이숭인, 그리고 부인마저 세상을 떠났으니, 이색의 비통한 심정을 어떻게 형언할 수 있을까.

부인과 사별한 다음 해인 1395년(태조 4) 가을에 이색은 오대산에 들어갔다. 이때 이색은 셋째 아들 종선을 데리고 한산을 출발하여 오대산에서 고암杲菴과 함께 유람하고 양주를 거쳐 강릉까지 갔다. 오대산에서 돌아온 다음에 지은 시에서는 젊었을 때 아버지가 지은 『동유록東游錄』을 읽고 관동 지방을 유람할 생각을 가지고 있었으나 말미를 얻지 못하다가 이제야 실현한 것이라고 했다.[421] 그러나 당시 이색의 처참한 심경에 한가한 유람은 어울리지 않는 듯하다. 그보다는 오히려 『태조실록』의 이색졸기에 기록되어 있는 것처럼, 이색이 오대산에 머물러 살려고 했다는 것이 사실에 가깝지 않을까 한다.[422]

이색이 오대산에서 돌아온 것은 1395년 11월쯤이었다. 『태조실록』에는 이 해 11월 24일에 한산군 이색이 오대산에서 돌아왔다. 처음에 이색이 외방으로 버림을 받았다가 종편하라는 은총을 입자 관동 지방을 유람하기를 청하여 오대산에 가서 그대로 머물렀다. 임금(태조-필자)이 사람을 보내 부르니 이색이 왔다. 임금이 옛 친구〔故舊〕의 예로 대접하여 조용히 담화하고 술을 마시며 즐겼으며, 나갈 때에는 중문까지 배웅했다.[423]

라는 기록이 있다. 이색을 오대산에서 불러낸 것이 태조였고, 이색이 오자 '옛 친구의 예'로 후대했다는 내용이다. 실제로 태조는 조선을 건국한 뒤 이색을 자기편으로 끌어들이기 위해 노력했다. 이 해 11월 27일에는 이색에게 과전 120결과 미두, 소금을 하사했고,[424] 12월 8일에도 미두와 술, 고기를 하사했다.[425] 특히 이색이 불교를 신봉하여 술과 고기를 끊었다는 말을 듣고 "경은 이미 늙었으니 다시 술과 고기를 먹고 건강을 유지하라"는 자상한 당부까지 곁들였다. 그리고 12월 22일에는 이색을 한산백에 봉하고 의성고, 덕천고 등 5고庫의 도제조都提調를 삼았다.[426]

태조가 이색을 후대하는 데 대해서는 개국공신 사이에서도 반대가 없지 않았다. 한 예로, 이색을 한산백에 봉했을 때 다음과 같은 일이 있었다.

이색이 임금께 나와 뵙고 말하기를, "개국하던 날 어찌 제게 알리지 않았습니까? 만일 제게 알렸다면 읍양揖讓하는 예를 베풀어 더욱 빛나게 했을 것인데, 어찌 마고馬賈(말 장수-필자)로 하여금 수석首席이 되게 하셨습니까?" 라고 했다. 이는 배극렴을 가리킨 것이었다. 남은이 말하기를 "어찌 그대같이 늙은 부유腐儒에게 알리겠는가?" 라고 하니, 임금이 남은을 꾸짖어 다시 말을 못하게 하고 옛날 친구의 예로 대접한 뒤 중문까지 배웅했다. 뒤에 이것을 비난하는 사람이 있으므로 남재가 이색의 아들 이종선을 불러서 말하기를, "존공尊公이 광언狂言을 하여 비난하는 사람들이 있으니 떠나지 않으면 틀림없이 화를 입을 것이

오"라고 했다.[427]

이색이 한산백에 봉해지면서 태조에게 실제로 그런 말을 했는지는 확인할 길이 없다. 다만 개국공신이었던 남은이 이색을 '늙은 부유'라고 부르며 폄훼한 것이나, 남재가 이종선에게 떠나지 않으면 화를 입을 것이라고 경고한 것은 당시 개국공신 사이에 이색에 대한 거부감이 여전했음을 보여준다.

이색은 1396년(태조 5) 5월 여흥으로 피서를 갔다가 그곳에서 세상을 떠났다. 당시의 정황을 권근은 다음과 같이 기록했다.

> 병자년(1396, 태조 5)에 공의 나이 69세였다. 여름 5월에 여강으로 피서갈 것을 청하고 곧 배를 타려다가 병이 나서, 아들 종선을 경성에서 불러왔다. 7일에는 병이 위독해졌다. 중이 불도佛道를 진언하자 공은 손을 저으며 말하기를, "죽고 사는 이치는 내가 의심하지 않는다"라고 하고는, 말을 마치자 곧 숨을 거두었다.[428]

이색의 사망 소식이 알려지자 태조는 3일간 조회를 정지하고 사신을 파견해서 조문했으며 문정文靖이라는 시호를 내리는 등 예우하였다.[429] 그 해 10월에 자손들이 영구를 모시고 한산으로 돌아가서 11월 갑인일에[430] 가지加智의 언덕에 장사지냈으니, 부인 권씨의 묘가 있는 곳이었다.[431]

이색의 죽음과 관련해서 이미 조선시대부터 독살설이 유포되었다. 그 근원지로 여겨지는 이기李墍(1522~1600)의 『송와잡설松窩雜說』에는 다음과 같은 이야기가 실려 있다.

> 병자년(1396, 태조 5) 여름에 공이 여흥에서 피서하기를 간절히 요구하여, 5

월 3일에 벽란도에서 배를 타고 강을 거슬러가는데 호송하는 중사中使도 또한 와 있었다. 7일에 여흥 청심루淸心樓 하류 연자탄燕子灘에 도착하여 공이 배 안에서 돌아가셨는데, 공의 죽음에 대해 사람들이 많이 의심했다. 대개 고려 왕씨의 자손들이 배 안에서 많이 처치당했는데 이것이 모두 정도전, 조준 등의 술책이었으므로 여러 사람의 의심이 없을 수 없었다. 애통하다.[432]

하지만 『송와잡설』의 저자 이기는 이색의 후손으로, 이색을 조선 건국의 반대자로 추앙하려는 의도에서 이 책을 썼을 가능성을 주의 깊게 살필 필요가 있다.

마지막으로, 이색의 사람됨에 대하여는 그의 제자이며 후계자라고 할 만한 권근의 다음과 같은 평가가 있다.

> 공은 타고난 자질이 밝고 슬기로우며, 학문이 정밀하면서도 넓었다. 일을 처리함에는 자상하고 밝았으며, 마음가짐은 관대하고 너그러웠다. 옳고 그름을 의논함에는 분명하고 간결했으나, 반드시 충후忠厚함을 위주로 했다. 사람과 사물을 대함에는 겸손하고 공경하며 즐겁고 단아하여 화기가 피어오르는 듯했으나 그 늠름함은 범할 수 없었다. 재상이 되어서는 성헌成憲을 좇는 데 힘쓰고 어지러이 고치는 것〔紛更〕을 좋아하지 않아서 대체大體를 보존했다. 임금에게 충성하고 어버이를 사랑하는 마음은 늙어서도 변치 않아 언제나 말과 얼굴빛에 나타났고 시문에도 드러났다.[433]

권근의 스승에 대한 상찬 가운데 '성헌成憲을 좇는 데 힘쓰고 어지러이 고치는 것을 좋아하지 않아서 대체를 보존했다'고 한 대목이 눈길을 끈다. 이것은 일찍이 이색이 자신의 좌주였던 이제현에 대해서 "구법舊法을 좇는 데 힘쓰고 고치는 것〔更張〕을 좋아하지 않았다"고 칭송한 것과 같은 말이기 때문이다.[434] 이는 우연의 일치가 아니라 이색이 평소 경장, 즉 개혁보다는 구법을 지키는 것이 옳다고 여겼고, 그러한 모습이 권근에 의해 높이 평가된 것이었다. 이 점에서 전제 개혁 당시 이색이 "구법을 가벼이 고칠 수 없다"고 하여 반대한 이유도 이해가 된다. 하지만 14세기 후반 격변의 시대에 이러한 생각을 가진 사람이 과연 용납될 수 있었을까? 결국 이색의 불행은 그의 현실에 충실하고 변화에 반대하는 태도를 용납하지 않는 시대의 변화에서 비롯되었다고 할 수 있을 것이다.

제3장 이색의 현실인식

1. 원-명 교체에 대한 생각

이색이 살았던 14세기는 100년 동안 지속해온 몽골제국이 붕괴되고 새로운 세계질서가 형성된 시기였다. 그러한 변화의 양상은 중국에서 원-명 교체로 구체화되었고, 명을 중심으로 하는 새로운 동아시아 국제질서가 수립되는 것과 때를 같이하여 한국에서는 고려에서 조선으로 왕조 교체가 일어났다. 이색은 이 세계적인 변화를 직접 목격했을 뿐 아니라, 그 변화로부터 직접적인 영향을 받았다. 젊은 시절 원의 제과에 합격하고 원의 관직에 올라 미래를 보장받았던 이색에게 원의 몰락은 곧 기회의 상실을 뜻했다. 게다가 고려에서는 공민왕이 반원운동을 일으켜 원의 간섭에서 벗어났을 뿐 아니라 이후 원-명 교체 과정에서 친명親明 정책으로 일관함으로써 이색의 원에서의 경륜이 쓰일 곳도 많지 않았다.

젊은 날 이색은 아버지의 권유로 원의 국자감에서 유학했다. 이색에게 원의 대도大都는 아버지가 그랬던 것처럼 제과 급제와 원 관직 제수를 통해 자신의 출세를 보장해줄 약속의 땅이었다. 당시 고려 사람의 눈에 원의 문화는, 이곡이 어느 시에서 "국자감의 문물이 요순 때보다 성대하니"라고 묘사했듯이,[1] 대단히 번성한 것으로 비쳤다. 아버지 덕분에 그곳에서 유학하게 된 이색은 자신에게 주어진 그 기회를 매우 자랑스러워했고, "노력하여 스스로 일초의 시각을 아껴서 / 좋이 공업을 태평한 시대에 세우리다"라며 각오를 다졌다.[2] 이색의 국자감 유학은 1351년(충정왕 3) 아버지의 죽음으로 중단되었지만, 삼년상을 치룬 뒤 1353년(공민왕 2) 고려의 과거에 장원으로 급제하고 이듬해 원의 제과에 합격했다. 제과 합격 뒤 고향에 돌아와서는 "천조에선 새 한림학사가 되었고 / 왕국에선 또 중서사인이 되었네"라고 하여[3] 원의 한림학사이면서 동시에 고려의 중서사인이 된 사실을 영광스럽게 생각했다.

고려의 과거에 장원으로 급제한 데 이어 원의 제과에 합격함으로써 이색의 출세는 보장된 것이나 마찬가지였다. 그러나 제과 합격의 기쁨 뒤로 그림자가 드리워지고 있었다. 이색이 제과에 합격한 바로 그해에 원 조정은 고우성高郵城의 장사성張士誠을 공격하기 위해 승상 톡토脫脫가 지휘하는 남정군南征軍을 조직했다. 그러나 800만을 호언하던 원의 남정군은 지휘관 톡토가 기황후와의 불화로 해임되면서 적전에서 와해되고 고우성 공격 또한 실패로 끝나고 말았다.[4] 이것을 고비로 원 조정은 한족 농민군에 대한 공격을 포기하고 주요 지역만을 지키는 수세로 돌아섰는데,[5] 이러한 소식은 고려에 그대로 전해졌다.[6] 그때부터 공민왕은 반원운동을 준비하기 시작했고,[7] 1356년(공민왕 5) 5월 전격적으로 반원운동을 일으켜 성공을 거두었다.

비록 짧은 기간이지만 원에서 유학했던 이색이 원의 혼란상을 모르지는 않았을 것이다. 다만 그러한 혼란이 원의 멸망으로까지 이어질 것이라고는 쉽게 생각하지 못했을 것이다. 이색은 제과에 합격한 뒤 고려에 왔다가

1355년(공민왕 4) 사은사 윤지표尹之彪의 서장관이 되어 원에 갔고,[8] 원에서 응봉한림문자應奉翰林文字에 임명되어 근무했다. 그러나 원의 정세는 점점 더 악화되었고, 결국 이색은 1356년(공민왕 5) 1월 원 관직을 내놓고 고려로 돌아왔다.[9] 그리고 그 직후인 1356년 5월에 공민왕이 주도하는 반원운동이 전개되었다. 당시 29세이던 이색이 고려의 반원운동에 따른 고려-원 관계의 변화가 앞으로 자신의 인생에 어떤 영향을 미칠지 예측하기는 어려웠을 것이다.

공민왕의 반원운동에 대하여 이색이 어떤 태도를 보였는지는 알 수 없다. 다만 국왕이 왕위는 물론 국운을 걸다시피 하고 일으킨 비상사태 아래서 누구도 자신의 생각을 함부로 드러내기 어려웠을 것이다. 오히려 원 국자감 유학과 제과 합격, 원 관직 제수 등의 경력이 오히려 배척을 당하는 구실이 될 수도 있었으므로, 반원운동 중 일말의 불안감도 없지 않았을 것이다. 하지만 공민왕의 거사가 당시에는 반원이 아니라 기철의 모반을 제압하는 것을 표방했으므로 이색이 동참할 수 있는 여지가 있었다. 실제로 이색은 공민왕의 반원운동을 '기씨의 난'을 제압한 것으로, 이후 공민왕의 정치를 '경화更化'로 인식하는 태도를 보였고,[10] 반원운동 직후 정방 폐지를 건의하는 등 공민왕의 정치에 협조했다.

하지만 공민왕은 기철 등을 제거하는 데 그치지 않고 원과 군사적 대결을 불사하는가 하면, 더 나아가서는 지정至正 연호의 사용을 중지하는 등[11] 원과의 관계를 근본적으로 부정하는 데 이르렀다. 그리고는 곧 교서를 반포하여 '일국갱시一國更始'를 표방했는데,[12] 이러한 사태의 진전은 이색으로서는 감당하기 어려운 측면이 있었다. 이제까지 원 중심의 세계질서를 당연한 것으로 받아들이고, 그러한 세계질서에 순응하여 제과에 합격하고 원의 관직에 오름으로써 출세의 발판을 마련했던 이색이 고려-원 관계의 단절을 염두에 둔 공민왕의 반원운동에 동의하기는 어려웠을 것이기 때문이다. 이색만 그런 것이 아니었다. 이때의 반원운동은 공민왕과 국왕 주변의 측근 인물들이 주도했고, 이제현李齊賢을 비롯한 대다수 신흥유신들은 동조하지 않고 있었다.[13]

공민왕의 반원운동 이후 고려와 원 사이에는 일촉즉발의 위기감이 감돌았다. 원은 80만 대군을 동원하여 고려를 '토벌'하겠다고 위협해왔고,[14] 고려는 고려대로 천도까지 염두에 두고 남경南京의 터를 보는 것으로 맞섰다.[15]* 그러나 당시 원은 국내 사정 때문에 고려를 공격할 수 있는 처지가 못 되었고, 결국 사신을 보내와 공민왕의 잘못을 용서한다는 뜻을 전하여 사실상 고려의 반원운동을 묵인했다.[16] 이에 고려에서도 사신을 파견하여 원과의 관계를 회복했는데,[17] 이로써 고려는 원간섭기 내내 고려-원 관계의 기준이 되었던 '세조구제'를 부정하고 원의 간섭에서 벗어나는 데 성공했다.[18]

하지만 반원운동에도 불구하고 고려가 원 중심의 천하질서에서 벗어난 것은 아니었고, 원과의 책봉-조공 관계는 그대로 유지되었다.[19] 이 점은 신흥유신들에게 매우 다행스런 일이었는데, 신흥유신들은 천하관의 변경 없이 고려-원 관계의 변화를 받아들일 수 있게 되었던 것이다. 이 무렵 이색이 「조서詔書를 읽다」라는 시에서

事變蒼黃要察情	황급한 사변은 정세를 살핌이 중요하고
至公隨物付權衡	지공무사는 사물마다 권형에 붙임일세
君王自有臨時智	군왕은 스스로 임기응변의 지혜가 있고
天子方回視遠明	천자는 이제 멀리 보는 안목이 돌아왔네
豺虎穴空妖霧捲	시호의 굴 텅 비고 요망한 기운 걷히어라

* 이 南京相地가 원의 침략에 대비하기 위한 것이었음은 이익주, 「공민왕대의 개혁정치와 한양천도론」 『鄕土서울』 68, 2006, 290쪽에서 밝힌 바 있다.

鯨鯢海闊怒濤平	광활한 바다의 성난 파도도 잔잔해졌네
詔書讀罷雙垂淚	조서를 읽고 나서 두 줄기 눈물 줄줄 흘리며
又向乾坤謝再生[20]	천지를 향해 재생의 은혜에 사례하노라

라고 한 데에는 원의 조서가 도착한 것을 계기로 양국 관계가 회복된 데 대한 안도감이 드러나 있다.

하지만 이색을 비롯해서 당시 고려 사람들이 고려-원 관계가 반원운동 이전으로 돌아갈 것이라고는 생각지 않았을 것이다. 이 무렵 원의 혼란은 점점 더 심해지고 있었고, 그 소식은 시시각각 고려에 전해졌다. 1359년(공민왕 8) 12월 홍건적이 고려를 침략해왔을 때, 이색은 "요즘에 뭇 도적이 중주中州에 가득하다더니 / 여파가 여기에 이를 줄 어찌 헤아렸으랴"라고 하여[21] 홍건적이 원의 혼란의 여파임을 간파했고, 이어 "천자는 구중궁궐에 깊이 들어앉았고 / 장상들은 불화하여 조정 기강 무너졌네"라고 하여[22] 원 권력층의 내분 양상을 파악하고 있었다. 또 홍건적을 물리친 뒤인 1360년(공민왕 9) 2월에는

至元天子罷兵機	지원의 천자가 군사의 기틀을 파하니
朔雪炎天入舜衣	삭설과 염천이 순의 의상에 들어갔네
造物戱人堪一笑	조물이 사람 놀린 게 한 번 웃을 만해라
春風處處落花飛[23]	춘풍이 곳곳에서 꽃을 떨구어 날리누나

라고 하여 지원천자至元天子, 즉 원의 순제順帝가 홍건적을 평정한 것을 칭송하면서도, 다른 시에서는

中統至元聖天子	중통과 지원의 성스러운 천자께서는

四海菽粟如火水	천하에 곡식을 물불처럼 흔하게 하시니
有耳不聞寒且呼	귀가 있어도 춥다고 호소한 걸 못 들었고
有腹皆愁飽欲死	모두가 배불러 죽겠다는 걱정뿐이었는데
邇來王省多咎徵	요즘엔 황제의 정사에 나쁜 징조가 많아
招得黃巾鬪新市[24]	황건적을 불러들여 신시와 싸우게 하누나

라고 하여 원이 중통中統, 지원至元 연간, 즉 세조 때의 전성기를 지나 쇠퇴하고 있다는 데 대해서는 분명한 인식을 보이고 있었다.

홍건적은 1361년(공민왕 10) 11월에도 고려를 침략해왔고, 이번에는 개경이 함락되는 위기를 맞았다. 공민왕이 복주福州(지금 경상북도 안동시)로 몽진한 가운데 총력전을 펼쳐 개경을 수복하고 홍건적을 격퇴하는 데 성공했지만, 그로부터 원과의 관계를 개선할 필요성이 대두했다.[25] 1362년(공민왕 11)에 고려가 관제를 개편하여 반원운동 이전 원간섭기의 관제를 복구한 것도 그렇지만,[26] 그에 앞서 반원운동 이후 폐지했던 정동행성을 다시 설치한 것은[27] 대원관계 개선을 위한 대표적인 노력이었다. 그와 동시에 이색은 정동행성 유학제거儒學提擧에 임명되었는데,[28] 당시 고려와 원의 관계를 미루어볼 때 이 임명은 고려에서 독자적으로 실시했을 가능성이 크고, 따라서 이색이 정동행성의 관료로서 실질적인 권한을 갖게 된 것은 아니었다. 이색이 유학제거 임명을 어떻게 받아들였는지 궁금하지만, 유감스럽게도 『목은시고』에는 1361년(공민왕 10)부터 1374년(공민왕 23)까지 지은 시가 없다. 다만, 유학제거가 원의 종5품 관직으로 학문을 관장하는 자리였으므로 제과에 급제하고 원의 문한관을 지낸 이색이 적임자가 아닐 수 없었고, 자신의 그러한 경력을 인정받은 데 만족하는 정도가 아니었을까 한다.

고려가 불가피하게 원과의 관계를 개선하려 하자 원은 고려에 대한 영향력을 회복하려고 했다. 거기에 기황후의 개인적인 복수심이 더해지면서 공민왕 폐위라는 돌발 사건이 일어났다.[29] 즉, 1362년(공민왕 11)에 원에서 공민왕을 폐위하고 충선왕의 서자인 덕흥군德興君을 고려국왕에 책봉하여[30] 반원운동 이전의 상태를 회복하려 했던 것이다. 이 소식이 알려지자 김용金鏞이 흥왕사에서 공민왕을 시해하려 하는 등[31] 고려 안에서 내응하는 움직임이 있었다. 원은 덕흥군을 앞세워 고려를 침략해왔는데,[32] 당시 원에 있던 고려 사람들 다수가 그에 동조했을 뿐 아니라[33] 원의 침공이 시작되기 전에 고려에서 덕흥군에 내응한 사람들을 처벌한 것을 보면[34] 국내에도 동조 세력이 있었음이 분명하다. 또 이인임李仁任이 왕에게,

> 주상은 구군舊君이요, 덕흥군은 신주新主입니다. 어리석은 백성들은 단지 편안하고 배부른 것만을 낙으로 삼을 뿐 누가 옳고 그른지를 알겠습니까. 하물며 아군은 비바람에 노출된 지 오래되어 모두 집에 돌아갈 생각만 하고 있는데, 적군이 어느 날 아침 갑자기 강을 건너 쳐들어오면 이 변란의 결과는 헤아리기 어렵습니다.[35]

라고 한 데서는 덕흥군의 침략에 대한 불안감이 느껴지는데, 그런 만큼 안팎에서 덕흥군에 호응하는 사람들도 많았을 것이다.

그러나 압록강을 넘어온 원의 군대를 최영과 이성계 등이 격파함으로써[36] 원의 공민왕 폐위 시도는 실패로 끝났다. 그 뒤로는 원이 점점 더 약화되면서 원-명 교체가 이루어졌으므로 결과적으로 이것이 원의 고려에 대한 마지막 공격이 되었다. 한편, 이 사건은 반원운동 이후 고려에 잠재해 있던 부원附元 세력이 밖으로 드러나는 계기가 되었고, 원군의 패퇴와 함께 부원 세력 역시 제거되어 다시는 책동하지 못하게 되었다. 그런데 공민왕 폐립 사건을 거치는 동안 이색이 덕흥군에게 호응할지도 모른다

는 의심을 받지 않았던 점은 눈여겨볼 만하다. 즉, 이색은 원 유학과 제과 급제, 원 관직 제수 등 그때까지 경력에서 원에 우호적일 수 있는 요소가 많았음에도 불구하고 부원의 혐의를 받지 않을 정도로 원과의 관계를 정리했다고 할 수 있다.

군사적 대결에서 고려가 승리함으로써 고려에 대한 원의 영향력은 사실상 소멸되었다. 하지만 양국 간에 책봉-조공 관계의 형식은 그대로 유지되었으며, 전쟁의 마무리도 원이 공민왕의 복위를 명하고[37] 고려가 사은하는 절차를 밟았다.[38] 당시 고려는 원에 사신을 보내는 등 책봉받은 나라의 의무를 이행했지만[39] 원과의 관계는 끝내 개선되지 않았다. 그러다가 1369년(공민왕 18) 4월 명이 건국을 알려오자[40] 즉시 원 연호의 사용을 정지했고,[41] 이듬해 명의 책봉을 받음으로써[42] 원과의 관계를 끊고 명과 책봉-조공 관계를 맺었다. 이때 이색은 명에 보내는 외교문서를 작성했다. 1369년 5월 명 태조의 즉위를 축하하는 표문이 그것으로, 내용은 다음과 같다.

> 도록圖籙의 예언대로 공을 이루시어 중국 천자〔皇王〕의 계통을 회복하시고, 천지의 원기元氣를 몸 받아 항상 정도正道에 거하심으로써 만방萬邦에 퍼져 있는 신첩臣妾들의 마음을 하나로 귀의시켰습니다. 이렇듯 크나큰 천명을 받으신 것은 그럴 만한 까닭이 있는 것이라서, 온 누리에 환호하는 소리가 울려 퍼지고 있습니다. … 이제는 전장典章과 문물이 찬연히 빛나게 된 가운데 화하華夏와 만맥蠻貊이 모두 순종하기에 이르렀습니다. … 신은 멀리 동쪽 모퉁이에 떨어져 있는 관계로 황궁의 하늘만을 우러러 바라볼 뿐 축하드리는 반열에 직접 참여하지는 못합니다만, 황상을 사모하며 축원하고 싶은 간절한 마음만은 항상 변함이 없습니다.[43]

이 글에서는 명의 건국을 '중국 천자의 계통을 회복'한 것으로 묘사했다. 여기에는 몽골족의 원이 중국 왕조가 아니라는 의미가 내포되어 있었다. 이러한 표현은 명이 고려에 보내온 글에서 "송이 멸망한 이후 하늘이 제사를 끊었다. 원은 우리의 족류가 아니다"라고 한 데[44] 화답한 것이었다. 얼마 전까지 원과의 책봉-조공 관계를 당연하게 받아들이고, 원을 중화中華라고까지 부르며 칭송했던 데서 태도가 일변한 것이었다.[45] 이러한 변화는 원-명 간 대립에서 명이 점차 우세해지는 정세에 맞추어 고려의 외교 정책이 바뀐 데 따른 당연한 결과라고 할 수 있지만, 불과 몇 년 사이에 상반되는 내용의 문서를 작성해야 했던 이색의 심정이 편치만은 않았을 것이다.

1368년(공민왕 17)에 명이 원의 수도인 대도大都를 점령했다고는 하지만 원-명 교체가 바로 일어난 것은 아니었다.[46] 원은 대도를 잃은 뒤에도 카라코룸에서 황태자 아유시리다라를 중심으로 세력을 결집하고 명과 대결했으며, 특히 고려와 인접한 요동 지역에서는 나하추納哈出 등 원 세력이 건재하며 권토중래의 기회를 엿보고 있었다.[47] 그럼에도 불구하고 고려는 원-명 교체를 기정사실화하여 신속하게 명과 책봉-조공 관계를 수립하고 원과의 관계를 단절했을 뿐 아니라 '북원北元'이라는 칭호를 사용하여 이전의 원과 구별하고 또 명과 차별했다.* 이처럼 고려의 반원·친명 정책은 중국의 형세가 판가름나기 전에 이미 결정된 것이었다. 거기에는 공민왕의 일관된 반원 의지와 덕흥군 사건 이후 고려-원 관계가 악화되어 있었던 점, 그리고 한족과 몽골족을 차별하는 고려 사람들의 뿌리 깊은 종족 관념 등이 복합적으로 작용하고 있었다. 즉, 당시 고려의 외교 정책 변화는 명

* 윤은숙, 『몽골제국의 만주 지배사』(소나무, 2010), 284쪽에 의하면, 大都를 명에 빼앗기고 上都로 피신한 토곤 테무르 정권에 대해 '北元'이라는 칭호를 처음 사용한 것은 고려였다고 한다. 하지만 역사상 北元이란 왕조는 존재하지 않았으므로 이 책에서는 꼭 필요한 경우를 제외하고는 모두 원으로 표기했다.

의 우세에 따른 형세론뿐 아니라 고려 내부의 반원·친명 의지가 작용한 결과였고, 외교문서 작성을 통해 그 정책을 일선에서 수행한 이색이 그러한 반원·친명의 분위기를 거부했다고는 보기 어렵다.

고려가 명과 책봉-조공 관계를 수립한 뒤 양국 관계는 비교적 원만하게 유지되었다. 당시 명은 원 세력을 몰아내고 중원을 점령한 다음 새로운 국제질서의 수립을 서둘러 명 태조 즉위 직후인 1368년(공민왕 17) 12월과 이듬해 1월 두 차례에 걸쳐 고려와 베트남安南, 일본, 참파占城, 자바爪哇, 그리고 서양제국에 이르기까지 사신을 보내 즉위 사실을 알리고 조공을 요구했다.[48] 그에 호응하여 1369년(공민왕 18) 고려, 베트남, 참파가 명에 책봉을 요청하는 절차를 거쳐 책봉-조공 관계를 수립했다.[49] 그 가운데서도 고려는 가장 먼저, 그리고 적극적으로 조공 의사를 밝혔는데, 오랫동안 원과 밀접한 관계에 있던 고려의 향배가 원을 몰아내고 새로운 국제질서를 수립하고자 했던 명의 입장에서는 중요하지 않을 수 없었을 것이다. 고려가 명과 책봉-조공 관계를 맺은 직후인 1370년(공민왕 19)부터 세 차례에 걸쳐 요동을 공략하여 그곳에 살고 있던 고려인들을 데려온 것이나,[50] 탐라 공격에 대한 명의 승인을 얻어낸 것은[51] 고려-명 관계에서 유리한 입장을 적극 활용한 결과였다.[52] 비록 1371년(공민왕 20) 무렵부터 명이 고려에 대해 고압적인 자세를 보이기 시작하면서 갈등의 소지가 생기기도 했지만,[53] 공민왕의 반원·친명 의지는 여전히 확고했고, 명 또한 갈등을 원치 않았으므로 양국 간의 관계는 원만하게 유지되었다.

이색은 명 태조의 즉위를 하례하는 표문表文을 시작으로 명에 보내는 외교문서를 많이 지었다. 『목은문고』에는 이색이 1369년부터 1374년(공민왕 23)까지 지은 표문 8편이 실려 있는데, 이 표문들은 하나같이 명을 칭송하고 책봉받은 나라의 책무를 충실히 이행할 것을 다짐하는 외교적 수사로 가득 차 있다. 물론 그것이 이색의 진심을 반영한 것이라고 보기는 어렵다. 그러나 원과 적대적인 관계가 계속되던 끝에 명과 새로 책봉-조공 관계를 맺었고, 더욱이 공민왕의 의지와 명의 필요에 따라 그 관계가 비교적 순탄하게 지속되는 상황에서 외교문서 작성을 거의 전담하다시피 한 이색이 자연스럽게 명에 대한 사대를 긍정하고, 그럼으로써 원-명 교체를 인정하게 되었을 것으로 짐작해도 큰 무리는 없을 것이다.

공민왕 때 반원·친명으로 방향을 잡았던 고려의 대외정책은 1374년(공민왕 23) 공민왕 시해와 명 사신 살해사건을 계기로 전면 재검토되었다. 명 사신 살해사건이란 명 사신 채빈蔡斌의 귀국을 호송하던 김의金義가 채빈을 죽이고 원으로 달아난 사건을 말한다.[54] 이것만으로도 명을 자극하기에 충분했지만, 그때까지 고려의 친명정책을 주도했던 공민왕의 죽음은 좀 더 근본적으로 양국 관계를 위기에 빠트렸다. 위의 두 사건으로 명과 마찰이 예상되자 정권을 잡고 있던 이인임 등이 대원 외교를 재개하고자 했던 것이다. 고려에서는 공민왕의 죽음을 알리는 사신을 명뿐 아니라 원에도 보냈고,[55] 원은 이것을 고려와의 관계를 개선할 수 있는 기회로 보아 1375년(우왕 1) 5월 사신을 파견해왔다.[56] 그런데 이 사신을 영접하는 문제를 둘러싸고 커다란 논란이 벌어졌다.

이인임과 지윤池奫 등 집권자들은 원 사신을 영접하려 했으나 임박林樸, 박상충朴尙衷, 정도전鄭道傳, 김구용金九容, 이숭인李崇仁, 권근權近 등이 반대하고 나섰다.[57] 이어 정몽주鄭夢周와 박상충이 글을 올려 대원 외교 재개의 부당함을 주장했고,[58] 간관 이첨李詹과 전백영全伯英이 대원 외교를 재개하려는 이인임을 탄핵했다.[59] 이들은 모두 공민왕대에 성장한 신흥유신들이었다. 이들이 대원 외교의 재개에 반대한 일차적인 이유는 친명 사대가 공민왕의 뜻이라는 것이었다. 그런데 그 과정에서 나온 정몽주의 주장에는 주목할 점이 있었다. 정몽주는 고려가 태조 이래 중국 왕조에 사대한 것은 천하의 '의주義主'를 따른 것이라고 주장했다.[60] 즉, 사대의 대상을 원에서 명으로 변경한 것은 단순히 형세를 따른 것이 아니라 명이 옳기 때문이라는 논리로, 한족과 비非한족을 차별하는 '명분론적' 화이관을 피력한 것이었다.* 하지만 대원 외교의 재개 문제는 논리의 대결이 아니라 정치적인 힘의 대결로 번져갔고, 결국 이인임 등에 의해 대규모 옥사가 일어나 신흥유신들이 대거 쫓겨나고 심한 경우 죽음을 당하는 것으로 마무리되었다.[61]

우왕 즉위 후 외교 문제를 둘러싸고 이인임과 신흥유신들이 대립하고 있을 때, 이색은 마침 관직에서 물러나 있었다. 이색은 그보다 앞서 1371년(공민왕 20) 모친상으로 관직에서 물러난 뒤 그때까지 복귀하지 않고 있었다. 따라서 이색은 1375년(우왕 1)에 벌어진 외교 문제를 둘러싼 대립에 개입하지 않았고, 이 문제에 대해 어떤 태도를 보였는지도 확인할 길이 없다. 다만, 이때 대원 외교의 재개에 반대한 사람들이 대부분 이색과 같은 신흥유신들이고, 특히 반대에 앞장섰던 박상충, 정도전, 정몽주, 김구용, 이숭인 등은 공민왕대 성균관 중영 당시 함께 활동했던 사람들이라는 점에서, 또 이색이 외교문서를 작성하면서 공민왕의 반원·친명 정책을 일선에서 수행해왔다는 점에서 이들과 생각을 같이했을 것으로 짐작된다.

한편, 이인임 등 집권자들이 원과의 외교를 재개했다고 해서 명에 대한 사대를 포기한 것은 결코 아니었다. 명이 중원을 차지하고 있는 한 이인임 정권으로서도 명과의 책봉-조공 관계를 철회할 수 없었고, 다만 명과의 관계가 순조롭게 풀리지 않는 상황에서 원과의 관계를 통해 명을 견제하고자 한 것이었다. 그랬기 때문에 명 사신 살해 사건이 일어난 직후인 1375년(우왕 1) 1월 명에 사신을 보내 공민왕의 죽음을 알리고 시호와 승습承襲

* 김순자, 『韓國 中世 韓中關係史』(혜안, 2007), 176-177쪽에서는 정몽주의 華夷論이 명에 대한 사대뿐 아니라 漢族王朝가 아닌 거란, 금, 원에 대한 사대를 모두 인정했다는 점에서 기본적으로는 형세론의 범주에 드는 것이라고 주장했다. 하지만 정몽주의 주장에는 명분론적 화이관의 요소가 있는 것 또한 분명하다. 따라서 원·명 교체의 국면에서 종래의 형세론적 화이관이 명분론적 화이관으로 전환되는 초기 단계에 두 가지가 혼재해 있는 것으로 해석하면 좋을 것이다.

을 요청한 것을 시작으로[62] 3월과 5월에는 세공마歲貢馬를 바치고[63] 12월에는 하정사를 파견했다.[64] 당시 고려는 명으로부터 공민왕의 시호를 받고 우왕의 왕위 계승을 인정받는 것을 최우선 과제로 하여 명에 접근했는데, 명은 1378년(우왕 4년)까지는 고려의 요청에 일체 대응하지 않는 것으로써 고려를 압박했다.[65] 반면, 명과의 대결에서 수세에 몰리고 있던 원은 고려와의 관계 개선에 적극적으로 나서서 1377년(우왕 3) 2월 우왕을 고려국왕에 책봉했다.[66] 그러자 고려에서는 원의 선광宣光 연호를 사용하기 시작했고,[67] 성절사와 하정사 등 사신을 파견했다.[68] 이렇게 고려와 원의 관계가 가까워지고 있을 때 이색은 「연도燕都를 생각하다」라는 시를 지어 원의 중흥을 기원했다.

回首燕都更渺茫	연도를 회상하니 다시 아득하기만 해라
黃金臺上又斜陽	황금대 위에는 또 지는 해가 비치겠지
橋門五百靑衿子	교문 안의 오백 인 청금 입은 유생들은
誰頌中興比大唐[69]	그 누가 중흥송 지어 대당에 비유할꼬

하지만 원의 쇠망은 돌이킬 수 없는 대세였고, 이색도 그 사실을 모르는 바 아니었다. 이 무렵 이색이 지은 시에는 원의 쇠망을 안타까워하는 심정이 곳곳에 드러나 있다. 1377년(우왕 2) 12월에는 원 제과의 동년들을 그리워하면서

邇來存歿杳難知	여태껏 그들 생몰을 아득히 알 수 없어
時時臥讀題名碑	때때로 누워서 제명비만 읽을 뿐이로다
可憐老牧今已衰	가련해라 늙은 목은은 이미 쇠했는데
陵谷易處何其悲	천지가 뒤바뀌었으니 어찌 그리 슬픈고

回看我輩飛蚊耳　돌아보매 우리들은 모기에 불과하거늘
畢竟河南成底事　끝내 하남에서 무슨 일을 이룬단 말가
眼枯欲漲東溟水　눈물이 다하도록 울어 동해를 불리어서
六龍飛出扶桑涘[70]　육룡이 동해에서 나오게 하고 싶구나

라고 하여 천지가 뒤바뀐 것을 슬퍼했다. 또 원에 하정사로 가는 이몽달李蒙達을 전송하면서는

鼎重山難轉　강건한 국운은 돌리기 어렵거니와
時危勢自分　위태한 시기는 형세 절로 나뉘었네
淚添東海水　눈물은 흘러 동해의 물을 보태고
夢繞北庭雲　꿈은 늘 북정의 구름을 감돈다오
老馬常思主　노마는 항상 주인을 생각하는데
哀鴻久失群　애홍은 오래전에 무리를 잃었네
朝廷音問絶　조정의 소식 끊겨 들을 수 없으니
爲我謝諸君[71]　나를 위해 제군에게 사죄하게나

라고 하여 역시 원의 쇠망을 멀리서 바라보는 안타까운 심정을 표현했다.

원의 쇠망에 대한 안타까움은 1378년(우왕 4) 4월에 지은 다음 두 편의 시에도 잘 나타나 있다. 먼저,

遙聞四海亂如麻　멀리 천하가 난마처럼 혼란하단 말 듣고
跧伏青丘鬢已華　동방에 엎드려 있다 머리털 이미 희었네
橫槊賦詩思俊傑　창 뉘어 놓고 시 지어라 준걸을 생각하고
引杯看劍走邪魔　술 마시며 칼을 보아라 사마를 내쫓기도

春秋自昔尊三統	춘추에선 예로부터 삼통을 높였거니와
南北如今作兩家	남과 북은 지금 두 집으로 나뉘었도다
牧隱邇來長臥病	목은은 근래에 길이 병석에 누웠노라니
綠陰庭院日初斜[72]	푸른 그늘 정원에 해가 막 비꼈네그려

라고 하여 천하가 남북으로 나뉘었음을, 그다음에는

入覲明堂似夢中	천자의 조정에 조회간 일이 꿈속만 같아라
當時盛化配蒼穹	당시의 성대한 풍화는 하늘을 짝했는데
天分地坼從誰問	하늘땅이 갈라진 건 누구에게 물어 볼꼬
雨散雲離獨我窮	비 구름이 다 흩어져 나만 홀로 궁하여라
長白山前多水草	장백산 앞에는 물과 풀이 하도 많은데
混同江上足雷風	혼동강 위에는 천둥 바람이 그지없구나
小臣老矣心彌苦	소신은 늘그막에 마음이 더욱 괴로워서
緬想朝儀淚灑空[73]	멀리 조정 의식 생각하며 허공에 눈물 뿌리네

라고 하여 천지가 갈라진 데 대한 안타까움을 노래했다.

이색의 안타까움은 1378년(우왕 4) 원에서 토구스 테무르 칸이 즉위한 사실을 알려왔을 때[74] 조서를 들으며 감격하는 것으로 표출되었다. 이색은 새 황제의 즉위를 곧 원의 중흥을 의미하는 것으로 받아들였고, 그 사실을 전하는 조서를 들으며 감격의 눈물을 흘렸다. 다음 시 「조서를 듣다」가 그것이다.

自古重興族屬疏	예로부터 중흥주는 소원한 족속이었는데
東京西蜀漢方輿	동경과 서촉은 모두 한나라의 영토였네

混同江上龍飛出　　이제는 혼동강 가에서 용이 날아 나오니
雷雨須臾遍大虛　　천둥 비가 잠깐 새에 천지를 뒤덮는구나

百官袍笏寂無聲　　만조백관 조복 갖추고 소리 없이 서 있을 제
天語隨風落廣庭　　임금님 말씀 바람 따라 넓은 뜰에 떨어지네
誰識一時扶杖聽　　누가 알랴 반열 속에 지팡이 짚은 늙은이가
白頭朝列淚雙零[75]　　조서 들으면서 두 줄기 눈물 흘리는 줄을

고려와 원의 왕래는 당분간 더 계속되었지만 당시 고려는 결코 원을 유일한 책봉국으로 생각하거나, 원과 명을 대등한 존재로 생각하지 않았다. 고려가 희망하는 책봉국은 어디까지나 명이었고, 명과의 관계가 두절된 상태에서 고려에 적극적으로 다가온 원과 일시적으로 책봉-조공 관계를 회복한 것에 불과했다. 이러한 상황에서 1377년(우왕 3) 12월 이색의 원과 명에 대한 인식을 보여주는 시가 있다.

宣光洪武二龍飛　　선광과 홍무 두 용이 함께 나는지라
外國孤臣雙淚揮　　외국의 외로운 신하는 두 줄기 눈물 뿌리네
塞北雪深朝覲數　　눈 깊은 변새 북쪽은 자주 조회하는데
南海天闊往來稀　　하늘 너른 바다 남쪽은 왕래가 드물구나
靑山是處僧多占　　푸른 산 이곳은 중들이 많이 점령하였고
明月無枝鵲可依　　명월 아랜 까치가 의지한 가지도 없어라
臥病老生心獨苦　　병석에 누운 늙은이는 맘이 유독 괴로워
願從靑史得羈縻[76]　　모든 것을 역사에 맡겨버리고만 싶다오

이 시에서는 마치 원(선광宣光)과 명(홍무洪武)을 대등하게 묘사한 것처

럼 보이지만, 실제로는 '눈 깊은 변새 북쪽', 즉 원에는 자주 조회를 하면서 '하늘 너른 바다 남쪽', 즉 명에는 왕래하지 못하고 있는 현실에 대한 답답함이 표현되어 있다. 이 시기에 이색은 명과 원이 남북으로 나뉜 상황을 천하의 혼란으로 인식하고, 그것이 원의 쇠퇴 때문임을 인정하고 애석해했지만, 거기서 그치지 않고 명과 관계가 두절된 상태를 걱정하고 있었던 것이다.

1378년(우왕 4) 8월에 명으로부터 제지帝旨가 도착하면서 사태가 급변했다. 명에서 보내온 제지에는 국왕과 사신을 살해한 고려는 믿을 수가 없으니 상대하지 않겠다는 내용이 담겨 있었다.[77] 그럼에도 불구하고 이때까지의 무대응에 비추어 이러한 힐난조차 고려로서는 관계의 개선을 알리는 긍정적인 신호로 받아들였다. 이색도 명의 사신이 왔다는 소식을 듣고 지은 시에서 "금릉金陵의 해와 달이 화이華夷를 고루 비추어라 / 모든 물건이 형체를 드러낸 한낮이로세"라고 하여[78] 금릉, 즉 명이 천하의 중심임을 인정했다. 계속해서 이색은

洪武龍飛國體肥	홍무가 등극한 이후 나라가 살찌어라
太平風月近來稀	근래에 보기 드문 태평의 세월이로세
誰知海外韓山子	그 누가 알랴 바다 밖에 있는 한산자가
稽首蒼旻拱紫微[79]	푸른 하늘에 머리 조아려 천자를 향하는 걸

이라고 하여 홍무, 즉 명의 등장으로 태평한 세월이 도래한 사실을 찬양했다.

하지만 같은 시기에 원과 명을 양립시키고 천하의 분열을 슬퍼하는 시도 여러 편 지었다. 우선 1378년 8월에

早歲寧知萬國翻	젊은 시절에 어찌 천하가 뒤집힐 줄을 알았으랴?
晩年方見二天存	만년에 바야흐로 두 하늘이 있음을 보네.
草枯羊馬屯沙塞	풀은 말랐는데 양과 말이 변새의 사막에 머물고
風急鵾鵬擊海門	바람은 빠른데 곤(鵾)과 붕(鵬)이 해문을 치네.
自北自南同日月	북쪽이나 남쪽이나 해와 달은 같고
資生資始有乾坤	발생과 성장에는 하늘과 땅이 있다네.
老來嘔出心中血	늘그막에 가슴 속의 피를 토해내어
泗向秋空兩日昏[80]	가을하늘을 향하여 뿌리노라니 두 눈이 흐릿하네.[81]

라고 한 것이나,

壯歲客游金馬門	장년 시절엔 상국의 금마문에서 노닐다가
歸來白髮臥荒村	돌아와선 백발로 황량한 마을에 누웠노니
…	……
異域大平當自幸	이역의 태평은 의당 다행으로 여기거니와
他時正統與誰論[82]	후일의 정통은 그 누구와 논한단 말인가

라고 한 것 등이 그러하다. 또 이 무렵 이색은

儒庠叨掌教	유학의 학교에서 교육을 관장하였고
省幕忝分司	정동행성(征東行省)의 장막에서 관아를 맡았네.
命自天王錫	명령은 천자의 내리심에서 나왔고
恩緣國主知	은혜는 임금의 지우(知遇)에 말미암았네.
土官皆雜職	토관(土官)은 모두 잡직인데
朝列異前時	조열(朝列)은 앞 시대와 달랐네.

他日三韓史	뒷날 삼한의 역사에
巍然出等夷[83]	동배들보다 높이 빼어나리라.[84]

라고 하여 자신이 원의 정동행성 유학제거를 지낸 사실과 원의 조열대부에 오른 데 대한 자부심을 드러내기도 했다. 하지만 이색은 원을 자신의 젊은 시절에 대한 회상 속에서 주로 과거형으로 떠올렸고, 현재에 있어서는 명의 우위를 부정하지 않았다.

1378년(우왕 4) 8월 명의 제지가 전달된 뒤로는 고려와 명, 고려와 원의 관계가 극적으로 반전되었다. 고려에서는 그해 10월 명에 하정사와 사은사를 파견했는데,[85] 1376년(우왕 2) 사행 이후 2년 만의 일이었다. 사신을 전송하는 자리에서 이색은 "해마다 성왕聖王의 수壽를 강릉岡陵으로 축원하니 / 송도頌禱하는 가락 소리가 안팎에 드날리누나"라는 시를 지었고,[86] 같은 해 12월에는 「금릉을 생각하다」라는 시제로 명의 성함을 인정하고 원의 한림이던 자신의 처지를 한탄하는 시를 다음과 같이 지었다.

天運循環出彗星	천운이 돌고 돌아 혜성을 출현시키니
金陵王氣暢皇靈	금릉의 왕기가 천자의 신령을 펴게 했네
右文不用黃間弩	문치 숭상하니 황간노는 쓸 필요 없고
向化皆歸白下亭	귀순을 해라 모두 백하정으로 돌아왔네
已矣難回是流水	예라 흐르는 물은 돌이키기 어렵거니와
偶然相値似浮萍	우연히 서로 만남은 부평초와 같은 거라네
前朝內翰摧頹甚	전조의 한림이던 나는 그지없이 꺾이어
悵望西山涕泗零[87]	슬피 서산을 바라보며 눈물만 흘린다오

이 시에서처럼 이색은 쇠망해가는 원에 대한 안타까운 심정을 여전히

가지고 있었다. 1379년(우왕 5) 1월에 지은 시에서

烹龍炰鳳醉昏昏	남들은 용봉 고기에 정신없이 취하는데
獨挹寒泉灌菜園	나 홀로 샘물 길어다 채원에 물을 주네
畢竟亡羊堪冷笑	필경은 양을 잃었으니 냉소할 만하여라
帝明今日代皇元[88]	오늘은 명나라가 원나라를 대신했구려

라고 하고는 그 아래 '스스로 상심하다〔自傷〕'라는 주를 달아놓은 데서도 그러한 심정이 단적으로 드러난다.

명의 우세는 이미 돌이킬 수 없는 대세였고, 이색도 원에 대한 안타까움을 뒤로 한 채 명을 인정하고 찬양하는 시를 지었다. 1379년 1월에 지은 시에서

天命開新主	천명은 새 임금을 내놓았는데
人心屬舊君	인심은 옛 임금에게 붙이었네
金陵輝白日	금릉엔 밝은 태양이 환히 빛나고
氈幕鎖黃雲	오랑캐 땅엔 누런 먼지가 잠겼어라
塞北今趨質	변새 북쪽은 지금 질박을 좇거니와
江南舊尙文	강남에선 예부터 문명을 숭상했었지
他年修信史	후일에 올바른 역사를 기록하련만
誰立蓋時勛[89]	누가 세상 뒤덮는 공훈을 세울런고

라고 하여 '명 - 새 임금〔新主〕 - 밝은 태양〔白日〕 - 문명〔尙文〕'과 '원 - 옛 임금〔舊君〕 - 누런 먼지〔黃雲〕 - 질박함〔趨質〕'을 대비시켰다. 또 같은 해 7월에는

元興朔雪中　원나라는 북방으로부터 일어나
艱苦立朝廷　어렵스레 조정을 세우고 나서
將相一心力　장상이 서로 심력을 단결할 땐
普天仰皇靈　온 천하가 천자 위령 우러르더니
泰極運中否　태운이 다하고 비운이 찾아오매
相殘刑發腥　서로 해쳐 모진 형벌 난무하였네
南風吹金微　이윽고 남풍이 금미에 불어올 제
樹木多冬青　수목 중엔 동청이 많기도 했었지
君子有浩歎　군자가 이에 크게 탄식하노니
兩鬢今星星[90]　두 귀밑이 이젠 희끗희끗하구나

라고 하여 원의 운이 다했음을 인정하고 그것을 담담하게 받아들이는 모습을 보였다. 이 무렵 이색이 원-명 교체를 기정사실로서 받아들였음은 8월에 "금릉의 왕기가 이미 하늘 뜻을 돌렸거늘 / 강의 소리만 괜히 황하를 터내린 듯하였네" 라고 한 데서[91] 절정에 달한다.

1378년(우왕 4) 명과 외교가 재개된 뒤로도 원과의 왕래가 완전히 단절된 것은 아니었다. 1379년(우왕 5) 6월에는 원에서 연호를 천원天元으로 고쳤음을 알려왔고,[92] 고려에서는 그것을 축하하는 사신을 보냈다.[93] 이에 대해서 이색이 전날 토구스 테무르 칸의 즉위를 원의 중흥으로 받아들여 감격했던 것과 같은 모습은 보이지 않는다. 다만 원에 사신을 보낼 때

龍沙秋色雁聲邊　북쪽 변새 가을빛에 기러 소리 구슬픈데
海岸參差路幾千　들쭉날쭉한 해안 길은 몇 천리나 되던고
最喜星軺通僻遠　사신이 머나먼 것 통래함은 가장 기쁘지만
敢將壤奠效埃涓　감히 토산물 갖다 작은 정성 바칠 수 있나

遼前宋後交馳日　　앞선 요와 뒤선 송은 서로 달리던 날이요
元北明南兩立年　　북쪽 원과 남쪽 명은 나란히 선 해이로다
自古大臣多力量　　예로부터 대신은 역량이 많은 바이라서
病中深感向蒼天[94]　　병중에 푸른 하늘 향해 깊이 감개하노라

라고 하여 원과 명을 '나란히 선 해〔兩立年〕'라고 표현하고 대원 외교에서 대신의 역량을 기대하기도 했다. 같은 달에

二龍爭戰決雄雌　　두 용이 다퉈 싸워서 승부를 결판내고자
航海梯山次第來　　산 넘고 바다 건너 차례로 이르러오네
問向拾遺能見否　　측근 신하에게 묻노니 그대들은 보는가
五星同會是何時[95]　　오성이 한데 모이는 게 그 어느 땔런고

라고 하여 원과 명을 '두 용〔二龍〕'으로 묘사한 것도 원과 사신 왕래가 이루어진 짧은 기간 동안이라서 가능한 일이었다. 그러나 이색이 원과 명을 대등하게 묘사한 것은 이 시가 마지막이라고 해도 과언이 아니다.

이 무렵 명은 고려에 대해 무대응으로 일관하던 태도를 바꾸어 막대한 공물을 요구하기 시작했다. 1379년(우왕 5) 3월 명에 파견된 사신 편에 고려에 전달된 명 황제의 수조手詔에서는 우선 고려 집정대신의 반이 세공마 1,000필을 가지고 연경에 올 것과, 다음 해부터는 매년 금 100근, 은 1만 냥, 양마良馬 100필, 세포 1만 필을 바칠 것을 요구했다.[96] 이러한 공물 요구는 고려가 명과 관계를 맺은 이래 처음 있는 일이었다. 게다가 그 양도 엄청나서 이행하기가 매우 힘든 정도였다. 고려에서는 그해 10월 금 31근 4냥, 은 1,000냥, 백세포 500필, 흑세포 500필, 잡색마 200필을 보내고, 앞으로는 수량을 정하지 말고 힘닿는 대로 마련해서 보내도록 해줄 것을 진

정했다.[97]

이색은 명의 무리한 공물 요구에 대해 반감을 갖기보다는 요구를 들어주는 것이 당연하다는 태도를 보였다. 고려에서 공물 부담 때문에 한창 고민하고 있던 1379년 8, 9월 사이에 지은 시에서

金陵鳳詔降東方	금릉이라 천자의 교서 동방에 내리어
萬疋毛施歲有常	만 필의 모시베를 해마다 요구하다니
保障繭絲誰更問	보장이며 견사를 누가 다시 물어볼꼬
要將微懇徹蒼蒼[98]	작은 정성 피력해 천자를 감동시켜야지

라고 한 데 그러한 생각이 드러나 있다. 공물 부담보다는 명과의 책봉-조공 관계를 안정시키는 것이 더 중요하다고 생각했던 것이다. 같은 시기에 지은 다른 시에서도

作輟無由見道明	하다 말다 하여 도는 밝힐 길이 없는 채
藥爐經卷送殘生	약 화로와 서책으로 여생을 보내노라니
身居箕國樂幽獨	몸은 기자 나라에 있어 한적함을 즐기고
目注鍾山歌大平[99]	눈은 종산을 주시하며 태평을 노래하네

라고 하여 종산鍾山, 즉 명에 사대하면서 태평을 노래한다고 했다. 또 진헌사에 임명된 이무방李茂芳이 가관加官되는 날 지은 시에서는

以小事大禮之常	소국이 대국 섬김은 예절의 떳떳함이요
愼終追遠孝之篤	초상 제사 경건히 함은 효의 돈독함이라
九重宣麻一朝下	구중궁궐의 조서가 하루아침에 내리자

大平和氣浮暘谷[100]　태평성대의 화기가 동방에 떠오르누나

라고 하여 사대를 당연시하면서 그로 인해 태평성대를 이루었음을 칭송했고, 조공할 물품을 감봉監封한 날에도 "왕의 조공하는 큰 예절 닦으노니 / 태평은 다시 의심할 것 없으리라"라고 하여[101] 명에 대한 조공을 태평과 연결지었다. 이무방을 전송하면서 "천 리라 기자의 봉지 태평한 오늘날에 / 사대의 충성 영원히 지니길 맹세코말고"라고 한 것이나,[102]

變禮當危急	변례로 위급한 때를 당하였으니
陳情恃聖明	진정표 올려 성명을 의뢰해야지
豈容生異議	어찌 다른 의론을 낼 수 있으랴
祇欲達微誠	작은 정성을 천자께 올릴 뿐이네
夏孟文成表	초여름엔 표문을 지어 올리었고
冬初使發程	초겨울엔 이미 사신이 떠났으니
病餘心力短	병든 나머지 심력은 천단하지만
揩目望升平[103]	눈을 닦고 태평성대를 바라련다

라고 한 것도 모두 명에 대한 사대를 통해 태평이 이루어지기를 기원한 것이다.

그러나 명과의 관계는 이색의 기대처럼 순조롭게 전개되지 않았다. 명에 파견된 이무방 등 고려 사신들은 1380년(우왕 6) 2월 요동에서 길이 막혀 되돌아오고 말았다.[104] 고려에서 보낸 공물의 액수가 약속과 다르고 집정대신이 오지 않았다는 이유로 입공을 허락하지 않았기 때문이다. 반면, 명과 대립하고 있던 원은 고려에 적극적으로 접근해왔다. 1380년 2월에 원은 사신을 보내와 우왕을 태위에 봉했다.[105] 그날 이색은 그 사실을 소재

로 다음과 같은 시를 지었다.

册禮東宮整母儀	동궁에 책례하여 어머니 의범 바로잡고
加恩外國奠邦圻	외국까지 은혜입혀 나라를 안정시켰네
韝鷹颯爽神何逸	팔찌 위 매는 용감해 정신이 하도 초일하고
錫馬權奇勢欲飛	내린 말은 기특해라 날 것만 같은 태세로세
累世寵光今更煥	누대의 은총은 지금 다시 빛나거니와
三公峻級古來稀	삼공의 높은 품계는 고래로 드물었지
白頭多病臣衰甚	백발에 병 많은 신하는 몹시도 쇠하여
色線無由補舜衣[106]	색실로 순 임금 옷을 기울 길이 없구려

이 시에는 원이 우왕을 태위에 봉하고 매와 말을 하사한 사실이 나열되어 있을 뿐, 어떠한 감동도 표현되어 있지 않다. 고려에 대해 적대적인 명과 적극적으로 접근해오는 원 사이에서도 이색은 이미 명에 대한 사대를 돌이킬 수 없는 것으로 받아들이고 있었던 것이다. 당시 고려는 원에 사신을 보내 우왕의 태위 책봉에 감사하는 뜻을 표했지만,[107] 이색은 그 사실을 소재로 해서는 시를 짓지 않았다.

원과 사신이 오가는 가운데서도 고려는 1380년(우왕 6) 4월 명에 사신을 보내 입조를 허락할 것을 요청했다.[108] 다음 시는 그 사실을 소재로 삼은 것으로 보이는데,

天地悠悠幾太平	아득한 천지에 몇 번이나 태평하였던가?
百年心迹付譏評	평생의 마음과 행적을 악평에 부치리.
自從案牘有洪武	공문서에 홍무(洪武)를 씀을 스스로 따르는데
誰道衣冠非大明[109]	예교가 대명(大明)의 것이 아님을 누가 말하는가?[110]

라고 하여 당시 고려에서 명의 홍무 연호를 사용하고, 고려의 예악이 명의 것을 따르고 있음을 강조했다. 하지만 이번에도 고려와 명의 관계는 순조롭게 풀리지 않았다. 고려에서 파견한 사신은 요동에서 압송되어 금릉(지금 장쑤성 난징南京)으로 끌려갔고, 세공 부족에 더하여 원과 통교한 사실까지 추궁받았다.[111] 명은 이들 편에 금년 세공마 1,000필과 명년부터 세공으로 금 100근, 은 5,000냥, 포 5,000필, 말 100필을 보낼 것을 요구했다. 이렇게 명과 관계가 두절된 상황에서 이색은

海上三韓古	바다 위의 옛 나라 우리 삼한은
江南萬里遙	강남의 황도와는 만 리나 멀어서
無由達天陛	천자 앞에 도달할 길이 없는 데다
久不見星軺[112]	오래도록 사신 행차도 못 보겠네

라거나, "얼마나 금릉 바라보며 조용히 읊었던고 / 언제나 관대한 은택이 해동에 입혀질는지" 라고 하여[113] 명과의 왕래가 두절된 것을 걱정하고 관계가 재개되기를 희망했다.

그러는 사이에 1380년(우왕 6) 7월 원의 사신과 나하추의 사신이 연달아 고려에 왔다.[114] 이것을 두고 이색은

記得當年讀詔時	기억건대 그 옛날 천자 조서 읽을 때는
省堂高處俯旌旗	조정의 높은 곳 깃발 밑에 부복했었는데
村居自分無相報	시골에 사는 나에겐 알려 주는 이 없으니
天語何曾得細知	천자의 말을 어떻게 자세히 알 수 있으랴
獨立殘生應是我	홀로 선 쇠잔한 인생은 응당 내이거니와
重興盛業在於誰	중흥의 사업일랑 그 누가 해낸단 말인가

中原新主方更化　　중원의 새 천자가 방금 개혁을 일삼으니
南北他年信使馳[115]　　후일 남북 사이에 사신이 분주하겠네그려

라고 하여 원 사신이 온 것을 소재로 하는 시에서조차 '중원의 새 천자〔中原新主〕'를 언급할 정도였다. 마찬가지로 원 사신을 소재로 한 시에서도

北使頒明詔　　북사가 와서 밝은 조서 반포하니
東人感舊恩　　동방 사람은 옛 은혜에 감격하네
海山多雨露　　해산엔 천자 은택이 흠뻑 내렸고
氷雪一乾坤　　빙설 같은 지조는 천지가 하나라
忠義何嘗廢　　충의야 어찌 폐한 적 있으랴마는
分崩可忍言　　천하의 나뉨은 차마 말도 못 하지
白頭身又病　　백발 나이에 병까지 든 몸으로
矯首想行軒[116]　　머리 들어 귀인 행차 생각하노라

라고 하여 '천하의 나뉨〔分崩〕'을 거론했다. 또 다른 시에서도 "천지의 주인이 바뀌고 백성도 안정된 이때"라고 하여[117] 원-명 교체를 기정사실로 간주했다.

한편, 명의 공물 요구에 대해서는 명을 원망하기보다는 형편껏 장만해 보내고 명의 선처를 기대하자는 생각이었다. 1380년(우왕 6) 9월 명에 사신으로 가는 권중화權仲和를 송별하며 지은 시에서는

金陵降詔責歲貢　　금릉에서 조서 내려 세공을 독촉해오자
先生將命朝大君　　선생이 명 받들고 천자께 조회를 가는데
我邦地薄辦不得　　아국은 땅이 척박해 다 마련할 수 없어

馬半千匹金百斤　말은 천 필 절반이요 금은 백 근뿐이라
父老哀訴願少貸　부로들이 조금 봐달라고 애원을 하여라
言出于口心厲熏　입으로 말하면서 몹시 애간장을 태우네
鶴鳴九臯聲在外　학이 구고에서 울면 밖에 소리 들리나니
誰謂杳杳天無聞　아득한 하늘은 듣지 못한다 누가 말하랴
天子聖明不遐遺　성명한 천자가 우릴 멀리 버리지 않으사
如鑑照物分蕕薰[118]　거울로 비춰 보듯 유훈을 응당 분간하리

라고 하여 공물액이 부족한 데 대한 불안감과 함께 명 황제가 고려의 사정을 돌보아줄 것이란 기대를 담았다. 고려에서는 그해 12월에 금 300냥, 은 1,000냥, 말 450필, 포 4,500필을 보내고 공민왕의 시호를 내려줄 것과 우왕의 습위襲位를 인정해줄 것을 요청했는데,[119] 그 표문을 이색이 지었다.[120] 그러나 이번에도 세공액이 부족하다는 이유로 명이 입국을 불허하는 바람에 권중화 일행은 요동에서 되돌아왔다.[121]

1381년(우왕 7) 10월에는 김유金庾를 하정사로 삼아 명에 파견했다.[122] 그때 이색은

氣數推移豈繫人　운수의 변화가 사람과 어찌 관계가 있으랴만
要將忠義感明神　그래도 충의심 발휘하여 신명을 감동시켜야지
杜鵑入洛是將亂　두견이 낙양에 들어와서 장차 어지러워질 때
桀犬吠堯非不仁　걸의 개가 요를 짖은 건 불인해서가 아니었네
當日艱危知自守　당시의 어려웠던 상황은 감수해야 하겠지만
近年屯厄問誰因　근년에 당한 횡액은 도대체 누구 때문인고
扶持萬世唯公論　만세토록 부지할 것은 오직 공정한 논의뿐
善保金軀達紫宸[123]　귀한 몸 잘 보전하여 황제를 설득하여 주오

라고 하여 대명 관계의 어려움을 토로하고 사신의 활약으로 그 어려움을 극복할 수 있기를 기원했다. 그다음 달에 고려에서는 말 933필을 명에 보내 부족한 세공액을 보충했지만,[124] 이번의 사신 일행도 모두 요동에서 되돌아오고 말았다.[125]

명과 관계가 여전히 순조롭지 못한 상황에서 1382년(우왕 8) 봄에는 전날 원의 관직을 받았던 사람들이 모이는 연회가 열렸고, 이색도 거기 참석했다.[126] 원에서 자정원사資政院使를 지냈던 김광수金光秀의 초청으로 만들어진 자리였다. 이러한 모임이 전부터 있었던 것인지, 아니면 이때 우연히 열린 것인지는 알 수 없지만, 이색은 이 연회를 소재로 시를 지으면서도

生於大元全盛日　　대원 제국의 전성기에 이 땅에 태어나시어
目睹中原聖人出　　명나라 황제의 출현을 목도하신 분들이라
桑榆晩景雜悲懽　　슬픔과 기쁨이 교차하는 상유의 저녁 풍경
每肆賓筵歌秩秩　　연회 열릴 적마다 노래도 얼마나 점잖은지
形容太平最逼眞　　태평 시대의 광경으로 이보다 더할 수 있을까
只恨光陰飛鳥疾　　새처럼 빨리 날아가는 광음이 아쉬울 뿐이로다

라고 하여 명의 황제를 '중원성인中原聖人'으로 표현했다.

공물 때문에 고심하던 고려는 1382년(우왕 8) 4월 금 100근, 은 1만 냥, 포 1만 필, 말 1,000필을 명에 보냈다.[127] 명의 공물 요구가 있은 이래 가장 많은 공물액을 채운 것이었다. 이색은 사신으로 재차 파견되는 김유를 전송하면서 "세공의 액수를 모두 채우긴 어렵다 하더라도 / 군신 간의 의리 지켜 충성심만은 보여야겠지"라거나,[128]

江南縹渺碧天低　　강남 땅 아득해라 푸른 하늘 저 아래

海上飛雲日向西	바다 구름은 날마다 서쪽으로 향하는데
獨恨星軺今已絶	유감일세 사신 행차 지금 단절되었으니
誰知歲貢更方齊[129]	세공을 다시 맞추는 줄 알기나 하겠는가

라고 하여 공물액을 맞추느라 나름대로 최선을 다했음을 밝혔다. 또 이때 사신단에 끼었던 정몽주에게는 "지금 또 집정에 참여하여 조회하러 떠나는 길 / 황제가 이제 그야말로 난세를 평정했음이로다"라고 하여[130] 명이 천하를 평정한 사실을 상기시켰고, 진헌사 일행을 전송하면서는

三韓文物傾天下	동방의 문물 찬란하여 지금 천하를 압도하니
千里邦基奠海濆	삼천리 반도 나라의 터전 안정시켜야 하고말고
事大忠誠懸上帝	오직 황제만 바라보며 사대의 충성 바쳤으니
更新厚渥似先君	다시 선군의 시대처럼 두터운 은혜 내려주리
已期大旱逢甘澍	큰 가뭄에 단비 만날 줄 벌써 기대에 부푼지라
極目鍾山一片雲[131]	종산의 한 조각 구름 눈 들어 한껏 바라보네

라고 하여 명 황제의 선처를 고대했다.

고려의 노력에도 불구하고 이번의 진헌사 역시 요동까지 갔다가 되돌아왔다.[132] 그에 대해서 이색은 "가는 길 중도에서 도로 막히게 하다니 / 조정의 논의가 옳은지 정말 모르겠소"라고 하여[133] 고려 사신을 들이지 않는 명의 처사를 원망했다. 그런데 이때 명과의 관계에 기대를 갖게 하는 뜻밖의 사건이 일어났다. 1382년(우왕 8) 7월에 명이 운남雲南을 평정하고 양왕梁王의 가속家屬을 제주에 안치했던 것이다.[134] 세공액을 둘러싼 갈등 때문에 고려의 사신이 명에 가지도 못하고 있던 상황에서, 비록 죄수의 유배에 불과하지만, 명의 이러한 조치는 고려 측에서 볼 때 관계 개선의 여지가 있

는 것으로 받아들여졌다. 고려에서는 즉각 진하사를 파견했고, 11월에는 하정사 편에 다시 한 번 진정표와 시호 및 승습을 청하는 표문을 보냈다.[135] 이색은 10월에 지은 시에서

獨恨中原來往少	다만 중원(中原)과 왕래가 적음을 한탄하는데
我朝方値中興年[136]	우리 조정은 바야흐로 중흥(中興)의 시절을 맞이하였네.[137]

라고 했고, 또 다른 시에서는

太平風月屬詞臣	태평의 풍월 읊는 것이 바로 사신의 몫
何罪吾生獨不辰	무슨 죄로 나는 유독 이 난세에 태어났노
路梗中原迷節序	중원의 육로가 막혔으니 절서를 알 수도 없고
舶交東海暗煙塵	전란의 티끌 자욱한 채 동해의 배만 교역할 뿐
欲陳魯頌徒歸妄	노송을 바치고 싶어도 결과는 허망할 뿐이니
豈願齊竽復混眞[138]	어찌 제우가 진짜에 다시 끼이는 걸 원하겠소

라고 하여 명과 왕래가 두절된 것을 걱정하면서 자신이 할 수 있는 일이 없음을 자책했다. 하지만 11월에 명에 보내는 표문을 상량하는 일은 이색의 몫이었다.[139]

명에 표문을 가지고 파견된 하정사 정몽주 일행은 1383년(우왕 9) 1월에 또다시 요동에서 되돌아왔지만 이번에는 예물은 전달하는 진전이 있었다.[140] 이때까지 사신은 물론 예물도 거부당했던 것과 비교하면 의미 있는 변화였다. 그런데 그때 마침 나하추가 고려에 사신을 보내 우호 관계의 회복을 제의해왔고,[141] 명에서 곧 그 사실을 알고는 나하추의 사신을 압송할

것을 요구했다.[142] 명은 이때 고려와 나하추 세력이 협력하여 요동의 명군을 공격하려는 것으로 판단하고 전함 8,900척으로 고려를 공격하려 했고,[143] 고려도 명의 침략에 대비하여 국경 방비를 강화하는 등[144] 양국 간의 긴장이 최고조에 달했다.

이렇게 대명 관계가 파탄 지경에 이르렀을 때에도 이색은 변함없이 대명 관계의 개선을 희망했다. 1383년(우왕 9) 7월에 「조정에서 장차 바닷길로 금릉에 입공入貢할 것을 논의한다는 소식을 듣다」라는 시에서

東海桑田尙變遷	동해도 뽕나무 밭으로 뒤바뀌는 터에
國家興廢豈徒然	국가의 흥폐가 어찌 우연한 일이리오
如今廟筭無遺策	지금 묘당의 계책에 빠진 것이 없나니
自古人心卽是天	예로부터 인심이 바로 천심이었나니라
南望輿圖歸鳳曆	남쪽 하늘 바라보니 여도가 봉력에 돌아갔고
北瞻沙漠起狼煙	북쪽 하늘 쳐다보니 사막에 낭연만 이는도다
小中華館傳名久	소중화관의 이름이 전해진 지 오래인데
眷顧何時復似前[145]	예전처럼 다시 돌보아 줄 날은 언제일까

라고 하여 여도輿圖, 즉 천하가 명의 수중에 들어가고 원은 쇠퇴하는 상황에서 고려가 소중화관이 있던 시절, 즉 전에 송과 맺었던 것과 같은 사대관계를 명과 맺기를 기원했다. 이어지는 다른 시에서도

航海朝王在仲秋	중추에 항해하여 황제를 뵈어야 하는지라
表章脫藁又提頭	표문의 원고 작성하고 제두까지 마쳤나니
三韓故國持臣節	역사가 유구한 삼한에서 신하의 부절 손에 쥐고
萬里洪濤泛使舟	만리의 거대한 파도 위에 사신의 배를 띄우리라

天作山川成絶域	하늘이 산과 강 만들어서 살게 해 준 외딴 나라
雲開日月照神州	구름이 걷히고 해와 달이 다시 빛나는 중국 대륙
粲然相接從今始	찬연히 서로들 만나는 일이 지금부터 시작되어
華祝終當永不休[146]	끝내는 화축이 영원토록 끊이지 않게 되리로다

라고 하여 대명 사대 관계의 회복을 기원했다.

요동에서 번번이 길이 막히자 고려에서는 해로를 이용하는 방법을 강구하기 시작했다. 1383년(우왕 9) 8월에 김유를 하성절사로, 이자용李子庸을 하천추절사로 파견하고 청시승습표請諡承襲表와 진정표를 보냈는데, 이들은 모두 해로를 통해 명에 갔다.[147] 김유 일행은 금릉에 도착했지만, 이번에는 기일을 지키지 못했다 하여 처벌을 받았다.[148] 그럼에도 불구하고 이 사행에서는 주목할 만한 성과가 있었다. 명에서 이때까지 고려의 납공이 약속대로 지켜지지 않았음을 질책하면서 5년간 바치지 않은 세공으로 말 5,000필, 금 500근, 은 5만 냥, 포 5만 필을 한꺼번에 요구했던 것이다. 5년 동안 밀린 세공을 한꺼번에 내라는 요구는 분명 억지였지만, 적어도 명의 요구가 구체화된 것은 중요한 진전이라고 할 수 있었다.

고려에서는 1383년 12월 명의 요구대로 공물을 납부하기로 하고 그를 위한 특별 기구로 진헌반전색進獻盤纏色을 설치했다.[149] 그리고 이듬해 5월 세공마 1,000필을 보내고 금·은의 수량을 줄여줄 것을 요청했으며,[150] 6월에도 말 2,000필을 보냈다.[151] 이러한 노력에 대하여 명도 어느 정도 만족했던 듯, 7월에는 은 300냥을 말 1필로, 금 50냥을 말 1필로 환산해서 바치도록 했다.[152] 금과 은 대신 말을 보내겠다는 고려의 제안을 받아들인 것으로, 공물액의 많고 적음을 떠나 실현 불가능한 요구에 시달리고 있던 고려로서는 긍정적인 신호가 아닐 수 없었다. 고려에서는 8월에 말 1,000필을 추가로 보냈고,[153] 윤10월에는 나머지 세공을 모두 보내 명에서 요구한 말 5,000필, 금 500근, 은 5만 냥, 포 5만 필의 진헌을 완료했다.[154] 금·은을 말로 환산해서 금 96근 14량, 은 1만 9,000량, 백저포白苧布 4,300필, 흑마포黑麻布 2만 4,100필, 백마관포白麻官布 2만 1,300필, 말 5,233필을 보낸 것이었다. 이듬해 4월 명은 그동안 억류했던 사신들을 풀어주고 마침내 고려의 조빙을 허용했다.[155]

조빙이 허용되자 고려에서는 1385년(우왕 11) 5월 사신을 보내 사은을 겸해서 시호와 승습을 또다시 요청했다.[156] 고려의 끈질긴 노력 끝에 결국 1385년 9월 명이 장부張溥와 주탁周倬을 각각 조서사詔書使와 시책사諡冊使로 보내와 공민왕의 시호를 내리고 우왕을 책봉했다.[157] 우왕 즉위 후 11년 동안 모두 8회에 걸쳐 시호와 승습을 요청하는 표문을 올린 뒤에 거둔 성과였다.[158] 그동안 대명 관계의 개선을 희망했던 이색으로서도 이러한 사태의 진전이 매우 반가웠을 것이다. 공민왕의 시호와 우왕의 책봉 문제가 해결되었을 때 임견미, 이성림, 염흥방 등이 왕에게 주청하여 이색으로 하여금 그 사실을 기록하도록 했고, 그에 따라 이색은 1386년(우왕 12) 정월 다음과 같은 글을 지었다.

惟我小東	생각건대 조그마한 우리 동방이
世慕華風	중국의 교화를 대대로 사모해 왔는지라
五季迄原	오계 때부터 원나라에 이르기까지
帝眷益隆	황제의 돌보심이 더욱 융성하였어라
先王承之	선왕께서 왕위를 계승하셨을 때
艱哉厥時	국제 정세가 무척이나 어려웠지만
時惟北徙	모두들 북쪽의 원을 향해 갈 적에도
我迺南馳	우리는 대명의 남경으로 치달렸지
於赫大明	아 빛나는 대명의 황제께서

察我之誠	우리의 정성을 굽어 살피시고
久乃交孚	시간이 흐르면서 믿음이 두터워져
襲爵易名	국왕으로 봉하시고 시호를 내리셨네
辭嚴義深	엄숙한 그 말씀에 깊은 그 의리
流出帝心	황상의 마음에서 직접 우러나왔나니
卓冠前後	전무후무하다 할 성대한 이 일
不寧耀今	오늘날만 영광스럽게 될 뿐이 아니로세
帝訓炳然	황상의 가르침 얼마나 분명하시던가
瞻之在前	홀연히 앞에 있는 듯하다 할 것이니
無敢逸豫	감히 안일에 빠지지 말지어다
不畏于天	하늘에 대해서 두려워하지 않을쏜가
畏天之威	하늘의 위엄을 두려워하는 마음으로
述職無違	직분에 충실하여 어김이 없을지니
勤政安民	부지런한 정치로 백성을 안정시키면서
惟時惟幾	어느 때나 힘쓰면서 기미를 미리 살필지라
帝則歎嘉	그러면 황제께서 아름답다 탄복하며
乃不遐遺	멀리 떨어진 우리나라 저버리지 않으리니
上下無間	위와 아래 서로가 간격이 없어야만
永乂我家	영원히 우리 국가 다스릴 수 있으리라
或悖于玆	혹시라도 이에 어긋나게 행동하면
天難諶斯	하늘도 결코 믿을 수가 없게 될 터
凡百在位	윗자리에 있으면서 다스리는 관원들은
顧諟頌辭[159]	이 노래 속의 사연을 뒤돌아볼지어다

여기서 이색은 고려가 건국 초부터 중국 왕조와 책봉-조공 관계를 맺었

음을 기술하고, 공민왕 때 원을 버리고 명에 사대하기로 한 사실을 상기시키면서 명의 책봉을 받게 된 것을 기뻐하며 앞으로 직분에 충실할 것을 다짐했다. 이것은 물론 이색의 개인적인 생각이 아니라 당시 고려의 공식적인 입장이었다. 하지만 이 글을 지은 이색도 그러한 생각에 충분히 공감했으리라 여겨진다. 이색은 또 1385년(우왕 11) 10월 명의 사신들이 돌아갈 때[160] 그들을 전송하면서 시를 지었다. 먼저, 장부를 전송한 시에서는

帝憐夷裔慕中華	동방이 중화를 사모함을 황상이 어여삐 여겨
特遣▨官爵命加	특별히 관원을 보내 작명을 가하게 하셨도다
齋沐君臣迎舞蹈	목욕재계한 군신은 맞으며 기뻐서 춤을 추고
扶携父老聚矜誇	손 잡고 나온 부로는 모여서 뻐기며 자랑했네
…	……
歸拜丹墀應▨對	황궁에 돌아가 절하면서 응당 복명하겠지요
三韓感德已無邪[161]	삼한이 은덕에 감사하여 이미 사가 없더라고

라고 했고, 주탁을 전송하며 지은 시에서는

先王決策嚮中原	선왕이 계책 결단하여 중원으로 향하신 뒤에
繼志吾君久望恩	우리 왕이 그 뜻 이어 오래 은혜를 바랐도다
帝降五花臨北闕	황상이 오화를 내려 북궐에 임하게 하셨나니
天教萬葉作東藩	하늘이 동방을 만세토록 울타리 되게 하심이라
始終禮備幽明感	시종 예가 갖춰져서 이승과 저승이 감격하고
上下情欣晝夜喧	위아래 정이 흐뭇해서 주야로 들썩이노매라
虎拜揚休祈永命	소호처럼 절하고 양휴하며 기천영명하리니
煩君持此獻金門[162]	그대여 이를 가지고서 부디 조정에 바치시라

라고 하여 명과 사대 관계가 재개된 것을 기뻐하며 칭송했다.

명이 공민왕의 시호를 내리고 우왕을 책봉함으로써 오랜 현안이 해결되었으나 그 뒤로도 고려와 명의 관계는 그다지 순조롭지 않았다. 고려는 1385년(우왕 11) 10월 책봉을 받은 직후 명에 사은하는 사신과 하정사를 보냈고,[163] 12월에는 말 1,000필, 포 1만 필과 금·은을 대신하는 말 66필을 보냈다.[164] 그리고 이듬해 2월에는 명에 관복을 청하고 아울러 세공을 감면해줄 것을 요청했다.[165] 이에 명은 고려의 세공을 없애고 앞으로 3년에 한 번 조공할 것과 좋은 말 50필을 보낼 것을 요구해왔고,[166] 고려에서는 그해 9월 수말 15필, 암말 35필, 도합 50필을 명에 보냈다.[167] 그런데 11월에 명에서 갑자기 말의 교역을 제의해왔다. 명은 자신들이 매입할 말 5,000필을 준비하도록 하고, 매입가를 일방적으로 정해 통고했다.[168] 막대한 공물 요구에 이은, 또 다른 형태의 압박이었다. 고려에서는 즉각 사신을 보내 명의 교역 요구를 거절하고, 대신 힘닿는 대로 마련해서 보내겠다는 뜻을 전했다.[169] 그러나 명은 고려의 요청을 거부했고, 고려는 1387년(우왕 13) 한 해 동안 5차례에 걸쳐 말 5,000필을 보냈지만 명에서는 번번이 퇴짜를 놓아 고려를 압박했다.[170] 그리고 그해 11월에는 고려 사신의 입경을 금지함으로써[171] 양국 간에 긴장이 다시 고조되었다.

고려와 명의 갈등은 1388년(우왕 14) 2월 명이 철령위鐵嶺衛 설치를 통고해오면서 절정에 달했다.[172] 바로 전해에 명은 나하추의 항복을 받고 요동을 차지하는 데 성공했고,[173] 그 여세를 몰아 곧바로 고려를 압박해왔던 것이다. 명이 철령위를 설치하고자 했던 쌍성 지방은 100년 가까이 원의 쌍성총관부 관할로 되어 있던 것을 1356년(공민왕 5) 공민왕이 반원운동을 통해 수복한 지역이었다. 명의 철령위 설치에 대하여 고려에서는 마침 그해 1월 이인임 일파를 몰아내고 정권을 장악한 최영이 강경하게 대응했다. 최영은 이성계의 반대를 무릅쓰고 요동 공격을 강행했지만, 이성계가 위화도에서 군대를 돌려 최영을 제거하고 권력을 장악했다. 이러한 대결 국면에서 이색은 어떤 생각을 하고 있었을까?

『목은시고』에는 1388년(우왕 14)에 지은 시가 실려 있지 않다. 따라서 명의 철령위 설치와 최영의 요동 공격, 이성계의 위화도회군에 대한 이색의 생각을 찾아볼 수 없다. 다만, 『태조실록』에 실려 있는 이색의 졸기卒記에는 이때 이색이 여러 사람의 의견을 따라 요동 공격에 찬성하고 물러나 와서는 자제들에게 "오늘 내가 너희들을 위해서 의리를 거스르는 논의를 했다"고 말한 것으로 기록되어 있다.[174] 『태조실록』의 이 기록은 이성계의 요동 공격 반대가 정당했다는 평가를 전제로 이색도 마음속으로 이성계에게 동조했음을 부각시키고자 한 것이므로 그대로 믿기 어렵다. 뒷날 이방원의 회고에서도 "태조께서 의를 들어 회군하던 날 (이색이) 술을 보내 맞이했다"는 대목이 있지만,[175] 이 또한 사실로 보기 힘들다. 그럼에도 불구하고 이색의 평소 명에 대한 생각과 태도를 미루어볼 때 요동 공격에 동의했을 것으로는 생각되지 않는다. 그것은 위화도회군 이후 이색이 창왕의 친조를 추진했던 데서도 짐작해볼 수 있다. 1388년 10월 이색은 자청해서 명에 사신으로 갔는데,[176] 이 사행에서 이색은 감국監國, 즉 명이 관리를 파견해서 고려를 감독할 것과 고려 젊은이들의 명 국자감 입학을 허용해줄 것, 그리고 창왕의 친조를 허락해줄 것을 요청했다. 만일 이색이 요동 공격에 찬성했더라면 명에 사신으로 가는 것조차 꺼렸을 것이니, 요동 공격에 동의하지 않았다고 보는 편이 사실에 가까울 듯하다.

이색이 명에 간 목적은 위화도회군 이후 고려의 사정을 직접 알리고 창왕의 친조를 성사시키기 위해서였다. 이색은 명을 끌어들여 창왕의 왕권을 보호하는 동시에 이성계를 견제하고자 했던 것이다. 그러나 이색의 의도는 성공하지 못했다. 감국과 국자감 입학은 논의조차 되지 못했고, 친조 요청에 대해서도 명 태조는 "반드시 와서 조회할 필요가 없다"며 거부의 뜻을 전해왔다.[177] 당시 명에서는 요동 공격을 중지시킨 이성계를 지지하고 있었던 것이다. 이색이 하정사로 가는 길에 만난 명의 관인이 "너희 나라 최영이 정예한 군사 10만을 거느리고 있는데도 이성계가 파리 잡듯 쉽게 잡았으니, 너희 나라 백성이 이성계의 망극한 덕을 어떻게 갚으려 하느냐"라고 했다는데,[178] 이는 당시 명의 분위기를 잘 보여준다. 그런 속에서 명을 끌어들여 이성계를 견제하려는 이색의 의도가 성공하기는 어려웠을 것이다.

명의 사행에서 빈손으로 돌아온 이색은 그 뒤에도 창왕의 친조에 대한 미련을 버리지 않았다. 1389년(창왕 1) 6월 창왕의 친조가 추진되자 이색은 '요동의 들판이 매우 추우므로' 서둘러야 한다고 재촉했다.[179] 명의 비우호적인 태도에도 불구하고 회군 이후 권력을 장악한 이성계를 견제하기 위해서는 명의 도움이 반드시 필요하다고 생각했기 때문이다. 하지만 이번에는 창왕의 모후 이씨가 '(창왕의) 나이가 어린 것을 민망하게 여겨' 중단시키는 바람에 끝내 뜻을 이루지 못했다.[180] 이색이 원했던 명의 감국이나 국왕의 친조는 내정 간섭의 소지가 매우 컸지만, 그가 경험했던 반원운동 이전의 대원 관계에서 흔히 있던 일이었다. 그러한 경험이 이색으로 하여금 책봉-조공 관계 아래서 책봉을 받은 국왕이 위기에 처하면 책봉국이 마땅히 보호해줘야 한다는 생각을 갖도록 했고, 불가피한 경우 책봉국의 내정 간섭도 필요하다고 생각하게 했던 것이 아닌가 한다.

결국 이색은 일찍부터 원-명 교체를 기정사실로 인정하고 명에 대한 사대를 정당한 것으로 받아들였지만, 정작 명으로부터 지원을 받는 데는 실패하고 말았다. 그 때문에 이색은 명에 대해 실망감을 갖게 되었을 것인데, 그러한 실망감은 1389년 이성계 등이 '우창비왕설禑昌非王說'을 앞세워 창왕을 몰아내고 공양왕을 옹립했을 때 명이 아무런 대응을 하지 않는 데서 더욱 커졌을 것이다. 그 뒤 1390년(공양왕 2)에 일어난 '윤이尹彝·이초李初 옥사'도 이색이 명에 대해 다시 한 번 실망하는 계기가 되었다. 이 옥사는 공양왕 즉위 후 이성계 일파와 반대파 간 정쟁의 과정에서 일어난 것으로, 윤이와 이초 두 사람이 명에 가서 이성계가 공양왕을 옹립하고 장차 명을 공격하려 한다는 사실을 알리고, 이색 등이 그에 반대하다가 유배되었으며, 유배된 재상들이 자신들을 명에 보내 고려를 토벌해줄 것을 요청하게 했다고 고변한 데서 비롯되었다.[181] 이 사실이 고려에 알려지자 이성계파의 대간들이 연루자들을 처벌할 것을 주장했고, 결국 대규모 옥사가 일어나 반이성계파의 주요 인물들이 대거 화를 입게 되었는데, 이색도 이때 청주옥에 수감되었다. 이 사건으로 말미암아 공양왕 즉위 후 왕의 비호를 받아가며 이성계파와 대립하고 있었던 반이성계파가 급격히 몰락했을 정도로 그 여파가 대단히 컸다.

'윤이·이초 옥사'의 핵심은 이색 등이 윤이와 이초를 명에 보낸 것이 사실인가 하는 데 있었다. 하지만 옥사가 진행되면서 연루자들은 이에 대해 해명할 기회조차 갖지 못하고 일방적으로 처벌을 당하게 되었는데, 거기에는 명의 태도가 중요하게 작용했다. 애초에 윤이 등의 고변 사실이 고려에 알려진 것부터가 명의 예부에서 고려 사신에게 이 사실을 통고했기 때문이니 만큼, 명은 처음부터 두 사람의 고변이 무고라고 판단하고 있었다. 윤이와 이초의 고변 사건이 일어났을 때 명 예부의 관원이 귀국하는 고려 사신들에게 "천자의 성명으로 그것이 무망인 것을 알고 있으니, 너희가 빨리 본국으로 돌아가 왕과 재상에게 말하여 윤이의 글 속에 있는 사람들을 힐문하여 보고하라"고 했다는[182] 데서 이 사건을 대하는 명의 태도를 읽을 수 있다. 결국 명은 윤이·이초 사건을 고의로 방관함으로써 결과적으로 이성계파의 입장을 강화해주었고, 이러한 명의 태도에 이색으로서는 또 한 번 좌절감을 느꼈을 것이다.

이성계가 공양왕을 몰아내고 왕위에 올랐을 때에도 명은 아무런 문제를 삼지 않았고, 오히려 "삼한三韓의 신민臣民들이 이미 이씨를 높이고 있고 백성들에게 병화兵禍가 없으며 사람마다 각기 하늘의 낙樂을 즐기고 있으니, 곧 황제의 명〔帝命〕이다"라고 하여 왕조 교체를 인정해주었다.[183] 이색의 입장에서는 고려왕조의 멸망을 막을 수 있는 마지막 희망이 책봉국 명의 개입에 있었지만, 명은 오히려 이성계의 손을 들어주었던 것이다. 젊은 시절부터 원-명 교체를 현실로 인정하고 친명외교의 일선에서 거의 한 평생을 보냈던 이색으로서는 명의 이러한 태도가 무척 야속했을 것이다. 하지만 냉정한 국제관계 속에서 명이 위화도회군으로 명 중심의 국제질서 수립에 결정적으로 기여한 이성계를 지지하는 것은 당연한 일이었고, 이색의 대명외교는 처음부터 실패할 수밖에 없었던 것이다.

마지막으로, 이색의 원과 명에 대한 생각, 원-명 교체에 대한 생각은 어떻게 정리할 수 있을까? 이색은 젊은 시절 원에 유학하고 제과에 합격하여 원의 관리가 됨으로써 출세의 발판을 마련했다. 고려인으로 유일하게 국자감에 유학했고, 아버지에 이어 제과에 합격했으며, 원의 문한관이 되는 영광을 맛보았다. 그러는 사이에 원 중심의 세계질서를 당연하게 받아들였고, 몽골족의 원을 중화로 인식하여 원에 대한 사대를 합리화하였다. 하지만 곧 원-명 교체가 진행되고 고려에서 반원운동이 일어나 원의 간섭에서 벗어남으로써 이색의 원에서의 경력은 더 이상 빛을 발하지 못하게 되었다. 오히려 이색은 명에 보내는 외교문서를 작성하는 일로 공민왕의 친명정책에 봉사했으며, 그러면서 원-명 교체를 현실로 인정하게 되었던 듯하다. 우왕 즉위 후 명과의 관계가 악화되고 원이 적극적으로 접근해오는 상황에서도 고려는 대명 사대정책을 포기하지 않았고, 이색도 그 정책을 지지했다. 이색의 시에는 원의 쇠망을 안타까워하는 심정이 자주 피력되었지만, 이색은 어디서도 원과 명을 대등하게 취급하지 않았다. 원의 쇠망에 대한 안타까움도 대부분 자신의 젊은 시절을 회상하는 가운데 감상적으로 표현된 것에 불과했다.

이색은 원이 건재할 때는 원에 대한 사대를 당연하게 받아들였고, 원-명 교체 후에는 명에 대한 사대를 정당한 것으로 인정했다. 이러한 변화는 형세를 기준으로 사대의 대상을 정하는 형세론적 화이관에 따른 것으로 설명된다.[184] 국초의 아주 짧은 기간을 빼고는 한족 왕조와 책봉-조공 관계를 맺은 적이 없는 고려인들에게 형세론적 화이관은 오히려 당연한 생각이었다고 할 수 있다. 이색 역시 원-명 교체의 추세 속에서 형세론에 따라 사대의 대상을 변경하는 데 동의했을 것이다. 하지만 1356년(공민왕 5) 고려의 반원운동은 원-명 교체가 가시화되기 전에 일어났고, 1370년(공민왕 19) 명과 책봉-조공 관계를 맺은 것도 원이 1388년(우왕 14)에야 멸망했음을 감안하면 시기적으로 이른 감이 있다.[185] 즉, 고려는 원-명 교체가 완료되기 전에 사대의 대상을 바꾸었던 셈인데, 이것은 형세론만 가지고는 설명하기 어렵다. 거기에는 한족과 비非한족을 차별하고 전자를 중화로 인정하고자 했던 고려 사람들의 혈통·종족적 화이관이 함께 작용했던 것으로 보아야 한다.

중국에서 명의 등장은 북송 멸망 이후 200여 년 만에 한족 왕조의 부활을 의미했고, 고려로서는 모처럼 형세론적 화이관과 혈통·종족을 기준으로 하는 명분론적名分論的 화이관이 합치될 수 있는 기회였다. 1375년(우왕 1) 북원 사신의 영접을 반대하는 가운데 박상충이 형세론에 따라 "남쪽(명-필자)이 강하고 북쪽(원-필자)이 약한 것은 사람들이 모두 아는 것"이라고 한 것과[186] 달리 정몽주가 '천하의 의주義主'에 대한 사대를 명분으로 대명 사대의 정당성을 주장한 데에는[187] 분명히 명분론적 천하관의 흔적이 엿보인다. 당시까지만 해도 원·명 간의 대립에서 명의 우세가 확실하지 않았음에도 불구하고 옳고 그름을 따져 대명 사대를 주장한 것이나, 그보다 앞서 명이 대도를 점령하자 곧 명과 책봉-조공 관계를 맺은 것은 단순히 형세만이 아니라 한족 왕조를 우선시하는 명분론적 화이관의 영향이라고 할 수 있다. 또한 우왕대에 명의 억압적인 태도와 원의 우호적인 태도가 극명하게 대비되는 가운데서도 고려가 명과의 책봉-조공 관계를 회복하기 위해 노력한 것도 꼭 형세만이 아니라 명분론적 화이관에 따른 '향명向明'의 분위기와 관련된다.

이색은 일찍이 공민왕의 반원운동에 반대하지 않았고, 명과 책봉-조공 관계를 맺은 뒤로는 친명 사대의 당위성을 인정했다. 우왕대에 원의 책봉이 실현되었을 뿐 아니라 명과 마찰을 빚으면서 명과 원을 대등하게 취급하고 명을 그저 '이웃 나라〔隣國〕'로 간주하는 분위기 속에서도,[188] 이색은 줄곧 대명 사대의 회복을 희망했다. 이러한 생각의 저변에는 형세론 이상의, 한족 왕조에 대한 사대를 정당한 것으로 인식하는 명분론적 화이관이 자리잡고 있었다고 할 것이다. 화이관의 관점에서 본다면 이색은 고려의 전통적인 형세론적 화이관이 명의 대두와 원-명 교체에 따라 명분론적 화이관으로 전환되는 시기에 대명 사대외교의 일선에서 활약하면서 그 전환을 앞당기는 역할을 했다고 할 수 있다.*

명과의 관계에 대한 생각에서 이색이 다음 세대의 신흥유신들과 달랐던 점은 화이관이 아니라 책봉-조공 관계에 대한 이해였다. 위화도회군으로 철령위 설치 문제를 둘러싼 양국의 극한 대립이 진정된 뒤 이색은 명에 가서 고려에 관리를 파견해서 감독할 것〔監國〕과 국왕의 친조를 요청했다.

---

* 都賢喆, 『高麗末 士大夫의 政治思想硏究』(一潮閣, 1999)에서는 고려 말 사대부의 화이관을 形勢·文化論的 화이관과 名分論的 화이관으로 양분하고 이색과 정도전을 각 진영의 대표적인 인물로 설명했다. 하지만 원-명 교체의 시기에 두 개의 화이관이 동시에 존재하면서 서로 대립했는지는 의문이다. 그보다는 고려 전기 이래의 형세론적 화이관이 친명 사대를 정당화하면서 점차 명분론적 화이관으로 전환되었다고 보는 것이 사실에 가까울 듯한데, 그렇다면 '舊法派' 사대부의 形勢·文化論的 화이관과 '新法派' 사대부의 名分論的 화이관은 동시적인 대립 관계가 아니라 선후의 계승 관계로 설정되고, 이색의 화이관도 그 전환의 과정 속에서 형세론과 명분론의 요소를 모두 갖게 된 것으로 이해할 수 있을 것이다.

이러한 행동은 명의 내정 간섭을 자초한 것으로, 이색 말고는 어느 누구도 제기한 적이 없고, 그 이후로는 오히려 금기시되는 것이었다. 하지만 이색의 입장에서 볼 때 책봉국의 내정 간섭과 국왕 친조는 원간섭기 내내 일상화되어 있었고, 정치적 필요에 따라 얼마든지 제기할 수 있는 주장이었다. 결국 이색은 원-명 교체를 맞아 사대의 대상을 바꾸는 데는 동의했지만, 이후 고려-명 관계가 그때까지의 고려-원 관계와 질적으로 다르다거나 혹은 달라져야 한다고는 생각하지 않았다. 이색의 이러한 태도가 이성계 일파에게 역이용되어 윤이·이초 옥사가 일어나는 빌미가 되었다고도 볼 수 있다. 그리고 더 나아가서 원과 명의 대고려 정책의 차이를 제대로 인식하지 못한 것이 명의 힘을 끌어들여 국왕권을 강화하고 고려 왕조를 유지하려던 이색의 목표가 성공하지 못하는 원인이 되었다고 할 수 있다.

2. 유-불 교체에 대한 생각

이색이 살았던 고려 말, 조선 초는 우리나라 사상사의 흐름에서 가장 중요한 시기 중 하나이다. 삼국시대에 들어와 수백 년 동안 모든 사람의 정신적인 지주가 되었던 불교가 배척을 받은 초유의 사태가 벌어졌기 때문이다. 그러한 척불의 움직임은 일차적으로 불교를 이단시하고 이단 배척을 당연시하는 성리학의 영향에 따른 것으로, 고려 후기에 수용된 성리학에 대한 이해가 깊어지면서 필연적으로 나타날 수밖에 없는 현상이었다. 따라서 성리학 수용에 따른 불교 배척과 유-불 교체는* 어찌 보면 이미 예

* 유교와 불교가 교체되었다는 의미의 '儒佛交替'는 여러 가지 의미로 해석될 수 있음에 유의할 필요가 있다. 南東信, 「여말선초기 懶翁 현창 운동」『韓國史硏究』139, 2007, 161쪽 각주1에서는 "문화적 주도권(hegemony)이 불교에서 유교로 넘어갔음을 가리키는 것에 한정하여 '儒佛交替'란 용어를 사용"한다고 했는데, 필자도 그와 같은 의미로 사용했다.

고된 것이라고 할 수 있었고, 그러한 점에서 성리학 수용 과정에서 중요한 역할을 담당했던 이색이 고려 말에 전개된 불교 배척이나 유-불 교체와 무관하다고 하기 어렵다.

고려 후기 성리학 수용과정에서 이색의 역할은 당시에도 인정받고 있었다. 정도전이 1388년(우왕 14)에 지은 『도은집陶隱集』 서문과 권근이 1385년(우왕 11)에서 1387년 사이에 지은 『삼봉집三峯集』 서문에는 비슷한 내용이 실려 있다. 우선, 『도은집』 서문에서는

> 목은 이선생은 일찍이 가정稼亭의 교훈을 이어받고 북으로 중원에 유학하여 올바른 사우師友와 연원淵源을 얻어 성명性命·도덕의 학설을 궁구한 뒤에 귀국하여 여러 선비들을 맞아다가 가르쳤다. 그래서 그를 보고 흥기한 이가 많았으니, 오천烏川 정달가鄭達可(정몽주-필자), 경산京山 이자안李子安(이숭인-필자), 반양潘陽 박상충, 밀양密陽 박자허朴子虛(박의중-필자), 영가永嘉 김경지金敬之(김구용-필자)와 권가원權可遠(권근-필자), 무송茂松 윤소종尹紹宗 등이며, 나같이 불초한 자도 또한 그 대열에 끼게 되었다.[189]

라고 했고, 『삼봉집』 서문에서는

> 우리 좌주 목은선생이 일찍부터 가정稼亭의 훈육을 받아, 벽옹辟雍(국자감-필자)에 입학하여 정대정미正大精微한 학문을 전공專攻했는데, 돌아오자 유사들이 모두 종주로 삼았으니, 포은圃隱 정공(정몽주-필자), 도은陶隱 이공(이숭인-필자), 삼봉三峯 정공(정도전-필자), 반양潘陽 박공(박상충-필자), 무송茂松 윤공(윤소종-필자) 같은 이들이 모두 그 당堂에 오른 사람들이다.[190]

라고 하여 이색이 원의 국자감에서 유학하고 돌아온 후 정몽주, 정도전, 이

숭인李崇仁, 박상충朴尙衷, 박의중朴宜中, 김구용金九容, 윤소종尹紹宗, 권근 등이 사사했음을 밝혀놓았다. 이때 이색이 원에서 배워와 전파한 것은 '성명·도덕의 학설', 즉 성리학이었다. 권근의 『삼봉집』 서문에서는 위 인용문 앞에

> 우리 집안 문정공文正公(권부-필자)이 처음으로 주자의 사서四書를 간행하여 후학을 권장할 것을 국왕께 건의했는데, 그 사위 익재 이문충공李文忠公(이제현-필자)이 스승으로 모시고 직접 배워 의리의 학문을 주창함으로써 세상의 유종儒宗이 되었고, 가정稼亭(이곡-필자), 초은樵隱(이인복-필자) 등 여러 분이 이어서 일어났으며, 담암澹庵 백공白公(백문보-필자)은 이단을 물리치는 데 특히 힘썼다.

라고 하여, 성리학의 전래가 권부로부터 이제현李齊賢, 이곡李穀, 이인복李仁復, 백문보白文寶를 거쳐 이색에 이르렀음을 밝혀놓았다. 따라서 성리학이 처음 전래된 이후 고려 말에 여러 학자들에게 확산되는 과정에서 이색이 결정적인 역할을 했다는 인식이 당시에도 이미 퍼져 있었다고 할 수 있다.

반면, 이색에게는 '부처에게 아첨한 자〔佞佛者〕'라는 비난이 오래 동안 따라다녔다. 이러한 비난은 이색이 살아 있을 때 이미 제기되었고, 고려 말에는 정적들로부터 공격을 받는 빌미가 되기도 했다. 이색 사후에도 그에 대해 평가할 때는 반드시 이 문제가 제기되었는데, 조선왕조에 들어 문묘 종사를 논의하는 과정에서 절정에 달했고, 이것 때문에 끝내 문묘에 종사되지 못했다. 다음은 1477년(성종 8)에 있던 일화이다.

> (임사홍任士洪이) 말하기를, "우리나라에서 문묘에 들어간 사람은 최치원崔致遠, 안향安珦, 설총薛聰뿐입니다. 그 뒤에 이제현, 정몽주, 이색, 권근은 모두

우리나라 사람으로 어진 이들입니다. 정몽주는 진실로 이의가 없습니다만, 이제현은 학문이 과연 순정한지를 알지 못하겠고, 이색은 근래에 의논하는 자가 많이 있습니다."라고 하였다. 임금(성종-필자)이 말하기를, "이색은 부처에 아첨한 자〔佞佛者〕이니 어찌 문묘에 들어갈 수 있겠는가?"라고 하였다.[191]

이처럼 이색은 성리학 수용의 공로를 인정받고 유종으로 칭송되기도 했지만, 그와 동시에 부처에게 아첨한다는 비난을 받았다. 실제로 이색은 '유-불 교체기'라고 불리는 고려 말, 조선 초의 시기에 불교 및 유교(구체적으로는 성리학)에 대하여, 그리고 유-불 교체에 대하여 어떠한 생각을 가지고 있었을까?

고려 후기에 모든 사람들이 그러했듯이, 이색도 불교적인 환경에서 어린 시절을 보냈다. 이색의 할머니와 어머니는 모두 불교 신자였고, 어린 이색도 그 영향을 받았을 것이다. 1380년(우왕 6)에 이색이 관족사灌足寺의 법회에 참여하고 돌아오면서 지은 시 가운데

回思少也侍慈顔	회상하건대 내 젊어서 어머니를 모시고
目瞻頂禮浮舟還	우러러 예배하고 배를 타고 돌아오다가
龍華樹下人天會	용화수 아래에 중생이 가득 모였을 제
已擬蓮跡於其班[192]	이미 그 반열에 자취를 나란히 했었으니

라는 대목이 있다. 이 시는 관족사 승려의 부탁으로 연화문을 지어준 다음에 지은 것으로, 자신이 젊은 시절 어머니를 모시고 관족사에 가서 불사에 참여한 사실을 회상했다. 이색은 또 8세부터 고향 한산의 숭정사崇井寺에서 독서를 시작했고,[193] 10대 후반까지 교동(지금 인천시 강화군 교동면)의 화개산, 한양의 삼각산, 견주見州(지금 경기도 양주시)의 감악산과 청룡산,

서주西州(지금 충청남도 서천군)의 대둔산, 평주平州(지금 황해북도 평산군) 모란산 등의 산사를 옮겨 다니며 학업을 닦았다.[194] 이렇게 사찰을 전전하면서 자연스럽게 승려들과 어울렸고, 불교에 대한 기본 지식도 쌓았을 것이다.

청소년기의 이러한 경험이 이색의 불교에 대한 생각에 영향을 끼치기는 했겠지만, 절대적으로 규정하지는 않았을 것이다. 20세를 전후한 시기에 이색은 원의 국자감에 유학하며 성리학을 공부했고, 이후 과거 준비를 하면서 성리학에 대한 이해를 넓혀갔다. 그 과정에서 성리학의 벽이단闢異端, 즉 척불론에 대해서도 공부할 기회를 가졌을 것이다. 불교에 대한 이색의 생각이 처음 드러난 것은 25세이던 1352년(공민왕 1) 부친상을 치르던 중에 올린 복중상서服中上書에서였다. 이 글은 공민왕의 구언求言에 응하여 올린 것으로, 불교와 관련된 내용은 다음과 같다.

> 불씨佛氏가 중국에 전해오자 왕공王公과 사서士庶가 모두 섬겼으므로 한漢나라로부터 오늘에 이르기까지 날로 새로워지고 달로 융성했습니다. 우리 태조께서 왕업을 창시할 때 사찰과 민가가 삼삼오오 뒤섞여 있었으며, 중세 이후로 그 무리가 더욱 번성하여 오교와 양종이 모리謀利의 소굴이 되고 냇가와 산굽이마다 절이 없는 곳이 없게 되었습니다. 그리하여 부도의 무리가 비루함에 잠기고 국가의 백성들 역시 놀고먹는 자가 많아지게 되어 식자들이 매양 마음 아파했습니다. 부처는 대성인大聖人이라 좋아하고 미워함이 다른 사람들과 반드시 같지 않을 것이니, 어찌 돌아가신 망령인들 그 무리들이 이와 같이 하는 것을 부끄럽게 여기지 않겠습니까? 신이 엎드려 바라옵건대 상세한 금령을 내리시어 이미 중이 된 자에게는 도첩을 주고, 도첩이 없는 자는 즉시 군역에 충당시킬 것이며, 새로 창설된 절은 모두 철거하게 하고, 철거하지 않으면 즉시 그 수령을 처벌하여 양민으로 하여금 모두가 중이 되지 않게 하시옵소서. 신이 듣건대, 전

하께서 부처를 받들어 섬기는 정성이 열성 가운데서도 돈독하시다 하니, 그 국조가 영원하기를 비는 것은 매우 훌륭하고 아름다운 일입니다. 그러나 신의 어리석은 생각으로는 부처란 지성至聖하고 지공至公하여 아무리 극진히 대하여도 기뻐하지 않고 아무리 소홀하게 대하여도 노하지 않을 것입니다. 하물며 그 경전 중에 분명히 말하기를 '공덕을 보시하는 것이 지경持經하는 것에 미치지 못한다'고 하지 않았습니까? 그러므로 정사를 보살피시는 여가와 심신을 보살피시는 여가에 방등方等에 주목하고 돈법頓法에 유의하는 것은 안 될 바 없사오나, 다만 윗자리에 있는 사람은 남의 본받음이 되는 법이며 재물은 허비하면 고갈되는 법이니 미미할 때 막고 번지지 않게 하여 삼가지 않을 수 없습니다. 공자가 이르기를 '귀신은 공경하되 멀리하라'고 하였으니, 신은 부처에게도 이와 같이 하시기를 바랍니다.[195]

이 글에서는 사찰 남설로 인한 불교의 세속적 폐단을 지적하고 그에 대한 대책을 제시했을 뿐, 불교 자체에 대한 비판은 하고 있지 않다. 오히려 이색은 부처를 '대성인大聖人'이라고 한다든지, '지성至聖·지공至公하다'고 하여 불교를 긍정하고 옹호하는 태도를 보이고 있다. 이처럼 불교 자체를 인정하면서 그 사회적 폐해를 지적하는 모습은 한 세대 앞의 이제현이나 최해崔瀣에게서도 보인 바 있었다. 이색이 불교의 폐단을 고칠 수 있는 대안으로 제시한 것도 도첩제와 사찰 남설의 규제 정도인데, 이 역시 새로울 것이 없는 주장이었다.[196]

하지만 다른 한편으로 생각해보면, 25세의 나이에, 그것도 아직 과거에 급제하기 전에 진사 신분으로 왕에게 올린 글에서 불교 문제에 대해 얼마나 깊이 있게 말할 수 있었을까 하는 의문이 든다. 성리학의 '벽이단' 문제는 이제현이나 최해, 이곡 같은 앞 세대 성리학자들도 분명히 정리하지 못한 채 유불동도론儒佛同道論의 관점에서 양자의 공존을 인정하는 데 머물고 있었고,[197] 사원과 승려의 세속적인 폐해는 이미 오래 전부터 문제되었지만 아직 해결되지 않고 있었다. 따라서 이때 이색이 불교 교리가 아닌 사원의 세속적 폐단 문제를 제기하고, 그 해결책으로 도첩제 강화와 사원 남설 규제를 주장하는 데 그친 것은 그 상황에서 어쩔 수 없는 일이었다고 생각된다. 게다가 공민왕의 구언 교서에서 이미 사원 남설 문제가 거론되고 도첩제 강화의 필요성이 언급되었으므로,[198] 이색의 문제 제기나 해결 방안이 자신의 독자적인 생각이었는지조차 의문이다. 따라서 이것을 가지고 이색의 불교에 대한 인식을 설명하고 그 한계를 지적하기에는 주저되는 면이 없지 않다.

이색의 불교에 대한 생각은 나이가 들어가면서 점차 형성되고 시간이 흐르면서 변해갔다. 『목은시고』에서 불교에 대한 생각을 처음 보여주는 것은 1355년(공민왕 4) 28세에 지은 다음 작품이 아닌가 한다.

載讀孟子書	비로소 맹자의 글을 읽어 보매
灼灼示綱維	법칙을 분명하게 제시하였으니
異端如斷港	이단은 단절된 항구와 같아서
終不通咸池	끝내 함지와 통하지 못하리로다
晨興發永嘆	새벽에 일어나 길이 탄식하노니
從此知吾師[199]	이제부터 나의 스승을 알았노라

이 시에서 이색은 『맹자孟子』를 읽으며 이단에 대해 인식하고, 앞으로 맹자를 스승으로 삼겠다고 다짐했다. 여기서 말하는 이단이란 성리학 이외의 다른 학문들을 가리키는 것이니, 불교도 당연히 포함된다. 비슷한 시기에 지은 다른 시에서는

三門凉可愛	삼문의 서늘함도 사랑스럽고
侑以成佛圖	나에게 성불을 권하기도 하지만
吾生昧梵學	나는 본디 불교학에 어두워서
聊用當摴蒱[200]	애오라지 취미에 그칠 뿐이라오

라고 하여 자신이 범학梵學, 즉 불교에 어둡고, 자신에게 불교는 단지 취미일 뿐이라고 했다. 또

梵雄在叔世	말세(末世)에는 불교(佛教)가 으뜸이어서
中流千金壺	중류(中流)의 천금(千金) 항아리처럼 귀하네.
道大無津涯	도교(道教)는 커서 끝이 없지만
二氏不滿隅[201]	이씨(二氏)는 모두 구석에도 차지 못하였네.[202]

라고 하여 이씨, 즉 석가와 노자에 대한 부정적인 생각의 일단을 나타냈다.

이와 같이 20대 후반, 젊은 시절의 이색은 성리학자로서 불교와 도교를 이단으로 간주하고 부정적으로 인식하고 있었다. 이 무렵에는 불교 승려들과의 교유도 그다지 활발하지 않았던 것으로 보이는데, 당시 국사國師로서 공민왕의 신임을 받아 정치에 깊숙이 관여하고 있던 보우普愚나 그의 문도들과 관계를 맺은 사실이 일체 전하지 않는 점이[203] 그러한 추정을 뒷받침한다. 1362년(공민왕 11) 이색이 대언代言으로 있을 때 불호사佛護寺에 토지를 지급하는 사패賜牌에 날인하라는 왕명을 어겨 노여움을 산 일이 있는데,[204] 이것도 불교에 대한 비판적 인식을 보여주는 사례이다.[205] 또 1365년(공민왕 14) 왕이 신돈辛旽을 중용하고 친히 문수회를 열었을 때[206] 이색은 이인복과 함께 불상에 절을 하지 않았다고 한다.[207] 이인복은 임종을 앞두고 동생 이인임李仁任이 염불을 권하자 "내가 평생 부처에게 아침

하지 않았는데 지금 스스로 속일 수 없다"며 거절한 척불론자였다.[208] 이색이 문수회에서 이인복의 권유에 이끌려 불상에 절하지 않았을 수도 있지만, 그 자신이 동조하지 않았다면 하기 어려운 행동이었다. 1362년에 감찰대부監察大夫 김속명金續命 등이 왕에게 글을 올려

> 나라를 다스리는 도道는 오로지 경사經史에 있는 것이지 불서佛書를 보고 나라를 다스렸다는 말은 듣지 못했습니다. 전하께서 불교를 지나치게 믿으시니 이로 인해 승려들이 청탁하여 사욕을 채우고 있습니다. 원컨대, 이제부터는 승려들이 궁중에 출입하는 것을 금하고, 경연을 다시 열어 날마다 나라 다스리는 도리를 물으며, 항상 성현의 글을 보고 이단의 말을 듣지 마십시오.[209]

라고 간언한 일이 있었다. 당시 유학자들 사이에서 불교를 이단으로 규정하고 공민왕의 지나친 숭불을 경계하는 목소리가 나오고 있었음을 알 수 있는데, 이색도 그러한 주장에 동조하여 불교와 거리를 두려했던 것으로 생각된다.

이색이 1366년(공민왕 15)에 유탁柳濯의 부탁을 받아 지은 「진종사기眞宗寺記」에서도 비록 다른 사람의 부탁으로 사찰의 중창기를 짓지만 성리학자로서의 본분을 지키려 했음을 확인할 수 있다. 이 글에서 이색은

> 이 사찰을 다시 일으킨 일을 통해서 우리는 또 공公이 지닌 독실한 효성의 일단을 충분히 엿볼 수가 있다. 효는 대개 천리의 본연이니, 아랫사람을 어루만지는 인仁이나 윗사람을 섬기는 충忠 모두가 여기서 나오는 것이다. 그러고 보면 이 사찰을 다시 일으킨 것 역시 선조의 뜻을 이어 받드는 동시에 임금의 은혜에 보답하는 일이라고 할 것이니, 도리로 볼 때 그렇게 하는 것이 원래 당연한 일이기도 하다. 그러니 화복의 설로 현혹시키고 행복을 빈다는 명분에 가탁하여 말

할 수 없이 사치스럽고 화려하게 (사찰을) 지어 국가의 재정을 탕진하고 백성을 병들게 하는 자들과 어떻게 비교할 수 있겠는가. 비록 그렇긴 하지만 세상의 이른바 호걸이라고 하는 사람들을 보면, 대부분 불교 쪽으로만 치달릴 뿐 오도吾道에 대해서는 거들떠보지도 않고 있다. 그리하여 오도가 간신히 끊어지지 않고 실낱같은 명맥만을 유지하게 되었으니, 이 허물은 장차 누구에게 돌려야 할 것인가.[210]

라고 하여 유탁의 원찰 중창을 효와 결부시키고, 효로부터 인仁과 충忠이 비롯된다고 하여 유학자의 입장에서 그 의미를 부각시켰다. 그리고 그 말미에서 '오도吾道', 즉 성리학이 불교에 비해 쇠퇴하고 있는 현실을 안타까워하는 유학자의 심정을 덧붙여놓았다.

1371년(공민왕 20)에 이색은 모친상을 당해 관직에서 물러났고, 그로부터 한동안 복직되지 못한 채 1378년(우왕 4)까지 두문불출했다. 이때 이색의 소일거리는 독서와 창작이었을 것인데, 독서는 주로 유교 경전을 읽었다. 먼저, 『주역周易』은 아버지 이곡 때부터 이미 가학家學이라고 불릴 만큼 이색에게 친숙했고, 원 유학 시절 이곡의 동년인 우문공량宇文公諒에게 사사한 적이 있었는데,[211] 그런 인연 때문인지 이색은 평소 『주역』을 가까이 했다. 이색이 28세이던 1355년(공민왕 4)에 지은 시에서

整冠將讀易　　의관정제하고 주역을 읽기 위해
掃地更焚香　　방 소제하고 다시 향을 사르노니
只此無人處　　다만 이 아무도 없는 곳에
悠然興味長[212]　　흥미가 하염없이 진진하구나

라고 한 데 이미 『주역』을 읽고 있는 모습이 나타나 있지만, 관직에서 물러

나 있는 동안 지은 시에는 『주역』이 더 자주 등장한다. 1376년(우왕 2)에 지은 것으로 보이는 〈06-007〉「유감有感」에서 "또 남쪽 창을 향하여 주역을 읽으노니 / 마음 씻고 단정히 앉아 또 무엇을 구하랴〔且向南窓讀周易 洗心端坐更何求〕"라고 한 것이나, 비슷한 시기의 〈06-012〉「잡영雜詠」에서 "밝은 창 앞에서 주역을 읽노라니 / 향 연기가 맑은 허공에 흔들리네〔明窗讀周易 香穟搖晴空〕"라고 한 데 『주역』을 읽었음이 나타나 있다. 또 1377년(우왕 3) 봄에 지은 〈06-016〉「오십자영五十自詠」과 〈06-018〉「즉사卽事」, 같은 해 겨울에 지은 〈06-087〉「우제偶題」, 〈06-099〉「청룡산靑龍山」, 다음 해 1월에 지은 〈07-066〉「주역을 읽다〔讀易〕」, 7월에 지은 〈09-028〉「자영自詠」에도 모두 『주역』을 읽는 모습이 그려져 있다.

한편, 1377년(우왕 3) 겨울에 지은 〈06-076〉「자영自詠」에는 "종신토록 약쑥 못 구할 걸 분명히 알기에 / 맹자를 읽으면서 호연지기나 강구한다오〔端知不蓄終身艾 爲讀鄒書講浩然〕"라는 구절이 있어 이색이 추서鄒書, 즉 『맹자』를 읽었음을 알 수 있고, 1378년(우왕 4) 1월에 지은 〈07-064〉「서경을 읽다〔讀書〕」, 〈07-065〉「시경을 읽다〔讀詩〕」, 〈07-067〉「춘추를 읽다〔讀春秋〕」, 〈07-068〉「예기를 읽다〔讀禮〕」에는 각각 『서경書經』, 『시경詩經』, 『춘추春秋』, 『예기禮記』를 읽었음이, 그리고 같은 해 가을에 지은 〈11-067〉「중용을 읽고 느낌이 있어〔讀中庸有感〕」와 1380년(우왕 6) 6월에 지은 〈24-066〉「새벽비〔曉雨〕」에는 『중용中庸』을 읽었음이 나타나 있다. 또 1379년(우왕 5) 11차례 진행한 서연에서는 『논어論語』 태백편泰伯篇을 진강했다.[213]

이처럼 이색은 우왕 초 관직에서 물러나 있는 동안 『주역』을 비롯하여 『논어』, 『맹자』, 『시경』, 『서경』, 『예기』, 『춘추』 등 유교 경전을 읽었다. 그러한 가운데 이색의 학문적 관심은 성리학에 있었다. 1378년(우왕 4) 12월에 "백성에 은택 입힘은 평소의 뜻 못 이뤘으나 / 도를 구하는 덴 오직 성리서를 의탁하노라" 라고 한 것이나,[214] 1379년(우왕 5) 2월 "시서詩書를 읽어서 성리를 궁구하니 / 덕택이 백성에게 흡족하여라" 라고 한 데서[215] 성리학에 대한 관심을 읽을 수 있다. 더 나아가 성리학을 배우고자 하는 의지를 밝히기도 했는데, 1378년(우왕 4) 12월 자손들을 훈계하며 지은 시에서

韓山牧老方爲父	한산의 늙은 목은은 지금 아비가 되었고
齊國文公是所師	중국의 주문공을 스승으로 삼은 바이라
告爾子孫宜務本	자손들에게 고하노니 의당 근본을 힘써서
從容中道莫趨岐[216]	조용히 도를 따르고 굽은 길 따르지 말지라

라고 하여 자신이 문공文公, 즉 주자朱子를 스승으로 삼았음을 스스로 밝혔고, 1379년(우왕 5) 2월에는

欲從濂洛泝眞源	정주학을 좇아 도의 근원을 오르고파라
直恐乾坤似豐蔀	다만 천지가 온통 깜깜해질까 염려로세
只向殘年更料理	다만 남은 생애를 다시 잘 요량하여
道德文章垂不朽[217]	도덕과 문장을 영원토록 전해야 하리

라고 하여 염락濂洛, 즉 주돈이周敦頤와 정호程顥·정이程頤 형제를 좇아 도의 근원을 궁구하고 싶은 심정을 표현했다. 또 1380년(우왕 6) 3월에 지은 〈21-110〉「원재찬圓齋讚」에서는 "나는 정자程子를 인하여 거슬러 올라가 공자의 도를 배우려는 사람이다" 라는 자주自註를 달아놓았다.

성리학 서적을 읽으면서 성리학에 대한 이해도 깊어졌을 것이다. 1376년(우왕 2) 무렵에는

羲軒世云遠	복희 황제 세대는 멀다 하더라도
周孔今安歸	주공 공자는 지금 어디에 갔느뇨
二帝日正午	요순 세대는 한창 태평했었는데
昭王始衰微	소왕 때 비로소 도가 쇠미해졌네
秦天極昏黑	진시황 때는 극도로 암흑시대라
失路迷所歸	길을 잃고 돌아갈 바를 몰랐거니와
濂溪導伊洛	주염계가 정주를 개도하긴 했으나
源遠勢益微	근원이 멀어져 형세 더욱 희미했네

考亭夫子出	주 선생이 비로소 세상에 나와서
理學通精微	이학의 정미한 곳을 관통했는데
魯齋幸同嗜	노재가 다행히 기호를 같이하여
北庭時發揮[218]	조정에서 수시로 이를 발휘하였네

라고 하여 주돈이에서 정호, 정이, 주자, 허형許衡으로 이어지는 성리학의 계보를 정리했고, 1380년(우왕 6) 5월에는

我道大如天	우리 도가 마치 하늘처럼 크거니
高舜日月懸	요순은 일월과 빛을 겨루고말고
周監於二代	주나라는 이대를 참작하였고
大成集文宣	문선은 한데 모아 대성했기에
羣陰漸以消	뭇 음기는 점차로 사라져가고
六經粲在前	육경이 찬연히 앞에 드러났는데
中爲記誦學	중간에 와선 기송학을 일삼아서
剽竊紛爭先	표절을 분분히 서로 앞다투다가

濂洛出眞儒	염락에서 참다운 선비가 나와서
始知希聖賢	비로소 성현 희망할 줄을 알았네
聖賢在吾心	성현이 곧 내 마음속에 있나니
景仰當拳拳[219]	정성을 다해 우러러 사모해야지

라고 하여 유교의 연원을 요堯·순舜 – 공자孔子 – 주돈이·정호·정이로 연결했다. 그리고 1378년(우왕 4) 10월에 지은 시에서는 "정자 주자의 도학은 천지와 짝이 되어 / 밝은 해와 달이 하늘에서 운행하는 것 같았네"라고 하여[220] 정자와 주자의 도학, 즉 성리학을 높이 평가했고, 1379년(우왕 5) 윤5월에는

堯禪湯征只識時	요의 선위 탕의 정벌은 시무를 알 뿐이었고
區區孔孟要扶衰	공맹은 구구하게 쇠한 도를 붙들려 했네
寂寥秦漢儒風陋	적막해라 진한시대 유풍은 저속했는데
會有濂溪萬世師[221]	마침 염계에서 만세의 스승이 나왔네 그려

라고 하여 염계, 즉 주돈이를 '만세의 스승〔萬世師〕'이라고 표현했다. 또 1380년(우왕 6) 5월 예부시의 중장일中場日에 지은 시에서는

釋經觀理學	경전 해석한 이학을 관찰해보면
言語是中情	언어가 바로 정리에 적중하건만
義大包難盡	의리는 커서 다 포함하기 어렵고
疑深剖要精	의심은 깊어 정밀 분석을 요하네
毫釐那一謬	어찌 조금인들 어긋남이 있으랴
日月政雙明	해 달처럼 경전과 쌍벽 이루었지

齊國英風遠	중국의 높은 덕화가 원대하여라
淵源出兩程[222]	연원이 바로 양정에서 나왔도다

라고 하여 경전의 해석이 양정兩程, 즉 정호·정이 형제에게서 나온 것이라고 칭송했다.

성리학에 대한 이해가 깊어지면서 성리학의 우주관을 시로 표현하고, 그에 대한 자부심을 피력하기도 했다. 1379년(우왕 5) 윤5월에 지은 다음 시가 그것이다.

寥寥接無極	광대함이 무극과 연접한 가운데
天地初分形	천지의 형체가 처음 나누어지고
正氣偶妙合	천지의 정기가 서로 응합하니
人爲萬物靈	사람이 만물 중에 가장 신령하여
秀出於其中	그 가운데 아름답게 빼어난지라
聖賢爲法程	성현이 세상의 법칙이 되어
文章被天下	예악 법도를 천하에 널리 입혀서
粲然如日星	찬란하기 마치 일성과도 같거늘
奈何今之人	어찌하여 지금 세상 사람들은
覂駕趨冥冥	캄캄한 속을 제멋대로 달리는고
反觀居室內	집안에 앉아 홀로 반성해보면
是亦天之經[223]	내 맘 또한 하늘의 법칙이라오

한편, 유교에 비해 불교 등은 비하하거나 이단으로 규정하여 배척했다. 1378년(우왕 4) 1월에 "고요함 속에 능득처能得處가 있음을 나는 믿노니 / 좌선하는 중들 헛되이 늙는 게 가련하구나"라고 한 것은[224] 『대학』의 '그

칠 줄 안 다음에 정함이 있고, 정해진 다음에 고요해지고, 고요해진 다음에 편안해지고, 편안해진 다음에 자세히 생각하게 되고, 자세히 생각한 다음에 그칠 바를 능히 얻는다〔知止而后有定 定而后能靜 靜而后能安 安而后能慮 慮而后能得〕'라는 구절을 인용하여[225] 선승들의 좌선이 헛되다고 조롱한 것이다. 또 1379년(우왕 5) 2월에

好怪當初記十洲	기괴함 좋아한 당초엔 십주를 외우다가
歸來筆法檢春秋	돌아와서 춘추의 필법을 점검해보니
斯文萬古有歸宿	우리 도는 만고에 귀착할 곳이 있는데
雜說衆家眞謬悠[226]	제자의 잡설들은 참으로 황당키만 하네

라고 하여 사문斯文, 즉 유교 이외의 여러 잡설들이 황당키만 하다는 말로 불교를 비하했다. 불교에 대한 비판은 같은 해 6월에

君子有何樂	군자는 어떠한 즐거움이 있기에
終身自油油	종신토록 스스로 유연 자득하는고
巍然氣像大	우뚝하게도 기상이 거대하여
足以壓凡流	충분히 속류를 압도할 만하나니
非如無源水	날이 개면 갑자기 말라버리는
天晴忽焉收	저 근원 없는 물과 같지 않아서
盈科放四海	곤륜산 꼭대기로부터 흘러 내려와
發自崑崙頭	구덩이 채우며 바다에 이른다오
嗟哉彼何心	아 저들은 그 무슨 마음으로
斷港將行舟[227]	끊어진 항구에 배를 띄우려 하나

라고 한 데서도 찾아 볼 수 있다. 이 시는 한유韓愈가 "학자는 반드시 그 말미암는 바를 삼가야 하나니, 양주楊朱·묵적墨翟·노자老子·장자莊子·불씨佛氏의 학문을 말미암아서 성인의 도에 들어가려고 한다면, 그것은 마치 끊어진 항구나 못에 배를 띄워 바다에 이르려고 하는 것과 마찬가지다〔學者必愼其所道 道於楊墨老莊佛之學 而欲之聖人之道 猶航斷港絶潢 以望至於海也〕"라고 한 말을 인용하여[228] 불교 등을 비판한 것이다.

불교가 이단이라는 생각에도 변함이 없었다. 1379년(우왕 5) 2월에 "주공 공자가 세상에 안 나오니 / 이단들이 분잡하게 일어나누나"라거나[229] "다만 이단이 혹 나를 그르칠까 염려되어 / 사심을 막아서 내 정성 보존코자 하노라"라고 한 것은[230] 불교를 이단으로 규정하고 경계하고자 한 것이다. 그리고 더 나아가 이단에 대한 배척을 거론했다. 1367년(우왕 2) 12월경에

程朱載道器	정자 주자는 도를 실은 그릇이라
大斥二氏非	노씨 불씨 잘못을 크게 배척했는데
尙作句讀解	아직 구절 따라 해독이나 하는 자들이
誰復知三希[231]	누가 다시 삼희가 있음을 알리오

라고 하여 정자와 주자가 노자, 석가를 배척한 사실을 언급했고, 1378년(우왕 4) 10월 김경숙金敬叔에게 지어준 시에서는 "태산북두처럼 추앙을 받은 한이부韓吏部는 / 이단을 극력 배척하고 틈 난 곳을 보충했네"라고 하여[232] 한유의 이단 배척에 대해 언급했다. 특히 이색은 노자와 불교를 배척하고 유교의 도를 선양하는 내용을 담은 한유의 「원도原道」를 자주 인용했다. 1378년(우왕 4) 1월에

强揞病目讀韓文	억지로 병든 눈 닦고 한문을 읽으며
擬向殘年教子孫	남은 생애에 자손을 가르치려 하는데
最是一篇原道在	그중에 가장 중요한 원도 한 편이 있어
且從格物更燖溫[233]	우선 격물로부터 다시 연구를 거듭하노라

라고 하여 '남은 생애에 자손을 가르치'는 가장 중요한 글로 「원도」를 꼽았고, 1379년(우왕 5) 7월 승려 나잔자를 방문하는 길에 지은 시에서도

濂溪地爽稱光霽	염계의 땅은 깨끗하여 광제라 일컬었는데
華嶽峯尖隔渺茫	화악의 봉우리는 뾰족해 아득히 막혀 있네
原道何如傳太極	어떻게 하면 원도랑 태극을 후세에 전할꼬
牧翁雙鬢素絲長[234]	목은 늙은이 두 귀밑엔 흰 털만 기다랗구나

라고 하여 「원도」와 주돈이의 「태극도설太極圖說」을 후세에 전할 방도를 고심했다.

이상에서 살핀 것처럼 우왕 초, 50대를 전후한 시기에 이색은 스스로 성리학자임을 자처하고 불교 등을 이단으로 규정했으며, 이단에 대한 배척에 대해서도 언급했다. 그런데 뒷날 권근이 지은 행장에는 이 시기 이색의 근황이 다음과 같이 기록되어 있다.

> 그 사이에 왕명에 의하여 지공指空과 나옹懶翁 두 화상의 부도에 명銘을 지었다. 그로 인해 그 무리들이 공의 집을 자주 드나들었고, 시문을 구하면 모두 지어주었으므로 부처에게 아첨한다는 비방이 있었다. 공이 그 말을 듣고 말하기를, "그들이 우리 임금과 어버이의 명복을 빈다 하여 내 감히 거절하지 못한 것이다"라고 했다.[235]

이색은 1377년(우왕 3)에 나옹의 비문을 지었고,[236] 1378년(우왕 4)에는 지공의 비문을 지었다.[237] 그리고 이 일을 계기로 승려들이 이색의 집을 자주 드나들었으며, 승려들이 시문을 청하면 거절하지 않고 들어주었는데, 그 때문에 당시부터 이미 부처에 아첨한다는 비난이 있었다는 것이다.

실제로 『목은시고』에는 1378년 무렵 이색이 승려들의 부탁을 받고 시를 지어준 사실을 확인할 수 있는 시가 많다. 그해 1월에

野衲眞虛蕩	시골 중은 참으로 허탕하여
參來一味禪	일미선에 정진하고 있는데
索詩頻叩戶	시를 지어달라고 자주 찾아와서
釋杖便登筵[238]	지팡이 놓고 문득 자리에 오르네

라고 한 것을 비롯하여 〈07-026〉「즉사卽事」, 〈07-063〉「자영自詠」, 〈07-112〉「즉사」, 2월에 지은 〈08-038〉「유감有感」, 〈08-044〉「낭랑하게 읊다〔朗詠〕」, 10월에 지은 〈10-007〉「즉사」, 〈10-011〉「자영」 등이 모두 그러하다. 같은 해 12월에는 화엄종 승려 경여敬如에게 '(그가) 유교〔斯文〕를 사모할 줄 아는 것을 기쁘게 여겨' 시를 지어주었는데, "동파의 시는 장교藏教를 많이 설하였고 / 소사蕭寺에는 유자儒者의 풍도가 절반일세"라고 하여[239] 유불 간의 교류를 소재로 했다. 1380년(우왕 6) 3월에도 승려 각운覺雲의 부탁으로 직지사 중수 연화문을 지어주면서

牧隱老翁方投閑	목은 늙은이는 방금 한가히 있는 때라서
千里求文敢自外	천리 멀리 글 구하는데 감히 거절하리오
…	……
古來儒釋共游戲	고래로 유자와 불자가 함께 유희했거니

四海彌天誠可攀[240] 사해와 미천을 참으로 따라잡을 만하네

라고 하여 승려와 어울리는 것을 유불 간의 교류로 정당화했다.

이색이 승려들과 어울린 것은 공민왕 때 관직생활을 하면서는 거의 없던 일이었다. 따라서 권근의 말대로 우왕 초에 이색이 지공과 나옹의 비문을 지은 것이 승려들과 교류하는 계기가 되었음은 분명해 보인다. 이색은 나옹이 살아 있을 때 만난 적이 없었다.[241] 그런데 왕명으로 그의 비문을 짓게 되었고, 그 전후 사정을 1378년(우왕 4) 8월에 지은 윤필암기潤筆菴記에서 다음과 같이 밝혀놓았다.

> 한산자가 보제普濟의 부도에 명銘을 짓고 나서 그 문도들에게 이르기를, "보제는 우리 선왕의 스승이다. 그분은 도가 높고 덕이 높아서 온 나라 안에서 그 누군들 공경하지 않은 사람이 있으며, 그 문하에 달려가 한마디 말이라도 얻어듣는 것을 평생의 행운으로 여기지 않은 사람이 있었겠는가. 하지만 유독 나만은 가서 뵙기를 게을리하여 죽원竹院의 승화僧話조차도 내 귀에 접해본 적이 없었다. 이 때문에 보제가 궁중을 출입할 때나 공부선功夫選을 주관할 적에도 감히 경솔하게 나아가 찾아뵙고 내가 지켜오던 바를 바꾸려 하지 않았으니, 이는 대개 도가 서로 같지 않으면 함께 일을 꾀할 수 없는 법이기 때문이다. 보제가 입적한 뒤에 사리가 나오는 이적이 나타나자 세상에서 보제의 도를 더욱 믿게 되었으므로 온 나라 사람들이 행여 남에게 뒤질세라 달려가기에 바빴는데, 나만은 또 병이 드는 바람에 여기에 관심을 기울일 틈을 갖지 못한 지가 오래되었다. 그러다가 왕명으로 명銘을 지으라 하니 감히 그 분부를 받들지 않을 수 없게 되었는데, 다만 보제가 나의 글을 괜찮게 여길지 어떨지는 또한 알 수 없는 일이다. 그렇기는 하지만 이 세상의 대유大儒로서 글을 잘 짓는 이들이 적지 않은 터에 유독 내가 이런 명을 받게 된 것을 어찌 우연으로만 돌릴 수 있겠는가. 그래

서 나 자신이 미상불 행운으로 여기면서도 한편 슬퍼지는 감정을 어찌할 수가 없다" 고 말했다.[242]

이 글에서 '도가 서로 같지 않으면 함께 일을 꾀할 수 없는 법' 이라고 했듯이, 공민왕대에는 이색이 의도적으로 나옹과의 만남을 피했을 가능성이 크다. 그런 그가 비문 찬술을 계기로 갑자기 그 문도들과 교류하기 시작했으니, 그러한 변화가 사람들에게 충격적으로 받아들여져 '부처에게 아첨한다' 는 비방이 일어나는 것도 무리가 아니었다.

이색 스스로도 50대 초반에 이르기까지 성리학자임을 자처하며 불교를 이단으로 규정하고 배척을 운위하던 차에 승려들과 교류하고, 승려들의 부탁을 받아 글을 써주는 것이 떳떳하지 못한 행동이란 점을 의식하고 있었다. 이색은 자신의 그러한 처신을 승려의 국왕에 대한 충성과 부모에 대한 효도를 명분으로 합리화하고자 했으나, 그러면서도 그것을 부끄럽게 여겼다. 1377년(우왕 3) 겨울에 지은 다음 시에는 승려에게 시를 써주고 맹자가 양주·묵적을 비판한 것을 떠올리며 승려를 도와준 자신의 행동을 자조하고, 더 나아가 불교 사찰은 번성하는데 유교는 쇠퇴하는 현실을 안타까워하는 모습이 나타나 있다.

國贐里老嫗	국신리 마을의 늙은 할미가
每引山僧來	매양 산승을 데리고 와서
手持一尺紙	한 자쯤 되는 종이를 가지고
請公書此哉	여기에 글을 써달라 청하네
曰此老比丘	그가 말하길 이 늙은 비구승은
曰居於五臺	오대산에 거주한다 하는데
金剛與諸山	금강산과 기타 여러 산들도

歷歷皆崔嵬	역력히 다 우뚝하다더라 하고
曰側金於此	또 말하길 여기에 보시를 하고
作善消禍胎	선을 하여 화의 조짐 없애라 하네
老夫爲秉筆	늙은 내가 그를 위해 붓을 쥐고
一日能千回	하루에 천 번이나 휘둘러 써주매
歡然致謝去	기뻐하며 감사를 표하고 떠나니
庶以震法雷	법뢰로써 세상을 진동시켰으면
孟氏闢楊墨	맹자는 양주 묵적을 물리쳐서
其功配三才	그 공이 삼재에 배합되었는데
而今反相助	나는 지금 되레 그들을 도왔기에
默坐時冷咍	묵묵히 앉아 때로 냉소를 짓노라
祇園焜金碧	기원에는 황금이 휘황찬란하고
闕里多莓苔	공자의 궐리엔 이끼만 그득하니
傷哉可流涕	마음 아파 눈물을 흘릴 지경이요
造物應相猜	조물주도 응당 시샘을 하련마는
大廈非一枝	큰 집은 나무 한 가지로 못 괴나니
誰抱梁棟材[243]	그 누가 동량의 재목을 가져올꼬

그러나 승려들과의 교류를 끊을 생각이 있던 것은 전혀 아니었다. 우왕 초에 오랫동안 관직에서 물러나 있으면서, 더욱이 병까지 겹쳐 매우 힘들고 외로운 처지에 있던 이색에게 승려들의 방문은 오히려 반가운 일이었다. 1378년(우왕 4) 1월에 지은 시에서

紫薇名姓動當時	중서성 재직 시 그 이름 당시에 진동하여
自喜山僧不得知	산승이 알지 못함을 스스로 기뻐했는데

牧隱病餘來往少　　목은이 병들어 내왕하는 이가 적은지라
獨憐霞衲索題詩[244]　　시 지어 달라는 산승이 유독 사랑스럽네

라고 한 데 그러한 속마음이 드러나 있다. 게다가 승려들의 방문이 이색의 외로움만을 달래준 것이 아니었다. 글을 써주고는 글값을 받았는데,[245] 이 사실은 1379년(우왕 5) 3월에 지은 시의 "스님은 자주 글값을 가져오고 / 임금은 특별히 전토를 내리었네"라고 한 대목에서[246] 엿볼 수 있다. 당시 이색의 주요 수입원은 한산군으로서 받는 녹봉과 여주 천녕현에 있는 사전賜田의 수익이었지만, 글을 써주고 받는 사례금도 무시하지 못할 정도였을 것이다.[247]

승려들과 교류하면서 자연스레 불교에 대한 관심도 높아졌다. 1378년(우왕 4) 10월에

萬軸貝書包曠劫　　일만 권축 불경은 무한한 세월을 간직하고
一丸仙藥駐流年　　한 알 선약은 흐르는 세월을 멎게 하건만
看來不費區區力　　보아 넘기고 구구한 힘을 쓰지 않았거니와
學了方知箇箇賢[248]　　배워야만 개개의 어짊을 비로소 알겠지

라고 데에는 불경과 선약仙藥, 즉 불교와 도교에 대한 관심이 드러나 있다. 1379년(우왕 5) 1월 한수韓脩와 광암사光巖寺에 놀러가기로 약속하며 지은 시에는

吾生自信本來迂　　내 인생 본래 우활함을 스스로 믿었기에
老向空門問四如　　늘그막에 불문을 향해 사여를 묻노라
已負讀書須志篤　　글 읽을 때 제 뜻 독실히 할 건 이미 저버렸고

更慚當筆嘆才疏　　붓 잡으면 재주 없는 한탄이 또 부끄럽네
焚香靜坐看金鴨　　향 피우고 조용히 앉아선 향로를 바라보고
隨粥徐行趁木魚[249]　　중의 죽 얻어먹을 땐 목어 소릴 기다리네

라고 하여 승려에게 『금강반야바라밀경金剛般若波羅密經』에 나오는 사여四如에 대해 질문하는 장면이 나온다.[250]

또한 이 시기의 작품에는 불교 용어들이 자주 등장하는데, 1378년(우왕 4) 12월에 지은 〈13-010〉「즉사卽事」의 '다생多生'·'습기習氣', 1379년(우왕 5) 1월에 지은 〈13-047〉「또〔又〕」의 '무생無生', 〈13-069〉「이른 봄의 즉사〔早春卽事〕」의 '다생多生'·'육사六事', 6월에 지은 〈18-021〉「봉우리 밑 연못에 연꽃이 활짝 피다〔峯下蓮池盛開〕」의 '무량의無量義', 〈18-022〉「연꽃을 감상하느라 오래 앉아 있었더니〔賞蓮坐久〕…」의 '화장세계華藏世界', 〈18-057〉「즉사」의 '원통圓通', 1380년(우왕 6) 8월에 지은 〈25-060〉「유감有感」의 '팔환八還', 1381년(우왕 7) 5월에 지은 〈29-085〉「무제無題」의 '미진迷津', 5~7월 사이에 지은 〈29-133〉「서린西鄰이 염주를 주신 데 사례하다〔奉謝西鄰以數珠見惠〕」의 '연화경계蓮花境界'·'무량광無量光'·'서방西方', 11~12월 사이에 지은 〈31-035〉「흥을 풀다〔遣興〕」의 '사대四大'·'삼생三生' 등이 그것이다. 그리고 더 나아가 1381년(우왕 7) 1월에는 바람을 제재로 시를 지으면서

浮萍聚散三生外　　삼생에 걸쳐 부평처럼 이합집산하는 것도
大塊▨▨一噫中　　대괴의 일희 속에서 성내며 울기 때문이라
誰識動時元是靜　　동정이 둘이 아닌 것을 그 누가 알까
靈臺方寸裏虛空[251]　　사방 한 치 마음속에 허공이 담겨 있는데

라고 하여 바람을 과거·현재·미래의 삼생三生에 걸쳐 삼라만상이 계속 모였다 흩어지기를 반복하는 불교의 '무명無明의 바람'에 비유하고, 『장자』 제물론齊物論의 "거대한 땅덩어리가 기운을 내뿜으면 그것을 이름하여 바람이라고 한다〔夫大塊噫氣 其名爲風〕"라는 구절을 시에 차용했다.[252] 같은 해 4월에도

雨似極微塵數　　가랑비가 극미진수와 흡사하다면
山如淸淨法身　　산은 청정한 법신이라고나 할까
戲語由▨▨語　　장난삼아 한 말은 본래 불교 용어인데
我今比得何人[253]　　나는 지금 누구와 비교할 수 있을는지

라고 하여 가랑비나 산을 묘사하면서 의도적으로 '극미진수極微塵數', '청정법신淸淨法身' 같은 불교 용어를 사용했다. 불교 용어를 시어로 사용하면서 시에 불교적인 요소가 담기게 되었음은 물론이다. 실제로 이색은 불교에 대해서도 상당한 조예가 있었던 것으로 알려져 있다.*

이색의 시에 불교 용어가 쓰이고, 불교적인 내용이 담기게 된 것은 당시 이색이 승려들과 활발하게 교유하면서 나타난 자연스런 현상이라고 할 수 있다. 그런데 이색이 승려들과 어울리고 불교에 대해 배타적인 태도를 보이지 않음에 따라 승려들로부터 글을 청탁받는 일도 자연히 많아졌고,⁑ 승려의 청탁을 받고 지은 글에는 불교를 칭송하는 내용이 담기게 되었다. 그

* 趙明濟, 「牧隱 李穡의 佛敎認識—性理學의 理解와 관련하여—」『韓國文化硏究』6, 1993, 264-266쪽에 따르면, 이색은 『維摩經』, 『金剛經』, 『圓覺經』, 『楞嚴經』 등 다양한 禪宗經典과 『趙州錄』, 『十牛圖訟』 등 禪語錄에 대한 깊은 이해를 지니고 있었다고 한다.

⁑ 남동신, 「목은 이색과 불교 승려의 詩文 교유」『역사와 현실』 62, 2006, 136쪽에 따르면 『목은문고』에 실린 산문 가운데 1/4 정도가 불교와 관련된 글이고, 그 대부분이 1377년(우왕 3)부터 1382년(우왕 8) 사이에 지어졌다고 한다.

러한 사례는 이루 예거하기 어려울 정도로 많지만, 1379년(우왕 5) 8월에 지은 다음의 「호법론 발문〔跋護法論〕」도 그 가운데 하나이다.

> 송나라 승상 장천각張天覺이 호법론護法論이라는 한 편의 글을 지었는데, 그 문자가 거의 1만여 자에 이른다. 승려 승준僧俊이 환암보제대선사幻菴普濟大禪師의 명을 받들어 충주 청룡사에서 중간重刊하고 나서, 묵본을 싸들고 나를 찾아와서는 끝에다 발문을 써달라고 청했다. 내가 그 글을 살펴보니 거의 대부분 이해할 수가 없었으나, 한씨와 구씨를 배척한 점이 눈에 뜨였다. 그런데 한씨와 구씨로 말하면 내가 스승으로 삼는 분들이었기에 실로 놀라움을 금치 못했다. 비록 그렇긴 하지만 오탁악세五濁惡世에서는 선을 행한다고 해서 꼭 복을 받는 것도 아니고 악을 행한다고 해서 꼭 재앙을 받는 것도 아니니, 부처가 아니면 귀의할 곳이 또 어디에 있겠는가. 아! 그러고 보면 호법론이 세상에 성행하는 것도 당연하다 하겠다.[254]

이 글에서 이색은 장천각이 「호법론護法論」에서 한유와 구양수의 척불론을 비판한 것을 오히려 옹호하면서 그것이 세상에 성행하는 것이 당연하다는 말로 끝을 맺었다. 한유가 불교를 이단이라고 배척한 것에 공감하고 한 달 전까지만 해도 "어떻게 하면 원도랑 태극을 후세에 전할꼬"[255]라고 읊었던 것과는 전혀 다른 태도였다. 이러한 변화가 글을 부탁한 승려의 입장을 고려했기 때문이라고 보아 넘길 수도 있지만, 적어도 불교에 대해 철저하게 경계하고 배척하지 않았기 때문에 가능한 일이었던 것 또한 분명했다.

우왕 초에 승려들과 어울리기 전에는 왕명으로 지은 글에서도 불교를 찬양하지 않았다. 1372년(공민왕 21) 왕명을 받아 지은 「전등록傳燈錄 서문」에는[256] 『전등록』이 송대에 얼마나 중시되었는지와 고려에서 그것을 간행하게 된 경위를 간단히 서술하는 데 그쳤다. 오히려 『전등록』 간행을 명한 공민왕의 뜻을 "비루한 유자의 천박한 견해로는 도저히 헤아릴 수 없다"거나, 글의 말미에서 "그 밖에 선문답 등의 이야기에 대해서는 내가 아직 배우지 못했기 때문에 여기서 언급하지 못한다"라고 하여 가급적 말을 아끼는 듯하면서 실은 부정적인 인식을 내비쳤다. 그보다 앞서 1366년(공민왕 15)에 청탁을 받아 지은 「진종사기眞宗寺記」에서도 불교를 찬양하지 않고 원찰 중창을 유교의 효孝와 연관시켜 서술한 바 있었다. 이러한 태도와 견주어볼 때 이색이 불교의 호법론을 옹호한 것은 매우 큰 변화라고 할 수 있었다.

비단 청탁을 받고 지은 글이 아니더라도, 이색은 승려들과 어울리면서 불교를 찬양하는 시를 지었다. 예를 들어, 1379년(우왕 5) 7월에 법천승통法泉僧統에게 보낸 시에서

細說因明與釋名	인명과 석명을 자세히 설명하는 곳에
瑜伽玄旨似雷鳴	불교의 현묘한 뜻이 준엄하게 펼쳐지네
何時萬法皆相應	어느 때나 만법이 모두 서로 계합하여
踏得毗盧頂上平[257]	비로의 정상을 평지같이 밟게 될런고

라고 한 것이나, 1380년(우왕 6) 4월에 환암 혼수幻庵混修를 생각하며 지은 시에서

如來藏號大光明	여래장을 대광명이라 호칭하거니와
因地由來有法行	인지엔 예로부터 불법 수행이 있었네
智慧空華知上發	지혜의 공화는 지의 위에서 발동하고
根塵世界覺中生	근진의 세계는 각의 속에서 나오는데

重重帝網眞同體　　중중의 제망은 진정 체를 같이하나니
的的禪宗可抗衡　　명확한 선종을 누가 대항할 수 있으랴
欲聽幻翁重說偈　　환옹의 거듭 설하는 게송을 들으려면
光巖鐘磬雜松聲[258]　종경 소리에 솔바람 섞인 광암사로세

라고 한 것 등이 그러하다. 또 1380년(우왕 6) 9월 불은사佛恩寺로 희암대사도熙菴大司徒를 방문하고 돌아오는 길에 승려들과 어울리면서 지은 시에서는 "내 종적은 석가모니와 다르지만 / 마음은 사리를 보고 복종되었네" 라고 하여[259] 부처를 찬양했고, 1381년(우왕 7) 영암사靈巖寺 당두堂頭에게 보낸 시에서는

白足歆風久　　오래전부터 흠모한 백족의 풍도
蒼頭托蔭深　　백발 노인 돌봐준 은혜가 후하도다
愛人儒釋共　　사람 사랑이야 유불이 다 마찬가지
何日更論心[260]　언제나 그 마음을 다시 논해볼거나

라고 하는 가운데 "사람 사랑이야 유불이 다 마찬가지" 라고 읊었다.

이색은 나아가 의례적으로 불교를 칭송하는 데 그치지 않고 스스로 불교에 경도되는 일면을 보이기에 이르렀다. 1379년(우왕 5) 2월에 "나에겐 본디 한가한 천지가 따로 있기에 / 고요함 속의 공부가 참선과 흡사하다오" 라고 하거나,[261] 1380년 3월에 "성문聖門의 심학心學이 어찌 헛되이 전해졌으랴 / 주일主一의 공부는 마치 좌선과도 같다네" 라고 하여[262] 성리학의 수양법인 주일공부主一功夫를 불교의 좌선과 같은 것이라고 했다. 또 1379년 3~4월 사이에 "문득 새소리 들으매 되레 느낌이 많으니 / 공空을 관觀하며 도를 즐기는 중을 배우고 싶네" 라고 하거나[263] 같은 해 5월에

“마음속 깊은 홍취를 쏟아낼 길이 없으니 / 선방에 가서 화두 들고 참선이나 하고 싶네”라고 하는 등[264] 승려가 하는 일을 배우거나 따라 하고 싶다는 말도 했다.

이색의 불교에 대한 우호적인 태도는 1379년 3월에 지은 다음 두 시에서 절정에 이른다.

白衣仙人蹋蓮葉　　백의의 선인은 연잎 가운데 앉아서
宛在風波衣不濕　　풍파 속에 있는데도 옷이 젖지를 않네
人間生死海無涯　　인간의 죽고 삶은 끝없는 고해이기에
雨洒大空多哭泣　　통곡의 눈물은 비 내리듯 많기도 한데
聞聲救苦皆現身　　소리 듣고 고통 구할 때마다 현신하여
一刹那頃赴人焉　　순간에 달려가 중생의 고통 구원하네
…　　……
願將淨願現威神　　원컨대 서원을 갖고 신통력을 드러내서
數箇霑床起而立　　병든 이들을 낱낱이 일으켜 세우시어
走向城中辦生理　　성중으로 달려가 생계를 꾸리게 하소서
主人白鬚容可鑷[265]　　주인의 백발이야 어찌 뽑을 수 있으랴

聞聲救苦應昭然　　소리 듣고 고통 구함이 응당 분명하거니
急難何人不乞憐　　급난에 빠진 그 누구가 애원하지 않으랴
樓外空華方起滅　　집 밖의 중생 세계는 기멸을 반복하는데
燈前水墨宛飄翩　　등잔 앞의 관음상은 완연히 나는 듯하네
舟行生死無涯海　　중생의 배는 생사의 끝없는 바다를 가고
鏡掛姸媸有象天　　관음 거울은 모든 현상을 환히 비추나니
且願盡除天下病　　원컨대 천하의 모든 병을 다 제거하여

小窓安坐免心煎[266]　애태우지 않고 창 아래 편히 앉게 해주오

백의선인白衣仙人이란 관음보살을 가리키는데, 이색은 관음보살이 질병과 고통을 구제한다는 믿음을 부정하지 않고 오히려 천하의 모든 병을 고쳐줄 것을 기원했다. 이렇게 자신을 유자로 자처하면서도 동시에 불교를 배척하지 않고 동조하면서 결국에는 스스로 혼란을 느끼기도 했는데, 자신 안에 불교와 유교가 뒤섞여 있음을 고백한 다음 시에 그 일면이 나타나 있다.

滿牕初日弄輕埃　창 가득 아침 햇살이 가변 먼지 희롱할 제
坐念浮生兩鬢催　덧없는 인생 백발 재촉함을 생각하노라니
釋典儒書雜難整　불전이랑 유서는 섞이어 정리하기 어렵고
道情人欲忽相猜[267]　도정이랑 인욕은 갑자기 서로 시샘을 하네

우왕 초부터 이색이 교유했던 승려들은 주로 당시 불교계를 주도하고 있던 나옹의 문도들이었다.[268] 이색과 불교계의 관계가 나옹비문 찬술을 계기로 가까워지기 시작했고, 나옹비문뿐 아니라 윤필암기潤筆菴記* 등 나옹 현창과 관련된 시문을 이색이 거의 모두 지었을 정도였다.[269] 그런데 당시 나옹 문도가 불교계를 주도하고 있었고, 정치적으로나 경제적으로 상당한 영향력을 가지고 있었다. 바로 이 점이 이색과 불교의 관계를 단순히

* 崔柄憲, 「牧隱 李穡의 佛教觀—恭愍王代의 政治改革과 관련하여—」『牧隱 李穡의 生涯와 思想』(一潮閣, 1996), 186쪽에 따르면 나옹이 입적한 뒤 "나옹의 문도들은 신륵사와 회암사의 사리탑 외에도 나옹과 인연이 있는 곳에 그의 사리를 나누어 모시고 眞堂을 지어 潤筆菴이라고 하였는데, 금강산, 치악산, 소백산, 四佛山, 용문산, 구룡산, 묘향산 등 7곳의 潤筆菴記를 모두 이색이 써주었다" 고 한다. 그 가운데 묘향산과 금강산, 사불산, 미지산(용문산)의 윤필암기가 『牧隱文藁』에 수록되어 있다.

개인적인 차원에서 끝나지 않게 만들었는데, 그로부터 발생한 대표적인 사건이 1380년(우왕 6)에 시작해서 1382년에 끝난 신륵사 대장불사大藏佛事였다. 대장불사란 대장경을 인쇄하여 봉안하는 불사로, 전각을 짓고, 대장경을 인쇄하고, 운반하는 전 과정에서 막대한 비용이 들었다. 이렇게 큰 일을 이색이 혼자서 하기는 힘에 부쳤고, 결국 나옹 문도의 도움을 청하게 되었던 것이다.

신륵사 대장불사의 전말은 이숭인이 이색의 의뢰를 받아 지은 「신륵사 대장각기神勒寺大藏閣記」에 비교적 상세히 실려 있다.[270] 이 자료에 근거하여 그 과정을 정리하면 다음과 같다.

신륵사 대장불사의 연원은 이곡 때로 거슬러 올라간다. 1350년(충정왕 2) 이곡이 모친상을 당하여 돌아가신 부모를 위해 대장경을 시주하기로 남산 총공南山聰公에게 약속했는데, 약속을 지키지 못하고 이듬해 세상을 떠났다. 이곡의 상례 때 총공이 이색에게 선친의 약속을 상기시켰지만 이색이 이루지 못한 채 28년이 흘렀다. 1379년(우왕 5)에 총공이 이색을 찾아와 지난 일을 다시 말했고, 마침 이색이 나옹의 비문을 지은 뒤라서 그 문도들과 교류가 있던 터라 그들의 도움을 기대하고 불사를 일으키게 되었다는 것이다. 따라서 이 불사는 이색이 선친의 유지를 받들어 조부모의 명복을 빌기 위한 것이었고, 동시에 자신의 부모를 위한 것이었으므로 어디까지나 이색의 개인적인 일이었다고 할 수 있다.

하지만 신륵사 대장불사에는 이색의 조부모, 부모뿐 아니라 공민왕의 은혜를 기리고 명복을 비는 또 하나의 목적이 추가되었다. 더욱이 당시 불교계의 최대 문파였던 나옹 문도들이 참여함으로써 전국적인 불사로 확대되었다. 1380년(우왕 6) 2월에 시작된 불사는 해인사의 대장경을 인쇄해서 1382년(우왕 8) 4월 신륵사로 옮겨 봉안하는 것으로 끝이 났고, 그 전말을 기록한 비가 1383년(우왕 9) 9월에 건립되었다. 비 음기에 수록된 단월 명단에는 국사, 왕사를 비롯한 승려들과 왕비, 당시 재추들을 총망라한 고위 관료, 고위 관료의 부인 등 총 290여 명의 이름이 올라 있는데, 이것을 보아서는 당시 불사 가운데 최대 규모라고 할 만했다.[271]

신륵사 대장불사의 성공적인 완수는 당시 정계와 불교계에서 이색의 위상과 명망을 보여주기에 충분했다. 하지만 평소 유자를 자처하던 이색으로서는 대규모 불사를 일으킨 것에 대해 해명해야 할 필요를 느꼈던 것 같다. 이색은 공민왕에 대한 충성과 부모에 대한 효도로써 불사를 정당화하고자 했는데, 이숭인에게 기문을 의뢰하면서 이 불사가 "위로는 돌아가신 왕의 명복을 빌고 아래로는 돌아가신 아버님의 뜻을 계승하는 일"이라고 한 데[272] 그러한 뜻이 나타나 있다. 이색은 불사가 진행되는 중에 지은 시에서

山▨走報▨▨▨	산사의 사람이 급히 달려와 보고하는 말
已過孔岩岩串邊	이미 공암 나루 바위곶가를 통과하였다고
先考至誠今始顯	선고의 지극한 정성이 이제 비로소 꽃을 피워
一軒江月掛靑天[273]	강월헌 하나가 푸른 하늘에 걸리게 되었구나

라며 돌아가신 아버지의 지극한 정성이 꽃핀 것을 기뻐했다.

이렇게 자신이 승려들과 가까이 지내고 불교계의 일에 협조하는 것을 충이나 효 같은 유교적 가치로써 정당화하는 것은 젊은 시절 「진종사기」를 지었을 때와 마찬가지였다. 1382년(우왕 8)에 혜생승통惠生僧統을 환송하면서 지은 시에서도

儒釋相非久	유불이 상대를 비난한 지 오래됐는데
誰知我獨親	누가 알까 나만은 친하게 지내는 것을

跡雖爲佛子	종적이야 비록 부처의 제자라 하더라도
心不廢人倫	마음으론 인간의 윤리 저버리지 않는걸
歲月萱堂靜	흐르는 세월 속에 고즈넉한 훤당이요
雲山紺宇新	구름 낀 산에는 새로 지은 감우로세
講餘時定省	강론하는 틈틈이 자주 정성을 한다면
風俗想還淳[274]	풍속을 순박하게 되돌릴 수 있으리라

라고 하여 유교와 불교가 서로 비난하는 가운데서도 자신은 승려가 마음속으로 인간의 윤리를 저버리지 않았기 때문에 친하게 지낸다고 밝혔다.

하지만 신륵사 대장불사는 공민왕과 선친에 대한 충효를 명분으로 정당화할 수 있는 정도를 벗어나 있었다. 당시에도 이미 이것을 둘러싼 비난이 있었던 것 같은데, 불사가 시작된 지 몇 개월 지난 1380년(우왕 6) 9월에 지은 다음 시에서 그러한 분위기를 엿볼 수 있다.

對僧坐虛堂	중을 마주해 빈 당에 앉았노라니
微雨洒庭苔	가랑비가 뜨락 이끼에 뿌리는데
起揖出門去	중이 일어나 읍하고 문을 나가기에
呼之不肯回	그를 불러도 돌아오려 하지 않누나
我亦入我室	내 또한 나의 방으로 들어와서
怡然傾舊醅	즐거이 묵은 술을 기울이노라
各適其適耳	각각 제 좋은 걸 좋아할 뿐인데
世路多疑猜	세상 길엔 의심하는 자도 많아라
疑猜胥斯虐	의심하여 서로 해치는 자들이여
彼誠何心哉[275]	저들은 참으로 무슨 마음이던고

이색이 승려와 어울리는 것을 가지고 의심하는 사람이 있었다는 것인데, 이색이 승려와 어울린 것은 수년 전부터 있어왔던 일이지만 이때 새삼 문제가 된 이유는 대장불사 때문일 것이다. 이에 대해서 이색은 '각각 제 좋아하는' 일이라고 항변했지만, 그 비난이 마음에 걸리지 않을 수 없었을 것이다. 충과 효로써 불사를 정당화한다고는 했지만 그 역시 아주 떳떳하지는 않았던 것으로 보인다. 불사가 한창 진행 중이던 1381년(우왕 7)에 지은 시에서

讀書當日頗艱辛	당일에 꽤나 어렵고 힘들게 글을 읽을 적에는
欲振儒風耻素臣	유풍을 떨치려 하며 소신을 부끄럽게 여겼는데
老去自悲衰也甚	늙어가며 혼자 슬퍼라 너무도 쇠한 것이
却憑西教報君親[276]	불교에 의지해 임금님 은혜 갚으려 하니

라고 하여 젊은 시절에 유학의 가르침을 떨치려 하였으나 늘그막에는 불교에 의지해 군친君親의 은혜를 갚으려 하는 자신의 모습을 탄식하고 있는 데서 그러한 심정이 엿보인다.

지금까지 살펴본 것처럼 50대 초반에 이색은 성리학자임을 자처하면서 불교를 이단으로 규정했고, 동시에 승려들과 어울리면서 불교에 대해 우호적인 생각과 태도를 보이고 있었다. 이는 분명 이중적인 태도라고 할 수 있다. 그러나 유교와 불교가 공존하던 고려시대에는 그렇게 이상한 일이 아닐 수도 있었다. 유학자가 승려들과 시문을 매개로 교유하는 일이나, 심지어는 대장경 인성印成 등의 불사를 일으키는 일도 '고려시대 유자儒者들 세계에서는 다반사'였기 때문이다.[277] 이색은 당시 유학자들이 모두 하듯이 시문을 통해 승려들과 교류했고, 기회가 되자 대장불사를 일으켰던 것이다. 오히려 이색은 승려들과 교류하면서도 불교가 이단이라는 점은 부

정하지 않았고, 대장불사를 일으키면서도 공민왕에 대한 충성과 부모에 대한 효도로써 자신의 행위를 애써 정당화하는 등 유자로서의 본분을 지키고자 했다.

이색은 승려들과 교류하고 그 과정에서 유불일치론儒佛一致論으로 해석될 만한 발언을 하기도 했지만,* 유교와 불교를 비교할 때는 언제나 유교가 우위에 있음을 분명히 했다. 1379년(우왕 5) 6월에 지은 시에서

彌弛幻出極樂國	아미타불은 극락국을 만들어냈고
廣成去入無窮門	광성자는 속세 떠나 무궁문에 들어갔으니
所以此二氏	이 때문에 아미타불과 광성자는
超然並自尊	초연하게 모두 스스로 높았었네
我今白髮耽詩書	나는 지금 백발에 시서를 즐겨 읽으며
蠶絲牛毛探本原	세쇄한 걸 분석하여 본원을 탐구하면서
淡然一味足自娛	담담한 한 맛을 스스로 즐기는 가운데
道義成性聊存存	도의 위해 이루어진 성 잘 보존할 뿐이네
堯何豐兮桀何嗇	어찌 요에게만 많이 주고 걸에겐 아꼈으랴
方寸赫赫同乾坤[278]	혁혁한 이 마음은 모두 천지와 똑같은 걸

이라고 한 것은 아미타불이나 고대의 선인仙人인 광성자廣成子가 초연하고 자존하나 자신은 시서를 읽으며 본원을 탐구하고 이루어진 성을 잘 보존하는 유자의 자세를 지키고자 하는 다짐을 보여준다. 또 같은 해 7월에

* 趙明濟, 「牧隱 李穡의 佛敎認識—性理學의 理解와 관련하여—」 『韓國文化硏究』 6, 1993, 276쪽에서는 이색의 사상을 儒佛一致論으로 설명했다. 이색의 작품 속에는 유교와 불교의 도가 같다고 주장한 대목이 있는 것이 사실이지만, 동시에 스스로 유자임을 자처하고 불교를 이단으로 규정한 대목도 있다. 따라서 이색의 사상을 유불일치론으로 규정하는 것은 불교에 대한 이색의 다양하고 복잡한 생각을 단순화시킬 우려가 있다.

明知寂滅與虛無　불씨 노씨의 적멸과 허무를 잘 알면서도
又不將身向五湖　또 이 몸 일으켜 오호로 떠나지 않노니
終始功名天所賦　공명을 시종 누림은 타고나는 것이지만
平生義理日爲娛[279]　의리는 평생 동안 날로 즐길 수가 있다네

라고 하여 불교의 적멸과 도교의 허무에 대해 잘 알지만 자신은 그것을 따르지 않겠다고 했다.*

그리고는 불교에 비해 유교가 쇠퇴하고 있는 현실을 우려했다. 그러한 내용을 담은 시는 1379년(우왕 5) 1월 "국가의 은혜는 끝내 찬란하건만 / 우리의 도〔吾道〕는 절로 외롭기만 하네"[280]라고 한 것을 비롯하여, 같은 달 정도전에게 부친 시에서

世情依舊薄　세상 인정은 예전처럼 각박커니와
吾道至今非　우리 도는 이제 와서 그릇되었구려
他日相從處　후일에 우리가 서로 종유할 곳은
禪窓與釣磯[281]　참선하는 방이나 낚시터일 거로세

라고 한 것, 그리고 1380년(우왕 6) 4월에 "불교는 한창 융성한 즈음이요 / 유풍은 아주 손상된 나머지라"라고 한 것,[282] 같은 해 5월에 "어느 곳인들 은거할 데 없을까만 / 아직 오도의 궁함만 슬퍼하다니"라고 한 것[283] 등 무수히 많다.

대장불사를 성공적으로 마친 뒤에도 이색의 유교에 대한 생각은 달라지

* 정재철, 『이색 시의 사상적 조명』(집문당, 2002), 203-246쪽에서는 이색이 탈속의 정신경계에서는 유불이 하나라고 생각하는 유불일치적 탈속의 경계를 보이면서도 동시에 성리학적 사유에 기초하여 불교에 대해 비판적인 자세를 견지했음을 밝혔다.

지 않았다. 불사가 시작된 직후인 1380년 3월에 지은 다음 시가 주목된다.

早年遠歆洙泗風　　젊은 나이에 수사의 풍도를 흠모해
發軔便從鄒國公　　문득 추국공으로부터 공부를 시작했기에
淨穢初分螺髻王　　정예는 처음 나계왕에게서 나뉘었고
神仙亦有鹿皮翁　　신선으로는 또한 녹피옹이 있었지만
絶之不使登我堂　　그들을 거절해 내 당에 못 오르게 하였고
我道有味非徒嘗　　나의 도는 진미라서 맛볼 뿐만 아니었네
我有珍飧滿我按　　나에겐 좋은 음식이 내 상에 가득차고
我有美酒崇我觴　　나에겐 좋은 술이 내 술잔에 넘치거니
如酒用林不用黍　　술에는 차조만 쓰고 기장 안 씀과 같거늘
二氏豈可交相語　　불가 도가를 어찌 섞어서 말할 수 있으랴
原道本論有所據　　원도의 본론은 의당 근거한 바 있거니와
韓歐以來誰再擧　　한구 이후론 그 누가 재차 거론하였던가
濂溪夫子是異人　　염계 선생은 참으로 뛰어나신 분이라서
描出太極元無因　　아무 근거한 데 없이 태극을 그려냈건만
發揮益多益不效　　많이 발휘할수록 보람은 더욱 미미하니
何時淨洗乾坤新[284]　　언제나 천지를 깨끗이 씻어 새롭게 할꼬

이 시는 자신의 친구이자 독실한 불교신자였던 정공권鄭公權에게 준 것으로, 자신이 젊은 시절에 공자의 가르침(수사洙泗의 풍도)을 흠모했고, 맹자(추국공鄒國公)로부터 공부를 시작했으며, 석가(나계왕螺髻王)와 신선(녹피옹鹿皮翁)의 가르침을 받아들이지 않았음을 밝힌 다음, 한유와 구양수의 이단 배척과 주돈이의 태극도설을 가지고 천지를 깨끗이 씻어 새롭게 하기를 기원하는 내용이다. 대장불사가 진행 중이던 1381년(우왕 7) 1월에도

周之弊也邪說興　주나라가 쇠하면서 사설이 마구 일어난 끝에
異端藏教堆丘陵　이단의 장교가 무더기로 구릉처럼 쌓였는데
泥金黃白光射天　금박 입힌 황색 백색 하늘에 빛을 쏘아대자
海內海外皆相謄　해내 해외가 뒤질세라 서로 베끼곤 했더라오
…　……
紛紛至今可流涕　분분해라 오늘날 세상 눈물을 흘릴 일 있으니
儒學久矣如秋蠅　유학이 가을 파리처럼 오래전부터 시들한 것
周程上遡洙泗流　주정에서 위로 거슬러 수사의 근원에 올라가서
寫出正學無▨留[285]　올바른 학술을 막힘없이 쏟아내야만 하리로다

라고 하여 주나라가 쇠퇴하자 양주·묵적 등 사설邪說이 일어나고 결국은 이단의 장교藏敎, 즉 불교가 세상에 가득 차고 유학이 쇠퇴했음을 한탄하면서 주정周程, 즉 주돈이와 정호·정이로부터 시작해서 공자의 근원에 이르도록 정학正學을 쏟아낼 것을 다짐했다.

그 뒤로도 이색은 유자로서의 본분을 지키겠다는 맹세를 자주 했는데, 1382년(우왕 8) 봄에 지은 시에서

樽前狂態疑非我　술잔 앞의 광태를 보면 또 다른 내가 있는 듯도
鏡裏衰翁問是誰　거울에 비친 쇠한 얼굴 묻노니 그대가 누구인고
賴有孔門餘習在　그래도 공자님 배운 옛 버릇 남아 있는 덕에
時時四勿慕先師[286]　선사를 사모하며 때때로 사물을 읊조린다오

라고 하여 자신이 유자로서 공자가 말한 사물四勿, 즉 "예가 아니면 보지 말고, 예가 아니면 듣지 말고, 예가 아니면 말하지 말고, 예가 아니면 행동하지 말라〔非禮勿視 非禮勿聽 非禮勿言 非禮勿動〕"는 구절을[287] 읊조린다고

했다. 같은 해 3월에도

善逝香幢浮劫海　선서의 향당이 겁해에 떠서 손짓하고
長生貝闕照瀛洲　장생의 패궐이 영주를 밝혀준다 해도
兩途自是無心去　두 곳으로는 떠나볼 생각 원래 없어서
洙泗沿回鬢已秋[288]　수사 따라 되돌아오니 머리칼은 이미 가을

이라고 하여 불교(선서善逝의 향당香幢)나 도교(장생長生의 패궐貝闕)로는 떠나볼 생각이 본래 없었고, 어디까지나 수사洙泗, 즉 유교를 따를 것임을 기약했다.

결국, 이색은 50대 이후 승려들과 교류하고 불교계와 우호적인 관계를 유지했지만 자신이 성리학자라는 생각에는 변함이 없었다. 추측컨대, 불교가 이단이라는 생각이나 유교가 불교보다 우위에 있다는 생각에도 변함이 없었을 것이다. 이러한 입장은 고려 후기 성리학 수용 이후에도 유학자들이 승려들과 자유롭게 교류했고, 본격적인 척불 논의는 고려 말, 공양왕대에 가서야 제기된 점을 감안하면 오히려 불교와 거리를 두려는 편이었다고 할 수 있다. 그리고 그것은 젊은 시절 성균관 겸대사성兼大司成으로서 성리학 교육에 기여했던 이색의 역할과 위상에 비추어볼 때 당연한 일이라고 할 수 있다. 그럼에도 불구하고 이색은 '영불佞佛', 즉 부처에게 아첨한다는 비난을 들었고, 그러한 비난은 사후까지도 계속되었다. 그것은 어떤 이유에서일까?

이색에 대해 부처에게 아첨한다는 비난이 처음 제기된 것은, 권근이 지은 행장에 따르면, 우왕 초 지공과 나옹의 비문을 짓고 그 문도들과 교류할 때부터였다. 하지만 이것은 사후의 결과론적인 평가일 가능성이 크다. 1387년(우왕 13)에 이색이 왕명으로 서보통사탑기西普通寺塔記를 지었을

때도 같은 비난이 있었다. 그 글의 전문은 지금 남아 있지 않고 『고려사』에 다음과 같은 요약문이 전한다.

> 우리 태조께서 왕업을 창시하여 후대에 물려주시면서 불법을 숭상함으로써 자손을 보호케 한 것은 전세의 제왕들이 미칠 수 없는 바이다. 선왕이 태조의 뜻을 받들어 삼보에 귀의했고, 이제 전하께서 탑을 중수하시니 전하의 마음이 위로 태조와 합치됨을 알 수 있다. '아! 주周는 비록 오랜 나라이나 그 천명은 오직 새롭다' 라고 한 것이 또한 오늘날에 있지 않겠는가.[289]

『고려사』의 위 기록 다음에는 "식자들이 그 임금에 아부하고 부처에 아첨하는 것을 기롱譏弄하였다" 는 당시의 세평世評이 실려 있다. 이 글은 이색의 다른 불교 관련 시문들과는 달리 고려 태조의 불교정책을 모범으로 내세워 불교를 국가의 정신적 기반으로 받들고, 공민왕과 우왕의 숭불을 정당화하는 내용이었으므로 정치적으로 공격을 받는 빌미가 되었던 것으로 알려져 있다.[290] 하지만 그 세평이 우왕 당대의 것인지, 『고려사』 편찬 과정에서 수집된 후대의 것인지는 분명치 않다.

이색의 불교와 관련된 비난은 그가 승려들과 활발하게 교류하고 있던 우왕대가 아니라, 전제 개혁과 공양왕 옹립 등을 거치면서 이성계 일파와 대립한 뒤부터 본격적으로 일어났다. 1389년(공양왕 1) 12월 좌사의 오사충吳思忠과 문하사인 조박趙璞 등이 이색을 탄핵하는 가운데

> 유종儒宗으로서 부처에 아첨하고 장경藏經을 인성印成하여 온 나라가 앞다투어 따르며 미치지 못할까 걱정하게 했으니, 그로써 풍속을 잘못되게 했습니다. 그리고는 아들들을 시켜 다른 사람들에게 "우리 아버지의 뜻이 아니고 할아버지 곡穀의 뜻을 따랐을 뿐이다" 라고 말하게 했으니, 이는 아비를 이단에 몰아

넣고도 불쌍하게 여기지 않는 것입니다.[291]

라고 한 것이 시발이었다. 여기서 '영불' 행위의 핵심으로 지목된 대장불사는 이미 1382년(우왕 8)에 끝난 일로, 7년이나 지난 뒤에 거론된 이유는 그 정치적인 목적 때문이었다. 이색은 위화도회군 이후 창왕의 친조를 추진하는가 하면 이성계 측에서 주장한 전제 개혁에 반대했고, 공양왕이 즉위한 뒤에는 공양왕 편에 서서 이성계를 견제하는 데 힘을 쏟고 있었다. 이성계 측에서는 당연히 이색을 배척할 필요가 있었고, 그 첫 시도가 위의 탄핵이었다. 오사충과 조박 등은 이색이 우왕과 창왕의 즉위를 도왔으며, 김저金佇와 모의하여 우왕을 복위시키려 했다는 등의 죄목을 나열했고, 결국 이색은 파직되었다.[292]

여기서 주의할 점은, 이색의 '영불'에 대한 비난이 정치공세로서 제기되었다는 사실이다. 즉, 이 비난은 이색이 우왕과 창왕을 옹립했고, 우왕을 복위시키기 위해 김저와 모의했다는 등 함께 나열된 다른 죄목들과 마찬가지로 근거가 없거나 의도적으로 과장된 것이었다. 따라서 평소 이색의 불교에 대한 생각과 태도를 가지고 부처에게 아첨한다고 하는 것은 이색을 공격하는 사람들의 일방적인 주장이라고 할 수 있다. 또 탄핵의 문맥을 살펴보면, 단순한 영불이 아니라 '유종으로서' 그런 것이 문제가 되었음을 알 수 있다. 유종, 즉 유학의 종장宗匠이란 유학자에게는 가장 영예로운 칭호임에 틀림없지만, 이색을 탄핵한 조박과 오사충 등이 이색의 그러한 지위를 인정하고 있었는지는 의문이다.

'유종' 이외에도 이색에게는 '대유大儒', '명유名儒' 등의 칭호가 붙었다. 모두 이색의 유학자로서의 위상을 여실히 드러낸 것이라고 할 수 있다. 그런데 한 가지 흥미로운 사실은, 이색에 대한 이러한 칭호가 그를 높이기보다는 비난하거나 공격하는 자리에서 주로 쓰였다는 점이다. 1389

년(창왕 1) 4월 도당에서 전제 개혁에 반대한 것을 가지고 "이색이 유종이었으므로 그의 입을 통해 사람들의 귀를 현혹시켰"다고 했고,[293] 1391년(공양왕 3) 남은南誾이 위화도회군 직후 이색의 창왕 옹립 사실을 들어 비난할 때는 '대유'라는 표현을 썼다.[294] 오사충과 조박이 이색을 탄핵할 때 쓴 '유종' 등의 표현은 그를 존경해서가 아니라 비난하기 위해 쓰인 것이고, 이색에 대한 비난은 유종이기 때문에 불교에 대한 생각과 태도가 다른 사람들과 달라야 한다는 주관적인 논리를 밑바탕에 깔고 있었다.

이색이 스스로를 유종이라고 생각했는지, 더 나아가 자신이 유종이기 때문에 남다른 행동을 해야 한다고 생각했는지는 의문이다. 아마 이색은 그렇게 생각하지 않았을 것이고, 자신에게 쏟아지는 비난이 부당하다고 생각했을 것이다. 오히려 이색 자신은 스스로를 유자임을 자처하고 불교에 대한 유학의 우위를 끝내 주장하고 있던 터였으므로 '영불자'라는 비난이 억울했을 것이다. 하지만 다른 한편에서 보면, 이러한 비난은 당대의 대표적인 성리학자였던 이색에 대한 당시 신흥유신들의 기대를 반영한 것이라고도 할 수 있다. 젊은 시절 원 국자감에 유학하여 성리학을 공부했고, 특히 성균관의 겸대사성까지 지냈던 대표적인 성리학자가 승려들과 교류하고 대규모 불사를 일으켰다는 사실이 매우 실망스러웠을 수도 있다. 따라서 여기까지는 불교에 대한 이색의 개인적인 취향과 이색에 대한 사회적인 기대의 충돌로 이해할 수 있으며, 유·불 사이에서 관행대로 처신한 이색이나 '유종'에게 남다른 처신을 기대하고 요구했던 신흥유신들에게 서로 잘잘못을 따지기 어려운 측면이 있다고 하겠다.

그러나 이색이 우왕대 들어 불교계의 세속적 폐단에 대해 전혀 언급하지 않은 것은* 중대한 문제가 아닐 수 없었다. 당시 승려들이 사원을 함부

* 崔柄憲, 「牧隱 李穡의 佛敎觀—恭愍王代의 政治改革과 관련하여—」『牧隱 李穡의 生涯와 思想』(一潮閣, 1996), 185쪽에서는 "우왕대 이후에는 공적인 입장에서의 불교계 모순에 대한 언급이

로 짓고 광대한 토지를 소유하며, 고리대를 놓는 등 영리 행위를 일삼고 있었고, 그에 대해서는 이색 자신도 젊은 시절 복중상서에서 지적한 바 있었다. 그런데 우왕대에 들어서는 사원과 승려들의 불법행위가 더욱 기승을 부렸을 것임에도 불구하고 이색이 그러한 문제들을 전혀 거론하지 않았던 것이다. 이것은 분명 이색이 불교계에 타협적인 자세를 보였다고 할 수 있는 대목이다. 위화도회군 직후의 전제 개혁에서도 전국 토지의 약 1/8에 해당하는 사원전寺院田이 개혁의 대상에 포함되었으나* 이색은 개혁에 반대함으로써 결과적으로 사원의 불법적인 토지 점유를 옹호한 셈이 되고 말았다. 이색이 반대한 이유가 사원전 때문만은 아니었지만, 이 사건은 불교계와의 관계가 정치적 쟁점이 될 수 있음을 보여주기에 충분했다.

고려 말에는 불교에 대한 인식 및 불교계와의 관계가 정치적 쟁점으로 부각되는 가운데 1391년(공양왕 3) 5월 본격적으로 척불론이 제기되었다. 이때 성균대사성 김자수金子粹를 시작으로 성균박사 김초金貂, 정당문학 정도전, 성균생원 박초朴礎 등이 연달아 글을 올려 불교 배척을 주장했다.[295] 이 척불운동을 주도한 사람은 정도전이었다.[296] 척불론이 제기되고 신흥유신 가운데 그에 동조하는 사람들이 많아지면서 이전부터 '영불'의 혐의를 받고 있던 이색의 유종으로서의 권위도 타격이 불가피했다. 성균생원 박초 등의 상소문 가운데

> 겸대사성 정도전은 천인天人·성명性命의 연원을 떨쳐 드러냈고, 공자·맹자·정자·주자의 도학을 밝혔으며, 불교의 백대에 걸친 거짓 유혹을 물리치고

없어졌을 뿐 아니라 개인적 차원에서는 불교에 심취하여 승려들과의 교류가 더욱 활발해졌고, 자신이 직접 주관하는 佛事를 적극적으로 벌이게 되었다" 고 했다.

* 李炳熙, 『高麗後期 寺院經濟 硏究』(景仁文化社, 2008), 148-161쪽에 따르면 전제 개혁 당시 사원전의 규모는 10만 결에 달하여 전국 토지의 약 1/8에 해당했으며, 전제 개혁으로 裨補寺刹의 합법적인 수조지를 제외한 사원의 모든 수조지가 국가에 몰수되었다고 한다.

삼한三韓의 영원한 미혹을 깨우쳤으며, 이단을 배척하여 사설邪說을 그치게 하고 천리를 밝혀 인심을 바르게 하였으니, 우리 동방의 진유眞儒는 한 사람뿐이다.[297]

라고 한 대목이 있었다. 여기에는 평소 불교 배척에 충실했던 정도전을 추앙함으로써 그때까지 유종으로 인정받고 있던 이색의 권위를 부정하려는 의도가 깔려 있었다. 그리고 척불운동이 진행되던 중에 정도전이 직접 글을 올려 이색을 극형에 처할 것을 주장하기에 이르렀다.[298]

당시 척불론은 이성계, 정도전과 대립하고 있던 정몽주조차 "불교를 배척하는 것은 유자의 상사常事"라고 했을 만큼[299] 명분에서 앞서 있었다. 이제는 척불이 성리학자로서 부정할 수 없는 당위의 문제로 인식되기 시작했고, 그런 만큼 성리학자들의 지지를 받았을 것이다. 이 논쟁을 거치면서 불교가 국가의 공식적인 후원을 받으며 국가질서를 유지하는 체제이념으로 기능하는 것은 더 이상 불가능하게 되었다고 해도 과언이 아니다. 이러한 분위기에서 이색이 자신에게 씌워진 '영불'의 혐의를 벗기는 대단히 어려웠을 것이며, 불교 배척이라는 새로운 시대의 흐름에 적응하기는 더더욱 어려웠을 것이다.

정쟁에서 패하고 파직과 유배를 거듭하는 어려움을 겪으면서 이색은 승려들과 오히려 더 가까워졌다. 정치적으로 거세되어 유배지를 떠도는 이색에게 승려들은 변함없는 시우詩友이자 조력자가 되어주었다. 이색이 유배지에서 지은 작품에는 승려들이 많이 등장하고,[300] 불교적 색채가 전보다 더 강하게 나타난다. 1390년(공양왕 2) 1월 유배지 장단에서 이성계에게 보낸 시에서

欲乞殘生寄梵宮　　남은 인생 절간에서 부쳐 살고 싶은데

廟堂親舊肯吾從	묘당의 친구는 나의 소원 들어주시려나
立身已致萬事裂	세상일은 만사가 갈가리 찢기고 말았으니
舍命直觀三世空[301]	목숨 바쳐 삼세의 공이나 직관해보려 하오

라고 하여 남은 인생을 절에서 살고 싶다는 희망을 피력한 것이 그 하나의 예가 될 것이다.

이색은 유배지에서 백련회白蓮會도 열었다. 백련회는 정토신앙을 실천하는 모임으로, 이색은 전에도 남신사南神寺에서 홍영통洪永通, 이무방 등과 백련회를 열었다가 물의를 일으킨 적이 있었다. 즉, 『고려사』에는 이색이 이 백련회를 연 것을 계기로 "불자들이 이색을 빙자하여 그 설을 더욱 방자하게 말했다" 고 하여 비판한 기록이 있다.[302] 이색은 1391년(공양왕 3) 8월 유배지 함창에서 백련회를 열었고, 그다음 날 다음과 같은 시를 지었다.

天下紛紛過幾秦	어지러운 세상 속에 몇 개의 진나라 나왔던고
小村幽寂遠風塵	이 작은 마을 고즈넉해서 풍진을 멀리 벗어났네
白蓮社裏求眞佛	백련결사 속에서 진짜 부처를 찾아보고
明月樽前對故人[303]	명월의 술잔 앞에서 옛 벗을 마주하였다오

이 시에서 "백련결사 속에서 진짜 부처를 찾아보고" 라고 한 대목이 눈길을 끈다. 정치적으로 공격받고 유배지를 전전하면서 중앙 정계는 물론 친구들과도 연결이 끊어진 상황에서 불교는 이색에게 분명 커다란 위안이 되었을 것이고, 그만큼 불교에 빠져들었을 것이다.

시간이 흐를수록 이색의 불행은 점점 더 깊어갔다. 1392년(공양왕 4) 7월 결국 고려왕조가 멸망하고 새 왕조가 들어섰으며, 그 과정에서 둘째 아들 이종학과 애제자 이숭인이 목숨을 잃었다.[304] 1394년(태조 3) 8월에는 부인 권씨마저 세상을 떠났다. 거듭된 불행 속에서 이색이 불교에 더욱 의지하게 되었으리라는 것은 충분히 짐작이 간다. 1395년(태조 4) 가을에 이색이 오대산에 들어가 살고자 했다는 것이나,[305] 태조가 이색을 오대산에서 불러낸 다음에 이색이 불교를 신봉하여 술과 고기를 끊었다는 말을 듣고 "경은 이미 늙었으니 다시 술과 고기를 먹고 건강을 유지하라"고 당부했다는 일화를 보면[306] 말년으로 갈수록 불교에 점점 더 심취했던 것으로 여겨진다. 그러나 이색의 임종 시에 중이 불도佛道를 진언하자 손을 저으며 "죽고 사는 이치는 내가 의심하지 않는다"라는 말을 남기고 숨을 거두었다고 하니[307] 끝내 불교에 귀의하지 않았음이 분명하다 하겠다.

3. 왕조 교체에 대한 생각

이색은 고려 말의 혼란기에 자의 반, 타의 반으로 고려왕조를 대표하는 위치에 있었고, 조선 건국을 둘러싼 정치적 소용돌이에서 건국에 반대하는 측의 중심에 서게 되었다. 조선 건국은 1388년(우왕 14) 위화도회군으로 이성계가 권력을 장악한 뒤 전제 개혁과 '폐가입진廢假立眞', 척불운동 등을 거치며 진행되었는데, 당시 정계의 원로이자 학문적으로는 유종儒宗의 칭호를 듣고 있던 이색으로서는 이성계 일파의 권력 강화를 위한 개혁에 적극 동조하지 않는 한 배척의 대상이 될 수밖에 없었다. 그러나 우왕대 이색의 정치 활동을 살펴보면 이성계의 권력에 대항할 수 있는 배경이나 조건을 전혀 갖고 있지 못했고, 여기서 '구체제를 대표하나 그것을 지킬 힘이 없었던' 이색의 불운을 발견하게 된다.

이색은 평생 동안 현실 정치에 대한 자신의 의견을 정리해서 말한 적이 거의 없다. 오히려 과거에 급제하기 전인 1352년(공민왕 1) 진사進士의 신분으로 시무時務를 올린 '복중상서服中上書'가[308] 가장 길게, 그리고 가장 적극적으로 자신의 주장을 피력한 글이다.

이색의 복중상서는 모두 여섯 가지 조목으로 이루어져 있다. 그 첫 번째가 토지제도의 문란에 대한 것으로, 수조권이 중첩되어 농민 한 사람이 3, 4가家 혹은 6, 7가에 조租를 바치는 현실을 지적하고 1314년(충숙왕 1)에 작성된 갑인주안甲寅柱案을 기준으로 이후의 변동 상황을 고려하여 빼앗은 토지는 바르게 하고, 새로 개간한 토지는 측량하여 세를 받으며, 함부로 사여賜與되는 토지를 줄이면 국가 수입이 늘고 쟁탈한 토지가 바르게 되며 경작하는 농민들이 안정될 것이라는, 나름의 대책을 제시했다. 둘째는 육지와 바다에서 왜구를 막는 방법에 관한 것이고, 셋째는 무과武科 실시를 건의한 것이며, 넷째는 성균관을 거쳐야만 과거에 응시할 수 있도록 하여 성균관 교육을 강화할 것을 건의한 것이다. 그리고 다섯째가 불교계의 폐해를 지적하며 사원 남설을 금지하고 도첩제를 실시할 것을 주장한 것이고, 마지막 여섯 번째는 공민왕에게 여망에 부응하는 개혁정치를 촉구한 것이다.

이색은 또 1356년(공민왕 5) 반원운동 직후에 시정 8사時政八事를 건의한 바 있었다. 그 내용을 모두 알 수는 없지만, 그 가운데 하나가 정방을 혁파하고 이부와 병부의 인사 업무를 회복하자는 것이었다.[309] 그러나 그것을 마지막으로 이색은 공민왕대 관직에 있는 동안 시무를 본격적으로 논한 적이 없다. 공민왕대에는 신흥유신들이 개인적으로 시무를 건의하는 일이 많아서 1352년(공민왕 1)에 백문보白文寶와 윤택尹澤,[310] 1362년(공민왕 11년)에 백문보,[311] 같은 해에 이인李韌,[312] 1365년(공민왕 14)에 임박林樸이[313] 각각 시무를 진언했다. 심지어 이인복의 경우 '경제지술經濟之術'을 공부한 사람으로서 왕에게 진언하지 않는다는 이유로 간사하다는 비난을 들었을 정도이다.[314] 그러한 분위기에서도 이색은 자신의 정치적 견해를 적극적으로 드러내지 않았는데, 그것이 공민왕의 신임과 결합되면서 오히려 능력 있고 신중한 모습으로 비쳐졌던 듯하다.

이색은 1371년(공민왕 20) 44세의 나이로 관직에서 물러난 이후 우왕대 14년 동안 거의 관직에 나오지 못했다. 40대 후반부터 50대까지 정치적으로 가장 왕성하게 활동할 시기를 현실 정치에서 한 걸음 멀어져 있었던 것이다. 1375년(우왕 1) 원과의 외교를 재개하는 데 반대하여 신흥유신들이 대거 축출되었을 때는 물론이고 1377년 지윤 제거, 1379년 양백연 옥사와 유온乳媼 장씨 축출 사건, 1388년(우왕 14) 이인임세력 제거 등 우왕대에 수많은 옥사가 잇따르는 중에도 직접 간여하거나 연루된 적이 없었다. 또 1379년(우왕 5) 10월부터 다음 해 3월까지, 1382년(우왕 8) 11월부터 다음 해 3월까지, 1383년(우왕 9) 11월부터 이듬해 7월까지, 그리고 1385년(우왕 11) 9월부터 12월까지 짧은 시간 동안 정당문학 또는 판삼사사를 지낸 것을 제외하고는 거의 현직에 있지 않았으며, 정치에 대한 자신의 생각을 내세운 경우는 더욱 없었다.

우왕대에 이색이 관직에서 물러나 있었던 것이 물론 자의는 아니었다. 이색은 당시 현실에 대해서 불만을 가지고 있었고, 그 불만은 주로 권력을 잡고 있던 이인임, 임견미 등을 향한 것이었다. 이들은 우왕을 옹립한 공으로 권력을 장악하고, 연이은 옥사를 통해 반대세력을 제거했으며, 결국 국정을 농단하면서 각종 불법과 부정을 자행했다. 우왕은 출생에 대한 의혹 때문에 즉위 과정에서부터 어려움을 겪었고, 즉위한 뒤에는 이인임 등 자신을 옹립한 소수의 권신들에게 권력이 집중되는 것을 막지 못하여 말 그대로 허수아비 같은 처지였다. 하지만 국왕답지 못한 행동을 일삼은 우왕에게도 상당 부분 책임이 있었다. 우왕은 군소群少들과 어울려 다니면서 못하는 일이 없었고, 심지어는 길에서 만난 여인을 민가로 끌고 들어가 범한 일조차 있었다.[315]

왕의 이러한 난잡한 행위가 이색에게 직접 피해를 입히기도 했는데, 1380년(우왕 6)에 이색의 아들 이종덕의 기첩을 우왕이 길가의 민가에서 범하는 사건이 벌어졌던 것이다.[316] 그해 5월에 지은 시에서

▨▨老妻言最苦	늙은 아내의 말이야 가장 간절하려니와
忍令佳婦恨彌深	차마 착한 며느리를 한이 사무치게 할쏜가
…	……
擧世奈何迷取舍	온 세상이 어찌하여 취사선택에 어두운고
只緣無恥進荒淫	다만 부끄럼 없이 황음에 빠진 때문이로다
…	……
那堪縱欲甘招損	어찌 마구 욕심 부려 손상입길 달게 여기나
況是高堂奉老親[317]	더구나 고당의 늙은 어버이까지 받들면서

라고 한 것은 그런 봉변을 당한 아들의 처신을 나무란 듯 보이지만, 그 바탕에는 우왕에 대한 원망이 깔려 있었을 것이다.

우왕에 대한 이색의 부정적인 생각 가운데 또 한 가지 두드러지는 것이 사냥에 관한 평가였다. 우왕은 측근의 군소들과 어울려 사냥을 일삼곤 했는데, 그에 대하여 이색은 “거룩한 임금님이 백성의 일을 걱정하여 / 남쪽 교외에 납시어 추수를 살펴보시는 때”라거나,[318] “수렵으로 훈련을 시키지 않는다면 / 어떻게 무비를 닦을 수 있으리요”라고 하여[319] 임금이 추수 상황을 살피는 성렴省斂이나 군사를 훈련시키는 강무講武로 묘사하여 칭송하기도 했다. 하지만 그보다는 국왕이 정사를 돌보지 않고 사냥에 몰두하는 것을 우려하는 내용의 시가 주종을 이룬다. 예를 들어, 1381년(우왕 7) 10월에는

帳殿西郊夜欲分	서쪽 교외 장막친 행궁에 밤이 이제 새려는 때
老臣端坐想吾君	늙은 신하 단정히 앉아 우리 임금님 생각하노라
千林露墜懸明月	이슬 내린 일천 숲 위엔 밝은 달이 내걸리고
萬竈煙收起白雲	새벽밥 지은 일만 아궁이 흰 구름을 일으키리
外侮尙存須講武	외적의 위협이 상존하니 무예를 닦아야 하겠지만
中興已久要修文	중흥한 지 오래되니 문치를 행해야 하고말고
一張一弛斯爲美	한 번 풀고 한 번 당김이 얼마나 아름답나
當見周公樹大勳[320]	큰 공훈 수립한 주공을 본받아야 하련마는

이라고 하여, 무예를 닦는 것도 중요하지만 그와 함께 '수문修文', 즉 문치를 행해야 함을 강조했다. 또 같은 달에 다른 시에서도

講武當農隙	농한기에 사냥으로 무예를 닦게 함은
思危在聖心	성상의 마음에 사위를 두고 계심이니
長星明照地	지금은 또 혜성이 나와 땅을 환히 비춤에
剛鬣遠辭林	멧돼지도 살던 숲을 멀리 떠나는 때임에랴
衆悅三驅法	하지만 뭇사람은 삼구의 법도를 기뻐해도
臣將五字吟	이 신하는 오언시를 지어서 바쳐 올리나니
弛張須竝用	바라건대 풀고 당김을 모쪼록 병용하시어
樹立更光今[321]	지금 다시 빛나는 공업을 우뚝 세우시기를

이라고 하여, 뭇사람은 '삼구三驅의 법도', 즉 왕의 사냥을 기뻐해도 자신은 국왕이 사냥에만 힘쓰지 말고 문무를 고루 닦아야 한다고 생각한다는 내용을 담았다. 다만 국왕의 잘못을 직접 표현하기는 쉽지 않았기에, 고사를 인용하여 자신의 뜻을 드러내기도 했다. 예를 들어, 1382년(우왕 8) 9월에

盥櫛南窓白髮翁　소세하고 빗질하고 남창에 기댄 백발옹이
便將雙目望行宮　두 눈 들어 행궁의 하늘 멀리 바라보노라
已知出日臨黃屋　임금님 수레 위엔 찬란한 아침 햇살이요
不見飛雲點碧空　구름 한 점 보이지 않는 말끔한 창공이라
分隊材官方獻技　무관은 부대 나눠 기예를 한창 선보이고
押班時宰共推忠　재상은 백관 인솔하고 충성을 바치겠지
侍臣相報天顏喜　용안이 기뻐하더라고 시신이 알려 주겠지만
誰學長楊賦語工[322]　장양부의 묘한 표현은 누가 배울 수 있을는지

라고 한 시에서는 한나라 양웅揚雄이 장양부를 지어 성제成帝의 사냥을 풍간諷諫했던 고사를 인용하여[323] 우왕의 사냥에 대한 부정적인 생각을 드러냈다.

정치 권력은 몇몇 권신들이 농락하고, 국왕마저도 믿을 수 없는 상황에서 이색은 현실에 대한 불만을 토로하면서 그러한 현실과 타협하지 않겠다는 의지를 다지곤 했다. 1380년(우왕 6) 4월에 지은 시에서

人間出處何足言　인간의 출처야 어찌 말할 것이나 있으랴
心跡雙淸倩誰辨　맘과 자취 다 맑음을 뉘에게 분변케 할꼬
山林朝市非兩途　산림과 조시가 두 길로 나뉜 게 아니니
不負平生送殘喘[324]　평소의 뜻 지키면서 남은 생을 보내련다

라고 하여 평소의 뜻을 지키겠다고 다짐했고, 같은 해 5월에

川上夫子嘆　냇가에서 공자가 탄식한 까닭은
吾道多乖離　우리 도에 이반된 게 많아서이니

寧甘今日棄	차라리 오늘 버림을 받을지언정
莫受他年嗤	후일의 비웃음은 받지 말아야지
一身自澌盡	이 한 몸은 저절로 없어지겠지만
名節終難虧[325]	명예 절개는 끝내 훼손키 어려우리

欲圖膠漆豈不易	세상과 부합하려 하면 어찌 쉽지 않으랴만
幼學壯舍非我志	어려서 배운 걸 커서 안 씀은 내 뜻 아닐세
由來趙孟奈吾何	예전부터 조맹이 나를 어찌할 수 있었으랴
獨携老筆書吾歌[326]	나 홀로 노필 가지고 내 노래 지어 쓰거늘

이라고 한 것이나, 1382년(우왕 8) 7월에

心迹固難辨	마음 자취를 나도 진정 해명하기 어려운데
衆論何足患	뭇사람의 비평을 문제 삼을 게 있겠는가
但當守我素	그저 나의 평소 신념 굳게 지키면서
保此生死關[327]	생사의 관두까지 이를 보존해야 하리

라고 한 것 등은 모두 자신의 평소 신념과 명예를 지키겠다는 뜻을 밝힌 것이다.

하지만 이색에게 불만스런 현실에 적극 대응하려는 의지는 없었고, 오히려 현실을 회피하는 태도가 역력했다. 1380년(우왕 6) 타의에 의해 정당문학에서 물러난 뒤 "백발에 유연히 홀로 읊조리면서 / 세상사 옳고 그름을 모두 잊노라" 라고 하거나,[328]

老來身世轉依依	늙어갈수록 신세 더욱 희미하기만 해라

高臥無心管是非	편히 누워서 시비를 관섭할 마음이 없네
…	……
只得一閑餘莫問	한가함만 얻으면 나머진 물을 것 없어라
人間到處有危機[329]	인간 가는 곳마다 위기는 있으니 말일세

라고 하여 세상의 시비에 관여하지 않겠다고 다짐했다. 또한 우왕대에는 전원으로 은거하겠다는 뜻을 자주 밝혔는데, 그러한 시는 1380년(우왕 6) 4월에

驪江水漲山平遠	여강은 물은 벌창하고 산세는 평원할 게고
馬邑雲低海渺茫	한산은 구름은 나직하고 바다는 아득하리
欲待秋風賦歸去	가을바람이 불거든 전원으로 돌아가련다
幾年虛費廣興倉[330]	그 몇 해나 광흥창의 곡식을 허비했던고

라고 한 것이나, 5~6월 사이에 지은 시에서 "언제나 여강 달 아래 길이 휘파람 불어 / 분분하고 번란한 속을 멀리 벗어나볼꼬"라고 하는 등[331] 일일이 들 수 없을 정도로 많다.

그러나 현실에 불만을 가지고 있으면서 개인적 차원에서 현실을 회피하고자 하는 의식은 한계를 가질 수밖에 없었다. 1380년 10월에 지은 다음 시는 이색이 '굶주림을 참다가 몸이 없어지는 것'과 '부끄럼을 참고 아첨하는 것' 사이에서 갈등하는 모습을 보여준다.

忍飢將亡軀	주림을 참으면 몸을 죽이게 되고
忍恥將媚人	부끄럼을 참으면 아첨하게 되는데
媚人爲不義	아첨하는 건 의롭지 못한 짓이요

亡軀爲不仁	몸을 죽임은 인하지 못한 일이라
口腹非尺寸	구복은 척촌의 살보단 중하기에
所以干大臣	그래서 대신에게 간청을 하지만
大臣苟不棄	대신은 나를 외면하지 않을지라도
我去猶逡巡	나는 가기가 자꾸만 머뭇거려지네
飢不食嗟來	굶주려도 차래식은 먹지 않나니
恥則能自新	부끄러우면 스스로 새로워져야지
出處自有義	출처엔 절로 의리가 있는 법이니
君子當保身[332]	군자는 몸을 보중해야 하고말고

이 시에는 아첨은 의롭지 못한 일이지만 몸을 죽임은 어질지 못한 일이므로 둘 사이에서, 구체적으로는 대신에게 간청하는 것과 군자로서 보신하는 것 사이에서 고민하고 있는 모습이 역력히 나타나 있다.

비단 청탁 때문이 아니라도 이색에게 정치에 참여하고 싶은 마음이 아주 없지는 않았다. 이색이 관직에서 물러나 있던 1380년(우왕 6) 4월에

玄陵政堂文學	현릉 시대의 정당문학이요
昭代三重大匡	태평성대의 삼중대광이거늘
未有絲毫補國	털끝만큼도 나라는 돕지 못한 채
依然髮白顏蒼[333]	의연히 흰머리에 쇠한 낯이라니

라고 하여 나라를 돕지 못하는 상황, 즉 자신이 정치에 참여하지 못하고 있는 현실을 자책했고, 같은 시기에 또

時時芹暄在心臆	때때로 근훤은 마음속에 우러나지만

君門九重叫不得	구중의 군문에 호소할 길이 없네그려
卽今小康非大同	지금은 소강일 뿐 대동 시대가 아니니
何日八荒開壽域[334]	어느 날에나 팔방 끝까지 수역이 열릴꼬

라고 하여 미력이나마 임금에게 충성을 바치고 싶다는 뜻을 피력했다. 이러한 태도가 관직에 나가기 위한 것이라는 세간의 비난을 불러일으켰는데, 1380년(우왕 6) 11월 말, 12월 초 무렵에 지은 다음 시는 그에 대한 변명이 되겠다.

病中心更寂	병중이라 마음 또한 적적하여
細細檢吾身	세세하게 내 몸을 점검해보니
不學收科第	과제 취하길 배우진 않았거니와
無才列搢紳	조정 반열에 참여할 재주도 없어
杜門如避世	세상 피하듯이 두문불출하다가
縱靶忽尋人	고삐 놓아 문득 사람을 찾았으니
自處吾猶惑	내 처신이 나도 의혹되긴 하지만
譏平未必眞[335]	비난 평판도 꼭 진실하진 못하리

이색은 우왕대에 중간 중간 정당문학 또는 판삼사사로 복직되었고, 그때마다 사양하지 않고 복직의 기쁨을 시로 표현했다. 특히, 1379년(우왕 5) 국왕의 사부가 되어 서연에서 진강하게 되었을 때는 「내일 서연에서 진강을 맡게 되었는데, 선왕께서 총애하신 은혜를 생각하고 감격을 이기지 못하여 한 수를 읊다」라는 시를 지어[336] 기쁨을 나타냈다. 같은 해 10월 이무방, 한수韓脩와 함께 복직되어 정당문학이 되었을 때에는

三人同拜儒者榮　　삼인이 함께 제수된 건 유자의 영광이라
病後光華臣喜極　　병든 뒤의 광영에 신은 기쁘기 그지없네
玄陵政堂幾人存　　현릉 때의 정당이 지금 몇이나 남았던고
九年再拜眞殊恩　　구 년 만에 재차 받음은 진정 큰 은혜로세
臣初聞命筆以歌　　신이 처음 교명 듣고 붓으로 노래하면서
上祝聖壽同乾坤[337]　　성상의 수가 천지와 같길 축수 드리노라

라고 하여 복직을 자축하며 국왕의 은혜에 감사했다. 1382년(우왕 8) 11월 판삼사사로 복직되었을 때에도

一代英雄拜侍中　　한 시대의 영웅이 시중에 임명되는 때에
判三司命及微躬　　미천한 이 몸 역시 판삼사를 맡게 됐네
戊辰獨愧頭先白　　무진생 내가 먼저 백발이 된 것이 부끄러워
甲子方頳尙爾紅　　갑자생 시중은 지금도 뺨이 불그레하건마는
但與琴書閑送日　　단지 거문고 책과 함께 한가히 날을 보냈는데
豈期廊廟眤趨風　　낭묘 위에서 가까이 우러러 뵐 줄을 알았으랴
古來精力無衰壯　　하기야 예로부터 정력의 쇠장을 막론하고
好至中興樹大功[338]　　곧잘 큰 공 세워 중흥도 이루곤 했으니까

라고 하여 같은 날 시중에 임명된 조민수와 함께 늙은 나이임에도 중흥의 공을 이루겠다는 포부를 밝혔다.

우왕대 거의 대부분을 관직에서 물러나 현실 정치와 거리를 두고 있던 이색은 우왕 말년인 1388년(우왕 14) 1월 다시 관직에 복귀했다. 이때 최영과 이성계가 이인임, 임견미, 염흥방 일파를 제거했고, 그 직후에 실시된 인사에서 이색은 판삼사사가 되었다.[339] 그러나 다음 달 명에서 철령위 설

치를 통고해왔고,[340] 그에 반발하여 최영의 주도 아래 요동 공격이 단행되었으며, 도중에 이성계가 위화도에서 회군하여 권력을 장악하는 등 상황이 급격하게 변화했다. 이색은 최영의 요동 공격에 적극 반대하지 않았지만, 회군 후 그 때문에 책임을 지거나 처벌을 받지는 않았다. 또한 최영을 축출하고 우왕을 폐위하는 데 대해서도 자신의 생각을 드러내지 않았다. 다만, 위화도회군 직후에 이색은 판삼사사에서 물러나 한산부원군에 봉해졌다.

한산부원군으로서 이색은 조민수가 창왕을 옹립하는 데 일조했다. 조민수가 이성계의 뜻을 어기고 자기 생각을 관철시키기 위해 이색의 '명유名儒'로서의 지위를 이용한 결과였다. 이 일로 이색은 뒷날 엄청난 고초를 겪게 되지만, 이때까지만 해도 이색이 조민수 편에 서서 이성계와 대립했다고 보기는 어렵다. 창왕 옹립 당시 이색은 조민수의 물음에 "마땅히 전왕의 아들을 세워야 한다"고 대답했는데, 이는 어떤 정치적 계산에 따른 것이라기보다는 왕위 계승의 일반적인 원칙을 말한 것으로 해석된다. 아마 그랬기 때문에 창왕 즉위 직후 조민수가 토지 탈점을 이유로 탄핵을 받아 제거되고 이성계가 권력을 잡았을 때 이색이 문하시중에 오를 수 있었을 것이다.[341] 이때까지만 해도 이색이 이성계와 대립하지 않았던 것이다.

이색은 우왕대부터 이성계와 친분이 있었다. 1379년(우왕 5) 이성계의 술자리에 초대받았을 정도로 개인적인 왕래가 있었고,[342] 1381년(우왕 7)에는 이성계의 부탁을 받고 중결仲潔이라는 자와 송헌松軒이라는 호를 지어주었으며,[343] 1383년(우왕 9)에는 이성계를 가리켜 '뜻을 같이 하는 친구〔執友〕'라고 표현할 정도였다.[344] 위화도회군 전해인 1387년(우왕 13)에도 이색은 이성계의 부탁으로 그 선친 이자춘의 신도비문과 이성계의 선대 분묘墳墓에 대해 기록한 글을 지었다.[345]

이색과 이성계의 관계는 정몽주와 정도전에 의해서도 뒷받침되었다. 정몽주와 정도전은 일찍이 성균관에서 이색과 함께 활동했고, 우왕대에도 이색과 긴밀한 관계를 유지했다. 『목은시고』에는 우왕대에 이색이 정몽주를 위해 지은 글이 다수 실려 있을 뿐 아니라,[346] 정몽주와 직접 만나 어울린 사실을 기록한 시도 몇 편 보인다.[347] 한편, 정도전도 1391년(공양왕 3) 척불론을 제기하면서 이색을 죽여야 한다고 주장하기 전까지는 이색과 대립하지 않았으며,[348] 이색도 정도전을 위해 글을 지어주는 등 우호적인 관계가 유지되었다.[349]

정몽주와 정도전 두 사람은 이성계와도 가까웠다. 정도전이 우왕대부터 이성계와 긴밀한 관계에 있었음은 널리 알려져 있지만,[350] 정몽주도 그에 못지않았다. 정몽주는 1364년(공민왕 13) 동북면도지휘사 한방신韓方信의 종사관從事官으로서 참전했을 때 이성계를 만났고, 그때부터 이성계가 "그 기량을 중히 여겨 출정할 때마다 반드시 함께 갔다"고[351] 할 만큼 가까운 관계를 유지했다.[352] 이성계와 정도전을 연결해준 사람도 실은 정몽주였는데,[353] 실제로 1383년(우왕 9) 함주(지금 함경남도 함흥시)에서 이성계와 정도전이 처음 만났을 때는 정몽주도 동석했다. 이 사실은 『목은시고』의 1383년 7월 말, 8월 상순 사이에 지은 시에서 "내일 정첨서(정몽주-필자)가 길을 떠나 동북면원수부로 간다"고 한 데서 추정할 수 있다.[354] 그보다 조금 앞서 이성계가 동북면도지휘사로 부임했고,[355] 그해 8월에 마침 정도전이 함주로 이성계를 찾아갔으니,[356] 세 사람이 같은 시기에 모두 동북면에 있던 것을 우연이라고 보기는 어렵다. 당시 정도전과 이성계의 만남은 뒷날 조선 건국을 모의하는 출발점으로까지 평가되는데,[357] 그렇다면 정몽주도 그들과 뜻을 같이했을 것이다. 실제로 정몽주는 위화도회군부터 공양왕 옹립에 이르기까지 이성계, 정도전과 대립하지 않았으며, 오히려 공양왕을 옹립하고 공신에 책봉되는 등 행동을 같이했다. 따라서 이색은 이성계와 개인적 친분이 있었을 뿐 아니라 평소 친밀하게 지내던 정몽주, 정도전과의 관계를 통해 이성계와 더욱 가까워졌다고 할 수 있다.

게다가 이색에게는 '대유大儒' 또는 '유종儒宗'이라는 칭호에서 보듯이 당대 최고의 성리학자라는 평가가 있었다. 이러한 위상은 공민왕대 성균관 중영 당시 겸대사성을 지내면서 얻은 학문적 권위와 4차례에 걸쳐 과거의 시관試官을 지내면서 얻은 신흥유신의 중심인물이라는 지위가 복합적으로 작용한 결과였다. 신흥유신들이 좌주-문생 관계를 통해 세력을 결집하는 현상은 공민왕대에 이미 문제가 되었고, 신돈이 공민왕에게

> 유자들은 좌주니 문생이니 하고 안팎으로 줄지어 있으면서 서로 간청하여 그 하고자 하는 바를 자행하고 있습니다. 이제현 같은 사람은 문생이 문하에서 또 문생을 봄으로써 마침내 나라를 메운 도적이 되었으니, 유자들의 폐해가 이와 같습니다.[358]

라고 비난했을 정도였다. 그 때문에 공민왕은 친시親試를 실시하거나 회시會試 제도를 채택하여 시관의 권한을 축소함으로써 좌주-문생 관계를 없애려고 했지만,[359] 성과를 거두지 못했다. 『목은시고』에는 이색이 자신의 문생들뿐 아니라, 성균시와 동당시의 동년들, 그리고 더 나아가서는 자신의 좌주인 이제현의 후손들, 아버지 이곡의 문생들과 친밀한 관계를 유지했던 흔적이 많이 남아 있다.[360]

이색은 1365년(공민왕 14), 1369년(공민왕 18), 1371년(공민왕 20), 1386년(우왕 12) 등 모두 4차례에 걸쳐 과거의 시관을 지냈다. 당시 유학자들 가운데 최다 기록이었다. 그뿐 아니라 1388년(우왕 14) 당시에는 시관을 지냈던 사람들이 대부분 사망했거나, 혹은 염흥방이 몰락할 때 그 당여로 몰려 함께 제거되었으므로 이색의 지위는 거의 독보적이었다. 위화도회군 직후에 이색의 문생 가운데 이미 재추의 반열에 오른 사람도 있었고, 그 밖

에도 수많은 문생들이 정계에 포진해 있었다.[361] 비단 이색의 문생이 아니라도 위화도회군 이후에는 신흥유신들이 활발하게 진출했고, 특히 사헌부司憲府와 낭사郞舍, 전법사典法司는 신흥유신들로 충원되었다. 이와 같은 신흥유신들의 약진은 위화도회군 이후 이성계와 협력했던 결과로, 그러한 가운데 이색의 복귀는 이성계 세력과 신흥유신들의 협력을 상징하는 의미를 갖기에 충분했다.

그러나 문하시중에 복귀한 이후 이색의 정치적 행보는 이성계를 견제하고 대립하는 방향으로 나아갔다. 그 첫 번째가 하정사를 자청하여 명에 간 일이었다.[362] 명에서 이색은 명의 관리를 파견하여 고려를 감시할 것〔監國〕과 창왕의 친조를 요청했다.[363] 이것들은 모두 창왕의 왕권을 강화하기 위한 방책으로, 이색은 그럼으로써 이성계의 권력을 견제하고자 했다.[364] 이색의 이러한 의도는 명에 가면서 "이성계의 위엄과 덕이 날로 성하여 안팎이 마음으로 복종하므로, 돌아오기 전에 변이 있을까 두려워하여 (이성계의) 아들 하나가 따라가게 할 것을 청했고" 그 때문에 이방원이 서장관으로 가게 되었던 사실에서 분명히 드러난다.[365]

이색이 명에서 돌아온 뒤에는 전제 개혁 문제를 둘러싸고 이성계 일파와 정면으로 충돌했다. 당시 사전혁파를 골자로 하는 전제 개혁 주장은 중소지주 출신 관료들의 이해를 대변하는 것이었다.[366] 따라서 사전혁파를 둘러싼 정쟁의 본질은 대토지 소유자인 세족 출신 관료들과 중소지주인 사대부 출신 관료들 간의 피할 수 없는 싸움이었다. 토지 탈점으로 인한 국고의 고갈과 농민 생활의 불안을 이유로 제기된 사전 혁파론에 대하여 세족들은 수세에 몰릴 수밖에 없었다. 그때 이색은 '구법舊法을 가벼이 고칠 수 없다'는 논리를 내세워 반대했고, 그 때문에 도당 회의에서 이성계가 찬동했음에도 불구하고 사전혁파 주장이 관철되지 못했다. 이색의 유종으로서의 권위가 전제 개혁론자들의 예봉을 막는 저력을 발휘하는 순간이었다.

이와 같이 이색은 위화도회군 이후 이성계와 정몽주, 정도전 등 신흥유신들에 의해 문하시중으로 추대되었지만, 곧 세족과 사대부 사이의 대립이 전개되자 세족의 입장에 섬으로써 이성계 일파와 정면으로 대립했다. 그렇다면 왜 이색은 전제 개혁에 반대했던 것일까? 이 문제와 관련하여 이색의 경제적 기반을 우선 생각해볼 수 있다. 이색 자신이 세족의 일원으로서 자신의 재산을 보호하기 위해 전제 개혁에 반대했다는 주장이 있을 수 있고, 그것이 일면 일리가 있다고 보이기 때문이다. 이색의 재산은 과연 얼마만큼 있었을까?

이색의 재산으로 가장 먼저 떠올릴 수 있는 것은 고향인 한산의 토지이다. 이색의 선대가 한산의 호장직을 세습했으므로 재지 중소지주로서 대대로 토지를 소유했을 텐데, 이색이 어릴 때 할머니와 함께 한산에서 생활했고,[367] 중년 이후로는 어머니가 한산에 살았으므로 그곳에 일정한 생활 기반이 있었을 것이다.[368] 실제로 이색은 1378년(우왕 4) 7월에 지은 한 시에서

鎭江江上有山圓	진강의 강가에는 둥그런 산이 있고요
西面腴田世所傳	서면에는 비옥한 토지가 대대로 전해와서
歲歲長腰如玉潔	해마다 옥같이 깨끗한 쌀을 먹었는지라
只今歸興滿南天[369]	지금 돌아갈 홍취가 남쪽 하늘에 가득하네

라고 하여 고향의 토지에 대해 언급한 적이 있다. 또 1379년(우왕 5) 10월에 한산 인근의 면주(지금 충청남도 당진군 면천면)에서 이색의 노비가 왜구 때문에 유망하려 한다는 시로부터[370] 면주에도 외거노비가 경작하는 토지가 있었음을 알 수 있다. 그 밖에 이천伊川(지금 강원도 이천군)과 덕수현德

水縣(지금 황해북도 개풍군 덕수리)에도 토지가 있었다. 1382년(우왕 8) 9월에 지은 시에서는 이천 토지의 수입으로 온 집안이 여러 해 동안 입에 풀칠을 했다고 밝혔고,[371] 덕수현의 토지에 대해서는 1383년(우왕 9)에 지은 작품에서 비교적 상세하게 묘사해놓았다.[372] 그에 따르면 덕수현 토지는 1370년(공민왕 19)에 매입한 것으로 사람을 시켜 경작했는데, 그 수입이 몇 달치 양식을 마련할 정도가 된다고 했다.

한편, 이색에게는 부인 권씨가 상속받은 재산도 있었을 것이다. 고려시대에는 자녀 균분상속이 원칙이었으므로 권씨가 친정에서 상속받은 재산이 있었으리란 것은 쉽게 짐작할 수 있는데, 그 규모를 알기는 어렵다. 다만, 이색이 처외조모의 제사에 참여하여 지은 시 가운데 "좋은 토지 세입으로 우리도 배부르거니"라는 구절이 있어,[373] 처가의 토지가 부인 권씨에게 상속되었음을 짐작할 수 있다.

그다음은 1363년(공민왕 12) 홍건적 격퇴 후 이색이 호종공신에 책봉되면서 토지 100결과 노비 10구를 받은 것을 생각해 볼 수 있다.[374] 전시과에서 최고 등급인 제1과가 전지 100결과 시지 50결인 점을 감안할 때 100결은 대단히 넓은 토지이고, 그렇다면 이 공신전은 이색의 중요한 재산이 되었을 것이다. 그런데 어찌된 일인지 『목은시고』에는 이 공신전에 대한 언급이 전혀 없으며, 노비 10구의 흔적도 찾을 수 없다. 이 공신전이 실제로 지급되었는지에 대해서는 서로 다른 견해가 있지만,* 적어도 우왕대에는 공신 책봉과 함께 지급받은 토지와 노비가 이색의 재산으로 남아 있지 않았던 것으로 보인다.

---

* 1363년(공민왕 12) 공신전 지급에 대하여, 당시 공신으로 책봉된 사람이 334명에 이르렀으므로 그들에게 규정된 토지를 지급하는 것이 현실적으로 불가능했다는 견해도 있고(李佑成, 「牧隱에게 있어서 禑昌問題 및 田制問題—高麗王朝의 存續을 위하여—」『牧隱 李穡의 生涯와 思想』, 一潮閣, 1996, 15쪽), 실제로 지급되었다는 견해도 있다(閔賢九, 「辛旽의 執權과 그 政治的 性格」(上) 『歷史學報』38, 1968, 64쪽).

『목은시고』에 나타나기로는, 우왕대 이색의 주된 수입원은 녹봉과 사전賜田의 수입, 그리고 다른 사람에게 글을 써주고 받는 사례금 등이었다. 우왕대에 이색은 관직에서 물러나 있던 시간이 훨씬 많았지만 한산군으로서 녹봉을 받았다. 이성제군異姓諸君에 대한 녹봉은 1352년(공민왕 1) 감찰사의 건의에 따라 중단된 적도 있지만, 1378년(우왕 4)에 성재봉군省宰封君 외에 나머지는 녹봉을 주지말자는 건의가 있었던 것을[375] 거꾸로 해석하면 그때까지는 계속 지급되었음을 알 수 있다. 게다가 이색은 정당문학을 지낸 뒤 한산군에 봉해진 성재봉군의 경우이므로 계속해서 봉군록을 지급받았다. 『목은시고』에서 이색이 1377년(우왕 3)에 녹봉을 받은 사실이 확인되고,[376] 1379년(우왕 5)에는 녹봉 지급일에 즈음해서 반록頒祿을 소재로 한 시를 지었으며,[377] 또 다른 시에서는 "봉군되고 녹봉 받으니 참으로 풍족하여라" 라고 노래했다.[378] 당시 이색이 받은 녹봉의 액수를 정확히 알 수 없지만 재상의 녹봉에 준하는 정도였을 것으로 짐작되는데, 그렇다면 결코 적은 액수는 아니었다.

이색은 또 여주 천녕현의 토지를 사전賜田으로 지급받았다. 이 토지는 1378년 10월 시중 경복홍에게 청탁해서 받은 것으로 "전토를 내려달라고 총재를 번거롭힌 건 / 후손에게 공신임을 알게 하기 위함이리" 라며 자신의 행위를 변명했지만,[379] 그 무렵 이색은 자신에게 능력이 없어 가난하게 살고 있음을 한탄하고 있던 터였고,[380] 토지를 얻기 위해 경복홍을 직접 찾아가 청탁하는 수고도 마다하지 않았다.[381] 이색은 사전을 지급받자마자 천녕에 별서를 짓고 내려가서 살 생각을 했는가 하면,[382] 다음 해 1월에는

去冬乞米頻作書	거년 겨울엔 쌀 비는 편지를 자주 썼는데
今春糶米還有餘	금년 봄엔 환자곡도 도리어 여유가 있구려
老翁九年憂患中	늙은 내가 구 년 동안 우환 속에 있다 보니

宰相卹乏哀窮盧[383]　재상이 내 곤궁함 슬피 여겨 구제해주누나

라고 하여 형편이 많이 좋아질 것으로 기대했다. 그리고 3월에는 국왕에게 사은하는 시를 다음과 같이 썼다.

臣今臥病領史事　신은 지금 병석에 누워 국사를 맡았는데
乞米年年拙生理　쌀 구걸로 해마다 생활계책 졸렬하여
粥薄鬚眉宛相對　묽은 죽에 얼굴이 환히 비치는 지경이라
啼飢僮奴難忍視　배고파 우는 노복들을 차마 보기 어렵네
鶴鳴九皐聲聞天　구고에서 우는 학 울음소리 하늘에 들려
聖恩周急令保全　성은으로 구제하사 나를 보전케 하시니
敕賜鏡湖溢簡策　경호를 하사한 일은 간책에 빛나거니와
長江兩岸多良田　장강의 양쪽 가엔 좋은 전토가 많아라
從今一家飽喫飯　이제부턴 온 집안이 배부르게 밥 먹고
日日頌禱終臣年　신의 생 다하도록 나날이 성상 송축하고
子孫世守佐王國　자손 대대로 땅 지키며 왕국을 보좌하여
誓將忠孝酬恩憐[384]　맹세코 충효로써 구휼 은혜에 보답하리

이색은 그 뒤로도 여주로 돌아가겠다는 뜻을 여러 차례 피력했는데,[385] 그만큼 이 사전은 당시 이색에게 중요한 경제 기반이 되었다고 할 수 있다.

이 밖에 이색의 주요 수입원으로는 다른 사람의 청탁을 받아 글을 지어주고 받는 사례금이 있었다. 이색은 특히 승려들에게 글을 많이 지어주었는데, 그것이 모두 글값과 관계되었다고 할 수는 없지만, 그중 상당수는 글값을 받았을 것이다. 글에 대한 사례는 다양한 형태로 지급되었는데, 『목은시고』에 이색이 각지의 동년들이나 지방관들로부터 쌀, 과일, 나물, 정

육, 건어, 미역, 차 등 식품과 인삼, 승감초僧甘草, 애밀崖蜜, 오미자 등 약재, 그릇 같은 선물을 받고 사례하는 시가 적지 않게 실려 있다. 이것들 가운데 상당수는 글값을 대신한 것으로 추정된다. 또 굳이 글을 지어주고 받은 것이 아니라도 다른 사람에게서 받은 선물은 생활에 도움이 되었을 것이다.*

지금까지 살펴보았듯이 이색은 고향 한산과 면주, 이천, 덕수현의 토지를 비롯하여 부인 권씨가 상속받은 재산, 한산군으로서 받는 녹봉, 여주 천녕현에 사전으로 지급받은 토지, 그리고 글을 써주고 받는 사례 등 다양한 재산과 수입원을 가지고 있었다. 하지만 이것만 가지고는 그의 생활이 넉넉했는지, 곤궁했는지 판단하기 어렵다. 이색은 자신이 가난하다고 말하곤 했는데, 예를 들어 1379년(우왕 5) 2월 어느 날 염흥방의 방문을 받고는 "가난하여 묵은 술도 내올 수 없다" 고 했고,[386] 그해 10월 염흥방에게 배〔梨〕를 구하면서는

豚犬今年忝侍臣	자식이 금년에 시종신 자리에 올랐는데
妻家破碎父家貧	처가는 몰락하고 아비 집은 가난하거늘
朝來告訴求酸物	아침에 신 과일 구하려고 하소연을 하니
欲免尊前汗洽身[387]	존전에서 몸에 땀 흐름을 면하려 한다네

라는 시를 지었다.

이색의 가난하다는 말이 단순한 엄살만은 아니었다. 1379년 10월에 지은 한 시에는 "재추들이 반당伴黨 1명씩을 내어 조전助戰하는데, 나는 낼 사람이 없다" 는 제주題註가 있어[388] 그의 가난함이 다른 사람들로부터 인

* 이 문단의 서술은 채웅석, 「『牧隱詩藁』를 통해서 본 이색의 인간관계망—우왕 3년(1377)~우왕 9년(1383)을 중심으로—」『역사와 현실』 62, 2006, 103쪽을 인용하였다.

정받고 있었다는 느낌을 준다. 또 1380년(우왕 6) 9월에도 "예천군(권한공-필자)의 자손들이 용부사재庸夫四宰(권중화-필자)의 금릉 행차를 위해 돈을 갹출하면서 유독 나는 가난하다 하여 돈을 내지 못하게 했다"고 했고,[389] 염흥방의 혼사가 있을 때는 "나는 가난해서 혼례를 도울 수가 없어 황두黃豆 두 섬으로 뜻을 표한다"고 했다.[390] 1382년(우왕 8) 6월 아들 이종선의 혼례를 앞두고는

謀生本知足	분수껏 만족하며 살려고 노력한다마는
遇事每羞貧	무슨 일 생기면 가난이 매번 부끄러워
婚禮由來重	혼례는 예로부터 중하게 여겨왔나니
人倫自此新	인륜이 여기에서 새로워지기 때문이라
奢非吾所尙	사치는 내가 원래 바라는 바가 아니지만
儉豈我當遵	그렇다고 초라하게 치를 수야 있겠는가
違衆與從俗	유행을 따르는 것과 어기는 그 사이에서
徒然勞我神[391]	신경을 쓰다 보니 골머리만 아파오네

라고 하여 남들만큼 혼례를 치를 수 없는 처지를 고민했다.

이 밖에도 『목은시고』에는 자신의 가난을 소재로 한 시가 이루 셀 수 없이 많다.[392] 그런데 그 대부분은 가난을 괴로워하기보다는 현실로 받아들이는 내용이다. 더 나아가서는 "군자가 진실로 도에 뜻을 둔다면 / 솜옷 입은 중유仲由를 본받아야 하리"라고 하여[393] 가난을 부끄럽게 여기지 않는 것이 군자의 도리라고 하거나, "우리 집안이 지키는 것은 찬 얼음과 쓴 소태 / 적적한 유거로 말한다면 유촌類村보다도 더하다오"라고 하여[394] 청빈이 자신의 가풍임을 적극적으로 드러냈다.

하지만 그렇게 다양한 수입원이 있으면서 가난하다고 하는 것은 과장임

에 틀림없고, 실제로는 주로 어울리던 사람들과 비교해서 그들보다 못하다는 정도의 상대적 의미로 이해해야 하지 않을까 한다. 또 자신의 처지를 중소지주 출신의 신흥가문과 비교하지 않고 세족과 비교하면서 가난하다고 말하는 이면에는 자신을 이미 세족으로 생각하는 심리가 바탕에 깔려 있다고 할 수 있다.

하지만 그렇다고 해서 이색이 세족으로서, 자신의 토지를 지키기 위해 전제 개혁에 반대했다고 보기는 어렵다. 무엇보다도 이색의 재산 가운데 전제 개혁에 의해 환수될 사전私田, 즉 수조권을 반납하지 않고 대대로 세습해온 토지는 없었기 때문이다. 따라서 이색의 반대는 자신의 개인적인 이해 관계보다는 좀 더 넓은 시야에서 자신이 포함된 사회계층, 즉 세족의 입장을 대변한 것이라고 하겠다. 이를 좀 더 해명하기 위해서는 이색의 사회적 관계를 살펴볼 필요가 있다.

이색은 대대로 지방의 향리직을 세습하다가 아버지대부터 과거를 통해 본격적으로 상경종사上京從仕한, 고려 후기의 전형적인 신흥가문 출신이었다. 이 점에서는 고려 후기 지방의 중소지주이며 향리 출신으로 과거를 통해 중앙 관료로 진출했다고 설명되는 사대부의 개념에[395] 부합한다. 그러나 이색이 권중달의 딸과 결혼한 데서 보듯이 이색 당대에 세족과의 혼인이 이루어졌고, 아들들의 혼인도 모두 세족의 통혼권에서 벗어나지 않았다.

이색은 딸 없이 아들만 셋을 두었는데, 장남 이종덕은 유혜손柳惠孫의 딸과 결혼했고, 차남 이종학은 이춘부李春富의 딸과 결혼했으며, 3남 이종선은 두 번 결혼했는데 전처는 권균權鈞의 딸이고 후처는 권근의 딸이었다.[396] 이종덕의 처부 유혜손은 본관이 진주이며, 충렬왕 때 재상을 지낸 유욱柳栯의 손자이다. 그는 세 번 결혼했는데, 1처는 안동 권렴權廉의 딸, 2처는 광산 김광철金光轍의 딸, 3처는 왕족인 왕상王瑺의 딸이었다.[397] 자녀

가운데는 1남 유염柳琰이 우왕의 장인인 이림의 사위인 점이 눈에 띈다.[398]

2남 이종학의 처부 이춘부는 공민왕 때 신돈정권의 실력자였다.[399] 하지만 그 이전에 이춘부의 할아버지 이정李梃이 이미 양성군陽城君에 봉해졌고, 아버지 이나해李那海가 원 영종의 총애를 받아 원의 직성사인直省舍人에 임명된 것을 보면 원간섭기에 이미 가문의 입지를 굳혔다고 할 수 있다. 1371년(공민왕 20)에 신돈이 몰락하면서 그 또한 죽음을 당하고 아들들은 관노가 되는 화를 입었지만,[400] 그 뒤 1390년(공양왕 2)에 1남 이옥李沃의 관직이 강릉도절제사江陵道節制使로 나오는 것으로 보아[401] 그 사이에 복권되었음을 알 수 있다. 이춘부가 죽음을 당할 당시 이종학의 나이가 겨우 10세였으므로 이 혼인은 그 뒤에 성사되었을 것이다. 한편, 이춘부의 1남 이옥은 홍상재洪尙載의 딸, 2남 이윤李贇은 정공권의 딸과 결혼하여[402] 남양 홍씨, 청주 정씨 같은 세족 가문과 통혼권을 형성했는데, 이종학의 혼인으로 이색 가문도 그 통혼권에 편입된 셈이었다.

마지막으로 3남 이종선이 안동 권씨 집안과 연달아 혼인한 것은 이색 가문의 사회적 지위가 확고해졌음을 보여준다. 이종선의 처부인 권균과 권근은 모두 권부의 증손으로, 권부의 후손들은 같은 안동 권씨인 권한공의 후손들과 함께 당대 최고의 문벌을 이룰 만큼 번성했다.[403]

1382년(우왕 8)에 이종선이 권균의 딸과 결혼함으로써[404] 이색의 자혼이 마무리되었는데, 불과 60여 년 전에 이곡이 지방 생원의 딸과 결혼했던 사실을 상기하면 이 집안의 사회적 지위가 얼마나 빠르게 상승했는지를 짐작할 수 있다. 그리고 이색 가문의 이러한 성장은 공민왕이 신돈을 등용할 때,

세신대족世臣大族은 친당이 뿌리처럼 이어져 있어 서로 허물을 가려주고, 초야신진草野新進은 감정을 감추고 행동을 꾸며 명망을 탐하다가 귀현해지면 집안이 한미한 것을 부끄럽게 여겨 대족과 혼인하고 처음의 뜻을 다 버리며, 유생

儒生은 유약하여 강직하지 못하고 또 문생, 좌주, 동년이라 칭하면서 당을 만들고 사사로운 정을 따르니 이 셋은 모두 쓰지 못하겠다.[405]

라고 말한 것을 연상시킨다. 여기서 초야신진에 대한 언급이 주목되는데, 이색이 바로 이 경우에 해당한다고 할 수 있기 때문이다. 공민왕은 개혁의 필요에서 세신대족과 초야신진, 유생들을 모두 비난했지만, 새로 진출한 신흥가문 출신자가 세족가문과 혼인하여 집안을 일으키려 한 것이 그다지 잘못된 일은 아닐 것이다. 오히려 이곡, 이색 부자 같이 유능한 사람들일수록 그러한 기회에 접근하기 쉬웠을 것이며, 그들은 혼인을 통해 세족으로 발돋움하는 것을 자신의 능력을 인정받고 사회적으로 성공하는 것으로 자랑스럽게 생각했을 것이다.

이색의 사회적 위상이 변해가는 양상은 교우 관계에서도 드러난다. 이색은 한산에서 어린 시절을 보냈고, 그때의 교우 관계는 지역적, 계층적 테두리 안에서 이루어졌다. 예를 들어 한산에서 이색과 어울렸던 백린白麟은 아버지 백함정白咸正이 내시부 속관을 거쳐 통례문사인通禮門舍人에 올랐고 외할아버지가 고사庫使를 지낸[406] 하급관인 집안 출신이었다. 당시 이색의 아버지 이곡 역시 향리의 아들로서 하급관인이었으니 이색과 백린은 집안 형편이 서로 비슷했다고 할 수 있다. 이색이 국자감시에 합격한 뒤로는 동년 관계를 바탕으로 교우 관계의 폭이 넓어지고, 과거에 급제하면서는 동년 관계가 더욱 확대되었으며, 관직에 오른 뒤로는 동료 관원들과의 관계가 더해지면서 인간관계망이 점점 확대되었다.

하지만 무엇보다도 이색의 인간관계망을 크게 확대한 것은 네 차례 과거를 주관하면서 맺어진 문생들과의 관계였다. 이색의 인간관계망 가운데 과거를 매개로 한 관계가 가장 두드러졌는데,[407] 이색의 동년과 문생들은 모두 성리학을 공부하고 과거에 급제한 신흥유신이라는 공통점을 가지고 있었다. 신흥유신들의 교유는 일차적으로 성리학자로서의 공감대와 과거 급제를 매개로 이루어졌으므로 출신 배경의 제약을 비교적 덜 받았다.

이색은 신흥유신들과의 교유를 바탕으로 하면서 그 밖의 여러 통로를 통해 인간관계를 넓혀갔다. 예를 들어, 1368년(공민왕 17)에 이색이 지은 이강묘지명李岡墓誌銘에는 이색과 염흥방, 한수, 이강李岡 네 사람이 각별한 친교를 맺고 있음이 나타나 있다.[408] 이들 중에서 이색을 제외한 나머지 세 사람은 모두 원간섭기 이래 대대로 문지를 굳혀온 세족 출신이었지만, 그러한 차이가 서로 어울리는 데 장애가 되지 않았던 것으로 보인다. 여기에는 이들이 모두 과거에 급제한 신흥유신이라는 점 외에도 한수와 이강은 이곡의 문생이고, 염흥방은 이색의 처고모부의 아들로서 인친이라는 점도 작용했을 것이다.

1371년(공민왕 20) 이색이 관직에서 물러난 뒤 한동안 두문불출하며 사람들과 어울리지 않았지만, 1377년(우왕 3) 10월 왕명으로 광통보제선사비廣通普濟禪寺碑를 지은 것을 계기로 활동을 재개하면서 인간관계도 회복되었다. 이때는 종전에 어울렸던 신흥유신들뿐 아니라 시중 경복흥慶復興, 이인임李仁任을 비롯하여[409] 임견미林堅味,[410] 최영,[411] 이성계 등[412] 권력자들과도 어울리는 등 교유의 폭이 넓어졌다. 그와 때를 같이하여 이색은 그들을 칭송하는 시를 많이 지었다. 우선, 이인임에 대해서는 1382년(우왕 8)에

廟謨素定山難轉	평소에 정하신 조정의 계책 산처럼 굳건하고
筆勢縱橫日又移	종횡으로 치닫는 붓 하루 해가 또 모자라네
欲補之而無所缺	보완해보려 해도 흠잡을 것이 없으신 분
須扶節義莫令危	절의를 일으켜 세워 위태롭게만 안 했으면
由來大小眞非敵	그동안 어떤 일도 대적할 사람이 없었나니
不獨多艱此一時[413]	어려움 많은 지금 한때만 그런 것이 아니라오

라고 하여 극찬했는데, 그 무렵 이인임이 최고 권력자가 되어 전횡을 부리고 있을 때였으므로 이색의 이 시는 당시의 세평과 동떨어진 것이었다. 최영에 대해서는 1381년(우왕 7)에

黃閣淸風滿海東	우리 시중의 맑은 바람 해동에 가득하여
群陰消盡日曈曈	구름 모두 사라지고 해가 밝게 솟았도다
老夫獨恨摧頹甚	노부야 그저 쇠해 빠진 몸을 한할 뿐이지만
橫槊臨江一世雄[414]	강가에 창을 비껴든 분 일세의 영웅이시라오

라며 칭송했고, 조민수에 대해서도 1382년(우왕 8)에 지은 시에서 한 시대의 영웅으로 추켜세웠다.[415] 이들 권력자와의 관계에는 단순한 친교 이상으로 청탁이 개재되기도 했는데, 경복흥에게 사전賜田을 부탁했고,[416] 이인임에게는 처남 권계용權季容의 관직을 청탁했다.[417] 1382년에는 이천伊川의 토지를 외척에게 빼앗길 뻔한 적이 있는데,[418] 이색은 권력자를 찾아가 자신의 처지를 하소연하기도 했다.[419]

이색은 우왕대에 거의 관직에 있지 않았지만, 사적인 자리에서 많은 사람들과 어울렸다. 『목은시고』에는 연회에 대한 기록이 많이 남아 있는데, 여기 참석한 사람들은 염제신廉悌臣과 윤환尹桓을 필두로 하여 권적權適, 정휘鄭暉, 왕승王昇, 왕빈王彬, 성여완成汝完, 한천韓蕆, 김광수, 강평장康平章 등 원로들이었다.[420] 이들의 모임을 당시 '기로회耆老會'라고 불렀으며,[421] 이들은 관력이나 나이, 가문의 사회적 지위 등 여러 가지 면에서 공통점을 가지고 있었다. 한 예로, 1382년(우왕 8) 2월에는 원에서 자정원사를 지낸 김광수가 베푼 연회에 이색도 초대를 받았는데, 참석자들은 모두 원에서 관직을 받은 적이 있는 사람들이었다.[422] 이색은 기로회의 다른 회원들에 비해 많게는 20세 이상, 적게는 4~5세 아래였지만 말석에서 함께

어울렸다. 그렇게 된 데는 특히 염제신과 권적의 배려가 컸다. 염제신은 이색의 처고모부였고, 권적은 이색의 옆집에 사는 이웃〔西隣〕이었으며, 이색의 절친한 친구인 한수의 장인이기도 했다. 이렇게 혼인에 의한 인척 관계나 기타 교유 관계, 관력官歷 등 여러 가지 요소가 결합되어 기로회가 결성되었고, 우왕대에 이색은 50대의 비교적 젊은 나이로 그 모임에 참석했다. 또 1385년(우왕 11)에 정몽주의 집에서 열린 기로들의 모임에는 최영과 윤환, 이인임, 홍영통, 조민수, 이성림李成林, 이색 등이 참석했다.[423]

당시 기로라고 불린 사람들은 대부분 고위 관직에 올랐거나 봉군된 사람들이었고, 원간섭기부터 정치·사회적 입지를 굳힌 가문, 즉 세족 출신자들이었다. 이색도 젊은 시절 혼인을 통해 이미 세족으로 발돋움하고 있던 터였지만, 노년에는 이들과 교유하면서 세족으로서의 면모를 점점 더 굳혀가고 있었다. 전제 개혁을 논의하는 자리에서 이색이 사전혁파에 반대하면서 "구법을 가벼이 고칠 수 없다"고 한 것은 바로 구체제를 지탱하고 있던 법제를 함부로 고칠 수 없다는 뜻으로, 결과적으로는 구세력, 즉 세족의 기득권을 침해할 수 없다는 보수의 논리였다.

이색도 당시 토지문제의 심각성을 인정하지 않는 것은 아니었고, 사전혁파에 반대하면서 나름대로의 개선방안을 제시했다.[424] 그것은 현존하는 사전은 그대로 인정하되 변정辨正사업을 통해 '일전일주一田一主'의 원칙을 확인함으로써 수조권의 중복 문제를 해결하고 사전의 폐해를 줄이고자 하는 방안이었다.[425] 전제 개혁 논의의 출발점은 당시 성행하고 있던 불법적인 토지 탈점과 그로 인한 토지제도의 문란을 해결하려는 데 있었으므로 이색의 주장처럼 수조권의 중복을 시정하는 것만으로도 어느 정도 해결할 수 있었다. 게다가 이 방식은 한 세대 앞의 이제현도 주장한 바 있었고,[426] 이색도 젊은 시절 '복중상서'를 통해 주장했던, 신흥유신들의 전통적인 개혁방안이었다. 따라서 이색은 토지문제의 심각성을 알지 못했던 것이 아니라 단지 사전혁파 등 급진적인 변법變法에 반대하면서 종전의 개혁방안을 답습하여 토지문제를 해결하고자 했던 것이라고 할 수 있다.

하지만 일단 사전혁파라는 근본적인 개혁방안이 제시된 이상, 이색의 주장은 결과적으로 개혁 반대세력의 생각을 대변하게 되었다. 당시 전제개혁을 주장한 개혁파도 그러한 점을 분명히 인식하고 있었다. 1389년(창왕 1) 8월 대사헌 조준 등은 다음과 같은 상소를 올렸다.

> 사전을 개혁하여 공전을 회복하는 일의 이해利害는 분명한데도 세신대가世臣大家들은 오히려 폐풍을 이어받아 말하기를, "본조本朝의 기성법旣成法을 하루아침에 갑자기 개혁해서는 안 되며, 만일 그것을 개혁한다면 사군자士君子의 생계가 날로 곤란해져 반드시 공업과 상업에 마음을 기울이게 될 것이다"라고 하면서 서로 부언浮言을 선동하여 여러 사람의 귀를 현혹시키고 사전을 일으켜 부귀를 보전하고자 하고 있습니다.[427]

여기서 보듯이 세신대가, 즉 세족들은 사전혁파에 반대하면서 "구법을 가벼이 고칠 수 없다"는 이색의 논리를 내세웠다. 따라서 전제 개혁을 추진하던 개혁파들은 이제 이색을 공격하지 않을 수 없게 되었고, 이색은 자신의 본의와 상관없이 반개혁파의 중심인물로 부각되었다.

개혁파는 간관들을 앞세워 이색의 주변 사람들부터 공격하기 시작했다. 문익점文益漸, 이숭인, 권근 등 가까이 지내던 문생, 제자들이 유배되었고,[428] 이색은 그에 반발하여 사직하고 장단으로 낙향했다.[429] 그 직후부터 우왕과 창왕이 공민왕의 후손이 아니라는, 소위 '우창비왕설禑昌非王說'이 제기되고, 이성계 일파가 '폐가입진廢假立眞'을 명분으로 내세워 창왕을 폐위하고 공양왕을 옹립했다.[430] 평소 창왕의 왕권을 강화하여 이성계를 견제하고자 했던 이색에게 창왕 폐위는 대단히 충격적인 사건이 아닐 수 없었다. 하지만 이색은 그에 대해 적극 대응하지 못했고, 창왕 폐위 소식을 듣고 상경했을 때는 이미 공양왕이 즉위한 뒤였다. 이색은 공양왕을 알현함으로써 공양왕의 왕위를 인정하게 되었고, 창왕 폐위의 명분이 되었던 '폐가입진'의 부당함을 더 이상 거론하지 못하게 되었다.

공양왕 즉위 후 이색은 왕권에 기대어 이성계 세력을 견제하고자 했다. 공양왕은 신종의 7대손으로 '그 족속이 가장 가깝다'는 이유에서 추대되었을 뿐,[431] 이성계와 정치적 입장을 같이 하지는 않았으며, 이색에게 도움을 청하고 판문하부사에 복직시켰다. 그러자 이성계 일파의 공격이 이색을 직접 겨냥하기 시작했다. 1389년(공양왕 1) 12월 1일 좌사의 오사충과 문하사인 조박 등이 이색을 탄핵했고, 그 결과 이색은 판문하부사직에서 파직되었다.[432] 여기서 그치지 않고 12월 5일에는 간관들이 번갈아 소를 올려 우왕과 창왕을 죽일 것을 주장하면서 동시에 이색의 죄를 재론함으로써 이색은 결국 유배되고 말았다.[433]

이색은 유배지 장단으로 가면서 지은 첫 번째 시에서

佛燈明滅曉雞呼	불등이 깜박이는 속에 새벽의 닭 울음소리
身世依然海一漚	내 신세 예나 이제나 바다 속의 물거품 하나
忽聽磬聲深有感	홀연히 들리는 쇳송 소리에 깊이 느껴지는 마음
鳳衰何必望蒼梧	봉황이 쇠한 세상인걸 어찌 꼭 창오를 바라리오
五牓門生摠俊才	오방의 문생 모두 뛰어난 인재로서
多參鳳沼與烏臺	봉소와 오대에도 많이들 끼어 있지
莫言今日無相送	오늘 전별이 왜 없냐고 말씀하지 마오
得此髯劉酒數杯[434]	염유의 술을 몇 잔이나 얻어 마셨는걸

이라고 하여, 인생의 덧없음과 더불어 법도가 무너진 어지러운 세상을 만

났음을 한탄하고 문생들이 봉소鳳沼와 오대烏臺, 즉 중서문하성 낭사와 어사대에 많이 포진해 있음을 상기하면서 그들에 대한 미련을 드러냈다. 이성계에게도 큰 기대를 걸었는데, 유배 도중에 이성계에게 보낸 시에서

臣罪當誅聖主仁	나의 죄 죽어 마땅한데 임금님 인자하시어
屛居關內得安身	경기에 물러나 몸 편히 살도록 해주셨네
問渠何以逢天幸	하늘이 주신 행운을 어떻게 얻었느냐고요
只爲松軒是故人[435]	그거야 바로 송헌이 나의 친구이시니까

라고 한 데 그러한 심경이 드러나 있다.

이색은 또 성랑省郞, 즉 중서문하성의 간관들에게 시를 부쳐 자신의 억울함을 호소했다.

玄陵一代小人儒	현릉(玄陵) 일대(一代)의 소인배 선비가
揚歷中書諫大夫	중서성(中書省)의 간의대부(諫議大夫)를 지냈다네.
得至侍中僥倖耳	시중(侍中)까지 이를 수 있었던 것은 요행일 뿐인데
斯文何事苦相圖	사문(斯文)이 무슨 일로 애써 서로 해치려 하는가?
去年長子入黃泉	지난해에는 맏아들이 황천(黃泉)으로 들어가더니
仲氏今冬謫海壖	올 겨울에는 둘째가 바닷가로 유배되었네.
聞說三郎方被劾	듣자니 셋째 아들이 한창 탄핵을 당한다고 하거니와
奈何天也奈何天	천명이거늘 어찌하리요, 천명이거늘 어찌하리요?
彈章大勢乍驚人	탄핵하는 글의 큰 형세가 문득 사람을 놀라게 하지만
熟讀深思摠失眞	자세히 읽고 깊이 생각해보니 다 진실을 놓친 것이네.
捉敗老翁唯四字	붙잡혀서 들통난 노인이라는 넉자일 뿐이니
黜僧還恐似王輪	또 왕륜사(王倫寺)처럼 중을 내쫓을까 두려워한다네.

松軒當國我流離	송헌(松軒)이 나라 일을 맡자 나는 떠도니
夢裏誰曾有此思	꿈속엔들 누가 일찍이 이런 생각을 가졌으랴?
二鄭況今參大議	하물며 지금 두 정씨가 큰 의론에 참여하였음에랴?
一家完聚果何時	온 가족이 모두 모일 날은 과연 언제일까?
欲加之罪豈無辭	죄를 보태고자 하면 어찌 붙일 말이 없겠는가?
似毁疑褒世所知	비슷한데도 헐뜯고 의심스럽지만 기리더라도 세인들이 안다네.
畢竟有天吾不患	끝내 하늘이 있기에 나는 근심하지 않으면서
爛烹肥肉倒深巵[436]	살진 고기를 푹 삶아서 가득한 잔을 기울이네.[437]

이 시에는 자신이 사실과 다른 일로 해서 대간의 탄핵을 받고 또 아들들까지도 곤경에 처했음을 호소하면서 동시에 이성계와 두 정씨, 즉 정몽주와 정도전의 구원을 바라는 마음이 표현되어 있다. 또한 자신의 죄 없음을 세인들이 알고 있으니 근심하지 않겠다며 스스로 위로하는 것으로 끝을 맺었다. 전체적으로 이 시에는 자신의 억울함과 아들들이 겪는 어려움이 강조되어 있으나 절박한 위기감은 보이지 않는다.*

이색이 유배지 장단에 있던 1389년(공양왕 1) 12월에 우왕과 창왕이 죽임을 당했다.[438] 그리고 해가 바뀌어 이듬해 1월에는 낭사에서 김저 옥사에 연루되었던 변안열邊安烈과 홍영통, 우현보禹玄寶, 왕안덕王安德, 우인열禹仁烈, 정희계鄭熙啓 등 여섯 사람을 극형에 처할 것을 주장했고, 그중 변안열이 처형을 당했다.[439] 개혁파의 공격이 이제 반대파를 죽이는 데 이르렀던 것이다. 이렇게 살벌한 분위기 속에서 1월 말에는 사헌부에서 이

* 呂運弼, 「恭讓王代의 牧隱詩 考察」 『韓國漢詩硏究』 6, 1998, 127쪽에도 장단 유배 시에 이색이 "자신의 축출이 혁명이라는 큰 일의 출발이라기보다는 자신에 대한 오해에서 비롯되었다고 이해했던 탓에 아직 심각한 상황이라고 생각하지는 않았던 듯하다" 고 하였다.

색과 조민수가 창왕을 옹립한 죄를 다스리기를 요청함으로써[440] 이색을 겨냥한 공격이 다시 시작되었고, 2월 1일에는 간관이 이색과 조민수를 극형에 처할 것을 주장했다.[441] 이색은 유배지에서 이러한 소식들을 들었을 것인데, 1월 23일 이성계에게 부친 시에서

赤縣吾猶不自由　적현에서도 이 몸이 자유스럽지 못했으니
天涯謫客可知愁　하늘 끝 귀양살이 그 시름이 또 어떻겠소
善謀若許從便去　편할 대로 떠나게끔 잘 좀 주선해주신다면
祝壽應添百萬籌[442]　백만년 더 사시도록 응당 축수를 올리리다

라고 하여 구원을 바라는 절실한 심정을 담았다. 또 같은 날 정몽주에게 부친 시에서는

我已無心賦解嘲　나는 비방을 해명할 생각도 이미 없소이다
將何面目復趨朝　장차 무슨 면목으로 다시 조정에 나가리까
孤舟可泝驪江去　외로이 배 타고 여강으로 올라가고픈 생각뿐
兩岸高山雪欲消[443]　양쪽 기슭 높은 산에 눈도 녹으려 할 터이니

라고 했는데, 이는 유배에서 풀리더라도 조정에 나가지 않고 여강, 즉 여주로 물러가겠다는 뜻으로 해석된다.

그러나 이색의 희망과는 다르게 1390년(공양왕 2) 2월 대간들이 장단에 와서 이색을 국문하는 사태가 벌어졌고,[444] 그 뒤에도 대간에서 이색과 조민수의 죄를 거듭 논했다. 공양왕은 이색을 두둔했지만 대간들이 번갈아 상소하여 조민수와 이색, 권근을 논핵하고 이림, 우인열, 왕안덕, 우홍수禹洪壽의 처벌을 요청했고, 결국 이색은 함창(지금 경상북도 상주시 함창읍)으

로 이배되었다.[445] 이색을 함창으로 옮기기로 결정한 것은 1390년(공양왕 2) 4월 5일이었고, 이 소식은 손자 이맹균李孟畇과 문생 맹사성孟思誠 등에 의해 이색에게 전해졌다.[446] 함창으로 떠나기 전에 이색의 부인 권씨가 전송차 장단에 왔는데, 그때 지은 다음 시에는 기약 없는 이별을 앞둔 안타까운 심정이 드러나 있다.

百年偕老是人情	백년해로하는 것이 보통 사람의 마음이니
衰老何心送遠行	늙어서 먼 길 보내는 그 심정이 어떠하랴
頭上有天逃不得	머리 위의 하늘을 피해 도망칠 수 없으니
那知後日復相幷[447]	후일에 다시 모여 함께 살 수나 있을는지

이색은 장단을 떠나기 직전까지도 이성계가 자신을 구해줄 것이란 기대를 버리지 않았고, 그러한 희망을 담은 시를 다음과 같이 지어 이성계에게 보냈다.

心在風塵外	마음은 풍진 밖에 노닐고 있건마는
身居縲絏中	육신은 아직도 오랏줄에 묶여 있네
問誰成我志	묻노라 어떤 이가 나의 뜻을 이뤄줄꼬
謀我有誰忠	충심으로 날 위해 꾀해줄 이 누구일까
雨露霑濡闊	우로의 은혜에 젖어볼 길이 없어
江山往復重	강산을 그저 왔다갔다 반복하기만
松軒肯相恤	송헌은 기꺼이 이 몸을 돌봐주리니
終不哭途窮[448]	끝내 길이 막혀 통곡하지는 않으리라

그러나 이색의 기대와는 달리 이성계의 구원은 미쳐오지 않았고, 오히

려 상황이 더 악화되었다. 이색이 함창으로 옮긴 지 얼마 지나지 않아 1390년(공양왕 2) 5월 윤이·이초 사건이 발생했고,[449] 이색은 사건의 주모자로 몰려 청주옥에 수감되어 국문을 받는 등 고초를 겪었다.[450] 그러던 중에 청주에 홍수가 나자[451] 석방되어 장단으로 옮겨졌고,[452] 7월에는 정몽주의 건의에 따라 사면되었다.[453] 공양왕 즉위 후, 특히 윤이·이초 옥사를 거치면서 개혁파 신흥유신 내부에서 분열이 일어났고, 정몽주가 공양왕을 지지하면서 이성계 일파와 대립하기 시작했던 것이다.[454] 그러나 이성계 일파가 장악하고 있던 사헌부와 형조에서 윤이·이초 옥사의 연루자들에 대한 처벌을 계속 요구함에 따라 이색은 결국 함창으로 다시 유배되었다.

함창에 도착한 뒤 이색은 다음과 같은 시를 지어 양 시중侍仲, 즉 이성계와 정몽주에게 보냈다.

老來常作客	늙어가며 언제나 떠도는 내 신세도
命也豈關人	운명일 뿐이지 어찌 사람 탓이겠소
到處靑山好	가는 곳마다 청산은 좋기도 하오마는
吟詩白髮新	시를 읊노라니 백발만 새로 돋아나오
廟堂垂雨露	묘당이 우로를 내려준 그 덕분에
鄕里隔風塵	향리도 풍진을 벗어나게 됐소 그려
世味都消盡	세상의 맛이 모조리 소진된 그중에도
難忘醉吐茵[455]	취해서 보료에 토한 일은 잊기 어렵구려

이 시에는 정치적으로 핍박을 받아 유배지를 떠도는 자신의 신세가 운명일 뿐, 자신을 그렇게 만든 사람을 원망하지 않는다는 뜻이 표현되어 있다. 하지만 그와 동시에 함께 어울리던 시절의 추억을 되살리면서 자신을 구원해주기를 바라는 심정이 담겼다. 하지만 그때는 이미 이성계와 정몽

주가 대립하고 있었고, 유배지의 이색은 그 사실을 알지 못했거나, 알았더라도 이성계에게 구원을 요청할 수밖에 없는 처지여서 두 사람에게 함께 보내는 시를 지었을 것이다.

윤이·이초 옥사 이후로는 이성계 일파와 공양왕을 중심으로 하는 정몽주 등의 대립의 향배에 따라 이색의 운명이 결정되었다. 1390년(공양왕 2) 11월 3일에는 공양왕의 정치 운영에 불만을 품고 이성계가 사직하는 일이 벌어졌고,[456] 그다음 날 이색은 우현보, 권근, 이숭인과 함께 경외종편京外從便이 허용되었다.[457] 그러나 이성계 일파의 반격이 1391년(공양왕 3) 5월부터 척불운동의 형태로 시작되었고, 그 과정에서 이색에 대한 공격도 재개되었다. 척불운동을 주도했던 정도전이 이색을 죽일 것을 주장하고 나섰던 것이다.[458] 젊은 시절 자신에게 성리학을 배웠고, 우왕대까지도 계속 개인적인 왕래가 있었던 정도전의 이러한 태도는 이색에게 참기 어려운 배신감과 좌절감을 안겼을 것이다.

공양왕의 비호에도 불구하고 이색은 1391년 6월 13일 함창으로 다시 유배되었다.[459] 함창에서 이색은 정몽주, 이성계, 정도전에게 각각 시를 지어 보냈다. 먼저 정몽주에게는

擬向中秋上鹿門	중추절 무렵엔 녹문으로 올라갈까 하였는데
此身還似檻來猿	도리어 우리에 갇힌 원숭이 신세가 됐소그려
何人放出林泉去	어느 분이 꺼내주어 임천 속으로 가게 할까
山北山南恣意奔[460]	산북 산남 어디든지 마음껏 뛰어다니도록

이라고 하여 자신을 '우리에 갇힌 원숭이 신세'에 비유하며 거기서 꺼내줄 것을 부탁했다. 이성계에게는

三到咸昌興更新	함창에 세 번째 오니 감흥이 더욱 새로운데
依然魚鳥亦相親	예나 이제나 어조와는 또한 친하게 지낸다오
韓山有我先墳在	한산 땅에 나의 조상님들 무덤이 있으니
欲及中秋拜兩親[461]	중추에 맞춰 양친을 성묘할 수 있었으면

이라고 하여 한산에서 성묘할 수 있도록 중추 전에 유배에서 풀어주기를 간청했다. 정도전에게 부친 시에는 좀 복잡한 심경이 담겼다. 바로 전달에 정도전이 이색을 죽여야 한다고 주장했고, 그때 개경에 있던 이색도 그 사실을 알고 있었기 때문이다.

爲儒早知命	나는 유자로서 일찍이 명을 알았고
學佛又忘身	불교를 배워서 육신도 잊게 되었소
回首都迷院	도미원에서 머리를 돌려 바라보니
三峯似送人	삼각산이 배웅해주는 듯도 합디다

世利秋毫小	세상 욕심은 가을 터럭만큼 작다면
交情粥面濃	교분은 죽의 거죽보다 끈끈하다 하리
任敎中齟齬	중간에 우리 사이 틀어진 것이야 대수리오
百折水流東[462]	강물은 백번 꺾여도 동쪽을 향해 흐르는걸

이색은 정도전에게 자신도 같은 유자임을 밝힘으로써 척불론을 앞세운 공격에 대응하면서 동시에 '죽粥의 거죽보다 끈끈한' 교분을 내세워 둘 사이에 어긋난 것〔齟齬〕을 풀어버리고 화해하자는 청유請誘 겸 부탁을 시에 담았다. 이어서 도당에도 다음의 시를 지어 보내 종편을 허락해줄 것을 요청했다.

身似粘泥絮	몸은 진흙에 붙은 버들개지 같아도
心同帶雨蓮	마음은 비에 젖은 연꽃과 함께하오
廟堂如見記	묘당이 혹 옛 추억을 기억해주신다면
貼字許從便	편의에 따라 살도록 주선 좀 해줬으면
寧海尋親舊	영해에 내려가서 친구도 찾아보고
韓山拜祖先	한산 땅에서 조상님들도 성묘하고
有時游甓寺	그리고 때로는 벽사에서 노닐면서
瀝懇祝堯年[463]	정성을 바쳐 요년을 축수하리이다

이 무렵 이색의 시에는 원망보다는 후회와 체념의 분위기가 강하게 나타난다. 1391년(공양왕 3) 6월 이성계, 정몽주, 정도전과 도당에 보낸 시 바로 다음에는

我有一大錯	내가 잘못해도 정말 크게 잘못했지
欲擧千鈞輕	천균을 가볍게 들어 올리려 하였으니
爲欠臨事懼	일에 임해 두려워하는 자세가 부족했고
又昧知人明	게다가 사람을 보는 눈이 밝지 못했도다
縱悔亦已矣	이제 와서 후회한들 또 어찌하겠는가
萬死幸一生	만번 죽을 고비에서 살아남으면 다행이지
獨坐每惕若	나 홀로 앉아 근심하고 두려워하면서도
縮口時出聲[464]	입을 오므려 때때로 소리 내어 읊노매라

라고 하여 자신이 조심성이 없이 무모했고 사람 보는 눈이 밝지 못했음을 자책했다. 여기서 사람 보는 눈이 밝지 못했다고 한 것은 특별히 정도전을 염두에 둔 말이었을 것이다. 또 이첨李詹에게 보낸 시에서는

杳杳天無語	아득히 먼 하늘은 아무 말이 없고
悠悠命已窮	가냘픈 나의 명도 이제는 다하였소
朝中難再會	조정에서 다시 만나긴 어려울 듯도
地下倘相逢[465]	지하에서나 서로 만날 수 있을는지

라고 하여 조정에 복귀할 희망을 포기한 듯한 모습을 보이기도 했다. 하지만 함창에서 한 달을 보내고 7월에는

彼相元無憾	그 따위 재상이야 원래 유감도 없다마는
吾君未敢忘	우리 임금님만은 아직도 감히 못 잊겠네
…	……
說有千金重	한마디 말 속에도 천금의 중함이 있거니
恩何一飯忘	밥 한 끼 먹여준 은혜라도 어찌 잊으리오
持身愼平素	평소에는 몸가짐을 조심스럽게 하다가도
遇事濟蒼黃[466]	위급한 상황에선 나라를 구해야 하고말고

라고 하여 조정에 복귀하고 싶은 의지를 피력했고, 8월에는 아들 이종학에게

夜雨蕭蕭不忍聞	어찌 차마 들으리오 쓸쓸히 내리는 밤비 소리
曉窓愁對萬山雲	새벽 창가에 시름겹게 마주한 만산의 구름이라
須臾一陣長風起	그런데 한바탕 큰바람이 홀연히 불어 닥쳤으니
快望丹霄祝聖君[467]	대궐에서 성군을 축수할 희망을 가져보자구나

라고 하여 복귀의 희망을 버리지 말자고 다짐했다.

비슷한 시기 이색은 이성계와 정몽주에게 또 한 번 시를 지어 보냈는데,[468] 이는 그 내용과 관계없이 구원을 요청하는 행위였다. 당시는 이성계와 정몽주의 다툼이 한창 치열하던 때이고, 자신을 구원해줄 사람은 이성계가 아니라 정몽주라는 사실을 몰랐을 리 없지만, 이색은 이성계에 대한 기대를 버리지 않았던 것이다. 그리고 그것은 이색이 이성계에 의한 왕조 교체의 가능성을 전혀 생각하지 않았기 때문에 가능한 일이었다.[469]

고려 말에 이성계 일파가 언제부터 왕조 교체를 구상했는지는 알 수 없다. 하지만 적어도 위회도회군 직후부터 왕조 교체를 계획했다고 보기는 어렵고, 이후 정쟁의 과정에서 차츰 모색하게 되었을 것이다. 특히 공양왕의 비협조적인 태도가 문제되었던 것 같은데, 공양왕은 이성계 일파에 의해 옹립되었음에도 불구하고 구세력을 비호하는가 하면, 한양 천도와 연복사演福寺 중수 등을 통해 왕권을 강화하고자 했다.[470] 이성계 일파는 공양왕의 연복사 중수를 계기로 대대적인 척불론을 제기하여 공양왕을 견제했지만, 국왕과의 대립에는 어려움이 따를 수밖에 없었다. 1390년(공양왕 2) 5월 윤이·이초 옥사 이후로는 정몽주가 공양왕 편에 서서 이성계 등과 대립했고, 1391년(공양왕 3) 9월에는 이성계의 핵심 측근이던 정도전이 봉화현으로 추방되는 사건이 벌어졌다.[471]

이렇게 이성계 일파가 수세에 몰리면서 타개책으로서 '역성혁명易姓革命'이 유력하게 검토되기 시작했을 가능성이 크다. 1391년 7월에 성균사예成均司藝 유백순柳伯淳이 이성계를 무신집정에 빗댔다가 처벌된 일이 있었는데,[472] 그것은 그때까지도 '역성혁명'의 가능성이 거론되지 않고 있었음을 보여준다. 그러나 그해 11월에 정몽주 계열의 이첨이 왕에게 '9규規'를 올리면서 아홉 번째로 '보업保業', 즉 왕업의 보전을 언급한 것은[473] 왕조의 위기상황을 느꼈기 때문일 것이다. 또 『고려사절요』의 1391년 기록 가운데 이 해에 의주宜州(지금 북한의 강원도 문천군)에서 말라죽었던 큰 나무가 다시 살아나자 사람들이 말하기를 "우리 태조가 나라를 세울 징조이다"라고 했다.[474]

라고 한 것을 보면, 일러야 1391년(공양왕 3) 후반부터 '역성혁명'의 가능성이 조심스럽게 거론되기 시작했다고 짐작된다. 따라서 이색도 그 전까지는 이성계에게 개인적인 친분을 앞세워 구명을 청할 수 있었을 것이다.

이성계 일파와의 대결에서 정몽주가 우세해짐에 따라 이색은 1391년 11월에 소환되어 개경에 올라왔다. '역성혁명'의 가능성이 조금씩 엿보이는 가운데 이색이 이성계에게 어떤 태도를 보였는지 매우 궁금하지만 확인할 길이 없다. 개경에 올라온 직후 이색은 이성계를 방문했는데, 그때 "태조(이성계-필자)가 몹시 기쁘게 그를 맞이하여 윗자리에 앉히고 꿇어앉아 술을 올리면서 이색에게 서서 마시기를 청하니 이색이 사양하지 않았으므로 사람들이 모두 그르게 여겼다. … 왕이 그 말을 듣고 말하기를 '이 두 사람은 전부터 정이 좋았다'고 했다"는 기록이 있을 뿐이다.[475]

그러나 이색과 이성계의 개인적인 친분을 따질 것도 없이 그들을 둘러싸고 있는 정치 세력 간의 대립은 점점 더 치열하게 전개되었다. 1392년(공양왕 4) 4월에 이성계가 말에서 떨어져 위독한 틈을 타 정몽주 측의 대간들이 이성계 측의 핵심 인물인 조준, 정도전, 남은南誾, 윤소종, 남재南在, 오사충 등을 탄핵하여 유배보내는 데 성공했다.[476] 당시 정몽주가 조준, 정도전 등에게 이성계를 추대하려는 뜻이 있음을 알고 대간을 시켜 이들을 탄핵하도록 시켰다는 것으로 보아,[477] 이 무렵이면 이성계가 왕이 되려 한다는 소문이 돌고 있었음을 알 수 있다. 이때 이색도 조준과 정도전을 탄핵하는 일에 가담했는데,[478] 결과적으로 이것이 고려 왕조를 지키기 위한 마지막 노력이 되었다.

하지만 곧 이방원李芳遠이 정몽주를 죽이고 정몽주 측의 대간들을 대거 몰아냄으로써 전세가 급반전되었다.[479] 1392년(공양왕 4) 4월 4일의 일이었다. 그로부터 열흘 뒤에 이색은 금주(지금 서울시 금천구)로 유배되었는데, 창황 중에 손자 하나만을 데리고 길을 나섰다가 도중에 비까지 만나

國主垂憐愍	임금님은 연민의 뜻을 보여주셨건만
家人慣別離	집사람은 습관이 되어 또 이별이라네
蒼黃無客送	창황 중이라 전송하는 사람도 없이
寂寞有孫隨	쓸쓸하게 손자만 하나 따라올 따름
明月輝鷹劍	달빛 아래 번득이는 응양의 검이요
靑苔蝕馬碑	푸른 이끼 개먹어드는 하마비로세
雨來成小歇	비가 와서 잠깐 쉴 수 있게 되었나니
天亦慰遲遲[480]	하늘도 위로하며 천천히 가라는 듯

이라며, 처량한 심경을 시에 담았다. 이 무렵에는 이성계가 왕이 되려 한다는 소문이 돌고 있었지만, 그럼에도 불구하고 이색은 이성계에게 구명을 청하는 시를 다음과 같이 지었다.

省擊臺彈直到今	대성의 탄핵이 쉴 새 없이 이어지는 중에
烏川奇禍駭人心	오천의 뜻밖의 화가 사람 마음 놀라게 하네
往來屑屑何妨事	왕래하며 굽신거린들 해로울 것이 뭐 있으랴
更感松軒愛我深[481]	송헌이 나를 깊이 아껴줌을 다시 느끼겠네

이색은 유배 전에 이미 정몽주의 죽음을 알고 있었으므로, 이 시는 정몽주의 죽음에 놀란 것이 아니라 정몽주의 죽음에도 불구하고 자신은 이성

계 덕분에 목숨을 부지하게 된 데 대해 고마움을 표한 것이라고 할 수 있다. 물론 그것은 진심이 아니라 구명을 위해서였다. 이색은 금주에 도착한 뒤 이성계에게 또 한 편의 시를 지어 보냈다. 이 시에서는

出京迷道路　　서울을 나서자 길을 잃고 허둥지둥
到處少資糧　　가는 곳마다 먹을 것도 부족한 신세
儻賜山中郡　　산중의 고을 하나 행여 내려주신다면
安心送夕陽[482]　　마음 편히 늘그막을 보낼 수 있으련만

이라고 하여 자신의 어려운 처지를 말하고 산중의 고을을 내려달라는 말로써 구원의 요청을 표현했다.

그러나 정몽주가 죽임을 당한 뒤로는 이색을 구원해줄 사람이 없었고, 이색도 그 사실을 알고 있었다. 이 무렵의 시에는 자신의 처지를 운명으로 받아들이고 체념하는 분위기가 더욱 강하게 나타난다. 금주에서 동년에게 보낸 시에서

遠謫天涯問幾回　　하늘 끝 머나먼 귀양 길 묻노라 몇 번인고
禍胎人道去南臺　　사람들 말엔 남대로 떠날 때 화가 싹텄다나
是皆命也吾何恨　　이 모두 운명이니 내가 또 무엇을 한탄하리
每向樽前笑口開[483]　　매양 술잔 앞으로 나가 입 벌리고 웃는다오

라고 한 것이나, 다른 시에서 "위태하든 순탄하든 양쪽 모두 느긋하니 / 조물도 나는 어쩔 수 없다며 웃고 말리라"라고 한 것 등에[484] 그러한 분위기가 역력히 나타나 있다. 5월 17일에는 '영락함이 이에 이른 것을 스스로 비웃으며' 다음과 같은 시를 지었다.

匹夫有天下	필부가 천하를 가지기도 하고
萬乘爲獨夫	만승(萬乘)이 독부(獨夫)가 되기도 한다네.
大勢今古同	대체적인 추세는 예나 지금이나 같거늘
何況士之徒	하물며 선비의 무리임에랴?
侁侁朝頗衆	아침에는 매우 분주하게 무리를 이루더니
孑孑夕已孤	저녁에는 아주 쓸쓸하여 외롭네.
豈無況嘆者	어찌 매우 탄식하는 이가 없으랴?
欲言還囁嚅	말하고자 하다가 또 머뭇거리네.
弱材豈幹事	미약한 재주로 어찌 일을 보랴?
小賦非凌虛	짧은 부가 하늘 높이 오를 것은 아니라네.
無從叫閶闔	대궐의 문에 호소할 길이 없거늘
心腹安可敷	속마음을 어찌 펼칠 수 있으랴?
命也又天也	운명이요 또 천수(天數)라면
且愼吾所趨	장차 나의 나아갈 바를 삼가리
悠悠張翰鱸	장한(張翰)의 농어는 멀고
杳杳王喬鳧	왕교(王喬)의 물오리는 아득하네.
無可無不可	할 수 있는 것도 없고 할 수 없는 것도 없는데
涼風生座隅[485]	서늘한 바람이 자리 모퉁이에서 일어나네.[486]

이 시에서도 이색은 자신의 처지를 운명으로 받아들이고 장차 나아갈 바를 삼가겠다고 다짐했다. 그런데 여기서 말하는 운명은 이색 개인에 그치지 않고 고려 왕조의 운명을 가리키는 것으로 해석할 여지가 있다. 이성계가 왕이 되려 한다는 소문은 이미 돌고 있었고, 정몽주의 죽음으로 그것을 막을 사람도 없는 상황에서 고려 왕조의 멸망이 충분히 예상되었을 것이기 때문이다. 그래서 이색은 『논어』에서 '일민逸民', 즉 초야에 은둔한

사람들을 논한 대목의 '할 수 있는 것도 없고 할 수 없는 것도 없다'는 구절을 인용하여[487] 왕조의 멸망을 운명으로 받아들이고 자신은 은둔할 것임을 예고한 것이 아닌가 한다.

이색은 1392년(공양왕 4) 6월 금주에서 여흥(지금 경기도 여주군)으로 옮겨졌다.[488] 『목은시고』의 여흥음에는 모두 20편의 작품이 실려 있는데, 주로 지방관이나 승려들과 어울리며 지은 시이고 자신의 구명을 위해 지은 시는 없다. 다만 두 아들에게 보낸 시 두 편이 눈에 띄는데, 먼저 둘째 아들 이종학에게는

逍遙上室與南樓	윗집과 남루를 어슬렁거리며 돌아다니나니
碧洞松風物外秋	절간의 솔바람 소리 세상 밖의 가을이로다
有命在天須自信	운명은 하늘에 달렸다고 스스로 믿어야 할지니
安心是樂更何求[489]	다른 수가 있겠느냐 맘 편히 갖는 게 약이니라

라고 했고, 셋째 아들 이종선에게는

命也夫何恨	무엇을 한탄하랴 운명인 것을
吾今得自由	나는 이제 자유롭게 되었도다
南游欲相見	남쪽에 한번 가서 보고 싶구나
況此季鷹秋[490]	더구나 지금은 계응의 가을이니

라고 했다. 모두 자신의 처지를 운명으로 받아들이고 체념한 모습을 보여준다.

이색이 여흥에 있던 1392년(공양왕 4) 7월 12일에 공양왕이 왕위에서 물러나고[491] 17일에 이성계가 즉위했다.[492] 왕조 교체가 실현된 것이었다. 이

색은 이에 대해 어떤 생각을 가지고 있었을까?

조선이 건국된 직후인 7월 30일에 이색은 장흥부(지금 전라남도 장흥군)로 옮겨졌다가[493] 10월 12일에 외방종편되어 고향인 한산으로 돌아갔고,[494] 이듬해 1월 1일에 경외종편되었다.[495] 그리고 1월 21일 태조를 알현하고 사면해준 데 사은했는데,[496] 이것이 조선 건국 후 이색과 이성계의 첫 만남으로, 보기에 따라서는 이색이 이성계의 건국을 인정했다고 해석될 수도 있는 대목이다. 그러나 이때 이색이 자의로 이성계를 찾아가 만난 것인지는 분명치 않다. 『태조실록』의 이색졸기에는 조선 건국 직후에 이색이 태조를 만나고 돌아와 "참으로 천명을 받은 거룩한 임금이다"라고 했다고 하고,[497] 태조를 만난 자리에서 "개국하던 날 어찌 제게 알리지 않았습니까? 만일 제게 알렸다면 읍양揖讓하는 예를 베풀어 더욱 빛나게 했을 것인데, 어찌 마고馬賈로 하여금 수석首席이 되게 하셨습니까?"라고 했다는 기록이 있다.[498] 모두 이색이 조선 건국을 인정했음을 보여주는 기록이지만, 실록을 편찬한 당국자들의 이러한 주장을 그대로 받아들이기는 어렵다. 거기에는 정치적 의도가 강하게 들어있기 때문이다.

반면, 권근이 지은 이색 행장에는 다음과 같은 기록이 있다.

> (1392년) 7월에 우리 태상왕(이성계-필자)이 즉위하매 공을 꺼리는 자들이 극형을 가하고자 하니, 공은 말하기를, "나는 평생 동안 망녕된 말을 하지 않았는데 구태여 거짓으로 승복하겠는가. 비록 죽는다 해도 나는 바른 귀신이 되겠다"라고 했다. 왕이 그 말을 듣고 정상을 살펴서 특별히 놓아주고 장흥부에 옮겨두게 하였다. 이때 공에 힘입어 살아난 사람이 많았다.[499]

그러나 이 기록 역시 그대로 믿기는 어렵다. 권근이 지은 행장을 비롯하여 이색 사후에 지어진 글들에는 이색을 조선 건국의 반대자로 추앙하고

그의 절의를 높이 평가하려는 의도가 많이 작용했기 때문이다.[500]

이색의 후손인 이기李墍(1522~1600)가 지은 『송와잡설松窩雜說』에는 이색이 조선 건국에 반대했음이 더욱 극적으로 묘사되어 있다. 즉, 이색이 1395년(태조 4)에 오대산에서 돌아와 태조를 만났을 때의 상황을 전하면서

> 태조가 어탑御榻에서 내려와 친구 간의 예로써 대우하면서 말하기를 "덕이 부족하고 식견이 어둡다 하여 버리지 말고 한 말씀 가르쳐주길 바라오"라고 하자 공은 "'망국의 대부大夫로서 일을 도모할 수 없다'는 말이 있으니, 다만 이 해골이나 고향 산천에 묻히기를 원할 뿐이오"라고 대답했다.[501]

라고 한 것이 그것이다. 그리고 더 나아가

> 내가 괴원槐院(승문원-필자)에 있을 적에 박식한 선비 하나가 내게 말하기를, "선정先正께 들으니 혁명한 후에 공은 항상 초립을 쓰고 흰옷에다 가는 실띠를 띠고 거상居喪하는 옷차림을 했는데, 그 화상이 도성 안에 남아 있어 직접 보았다고 했습니다"라고 하므로, 내가 널리 물어보았으나 볼 수 없었다.[502]

라고 한 데서는 조선 후기에 이르면 조선 건국의 반대자로서의 이미지가 더욱 굳어졌음을 알 수 있다.

이와 같이 조선 건국, 즉 왕조 교체에 대한 이색의 생각과 태도에 대해서는 건국 당시 조선왕조의 입장과 이후 후손들의 입장이 극명하게 엇갈려 어느 편이 진실인지 판단하기 어렵다. 따라서 여기서는 비교적 개인적인 소회를 솔직히 담았다고 여겨지는 이색의 글을 통해 조선 건국에 대한 생각을 살피고자 한다.

이색이 조선 건국 후에 지은 글은 거의 남아 있지 않다. 원래 짓지 않았

는지, 아니면 문집을 편집하는 과정에서 없앴는지 분명치 않다. 그렇게 드문 글 가운데 하나가 「중녕산 황보성기中寧山皇甫城記」이다. 이 글은 『목은집』에는 실려 있지 않고 『동문선』에만 남아 있다.[503] 『동문선』에 실린 이색의 글들이 『목은집』 초간본을 반영한다는 것이 필자의 믿음이거니와, 『목은집』 초간본에 있던 글이 중간본에서 누락된 것은 이 「중녕산 황보성기」가 유일하다.[504] 이 기문은 이색이 장흥부 중녕산성의 완공을 기념하여 장흥부사의 부탁을 받아 지은 글인데, 이색이 장흥에 머문 시기는 조선 건국 직후인 1392년 7월 30일부터 외방종편되어 한산으로 돌아갈 때까지 약 3개월 동안이었고, 기문에 종편從便이 언급된 것으로 보아 10월 12일에 내려진 외방종편의 사실이 알려진 뒤, 아직 한산으로 출발하기 전에 지은 것이 거의 확실하다. 이 글에서 이색은 자신의 상황을 다음과 같이 서술했다.

> 나는 현릉(공민왕-필자)의 재상으로서 위조僞朝에 벼슬하는 실신失身을 범했으니 죄가 마땅히 베임을 받아야 할 것인데, 금상今上께서 옛일로 의논하여 교서를 내리시어 서인庶人이 되게 하고 또 전례대로 종편從便하라는 명을 내리셨으니 내일이면 마땅히 북쪽으로 올라갈 것이다.[505]

여기서 위조僞朝란 우왕과 창왕을 가리킨다. 이색은 우왕, 창왕대에 관직에 나간 것을 실신失身했다고 표현했고, 이성계를 금상今上이라고 지칭하면서 그의 관대함에 힘입어 죽임을 면할 수 있었다고 했다. 비록 유배중이기는 했지만, 조선 건국 직후에 이런 글을 썼다는 사실은 이색이 고려 말 자신의 처신이나 조선 건국에 대하여 의외로 이른 시기에 현실을 받아들이는 쪽으로 입장을 정리했음을 보여주는 것이 아닌가 한다.

한편, 『목은시고』에는 조선 건국 후에 이색이 관동지방을 유람하면서 지은 시 6편이 제34권 말미에 실려 있다. 그 가운데 관동지방을 유람하게 된 동기가 다음과 같이 밝혀져 있다.

내가 젊어서 선인先人의 동유록東游錄을 읽어보고는 그곳을 유람해볼 생각을 가졌다. 그런데 불행히도 연경에 치달려 벼슬길에 오르게 되었고, 귀국하고 나서는 현릉(공민왕-필자)의 지우를 받아 하루도 조정을 떠날 수가 없었으니, 부절을 나눠 받고 한 지방을 안렴하는 기회를 어떻게 얻을 수가 있었겠는가. 그래서 관동 지방을 찾아볼 길이 지금까지 없었다. 그러다가 하늘의 운세가 순환하여 성상聖上께서 나를 고인故人의 예로 대해주고 계시는데, 이러한 때를 당해서 한번 노닐어보지 못한다면 나는 사람 축에도 끼지 못할 것이라는 생각이 들었다. 그래서 한산에서 종선을 데리고 대산臺山에 들러서는 고암상인杲菴上人을 불러내 함께 유람하고 돌아왔으며, 양주에 도착해서는 이제학李提學을 만나 강릉에 있는 중정中正의 시골집 죽당竹堂을 찾아 들어갔는데, 밤에 얘기하며 보낸 그 하룻밤의 환희야말로 일각이 천금의 가치가 있겠기에 기록해두지 않을 수가 없다.[506]

여기서 이색은 고려 멸망과 조선 건국을 '하늘의 운세가 순환'한 것이라고 표현했고, 또 '성상께서 나를 고인의 예로 대해주고'라고 한 대목에서는 이성계를 '성상聖上'이라고 표현한 것이 눈길을 끌며, 또 태조가 자신을 고인故人, 즉 옛 친구로 대해주고 있다고 한 것은 건국 후 이성계가 이색에게 개인적인 의리로 접근한 데 대한 화답이라고 할 수 있다. 즉, 이색은 조선 건국 후 이성계의 거듭된 부름에도 불구하고 정치에 직접 참여하지는 않았지만, 건국에 대한 거부감을 강하게 나타내지도 않았던 것이다.

이색 말고도 당시 사람들이 고려 멸망과 조선 건국에 대해 어떤 생각을 가졌는지는 궁금한 문제이다. 이것을 직접 보여주는 자료가 많지 않을 뿐더러 그나마도 조선 건국의 정당성을 홍보하려는 입장이나 고려 왕조에 대한 절의를 강조하려는 입장 가운데 어느 하나가 강하게 반영되어 있어서 주의해서 읽어야 한다. 조선 건국에 대한 생각을 알 수 있는 몇 안 되는 사람 가운데 원천석元天錫이 있는데, 그는 고려 말 조선 건국에 반대한 절의파節義派로 알려져 있지만 그의 시문을 보면 꼭 그렇지만은 않았다. 조선이 건국된 지 불과 수개월 뒤인 1392년(태조 1) 겨울에 지은 시에서

聖神開化國	성스러운 임금(聖神)께서 나라를 개화(開化)하시니
伊呂在臣隣	이윤(伊尹)과 여상(呂尙) 같은 신하들이 이웃해 있네.
世復羲軒世	세상은 다시 복희(伏羲)·헌원씨(軒轅氏) 세상 되었고
民爲堯舜民	백성들은 요(堯)·순(舜)의 백성 되었네.
多方皆帖泰	사방이 모두 태평성대에
異域盡和親	다른 나라도 다들 화친 맺으니,
天子下宣諭	천자께서 유지(諭旨)를 내리셔
三韓樂更新[507]	삼한(三韓)의 즐거움이 다시금 새롭네.[508]

라고 하여 조선 건국을 칭송했다. 원천석은 이성계 일파가 제기한 '우창비왕설禑昌非王說'에 의문을 제기하고 우왕과 창왕의 처형을 비난했으며, 그 연장에서 '역성혁명'에 동조하지 않았지만 조선이 건국된 뒤에는 곧 그것을 현실로 인정했던 것이다.[509] 고려 왕조에 대한 충절과 조선 건국의 현실 사이에서 고민하되, 결국 현실을 받아들이는 것이 당시 일반적인 정서가 아니었을까 한다.*

이색이 왕조 교체에 대하여 어떻게 생각했는지는 여전히 확언하기 어렵

* 柳柱姬, 「元天錫 硏究—그의 現實認識을 중심으로—」『지방지식인 원천석의 삶과 생각』, 혜안, 2007, 253-254쪽에 의하면 고려 말의 가장 대표적인 節義派로 알려져 있는 吉再도 조선왕조의 건국을 天命意識에 입각하여 부인하지 않았다고 한다.

다. 이색은, 진사 신분으로 지방에 머물고 있던 원천석과는 달리 최고위 관직을 가지고 고려 말 정쟁의 한가운데 있었던 만큼 왕조 교체에 대한 생각도 다를 수 있었다. 하지만 지금 남아 있는 기록만으로 판단컨대, 이색이 위화도회군 이후 이성계 일파와 대립한 것은 분명한 사실이지만 일단 조선이 건국된 뒤에는 그 부당함을 적극 주장한 흔적을 찾아보기 어렵다. 이것이 자료의 인멸 때문일 수도 있으나 『목은집』 등에 남아 있는 글을 보면 오히려 이른 시기부터 조선 건국을 현실로 인정한 듯한 느낌이다. 이색이 조선 건국 후에 태조를 찬양했다는 『태조실록』의 기록은 물론 그대로 믿을 수 없지만, 그렇다고 해서 조선왕조를 끝내 부정하고 절의를 지켰다는 것도 사실과 다른, 뒷사람들의 희망과 기대가 섞인 평가가 아닐 수 없다. 이색은 고려의 멸망에 대해 많은 아쉬움을 가졌지만, 조선 건국에 대해서는 현실을 인정하면서 출사하거나 협조하지는 않는 것으로 왕조 교체에 대한 자신의 입장을 정리했다고 하는 것이 사실에 가까울 것이다.

제4장 결론

고려 말의 대표적인 학자이자 관료였던 이색李穡(1328~1396)은 당대 최고의 문장가답게 방대한 분량의 시문을 남겼다. 『목은시고』에 실려 있는 4,262편의 시와 『목은문고』에 실려 있는 232편의 산문이 그것이다. 문집의 시문들은 그때그때의 생각과 감정을 가감 없이 표현한, 살아 있는 글이다. 그런 점에서 수차례 다듬어 정리한 저술과는 성격이 다르다. 후자가 종합적이고 체계적인 데 비해 전자는 단편적이고 가변적이다. 따라서 사료로서의 가치는 최종적으로 정리된 후자가 더 크다고 할 수 있지만, 전자는 중간 과정을 생생하게 보여준다는 점에서 나름의 장점을 가지고 있다. 특히 『목은집』에는 이색이 평생 동안 지은 작품들이 수록되어 있어 작자의 생각이 변해가는 양상까지도 추적할 수 있다는 절대적인 매력이 있다. 다만, 문집의 시문을 이용한 역사 연구는 저술 등 다른 사료를 이용한 연구와 여러 가지 면에서 다르다. 그래서 『목은집』의 시문을 활용하여 이색에 대해 연구한 이 책의 제목을 '이색의 삶과 생각'이라고 붙여보았다.

이색이 어떤 삶을 살았으며, 어떤 생각을 하고 살았을까? 이것이 이 책에서 다루려고 한 주제이다. 하지만 이 책의 관심이 이색 개인의 삶과 생각에 국한되는 것은 아니다. 이색은 학문적으로나 정치적으로 한국사의 14세기 후반을 대표하는 사람이었다. 그의 삶에는 고려 말, 조선 초의 변동기를 살았던 수많은 사람들과의 관계가 녹아 있고, 그의 생각에는 세상의 변화에 대한 동시대인들의 고민이 담겨 있다. 당시 사람들 가운데 이색이 가장 많은 시문을 남겼으니, 그를 통해 그의 시대를 들여다보는 것은 역사가로서의 당연한 책무이다.

이색이 살았던 14세기 후반은 원-명 교체와 유-불 교체, 고려-조선 왕조의 교체 등 세 가지 커다란 변화가 서로 영향을 주고받으며 진행된 시기였다. 세계질서와 정신세계, 그리고 현실정치의 변화가 동시에 일어났던 것이다. 이색은 이러한 변화의 시기를 어떻게 살았을까? 자신을 둘러싼 세상의 변화에 대해 어떻게 생각했을까? 여기에 더하여, 시간의 흐름에 따라 이색의 생각은 어떻게 변해갔을까? 이 책은 세상의 변화에 대한 이색의 생각과, 그 생각의 변화에 대해 연구한 결과물이다.

『목은시고』에는 이색이 21세부터 68세까지 거의 평생 동안 지은 작품이 실려 있다. 이것을 활용하면 이색의 삶의 궤적과 생각의 변화를 추적하는 것이 가능하다. 다만, 그러기 위해서는 『목은시고』의 작품들 하나하나가 지어진 시기를 분명히 밝혀야 한다. 그래서 본 연구에 앞서 『목은시고』의 작품연보作品年譜를 작성했다. 『목은시고』의 작품 배열은 저작 시기순으로 되어 있지만 부분적으로 그 원칙이 지켜지지 않은 곳이 있어 이를 바로잡는 데 많은 노력을 기울여야 했다. 그 결실이 이 책에 부록으로 실은 『목은시고』 작품연보이다. 이 작품연보를 기준으로 시간의 흐름에 따라 『목은시고』의 작품을 읽으며 우선 이색의 삶을 정리했다.

이색의 평생은 성장·수학기(24세 이전), 관직활동기(25~44세), 퇴직·은거기(45~60세), 정치적 시련기(61~69세) 등 네 시기 나누어 정리하되, 단순한 개인사에 머물지 않고 친인척 관계와 교우 관계, 좌주-문생 관계 등 다양한 인간관계 속에서 이색의 정치적, 사회적 위상이 변해가는 모습에 초점을 맞추었다. 이색의 전기 자료는 『고려사』 열전을 비롯하여 권근權近이 지은 행장行狀과 하륜河崙이 지은 신도비문神道碑文, 『태조실록』의 졸기卒記, 『목은집』의 연보年譜 등이 있지만, 『목은집』의 시문들을 활용하여 훨씬 더 상세하게 그의 삶을 재구성할 수 있었다.

성장과 수학이 중심이 되는 24세 이전의 청소년기와 청년기는 가문 배경과 교우 관계를 조사하여 이색의 성장 환경을 가늠해보았다. 이색은 본관지인 한산의 호장을 세습해오던 지방 향리 가문에서 태어났다. 이색이 외가가 있는 영해에서 태어났을 때 아버지 이곡李穀은 과거에 급제했으나 아직 관직에 오르지 못한 상태였다. 이색이 5세가 되던 해에 이곡은 원의 제과에 합격했고, 그로부터 고려와 원의 관직을 오가며 빠르게 승진했다. 아버지의 후광으로 이색은 14세 때 국자감시에 갓 합격했음에도 당대 최고 문벌인 안동 권씨 권중달權仲達의 딸과 혼인할 정도가 되었다. 이곡에 이어 이색도 고려의 과거와 원의 제과에 연달아 합격했고, 공민왕의 총애를 받아 순탄하게 승진한 결과 30대 후반에 이미 재추에 반열에 올랐다. 또한 자신뿐 아니라 세 아들의 혼인을 모두 세족世族 가문과 맺음으로써 세족의 일원이 되었다.

이색 가문의 성장 과정을 보면, 고려 후기에 지방의 향리, 중소지주 출신으로서 과거를 통해 중앙 관인으로 진출한 학자 관료로서 사대부士大夫의[1] 전형적인 모습을 발견할 수 있다. 다만, 사대부들이 고려 말에 정치 세력을 이루고 세족과 대립하기 이전에는 개인적인 능력을 앞세워 세족으로 발돋움하는 것이 오히려 일반적인 경향이었음을 간과해서는 안 될 것이니, 이곡·이색 부자가 그 좋은 사례가 될 것이다. 한편, 14세기 후반에는 사회적 배경이나 경제적 기반에 관계없이 '성리학을 공부하고 과거에 급제한 문신관료'로서 신흥유신新興儒臣이 출현했다.[2] 이들은 성리학자로서 현실 인식을 공유하고 좌주-문생 관계를 통해 세력을 결집함으로써 고려 사회를 변화시킬 수 있는 가능성을 열었다. 고려 말 사대부의 정치적 성장도 신흥유신이라는 누에고치가 있었기에 가능한 일이었다.[3] 이곡·이색 부자는 모두 성리학을 공부하고 과거에 급제한, 신흥유신의 대표적인 사례라고 할 수 있다.

이색의 청소년기 수학 과정에서 빠트릴 수 없는 중요한 사실이 원 국자감 유학이다. 아버지 이곡이 원의 관리였기 때문에 원의 '조관자제朝官子弟'로서 누릴 수 있었던, 고려 사람으로서는 예외적인 특전이었다. 당시 원에서 성리학이 전래되고 고려의 학자들이 앞다투어 이 신학문을 배우고자 하던 상황에서 성리학 교육의 본산이라 할 수 있는 원 국자감에의 유학은 그 자체만으로도 큰 의미를 가졌다. 이색의 유학 기간은 모두 합쳐 24개월을 넘지 않았지만, 원 국자감 유학의 상징성에 필시 개인적인 노력과 자질이 더해져 뒷날 성균관 중영重營 당시 겸대사성兼大司成이 되어 성리학 교육을 진흥시킴으로써 성리학 수용 과정에서의 공로를 인정받게 되었으니, 이 유학은 이색의 일생에서 매우 중요한 사건이었다고 할 수 있다.

이색의 관직 생활은 26세인 1353년(공민왕 2) 과거에 급제하면서 시작되었다. 그러나 그 한 해 전에 유명한 '복중상서服中上書'를 올려 사실상 정치 활동을 시작했으므로 이 책에서는 25세부터를 관직활동기로 설정했다. 이색의 벼슬살이는 44세가 되던 1371년(공민왕 20) 모친상을 당해 관직에서 물러날 때까지 약 20년 동안 이어졌는데, 이 시기는 모두 공민왕대(1351~1374)에 해당한다. 또한 이색은 공민왕의 각별한 총애를 받았으니, 뒷날 이색이 자신을 공민왕의 신하라고 내세운 것도 무리가 아니었다.

공민왕 초에 이색은 과거에 장원으로 급제한 데 이어 원의 제과에도 합격함으로써 고려와 원 모두에서 관직에 올랐다. 부자가 대를 이어 제과에 합격하고 원의 관직을 받은 것은 전무후무한 일이었고, 이색은 제과 합격으로 아버지가 그랬던 것처럼 빠른 승진과 출세를 보장받았다. 그러나 당시 원은 쇠망하고 있었고, 사태를 예견한 이색은 원의 관직을 버리고 고려로 돌아왔다. 고려에서 공민왕이 반원운동을 일으키기 불과 4개월 전의 일이었다.

고려에 돌아온 이색은, 반원운동 직전까지만 해도 원의 관리였고, 그 이전에도 원과 밀접한 관계가 있던 터라서 반원운동으로 타격을 입을 수도 있었지만, 공민왕의 정치에 협조하고 신임을 얻는 데 성공했다. 이색으로서는 인생의 첫 번째 위기를 전화위복의 계기로 삼았다고 할 수 있다. 원의 간섭에서 벗어나 공민왕의 왕권이 안정되면서 이색의 지위 또한 안정되었다. 초고속 승진을 거듭하여 36세에 재추의 반열에 올랐는데, 그 사이에 문한직과 승선, 간관 등 청요직淸要職을 떠나지 않았으며 간관으로서 강직한 편은 아니었으나 원칙을 지키고자 노력하는 모습을 보였다. 이색의 관력 가운데 한 가지 특기할 점은 지방관으로 나간 적이 없다는 것인데, 이는 고려시대를 통해 아주 드문 일로[4] 공민왕대 조정에서 이색의 위상을 보여주는 대목이다.

이색은 30대 말에 신돈辛旽의 집권으로 또 한 번의 위기를 맞이했다. 공민왕의 신돈을 앞세운 개혁정치는 신흥유신新興儒臣들의 좌주-문생 관계 등을 통한 세력 결집을 부정적으로 보는 인식을 밑바탕에 깔고 있었으므로 이색도 그 개혁의 대상이 될 수 있었기 때문이다. 더욱이 이색의 좌주이며 당시 신흥유신을 대표하던 이제현李齊賢은 신돈과 대립하다가 배척을 당하고 있었다. 하지만 이색은 공민왕이 신돈을 중용하는 데 반대하지 않았고, 오히려 신돈집권기에 성균관이 중영되자 겸대사성이 되어 신돈 정권에 참여했다. 성균관 중영은 고려에 성리학이 확산되는 계기가 된 사건으로 평가되며, 이때의 활동으로 이색은 신흥유신의 새로운 중심인물로

부상했을 뿐 아니라 뒷날 '유종'으로 추앙받게 되었던 것이니, 이번에도 위기를 기회로 만든 셈이었다.

공민왕대에 승승장구하던 이색의 일생에 먹구름이 드리우기 시작한 것은 40대 후반부터였다. 모친상과 본인의 건강 악화, 공민왕의 갑작스런 죽음과 정치 권력의 타락 등 좋지 않은 일들이 동시에 일어났다. 이색은 우왕대(1374~1388) 내내 거의 관직에 나오지 못했는데, 인생에서 가장 왕성하게 활동할 40대 후반, 50대의 나이에 정치 일선에서 물러나 있었던 것이다. 이 책에서는 이 시기를 퇴직·은거기라고 명명했다. 하지만 『목은시고』에는 이 시기에 지은 시가 가장 많이 남아 있어 이색의 일상 생활과 여러 가지 생각들을 생생하게 복원해볼 수 있었다.

퇴직·은거기에 이색은 안으로는 질병과 가난, 외로움 등으로 어려움을 겪었고, 밖으로는 부패한 정치상황 때문에 힘들어했다. 우왕대에는 몇몇 권신들이 정치 권력을 장악하고 반대파를 제거하기 위해 거듭 옥사獄事를 일으켰고, 우왕은 왕권을 제대로 행사하지 못하고 측근의 무뢰배들과 어울려 다니며 국왕답지 못한 행동을 일삼았다. 일반 관료들은 권신에게 아부하지 않고서는 관직에 남아 있기도 쉽지 않은 상황이었다. 이색은 출처出處를 놓고 고민했지만 역시 관직에 나가기를 희망했다. 그리고 그의 희망대로 몇 차례 복직되기도 했지만 매번 오래 있지 못하고 사직하기를 반복했는데 자의에 의한 것은 아니었다.

관직에 있건 있지 않았건 간에 이색의 문장가로서의 명성은 이 퇴직·은거기에 전성을 누렸다. 이색이 공민왕 말에 관직에서 물러났다가 8년 만에 복직되는 계기도 왕명으로 광통보제선사비문廣通普濟禪寺碑文을 지은 데서 만들어졌다. 또한 우왕대에는 명에 보내는 외교문서를 짓거나 검토하는 일이 거의 이색의 몫이었다. 특히 우왕 초에 지공指空과 나옹懶翁 두 승려의 비문을 지은 것을 계기로 승려들과의 교류가 활발해졌고, 그때부터 이색의 생활에 많은 변화가 있었다. 승려들에게 글을 지어주고 받은 글값은 이색의 주요한 수입이 되었고, 불교계와 가까워지면서 '영불佞佛', 즉 부처에게 아첨한다는 비난이 일어났다.

우왕대에 이색은 비록 관직에 오래 있는 않았지만, 염제신廉悌臣, 윤환尹桓을 비롯한 원로대신들, 그리고 이인임李仁任, 임견미林堅味, 최영崔瑩, 이성계李成桂 등 실력자들과 사적인 자리에서 곧잘 어울렸다. 이색은 공민왕대의 재상이면서 한산군에 봉해진 원로였고, 또 안동 권씨 가문의 사위로서 세족의 일원이 되어 연회 등 비공식적인 자리에서 그들과 교유했다. 이러한 기회가 거듭되면서 이색 스스로 자신이 세족이라는 생각을 굳혀갔고, 그러한 생각은 위화도회군 후 전제 개혁을 논의하는 자리에서 자연스럽게 세족의 입장을 대변하는 것으로 표출되었다.

우왕대에 관직에서 물러나 있던 이색은 환갑이 되던 해인 1388년(우왕 14) 1월 최영과 이성계가 이인임, 임견미, 염흥방廉興邦 일파를 제거하고 권력을 잡으면서 판삼사사로 복귀했다. 그로부터 최영의 요동 공격과 이성계의 위화도회군 등으로 정세가 격변했고 곧이어 개혁을 둘러싼 권력 투쟁이 전개되었는데, 이때가 이색의 평생에 있어 가장 적극적으로 자기 주장을 펼쳤던, 어찌 보면 제일 활발하게 활동을 펼친 시기였다. 위화도회군 직후 이색은 창왕 옹립에 일조하고 명에 사신으로 다녀왔으며, 전제 개혁 논쟁에서는 사전 혁파에 반대하는 데 앞장섰다. 그러나 이색의 주장은 당시 권력을 잡고 있던 이성계와 시종 대립했고, 그 때문에 이성계파의 공격을 받아 결국 관직에서 쫓겨나고 유배지를 전전하게 되었다. 이색의 시련은 1392년 고려왕조가 멸망할 때까지 계속되었다. 조선 건국 후 이색은 이성계의 부름을 받았지만 끝내 조선왕조에 출사하지 않고 1396년(태조 5) 69세의 나이로 사망했다. 61세 이후의 시기를 이 책에서는 정치적 시련기로 명명했다.

이색은 평생 동안 정치적, 사회적, 문화적 변동을 체험했으며, 그 변동으로부터 절대적인 영향을 받았다. 원-명이 교체되지 않았다면, 유교와 불교가 대립하지 않았다면, 고려에서 조선으로 왕조가 교체되지 않았다면, 그 셋 중에 어느 하나라도 일어나지 않았다면 이색의 삶은 아주 달라졌을 것이다. 이색은 자신의 삶을 좌우하게 될 이러한 변화에 대해 어떻게 생각했을까? 이 책에서는 이색의 원-명 교체에 대한 생각, 유-불 교체에 대한 생각, 왕조 교체에 대한 생각을 차례로 살펴보았다.

먼저, '원-명 교체에 대한 생각'에서는 원의 쇠퇴 및 명의 흥기에 대한 이색의 생각과, 그 생각이 변해가는 모습을 살폈다.

원-명 교체는 이색에게 매우 민감한 문제가 아닐 수 없었다. 그 자신의 출세가 원 국자감에서 유학한 경력과 제과에 합격하여 원의 관직에 임명된 사실에 상당 부분 힘입었기 때문이다. 꼭 이색이 아니더라도, 당시 고려 사람들에게 원의 쇠퇴는 대단히 충격적인 사실이었음에 틀림없다. 1259년(고종 46) 고려와 몽골 사이에 강화가 맺어진 뒤 거의 100년 동안 양국 간에 교류가 활발하게 이루어졌고, 고려에서는 '세조구제世祖舊制'에 따라 원과 책봉-조공 관계를 맺고 국가를 유지하고 있다는 사실에 안도하면서 원에 대한 사대를 합리화하고 있었다. 그러한 상황에서 원이 쇠퇴하는 기미가 보이자 공민왕이 즉각 반원운동을 일으켜 원의 간섭에서 벗어났지만 그로 인한 문화적, 심리적 충격을 완화하기까지는 상당한 시일이 소요되었다.

이색은 젊은 시절 몽골족이 세운 원을 중화中華로 인식하고, 원에 대한 사대를 당연한 것으로 받아들였다. 원의 국자감에서 유학하고 제과에 합격하여 원의 관리가 되는 동안 이러한 생각은 더욱 굳어졌을 것이다. 하지만 원의 쇠퇴상을 목격하고는 고려로 돌아왔고, 그 직후 전개된 공민왕의 반원운동에 반대하지 않았다. 반원운동이 표면적으로는 기철奇轍의 반란

진압을 표방했고, 또 얼마 지나지 않아 원과의 갈등이 봉합되어 책봉-조공 관계가 유지되었으므로 여기까지는 반원에 대한 심리적 부담이 크지 않았을 것이다. 하지만 원이 공민왕을 폐위하고 덕흥군德興君을 앞세워 침공해 오는 등 고려에 적대적인 태도를 보이는 와중에도 이색은 원 및 부원附元 세력에 동조하지 않았다. 또 1370년(공민왕 19) 명과의 책봉-조공 관계 수립을 전후해서는 명에 보내는 외교문서를 작성하면서 공민왕의 친명 외교를 실무적으로 뒷받침했다. 원-명 교체를 인정하지 않고 여전히 원을 중화라고 생각했다면 할 수 없는 일이었다.

친명親明의 군주였던 공민왕이 시해당한 뒤로는 고려-명 관계가 어려움을 겪는 가운데 외교정책을 둘러싸고 정치적 갈등이 폭발했다. 1375년(우왕 1)의 일로, 당시 권력을 잡고 있던 이인임 등이 대원 외교를 재개하려는데 대하여 박상충朴尙衷, 정몽주鄭夢周, 정도전鄭道傳 등 신흥유신들이 반대하다가 대거 처벌을 받았다. 이들은 모두 공민왕 때 성균관에서 이색과 함께 활동한 사람들이었다. 이색은 마침 관직에서 물러나 있었으므로 그 일에 직접 연루되지 않았지만, 이때까지의 행적으로 미루어 신흥유신들의 주장에 동조했을 것으로 추정된다.

우왕대에는 명이 고려를 압박하고 원이 고려에 우호적인 태도를 보이는 상황이 계속되었다. 하지만 고려에서는 명과 책봉-조공 관계를 재개하는 것을 목표로 대명외교에 주력했다. 이색 역시 대명 관계의 개선을 희망했고, 명의 압력으로 양국 관계가 순조롭게 풀리지 않는 현실을 안타깝게 여겼다. 당시 명의 고려에 대한 압박과 과도한 공물 요구를 부당하다고 여길 만도 했지만 이색은 그에 대한 원망보다는 명의 요구를 들어주는 것이 조공국의 책무라고 생각했다. 원을 명과 대등하게 생각하지 않았으며, 명을 대신할 수 있는 책봉국으로서 원을 떠올리는 일은 더더욱 없었다. 이색에게 원-명 교체는 이미 돌이킬 수 없는 현실이었고, 원은 언제나 그 쇠망이 안타까운 대상이거나 간혹 자신의 젊은 시절을 회상할 때 함께 떠오르는 존재일 뿐이었다.

이색은 원-명 교체에 직면하여 사대의 대상을 원에서 명으로 교체하는 데 심정적으로나 논리적으로 큰 어려움을 겪지 않았다. 사대의 대상을 교체하는 논리는 형세形勢를 기준으로 하는 형세론적 화이관華夷觀이었다. 하지만 실제로 원-명 교체가 완료된 시점은 북원北元이 멸망한 1388년(우왕 14)이었고, 1370년(공민왕 19)에 고려가 사대의 대상을 바꿔 명과 책봉-조공 관계를 맺은 것은 시기적으로 매우 이른 결정이었다. 이러한 고려의 정책 변화에는 단순히 형세론뿐 아니라 혈통을 기준으로 한족漢族 왕조를 중화로 인정하고자 하는 명분론적名分論的 화이관도 영향을 끼쳤다고 하겠다. 결국 이색은 한족 왕조인 명의 등장과 함께 종래의 형세론적 화이관이 명분론적 화이관으로 전환되고 있던 시기에 두 가지 논리를 병용하여 원-명 교체를 받아들였다고 할 수 있다.

다음으로 '유-불 교체에 대한 생각'에서는 이색의 불교 및 유교에 대한 생각을 정리했다.

고려 후기 성리학의 수용은 한국사상사에서 대단히 중요한 의미를 갖는 사건이었다. 향후 500년 동안 조선 사회를 지배한 사상·이념의 수용이라는 점에서도 그러하지만, 그때까지 1,000년이 넘는 장구한 세월 동안 한국인의 정신세계를 지배해온 불교에 대한 배척을 동반했다는 점에서 더욱 그러했다. "불교는 수신修身의 근본이고, 유교는 치국治國의 근원"이라고 하여[5] 양자의 공존을 인정해왔던 고려의 사상계에, 척불이 유자儒者의 당연한 도리라고 주장하는[6] 성리학의 가르침은 커다란 충격이었다. 더욱이 불교를 종교로서 신봉하고, 승려와의 교류가 일상화되어 있던 당시 유학자들에게 성리학의 척불론은 매우 곤혹스런 일이 아닐 수 없었다. 그러한 상황에서 한 세대를 대표하는 성리학자였던 이색은 어떤 생각을 가지고 있었을까?

이색에 대한 평가 가운데 크게 엇갈리는 대목이 있다. '유종'이라는 칭송과 더불어 '영불佞佛', 즉 부처에게 아첨한다는 비난이 그것이다. '유종'의 지위는 성리학 수용 과정에서의 업적으로부터 얻어진 것이고, '영불'의 비난은 이색의 평소 불교계와의 우호적인 관계나 승려들과의 잦은 교류, 그리고 척불론에 대한 미온적인 태도에서 말미암은 것이었다. 그렇다면 이색은 유교와 불교를 어떻게 생각했을까? 이에 대해 기존의 연구에서는 유교와 불교의 도가 같다고 생각하는 유불동도론儒佛同道論 또는 유불일치론儒佛一致論으로 설명하고 있지만, 다른 한편으로 살펴보면 이색은 젊은 시절인 1352년(공민왕 1) '복중상서服中上書'를 통해 불교계의 개혁을 주장했고, 『목은집』에 실려 있는 글 가운데는 불교를 이단으로 규정한 구절이 적지 않다. 또 불교에 대한 생각이 평생 한결같았다고 보기도 어려우며, 시간의 흐름에 따라 변화했을 가능성도 있다.

이색은 '복중상서'에서 불교의 사회적 폐단을 비판하고 나름의 해결방안을 제시했다. 그러나 그것만 가지고 이색이 성리학자로서 척불론을 개진한 것이라고 보기는 어렵다. 불교의 가치를 인정하면서도 사원과 승려의 현실 사회에서의 폐해를 지적하는 것이 얼마든지 가능하기 때문이다. 그보다는 젊은 시절 이색이 스스로를 성리학자로 인식했고, 불교에 대해서는 분명히 이단으로 규정했던 점에 주목할 필요가 있다. 40대 전반까지는 그러한 생각이 철저했고 가급적이면 불교와 거리를 두려 했다. 공민왕대에 성균관 겸대사성이 되어 성리학 교육을 진흥시킨 일과 당시 불교계를 주도하고 있던 나옹을 '도道가 서로 같지 않다'는 이유로 만나지 않은 사실이 성리학과 불교에 대한 이색의 태도를 분명히 대비시켜 보여준다.

하지만 이색은 불교적인 가정환경에서 성장했고, 불교와의 관계를 완전히 단절하지는 못했다. 특히 우왕 초에 왕명으로 지공과 나옹의 비문을 지은 것을 계기로 승려들과의 교류가 빈번해졌다. 시간이 흐를수록 불교는 이색의 생활 속에 점점 더 깊이 파고들었고, 이색의 불교에 대한 생각도 조금씩 변해갔다. 마침내 이색은 나옹 문도들의 지원을 받아 신륵사 대장불사大藏佛事를 일으키기에 이르렀다. 이색은 이 불사를 공민왕에 대한 충성과 부모에 대한 효도를 위한 것이라고 합리화했지만, 전국적인 규모의 불사를 주도한 일은 성리학자로서의 명성에 흠집을 내기에 충분했다. 또한 불교의 세속적 타락에 대해 비판하지 않게 된 것도 이전과 달라진 모습이었다.

승려들과 빈번하게 교류하고 대규모 불사를 일으키면서도 자신이 성리학자이며, 불교가 이단이라는 이색의 생각에는 변함이 없었다. 신륵사 대장불사를 성공리에 마친 뒤에도 여전히 불교, 도교에 비해 유학이 우월하며 자신은 성리학자의 본분을 지킬 것임을 다짐하는 시를 지었다. 이색은 당시 불교계와 우호적인 관계를 유지하고 승려들과 가까이 지내면서도 끝내 불교신자가 되지 않았고, 성리학자로서의 정체성을 시종 유지했던 것이다. 겉으로는 유자儒者를 표방하면서 속으로는 불자佛者인 '외유내불外儒內佛'이나, 유교로 출세했지만 만년으로 갈수록 불교에 귀의하는 '시유종불始儒終佛'이 동아시아의 전통적인 유교지식인상이라고 할 때, 이색은 동시대의 다른 사람들에 비해서는 오히려 유자로서의 본분을 지킨 편이라고 할 수 있다.[7]

따라서 이색에게 가해진, 부처에게 아첨한다는 비난은 사실과는 다른, 다분히 정치적인 공세였다고 하겠다. 하지만 고려 말 사원과 승려의 사회적 폐단이 문제시되고 척불론이 제기되는 상황에서 성균관 겸대사성을 지냈고, 성리학자들 사이에서 '유종'으로 칭송받던 사람으로서 불교계와의 관계를 분명하게 정리하지 못한 점은 비판받을 만한 일이었다. 게다가 불교계와 우호적인 관계가 지속되면서 불교계의 타락에 대해 점차 외면하게 된 것은 중대한 문제가 아닐 수 없었다. 즉, 이색은 개인적으로는 성리학자로서 본분을 지키고 불교와 일정한 거리를 두려 했지만, '유종'에게 기대되는 사회적 요구에는 미치지 못함으로써 결국 부처에게 아첨한다는 비난을 받게 되었던 것이라고 할 수 있다.

마지막으로 '왕조 교체에 대한 생각'에서는 고려 말 이색의 정치 활동과 현실인식을 살피고, 그 연장에서 왕조 교체에 대한 이색의 생각을 미루어 짐작해보았다.

조선 건국은 단순한 왕실의 교체가 아니라 사회변동의 결과물이었고, 그렇기 때문에 그 과정에서 새로운 정치 세력이 형성되고 그들에 의해 구체제 청산을 위한 개혁이 추진되었다. 신흥사대부가 바로 그 새로운 정치 세력이었으며, 1388년(우왕 14) 위화도회군 직후 시작된 전제 개혁이 그 개혁의 첫걸음이었다. 전제 개혁은 흔히 권문세족權門世族으로 불리는 구세력의 경제기반을 와해시키고 사대부들에게 유리한 토지제도를 수립하려는 것이었다. 하지만 이색은 전제 개혁을 반대하는 데 앞장섬으로써 결과적으로 구세력의 주장을 대변하게 되었고, 그로 말미암아 자신의 정치적 운명을 결정짓게 되었다.

고려 말에는 권세가들에 의한 토지 탈점이 극심하여 당시 식자識者라면 누구나 그 심각성을 인식하고 있을 정도였다. 이색도 그 문제의 심각성을 모르지는 않았지만, 이성계 일파의 전제 개혁에는 반대했다. 그 이유에 대해서 이색 자신이 대토지 소유자였기 때문이라거나, 전제 개혁이 이루어지면 고려왕조가 멸망하게 되리란 점을 간파했기 때문이라는 등의 설명이 있지만, 이 책에서는 우왕대 이후 이색의 정치 활동과 현실인식을 추적함으로써 그 문제에 대한 해답을 찾아보았다.

전제 개혁 논쟁에서 이색이 사전 혁파에 반대한 논리는 "구법舊法을 가벼이 고칠 수 없다"는 것이었다. 이는 이색의 반대론이 '구법'으로 지탱되어온 고려왕조 체제를 보존하기 위해서였다는 사실을 말해준다. 즉, 이색의 주장에는 급격한 변화를 불안해 하고 개혁에 저항하는 보수의 논리가 깔려 있었다. 이색이 이렇게 생각하게 된 이유는 혼인을 통해 세족의 통혼권에 진입해 있었고, 주로 어울리는 인간관계도 세족에 편중됨으로써 자신이 세족의 일원이라고 의식했던 것과 무관하지 않았다. 결국 이색은 세족의 입장에서 '구법'의 존중과 체제 유지를 옹호했던 것인데, 이러한 태도는 위화도회군 이후 개혁파의 전제 개혁 주장과 대비될 때 구세력의 저항으로 비칠 수밖에 없었다.

고려 말 이색의 정치 활동을 미루어본다면, 그는 조선 건국에 당연히 반대했을 것으로 짐작된다. 하지만 이색은 왕조 교체에 대한 자신의 생각을 남기지 않았다. 그의 사후 조선왕실 쪽에서 남긴 자료에는 그가 조선왕조를 인정했음이 강조되어 있고, 후손들이 남긴 자료에는 고려왕조에 대한 충절을 지켰음이 부각되어 있다. 이러한 차이는 자료를 남긴 측의 필요에 따른 것으로 모두 주관적이고 정치적인 해석일 뿐이다. 조선왕조에 대한 이색의 심정이 비교적 솔직하게 나타나 있는 시문들을 보면, 조선 건국 후 비교적 이른 시기에 조선왕조의 개창을 현실로 인정하되 자신은 출사하지 않는다는 것으로 입장을 정리했음을 알 수 있다.

이상이 『목은시고』의 시문을 통해 겉으로 드러난 모습이라면, 이색에게는 그보다 중요한 '보이지 않는' 모습이 있다. 이 '보이지 않는 모습'은 이색과 동시대의 다른 사람들을 비교할 때 잘 드러난다.

우선, 이색은 젊은 시절 원과 밀접한 관계가 있었음에도 불구하고 원의 위세를 업고 권력에 접근하려고 하지 않았다. 원의 국자감에 유학하고 제과에 합격했으며 원의 관직을 가지고 있는 것을 자랑스럽게 생각했지만, 공민왕이 반원운동을 일으키자 그에 반대하지 않았다. 덕흥군을 앞세운 원의 공격 당시 수많은 사람들이 부화뇌동했을 때도 이색은 동요하지 않았으며, 우왕대에 대원 외교를 재개하려는 움직임이 있었음에도 그에 동조하지 않았다.

이색은 또한 불교에 끝내 귀의하지 않았다. 우왕대에 승려들과 빈번하게 교류하고 대규모 불사를 일으키기까지 했지만, "이색은 불교 거사居士를 칭한 적이 없으며, 원당願堂을 건립한 적도 없다. 이색 가문에서는 출가하여 승려가 된 사람도 없다."* 또한 이색은 권력에 아부하지 않았고, 스스로 권력자가 되려고도 하지 않았다. 우왕대에 이색이 이인임, 임견미, 염흥방 등과 손을 잡았더라면, 혹은 위화도회군 이후 이성계에게 협력했더라면 얼마든지 부귀영화를 누릴 수 있었겠지만, 그렇게 하지 않았다.

이색은 1356년(공민왕 5) 고려의 반원운동 이후로는 대명 사대론으로 일관했고, 자신이 성리학자라는 생각을 끝까지 고수했으며, 급진적인 개혁을 반대하고 체제를 유지하려는 보수의 논리를 견지했다. 이것이 원-명 교체, 유-불 교체, 왕조 교체에 대한 이색의 최종적인 생각이었다고 할 수 있다. 이색 말고도 그렇게 생각한 사람이 많았겠지만, 이색은 자기 생각을 비교적 분명하게 정리했고, 그 생각을 지키기 위해 노력했으며, 그래서 남보다 더 큰 어려움을 겪었다. 이색은 주어진 현실에 늘 충실했으며, 자신의 이익을 구하는 데 급급하지 않았다. 하지만 그의 삶이 성공적이었다고 보기는 어렵다. 무엇이 부족했던 것일까?

우선, 이색은 자신의 행동이 갖는 사회적 의미를 인식하지 못했다. 승려들과 가깝게 어울리며 불교계의 타락을 외면한 것은 성리학자 개인으로서는 할 수 있는 일이지만, 적어도 성리학자들로부터 존경받는 '유종'으로서는 삼갔어야 할 일이었다. "구법舊法을 가벼이 고칠 수 없다"는 논리로 전제 개혁을 반대한 것이, 자신의 의도와는 무관하게, 실제로 벌어지고 있던

* 이 문장은 남동신 교수의 미발표 논문에서 인용한 것이다. 인용을 허락해준 남동신 교수에게 고마움을 전한다.

권세가들의 토지 탈점을 방조하는 결과를 가져오게 되리라는 점도 충분히 고려하지 않았다. 이색은 한 토지에 한 사람의 수조권만을 인정하는 '일전일주一田一主'의 원칙을 개선안으로 제시했지만, 이미 개혁안이 나온 상황에서 뒤따라 나온 개선안은 개혁반대론에 지나지 않았다. '세신거실世臣巨室'로 지칭되는 사람들이 이색의 주장에 편승하여 전제 개혁에 격렬하게 반대하고 나섰던 사실이[8] 이 점을 분명히 보여준다.

하지만 정작 이색이 실패한 원인은 자신에게 닥친 변화의 크기와 깊이를 제대로 이해하지 못한 데 있었다. 이색이 경험한 여러 가지 변화들은 모두 이색이 생각한 것보다 훨씬 규모가 크고 근본적이었다. 이색은 원-명 교체를 현실로서 인정했지만, 명과의 관계가 종래 원과의 관계와 달라질 것이라는 점을 인식하지 못했다. 위화도회군 후 명에 감국監國과 친조親朝를 요청한 데서 보듯이 사대의 대상이 바뀌었을 뿐 사대의 내용은 그대로일 것이라고 생각했던 것이다. 자신이 성리학자라는 생각에는 변함이 없었지만, 성리학자들 사이에서 척불론이 제기되고 자신이 그 공격을 받게 되리라고는 생각하지 못했다. 승려들에게 글을 지어주고 승려들의 도움을 받아 불사를 일으키는 것은 당시 사회에서 일상적인 일이었으므로 자신에게 쏟아지는 비난이 오히려 부당하다고 생각했을 것이다. 전제 개혁이 세족의 이익을 침해하고 사회를 혼란하게 할 것이라고 판단해서 반대했지만, 왕조 교체라는 더 큰 변화가 이어질 것이라는 생각은 하지 못했다. 새로운 법을 만들어 사전을 폐지하지 않고도 "사전 점유의 문란과 그로 인하여 발생하는 농민층의 폐해만 제거하면 문제는 해결" 될 수 있다고[9] 생각했던 것이다.

결국 이색은 시대의 변화를 제대로 읽지 못했다. 그는 원-명 교체, 유-불 교체, 왕조 교체 등이 동시에 진행된 급격한 변동기를 살았지만, 자신이 사는 시대가 역사적 전환기라는 사실을 깨닫지 못했다. 그는 이러한 변화들을 자신의 경험 안에서 이해하고 대응하고자 했으며, 미래에 대한 전망을 제시하거나 그 변화를 이끌려는 생각은 하지 않았다. 명을 중심으로 하는 새로운 동아시아 질서의 수립과 성리학이 지배하는 사회의 출현, 역성혁명 등은 그가 전혀 예상하지 못한 결과였다. 그랬기 때문에 변화에 대한 근본적인 대책을 외면하고 체제를 유지하기 위해 힘쓰다가 결국 변화의 물결에 휩쓸려가게 되었던 것이니, 시대의 변화 앞에서 그 변화를 거부하고 현재의 가치를 충실히 지키고자 했던, 진정한 보수주의자의 불행이 여기 있다.

하지만 이것도 '이색의 미래'를 알고 있는 사람의 결과론적인 평가일지 모른다. 하루 앞을 내다보지 못하는 인간이 역사의 거대한 변화를 깨닫기란 처음부터 불가능한 일이기 때문이다. 또한 현실에서 핍박받는 사람이 사회 변혁의 의지를 키우는 것만큼이나, 이색처럼 사회적으로 성공하고 인정받는 사람이 그 현실을 지키고 싶어 하는 것도 인지상정이리라. 하지만 시간이 흐르면서 모든 것이 변화하고, 그 변화 덕분에 역사가 발전하는 것 또한 부정할 수 없는 이치이니 더 나은 변화를 이끌어내기 위해 노력하는 것이야말로 역사 속에 사는 사람들의 영원한 숙제일 것이다. 이색은 자신을 불행하게 만든 세상의 변화를 천운天運이라고 생각했을지 모르지만, 동시대에도 많은 사람들이 새로운 사회를 만들고자 노력했던 것을 보면 그저 운명으로 치부할 수만은 없는 노릇이다.

이색은 학자이자 관료, 문장가로서 한 시대를 대표하는 사람이었지만, "그 경국제세經國濟世의 학문은 끝내 크게 펼쳐지지 못했으니, 하늘의 뜻인가 보다"라며 권근도 애석해했듯이,[10] 그의 경륜은 제대로 쓰이지 못했다. 특히 노년에 그랬다. 그의 경륜이 쓰이기에는 세상이 너무 많이 변했던 것이다. "노년에 관한 최선의 무기는 학문을 닦고 미덕을 실천하는 것이다. 미덕이란 인생의 모든 시기를 통해 그것을 잘 가꾸면 오랜 세월을 산 뒤에 놀라운 결실을 가져다준다." 하지만 그 미덕은 세월이 흐르면서 저절로 쌓이는 것이 아니라 세상의 변화를 받아들이고 스스로도 변화하려고 끊임없이 노력할 때 생기는 것이다. 이색은 어땠을까?

미주

제1장 서론

1 李泰鎭, 「高麗末·朝鮮初의 社會變化」 『震檀學報』 55, 1983
2 이익주, 「14세기 후반 원·명 교체와 한반도」 『전쟁과 동북아 국제질서』, 일조각, 2006
3 고려-몽골 관계가 전근대 동아시아 국제질서의 일반적인 형식이었던 책봉-조공 관계의 범주에 포함되는 것임은 이익주, 「고려-몽골 관계사 연구 시각의 검토—고려-몽골 관계사에 대한 공시적, 통시적 접근—」(『한국중세사연구』 27, 2009)과 「고려-몽골 관계에서 보이는 책봉-조공 관계 요소의 탐색」(『13~14세기 고려-몽골 관계 탐구』, 동북아역사재단, 2011)에서 논증하였다.
4 李益柱, 「高麗·元關係의 構造에 대한 硏究—소위 '世祖舊制'의 분석을 중심으로—」 『韓國史論』 36, 1996
5 이익주, 「고려-몽골 관계사 연구 시각의 검토—고려-몽골 관계사에 대한 공시적, 통시적 접근—」 『한국중세사연구』 27, 2009, 35쪽
6 '원간섭기' 고려인들의 원에 대한 의식은 채웅석, 「원간섭기 성리학자들의 화이관과 국가관」(『역사와 현실』 49, 2003) 및 이익주, 「고려-몽골 관계에서 보이는 책봉-조공 관계 요소의 탐색」(『13~14세기 고려-몽골관계 탐구』, 동북아역사재단, 2011) 참조
7 '원간섭기'의 측근정치에 대해서는 李益柱, 「高麗 忠烈王代의 政治狀況과 政治勢力의 性格」(『韓國史論』 18, 1988) 참조
8 '원간섭기'의 개혁정치에 대해서는 이익주, 「원간섭기 개혁정치의 성격」(『한국 전근대사의 주요 쟁점』, 역사비평사, 2002) 참조
9 심왕옹립운동과 입성책동에 대해서는 李益柱, 「14세기 전반 高麗·元關係와 政治勢力 동향—忠肅王代의 瀋王擁立運動을 중심으로—」(『한국중세사연구』 9, 2000) 참조

10 고려 말 사대부의 성장이 갖는 역사적 의미에 대해서는 이익주, 「고려 말의 정치사회적 혼돈과 신흥사대부의 성장」(『한국사 시민강좌』35, 2004) 참조

11 고려 후기 성리학 수용 과정에 대해서는 文喆永, 「麗末 新興士大夫들의 新儒學 수용과 그 특징」(『韓國文化』3, 1982) ; 「고려 후기 新儒學 수용과 士大夫의 意識世界」(『韓國史論』41·42 합집, 1999) 및 邊東明, 『高麗後期性理學受容硏究』(一潮閣, 1995) 참조

12 이익주, 「공민왕대 개혁의 추이와 신흥유신의 성장」 『역사와 현실』15, 1995

13 閔賢九, 「辛旽의 執權과 그 政治的 性格」(上·下) 『歷史學報』38·40, 1968

14 李景植, 『朝鮮前期土地制度硏究』, 一潮閣, 1986, 78쪽

15 이익주, 「고려말 신흥유신의 성장과 조선 건국」 『역사와 현실』29, 1998 ; 洪榮義, 『高麗末 政治史 硏究』, 혜안, 2005, 262쪽

16 이익주, 「고려 말 정도전의 정치 세력 형성 과정 연구」 『東方學志』134, 2006, 97-104쪽

17 李廷柱, 「朝鮮 建國을 둘러싼 正統과 異端의 衝突—高麗 恭讓王 3年 斥佛論爭 참가자 분석—」 『韓國史學報』10, 2001 ; 「恭讓王代의 政局動向과 斥佛運動의 性格」 『韓國史硏究』120, 2003

18 文學 분야의 이색에 대한 연구는 다음 연구서들에 정리되어 있는 것을 참고했다.

呂運弼, 『李穡의 詩文學 硏究』, 太學社, 1995

______, 『高麗後期 漢詩의 硏究』, 월인, 2004

정재철, 『이색 시의 사상적 조명』, 집문당, 2002

19 李穡 연구에 대한 최근의 정리는 도현철, 『목은 이색의 정치사상 연구』(혜안, 2011), 15-17쪽 참조

20 1996년 6월 20일 '牧隱 李穡先生 逝世 600週期 追慕學術大會'에서는 李佑成, 李泰鎭, 尹絲淳, 琴章泰, 崔柄憲, 申千湜, 高惠玲, 林熒澤, 宋載卲, 金時鄴, 李文遠 등의 발표와 金泰永, 閔賢九, 李篪衡, 李東歡, 蔡尙植, 朴性鳳, 盧明鎬, 金明昊, 宋寯鎬, 李炳赫, 李銀順 등의 토론이 있었다. 發表論文과 討論論稿는 牧隱硏究會, 『牧隱 李穡의 生涯와 思想』(一潮閣, 1996)으로 출판되었다.

21 2006년 4월 1일 한국역사연구회 연구발표회에서는 '목은 이색의 삶과 생각'을 주제로 도현철, 김인호, 채웅석, 남동신, 이익주의 발표와 김영수, 정재철 등의 토론이 있었다. 발표된 논문은 『역사와 현실』 제62호(2006), 제66호(2007), 제68호(2008)에 수록되었다.

22 2006년 5월 13일 震檀學會 제34회 韓國古典硏究 심포지엄에서는 '『牧隱集』의 종합적 검토'라는 주제로 李益柱, 馬宗樂, 都賢喆, 呂運弼, 高惠玲의 발표와 洪榮義, 邊東明, 嚴連錫, 李鍾默, 許興植 등의 토론이 있었다. 발표논문과 토론문, 종합토론 속기록은 『震檀學報』 제102호(2006)에 수록되었다.

23 韓永愚, 『朝鮮前期 社會經濟硏究』, 乙酉文化社, 1983, 18-21쪽

24 都賢喆, 『高麗末 士大夫의 政治思想 硏究』, 一潮閣, 1999, 3-6쪽

25 『高麗史』 권115, 列傳28 李穡

26 『太祖實錄』 권9, 太祖 5년 5월 癸亥:7일

27 『陽村集』 권40, 牧隱先生李文靖公行狀 ; 『東文選』 권116, 牧隱先生李文靖公行狀(權近)

28 『浩亭集』 권3, 牧隱李先生墓誌銘〈幷序〉 ; 『東文選』 권129, 有明朝鮮國特進輔國崇祿大夫韓山伯牧隱先生李文靖公墓銘〈幷序〉(河崙)

29 이색의 傳記 자료는 남동신, 「牧隱 李穡의 전기 자료 검토」(『韓國思想史學』31, 2008)에서

한 차례 정리한 바 있다.

30 『牧隱集』의 해제로는 다음과 같은 것들이 있다.
高柄翊, 「牧隱集」『高麗名賢集』 3, 成均館大學校 大東文化硏究院, 1973
李爽求, 「『牧隱集』解說」『國譯稼亭集牧隱集』, 民族文化社, 1983
여운필 · 성범중 · 최재남, 「『목은시고』 해제」『역주 목은시고』 1, 月印, 2000
林熒澤, 「해제」『국역 목은집』 1, 민족문화추진회, 2000

31 여운필 · 성범중 · 최재남, 「『목은시고』 해제」『역주 목은시고』 1(月印, 2000), 37쪽에서는 1399년(정종 1)에 죽은 偰長壽가 『牧隱集』 稿本의 글씨를 썼다는 『慵齋叢話』의 기록으로부터 『목은집』 편집은 이색 사후 곧 착수되었으나 워낙 巨帙이어서 판각하는 데 시간이 오래 걸려 1404년(태종 4)에 간행되었다고 한다.

32 盧明鎬, 「奎章閣所藏『高麗史』·『高麗史節要』· 高麗時代 文集」『奎章閣』 25, 2002, 28쪽

33 남동신, 「牧隱 李穡의 전기 자료 검토」『韓國思想史學』 31, 2008, 246쪽에서는 권근이 이색의 行狀을 지은 시기를 1396년(태조 5)부터 1402년(태종 2) 사이로, 하륜이 神道碑文을 지은 시기를 1405년(태종 5) 겨울 이후로 추정했다.

34 金斗鍾, 「「동문선」 해제」『국역 동문선』 1, 민족문화추진회, 1968

35 高麗國贈純誠勁節同德輔祚翊贊功臣壁上三韓三重大匡門下侍中判典理司事完山府院君朔方道萬戶兼兵馬使榮祿大夫判將作監事李公神道碑銘〈幷序〉(『牧隱文藁』 15-01 ; 『東文選』 권119)

36 『東文選』과 『牧隱文藁』에 실려 있는 李子春神道碑文의 비교는 李益柱, 「『牧隱集』의 간행과 사료적 가치」『震檀學報』 102, 2006, 239쪽 참조

37 『東文選』 권92, 牧隱先生文集序(李詹) "有詩若文七十卷"

38 이 사건의 전말은 김윤주, 「조선 태종 11년(1411) 李穡 碑銘을 둘러싼 논쟁의 정치적 의미」(『도시인문학연구』 1-1, 서울시립대학교 도시인문학연구소, 2009) 참조

39 『太宗實錄』 권21, 太宗 11년 6월 戊午:29일 "左司諫大夫李明德 司憲執義曹致等交章請權近 · 河崙之罪 上留之 其疏曰… 穡之門人河崙 · 權近所製行狀 · 碑銘曰 己巳冬 恭讓君立 用事者忌公不附己 劾貶長湍縣… 又曰 庚午五月 誣以遣彛初于上國 繫公等數十人于淸州 將用峻法煅鍊成罪之時 忽大雨 山崩水湧 城門館舍沒 而問事官攀樹僅免 淸之父老以爲 公忠誠所感… 又曰 壬申七月 我太上王卽位 忌公者誣公以罪 欲加極刑"

40 『東閣雜記』 권上, 本朝璿源寶錄 "永樂丁酉(1417, 太宗 17) 命燒書雲觀所藏讖書 仍令京外私藏妖誕之書 定期自首 納官燒火 違者許人陳告 依造妖書律罪之 李穡文集第十五卷亦令定日推納"

41 李銀順, 「李穡硏究」『梨大史苑』 4, 1962, 38쪽

42 『太宗實錄』 권34, 太宗 17년 11월 辛未:20일 "命收文靖公李穡所製定陵神道碑文 下旨禮曹曰 大小員人印出李穡所製咸興府定陵碑文家藏者 京外備細訪問 求得以進"

제2장 이색의 삶

1 『益齋亂藁』 권7, 大元制封遼陽縣君高麗三韓國大夫人李氏墓誌銘〈有序〉(『高麗墓誌銘集成』, 547쪽)

2 이 자료는 지금 남아 있는 元代 방목 2종 가운데 하나이다. 원문은 張東翼, 『元代麗史資料集

錄』(서울대학교출판부, 1997), 192-198쪽에 소개되어 있다.

3 李穀의 생애에 대해서는 韓永愚, 「稼亭 李穀의 生涯와 思想」(『韓國史論』40, 1998) 및 李成珪, 「高麗와 元의 官僚 李穀(1298~1351) 年譜稿」(『東아시아 歷史의 還流』, 지식산업사, 2000) 참조

4 『稼亭集』 권15, 寄賀禹先生拜糾正

5 『高麗史』 권109, 列傳22 禹倬 "登科 初調寧海司錄… 累陞監察糾正"

6 李穀이 어린 시절 영해에서 禹倬을 만난 사실에 대해서는 李成珪의 상세한 논증이 있다(李成珪, 「高麗와 元의 官僚 李穀(1298~1351) 年譜稿」『東아시아 歷史의 還流』, 지식산업사, 2000, 213쪽의 각주 5).

7 『高麗史』 권109, 列傳22 禹倬 "通經史 尤深於易學 卜筮無不中 程傳初來東方 無能知者 倬乃閉門月餘 參究乃解 敎授生徒 理學始行"

8 「元統元年進士錄」(張東翼, 『元代麗史資料集錄』, 서울대학교출판부, 1997, 197쪽)

9 『牧隱文藁』 04-02, 朴子虛貞齋記 "會先君同年字文子貞先生… 先生曰 中甫(李穀-필자)明易者也 吾所畏也"

10 『慶尙道地理志』 寧海都護府 "(李穀)幼時遊學 至府受業於記室李天年 記室異其氣象 令娶于金氏 府人生員金澤之女也 生男名穡"

11 『新增東國輿地勝覽』 권29, 咸昌縣 人物 金澤 "李穀少時薄遊寧海 澤爲時鄕校大賢 知其必貴 以女妻之 遂生穡 大賢生徒年長之稱"

12 『高麗史』 권109, 列傳22 李穀 "早喪父 事母孝 爲都評議使司掾吏"

13 『稼亭集』「稼亭先生年譜」

14 『元史』 권81, 志31 選擧1 科目 仁宗 皇慶 2년(1333, 忠肅王 2) 11월 考試程式 "漢人·南人 第一場明經經疑二問 大學·論語·孟子·中庸內出題 並用朱氏章句集註… 經義一道 各治一經 詩以朱氏爲主 尙書以蔡氏爲主 周易以程氏·朱氏爲主 以上三經兼用古註疏 春秋許用三傳及胡氏傳 禮記用古註疏… 第二場 古賦詔誥章表內科一道 古賦詔誥用古體 章表四六參用古體 第三場 策一道 經史時務內出題"

15 『淡庵逸集』 권2, 附錄下 行狀〈七代孫見龍撰〉 "彝齋白公頤正入元購程朱書東還 先生(白文寶-필자)及李稼亭·李益齋·朴恥庵忠佐·李樵隱仁復首先師受"

16 安軸墓誌銘(『高麗墓誌銘集成』, 592쪽) "稼亭先生受業於謹齋(安軸-필자)而銘其墓" ;『牧隱文藁』 08-07, 送楊廣道按廉使安侍御詩序 "先文孝公(李穀-필자)師事謹齋先生(安軸-필자)"

17 李成珪, 「高麗와 元의 官僚 李穀(1298~1351) 年譜稿」『東아시아 歷史의 還流』, 지식산업사, 2000, 215쪽

18 이익주, 「14세기 전반 성리학 수용과 이제현의 정치활동」『典農史論』7, 2001, 272쪽

19 『淡庵逸集』 권2, 附錄下 行狀〈七代孫見龍撰〉

20 『高麗史』 권74, 志28 選擧2 科目2 制科 忠肅王 10년 12월 ;忠穆王 初年(즉위년) 11월

21 『稼亭集』 권8, 與同年趙中書崔獻納書

22 『牧隱詩藁』 17-013, 讀書處歌〈幷序〉 "予生二歲 父母歸于鄕"

23 『高麗史』 권109, 列傳22 李穀 "忠惠元年(1331) 遷藝文檢閱"

24 『高麗史』 권109, 列傳22 李穀 "忠肅後元年(1332) 中征東省鄕試第一名 遂擢制科"

25 「元統元年進士錄」에 의하면 이 해 제과 합격자는 몽골·색목인 第1甲 3인, 第2甲 15인, 第3甲 32인, 漢人·南人 第1甲 3인, 第2甲 15인, 第3甲 32인 등 총 100인이었다. 이 가운데 李穀

은 漢人·南人 第2甲 第8名으로 뽑혀 다른 漢人·南人 第2甲 급제자들과 함께 承事郞의 품계를 받고 翰林國史院檢閱官에 임명되었다.

26 『稼亭集』「稼亭先生年譜」

27 『稼亭集』「稼亭先生年譜」

28 李成珪, 「高麗와 元의 官僚 李穀(1298~1351) 年譜稿」『東아시아 歷史의 還流』, 지식산업사, 2000, 221쪽

29 『高麗史節要』 권25, 忠肅王 후4년 윤12월

30 『牧隱文藁』 04-02, 朴子虛貞齋記

31 『牧隱詩藁』 17-013, 讀書處歌〈幷序〉

32 『牧隱詩藁』 04-090, 詠月 "憶年八九學堂游"

33 『牧隱文藁』 20-01, 宋氏傳

34 허흥식, 『고려의 문화전통과 사회사상』, 집문당, 2004, 325쪽

35 『牧隱文藁』 20-06, 白氏傳

36 『高麗史』 권115, 列傳28 李穡 "年十四 中成均試"

37 『牧隱文藁』 20-01, 宋氏傳

38 『牧隱詩藁』 17-013, 讀書處歌〈幷序〉

39 『牧隱詩藁』 08-049, 憶申判書德麟 ;『牧隱文藁』 04-08, 幻庵記 ;08-04, 贈休上人序 ;15-06, 韓文敬公墓誌銘〈幷序〉 ;20-02, 吳仝傳

40 『陽村集』 권39, 貞愼宅主權氏墓誌銘〈幷序〉 "以至正辛巳(1341, 忠惠王 후2)適牧隱李公"

41 『陽村集』 권40, 牧隱先生李文靖公行狀 "始冠將婚 一時高門望族擇東床者皆欲歸其女 至婚夕猶爭"

42 『高麗史』 권109, 列傳22 李穀 ;『稼亭集』「稼亭先生年譜」

43 『稼亭集』「稼亭先生年譜」

44 『高麗史』 권109, 列傳22 李穀 "忠惠後二年(1341) 奉表如元 因留居凡六年"

45 『牧隱文藁』 06-11, 重房新作公廨記 "年十五 以父廕白身受別將"

46 『牧隱詩藁』 19-098, 靜坐偶記九齋都會 刻燭賦詩 第其高下 激厲諸生 亦一勸學方便也 予年十六七 連歲在其中 初年得魁四五度 次年二十餘度…

47 『牧隱詩藁』 01-008, 觀魚臺小賦〈幷序〉

48 『牧隱詩藁』 17-013, 讀書處歌〈幷序〉

49 『高麗史節要』 권25, 忠穆王 즉위년 5월

50 이익주, 「공민왕대 개혁의 추이와 신흥유신의 성장」『역사와 현실』 15, 1995, 44-46쪽

51 『稼亭集』「稼亭先生年譜」 "又拜奉翊大夫 密直副使 館職如前"
『高麗史』에는 李穀이 이때 密直使가 되었다고 하였으나(『高麗史』 권37, 世家37 忠穆王 원년 12월 乙丑:16일), 이후의 관력을 볼 때 密直副使가 맞는다.

52 『稼亭集』「稼亭先生年譜」

53 『益齋亂藁』「益齋先生年譜」 "(至正)六年丙戌(1346, 忠穆王 2) 先生(李齊賢-필자)六十歲 上箋乞免書筵講說 擧贊成事安軸 密直副使李穀自代"

54 『高麗史』 권37, 世家37 忠穆王 2년 10월 庚申:16일

55 『高麗史』 권73, 志27 選擧1 科目1 凡選場 忠穆王 3년 10월

56 『高麗史』 권109, 列傳22 李穀 "與陽川君許伯 掌試取金仁琯等 穀·伯徇私 多取世家不學子弟

憲司彈之 不出新及第 依牒復還于元"

57 『高麗史節要』 권25, 忠穆王 3년 4월

58 『高麗史節要』 권25, 忠穆王 3년 10월

59 『高麗史』 권115, 列傳28 李穡 "穀仕元爲中瑞司典簿 穡以朝官子補國子監生員"

60 『稼亭集』 권18, 用家兄詩韻寄示兒子訥懷

61 이상현, 『국역 가정집』2, 민족문화추진회, 2007, 170쪽

62 『稼亭集』 권19, 寄李密直

63 이상현, 『국역 가정집』2, 민족문화추진회, 2007, 201-202쪽

64 『高麗史』 권37, 世家37 忠穆王 4년 3월 壬寅:6일 ;『牧隱詩藁』 02-095, 歲戊子 陪李政丞〈淩幹〉 李密直〈公秀〉 進賀天壽聖節 今以會試之故 得爲書狀 奉謝恩表馳馹赴都…

65 『牧隱詩藁』 01-008, 觀魚臺小賦〈幷序〉 "二十一歲 入燕都國學"

66 『牧隱詩藁』 17-013, 讀書處歌〈幷序〉

67 李成珪, 「高麗와 元의 官僚 李穀(1298~1351) 年譜稿」 『東아시아 歷史의 還流』, 지식산업사, 2000, 251쪽

68 李成珪, 「高麗와 元의 官僚 李穀(1298~1351) 年譜稿」 『東아시아 歷史의 還流』, 지식산업사, 2000, 251쪽

69 『牧隱詩藁』 02-002, 東門送家君

70 『牧隱詩藁』 02-003, 新寓崇德寺

71 『牧隱詩藁』 24-096, 在燕都國子監 於街南賃屋一間…

72 『牧隱詩藁』 30-121, 錄婦言〈幷序〉 "昔在獨七房 以寢席一張五升布三疋買生絹卄四尺 又五疋買絹一疋 是至正己丑歲也"

73 『牧隱詩藁』 30-121, 錄婦言〈幷序〉

74 이색의 조부인 李自成은 이색이 태어나기 전인 1310년경에 이미 세상을 떠났고, 처조부인 權漢功은 1349년 9월까지 생존해 있었다(『高麗史』 권37, 世家37 忠定王 원년 9월 戊寅:20일).

75 『牧隱詩藁』 02-006, 中秋 寄朴仲剛 ;02-007, 次仲剛韻; 02-009, 雪後 復用仲剛韻

76 『牧隱文藁』 20-03, 朴氏傳

77 『牧隱詩藁』 02-016, 贈檜堂次韻

78 『牧隱詩藁』 02-022, 楚石撫琴 〈楚石名法珍 高麗人 生于燕京〉

79 『牧隱文藁』 19-05, 唐城府院君洪康敬公墓誌銘

80 『牧隱詩藁』 02-008, 奉送寄集賢歸覲

81 『牧隱詩藁』 02-011, 與同舍同賦 ;02-013, 送同舍生歸覲西川

82 『牧隱詩藁』 02-018, 謁洪仲誼博士 "予諸子同學"

83 『牧隱詩藁』 02-014, 與葉孔昭賦青山白雲圖 ;02-020, 次韻葉孔昭江南四絶 ;02-021, 寒風 三首 與葉孔昭同賦

84 『牧隱文藁』 04-02, 朴子虛貞齋記

85 『牧隱詩藁』 02-017, 謁成誼叔侍郎 ;02-019, 成侍郎宅見余廷心先生 退而志之

86 정재철, 「이색의 국자감 유학과 문화교류사적 의미」 『고전과 해석』8, 2010, 202-203쪽

87 『牧隱詩藁』 02-017, 謁成誼叔侍郎

88 『牧隱詩藁』 19-011, 有懷成均館

89 『牧隱詩藁』 02-023, 出鳳城

90 『牧隱集』「牧隱先生年譜」“至正十年(1350, 忠定王 2) 秋 歸覲”

91 『牧隱詩藁』 02-068, 十二月二十日 發王京 明年正月 還學

92 『牧隱詩藁』 02-070, 既還學之明年正月晦 先考訃音至 奔喪歸鄕 侍慈堂終制 歲癸巳春暮也 朱同年印成有詩 次其韻 三首

93 『高麗史』 권37, 世家37 忠定王 3년 정월 辛亥:1일 “贊成事李穀卒”

94 『牧隱詩藁』 02-070, 既還學之明年正月晦 先考訃音至 奔喪歸鄕 侍慈堂終制 歲癸巳春暮也 朱同年印成有詩 次其韻 三首

95 『牧隱詩藁』 02-068, 十二月二十日 發王京 明年正月 還學 “新春入游藝 和氣溢明倫”

96 정재철, 「이색의 국자감 유학과 문화교류사적 의미」 『고전과 해석』 8, 2010, 202쪽

97 정재철, 「이색의 국자감 유학과 문화교류사적 의미」 『고전과 해석』 8, 2010, 203쪽

98 『高麗史』 권37, 世家37 忠定王 원년 9월 戊寅:20일

99 李自成妻李氏墓誌銘(『高麗墓誌銘集成』, 547쪽)

100 李種德의 생년은 밝혀져 있지 않으나 李穡이 ‘兎郞’이라고 표현한 대목이 있어(『牧隱詩藁』 33-071, 紀事 三首 ; 33-084, 初八日 冬至也 韓淸城送豆粥幷蜜 副樞繼持至 府尹又送來) 辛卯年(1351)에 출생한 것으로 추정된다(이상현, 『국역 목은집』 9, 민족문화추진회, 2003, 119쪽의 각주 121 및 여운필 · 성범중 · 최재남, 『역주 목은시고』 12, 月印, 2007, 111쪽의 각주 418).

101 이색의 ‘服中上書’는 『高麗史』와 『東文選』에 실려 있고(『高麗史』 권115, 列傳28 李穡 ; 『東文選』 권53, 奏議 陳時務書) 문집에는 수록되어 있지 않다.

102 『高麗史』 권73, 志27 選擧1 科目1 凡選場 恭愍王 2년 5월 “金海君李齊賢知貢擧 贊成事洪彦博同知貢擧 取進士 賜乙科李穡等三人 丙科七人 同進士二十三人 明經二人及第”

103 『牧隱詩藁』 02-083, 次韻田御史祿生 二首 “賴有虛名足驚座 益齋門下壯元郞”

104 『高麗史』 권115, 列傳28 李穡 “(恭愍王)二年 擢魁科 授肅雍府丞”

105 『牧隱集』「牧隱先生年譜」 ; 『高麗史』 권115, 列傳28 李穡 “中征東省鄕試第一名”

106 『牧隱詩藁』 02-091, 予將會試京師 會國家遣金判書希祖入賀立東宮 因以書狀官偕行 途中有作

107 『高麗史』 권74, 志28 選擧2 科目2 制科 “恭愍王二年 以李穡充書狀官應擧 三年 穡中制科第二甲第二名 授應奉翰林文字”

108 『高麗史』 권115, 列傳28 李穡 “明年 赴廷試 讀卷官叅知政事杜秉彝 翰林承旨歐陽玄 見穡對策大加稱賞 遂擢第二甲第二名 勅授應奉翰林文字 承仕郞 同知制誥 兼國史院編修官”

109 『牧隱詩藁』 03-004, 登科有感

110 『牧隱詩藁』 03-017, 興義站猪灘

111 『牧隱詩藁』 03-020, 望三角山

112 『牧隱詩藁』 03-021, 途中吟 “便從東海寄生涯 且莫更游千萬里”

113 『牧隱詩藁』 03-035, 歸來

114 『牧隱詩藁』 03-037, 入城 始知前月除典理正郎 藝文應教

115 『陽村集』 권40, 牧隱先生李文靖公行狀

116 『牧隱詩藁』 03-037, 入城 始知前月除典理正郎 藝文應教

117 『牧隱詩藁』 03-041, 復用前韻 “平生立志須堅實 莫向青空把火燒”

118 『牧隱詩藁』 03-044, 自詠

119 『陽村集』 권40, 牧隱先生李文靖公行狀 ; 『高麗史』 권38, 世家38 恭愍王 4년 윤정월 丁未:20일

120 『陽村集』 권40, 牧隱先生李文靖公行狀 "乙未(1355, 恭愍王 4)春 爲王府必闍赤 掌書批目 儒林榮選也"

121 『牧隱詩藁』 03-052, 到家 "天朝新內翰 王國又中書"

122 『牧隱詩藁』 03-060, 是歲春 密直宰相尹之彪爲謝恩使 予忝書狀官赴都 金郊途中 ;『高麗史』 권38, 世家38 恭愍王 4년 3월 甲辰:18일 "遣前僉議金信 贊成事朴壽年如元賀聖節 密直副使尹之彪謝封公主"

123 『牧隱詩藁』 03-107, 紀事 "玉堂須次淚頻揮"

124 『牧隱詩藁』 03-109, 少年 "中使持節召"

125 『牧隱詩藁』 03-111, 新入院 述懷

126 『牧隱集』「牧隱先生年譜」

127 『牧隱詩藁』 03-130, 秋丁 與祭文廟

128 『牧隱詩藁』 03-135, 承中書省差 接駕途中

129 『牧隱詩藁』 03-144, 院中首領官皆公差 穡權行經歷事蒙召赴省 時帝在西內 省官坐西廊 先君同年成參政望見穡曰何爲來哉 穡曰今權翰林首領官 蒙召而來 公曰此必高麗王功臣號事也 且擧王名曰今王敷 穡曰然 公曰生而得此甚罕 退稟歐陽承旨 撰定親仁輔義宣忠奉國彰惠靖遠十二字以進云

130 『牧隱詩藁』 03-127, 有感 "風滿江淮起怒濤 濤聲若鬪戰聲鏖"

131 『牧隱詩藁』 03-128, 遣興 "江淮照劍戟 鼓聲紅日殘"

132 『牧隱詩藁』 04-001, 丙申正月 出齊化門東歸 明日 紀行

133 『牧隱詩藁』 04-002, 薊門途中

134 『牧隱詩藁』 04-013, 望龍州山

135 『陽村集』 권40, 牧隱先生李文靖公行狀 "盖亦知天下將亂也"

136 『牧隱詩藁』 04-018, 還松京 "謁母韓山下 朝王魏闕前"

137 『高麗史』 권39, 世家39 恭愍王 5년 5월 丁酉:18일

138 『高麗史節要』 권26, 恭愍王 5년 5월

139 『牧隱詩藁』 04-019, 遺興

140 『陽村集』 권40, 牧隱先生李文靖公行狀 "初公上言時政八事 皆蒙施行 其一罷政房復吏兵部選也 故有是命"

141 『陽村集』 권40, 牧隱先生李文靖公行狀 ;『牧隱集』「牧隱先生年譜」

142 『牧隱詩藁』 04-029, 解嘲吟

143 『牧隱集』「牧隱先生年譜」

144 『牧隱詩藁』 04-035, 新拜祭酒 謁文廟

145 『陽村集』 권40, 牧隱先生李文靖公行狀 "丁酉(1357, 恭愍王 6) 試國子祭酒知閤門 階中大夫爲知印尙書 是必闍赤之長也 其選尤榮"

146 『陽村集』 권40, 牧隱先生李文靖公行狀 ;『牧隱集』「牧隱先生年譜」

147 『牧隱詩藁』 04-047, 初拜諫議入直

148 『高麗史節要』 권26, 恭愍王 6년 9월

149 『高麗史』 권115, 列傳28 李穡 "(恭愍王)七年 以言事忤權貴 一時諫官皆左遷 擬穡尙州 其夜命以穡爲樞密院右副承宣 翰林學士 謂宰相曰 李穡才德出衆 非他人比用舍 不如此無以伏人心 自是叅掌機密 凡七年"

150 『牧隱集』「牧隱先生年譜」

151 『高麗史』 권40, 世家40 恭愍王 12년 윤3월 乙酉:15일 ;『陽村集』 권40, 牧隱先生李文靖公行狀 "辛丑十一月 紅賊陷王京 乘輿播越 臣僚倉卒多潰散 公從王不離側… 弼成克復之功 策勳一等 賜以鐵劵 田一百結 奴婢二十口"

152 『高麗史』 권115, 列傳28 李穡 "(恭愍王)十一年 王聽佛護寺僧言賜田 會穡奉御寶印監試榜 王遣宦官命幷印賜僧牌 穡白曰 此事宜議諸大臣 不可輕易 王怒甚"

153 『高麗史』 권40, 世家40 恭愍王 11년 10월 壬申:1일 "朔 李穡上箋辭 不允"

154 『高麗史』 권115, 列傳28 李穡 "(恭愍王)十二年 元授征東行中書省儒學提擧 本國授密直提學同知春秋館事 賜端誠保理功臣號"

155 『陽村集』 권40, 牧隱先生李文靖公行狀

156 『高麗史』 권41, 世家41 恭愍王 14년 3월 庚辰:22일

157 『高麗史』 권73, 志27 選擧1 科目1 凡選場

158 1365년(공민왕 14) 과거 급제자의 명단은 朴龍雲, 『高麗時代 蔭敍制와 科擧制 硏究』(一志社, 1990), 325-557쪽의 〈資料 :科試 設行과 製述科 及第者〉 참조

159 『高麗史』 권73, 志27 選擧1 科目1 "(恭愍王)十四年十月 李仁復·李穡建議 禁擧子挾册易書試卷 以防假濫"

160 『高麗史』 권41, 世家41 恭愍王 14년 5월 "以妖僧遍照爲師傅 咨訪國政"

161 이익주, 「공민왕대 개혁의 추이와 신흥유신의 성장」 『역사와 현실』 15, 1995, 34-36쪽

162 『高麗史』 권41, 世家41 恭愍王 14년 5월 庚午:13일 "貶贊成事崔瑩爲雞林尹"

163 『高麗史』 권132, 列傳45 叛逆6 辛旽

164 좌주-문생 관계를 통한 신흥유신들의 세력 결집에 대해서는 이익주, 「공민왕대 개혁의 추이와 신흥유신의 성장」 『역사와 현실』 15, 1995, 39쪽 참조

165 『高麗史』 권110, 列傳23 李齊賢

166 『高麗史』 권110, 列傳23 李齊賢 "恭愍之寵辛旽也 齊賢白王曰 臣嘗一見旽 其骨法類古之凶人 必貽後患 請上勿近"

167 『高麗史』 권41, 世家41 恭愍王 16년 5월 丙戌:11일 "命重營國學"

168 『高麗史』 권41, 世家41 恭愍王 16년 12월 甲子:22일 "以判開城府事李穡兼成均大司成"

169 『高麗史』 권115, 列傳28 李穡

170 『高麗史』 권73, 志27 選擧1 科目1 忠穆王 즉위년 8월 "改定初場試六經義·四書疑 中場古賦 終場策問"

171 『陽村集』 권40, 牧隱先生李文靖公行狀 "丁未(1367, 恭愍王 16)冬 宣授朝列大夫 征東行中書省左右司郎中 以本國判開城 兼成均大司成"

172 『牧隱集』「牧隱先生年譜」

173 『牧隱詩藁』 22-015, 兩朝文學歌 "曰穡不可不參議 處之三司左右使"

174 『陽村集』 권40, 牧隱先生李文靖公行狀 "夏四月 王幸九齋 親試諸生經義 命公讀卷 取李詹等七人賜及第"

175 『高麗史』 권73, 志27 選擧1 科目1 凡選場 恭愍王 18년 6월 ;20년 3월

176 李穡의 둘째 아들인 李種學의 妻父가 李春富이다. 李種學의 生年이 1361년(공민왕 10)으로 신돈 집권기에 10세 미만이었다. 따라서 이 혼인은 신돈이 실각하고 李春富가 죽음을 당한 1371년(공민왕 20) 이후에 이루어졌을 것이다.

177 『高麗史節要』 권28, 恭愍王 15년 4월
178 『高麗史』 권43, 世家43 恭愍王 20년 7월 丙子:26일 "誅辛旽黨李春富·金蘭·李云牧 編配其子"
179 『高麗史節要』 권28, 恭愍王 15년 4월
180 『高麗史節要』 권28, 恭愍王 17년 8월
181 辛旽의 등장과 함께 진행된 정치 세력 재편에 대한 분석은 閔賢九, 「辛旽의 執權과 그 政治的 性格」(上) 『歷史學報』 38, 1968, 73-77쪽 참조
182 『世宗實錄』 권90, 世宗 22년 8월 己亥:30일
183 『高麗史』 권43, 世家43 恭愍王 20년 7월 丙寅:16일
184 『高麗史』 권115, 列傳28 李穡
185 『高麗史』 권115, 列傳28 李穡
186 『陽村集』 권40, 牧隱先生李文靖公行狀
187 『陽村集』 권40, 牧隱先生李文靖公行狀
188 『陽村集』 권40, 牧隱先生李文靖公行狀
189 『牧隱文藁』 04-04, 永慕亭記 ;14-01, 廣通普濟禪寺碑銘〈幷序〉 ;14-02, 西天提納薄陀尊者浮屠銘〈幷序〉 ;14-03, 普濟尊者諡禪覺塔銘〈幷序〉 ;16-02, 鷄林府院君諡文忠李公墓誌銘
190 『牧隱詩藁』 24-001, 短歌行
191 『牧隱詩藁』 19-123, 九月二十三日 玄陵忌旦 無從赴齋筵 獨坐有感 "悵望玄陵我昊天 闔門生聚賴完全" ;22-033, 一上人爲僕淨書 亂道間被選書大藏 追福玄陵也… "玄陵育我我昊天"
192 『牧隱詩藁』 06-008, 可憐哉 三首
193 『牧隱詩藁』 06-016, 五十自詠
194 임정기, 『국역 목은집』 2, 민족문화추진회, 2001, 13쪽의 각주37
195 『牧隱詩藁』 06-009, 自詠 三首
196 여운필·성범중·최재남, 『역주 목은시고』 3, 月印, 2002, 37-38쪽
197 『牧隱詩藁』 06-014, 辨惑
198 『高麗史節要』 권30, 禑王 원년 5월 ;6월; 7월
199 『高麗史節要』 권30, 禑王 3년 3월
200 『牧隱詩藁』 03-025, 白衣送酒來 謝李同年廣州司錄悅 ;03-027, 次韻題完山記室華同年詩卷三首… ;03-028, 予旣僥倖登科 拜翰林供奉 須次于家…
201 『牧隱文藁』 14-01, 廣通普濟禪寺碑銘〈幷序〉
202 『高麗史』 권133, 列傳46 辛禑1 禑王 3년 11월 "命韓山君李穡註唐太宗百字碑以進"
203 『牧隱詩藁』 07-053, 卽事 九首
204 『牧隱詩藁』 07-057, 卽事
205 『牧隱詩藁』 07-010, 遣興
206 『牧隱詩藁』 07-023, 朝吟 四首
207 여운필·성범중·최재남, 『역주 목은시고』 3, 月印, 2002, 188쪽
208 『牧隱詩藁』 11-014, 二月十六日 呼高士褩話所懷
209 『牧隱詩藁』 11-016, 二十四日 肅拜
210 『牧隱詩藁』 11-020, 塗遇韓平齋賞花花園 權政堂過其門知吾二人在其中 亦下馬 而庫官李判事設小酌 實僕病後第一樂事也 夜歸賦十韻
211 『牧隱詩藁』 11-026, 自二月二十四日 至三月二十七日 凡三十四日 參見宰執 尋訪奮故 殆無遺

矣 困臥之餘 小酌遣懷

212 『牧隱詩藁』 11-029, 燕

213 『牧隱詩藁』 11-033, 紀行

214 『牧隱詩藁』 11-034, 是夜困臥頹然 夢覺天已明矣 追紀勝覽 聊以遣興

215 『高麗史』 권133, 列傳46 辛禑1 禑王 4년 11월

216 『牧隱詩藁』 13-044, 己未正月初二日 詣內肅拜 明日有作

217 『牧隱詩藁』 16-023, 予以召會議都堂 還至韓政堂宅

218 『牧隱詩藁』 16-025, 紀事

219 『高麗史節要』 권31, 禑王 5년 5월

220 『牧隱詩藁』 16-086, 明日當進講書筵 追念先王寵幸之恩 不勝感激 吟成一首

221 도현철, 「이색의 서연 강의」 『역사와 현실』 62, 2006, 34쪽

222 『牧隱詩藁』 16-088, 五月卄六日 上在書筵 臣穡進講君子篤於親則民興於仁故舊不遺則民不偸 旣訖 侍學內官高聲讀數遍 於是親賜酒 拜飮趨出 還家困臥 久而方起

223 『牧隱詩藁』 16-091, 輟講

224 『牧隱詩藁』 16-095, 消災法席 輟講

225 『牧隱詩藁』 16-110, 書筵 進講君子所貴乎道者三 至有司存 退而志之 ;16-112, 書筵 進講曾子曰以能問於不能一章

226 『牧隱詩藁』 16-114, 將詣書筵 上穿峴 遇忽只傳謁者言 雨作難於出入 止臣無來 回至家安坐 感恩吟成一首

227 『牧隱詩藁』 16-124, 初十日 進講仁以爲己任不亦重乎 死而後已不亦遠乎 引易繫辭天地之大德曰生 聖人之大寶曰位 何以守位曰仁 以證重與遠之義 退而志之 蓋告君當如是也 旣歸 見紬布之賜 吟成二首

228 『牧隱詩藁』 16-127, 進講興於詩立於禮成於樂一章 ;16-130, 進講民可使由之不可使知之一章 ;16-143, 十六日 進講周公之才之美一章 ;16-147, 進講三年學不志於穀不易得也一章 ;16-151, 進講篤信好學守死善道八字

229 『牧隱詩藁』 16-154, 赴書筵 中官傳旨若曰 昨日所讀未熟 且停講 臣穡曰 此章誠難讀 退而志之

230 『牧隱詩藁』 16-156, 卄一日 中官出言 上體因暑泄痢 雖已平復 且停講 臣穡退而志之

231 『牧隱詩藁』 19-056, 八月十一日 開書筵 臣穡 臣仲和進講危邦不入 亂邦不居 天下有道則見 無道則隱 邦有道 貧且賤焉恥也 邦無道 富且貴焉恥也 退而志之 * 이 시는 8월 11일 작품으로 되어 있지만 21일로 수정해야 한다. 이 책의 『牧隱詩藁』 작품연보 참조

232 『牧隱詩藁』 19-061, 二十三日 講不在其位不謀其政八字

233 『高麗史節要』 권31, 禑王 5년 5월

234 『高麗史節要』 권31, 禑王 5년 5월 ;7월

235 『牧隱詩藁』 16-082, 聞楊二相回軍至廣 聞賊在鎭浦 卽刻南下

236 『牧隱詩藁』 18-067, 卽事 "幸教彈劾語皆虛"

237 『高麗史節要』 권31, 禑王 5년 9월

238 『牧隱集』 「牧隱先生年譜」

239 『牧隱詩藁』 20-029, 江南進獻使李宰相加官 故有宰批 穡與韓簽書以玄陵碑故 皆復舊職 明當謝恩 有感發詠

240 『牧隱詩藁』 20-035, 是日 扈駕移御永安宮 故宰臣柳方啓舊宅 ;20-085, 初七日 上幸新京 臣穡

留司 以病不能望行色 俯伏吟哦 因成一首

241 『牧隱詩藁』 20-042, 十月十三日 判密直裵公〈彦〉用半夜發程 宰樞將餞行 左侍中追不及獨回穡於十川路上遇侍中 回至合坐所 吟成一首 ;20-053, 迎賓館樓上 進獻使李評理以詩留別 宰樞次韻拜送 ;20-100, 浮堦賀禮 ;20-144, 臘月初五日 忠穆王忌辰也 設齋龜山寺 宰樞入眞殿庭下肅拜而退 臣穡因有所感

242 『高麗史』 권134, 列傳47 辛禑2 禑王 5년 12월

243 『高麗史』 권111, 列傳24 慶復興

244 『牧隱詩藁』에는 우왕 5년 11, 12월 두 달 동안 '無分發'을 詩題로 하는 시가 모두 6편이 있다(20-111 ;20-118 ;20-135 ;20-145 ;21-017 ;21-027).

245 『牧隱詩藁』 21-018, 有求官者戲題

246 『牧隱詩藁』 21-031, 有投三韓國大夫人洪氏索闕單目者 必誤也 不敢受

247 『牧隱詩藁』 21-032, 得金廉書 "老我無由得推澤" ;여운필·성범중·최재남, 『역주 목은시고』 8, 月印, 2004, 73-74쪽

248 『牧隱詩藁』 21-024, 以折簡呈廣平侍中 爲妻弟判閣求官

249 『牧隱詩藁』 21-048, 有感 "自笑老翁占位署 茫然不問是何人"

250 『牧隱詩藁』 21-060, 得谷州山芥鹽菜 致謝 "牧翁方致事"

251 『牧隱詩藁』 21-102, 自敍 錄呈圓齋

252 『牧隱詩藁』 21-127, 得鄭驪同年書 賀僕重拜政堂 其御三司右尹也 喜其高而笑其不知吾之已還笏也 以絶句代書

253 『牧隱詩藁』 22-015, 兩朝文學歌〈幷序〉

254 『牧隱詩藁』 21-065, 廉相菊坡以詩見贈 "我今何故樂休官 只爲朝朝合坐難"

255 韓脩墓誌銘(『高麗墓誌銘集成』, 612쪽) "明年(1380, 禑王 6년)春 封淸城君 階重大匡"

256 『牧隱詩藁』 21-068, 卽事

257 『牧隱詩藁』 21-081, 君子

258 『高麗史節要』 권31, 禑王 6년 3월 "李仁任·林堅味忌侍中慶復興淸直 托以嗜酒不視事 訴于禑流淸州…"

259 『高麗史節要』 권31, 禑王 6년 9월

260 『牧隱詩藁』 26-028, 聞淸州慶侍中仙去 悲悼之至 長言拜哭

261 『牧隱詩藁』 26-029, 有感

262 『牧隱詩藁』 22-076, 三重大匡歌

263 『牧隱詩藁』 25-039, 宰樞率百官肅拜 賀世子生也 旣退而諸君肅拜 會府院君皆不至 穡以三重故 不獲讓 立於行頭 禮畢還家 愧汗未已 吟成一首

264 『牧隱詩藁』 25-087, 早興 聞宰樞所會議諸君 西隣吉昌君邀同往 不知議何事 吟成一首

265 『牧隱詩藁』 25-088, 旣至宰樞所 諸君皆不至 判門下曲城府院君以下諸位皆在 所欲議者進獻事也 進各司長官諭其意 使與左貳擬議呈來 於是略設堂食 不問所議如何 微醉而歸

266 『牧隱詩藁』 28-017, 從漆原侍中 鐵原侍中 公山侍中 吉昌君 晉川君會議都堂 爲入貢道路也

267 『牧隱詩藁』 32-092, 都堂請漆原府院君 領門下廣平 領三司鐵原會議 而康平章 韓上黨 成夏城朴陟山 韓淸城與穡陪其後 堂食而罷 有雨八句 "龍飛聖代圖方啓 蠶食侯封勢可疑"

268 『牧隱詩藁』 21-124, 有感 "尙爾辭命容吾參" ;여운필·성범중·최재남, 『역주 목은시고』 8, 月印, 2004, 203쪽

269 『牧隱詩藁』 26-097, 十七日 監進色以呈省事請坐 然其間尙有咨決都堂 然後可以措辭者條具以呈 三色設點心 又蒙宣醞 微醉而歸

270 『牧隱詩藁』 27-051, 冬至日 知申事李存性 代言潘福海傳旨撰表文 仍以賜酒果 明日 詣內謝恩退而自詠

271 『牧隱詩藁』 33-021, 奉呈西鄰 "唯唯都堂愧有餘" ; 여운필·성범중·최재남, 『역주 목은시고』 12, 月印, 2007, 60쪽

272 『牧隱詩藁』 26-097, 十七日 監進色以呈省事請坐 然其間尙有咨決都堂 然後可以措辭者條具以呈 三色設點心 又蒙宣醞 微醉而歸

273 『牧隱詩藁』 26-027, 廿三日 玄陵上賓之日也 臣穡無分發 末由陪位助祭 憫然吟成一首

274 『牧隱詩藁』 22-055, 昨夜月明 韓上黨邀僕登樓小酌

275 『牧隱詩藁』 22-047, 遣興 "得閑酬素志 招謗坐虛名"

276 『牧隱詩藁』 23-008, 世事

277 『牧隱詩藁』 32-087, 讀史

278 『牧隱詩藁』 33-039, 伊川田有爭者

279 『牧隱詩藁』 33-040, 可笑

280 김인호, 「이색의 자아의식과 심리적 갈등—우왕 5년기를 중심으로—」 『역사와 현실』 62, 2006, 65-66쪽

281 『牧隱詩藁』 33-055, 赴闕庭 起居而歸 ; 33-065, 赴闕 起居而歸

282 『高麗史』 권134, 列傳47 辛禑2 禑王 8년 8월 "議定遷都漢陽 諫官上疏止之 不聽" ; 9월 癸酉:27일 "禑至漢陽"

283 『牧隱詩藁』의 〈33-045〉「天明登舟 泊引寧渡待潮 廻風作 留一日」부터 〈33-051〉「到得務浦下岸 宿南京東村旺心民舍 明日 詣行宮肅拜 歸途有詠 十月十二日也」까지 7편이 개경에서 한양으로 가는 도중에 지은 것이다.

284 『牧隱詩藁』 33-055, 赴闕庭 起居而歸 "赴闕起居臣子禮 傍人應笑曳長裾"

285 『牧隱詩藁』 33-065, 赴闕 起居而歸 "鄙夫多病已休官 愧底趨塵怯歲寒"

286 『牧隱詩藁』 33-072, 紀事 "得見吾民無凍者 五更待漏亦何難"

287 『牧隱詩藁』 33-051, 到得務浦下岸 宿南京東村旺心民舍 明日 詣行宮肅拜 歸途有詠 十月十二日也

288 『高麗史』 권134, 列傳47 辛禑2 禑王 8년 9월 "白州守洪順上書曰 南京鎭三角山火山也 木性之國不宜爲都 禑不聽"

289 『牧隱詩藁』 33-052, 潘密直齎宣醞來賜 明日 詣內謝恩 歸而有作 ; 33-085, 李匡郱衍來賜唐飯酒食

290 『牧隱詩藁』 33-091, 同韓淸城 權花山詣內起居 中官出賜酒 拜飮而歸 "五日一朝飄白髮"

291 『牧隱詩藁』 33-088, 詣內謝恩 歸而有作 "世爵就封知是命 經筵轉對復何時"

292 『牧隱詩藁』 33-116, 是月二十五日 拜判三司之命 同曹侍中宿拜 歸而紀行

293 『牧隱詩藁』 33-107, 監進諸公就僕商量事大文字 柳判書雲奉宣醞來斯 拜飮而罷 判書亦監進一名也 ; 33-109, 表文提頭圈點 徐正言來請

294 『牧隱詩藁』 34-051, 田莊自笑〈幷序〉

295 『牧隱詩藁』 33-117, 早朝

296 『牧隱詩藁』 33-118, 合坐每請先出 有愧而作

297 『高麗史』 권115, 列傳28 李穡 “(禑王 8년)判三司事 稱病不視事” ;『高麗史節要』 권31, 禑王 8년 11월 “以曹敏修守侍中 李穡判三司事 穡稱疾不視事”

298 『牧隱集』「牧隱先生年譜」

299 『高麗史節要』 권32, 禑王 9년 3월 “門下侍中洪永通乞退 以曹敏修爲侍中 林堅味守侍中 以堅味及都吉敷·禹玄寶·李存性提調政房 故事侍中掌銓注 及永通·敏修爲侍中 不得與焉 堅味專權故也”

300 洪榮義, 『高麗末 政治史 硏究』, 혜안, 2005, 204쪽

301 驪州神勒寺大藏閣記(『朝鮮金石總覽』 上, 507쪽)

302 남동신, 「목은 이색과 불교 승려의 詩文 교유」 『역사와 현실』 62, 2006, 143-145쪽

303 『牧隱集』「牧隱先生年譜」

304 『牧隱集』「牧隱先生年譜」

305 『高麗史』 권115, 列傳28 李穡 “(禑王)十年 以病辭 進封韓山府院君”

306 『牧隱文藁』 11-27, 乞退書

307 『高麗史節要』 권32, 禑王 11년 4월 “禑如鄭夢周第 夢周方宴耆老… 於是 尹桓與李仁任洪永通曹敏修李成林李穡等言曰…”

308 『高麗史』 권135, 列傳48 辛禑3 禑王 11년 9월

309 『高麗史』 권115, 列傳28 李穡 “帝遣張溥·周倬等來 溥等至境 問穡安否 禑以穡稱爲判三司事出迎誥命”

310 『牧隱詩藁』 34-060, 送張學錄使還〈名溥〉;34-061, 送周典簿使還〈名倬〉

311 『牧隱文藁』 11-27, 乞退書

312 『牧隱詩藁』 34-065 錄近作

313 여운필·성범중·최재남, 『역주 목은시고』 12, 月印, 2007, 242-243쪽

314 『高麗史』 권73, 志27 選擧1 科目1 凡選場 禑王 12년 5월 “韓山府院君李穡知貢擧 三司左使廉興邦同知貢擧 取進士賜孟思誠等三十三人及第”

315 『高麗史節要』 권32, 禑王 12년 4월

316 『高麗史』 권73, 志27 選擧1 科目1 禑王 12년 5월

317 『高麗史』 권115, 列傳28 李穡

318 『高麗史』 권115, 列傳28 李穡 “一日 穡稱病不出曰 侍中李成林生長矮屋 及爲宰相 廣占田民 一時並起三第 左使廉興邦亦以取斂爲事 誤國家者必此二人也”

319 廉興邦은 權漢功의 외손이고 이색은 권한공의 孫壻이다. 권한공의 內外孫들이 만든 四寸會의 존재는 1381년(우왕 7) 3월 1일 이색이 그 모임을 소재로 지은 시를 통해 확인할 수 있다(『牧隱詩藁』 28-079, 醴泉君內外孫聚飮曰四寸會…).

320 우왕대 염흥방의 행적에 대해서는 도현철, 「고려말 염흥방의 정치활동과 사상의 변화」 『東方學志』 141, 2008, 195-214쪽 참조

321 洪榮義, 『高麗末 政治史 硏究』, 혜안, 2005, 209쪽

322 『高麗史節要』 권33, 禑王 14년 정월 丙子:1일

323 『高麗史節要』 권33, 禑王 14년 정월 “以崔瑩爲門下侍中 我太祖守門下侍中 李穡判三司事…”

324 『太祖實錄』 總書, 禑王 14년 6월 “韓山君李穡與留都耆老宰樞謁太祖 太祖與穡語良久 還軍門外”

325 『高麗史』 권137, 列傳50 辛禑5 禑王 14년 6월 丙午:4일

326『高麗史節要』권33, 禑王 14년 6월 辛亥:9일
327『高麗史節要』권33, 昌王 즉위년 7월
328『高麗史』권137, 列傳50 辛禑5 昌王 즉위년 8월
329『高麗史』권137, 列傳50 辛禑5 昌王 즉위년 8월
330『高麗史節要』권33, 昌王 즉위년 10월
331『高麗史節要』권34, 昌王 원년 4월
332 李泰鎭,「14세기 동아시아 국제정세와 목은 이색의 외교적 역할」『牧隱 李穡의 生涯와 思想』, 一潮閣, 1996, 80쪽
333『高麗史節要』권34, 昌王 원년 3월
334『高麗史』권115, 列傳28 李穡
335『高麗史』권78, 志32 食貨1 田制 祿科田 禑王 14년 6월
336『高麗史』권78, 志32 食貨1 田制 祿科田 禑王 14년 7월 "大司憲趙浚等上書曰…";"諫官李行等又上疏曰…";"版圖判書黃順常等上疏曰…";"典法判書趙仁沃等亦上疏曰…";9월 "右常侍許應等上疏曰…"
337『高麗史節要』권34, 昌王 원년 4월
338『高麗史』권115, 列傳28 李穡 "未幾乞解職 擧李琳自代 昌以穡爲判門下府事"
339『高麗史』권115, 列傳28 李穡 "昌將親朝 穡曰 遼野寒甚 宜早行 旣而昌母李氏憫昌年幼 言於都堂 寢其行"
340『高麗史節要』권34, 昌王 원년 8월
341『高麗史』권115, 列傳28 李穡 "以其子種學再掌試 種學素不能文 士林頗譏 穡私其子"
342『高麗史節要』권34, 昌王 원년 10월 "諫官吳思忠等劾藝文館提學李崇仁… 流京山府";"諫官吳思忠等上疏論權近黨附崇仁之罪 流牛峯縣 又徙寧海府"
343『高麗史節要』권34, 昌王 원년 10월 "李穡歸長湍別業 昌遣知申事李行賜酒慰諭 令視事 穡不起"
344『高麗史節要』권34, 昌王 원년 11월
345『高麗史節要』권34, 昌王 원년 11월 丁丑:13일 ;戊寅:14일; 己卯:15일
346『高麗史』권45, 世家45 恭讓王 원년 11월 己卯:15일 "遣定陽君瑀帥師鎭長湍 以備非常"
347『高麗史』권45, 世家45 恭讓王 원년 11월
348『高麗史』권45, 世家45 恭讓王 원년 11월 甲申:20일
349『高麗史節要』권34, 恭讓王 원년 11월 甲申:20일
350『高麗史』권45, 世家45 恭讓王 원년 11월 甲申:20일
351『高麗史節要』권34, 恭讓王 원년 12월
352『高麗史』권45, 世家45 恭讓王 원년 12월 乙未:1일
353『高麗史』권45, 世家45 恭讓王 원년 12월 己亥:5일 ;『高麗史節要』권34, 恭讓王 원년 12월
354『牧隱集』「牧隱先生年譜」
355『牧隱詩藁』35-001, 長湍吟, 己巳十二月初六日 巡衛府提控朴〈爲生〉來傳內教 命臣出居長湍新居 臣向闕肅拜 且致詞兩侍中 別提控上馬至大德山下日已夕 入感應寺借宿 門生劉敬以斗酒來餞 連數杯微醉 就寢達旦 居僧朝參 聞磬聲有作
356『高麗史節要』권34, 恭讓王 원년 12월
357『高麗史』권45, 世家45 恭讓王 원년 12월 戊申:14일

358 『高麗史節要』 권34, 恭讓王 2년 정월 "郞舍尹紹宗·李詹等上疏曰…";"郞舍上疏曰…";"郞舍復上言…";"大司憲成石璘 左常侍尹紹宗等請誅邊安烈…"

359 『高麗史』 권45, 世家45 恭讓王 2년 정월 庚辰:16일 "誅邊安烈"

360 『高麗史節要』 권34, 恭讓王 2년 정월

361 『高麗史』 권45, 世家45 恭讓王 2년 2월 乙未:1일;『高麗史節要』 권34, 恭讓王 2년 2월

362 『高麗史節要』 권34, 恭讓王 2년 2월

363 『高麗史節要』 권34, 恭讓王 2년 2월

364 『高麗史節要』 권34, 恭讓王 2년 3월

365 『高麗史節要』 권34, 恭讓王 2년 3월

366 『高麗史節要』 권34, 恭讓王 2년 정월;2월

367 『高麗史節要』 권34, 恭讓王 2년 3월

368 『高麗史』 권45, 世家45 恭讓王 2년 4월 甲午:1일;『高麗史節要』 권34, 恭讓王 2년 4월

369 『高麗史』 권45, 世家45 恭讓王 2년 4월;『高麗史節要』 권34, 恭讓王 2년 4월

370 『牧隱詩藁』 35-056, 長湍吟, 與長湍縣令文君再游石壁 文君邀至上流合幷處 捕魚設食 晩歸 有孟昀 柳衍 門生孟思誠 李稚來報臺省又論前事 赴處咸昌

371 『高麗史節要』 권34, 恭讓王 2년 윤4월

372 『高麗史節要』 권34, 恭讓王 2년 5월

373 『高麗史節要』 권34, 恭讓王 2년 5월 乙巳:19일

374 『高麗史』 권45, 世家45 恭讓王 2년 6월 乙丑:4일 "王以淸州大水 又前雨雪 召凡沈德符及我太祖 議放罪囚 遣吏曹判書趙溫于淸州 下敎曰…"

375 『牧隱集』 「牧隱先生年譜」 "洪武卄三年庚午(1390, 恭讓王 2)五月 "逮至淸州 有水譴 蒙宥到長湍"

376 『高麗史節要』 권34, 恭讓王 2년 7월 "大赦 贊成事鄭夢周以臺諫論執彝初之黨甚力啓王 宜因封崇四代 大霈鴻恩 從之"

377 尹彝·李初獄事 이후 鄭夢周의 정치적 향배에 대해서는 이익주, 「고려말 신흥유신의 성장과 조선 건국」 『역사와 현실』 29, 1998, 33쪽 참조

378 『高麗史節要』 권34, 恭讓王 2년 8월

379 『高麗史』 권45, 世家45 恭讓王 2년 8월 壬戌:3일

380 『牧隱詩藁』 35-062, 咸昌吟, 庚午八月十三日 到咸昌 狎送官近侍郞將朱仁起回程 附呈兩侍中

381 『高麗史節要』 권34, 恭讓王 2년 7월;9월

382 『高麗史節要』 권34, 恭讓王 2년 7월 "秘錄云 苟不遷廢君臣"

383 『高麗史節要』 권34, 恭讓王 2년 7월

384 『高麗史』 권45, 世家45 恭讓王 2년 11월 辛卯:3일

385 『高麗史』 권45, 世家45 恭讓王 2년 11월 壬辰:4일

386 『高麗史節要』 권34, 恭讓王 2년 11월

387 『高麗史節要』 권34, 恭讓王 2년 11월

388 『高麗史』 권45, 世家45 恭讓王 2년 11월 辛丑:13일

389 『太祖實錄』 권5, 太祖 3년 3월 壬寅:3일

390 『高麗史』 권46, 世家46 恭讓王 3년 정월 乙未:7일

391 『高麗史』 권45, 世家45 恭讓王 2년 11월 甲午:6일;권117, 列傳30 鄭夢周

392 金昌賢,『高麗後期 政房 硏究』, 高麗大學校 民族文化硏究院, 1998, 232-233쪽
393『高麗史節要』 권35, 恭讓王 3년 정월
394『高麗史節要』 권35, 恭讓王 3년 정월
395『高麗史節要』 권35, 恭讓王 3년 5월 "成均大司成金子粹上書曰…" ; "成均博士金貂上書曰…"
396『高麗史節要』 권35, 恭讓王 3년 6월
397『高麗史節要』 권35, 恭讓王 3년 6월
398 이정주,『性理學 受容期 佛敎 批判과 政治·思想的 變容—鄭道傳과 權近을 중심으로—』, 高麗大學校 民族文化硏究院, 2007, 146-166쪽
399『高麗史節要』 권35, 恭讓王 3년 5월 "政堂文學鄭道傳上疏曰…"
400『高麗史節要』 권35, 恭讓王 3년 5월 "鄭道傳上書都堂 請誅李穡·禹玄寶"
401 이익주,「고려 말 정도전의 정치 세력 형성 과정 연구」『東方學志』134, 2006, 102-103쪽
402『高麗史』 권46, 世家46 恭讓王 3년 6월 戊辰:13일 "流李穡于咸昌"
403『高麗史節要』 권35, 恭讓王 3년 6월
404『高麗史節要』 권35, 恭讓王 3년 9월
405『高麗史節要』 권35, 恭讓王 3년 7월
406『高麗史節要』 권35, 恭讓王 3년 9월
407『高麗史』 권46, 世家46 恭讓王 3년 11월 己亥:17일 "召李穡·李崇仁·李種學"
408『高麗史』 권46, 世家46 恭讓王 3년 12월 丙子:24일
409『高麗史』 권46, 世家46 恭讓王 4년 4월 壬子:1일 ; 癸丑:2일
410『高麗史』 권117, 列傳30 金震陽 "鄭夢周·李穡·禹玄寶等以謂 若劾浚·闇置極刑 則璞·紹宗·思忠之輩不足制也 陰誘臺諫連日交章 伏閤廷諍 請誅浚·道傳等"
411『高麗史』 권46, 世家46 恭讓王 4년 4월 乙卯:4일
412『高麗史』 권46, 世家46 恭讓王 4년 4월
413『高麗史』 권46, 世家46 恭讓王 4년 4월 丙辰:5일
414『牧隱詩藁』 35-112, 衿州吟, 洪武壬申夏四月十四日 上使司楯郞傳旨 二子與於言事失實之罪 今皆例貶矣 卿心豈得安 可居江外 臣穡蹈舞謝恩 卽出至普賢院 有雨小留
415『陽村集』 권40, 牧隱先生李文靖公行狀 "壬申(1392, 恭讓王 4)四月 復貶衿州 六月 徙驪興"
416『太祖實錄』 권1, 太祖 원년 7월 丙申:17일
417『太祖實錄』 권1, 太祖 원년 7월 丁未:28일
418『太祖實錄』 권1, 太祖 원년 7월 己酉:30일
419『太祖實錄』 권1, 太祖 원년 10월 庚申:12일 "禹玄寶·李穡·偰長壽等三十人外方從便 李詹·許膺等三十人京外從便" ;『陽村集』 권40, 牧隱先生李文靖公行狀 "冬 宥歸韓州"
420『太祖實錄』 권1, 太祖 원년 8월 壬申:23일
421『牧隱詩藁』 34-080, 題門生崔中正竹堂
422『太祖實錄』 권9, 太祖 5년 5월 癸亥:7일 "乙亥(1395, 太祖 4)秋 請遊關東 入五臺山 因欲留居 上遣使召至 封韓山伯"
423『太祖實錄』 권8, 太祖 4년 11월 甲申:24일
424『太祖實錄』 권8, 太祖 4년 11월 丁亥:27일
425『太祖實錄』 권8, 太祖 4년 12월 丁酉:8일
426『太祖實錄』 권8, 太祖 4년 12월 辛亥:22일

427 『太祖實錄』 권9, 太祖 5년 5월 癸亥:7일
428 『陽村集』 권40, 牧隱先生李文靖公行狀
429 『陽村集』 권40, 牧隱先生李文靖公行狀
430 1396년(태조 5) 11월에는 甲寅日이 없고, 甲寅日은 10월 30일이다. 기록에 착오가 있는 듯하다.
431 『陽村集』 권39, 貞愼宅主權氏墓誌銘〈幷序〉
432 『松窩雜說』(『大東野乘』 권56)
433 『陽村集』 권40, 牧隱先生李文靖公行狀
434 『牧隱文藁』 16-02, 鷄林府院君謚文忠李公墓誌銘 "公(李齊賢-필자)務遵舊法 不喜更張"

제3장 이색의 현실인식

1 『稼亭集』 권19, 寄李密直 "胄庠文物盛唐虞"
2 『牧隱詩藁』 02-002, 東門送家君 "努力分陰當自惜 好將功業樹昌辰"
3 『牧隱詩藁』 03-052, 到家 "天朝新內翰 王國又中書"
4 『元史』 권138, 列傳25 脫脫 ;『庚申外史』 권上, 至正 14년 "遂從詔 大軍百萬 一時四散"
5 韓儒林(主編), 『元朝史』 下, 北京: 人民出版社, 1986, 108쪽
6 『高麗史』 권38, 世家38 恭愍王 3년 11월 丁亥:30일
7 이익주, 「공민왕대 개혁의 추이와 신흥유신의 성장」 『역사와 현실』 15, 1995, 31쪽
8 『牧隱詩藁』 03-060, 是歲春 密直宰相尹之彪爲謝恩使 予忝書狀官赴都 金郊途中 ;『高麗史』 권38, 世家38 恭愍王 4년 3월 甲辰:18일 "遣前僉議金信 贊成事朴壽年如元 賀聖節 密直副使尹之彪 謝封公主"
9 『牧隱詩藁』 04-001, 丙申正月 出齊化門東歸 明日 紀行
10 『牧隱詩藁』 04-029, 解嘲吟
11 『高麗史』 권39, 世家39 恭愍王 5년 6월 乙亥:26일 "停至正年號"
12 『高麗史』 권39, 世家39 恭愍王 5년 6월 "敎曰… 自今伊始勵精圖治 修明法令 整頓紀綱 復我祖宗之法 期與一國更始 敷實德於民 續大命于天…"
13 이익주, 「공민왕대 개혁의 추이와 신흥유신의 성장」 『역사와 현실』 15, 1995, 34쪽
14 『高麗史』 권39, 世家39 恭愍王 5년 6월 "元囚本國節日使金龜年于遼陽省 聲言發八十萬兵來討…"
15 『高麗史』 권39, 世家39 恭愍王 5년 6월 丁丑:28일 "命判書雲觀事陳永緖 相地于南京"
16 『高麗史』 권39, 世家39 恭愍王 5년 10월 甲寅:8일
17 『高麗史』 권39, 世家39 恭愍王 5년 10월 戊午:12일
18 이익주, 「공민왕대 개혁의 추이와 신흥유신의 성장」 『역사와 현실』 15, 1995, 31-32쪽
19 이익주, 「14세기 후반 동아시아 국제질서와 고려-원·명-일본 관계」 『震檀學報』 114, 2012, 19쪽
20 『牧隱詩藁』 04-020, 讀詔
21 『牧隱詩藁』 05-033, 卽事 "近聞群盜滿中州 豈料餘波到此流"
22 『牧隱詩藁』 05-034, 放歌 一首 "天子高拱深九重 將相睚眥朝綱頹"

23 『牧隱詩藁』 05-046, 聞賊平有感
24 『牧隱詩藁』 05-074, 賀雨行 與清風同作
25 閔賢九, 「辛旽의 執權과 그 政治的 性格」(上) 『歷史學報』 38, 1968, 56쪽
26 『高麗史』 권40, 世家40 恭愍王 11년 3월 甲子:18일
27 『高麗史』 권39, 世家39 恭愍王 10년 9월 癸酉:25일
28 『高麗史』 권115, 列傳28 李穡 "(恭愍王)十二年 元授征東行中書省儒學提擧"
29 1362년(공민왕 11) 원의 공민왕 폐위와 德興君 책봉 사건에 대해서는 閔賢九, 「新主(德興君)와 舊君(恭愍王)의 對決」(『高麗政治史論』, 고려대학교출판부, 2004) 참조
30 『高麗史節要』 권27, 恭愍王 11년 12월 "西北面萬戶丁贊報 元立德興君塔思帖木兒爲國王"
31 『高麗史』 권40, 世家40 恭愍王 12년 윤3월 辛未:1일
32 『高麗史』 권40, 世家40 恭愍王 12년 5월 壬辰:24일 "譯語李得春還自元言 帝以德興君爲國王 奇三寶奴爲元子 發遼陽兵以送"
33 金炯秀, 「恭愍王 廢立과 文益漸의 使行」 『한국중세사연구』 19, 2005, 134-135쪽
34 『高麗史』 권40, 世家40 恭愍王 12년 5월 丙申:28일 "以密直副使朱思忠爲德興君內應 殺之" ;6월 "遣使盡誅金鏞黨于流所"
35 『高麗史』 권126, 列傳39 李仁任
36 『高麗史』 권40, 世家40 恭愍王 13년 정월 癸未:18일
37 『高麗史』 권40, 世家40 恭愍王 13년 9월 己巳:9일 "護軍張子溫還自元言 帝命王復位 檻送崔濡"
38 『高麗史』 권40, 世家40 恭愍王 13년 10월 辛亥:21일 "遣贊成事李仁復如元 謝復位 表曰…"
39 이익주, 「14세기 후반 동아시아 국제질서와 고려-원·명-일본 관계」 『震檀學報』 114, 2012, 27쪽
40 『高麗史』 권41, 世家41 恭愍王 18년 4월 壬辰:28일
41 『高麗史』 권41, 世家41 恭愍王 18년 5월 辛丑:8일 "停至正年號"
42 『高麗史』 권42, 世家42 恭愍王 19년 5월 甲寅:26일 "帝遣尙寶司丞偰斯來 錫王命 王率百官郊迎 詔曰… 今遣使齎印 仍封爾爲高麗王 凡儀制服用 許從本俗…"
43 『牧隱文藁』 11-18, 賀登極表
44 『高麗史』 권41, 世家41 恭愍王 18년 4월 壬辰:28일 "大明皇帝遣符寶郎偰斯賜璽書… 其書曰 大明皇帝致書高麗國王 自有宋失馭天絶其祀 元非我類…"
45 원-명 교체 이전에 이색이 元을 中華로 인식했음은 도현철, 『목은 이색의 정치사상 연구』(혜안, 2011), 292쪽에 밝혀져 있다.
46 원-명 교체의 시점을 1368년(공민왕 17) 大都 함락이 아니라 1388년(우왕 14) 北元 멸망에서 찾아야 한다는 견해는 박원호, 「鐵嶺衛 설치에 대한 새로운 관점」 『韓國史硏究』 136, 2007, 107쪽에 소개되어 있다.
47 1368년(공민왕 17) 大都 함락부터 1388년(우왕 14) 元 멸망까지 20년 동안 明과 元의 대결 양상은 윤은숙, 『몽골제국의 만주 지배사』(소나무, 2010) 281-313쪽에 정리되어 있다.
48 『(明)太祖實錄』 권37, 洪武 원년 12월 壬辰:26일 "遣符寶郎偰斯奉璽書 賜高麗國王王顓…" ; "遣知府易濟頒詔于安南 詔曰…" ;권38, 洪武 2년 정월 乙卯:20일 "遣使以卽位詔諭日本·占城·爪哇·西洋諸國"
49 『(明)太祖實錄』 권43, 洪武 2년 6월 壬午:20일 "安南國王陳日煃遣其少中大夫同時敏… 來朝

貢方物 因請封爵…";권44, 洪武 2년 8월 丙子:14일 "遣符寶郞偰斯齎詔及金印·誥文往高麗封王顓爲國王…";권47, 洪武 2년 12월 甲戌:13일 "遣中書省管句甘桓… 封占城國王阿答阿者爲占城國王"

50 『高麗史』 권42, 世家42 恭愍王 19년 정월 ;8월 己巳:13일 ;권43, 世家43 恭愍王 20년 9월 辛亥:2일

51 『高麗史』 권43, 世家43 恭愍王 21년 4월 壬寅:25일 "遣民部尙書張子溫如京師 請討耽羅";9월 壬戌:18일

52 고려가 명과 책봉-조공 관계를 맺은 이후 요동 지방의 고려인 招諭와 탐라(제주) 영유권을 확보하기 위해 노력한 정황은 김순자, 『韓國 中世 韓中關係史』(혜안, 2007), 54-70쪽에 상세히 정리되어 있다.

53 김순자, 『韓國 中世 韓中關係史』, 혜안, 2007, 71쪽

54 『高麗史』 권133, 列傳46 辛禑1 禑王 즉위년 11월 "大明使林密·蔡斌等還至開州站 護送官金義殺斌及其子 執密 遂奔北元"

55 『高麗史』 권133, 列傳46 辛禑1 禑王 즉위년 11월 "遣密直使張子溫 典工判書閔伯萱如京師告訃 請賜諡承襲…";12월 "遣判密直司事金湑如北元 告喪"

56 『高麗史』 권133, 列傳46 辛禑1 禑王 원년 5월 "北元遣使來"

57 『高麗史節要』 권30, 禑王 원년 4월 ;5월

58 『高麗史節要』 권30, 禑王 원년 5월

59 『高麗史節要』 권30, 禑王 원년 6월

60 『高麗史』 권117, 列傳30 鄭夢周 "念吾東方僻在海外 自我太祖起於唐季 禮事中國 其事之也 視天下之義主而已…"

61 『高麗史節要』 권30, 禑王 원년 5월 ;6월 ;7월

62 『高麗史節要』 권30, 禑王 원년 정월

63 『高麗史節要』 권30, 禑王 원년 3월 ;5월

64 『高麗史節要』 권30, 禑王 원년 12월

65 李泰鎭, 「14세기 동아시아 국제정세와 목은 이색의 외교적 역할」 『牧隱 李穡의 生涯와 思想』, 一潮閣, 1996, 67-68쪽

66 『高麗史節要』 권30, 禑王 3년 2월 "北元遣翰林承旨孛剌的 冊禑爲開府儀同三司征東行省左丞相高麗國王"

67 『高麗史節要』 권30, 禑王 3년 2월 "始行北元宣光年號"

68 『高麗史』 권133, 列傳46 辛禑1 禑王 3년 11월 "遣前開城尹黃淑卿如北元 賀節日";12월 "遣順興君王昇如北元 賀正"

69 『牧隱詩藁』 06-060, 憶燕都

70 『牧隱詩藁』 06-064, 同年歌

71 『牧隱詩藁』 06-067, 送李蒙達進表賀年

72 『牧隱詩藁』 11-050, 卽事

73 『牧隱詩藁』 11-051, 有感

74 『高麗史』 권133, 列傳46 辛禑1 禑王 4년 7월 丁丑:7일 "北元使來告 其主豆叱仇帖木兒卽位 禑欲托疾不迎 使强之 禑出迎行省"

75 『牧隱詩藁』 09-032, 聽詔

76 『牧隱詩藁』 06-070, 卽事

77 『高麗史』 권133, 列傳46 辛禑1 禑王 4년 8월 "周誼·柳藩還自京師 禮部尙書朱夢炎錄帝旨 以示我國人曰…"

78 『牧隱詩藁』 08-101, 聞江南使入界 "金陵日月照華夷 物物呈形正午時"

79 『牧隱詩藁』 08-114, 偶吟

80 『牧隱詩藁』 09-070, 卽事

81 여운필·성범중·최재남, 『역주 목은시고』 4, 月印, 2002, 111-112쪽

82 『牧隱詩藁』 09-077, 有感

83 『牧隱詩藁』 11-098, 有感 三首

84 여운필·성범중·최재남, 『역주 목은시고』 4, 月印, 2002, 428-429쪽

85 『高麗史』 권133, 列傳46 辛禑1 禑王 4년 10월 "遣判密直司事沈德符如京師 賀正 版圖判書金寶生 謝放還崔源等…"

86 『牧隱詩藁』 10-042, 十七日 "年年聖壽祝岡陵 頌禱和聲內外騰"

87 『牧隱詩藁』 13-031, 奉懷金陵

88 『牧隱詩藁』 13-088, 雜詠

89 『牧隱詩藁』 14-018, 述懷

90 『牧隱詩藁』 18-075, 有感

91 『牧隱詩藁』 19-011, 有懷成均館 "金陵王氣回天意 講舌徒然似決河"

92 『高麗史』 권134, 列傳47 辛禑2 禑王 5년 6월 "北元遣僉院甫非 告郊祀改元天元"

93 『高麗史』 권134, 列傳47 辛禑2 禑王 5년 7월 "遣永寧君王彬如北元 賀郊祀改元"

94 『牧隱詩藁』 18-122, 北庭

95 『牧隱詩藁』 19-026, 有感

96 『高麗史』 권134, 列傳47 辛禑2 禑王 5년 3월 "沈德符·金寶生回自京師 帝賜手詔曰…"

97 『高麗史』 권134, 列傳47 辛禑2 禑王 5년 10월 "遣門下評理李茂方·判密直裵彦如京師 進歲貢上陳情表曰…"

98 『牧隱詩藁』 19-069, 普光社主文兄送青苧

99 『牧隱詩藁』 19-076, 述懷

100 『牧隱詩藁』 20-029, 江南進獻使李宰相加官 故有宰批 穡與韓簽書以玄陵碑故 皆復舊職 明當謝恩 有感發詠

101 『牧隱詩藁』 20-035, 是日 扈駕移御永安宮 故宰臣柳方啓舊宅 "大禮修王覲 升平更不疑"

102 『牧隱詩藁』 20-053, 迎賓館樓上 進獻使李評理以詩留別 宰樞次韻拜送 "箕封千里太平年 事大忠心誓永肩"

103 『牧隱詩藁』 20-056, 有感

104 『高麗史』 권134, 列傳47 辛禑2 禑王 6년 2월 "李茂方·裵彦至登州而還 茂方等至遼東 都司奏省府臺官欽奉聖旨 所貢旣不如約 陪臣不至 爾中書差人詣彼發遣 來使回還 須如前約 方許來貢"

105 『高麗史』 권134, 列傳47 辛禑2 禑王 6년 2월 "北元遣禮部尙書時剌問 直省舍人大都閭 册禑爲大尉 禑率百官郊迎"

106 『牧隱詩藁』 21-044, 二月初九日 使來開讀册太后詔 頒降主上太尉宣命 仍賜鷹馬 臣穡以病不獲與於舞蹈之列 俯伏吟成一首

107 『高麗史』 권134, 列傳47 辛禑2 禑王 6년 3월 "遣密直副使文天式如北元 賀節日謝册命"
108 『高麗史』 권134, 列傳47 辛禑2 禑王 6년 4월 "遣崇敬尹周誼如遼東…"
109 『牧隱詩藁』 22-071, 夜雨
110 여운필 · 성범중 · 최재남, 『역주 목은시고』 8, 月印, 2004, 325쪽
111 『高麗史』 권134, 列傳47 辛禑2 禑王 6년 8월 "啓稟使周誼在京師 寄書都堂曰…"
112 『牧隱詩藁』 23-082, 海上
113 『牧隱詩藁』 23-121, 老翁 "沈吟幾向金陵望 何日寬恩遍海東"
114 『高麗史』 권134, 列傳47 辛禑2 禑王 6년 7월 "北元遣使頒赦 納哈出使人亦來"
115 『牧隱詩藁』 24-126, 昨詔使入城 僕方臥病 未知其何事也 因題
116 『牧隱詩藁』 25-006, 北使
117 『牧隱詩藁』 25-056, 聞羅沈崔三元帥舟師回 病不能郊迓 "乾坤易主丘民定"
118 『牧隱詩藁』 26-045, 醴泉君子▨醵餞庸夫四宰金陵之行 以僕貧不令出錢 又謂僕於庸夫爲同年壯元 特令侑坐 曲城府院君邀廣平侍中同席 夜將半兩侍中出矣 僕少留 促坐歡甚 二子見僕泥醉扶以出 日高而起 錄爲歌章 呈四宰令邸下 幸一笑
119 『高麗史』 권134, 列傳47 辛禑2 禑王 6년 12월 "遣門下贊成事權仲和 禮儀判書李海如京師 貢金三百兩 銀一千兩 馬四百五十匹 布四千五百匹請謚承襲…"
120 『牧隱文藁』 11-15, 請贈謚表 ;11-16, 請承襲表
121 『高麗史』 권134, 列傳47 辛禑2 禑王 7년 3월 "權仲和等至遼東 都司以歲貢不滿定額却之 乃還"
122 『高麗史』 권134, 列傳47 辛禑2 禑王 7년 10월 "遣門下評理金庾如京師 賀正"
123 『牧隱詩藁』 30-071, 金五宰將赴金陵
124 『高麗史』 권134, 列傳47 辛禑2 禑王 7년 11월 "遣密直使李海如京師 獻馬九百三十三匹"
125 『高麗史』 권134, 列傳47 辛禑2 禑王 7년 12월 "金庾 · 李海至遼東 不納乃還"
126 『牧隱詩藁』 31-045, 金光秀院使邀曲城 漆原兩侍中及鄭月城 權吉昌 韓政堂 永寧君 順興君 少韓政堂及穡 設盛饌作樂 而康平章坐主人之右 內官金實主人之養子也 同一內官奉兩殿仙醞以來 賓主拜飮 日黑而罷 旣醒 坐念諸老皆受元朝恩命 院使事至正帝長資政院 曲城累於朝且爲郎中東省 漆原君亦爲郎中 月城爲員外 吉昌爲王府斷事官 永寧賀正北庭拜翰林承旨 順興亦入覲拜右承 少韓政堂爲儒學提擧 穡僥倖世科供奉翰林 後爲郎中東省一年 而中國聖人出矣嗚呼 曲城 漆原同年生七十九歲 強健精敏不少衰 月城少兩侍中一歲 吉昌少三歲 老韓少五歲 永寧六十九 餘皆近六旬 穡最少居末然亦五十五歲 參興盛會豈非至幸 吟成一首 以自誇耀焉
127 『高麗史』 권134, 列傳47 辛禑2 禑王 8년 4월 "遣門下贊成事金庾 門下評理洪尙載 知密直金寶生 同知密直鄭夢周 密直副使李海 典工判書裴行儉等如京師 進歲貢金一百斤 銀一萬兩 布一萬匹 馬一千匹"
128 『牧隱詩藁』 32-012, 金四宰臨門告行 二首 "歲貢艱難充額數 君臣精意效純忠"
129 『牧隱詩藁』 32-020, 江南
130 『牧隱詩藁』 32-023, 同諸公送鄭圃隱 "又參執政朝王去 皇帝如今正止戈"
131 『牧隱詩藁』 32-025, 進獻使臣啓行 穡以疾發 不得送于野 獨吟一首
132 『高麗史』 권134, 列傳47 辛禑2 禑王 8년 6월 "金庾等至遼東 不納乃還"
133 『牧隱詩藁』 32-044, 同柳巷勞洪五宰 "行到半塗還見阻 不知朝論是邪非"
134 『高麗史』 권134, 列傳47 辛禑2 禑王 8년 7월 "帝平定雲南 發遣梁王家屬 安置濟州 禑遣密直

司使柳藩如京師 賀表曰…"

135 『高麗史』 권134, 列傳47 辛禑2 禑王 8년 11월 "遣同知密直司事鄭夢周 版圖判書趙胖如京師 賀正 仍進陳情 請諡承襲表…"

136 『牧隱詩藁』 33-057, 有感

137 여운필·성범중·최재남, 『역주 목은시고』 12, 月印, 2007, 96쪽

138 『牧隱詩藁』 33-062, 食罷坐睡 覺而有作

139 『牧隱詩藁』 33-107, 監進諸公就僕商量事大文字 柳判書雲奉宣醞來斯 拜飮而罷 判書亦監進一名也

140 『高麗史』 권135, 列傳48 辛禑3 禑王 9년 정월 "鄭夢周等至遼東 都司稱有勅不納 止納進獻禮物…"

141 『高麗史』 권135, 列傳48 辛禑3 禑王 9년 정월 癸丑:9일 "納哈出遣文哈剌不花 請尋舊好"

142 『高麗史』 권135, 列傳48 辛禑3 禑王 9년 정월 "遼東都司移文曰 高麗臣事大明 不宜與納哈出通好 今聞納哈出遣文哈剌不花請好 高麗厚禮以慰之 其於臣事大明之意如何 如欲免罪 莫若檻送文哈剌不花以効其誠 不然雖有後患 悔之何及"

143 『高麗史』 권135, 列傳48 辛禑3 禑王 9년 10월 "泥城萬戶曹敏修遣兵馬使朴伯顔覘遼東 伯顔還言 鞍山百戶鄭松云 遼東摠兵官奏帝曰 韃韃遣文哈剌不花於高麗 欲與攻遼 請遣兵救之 帝命孫都督等領戰艦八千九百艘征高麗 孫都督到遼東 又三分遼東軍 發船向高麗 會韃韃擊渾河口子盡殺官軍 屯兵渾河 都督兵與戰不克還 禑聞之命都堂議備邊"

144 『高麗史』 권135, 列傳48 辛禑3 禑王 9년 8월 "以門下贊成事趙仁璧爲東北面都體察使 判開城府事韓邦彦爲上元帥 門下贊成事金用輝爲西北面都巡察使 前版圖判書安思祖爲江界萬戶 時大明責事大不誠 屢侵邊境 故備之"

145 『牧隱詩藁』 34-006, 聞朝論將從海路入貢金陵

146 『牧隱詩藁』 34-028, 卽事

147 『高麗史』 권135, 列傳48 辛禑3 禑王 9년 8월 "遣門下贊成事金庾 賀聖節 請諡承襲 陳情 密直副使李子庸 賀千秋節… 先是 我使行由遼東輒不得達 故令庾等航海而往"

148 『高麗史』 권135, 列傳48 辛禑3 禑王 9년 11월 "譯者張伯還自京師曰 帝以進賀使金庾·李子庸過期而至 下法司…"

149 『高麗史』 권135, 列傳48 辛禑3 禑王 9년 12월 "禑令兩府百官 議歲貢皆以一遵帝旨爲對 於是置進獻盤纏色"

150 『高麗史』 권135, 列傳48 辛禑3 禑王 10년 5월 "遣判宗簿寺事金進宜如遼東 進歲貢馬一千匹 以金銀非本國所産 遣司僕正崔涓奏請减其數"

151 『高麗史』 권135, 列傳48 辛禑3 禑王 10년 6월 "遣前判宗簿寺事張方平如京師 獻歲貢馬二千匹"

152 『高麗史』 권135, 列傳48 辛禑3 禑王 10년 7월 "崔涓至遼東都司 延安侯·靜寧侯遣使馳奏曰 一 高麗進馬五千匹數足 來使合無朝見 奉聖旨着他來…"

153 『高麗史』 권135, 列傳48 辛禑3 禑王 10년 8월 "遣禮儀判書金進宜如遼東 獻歲貢馬一千匹"

154 『高麗史』 권135, 列傳48 辛禑3 禑王 10년 윤10월 "遣連山君李元紘如京師 獻歲貢…"

155 『高麗史』 권135, 列傳48 辛禑3 禑王 11년 4월 "帝放還金庾·洪尙載·李子庸·周謙·黃陶·裵仲倫等 許通朝聘 子庸道死"

156 『高麗史』 권135, 列傳48 辛禑3 禑王 11년 5월 "遣門下評理尹虎 密直副使趙胖如京師 謝恩 且

請謚承襲…"

157 『高麗史』 권135, 列傳48 辛禑3 禑王 11년 9월 "譯者郭海龍還自京師言 帝遣詔書使國子監學錄張溥 行人段祐 謚册使國子監典簿周倬 行人雒英來…"

158 李泰鎭, 「14세기 동아시아 국제정세와 목은 이색의 외교적 역할」 『牧隱 李穡의 生涯와 思想』, 一潮閣, 1996, 71쪽

159 『牧隱文藁』 11-27, 受命之頌〈幷序〉

160 『高麗史』 권135, 列傳48 辛禑3 禑王 11년 10월 "張溥·段祐等還 翼日 周倬·雒英等還 …"

161 『牧隱詩藁』 34-060, 送張學錄使還 〈名溥〉

162 『牧隱詩藁』 34-061, 送周典簿使還 〈名倬〉

163 『高麗史』 권135, 列傳48 辛禑3 禑王 11년 10월 "遣判門下府事曹敏修 贊成事張自溫·禹玄寶 簽書密直司事河崙如京師 謝恩 且請曆日符驗 仍納前元給付本國鋪馬蒙古文字八道" ;"遣門下贊成事沈德符 密直提學任獻如京師 賀正"

164 『高麗史』 권135, 列傳48 辛禑3 禑王 11년 12월 "遣密直副使姜淮伯如京師 進歲貢馬一千匹 布一萬匹及金銀折准馬六十六匹"

165 『高麗史』 권136, 列傳49 辛禑4 禑王 12년 2월 "遣政堂文學鄭夢周如京師 請便服及群臣朝服便服 仍乞蠲減歲貢"

166 『高麗史』 권136, 列傳49 辛禑4 禑王 12년 7월 "鄭夢周還自京師 欽奉宣諭聖旨曰…"

167 『高麗史』 권136, 列傳49 辛禑4 禑王 12년 9월 "遣門下評理金湊 同知密直司事李崇仁如京師賀正 密直副使張方平 獻歲貢雄馬十五匹 雌馬三十五匹"

168 『高麗史』 권136, 列傳49 辛禑4 禑王 12년 11월 "安翊·柳和等還自京師 宣諭聖旨曰…"

169 『高麗史』 권136, 列傳49 辛禑4 禑王 12년 12월 "遣典客令郭海龍如京師 奏曰 小邦所産馬匹不多 且又矮小何敢受價 今來欽奉聖旨 容當盡力措辦 伏候明降"

170 『高麗史』 권136, 列傳49 辛禑4 禑王 13년 3월 "遣典工判書李美冲 押初運馬一千匹如遼東 其老病矮少者皆退還" ;5월 "遣判司僕寺事任壽 判典客寺事柳克恕 典工判書金承貴押二三四運馬三千匹 相繼如遼東" ;6월 "遣判司宰寺事朴之介 押五運馬一千匹 幷退還"

171 『高麗史』 권136, 列傳49 辛禑4 禑王 13년 11월 "張方平等行至甛水站 都司使千戶王成欽錄聖旨…"

172 『高麗史』 권136, 列傳49 辛禑4 禑王 14년 2월 "偰長壽還自京師 口宣聖旨曰… 鐵嶺迆北 元屬元朝 並令歸之遼東 其餘開元·瀋陽·信州等處軍民聽從復業"

173 『(明)太祖實錄』 권182, 洪武 20년 6월 丁未:29일

174 『太祖實錄』 권5, 太祖 5년 5월 癸亥:7일

175 『太宗實錄』 권21, 太宗 11년 6월 戊午:29일

176 『高麗史』 권136, 列傳49 昌王 즉위년 10월 "遣門下侍中李穡 簽書密直司事李崇仁 同知密直金士安如京師 賀正 且請王官監國 子弟入學…"

177 『高麗史節要』 권34, 昌王 원년 3월 "姜淮伯還自京師 禮部奉聖旨咨曰… 童子不必來朝…"

178 『高麗史節要』 권33, 昌王 즉위년 10월

179 『高麗史』 권137, 列傳50 辛禑5 昌王 원년 6월 "遣門下評理尹承順 簽書密直司事權近如京師請親朝且稟處女事" ;권115, 列傳28 李穡 "昌將親朝 穡曰 遼野寒甚 宜早行"

180 『高麗史』 권137, 列傳50 辛禑5 昌王 원년 9월 "昌將親朝 以領三司事洪永通 判門下府事李穡 判三司事沈德符 門下評理偰長壽 厚德府尹李種學爲從行官 旣而昌母李氏憫其年幼 言於都堂

寢其行”

181 『高麗史節要』 권34, 恭讓王 2년 5월

182 『高麗史節要』 권34, 恭讓王 2년 5월

183 『太祖實錄』 권2, 太祖 원년 10월 庚午:22일 “知中樞院事趙胖回自京師 上率百官迎于宣義門外 胖奉傳禮部箚付曰… 欽奉聖旨… 其三韓臣民旣尊李氏 民無兵禍 人各樂天之樂 乃帝命也”

184 都賢喆, 『高麗末 士大夫의 政治思想研究』, 一潮閣, 1999, 102-115쪽 ; 김순자, 『韓國 中世 韓中關係史』, 혜안, 2007, 173-179쪽

185 李益柱, 「14세기 후반 동아시아 국제질서의 변화와 고려-원·명-일본 관계」 『震檀學報』 114, 2012, 16-17쪽

186 『高麗史』 권112, 列傳25 朴尙衷

187 『高麗史』 권117, 列傳30 鄭夢周

188 김순자, 『韓國 中世 韓中關係史』, 혜안, 2007, 179-183쪽

189 『三峯集』 권3, 陶隱文集序

190 『陽村集』 권16, 鄭三峯〈道傳〉文集序

191 『成宗實錄』 권82, 成宗 8년 7월 丙戌:21일

192 『牧隱詩藁』 24-042, 僧有辦來壬戌歲灌足寺彌勒石像龍華會者 求緣化文 旣筆以與之 因記舊日陪慈堂自鎭浦浮舟而上 獲與是寺法會 癸卯冬 降香作法 皆如夢中 作短歌以記之

193 허흥식, 「이색의 결계와 청소년의 행태」 『고려의 문화전통과 사회사상』, 집문당, 2004, 324·330쪽

194 『牧隱詩藁』 17-013, 讀書處歌〈并序〉

195 『高麗史』 권115, 列傳28 李穡 “恭愍元年 穡服中上書曰…”

196 崔柄憲, 「牧隱 李穡의 佛敎觀—恭愍王代의 政治改革과 관련하여—」 『牧隱 李穡의 生涯와 思想』, 一潮閣, 1996, 159쪽

197 都賢喆, 『高麗末 士大夫의 政治思想研究』, 一潮閣, 1999, 63-64쪽

198 『高麗史』 권38, 世家38 恭愍王 원년 2월 丙子:2일 “宣宥境內曰… 祖王代創置禪敎寺院 所以裨補地德 以利國家 今多頹圮 只有遺基 其有土田者收其租 有臧獲者收其庸 以備重修 又遵太祖信書 諸人毋得擅起寺舍 爲僧者必須度牒 不許居家…”

199 『牧隱詩藁』 03-085, 晨興

200 『牧隱詩藁』 03-100, 夏日 游城南永寧寺

201 『牧隱詩藁』 03-120-04, 答鐵舡長老

202 여운필·성범중·최재남, 『역주 목은시고』 2, 月印, 2000, 184-185쪽

203 崔柄憲, 「牧隱 李穡의 佛敎觀—恭愍王代의 政治改革과 관련하여—」 『牧隱 李穡의 生涯와 思想』, 一潮閣, 1996, 170쪽

204 『高麗史』 권115, 列傳28 李穡 “(恭愍王)十一年 王聽佛護寺僧言賜田 會穡奉御寶印監試榜 王遣宦官命并印賜僧牌 穡白曰 此事宜議諸大臣 不可輕易 王怒甚”

205 崔柄憲, 「牧隱 李穡의 佛敎觀—恭愍王代의 政治改革과 관련하여—」 『牧隱 李穡의 生涯와 思想』, 一潮閣, 1996, 171-172쪽

206 『高麗史』 권41, 世家41 恭愍王 14년 7월 辛巳:25일 “王親設文殊會”

207 『高麗史』 권112, 列傳25 李仁復 “王大設文殊會 率兩府禮佛 唯仁復與李穡至拜時輒出不拜”

208 『高麗史』 권112, 列傳25 李仁復 “臨歿 弟仁任勸念佛 曰 吾平生不佞佛 今不可自欺”

209 『高麗史節要』 권27, 恭愍王 11년 10월
210 『牧隱文藁』 01-07, 眞宗寺記
211 『牧隱文藁』 04-02, 朴子虛貞齋記
212 『牧隱詩藁』 03-090, 晨坐
213 도현철, 「이색의 서연 강의」 『역사와 현실』62, 2006
214 『牧隱詩藁』 13-039, 卽事 "澤民未副平生志 望道惟憑性理書"
215 『牧隱詩藁』 15-030, 述懷 三首 "詩書窮性理 德澤洽生靈"
216 『牧隱詩藁』 13-033, 睡起聞雞聲 偶記初鳴盥櫛之語 因念文公小學規模節目之備吟成八句 以戒子孫云
217 『牧隱詩藁』 15-039, 伊川歌
218 『牧隱詩藁』 06-013, 有感 四首
219 『牧隱詩藁』 23-088, 古風
220 『牧隱詩藁』 10-001, 寄贈金敬叔少監 "程朱道學配天地 直揭日月行徐徐"
221 『牧隱詩藁』 16-139, 自詠
222 『牧隱詩藁』 23-099, 中場日
223 『牧隱詩藁』 16-140, 古風 三首
224 『牧隱詩藁』 07-035, 晨興 "自信靜中能得處 可憐虛老坐禪僧"
225 임정기, 『국역 목은집』2, 민족문화추진회, 2001, 101쪽의 주75
226 『牧隱詩藁』 15-003, 自詠
227 『牧隱詩藁』 17-078, 君子
228 임정기, 『국역 목은집』4, 민족문화추진회, 2001, 336쪽의 주168
229 『牧隱詩藁』 15-017, 古風 三首 "周孔不世出 雜然多異端"
230 『牧隱詩藁』 15-034, 半夜歌 "只恐異端或娛我 閑邪直欲存吾誠"
231 『牧隱詩藁』 06-013, 有感 四首
232 『牧隱詩藁』 10-001, 寄贈金敬叔少監 "泰山北斗韓吏部 力排異端仍補苴"
233 『牧隱詩藁』 07-007, 贈李浩然
234 『牧隱詩藁』 18-061, 使丘從往視駱駝橋水 云涉者腰以上 於是縮坐又吟
235 『陽村集』 권40, 牧隱先生李文靖公行狀
236 『牧隱文藁』 14-03, 普濟尊者諡禪覺塔銘〈幷序〉
237 『牧隱文藁』 14-02, 西天提納薄陀尊者浮屠銘〈幷序〉
238 『牧隱詩藁』 07-023, 朝吟 四首
239 『牧隱詩藁』 13-013, 華嚴宗大選敬如在妙覺寺 携東坡詩從天台圓公受其說 因其來訪 訊之如此 喜其知慕斯文 賦詩以贈 "坡詩多藏教 蕭寺半儒風"
240 『牧隱詩藁』 21-087, 前內願堂雲龜谷在白蓮社 與普門社主 將重營黃岳山直指寺 書報老人 求緣化文
241 남동신, 「목은 이색과 불교 승려의 詩文 교유」 『역사와 현실』62, 2006, 150쪽
242 『牧隱文藁』 04-09, 砥平縣彌智山潤筆菴記
243 『牧隱詩藁』 06-104, 偶題自笑
244 『牧隱詩藁』 07-112, 卽事
245 남동신, 「목은 이색과 불교 승려의 詩文 교유」 『역사와 현실』62, 2006, 130-134쪽

246 『牧隱詩藁』 15-073, 卽事 "山僧頻潤筆 國主特分田"

247 이익주, 「『牧隱詩藁』를 통해 본 고려 말 李穡의 일상—1379년(우왕 5)의 사례—」 『韓國史學報』 32, 2008, 122쪽

248 『牧隱詩藁』 10-034, 休暇自詠

249 『牧隱詩藁』 13-095, 重約柳巷游光巖

250 임정기, 『국역 목은집』 3, 민족문화추진회, 2001, 348쪽의 주207

251 『牧隱詩藁』 28-012, 風大作

252 이상현, 『국역 목은집』 8, 민족문화추진회, 2003, 7쪽의 주21

253 『牧隱詩藁』 29-050, 微雨題六言 三首

254 『牧隱文藁』 13-15, 跋護法論

255 『牧隱詩藁』 18-061, 使丘從往視駱駝橋水 云涉者腰以上 於是縮坐又吟 "原道何如傳太極"

256 『牧隱文藁』 07-11, 傳燈錄序

257 『牧隱詩藁』 18-077, 走筆奉寄法泉僧統

258 『牧隱詩藁』 22-028, 有懷幻菴

259 『牧隱詩藁』 26-042, 將謁熙菴大司徒 出柳洞入水金巷口… 踰穿峴而歸 "跡與牟尼異 心從舍利降"

260 『牧隱詩藁』 31-013, 寄靈巖寺堂頭

261 『牧隱詩藁』 15-002, 抱朴子 "我家自有閑天地 靜裏功夫似坐禪"

262 『牧隱詩藁』 21-095, 有感 "聖門心學肯虛傳 主一功夫似坐禪"

263 『牧隱詩藁』 16-044, 聞山鳥 "忽聞啼鳥翻多感 欲學觀空樂道僧"

264 『牧隱詩藁』 16-069, 用前韻 "無從陶寫心中興 欲向禪窓學話頭"

265 『牧隱詩藁』 16-001, 有感

266 『牧隱詩藁』 16-019, 讚白衣

267 『牧隱詩藁』 19-086, 卽事

268 趙明濟, 「牧隱 李穡의 佛教認識—性理學의 理解와 관련하여—」 『韓國文化硏究』 6, 1993, 250쪽 ; 남동신, 「목은 이색과 불교 승려의 詩文 교유」 『역사와 현실』 62, 2006, 148-152쪽

269 남동신, 「목은 이색과 불교 승려의 詩文 교유」 『역사와 현실』 62, 2006, 150쪽

270 驪州神勒寺大藏閣記(『朝鮮金石總覽』 上, 507쪽)

271 남동신, 「목은 이색과 불교 승려의 詩文 교유」 『역사와 현실』 62, 2006, 145쪽

272 驪州神勒寺大藏閣記(『朝鮮金石總覽』 上, 507쪽) "上以資福於先王 下以繼志於先考 不在斯歟 不在斯歟"

273 『牧隱詩藁』 30-026, 無題

274 『牧隱詩藁』 33-015, 送惠生僧統住嚴川

275 『牧隱詩藁』 25-118, 微雨

276 『牧隱詩藁』 30-031, 有感 三首

277 남동신, 「牧隱 李穡의 전기 자료 검토」 『韓國思想史學』 31, 2008, 238쪽

278 『牧隱詩藁』 17-053, 短歌行

279 『牧隱詩藁』 18-095, 曉吟

280 『牧隱詩藁』 13-075, 將詣光巖有感 三首 "國恩終爛熳 吾道自伶仃"

281 『牧隱詩藁』 14-044, 有懷鄭道傳

282 『牧隱詩藁』 22-070, 用前韻 "竺教興隆際 儒風椓喪餘"

283 『牧隱詩藁』 23-072, 自嘆 四首 "何處不可隱 尙悲吾道窮"

284 『牧隱詩藁』 21-115, 近承佳作 唱和多矣 皆浮言戲語 不可示人 後二篇志於功名 自傷之甚也 嗟夫士生於世 功名而已乎 直述所懷 爲圓齋誦之

285 『牧隱詩藁』 28-020, 錄筆語

286 『牧隱詩藁』 31-043, 戲題

287 이상현, 『국역 목은집』 8, 민족문화추진회, 2003, 281쪽 주80

288 『牧隱詩藁』 31-099, 述懷

289 『高麗史』 권115, 列傳28 李穡

290 崔柄憲, 「牧隱 李穡의 佛敎觀—恭愍王代의 政治改革과 관련하여—」 『牧隱 李穡의 生涯와 思想』, 一潮閣, 1996, 189쪽

291 『高麗史』 권115, 列傳28 李穡 "恭讓卽位… 左司議吳思忠 門下舍人趙璞等上疏曰… 又以儒宗佞佛 印成藏經 擧國爭効惟恐不及 以誤風俗 使子弟言於人曰 非吾父意 追祖穀之志耳 是則陷父於異端而不之恤也"

292 『高麗史』 권45, 世家45 恭讓王 원년 12월 乙未:1일

293 『高麗史節要』 권35, 昌王 원년 4월

294 『高麗史節要』 권35, 恭讓王 3년 5월 "密直副使南誾上書曰… 主將曹敏修 不顧萬世之法 力沮衆議 謀於一大儒 立禑子昌"

295 『高麗史節要』 권35, 恭讓王 3년 5월 "成均大司成金子粹上書曰…" ; "成均博士金貂上書曰…" ; "政堂文學鄭道傳上疏曰…" ; 6월 "成均生員朴礎等上疏曰…"

296 이익주, 「고려 말 정도전의 정치 세력 형성 과정 연구」 『東方學志』 134, 2006, 104-108쪽

297 『高麗史』 권120, 列傳33, 金子粹 "成均生員朴礎等亦上疏曰…"

298 『高麗史節要』 권35, 恭讓王 3년 5월 "鄭道傳上書都堂 請誅李穡·禹玄寶"

299 『高麗史節要』 권35, 恭讓王 3년 7월 "鄭夢周上疏曰… 斥詆佛氏 儒者之常事…"

300 정재철, 『이색 시의 사상적 조명』, 집문당, 2002, 213쪽

301 『牧隱詩藁』 35-034, 長湍吟, 寄松軒

302 『高麗史』 권115, 列傳28 李穡 "穡嘗與洪永通·李茂方等設白蓮會於南神寺 佛者以穡藉口益肆其說"

303 『牧隱詩藁』 35-106, 白蓮會罷 留朴令公作中秋 過午夜就枕 天未明 公去 吾方酣睡 不之知也 曉起吟

304 『太祖實錄』 권1, 太祖 원년 8월 壬申:23일

305 『太祖實錄』 권9, 太祖 5년 5월 癸亥:7일 "乙亥(1395, 太祖4)秋 請遊關東 入五臺山 因欲留居"

306 『太祖實錄』 권8 太祖 4년 12월 丁酉:8일 "賜韓山君李穡米豆百斛 且賜酒肉曰 卿已老矣 宜復酒肉 以養體氣 時穡托佛斷酒肉 故有是命"

307 『陽村集』 권40, 牧隱先生李文靖公行狀

308 『高麗史』 권105, 列傳28 李穡 "恭愍元年 穡服中上書曰…" ; 『東文選』 권53, 奏議 陳時務書

309 『高麗史』 권105, 列傳28 李穡 "上書言時政八事 其一罷政房 復吏兵部選也 王嘉納"

310 『高麗史』 권75, 志29 選擧3 銓注 凡選法 恭愍王 원년 3월 "典理判書白文寶上書曰…" ; 권38, 世家38 恭愍王 원년 4월 丁巳:15일 "密直提學尹澤上疏言時事…"

311 이때 白文寶가 올린 箚子는 『高麗史』의 여러 志에 나뉘어 실려 있다. 『高麗史』 권75, 志29

選擧3 銓注 凡選法 ;권78, 志32 食貨1 田制 租稅 ;권79, 志33 食貨2 農桑 ;塩法 ;借貸 ;권85, 志39 刑法2 恤刑

312 『高麗史』 권40, 世家40 恭愍王 11년 3월 乙亥:29일 "前史館編修官李韌上書陳時務十條 王嘉之"

313 『高麗史節要』 권28, 恭愍王 14년 정월 "命典儀副令林樸陳時務 樸上十餘事 王嘉納"

314 『高麗史』 권112, 列傳25 李仁復 "平章事李承慶 仁復諸父也 言於王曰 臣以李仁復爲姦 王曰何謂也 曰仁復平生所學經濟之術 何不一陳於王乎"

315 『高麗史』 권134, 列傳47 禑王 6년 12월 "禑遊黃丙沙洞 遇美女 携入民家淫之"

316 『高麗史』 권134, 列傳47 禑王 6년 12월 "又嘗奪密直李種德妓妾梅花 淫于路傍人家 尋納宮中"

317 『牧隱詩藁』 23-024, 紀事

318 『牧隱詩藁』 30-037, 伏値主上殿下省斂南郊 無由陪侍 吟成一首 "聖主憂民事 南郊省斂初"

319 『牧隱詩藁』 31-064, 伏値主上殿下觀獵南郊 病躬末由陪侍 悵然吟成一首 "非因講田獵 何以詰戎兵"

320 『牧隱詩藁』 30-082, 伏想郊宮有作

321 『牧隱詩藁』 30-116, 伏想郊宮 吟成一首

322 『牧隱詩藁』 33-027, 伏想郊宮天晴 聖心怡悅 武臣踊躍 思獻一技 臣穡病中唫成一首

323 이상현, 『국역 목은집』9, 민족문화추진회, 2003, 95쪽의 각주 51

324 『牧隱詩藁』 22-074, 浩歌

325 『牧隱詩藁』 23-061, 自嘆

326 『牧隱詩藁』 24-001, 短歌行

327 『牧隱詩藁』 32-075, 我亦

328 『牧隱詩藁』 22-101, 自負 "白髮悠然獨嘯 都忘是是非非"

329 『牧隱詩藁』 27-004, 遣興

330 『牧隱詩藁』 22-078, 晨興

331 『牧隱詩藁』 24-015, 曉吟 "何時長嘯驪江月 迥脫紛紛擾擾中"

332 『牧隱詩藁』 26-068, 述懷

333 『牧隱詩藁』 22-100, 自責

334 『牧隱詩藁』 23-015, 發嘆

335 『牧隱詩藁』 27-078, 自疑

336 『牧隱詩藁』 16-086, 明日當進講書筵 追念先王寵幸之恩 不勝感激 吟成一首

337 『牧隱詩藁』 20-029, 江南進獻使李宰相加官 故有宰批 穡與韓簽書以玄陵碑故 皆復舊職 明當謝恩 有感發詠

338 『牧隱詩藁』 33-116, 是月二十五日 拜判三司之命 同曹侍中宿拜 歸而紀行

339 『高麗史節要』 권33, 禑王 14년 정월

340 『高麗史』 권137, 列傳50 禑王 14년 2월 "偰長壽還自京師 口宣聖旨曰… 鐵嶺迤北 元屬元朝 並令歸之遼東 其餘開元瀋陽信州等處軍民 聽從復業"

341 『高麗史』 권137, 列傳50 昌王 즉위년 8월

342 『牧隱詩藁』 16-049, 韓柳巷邀同往昌和安簽書宅 穡以酒困辭 午後身稍健 李三宰特邀 旣至則廉東亭在座 獻酬醉倒 歸而志之 蓋雖飮食之微 若有予奪於冥冥之間者 豈不可感 吟成短篇以志

343 『牧隱詩藁』 29-057, 李商議問其字及居室名 又請名其一郎 予取桂花秋皎潔 字之曰仲潔 配桂

莫如松 且公所重者節義也 故扁其居曰松軒 三郎之名曰芳毅 故名一郎曰某〈封註卽我恭靖大王之諱〉 果毅相須者也 吟成一篇

344 『牧隱詩藁』 34-032, 寄張子溫令公 "松軒吾執友"

345 『牧隱文藁』 15-01, 高麗國贈純誠勁節同德輔祚翊贊功臣壁上三韓三重大匡門下侍中判典理司事完山府院君朔方道萬戶兼兵馬使榮祿大夫判將作監事李公神道碑銘〈幷序〉 ;15-02, 全州李氏移居朔方以來墳墓記

346 『牧隱詩藁』 01-005, 東方辭 送大司成鄭達可奉使日本國 ;06-034, 代友人送日本奉使 ;15-015, 憶鄭散騎 ;15-061, 題圃隱記後 ;27-053, 奉賀鄭圃隱拜密直 ;32-013, 李陶隱招飮 送鄭圃隱赴京 夜歸

347 『牧隱詩藁』 20-114, 昨鄭判書達可 李正尹光輔 權判事希顔 李諫議子安 李三司浩然各携肉食來餉 熏然懽甚而去 夢餘明月滿窓 吟成一首 ;21-077, 病不出數日矣 邀上黨韓公登西峯賞花 旣至 又邀禮安君禹公同坐 旣而禹携我輩至其弟設酌 默藁一聯曰 花開將爛熳 我老豈蕭條 獻酬談笑 未暇成篇 適有賓客携酒過陋巷 家僮走報 辭出馳歸又飮 大醉頹然達旦 足成一首 賓客者 版圖判書鄭達可 判閤李士渭 前左尹金九容 諫議李崇仁 司成崔彪及門生判事崔崇謙 大護軍廉廷秀也 ;28-040, 昨偕清城君韓孟雲携酒訪鄭圃隱 賀拜密直也 遇今政堂禹公同往 招其隣李浩然獻酬間 簽書李公又携酒果而來 談笑吟詠 眞一時盛事也 明日 吟成一首

348 이익주, 「삼봉집 시문을 통해 본 고려말 정도전의 교유관계」 『정치가 정도전의 재조명』, 경세원, 2004, 80-90쪽

349 『牧隱詩藁』 14-044, 有懷鄭道傳 ;31-063, 鄭宗之見訪 代作三首 ;32-006, 鄭宗之入城見訪 ;33-075, 鄭宗之携乃子應斗盛酒饌來餉 且以床榻見遺 ;33-094, 東嘉君李光輔 上將軍李子安來 鄭宗之先在席 啜茗而散 獨坐有詠 ;『三峯集』 권14, 附錄 諸賢敍述 鄭宗之詩文錄跋〈甲子秋〉 ;題鄭三峯金陵紀行詩文跋〈乙丑〉

350 韓永愚, 『鄭道傳思想의 研究』(改正版), 서울大學校出版部, 1983, 25쪽

351 『高麗史節要』 권35, 恭讓王 4년 4월

352 金塘澤, 「高麗 禑王代 李成桂와 鄭夢周·鄭道傳의 정치적 결합」 『歷史學報』 158, 1998, 35쪽

353 鄭在勳 「朝鮮開國功臣 卒記 分析」 『考古歷史學志』 5·6합집, 1990, 278쪽

354 『牧隱詩藁』 34-039, 鄭簽書病 僕亦病 兩家絶往來久矣 李浩然來曰 明日簽書啓行赴東北面元帥府也 將出郊相送 艱於騎馬 坐吟一首 歸來當歌以勞之

355 『牧隱詩藁』 34-033, 送李判三司事出鎭東北面

356 『三峰集』 권2, 七言絶句 過古東州〈癸亥(1383, 우왕 8)秋 公從東北面都指揮使今我太祖 赴咸州幕〉

357 韓永愚, 『鄭道傳思想의 研究』(改正版), 서울大學校出版部, 1983, 25쪽

358 『高麗史』 권110, 列傳23 李齊賢

359 許興植, 『高麗科擧制度史研究』, 一潮閣, 1981, 49-50쪽

360 채웅석, 「『牧隱詩藁』를 통해서 본 이색의 인간관계망—우왕 3년(1377)~우왕 9년(1383)을 중심으로—」 『역사와 현실』 62, 2006, 96-99쪽

361 이익주, 「고려 우왕대 이색의 정치적 위상에 대한 연구」 『역사와 현실』 68, 2002, 169-170쪽

362 『高麗史節要』 권33, 昌王 즉위년 10월 "遣侍中李穡 簽書密直司事李崇仁 如京師賀正 請王官監國 又請子弟入學…"

363 『高麗史節要』 권34, 昌王 원년 4월

364 李泰鎭, 「14세기 동아시아 국제정세와 목은 이색의 외교적 역할」『牧隱 李穡의 生涯와 思想』, 一潮閣, 1996, 80쪽

365 『高麗史節要』 권33, 昌王 즉위년 10월 "以我太祖威德日盛 中外歸心 恐其未還乃有變 請一子從行 太祖以我太宗爲書狀官"

366 李景植, 『朝鮮前期土地制度硏究』, 一潮閣, 1986, 78쪽

367 『牧隱詩藁』 18-032, 望龍頭行李

368 李佑成, 「牧隱에게 있어서 禑昌問題 및 田制問題—高麗王朝의 存續을 위하여—」『牧隱 李穡의 生涯와 思想』, 一潮閣, 1996, 14쪽

369 『牧隱詩藁』 09-036, 謝廉東亭送新稻米

370 『牧隱詩藁』 20-015, 紀事 "我有蒼頭久棲息 今垂白髮欲流亡"

371 『牧隱詩藁』 33-039, 伊川田有爭者 "我老山中有石田 闔家糊口已多年"

372 『牧隱詩藁』 34-051, 田莊自笑〈幷序〉

373 『牧隱詩藁』 21-005, 十二月初八日 外姑之母判書尹公諱言孫之室 金學士諱周鼎之女之忌旦也 穡始贅花原之門 金氏猶無恙 一年而歿 其葬也 穡從衆子弟後 亦執事焉 實至正丙戌歲也 當是日 邀乞食僧 略設薦福齋 錄成一首 俾子孫無忘焉 "良田歲入吾猶飽"

374 『高麗史』 권40, 世家40 恭愍王 12년 윤3월 乙酉:15일

375 『高麗史』 권80, 志34 食貨3 祿俸 恭愍王 원년 정월 ;辛禑 4년 12월

376 『牧隱詩藁』 06-024, 稼亭所畜唐詩中有韋蘇州集 兒時愛讀之 後爲人借去不還 游燕時又得一本於吳宗道縣尹 東歸而又爲人借去 今未知在誰氏也吟成一首 "老我竊國廩 抱病歲再周"

377 『牧隱詩藁』 13-061, 七日 頒祿 ;13-064 受祿歌

378 『牧隱詩藁』 14-082, 記事 "封君受祿儘優游"

379 『牧隱詩藁』 10-013, 有感自詠 "乞賜土田煩冢宰 欲令苗裔識功臣"

380 『牧隱詩藁』 12-029, 食粥吟

381 『牧隱詩藁』 10-024, 早起

382 『牧隱詩藁』 12-075, 詠川寧 思歸也 ;12-078, 田廬

383 『牧隱詩藁』 14-002, 糴米行

384 『牧隱詩藁』 15-096, 賜田申省狀至 去歲十二月所申也 今年三月始得之 未及展閱向闕謝恩 吟成一首

385 『牧隱詩藁』 13-057, 歸來篇 ;14-007, 復作絶句 ;14-103, 驪江 ;15-072, 金同年〈世珎〉退居益和久矣 今以事來京枉顧 予以驪興歸計告之 且請資我牛種 因作絶句 庶其不忘焉耳 ;15-075, 歸歟 ;16-005, 卽事 ;18-090, 卽事 ;19-035, 中秋已近 興懷發詠 ;21-027, 無分發

386 『牧隱詩藁』 15-056, 廉東亭至 柳巷又置酒肴 "貧甚無從覓舊醅"

387 『牧隱詩藁』 20-059, 從東亭求梨

388 『牧隱詩藁』 20-060, 有感〈宰樞各出伴當一名助戰 僕無可出者〉

389 『牧隱詩藁』 26-045, 醴泉君子▨醵餞庸夫四宰金陵之行 以僕貧不令出錢 又謂僕於庸夫爲同年壯元 特令侑坐 曲城府院君邀廣平侍中同席 夜將半兩侍中出矣 僕少留 促坐歡甚 二子見僕泥醉扶以出 日高而起 錄爲歌章 呈四宰令邸下 幸一笑

390 『牧隱詩藁』 27-135, 東亭納贅 貧不克助禮 以黃豆二石表意 因吟一首 呈去

391 『牧隱詩藁』 32-065, 有感 三首

392 李佑成, 「牧隱에게 있어서 禑昌問題 및 田制問題—高麗王朝의 存續을 위하여—」『牧隱 李穡

의 生涯와 思想』, 一潮閣, 1996, 12-26쪽에는 이색의 가난함을 보여주는 작품들이 모아져 있다.

393 『牧隱詩藁』 17-024, 織布吟二篇 "君子苟志道 縕袍師仲由"

394 『牧隱詩藁』 33-009, 頒祿 "吾家所守氷兼蘗 寂寂幽居大類村"

395 李佑成, 「高麗朝의 '吏'에 對하여」 『歷史學報』 23, 1964

396 李穡의 子婚은 1433년(세종 15)에 손자 李孟畇이 지은 神道碑陰記에 자세히 기록되어 있다.

397 『氏族源流』 晉州柳氏

398 『高麗史』 권45, 世家45 恭讓王 원년 11월 己卯:15일 "王卽位于壽昌宮 降禑·昌爲庶人 流李琳及子貴生 女壻柳琰…"

399 『高麗史』 권125, 列傳38 姦臣1 李春富

400 『高麗史』 권43, 世家43 恭愍王 20년 7월 丙子:14일

401 『高麗史節要』 34, 恭讓王 2년 11월 "初西京千戶尹龜澤與千戶楊百之飮酒 酒酣 語之曰…"

402 『氏族源流』 陽城李氏

403 고려 후기 安東權氏 가문의 가세는 閔賢九, 「高麗後期 安東權氏 家門의 展開—元 干涉期의 政治的 位相을 중심으로—」(『道山學報』 5, 1996) 및 朴龍雲, 「安東權氏의 사례를 통해 본 高麗 社會의 一斷面—'成化譜'를 참고로 하여—」(『歷史教育』 94, 2005)에 정리되어 있다.

404 『牧隱詩藁』 33-022, 有感 "稼亭遺體獨吾存 天賜三男又畢婚"

405 『高麗史』 권132, 列傳45 叛逆6 辛旽

406 『牧隱文藁』 20-06, 白氏傳

407 채웅석, 「『牧隱詩藁』를 통해서 본 이색의 인간관계망—우왕 3년(1377)~우왕 9년(1383)을 중심으로—」 『역사와 현실』 62, 2006, 96쪽

408 李岡墓誌銘(『高麗墓誌銘集成』, 574쪽)

409 『牧隱詩藁』 19-029, 昨與上黨謁廣平侍中 至淸城侍中府 上黨入見出云 公方醉歇 不敢入至花園 朴陟山來餉 摘葡萄侑酒 回訪權希顏 同至淸城府公欲設酌 予以醉辭趨出 旣歸就枕 頹然達旦 恍如夢中 吟成一篇

410 『牧隱詩藁』 15-074, 次韻奉賀林大參 ;16-013 訪諸公旣歸 見林大參投刺 明日以詩往謝

411 『牧隱詩藁』 18-084, 訪懶殘子 ;20-083 與諸公携酒訪判三司 煖房也

412 『牧隱詩藁』 15-099, 李三宰求跋蓮經 因有所感 ;16-049, 韓柳巷邀同往昌和安簽書宅 穡以酒困辭 午後身稍健 李三宰特邀 旣至則廉東亭在座 獻酬醉 倒 歸而志之 蓋雖飮食之微 若有予奪於冥冥之間者 豈不可感 吟成短篇以志 ;19-090, 從李三宰索曲貼紙

413 『牧隱詩藁』 32-051, 同監進色諸公謁廣平侍中

414 『牧隱詩藁』 29-010, 天晴

415 『牧隱詩藁』 33-116, 是月二十五日 拜判三司之命 同曹侍中宿拜 歸而紀行 "一代英雄拜侍中"

416 『牧隱詩藁』 10-013, 有感自詠 ;10-024, 早起 三首

417 『牧隱詩藁』 21-024, 以折簡呈廣平侍中 爲妻弟判閣求官

418 『牧隱詩藁』 33-039, 伊川田有爭者

419 『牧隱詩藁』 33-040, 可笑

420 채웅석, 「『牧隱詩藁』를 통해서 본 이색의 인간관계망—우왕 3년(1377)~우왕 9년(1383)을 중심으로—」 『역사와 현실』 62, 2006, 87쪽

421 채웅석, 「고려 중·후기 耆老會와 開京 士大夫 사회」 『역사와 현실』 79, 2011, 93-94쪽

422 『牧隱詩藁』 31-045, 金光秀院使邀曲城 漆原兩侍中及鄭月城 權吉昌 韓政堂 永寧君 順興君 少韓政堂及穡 設盛饌作樂 而康平章坐主人之右 內官金實主人之養子也 同一內官奉兩殿仙醞以來 賓主拜飮 日黑而罷 旣醒 坐念諸老皆受元朝恩命 院使事至正帝長資政院 曲城累於朝且爲郞中東省 漆原君亦爲郞中 月城爲員外 吉昌爲王府斷事官 永寧賀正北庭拜翰林承旨 順興亦入覲拜右承 少韓政堂爲儒學提擧 穡僥倖世科供奉翰林 後爲郞中東省一年 而中國聖人出矣嗚呼 曲城 漆原同年生七十九歲 強健精敏不少衰 月城少兩侍中一歲 吉昌少三歲 老韓少五歲 永寧六十九 餘皆近六旬 穡最少居末然亦五十五歲 參與盛會豈非至幸 吟成一首 以自誇耀焉

423 『高麗史節要』 권32, 禑王 11년 4월 "禑如鄭夢周第 夢周方宴耆老…"

424 李泰鎭, 「朋黨政治 성립의 역사적 배경」 『朝鮮儒敎社會史論』, 知識産業社, 1989, 164쪽

425 李景植, 『韓國 中世 土地制度史－高麗－』, 서울대학교출판문화원, 2011, 310～311쪽

426 이익주, 「공민왕대 개혁의 추이와 신흥유신의 성장」 『역사와 현실』 15, 1995, 45쪽

427 『高麗史節要』 권34, 昌王 원년 8월

428 『高麗史節要』 권34, 昌王 원년 8월 ;10월

429 『高麗史節要』 권34, 昌王 원년 10월 "李穡歸長湍別業 昌遣知申事李行賜酒慰諭 令視事 穡不起"

430 『高麗史節要』 권34, 昌王 원년 11월 己卯:15일

431 『高麗史節要』 권34, 昌王 원년 11월 戊寅:14일

432 『高麗史』 권45, 世家45 恭讓王 원년 12월 乙未:1일 ;『高麗史節要』 권34, 恭讓王 원년 12월

433 『高麗史』 권45, 世家45 恭讓王 원년 12월 己亥:5일 ;『高麗史節要』 권34, 恭讓王 원년 12월

434 『牧隱詩藁』 35-001, 長湍吟, 己巳十二月初六日 巡衛府提控朴〈爲生〉來傳內敎 命臣出居長湍新居 臣向闕肅拜 且致詞兩侍中 別提控上馬至大德山下 日已夕 入感應寺借宿 門生劉敬以斗酒來餞 連數杯微醉 就寢達旦 居僧朝參 聞磬聲有作

435 『牧隱詩藁』 35-005, 長湍吟, 寄呈松軒侍中 謝恩也

436 『牧隱詩藁』 35-006, 長湍吟, 寄省郞諸兄

437 여운필·성범중·최재남, 『역주 목은시고』 12, 月印, 2007, 277-285쪽

438 『高麗史』 권45, 世家45 恭讓王 원년 12월 戊申:14일

439 『高麗史』 권45, 世家45 恭讓王 2년 정월 庚辰:16일 『高麗史節要』 권34, 공양왕 2년 정월

440 『高麗史節要』 권34, 恭讓王 2년 정월

441 『高麗史』 권45, 世家45 恭讓王 2년 2월 乙未:1일 ;『高麗史節要』 권34, 恭讓王 2년 2월

442 『牧隱詩藁』 35-042, 長湍吟, 二十三日 寄呈松軒

443 『牧隱詩藁』 35-043, 長湍吟, 寄鄭二相 三首

444 『高麗史節要』 권34, 恭讓王 2년 2월

445 『高麗史』 권45, 世家45 恭讓王 2년 4월 ;『高麗史節要』 권34, 恭讓王 2년 4월

446 『牧隱詩藁』 35-056, 長湍吟, 與長湍縣令文君再游石壁 文君邀至上流合幷處 捕魚設食 晩歸 有孟昫 柳衍 門生孟思誠 李稚來報臺省又論前事 赴處咸昌

447 『牧隱詩藁』 35-057, 長湍吟, 初八日 室人來 蓋欲送我南行也

448 『牧隱詩藁』 35-060, 長湍吟, 馳中童呈所志於松軒 不能不動于懷

449 『高麗史節要』 권34, 恭讓王 2년 5월

450 『高麗史節要』 권34, 恭讓王 2년 5월

451 『高麗史』 권45, 世家45 恭讓王 2년 6월 乙丑:4일

452 『牧隱集』「牧隱先生年譜」"洪武廿三年庚午(1390, 恭讓王 2)五月 逮至淸州 有水譴 蒙宥到長湍"

453 『高麗史節要』 권34, 恭讓王 2년 7월

454 이익주, 「고려말 신흥유신의 성장과 조선 건국」 『역사와 현실』29, 1998, 33쪽

455 『牧隱詩藁』 35-062, 咸昌吟, 庚午八月十三日 到咸昌 狎送官近侍郎將朱仁起回程 附呈兩侍中

456 『高麗史』 권45, 世家45 恭讓王 2년 11월 辛卯:3일

457 『高麗史』 권45, 世家45 恭讓王 2년 11월 壬辰:4일

458 『高麗史節要』 권35, 恭讓王 3년 5월 "鄭道傳上書都堂 請誅李穡·禹玄寶"

459 『高麗史』 권46, 世家46 恭讓王 3년 6월 戊辰:13일 ;『高麗史節要』 권35, 恭讓王 3년 6월

460 『牧隱詩藁』 35-075, 咸昌吟, 寄烏川

461 『牧隱詩藁』 35-076, 咸昌吟, 寄松軒

462 『牧隱詩藁』 35-077, 咸昌吟, 寄三峯

463 『牧隱詩藁』 35-078, 咸昌吟, 上都堂

464 『牧隱詩藁』 35-079, 咸昌吟, 有感

465 『牧隱詩藁』 35-082, 咸昌吟, 寄李詹承旨

466 『牧隱詩藁』 35-097, 咸昌吟, 偶題 三首

467 『牧隱詩藁』 35-108, 咸昌吟, 寄簽書

468 『牧隱詩藁』 35-110, 咸昌吟, 寄呈松軒 ;35-111, 咸昌吟, 寄呈圃隱

469 呂運弼, 「恭讓王代의 牧隱詩 考察」 『韓國漢詩硏究』6, 1998, 130쪽

470 1390년(공양왕 2) 한양 천도와 演福寺 重修의 정치적 의미에 대해서는 이정주, 『性理學 受容期 佛敎 批判과 政治·思想的 變容—鄭道傳과 權近을 중심으로—』(高麗大學校 民族文化硏究院, 2007), 107-109쪽 및 111-116쪽 참조

471 『高麗史節要』 권35, 恭讓王 3년 9월

472 『高麗史節要』 권35, 恭讓王 3년 7월

473 『高麗史節要』 권35, 恭讓王 3년 11월 "左代言李詹獻九規 一曰養德… 二曰慮事… 三曰改過… 四曰敦本… 五曰謙己… 六曰施仁… 七曰比類… 八曰明政… 九曰保業…"

474 『高麗史節要』 권35, 恭讓王 3년 12월

475 『高麗史』 권115, 列傳28 李穡

476 『高麗史節要』 권35, 恭讓王 4년 4월 "諫官金震陽·李擴·李來·李敢·權弘·柳沂等論三司左使趙浚 前政堂文學鄭道傳 前密直副使南誾 前判書尹紹宗 前判事南在 淸州牧使趙璞等曰…" ; "憲府劾判典校寺事吳思忠罪與尹紹宗同 乞幷究理 命削職流遠"

477 『高麗史節要』 권35, 恭讓王 4년 4월 "省憲交章又請誅浚道傳等 時夢周忌我太祖威德日盛中外歸心 知浚·道傳·南誾等始有推戴之意 欲乘太祖病篤圖之 嗾臺諫劾浚·道傳·南誾及所素歸心者五六人 將殺之 以及太祖…"

478 『高麗史』 권117, 列傳30 金震陽 "鄭夢周·李穡·禹玄寶等以謂 若劾浚·誾置極刑 則璞·紹宗·思忠之輩不足制也 陰誘臺諫連日交章 伏閤廷諍 請誅浚·道傳等"

479 『高麗史』 권46, 世家46 恭讓王 4년 4월 乙卯:4일

480 『牧隱詩藁』 35-112, 衿州吟, 洪武壬申夏四月十四日 上使司楯郎傳旨 二子與於言事失實之罪今皆例貶矣 卿心豈得安 可居江外 臣穡蹈舞謝恩 卽出至普賢院 有雨小留

481 『牧隱詩藁』 35-117, 衿州吟, 偶題

482 『牧隱詩藁』 35-126, 衿州吟, 寄呈松軒

483 『牧隱詩藁』 35-120, 衿州吟, 寄呈姜同年靜軒先生

484 『牧隱詩藁』 35-121, 衿州吟, 題所寓村舍 "危途順境兩閑閑 造物依然笑我頑"

485 『牧隱詩藁』 35-131, 衿州吟, 五月十七日 馳叔畦進士八京幹事 自笑零丁至此 吟成一首

486 여운필·성범중·최재남, 『역주 목은시고』 12, 月印, 2007, 407-408쪽

487 『論語』 微子 "我則異於是 無可無不可"

488 『陽村集』 권40, 牧隱先生李文靖公行狀 "壬申(1392, 恭讓王 4)四月 復貶衿州 六月 徙驪興"

489 『牧隱詩藁』 35-156, 驪興吟, 示簽書

490 『牧隱詩藁』 35-165, 驪興吟, 寄示種善

491 『高麗史』 권46, 世家46 恭讓王 4년 7월 辛卯:12일

492 『太祖實錄』 권1, 太祖 원년 7월 丙申:17일

493 『太祖實錄』 권1, 太祖 원년 7월 己酉:30일

494 『太祖實錄』 권1, 太祖 원년 10월 庚申:12일 "禹玄寶李穡偰長壽等三十人 外方從便 李詹許膺等三十人 京外從便" ;『陽村集』 권40, 牧隱先生李文靖公行狀 "冬 宥歸韓州"

495 『太祖實錄』 권1, 太祖 2년 1월 丁未:1일 "宥禹玄寶李穡偰長壽等三十人 許京外從便"

496 『太祖實錄』 권1, 太祖 2년 1월 丁卯:21일 "李穡來謁 謝宥恩"

497 『太祖實錄』 권9, 太祖 5년 5월 癸亥:7일 "及太祖卽位 以故舊原之 每進見 退語子弟曰 眞受命聖明之主也"

498 『太祖實錄』 권9, 太祖 5년 5월 癸亥:7일 "穡進見曰 開國之日 何不使我知之 我若知之 當行揖讓之禮 更有光矣 豈若使馬賈爲首乎"

499 『陽村集』 권40, 牧隱先生李文靖公行狀

500 조선시대 이색에 대한 평가는 馬宗樂, 「牧隱 李穡의 生涯와 歷史意識」 『震檀學報』 102, 2006, 259-265쪽 참조

501 『松窩雜說』(『大東野乘』 권56)

502 『松窩雜說』(『大東野乘』 권56)

503 『東文選』 권76, 中寧山皇甫城記

504 李益柱, 「『牧隱集』의 간행과 사료적 가치」 『震檀學報』 102, 2006, 241쪽

505 『東文選』 권76, 中寧山皇甫城記 "予以玄陵宰相失身僞朝 罪當誅 今上議舊 降敎書爲庶人于此 玆又例賜從便 明當北上"

506 『牧隱詩藁』 34-080, 題門生崔中正竹堂

507 『耘谷詩史』 05-073, 次半刺楊先生所示按節鄭公題洪川客館詩韻

508 이인재·허경진 옮김, 『운곡시사』, 혜안, 2007, 551-552쪽

509 이익주, 「元天錫의 생애와 현실인식 再考-고려 말 지방거주 유교지식인의 삶과 생각-」 『지방지식인 원천석의 삶과 생각』, 혜안, 2007, 318-324쪽

제4장 결론

1 李佑成, 「高麗朝의 '吏'에 對하여」 『歷史學報』 23, 1964

2 이익주, 「공민왕대 개혁의 추이와 신흥유신의 성장」 『역사와 현실』 15, 1995

3 이익주, 「고려 말의 정치사회적 혼돈과 신흥사대부의 성장」『한국사 시민강좌』 35, 2004, 39쪽

4 李齊賢이 지은 權溥墓誌銘에는 權溥가 평생 동안 한 번도 지방관에 보임되지 않았고, 한 번도 탄핵을 받지 않은 사실이 특기되어 있다(『高麗墓誌銘集成』, 529쪽). 이색도 평생 동안 지방관으로 나간 적이 없고, 위화도회군 이전까지는 탄핵받은 적이 없었다.

5 『高麗史』 권93, 列傳6 崔承老 "行釋敎者修身之本 行儒敎者理國之源"

6 『高麗史』 권117, 列傳30 鄭夢周 "斥詆佛氏 儒者之常事"

7 남동신, 「목은 이색과 불교 승려의 詩文 교유」『역사와 현실』 62, 2006, 154쪽

8 『高麗史』 권78, 志32 食貨1 田制 祿科田 昌王 원년 8월 "大司憲趙浚等上疏曰… 其復革利害分明可見 而世臣巨室猶踵弊風 以爲本朝成法不可一朝遽革 苟革之則 士君子生理日蹙 必趨工商 相與胥動浮言以惑衆聽 欲復私田以保富貴…"

9 李景植, 『韓國 中世 土地制度史—高麗』, 서울대학교출판문화원, 2011, 310쪽

10 『陽村集』 권40, 牧隱先生李文靖公行狀

---

* 〈책머리에〉의 '행복은 한 종류밖에 없지만 불행은 사람에 따라 천차만별'은 무라카미 하루키의 소설 『해변의 카프카』(김춘미 옮김, 문학사상, 2003)에서 인용하였다.

* 〈책머리에〉의 '한 인물에 대한 진정한 평가는 관 뚜껑에 못이 박힌 후에야 이루어진다'는 윌리엄 L. 랭어 엮음, 박상익 옮김, 『뉴턴에서 조지 오웰까지』(푸른역사, 2004)의 〈옮긴이의 글〉에서 인용하였다.

* 〈결론〉의 '노년에 관한 최선의 무기는 학문을 닦고 미덕을 실천하는 것이다. 미덕이란 인생의 모든 시기를 통해 그것을 잘 가꾸면 오랜 세월을 산 뒤에 놀라운 결실을 가져다준다'는 키케로 지음, 천병희 옮김, 『노년에 관하여 우정에 관하여』(도서출판 숲, 2005)에서 인용하였다.

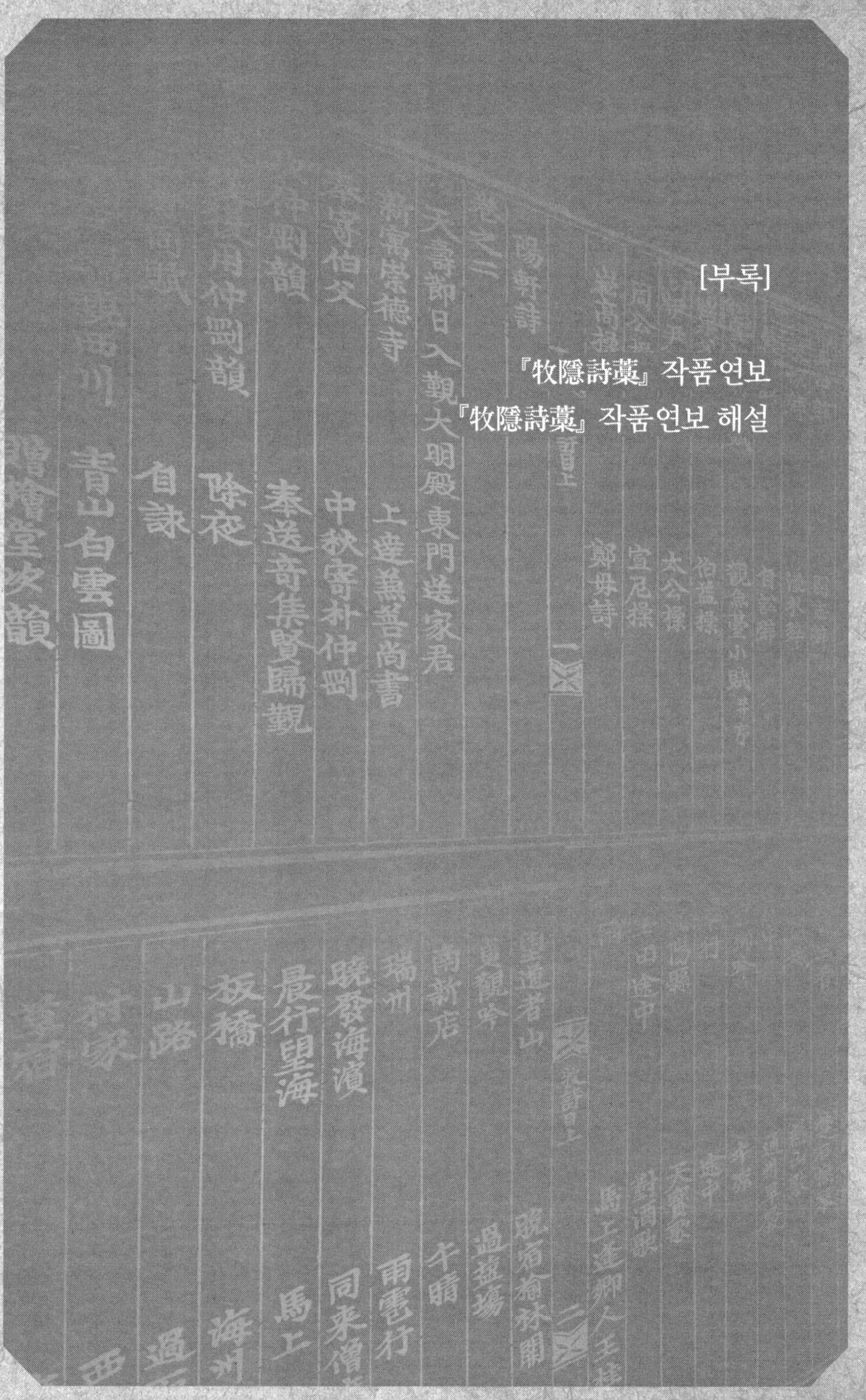

[부록]

『牧隱詩藁』 작품연보

『牧隱詩藁』 작품연보 해설

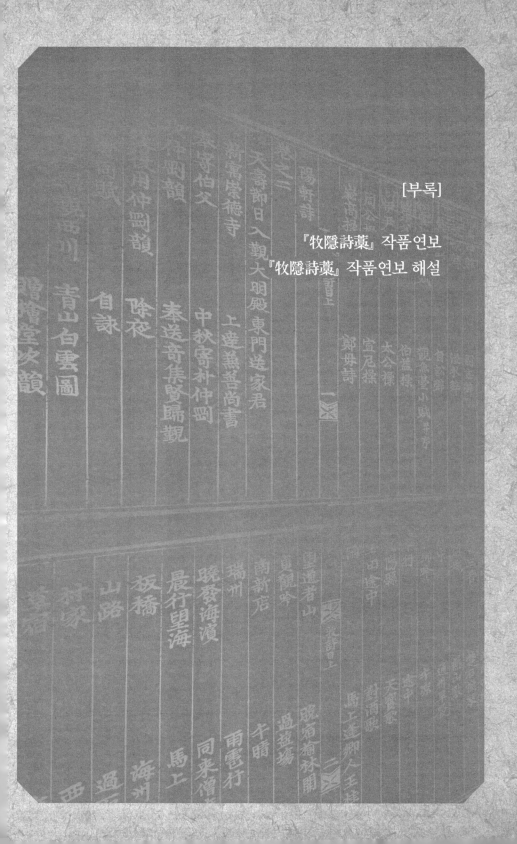

『牧隱詩藁』 작품연보

이색의 문집인 『牧隱集』은 詩藁 35권과 文藁 20권 등 총 55권으로 이루어져 있다. 그 가운데 『牧隱詩藁』는 제1권에 辭 6편, 賦 2편, 操 7편, 4言古體詩 2편 등 17편, 제2권～제35권에 詩 4,245편이 실려 있어 총 4,262편의 작품이 수록되어 있고,[1] 『牧隱文藁』는 記 74편, 序 39편, 說 21편, 事大表箋 28편, 讚 10편, 銘 7편, 書後 7편, 跋 8편, 祭文 3편, 碑銘 9편, 墓誌銘 19편, 傳 7편 등 모두 232편의 작품이 수록되어 있다.

『牧隱詩藁』의 작품 수에 대한 통계는 연구자마다 차이가 있다.[2] 이 작품

1 『牧隱詩藁』의 4,262편 가운데는 詩題만 있고 내용이 없는 2편(25-097, 同韓柳巷訪全敬先判事醉題 ;26-102, 雨中有懷柳巷)과 내용은 있으나 詩題가 없는 1편(30-084)이 포함되어 있다.

2 『牧隱詩藁』에 수록된 작품 수에 대해서는 여러 가지 견해가 있다. 呂運弼, 『李穡의 詩文學 硏究』(太學社, 1995), 91쪽에서는 4,344題(李炳赫), 4,360題(최재남), 4,354題(宋政憲) 등 여러 견해를 소개하고 辭 6편, 賦 2편, 操 7편과 詩 4,347題 5,970首로 정리한 바 있으며, 金鎭英·金東建, 『牧隱 李穡 詩語 索引』(上·下, 이회, 2007)에서는 『牧隱詩藁』의 제2권부터 제35권까지 34권에 4,248題가 수록된 것으로 집계했다. 한편, 여운필·성범중·최재남, 『역주 목은시고』 1-12(月印, 2000-2007)의 〈권별 수록 작품 통계표〉에 따르면 『牧隱詩藁』의 수록작품 수는 총 4,261題 6,081首이다. 이 수치는 필자가 조사한 4,262편과 거의 일치하는데, 다만 제5권의 작품 수를 103편으로 보아 필자가 센 것보다 1편이 적다.

〈표〉『牧隱詩藁』 수록작품 통계

卷	題數	卷	題數	卷	題數
1	17	13	104	25	118
2	107	14	103	26	115
3	144	15	100	27	140
4	116	16	166	28	129
5	104	17	106	29	140
6	118	18	128	30	158
7	121	19	137	31	129
8	125	20	147	32	138
9	116	21	141	33	128
10	92	22	125	34	80
11	117	23	129	35	170
12	115	24	139	합계	4,262

연보에서는 詩題를 단위로 題數를 셈했고, 한 詩題 아래의 首數는 일일이 세지 않았다. 『牧隱詩藁』의 각 권별 작품 수는 위의 〈표〉와 같다.

『牧隱詩藁』의 편집 원칙은 제1권과 제2권~제34권, 그리고 제35권이 서로 다르다. 제1권은 辭, 賦, 操, 4言古體詩 등 문체별로 편집했고, 제2권부터 제34권까지는 詩作 시기순으로 배열하는 것을 원칙으로 했으며, 제35권은 유배지별로 長湍吟, 咸昌吟, 衿州吟, 驪興吟 등 소제목을 두고 각각 詩作 시기순으로 편집했다.

이 作品年譜는 『牧隱詩藁』에 수록된 작품들의 詩作 시기를 조사하여 정리한 것이다. 『牧隱詩藁』의 제1권은 辭, 賦, 操, 4言古體詩 등 문체별로 편집되어 있고, 같은 문체 안에서도 각 작품이 시기순으로 배열되어 있지 않아 작품마다 지은 시기를 추정했다. 제2권 이하는 문체에 관계없이 詩作 시기순으로 배열되어 있다. 따라서 詩題와 시의 내용으로부터 시를 지은 날짜를 알아내거나 端午(5월 5일), 七夕(7월 7일), 中秋(8월 15일), 重九(9월

9일) 등 명절과 연등회(4월 8일), 팔관회(11월 15일) 등 행사일, 그 밖의 역사적 사실 등과 견주어 詩作 시기를 확인했다. 시기가 확인되지 않는 작품들은 앞뒤의 시기가 확인되는 작품 사이에 지은 것으로 추정했다. 이러한 추정은 『牧隱詩藁』의 작품들이 詩作 시기순으로 배열되어 있음을 전제로 한 것이다.

『牧隱詩藁』의 제7권부터 제13권까지, 1378년(우왕 4)에 지은 작품들은 어떤 이유에서인지 詩作 시기순으로 배열되어 있지 않다. 하지만 아무런 원칙 없이 흩어져 있는 것은 아니고 같은 시기에 지어진 작품들이 한데 모아져 있되 전체적인 순서에서 교란이 있는 것으로 판단했다. 따라서 이 부분의 작품들은 하나하나 면밀하게 검토하여 詩作 시기를 최대한 밝히고자 했다. 하지만 끝내 시기를 알 수 없는 작품은 '미상'으로 남겨두었다.

문집의 시문들을 역사 연구의 자료로 활용하기 위해서는 언제 지어진 것인지를 반드시 밝혀야 하고, 그러기 위해서는 작품연보를 정리해야 한다. 이러한 생각에서 필자는 鄭道傳의 『三峯集』과 元天錫의 『耘谷詩史』에 대하여 작품연보를 만든 적이 있었다.[3] 이번에 정리하는 『牧隱詩藁』는 워낙 巨帙이어서 혼자 힘으로 작품연보를 만들기가 벅찼고, 그런 만큼 오류도 적지 않을 것으로 생각된다. 하지만 이 작품연보가 『牧隱詩藁』를 인용할 때 널리 활용되기를 바라며, 앞으로 좀 더 온전한 작품연보를 만드는 출발점이 되기를 기대한다.

3 이익주, 「삼봉집 시문을 통해 본 고려말 정도전의 교유관계」 『정치가 정도전의 재조명』, 경세원, 2004 ; 「元天錫의 생애와 현실인식 再考—고려 말 지방거주 유교지식인의 삶과 생각—」 『지방지식인 원천석의 삶과 생각』, 혜안, 2007

『牧隱詩藁』 작품연보 범례

1. 이 작품연보를 작성함에 있어서는 민족문화추진회(현 한국고전번역원)에서 간행한 『韓國文集叢刊』의 『牧隱藁』 詩藁를 저본으로 하였다.
2. 『牧隱詩藁』 目錄과 本文의 詩題가 같지 않은 경우가 많으므로 本文의 詩題를 기준으로 하였다. 詩題 중의 〈 〉는 細字, ▨는 缺字임을 표시한 것이다.
3. 詩作 시기는 年·月·日을 모두 밝히는 것을 원칙으로 하되 경우에 따라서는 年·月까지 밝혔고, 그것도 어려우면 年度와 계절까지 밝혔다. 또 저작 시기의 상·하한만을 알 수 있는 경우는 '이전' 또는 '이후'로 표시하였다.
4. 詩作 시기를 분명히 알 수 없는 경우는 공란('–' 표시)으로 남겨두었다. 이 경우는 앞뒤의 시기가 확인되는 작품들 사이에 지었음을 의미한다.
5. 詩作 시기를 추정한 경우는 추정 시기를 ( ) 안에 기록하였다.
6. 詩作 시기를 추정할 수 없는 경우는 '미상'으로 표시하였다.
7. 권 사이의 구분은 점선(…………)으로 표시했고, 詩作 시기가 이어지지 않는 경우는 두 줄 실선(═════)으로 표시하여 서로 구별하였다.
8. 작품연보 해설에서 『牧隱詩藁』 작품의 번역문은 임정기, 이상현의 『국역 목은집』(1-9, 민족문화추진회, 2000-2003)을 인용하였으며, 인용 사실을 일일이 밝히지 않았다.

『牧隱詩藁』 작품연보

작품 번호	제목	저작 시기
01-001	山中辭	(1377년 이후)
01-002	閔志辭	(1377년 이후)
01-003	永慨辭	(1381년)
01-004	流水辭	(1381년)
01-005	東方辭 送大司成鄭達可奉使日本國	1377년 9월
01-006	自訟辭	(1377년 이후)
01-007	雪梅軒小賦 爲日本釋允中菴作 號息牧叟	(1378년)
01-008	觀魚臺小賦〈幷序〉	미상
01-009	巢父操	(1369년 이전)
01-010	伯益操	(1369년 이전)
01-011	伊尹操	(1369년 이전)
01-012	太公操	(1369년 이전)
01-013	周公操	(1369년 이전)
01-014	宣尼操	(1369년 이전)
01-015	崧高操 韓山子望松山而作	미상
01-016	近以唱和故 家僮屢至圓齋門庭 回必言公欲出 竊念公出非他適 定省是急耳 年近知命 高堂又無恙 樂哉斯人也 穡獨永感 天曷故焉 於是作鄭母之詩 所以自傷也 其詞曰	(1380년 3월)
01-017	陽軒詩 爲龜城君金公作	(1378년)
02-001	天壽節日 臣穡從本國進表陪臣入觀大明殿	1348년 4월 17일
02-002	東門送家君	1348년 여름
02-003	新寓崇德寺	-
02-004	上達兼善尙書	-
02-005	奉寄伯父	1348년 가을
02-006	中秋 寄朴仲剛	1348년 8월 15일
02-007	次仲剛韻	1348년 가을
02-008	奉送奇集賢歸覲	-
02-009	雪後 復用仲剛韻	1348년 겨울
02-010	除夜	1348년 겨울
02-011	與同舍同賦	1349년 봄
02-012	自詠	1349년 봄
02-013	送同舍生歸覲西川	1349년 가을
02-014	與葉孔昭賦靑山白雲圖〈四明敬常助敎子〉	1349년 가을
02-015	秋日書懷	1349년 가을
02-016	贈檜堂次韻	-
02-017	謁成誼叔侍郞〈名遵 先君同年 乙未 拜中書參政〉	-
02-018	謁洪仲誼博士〈名義孫 累遷監察御史左司都事 出爲江	-

	西省員外郎 卒于任〉	
02-019	成侍郎宅見余廷心先生 退而志之〈先人同年 右榜第二各 有能文名〉	-
02-020	次韻葉孔昭江南四絶	-
02-021	寒風 三首 與葉孔昭同賦	1349년 겨울
02-022	楚石撫琴〈楚石名法珍 高麗人 生于燕京〉	-
02-023	出鳳城	1350년 봄
02-024	燕山歌	1350년 봄
02-025	途中	1350년 봄
02-026	通州早發	-
02-027	官柳吟	-
02-028	午涼	-
02-029	早行	-
02-030	途中	-
02-031	漁陽縣	-
02-032	天寶歌 過薊門有感而作〈自註驗矣〉	-
02-033	玉田途中	-
02-034	對酒歌	-
02-035	雨	-
02-036	馬上逢鄉人王桂進士	-
02-037	望道者山	-
02-038	晩宿榆林關	-
02-039	貞觀吟 榆林關作	-
02-040	過鹽場	-
02-041	南新店	-
02-042	午晴	-
02-043	瑞州	-
02-044	雨雹行	-
02-045	曉發海濱	-
02-046	同來僧渡溪墜馬失隻履 戲作	-
02-047	晨行望海	-
02-048	馬上	-
02-049	板橋	-
02-050	海州	-
02-051	山路	-
02-052	過石壁寨里 二首	-
02-053	村家	-
02-054	西江	-
02-055	草宿	-
02-056	渡鴨綠	-

작품 번호	제목	저작 시기
02-057	良冊驛	-
02-058	牧牛吟	-
02-059	責蟲吟	-
02-060	宿神安驛	-
02-061	長林驛	1350년 가을
02-062	肅州	-
02-063	浮碧樓	-
02-064	途中	-
02-065	送申碩甫歸寧海府〈名彦〉	-
02-066	水原府 次兪先生韻〈諱思廉 字恥夫〉	-
02-067	用兪先生韻 呈府尹吳諫議〈諱軾〉	-
02-068	十二月二十日 發王京 明年正月 還學	1351년 1월
02-069	讀唐史 二首	-
02-070	旣還學之明年正月晦 先考訃音至 奔喪歸鄕 侍慈堂終制 歲癸巳春暮也 朱同年印成有詩 次其韻 三首	1353년 3월
02-071	上鎭邊李相國〈諱餘慶〉	1353년 3월
02-072	淸明雪 次伯父韻 三首	1353년 3월
02-073	夜坐有感 七首	1353년 3월
02-074	夏四月 將抵京應擧 行次水原 奉次伯父贈行詩韻寄呈	1353년 4월
02-075	在水原八呑村 候東堂日期 雜興 三首	-
02-076	初場	1353년 5월
02-077	中場	1353년 5월
02-078	終場	1353년 5월
02-079	次閔童子詩韻 因題興王寺	-
02-080	將還韓山 行次德水院 阻雨書懷	-
02-081	沙平渡歌	-
02-082	完山南樓小酌 呈按部崔仲淵	1353년 여름
02-083	次韻田御史祿生 二首	-
02-084	鵠山歌	-
02-085	述懷	-
02-086	小酌	1353년 가을
02-087	臨流有感	-
02-088	將如京應鄕擧 途中作	1353년 가을
02-089	讀春秋	-
02-090	鄕試有感	1353년 가을
02-091	予將會試京師 會國家遣金判書希祖入賀立東宮 因以書狀官偕行 途中有作	1353년 10월
02-092	西京	1353년 겨울
02-093	安州江	1353년 겨울

02-094	宿義州站東上房 夜半 火從堗缺處燒塗壁紙 風生室明 驚寤以爲失火也 赤身抱表走出 紙盡火滅 俄頃之間 自驗官守當如是 第未知後日何如耳 吟成一篇以誌	1353년 겨울
02-095	歲戊子 陪李政丞〈凌幹〉 李密直〈公秀〉 進賀天壽聖節 今以會試之故 得爲書狀 奉謝恩表馳馹赴都 東八站路上因懷二公 吟成短章	1353년 겨울
02-096	遼陽路	1353년 겨울
02-097	彰義站有感一篇	1353년 겨울
02-098	夜行	1353년 겨울
02-099	過大寧 上崔廉使	1353년 겨울
02-100	北京	1353년 겨울
02-101	山路	1353년 겨울
02-102	通州	1353년 겨울
02-103	崇德寺 舊寓僧房雜詠	1353년 겨울
02-104	憶朴仲剛	(1353년 겨울)
02-105	醉歌	(1353년 겨울)
02-106	卽事	(1353년 겨울)
02-107	有感	(1353년 겨울)
03-001	自勉	1354년 봄
03-002	古意	-
03-003	殿試後自詠 二首	1354년 3월 이후
03-004	登科有感	1354년 3월 이후
03-005	自京師東歸 途中作	1354년 초여름
03-006	山驛吟	-
03-007	北京	-
03-008	途中	-
03-009	遼陽省	-
03-010	途中	-
03-011	崖頭驛有醴泉權政丞詩 其一聯云 野闊民居樹 天低馬入雲 其形容遼野 無復遺恨 穡曰 此是遼野十字傳神 與工部地偏江動蜀 天闊樹浮秦 語意絶相類 宜其拜贊善東宮之命也 高麗人與於是選 古所未聞 穡公之孫壻也 僥倖登科 直拜翰林供奉 此雖穡之家風 然於權氏之門豈無光耀 九原可作 公必慶我以傑作無疑也 遂用其十字爲韻 吟成十首 一以詠遼野 一以贊醴泉	-
03-012	遼陽路	-
03-013	開州站	-
03-014	婆娑府	-
03-015	博州江	-
03-016	再過浮碧樓	-

작품 번호	제목	저작 시기
03-017	興義站猪灘	–
03-018	至王京	–
03-019	出東門向韓山	–
03-020	望三角山	–
03-021	途中吟	–
03-022	弘慶院	–
03-023	途中	–
03-024	至韓山	–
03-025	白衣送酒來 謝李同年廣州司錄悅	–
03-026	謝普光二上人見訪〈神彈 玄蘊〉	1354년 초가을
03-027	次韻題完山記室華同年詩卷 三首 予訪華君至完山 同年尹典籤如京 偶相值 留數日 完山百濟王甄萱故都也	–
03-028	予旣僥倖登科 拜翰林供奉 須次于家 本國同年諸公 方爲各州司錄 而丙科頭臨河華之元在全州 與吾家甚近 將往訪之 會華君攝錦州 錦多木可刻書 欲鋟先稼亭文集 因訪華君于錦 置酒長歌	–
03-029	詠史	–
03-030	公州早發	–
03-031	淸州宿僧房 明日 韓同年設食〈汝忠〉	1354년 늦가을
03-032	同李生宿玉琴村 晨至漢江作	1354년 겨울
03-033	三角山下	1354년 겨울
03-034	古意	1354년 겨울
03-035	歸來	1354년 겨울
03-036	途中雪	1354년 겨울
03-037	入城 始知前月除典理正郎 藝文應教	1354년 12월
03-038	端坐	–
03-039	用前韻 贈同游者	–
03-040	踏雪歌	–
03-041	復用前韻	–
03-042	自詠	1354년 12월
03-043	吾家韓山雖小邑 以予父子登科中國 天下皆知東國之有韓山也 則其勝覽不可不播之歌章 故作八詠云	–
-01	崇井巖松	
-02	日光石壁	
-03	孤石深洞	
-04	回寺高峯	
-05	圓山戍鼓	
-06	鎭浦歸帆	
-07	鴨野勸農	

-08	熊津觀釣	
03-044	自詠	1354년 12월
03-045	龍門歌	(1354년 12월)
03-046	往事	(1354년 12월)
03-047	早春	1355년 봄
03-048	謁告省親 是夜下批除中書舍人 曉起具冠帶詣內肅拜	1355년 윤1월 20일 이후
03-049	出東門	-
03-050	舟過南江	-
03-051	途中獨詠 三首	-
03-052	到家	-
03-053	明當遠游 慨然有作	-
03-054	赴松京途中	-
03-055	過三角山	-
03-056	入直省中 聞雨次韻	-
03-057	送黃常侍存撫江陵	-
03-058	省中	-
03-059	自詠	-
03-060	是歲春 密直宰相尹之彪爲謝恩使 予忝書狀官赴都 金郊途中	1355년 3월
03-061	岊嶺	-
03-062	西京	-
03-063	途中	-
03-064	安州江	-
03-065	義州	-
03-066	婆娑府	-
03-067	山驛	-
03-068	鶴野吟	-
03-069	遼野	-
03-070	山北	-
03-071	栢山	-
03-072	沙河	-
03-073	薊門	-
03-074	通州	-
03-075	東嶽廟	-
03-076	途中	-
03-077	至京師	-
03-078	思鄉	-
03-079	蜀葵歌	1355년 4월
03-080	端午	1355년 5월 5일
03-081	對雨書懷	-

작품 번호	제목	저작 시기
03-082	偶題	–
03-083	暴雨行	–
03-084	謾題	–
03-085	晨興	–
03-086	偶書	–
03-087	夏日	1355년 여름
03-088	胡馬吟 新買生馬作	–
03-089	題曺山禪師詩卷	–
03-090	晨坐	–
03-091	游橋門 訪諸公	–
03-092	晝寢	–
03-093	葫蘆島次韻	–
03-094	訪僧不遇	–
03-095	皇都夏日	1355년 여름
03-096	曉雨	–
03-097	步㕓海子傍	–
03-098	江河	–
03-099	卽事	–
03-100	夏日 游城南永寧寺	1355년 여름
03-101	壽安文丈演無說 聶伯敬在坐	–
03-102	遣興	–
03-103	題豫章德上人遊五臺詩卷	–
03-104	奉送傅子通應奉奉使東平 賑濟客戶 因過鳳凰山〈名亨 樵隱同年也〉	–
03-105	鳳山十二詠 子通臨行索賦	–
-01	鳳凰臺	
-02	白鶴巖	
-03	觀音殿	
-04	藏經閣	
-05	羅漢洞	
-06	居士菴	
-07	兩翼峯	
-08	神龍潭	
-09	百尺楸	
-10	五里松	
-11	靈泉	
-12	水洞	
03-106	六月十五日 憶鄉里游燕	1355년 6월 15일
03-107	紀事	–

03-108	立秋	-
03-109	少年	-
03-110	紀事	-
03-111	新入院 述懷	1355년 8월 이후
03-112	古意 二首 與程編修同賦	-
03-113	山水圖歌	-
03-114	天河歌	-
03-115	次韻題永寧寺	-
03-116	次韻題報恩寺	-
03-117	奉送西臺御史 蓋師曾使還	-
03-118	題玢上人所畜神龍圖 與同年曾助教同賦	-
03-119	次同年王景初詩韻 兼柬曾子白 趙致安二同年	-
03-120	諸公見和壺字韻 復作數首答之	-
-01	答胥有儀	
-02	答竹澗禪師	
-03	答東菴禪師	
-04	答鐵舡長老	
03-121	復作二首 遣興	-
03-122	題宣和蜂燕圖 與子白同賦	-
03-123	次韻贈曇峯	-
03-124	游法源寺	-
03-125	月蝕	-
03-126	夜坐	-
03-127	有感	-
03-128	遣興	-
03-129	迎丁祭御香 自上都至	-
03-130	秋丁 與祭文廟	-
03-131	君子 二首	-
03-132	題袁州宜春郡蟠龍寺詩卷	-
03-133	題寒松詩卷	-
03-134	自詠	-
03-135	承中書省差 接駕途中	-
03-136	駕前捧果盤	-
03-137	回至田舍夜宿	-
03-138	入城	-
03-139	絶句	-
03-140	奉題陝西省參政述律公詩卷 公名杰 字存道 先時爲雲南元帥 叛者車里自降 今年七十 守潼關 公之祖有功國初	-
03-141	送李文會歸廬陵省親	1355년 가을
03-142	惜別歌	-

작품 번호	제목	저작 시기
03-143	送徐尙書東歸	1355년 겨울
03-144	院中首領官皆公差 穡權行經歷事蒙召赴省 時帝在西內省官坐西廊 先君同年成參政望見穡曰何爲來哉 穡曰今權翰林首領官 蒙召而來 公曰此必高麗王功臣號事也且擧王名曰今王歟 穡曰然 公曰生而得此甚罕 退稟歐陽承旨 撰定親仁輔義宣忠奉國彰惠靖遠十二字以進云	(1355년 겨울)
04-001	丙申正月 出齊化門東歸 明日 紀行	1356년 1월
04-002	薊門途中	-
04-003	途中自詠	-
04-004	孤竹吟 盧龍縣作	-
04-005	榆關小憩 寒松禪師沽酒	-
04-006	遷民鎭	-
04-007	杏店途中風雪	-
04-008	大風過橫川寨 宿丹家 本國橫川縣人所居	-
04-009	十三山	-
04-010	海州	-
04-011	驅車吟	-
04-012	過亭子河 宿白里 明朝被僧詰責	-
04-013	望龍州山	-
04-014	王京	-
04-015	還家	-
04-016	遣興	-
04-017	拜掃	1356년 봄
04-018	還松京	1356년 봄
04-019	遣興	1356년 5월 18일 이후
04-020	讀詔	1356년 10월 8일 이후
04-021	病暇自詠	-
04-022	直宿吏部有作	-
04-023	赤猴行	-
04-024	次同年司空實韻 送權史官奉使伽耶山	-
04-025	送晉州李判官 兼簡同年全記室 二首	-
04-026	題南大藩司尹菊詩卷末 五首	-
04-027	次韻送鄭寓員外謁告省親	-
04-028	選動自詠	1356년 12월
04-029	解嘲吟	1356년 12월
04-030	自歎〈丁酉正月〉	1357년 1월
04-031	憶燕都	-
04-032	選席獨詠	-
04-033	憶江村	-

04-034	吏部偶作	1357년 초봄
04-035	新拜祭酒 謁文廟	1357년 2월 이후
04-036	借屋	-
04-037	謁告省親韓山 途中有感	-
04-038	與落第康好文偕行	-
04-039	到家	-
04-040	郊行	1357년 봄
04-041	途中	-
04-042	夏日與諸公游金鍾寺 二首	1357년 여름
04-043	次鑽木菴詩韻 三首	-
04-044	又賦自嘆	-
04-045	次交州金按部賀鐵原府使鄭公入拜殿中詩韻	-
04-046	送鄭員外失職侍老親	-
04-047	初拜諫議入直	1357년 7월
04-048	呈巽亭大諫	-
04-049	對月遣興	1357년 8월 15일
04-050	次巽亭詩韻	-
04-051	次前韻遣興	-
04-052	送定慧瑚大禪師 得菴字	-
04-053	送安少監按廉入城廻 次田起居韻	-
04-054	用中秋韻 邀諸公九日之會	1357년 9월 9일
04-055	九月十六日 入直 復用前韻 是夜 倭賊犯興天寺	1357년 9월 16일
04-056	與同年李注書夜飮 次韻	-
04-057	閏月邀閏重九之會	1357년 윤9월 9일
04-058	雨後紅樹可愛 次韻賦之	-
04-059	讀林中書淸溪拜星詩 次其韻 〈名顯〉	-
04-060	送梁判官赴朔方兵馬使幕 次韻	-
04-061	晦日 聞雨	1357년 윤9월 29일
04-062	在告一月入直 聞巽亭請退有作 次韻	-
04-063	自責	-
04-064	聞鄭正言談晉州行樂之美 因起宦游之興	-
04-065	復次顔字韻	-
04-066	復次顔字韻 作律詩一篇	-
04-067	讀田鄭二先生詩 次其韻	-
04-068	偶吟	-
04-069	卽事	-
04-070	有感	-
04-071	卽事	1357년 10월
04-072	詠雪	1357년 겨울
04-073	詠餽歲	(1357년 겨울)

작품 번호	제목	저작 시기
04-074	自詠	(1357년 겨울)
04-075	卽事	(1357년 겨울)
04-076	醉賦	(1357년 겨울)
04-077	新春遣興	1358년 봄
04-078	聞倭賊犯韓州 請暇省母途中 三首	1358년 5월
04-079	望三角山	-
04-080	途中吟	-
04-081	夜投平澤宿 明日 早行	-
04-082	途中	-
04-083	行至幽丘北嶺 遇太夫人回 抵溫水縣宿	-
04-084	又賦一絶	-
04-085	望松山	-
04-086	入京	-
04-087	扶桑吟	-
04-088	六言自詠	-
04-089	卽事	-
04-090	詠月	-
04-091	直廬卽事	-
04-092	酷熱事扇 二首	1358년 여름
04-093	夏日卽事	1358년 여름
04-094	讀賈誼傳	-
04-095	題朴中書詩卷〈名絢〉	1358년 가을
04-096	送鄭知事赴朔方萬戶府	-
04-097	送東北面韓萬戶 得月字	1358년 8월 24일
04-098	送南巽亭存撫江陵次韻	-
04-099	對月有感 寄淸風鄭司諫〈樞〉	-
04-100	寄南原李司諫〈寶林〉	-
04-101	寄沔州郭員外〈翀龍〉	-
04-102	夢見東京田判官 曉有府吏告歸者 因寄此	-
04-103	送南田禪師〈夫牧〉	-
04-104	寄密城李正言〈釋之〉	-
04-105	寄福州判官鄭正言〈天謙〉	-
04-106	寄順興府使崔侍御〈安穎〉	-
04-107	寄安常侍〈輯〉	-
04-108	寄東京田判官〈野隱〉	-
04-109	梁州謠 寄梁州任使君	-
04-110	寄呈伯父	-
04-111	寄嚴光圓禪師	-
04-112	摩尼山紀行	1358년 가을

-01	曉過興王寺 是日移金塔	
-02	次韻齋宮 二首	
-03	次韻蝶戀花仰山亭	
-04	次韻	
-05	次韻山上作	
-06	次韻	
-07	下山詠松明炬	
-08	曉發齋宮	
-09	傳燈寺	
-10	重過禪原寺 途中望海雲堂	
-11	渡甲串 宿通津縣人家	
04-113	送觀禪師歸淸凉	(1358년)
04-114	寄蓮花禪師〈夫牧〉	(1358년)
04-115	寄修上人	(1358년)
04-116	寄淸風鄭司諫	(1358년)
05-001	早春 寄呈伯父	1359년 초봄
05-002	夏日卽事	1359년 여름
05-003	雨中	-
05-004	望雨	1359년 여름
05-005	奉和益齋先生詩韻 九首[4]	-
-01	樂軒李侍中在通津山齋 金百鎰 李松晉兩學士 偕雲游子卓然往謁 路人見者曰 江都地勢 一日東傾	
-02	許文敬珙 李判樞尊庇 俱以征東事出慶尙道 共訪同秀才朴▨於宜春田舍 各留詩一篇	
-03	洪南陽奎 聞妙蓮無畏國師善吹笛 自袖中笒 入方丈請之 師爲作數弄	
-04	宋樞相和過華嚴云具僧統於興王寺 具欲觀其弄杖 宋幅巾躍馬 爲之移日	

4 〈05-005〉「奉和益齋先生詩韻 九首」는 李齊賢의 시와 時題 및 韻을 같이하여 지은 것으로, 동일한 시제의 시가 이제현의 문집인『益齋亂藁』제4권에 실려 있다. 다만, 首數를 세는 데 있어서는 〈05-005-06〉「過金二相青巖莊 二首」가 2수인 점에 주의해야 한다. 따라서「後儒仙歌 歌拙翁次韻」까지가 9수가 되고, 그다음의「奉和座主陽坡先生北山途中所作」은 다른 작품이다. 여운필·성범중·최재남,『역주 목은시고』2(月印, 2000), 356-364쪽에서는 이 점을 고려하지 않고「奉和座主陽坡先生北山途中所作」까지를 〈05-005〉「奉和益齋先生詩韻 九首」에 포함시켰기 때문에『牧隱詩藁』제5권의 작품 수에 착오가 생기게 되었다. 시의 내용으로 볼 때도「奉和益齋先生詩韻 九首」는 李齊賢의 시에 화운한 것이고,「奉和座主陽坡先生北山途中所作」은 洪陽波(洪彦博)의 시에 화운한 것으로 별개의 작품이 되는 것이 마땅하다. 이제현과 홍언박은 이색이 과거에 급제할 때 각각 지공거와 동지공거였다.

작품 번호	제목	저작 시기
-05	寶蓋山地藏寺	
-06	過金二相靑巖莊 二首	
-07	雪後寄林椽〈傑 江南人〉	
-08	後儒仙歌 歌拙翁次韻	
05-006	奉和座主陽坡先生北山途中所作	-
05-007	有懷朱進士〈印成〉	-
05-008	次林椽所贈詩韻 三首	-
05-009	次金同年前後所寄詩韻	-
05-010	寄雞林田判官	-
05-011	寄嚴光圓大禪師	-
05-012	待月	-
05-013	微雨	-
05-014	哀哉行 爲舍人田野隱之父作	-
05-015	薦都元興〈初名顯 同遊九齋〉	-
05-016	直廬 聞李將軍家會客	1359년 가을
05-017	竹枯歎	-
05-018	秋興	1359년 가을
05-019	觀射	-
05-020	奉呈菊墅〈姓方 諱彦暉〉	-
05-021	西原伯鄭公挽詞〈諱頼〉	-
05-022	八關	1359년 11월 15일
05-023	還宮樂	-
05-024	聞賊在婆娑府	1359년 11월 29일 이후
05-025	聞賊入松山	1359년 12월 8일 이후
05-026	聞金樞副遇害	1359년 12월 9일 이후
05-027	禹磾將軍來報鐵州戰	-
05-028	淸江	1359년 12월 16일 이후
05-029	獨吟	-
05-030	高歌	-
05-031	又歌	-
05-032	又吟	-
05-033	卽事	-
05-034	放歌 一首	-
05-035	聞賊入西京	1359년 12월 28일 이후
05-036	聞賊駐西京	-
05-037	哀哀 三首	-
05-038	遣悶	-
05-039	悶甚又作	-
05-040	方家丞馳報官軍得西京 喜而志之	1360년 1월 19일 이후

05-041	遣悶	–
05-042	聞官軍將赴咸從	1360년 2월 2일 이전
05-043	又題	–
05-044	聞咸從戰不利	1360년 2월 2일 이후
05-045	聞丁臣桂軍不却	–
05-046	聞賊平有感	1360년 2월 16일 이후
05-047	長歌	–
05-048	送安侍郎出按慶尙道	–
05-049	上巳	1360년 3월 6일
05-050	又賦	–
05-051	雨	–
05-052	寄嚴光圓公	–
05-053	寄密城李同年	–
05-054	題山水圖	–
05-055	偶書	1360년 봄
05-056	讀同年司空伯亶送李永哲詩 次韻 因勉李生云〈伯亶名 實〉	–
05-057	聞李生誦伯亶詩 欣然次其韻 七首	–
05-058	用伯亶勉李生韻 自責	–
05-059	種菊 三首	–
05-060	予友李子庸 以所書華嚴神略見遺 且勸誦持 作詩爲戱	–
05-061	端午日 閱舊書 得崔員外小柬 有感而作	1360년 5월 5일
05-062	幽居	–
05-063	游松林詩 六首	–
05-064	田莊	–
05-065	途中	–
05-066	次韻權郎中園中松〈鑄〉	–
05-067	次韻廉郎中詩卷〈國寶〉	–
05-068	與鄭淸風同賦	–
05-069	蛙夜鳴 次鄭淸風韻	–
05-070	遣興	–
05-071	懷古	–
05-072	絶句	–
05-073	夏夜吟 次鄭淸風韻	1360년 여름
05-074	賀雨行 與淸風同作	–
05-075	雨中與鄭淸風述懷 三首	–
05-076	與鄭淸風同作	–
05-077	次金月塘所寄詩韻〈臺卿 字仲始〉	–
05-078	有感	–
05-079	慈恩寺 讀玉龍書有感	–

작품 번호	제목	저작 시기
05-080	次金月塘立秋所寄詩韻	–
05-081	扈從白嶽山有作	1360년 7월 1일
05-082	卜洛	–
05-083	懷古	–
05-084	移御昌華 扈從有作	1360년 8월 5일
05-085	讀禁殺內旨	–
05-086	途中望天磨諸山	1360년 8월 15일 이후
05-087	卜築呈李郎中〈岡〉三首	1360년 늦가을
05-088	無題	–
05-089	早起 二首	–
05-090	新居	–
05-091	絶句	–
05-092	隨山	–
05-093	披草	–
05-094	愛靜	–
05-095	有感	–
05-096	新宮	–
05-097	新居	–
05-098	東堂放榜〈金得培 韓方信兩萬戶主司〉	1360년 10월 1일 이후
05-099	直廬	1360년 11월 8일 이후
05-100	直廬長歌	1360년 겨울
05-101	姊妹	–
05-102	白嶽	1360년 겨울
05-103	記打圍	(1360년 겨울)
05-104	記事	(1360년 겨울)
06-001	晨興	(1375년 초봄)
06-002	煎茶卽事	(1375년 봄)
06-003	哭僧〈名神運〉	–
06-004	雪	(1375년 겨울)
06-005	奉謝韓政堂 鄭簽書 韓簽書踏月見訪	(1376년 1월)
06-006	復用前韻自詠	(1376년 1월)
06-007	有感 三首	(1376년 봄)
06-008	可憐哉 三首	–
06-009	自詠 三首	(1376년 12월)
06-010	聞琴有感	–
06-011	相櫂歌	–
06-012	雜詠 三首	–
06-013	有感 四首	–
06-014	辨惑	–

06-015	送申中顯赴榮州〈仁甫〉	(1377년 초봄)
06-016	五十自詠	1377년
06-017	屢遷自詠	-
06-018	卽事	1377년 봄
06-019	借梅花詩	1377년 봄
06-020	夏日謾題 三首	1377년 여름
06-021	秋日卽事	1377년 가을
06-022	憶舊游	-
06-023	少年場	-
06-024	稼亭所畜唐詩中有韋蘇州集 兒時愛讀之 後爲人借去不還 游燕時又得一本於吳宗道縣尹 東歸而又爲人借去今未知在誰氏也 吟成一首	-
06-025	偶題	-
06-026	內願堂監主判曹溪宗事英公 號古樗 所居曰松月軒 於予同庚故人也 請題故賦此	-
06-027	前兩街聰公號無聞 所居南嶽 玄陵書以賜之 求予題贊 謹書三絶	-
06-028	送竹谷僧統歸大華山	-
06-029	中秋	1377년 8월 15일
06-030	秋日卽事	-
06-031	重九	1377년 9월 9일
06-032	晨吟	-
06-033	有懷山中蘭若	-
06-034	代友人送日本奉使	1377년 9월
06-035	萬峯爲惟一上人題 日本人也 時奉使其國	-
06-036	贏菴爲勝上人題	-
06-037	爲珠上人題冏徹卷	-
06-038	爲暹上人題騰騰卷	-
06-039	爲玗師題璥菴卷	-
06-040	嫠婦歌	-
06-041	易菴歌	-
06-042	朴密直夫人挽詞 三首〈名形〉	-
06-043	全判書敬先挽詞	-
06-044	次安政堂韻 奉送安密直歸山〈名輯〉	-
06-045	又賦二首 自歎	-
06-046	有感	-
06-047	送西海崔按廉資	-
06-048	題霜泉菴	-
06-049	金思亭夫人李氏挽詞	-
06-050	巖棲	-

작품 번호	제목	저작 시기
06-051	雲游	-
06-052	拜八仙宮	-
06-053	記舊作	-
06-054	卽事	-
06-055	丁巳十月二十日晩 康子野見訪 欲留之同宿而未果也 是夜 風雨大作 呼燈題此 當與其同年朴子虛 李子安同賦云	1377년 10월 20일
06-056	對普濟影口號	-
06-057	出山相 應敎撰進	-
06-058	憶魯郊	-
06-059	自傷學之未至也 求諸日用中吟成二首 以致其力焉	-
06-060	憶燕都	-
06-061	卽事	-
06-062	送王康隨尊公進表	1377년 12월
06-063	息機	-
06-064	同年歌	-
06-065	追記試院	-
06-066	追記翰林上官	-
06-067	送李蒙達進表賀年	-
06-068	追記恩榮宴有故不出	-
06-069	卽事	-
06-070	卽事	-
06-071	詠史	-
06-072	丁巳冬	1377년 겨울
06-073	記舊作	-
06-074	齊桓	-
06-075	管仲	-
06-076	自詠	-
06-077	雜詩 二首	-
06-078	過衿州山下 〈追記〉	-
06-079	卽事	-
06-080	卽事	-
06-081	雜詠	-
06-082	舊游歌	-
06-083	短歌行	-
06-084	有懷朱同年	-
06-085	南窓	-
06-086	梅花 三首	-
06-087	偶題	-

06-088	青山白雲歌	–
06-089	用前韻	–
06-090	茶後小詠	–
06-091	自詠	–
06-092	有感	–
06-093	喬桐 三首	–
06-094	牧丹山 三首	–
06-095	自牧丹山回松都途中 三首	–
06-096	狂歌行	–
06-097	獨吟	–
06-098	見州途中	–
06-099	青龍山	–
06-010	醉中歌	–
06-101	獨詠	–
06-102	閑居	–
06-103	晨興 三首	–
06-104	偶題自笑	–
06-105	崔大諫携酒見訪〈名崇謙〉	–
06-106	大諫旣去 陶然有詠	–
06-107	遣興	–
06-108	記燕京途中	–
06-109	幽居	–
06-110	送客記事	–
06-111	記聞	–
06-112	憶李奉翊東秀	–
06-113	古風 三首	–
06-114	卽事 三首	–
06-115	詠梅花 三首	–
06-116	十二月十六日庚申 是夜兒女達旦不睡	1377년 12월 16일
06-117	有感 一首	(1377년 12월)
06-118	奉懷仁熙諸相國	(1377년 12월)
07-001	戊午正旦後二日	1378년 1월 3일
07-002	偶題	–
07-003	詠竹	–
07-004	哭李左使	–
07-005	讀漢史	–
07-006	偶題 二首	–
07-007	贈李浩然	–
07-008	遣興	–
07-009	記忘	–

작품 번호	제목	저작 시기
07-010	遣興	–
07-011	追憶金經有感 三首	–
07-012	幽居自詠	–
07-013	讀益齋先生松都八詠	–
07-014	晨興	–
07-015	新春	–
07-016	有感	–
07-017	夜吟 三首	–
07-018	古意三章章四句	–
07-019	讀書	–
07-020	遣懷 二首	–
07-021	人日	–
07-022	自賦	–
07-023	朝吟 四首	–
07-024	遣興 二首	–
07-025	謝韓平齋携酒見過	–
07-026	卽事	–
07-027	有感	–
07-028	自賦	–
07-029	書鄭贊成傳後	–
07-030	正月十二日 雨 忽記種瓜幽興動 小圃在江城之句 入直省中作也 今二十四年矣 而猶未遂素懷 尤增感嘆 吟成一篇 聊以自慰	1378년 1월 12일
07-031	讀詩遣興	–
07-032	遣興	–
07-033	有懷子安	–
07-034	鄭簽書携酒見過	–
07-035	晨興	–
07-036	卽事 二首	–
07-037	雪	–
07-038	思鄉 二首	–
07-039	題益齋先生妙蓮寺趙順菴石池竈記後	–
07-040	書政堂記後	–
07-041	奉懷恩門益齋先生	–
07-042	用前韻自詠	–
07-043	泮宮送春丁膰肉	–
07-044	幽居卽事	–
07-045	卽事	–
07-046	記舊遊僧舍	–

07-047	自詠	–
07-048	卽事 二首	–
07-049	有感	–
07-050	春日卽事 二首	–
07-051	春日憶山僧	–
07-052	獨立 二首	–
07-053	卽事 九首	–
07-054	有感	–
07-055	醉中自詠	–
07-056	短歌行	–
07-057	卽事	–
07-058	病中	–
07-059	春日	–
07-060	敬老詩〈有序〉	–
-01	江陵崔相國	
-02	晉陽河相國	
-03	西原崔相國	
-04	京山宋相國	
07-061	自詠 四首	–
07-062	憶甘露寺	–
07-063	自詠 二首	–
07-064	讀書	–
07-065	讀詩	–
07-066	讀易	–
07-067	讀春秋	–
07-068	讀禮	–
07-069	獨夜 八首	–
07-070	病中吟	–
07-071	老馬行	–
07-072	雜詠 三首	–
07-073	東山望途中人	–
07-074	憶家山	–
07-075	卽事	–
07-076	追記入直禁中	–
07-077	自詠足蹶	–
07-078	詠雪餻	–
07-079	述古	–
07-080	感事 四首	–
07-081	卽事	–
07-082	正月二十三日 謝江陵廉使洪少尹惠葠	1378년 1월 23일

작품 번호	제목	저작 시기
07-083	登東山	-
07-084	記游喬桐〈漁父頻來餉〉	-
07-085	卽事	-
07-086	卽事	-
07-087	讀虞書	-
07-088	遣興	-
07-089	絶句	-
07-090	自詠 二首	-
07-091	詠史有感	-
07-092	自詠	-
07-093	憶過遼野	-
07-094	有感	-
07-095	卽事	-
07-096	對酒聞琴	-
07-097	記辛丑冬丹山途中	-
07-098	自讀亂道有感	-
07-099	夜詠	-
07-100	代書寄羅州吳判官	-
07-101	正月下澣 得南來書 因憶諸公	1378년 1월 하순
-01	無說長老	
-02	康子野	
-03	權吉夫	
-04	安勉同年	
07-102	代書奉謝李同年〈得遷〉	-
07-103	卽事	-
07-104	詠病中	-
07-105	偶題 二首	-
07-106	奉謝崔司空〈名公哲 時在義州〉	-
07-107	紀聞 二首〈武帝岸幘見馬援 幘名承露〉	-
07-108	詠月 二首	-
07-109	指空弟子見訪	-
07-110	謝希顔送新粒	-
07-111	自賦	-
07-112	卽事	-
07-113	卽事	-
07-114	引逸吟	-
07-115	吟病齒	-
07-116	君子秉素志 三首	-
07-117	自詠	-

07-118	古風 五首	-
07-119	卽事	-
07-120	讀騷自詠 二首	-
07-121	詠梅	-
08-001	寄李政堂 八首	-
08-002	題羅判事詩卷	-
08-003	梅花 二首	-
08-004	有感	-
08-005	遣興	-
08-006	卽事 三首	-
08-007	憶紫霞洞	-
08-008	感舊	-
08-009	醉中 二首	-
08-010	有感 二首	-
08-011	憶梅花	-
08-012	奉懷明善先生	-
08-013	自詠 四首	-
08-014	又賦 二首	-
08-015	戱贈鄭簽書年兄 用前韻	-
08-016	又	-
08-017	自詠	-
08-018	雜興	-
08-019	早春 有懷舊遊	-
08-020	有感	-
08-021	紀事	-
08-022	早春	-
08-023	記賜食宮中	-
08-024	二月初一日	1378년 2월 1일
08-025	二安簽錄請名	-
08-026	寄金司空 借茅蓋屋	-
08-027	憶朴摠郞	-
08-028	偶記近事	-
08-029	自戱	-
08-030	憶燕都	-
08-031	自詠	-
08-032	述古	-
08-033	述懷	-
08-034	松山 三首	-
08-035	卽事	-
08-036	卽事	-

작품 번호	제목	저작 시기
08-037	憶山中	–
08-038	有感	–
08-039	二月初八日	1378년 2월 8일
08-040	宮人	–
08-041	讀樊川集題其後	–
08-042	送康得和副令出按慶尙道	–
08-043	自詠	–
08-044	朗詠 三首	–
08-045	卽事	–
08-046	自詠 二首	–
08-047	有感	–
08-048	聖居山	–
08-049	憶申判書德麟	–
08-050	卽事	–
08-051	忽記聞琴題此	–
08-052	幽居絶句	(1378년 2월)
08-053	卽事	(1378년 2월)
08-054	又賦	(1378년 2월)
08-055	詠笏	미상
08-056	古意	미상
08-057	偶題	미상
08-058	鞦韆	미상
08-059	觀擊毬	미상
08-060	王延壽畵馬	미상
08-061	東山	미상
08-062	題山水圖	미상
08-063	靑行纏歌	미상
08-064	七月二十日 婢有難産者 記之	1378년 7월 20일
08-065	卽事	–
08-066	韓簽書在光巖書碑 僕不能往觀 聊述所懷	–
08-067	卽事	–
08-068	題竹溪卷	–
08-069	七月初八日 聽詔征東省 拜明善學士在焉 卄一日 王太醫來 語及明善仙去十餘日矣 驚呼之餘 作歌以哭	1378년 7월 21일
08-070	無失 爲持上人題	–
08-071	有感	–
08-072	二十一日 朴舍來過	1378년 7월 21일
08-073	雨中	–
08-074	伯夷樂	–

08-075	卽事	–
08-076	無馬行	–
08-077	金剛山	–
08-078	奉寄金左尹	–
08-079	寄李同年〈臨河〉	–
08-080	卄七日	1378년 7월 27일
08-081	卄八日	1378년 7월 28일
08-082	靑苔歌	–
08-083	七月二十九日 益齋先生明忌 病不能與祭 感舊述懷 三首	1378년 7월 29일
08-084	送金伯玉省親〈尓音〉	–
08-085	又題	–
08-086	有感	–
08-087	送日本釋有天祐	–
08-088	八月初一日 雨	1378년 8월 1일
08-089	又吟	–
08-090	有感	–
08-091	雨過	–
08-092	讀舊作	–
08-093	聞李大卿拜承宣 走筆奉賀	–
08-094	卽事	–
08-095	奉賀李密直〈僕忝與樵隱先生同主文 與今侍中公同爲承宣 故末句及之〉	–
08-096	讀史 三首	–
08-097	讀歸去來詞	–
08-098	偶吟	–
08-099	有感	–
08-100	晨起	–
08-101	聞江南使入界	–
08-102	又賦	–
08-103	山高歌	–
08-104	保國歌	–
08-105	卽事	–
08-106	初八日 丁祭膰肉至 作詩以記	1378년 8월 8일
08-107	靑天白雲歌	–
08-108	韓簽書四子名字說	–
08-109	秋仲初九日 長孫孟畯讀書城南	1378년 8월 9일
08-110	明日 有懷	1378년 8월 10일
08-111	小桃	–
08-112	光巖	–
08-113	讀杜詩	–

작품 번호	제목	저작 시기
08-114	偶吟	-
08-115	權政堂篆光巖碑 韓簽書邀予同往觀 適疾作 獨坐復用前韻	-
08-116	又吟	-
08-117	讀高軒過	-
08-118	有感	-
08-119	讀杜詩	-
08-120	讀玉屑卷末	-
08-121	代書奉簡松廣和尙	-
08-122	秋雨歎	1378년 8월 14일
08-123	秋雨歎成篇 天霽景明 神形爽快 又作秋陽歌	-
08-124	十五日早	1378년 8월 15일
08-125	夜授韓簽書宅小酌 三首	1378년 8월 15일
09-001	卽事	(1378년 4월)
09-002	次倫絶磵韻	-
09-003	卽事	-
09-004	直講家小娃送葱	-
09-005	謝廉東亭送肉	-
09-006	喜雨	1378년 여름
09-007	憶山中	-
09-008	卽事	-
09-009	遣興	-
09-010	苦熱 倫絶磵見訪	1378년 여름
09-011	思鄕	-
09-012	詠蝶	-
09-013	詠蜂	-
09-014	詠鶯	-
09-015	詠燕	-
09-016	憶家山	-
09-017	予一日 偶思游藝之訓 自責觀物甚淺 蓋由玩物喪志是懼而致此耳 夫有物有則 豈有一物之不爲吾性內之用哉物之微 莫微於尺蠖 故作短歌以自儆	-
09-018	予旣作尺蠖吟 又念促織亦蟲之微甚者也 織婦聞之 必勉機杼之事 有益於世多矣 作歌以悲之	-
09-019	琴棋書畵 吾俗謂之四藝 作四絶	-
-01	琴	
-02	棋	
-03	書	
-04	畵	

09-020	記事	–
09-021	有懷頒氷 三首	–
09-022	遣興	–
09-023	憶李判事〈東秀〉	–
09-024	卽事	–
09-025	驪江四絶 有懷漁夫金敬之〈名九容 由三司左尹 退去于鄕〉	–
-01	春	
-02	夏	
-03	秋	
-04	冬	
09-026	絶磵倫公見訪 三首	–
09-027	登東山	–
09-028	自詠	–
09-029	七夕	1378년 7월 7일
09-030	謝廉東亭惠牟來糙米	–
09-031	又作短歌	–
09-032	聽詔	1378년 7월
09-033	韓柳巷樓上 與廉政堂小酌 尹判書虎適至 及晩 吉昌君出坐 語及南遊之樂 退而誌之	–
09-034	秋雨	1378년 가을
09-035	權庸夫政堂公 爲其夫人設齋華藏寺 僕欲因遊九龍山 以病不果 題此以志	–
09-036	謝廉東亭送新稻米	–
09-037	卽事	–
09-038	憶丁亥科諸公 三首〈國俗進士及第 稱其座主之子曰宗伯〉	–
09-039	卽事	–
09-040	謾成	–
09-041	七月十五日	1378년 7월 15일
09-042	明日 又賦	1378년 7월 16일
09-043	晨興	–
09-044	課童奴鋤草	–
09-045	卽事 是日送詔	1378년 7월
09-046	扶桑絲吟	미상
09-047	追記端午日	미상
09-048	近世有改拙翁文者 失姓氏 因記段墨卿淮西碑事	미상
09-049	癸巳同年諸公携酒見訪 是晩雨作	미상
09-050	又題	미상
09-051	卽事 三首	미상

작품 번호	제목	저작 시기
09-052	山水小圖	미상
09-053	續絃膠行	미상
09-054	中菴允上人見過	미상
09-055	自詠 三首	미상
09-056	少年樂二篇	미상
09-057	甑池引	미상
09-058	紀事	미상
09-059	九齋 前都將校李丁送松菌 因作三絶	1378년 8월
09-060	用前韻自詠	-
09-061	送曹溪大選自休游日本 因往江南求法	-
09-062	明妃曲	-
09-063	晏起行 二首	-
09-064	記事	1378년 8월
09-065	二十二日 夜中風雨大作 吟成一篇 曉起錄之	1378년 8월 22일
09-066	曉看雲向北賦此	-
09-067	自詠	-
09-068	夜詠	-
09-069	有感	-
09-070	卽事	-
09-071	記中秋玩月柳港樓下	-
09-072	卽事	-
09-073	送慶尙道按廉使朴可興	-
09-074	吉昌府 曲城侍中來訪 穡承招與席 因記勝事	1378년 가을
09-075	自詠 二首	-
09-076	感懷	-
09-077	有感	1378년 가을
09-078	又吟	-
09-079	記安國寺松亭看雨	-
09-080	航海入貢金陵 遭風不返 國人哀之 作詩以紀云	-
09-081	聞西宅經聲	-
09-082	鉛宮詞	1378년 가을
09-083	有感	1378년 가을
09-084	柳判書談利川田舍風景之美 但無蟹耳	-
09-085	憶家山	-
09-086	演雅 三首	-
09-087	過凉亭下有感	-
09-088	獨坐	-
09-089	對酒	-
09-090	有送松菌者 作詩以記	-

09-091	去莎草	-
09-092	演雅	-
09-093	卽事	1378년 가을
09-094	憶三角山 因述歌行	-
09-095	卽事	-
09-096	山水圖 節東坡煙江疊嶂圖詩句	-
09-097	記舊作	1378년 가을
09-098	卽事	-
09-099	有感	-
09-100	卄八日 是醴泉君夫人蔡氏明忌	1378년 8월 28일
09-101	卽事	-
09-102	奉謝江陵崔相惠海菜	-
09-103	奉寄崔安東	-
09-104	浮生 二首	-
09-105	偶吟	-
09-106	讀唐賢詠月章	-
09-107	自賦	1378년 가을
09-108	閑吟 二首	-
09-109	聞雁	1378년 가을
09-110	對月	-
09-111	江上 一首 有懷朱同年	-
09-112	小雨	-
09-113	偶題	-
09-114	望光巖	1378년 가을
09-115	詠菊	1378년 가을
09-116	園中雜詠	-
-01	松	
-02	栗	
-03	梨	
-04	杏	
-05	桃	
-06	楸	
10-001	寄贈金敬叔少監	(1378년 10월)
10-002	冬初	1378년 10월
10-003	又賦八句 贈秘書	-
10-004	詠猶	-
10-005	將遊神勒寺未果 因賦短韻	-
10-006	東吳八詠 沈休文之作也 宋復古畵之 載於東坡集 予少也 讀之而忘之矣 今病餘悶甚 偶閱東坡詩註 因起東吳之興 作八詠絶句	-

작품 번호	제목	저작 시기
-01	洞庭晚靄	
-02	廬阜秋雲	
-03	平田鴈落	
-04	闊浦帆歸	
-05	雨暗江村	
-06	雪藏山麓	
-07	泉岩古栢	
-08	石岸孤松	
10-007	卽事	(1378년 10월)
10-008	病裏自詠	(1378년 10월)
10-009	奉呈禹四宰 二首	(1378년 10월)
10-010	寄寧海金左尹	(1378년 10월)
10-011	自詠	(1378년 10월)
10-012	詠木綿布	(1378년 10월)
10-013	有感自詠	(1378년 10월)
10-014	哭崔先生宰 三首	(1378년 10월)
10-015	觀書席上	(1378년 10월)
10-016	曉起卽事	(1378년 10월)
10-017	曉吟	(1378년 10월)
10-018	曉吟 三首	(1378년 10월)
10-019	奉憶光巖	(1378년 10월)
10-020	有感	(1378년 10월)
10-021	有感	(1378년 10월)
10-022	偶題	(1378년 10월)
10-023	判事夫婦設食	(1378년 10월)
10-024	早起 三首	(1378년 10월)
10-025	有感自詠	(1378년 10월)
10-026	卽事	(1378년 10월)
10-027	夜念明日更聚 吟成一首	(1378년 10월)
10-028	古風 一首	(1378년 10월)
10-029	眞觀寺孟童回 夜語有感	(1378년 10월)
10-030	致齋獨坐有感	(1378년 10월)
10-031	廿一日 司天監官來傳曺六宰語 趣進秘書	1378년 10월 21일
10-032	自詠	(1378년 10월)
10-033	古風	(1378년 10월)
10-034	休暇自詠	(1378년 10월)
10-035	新雪已初下	(1378년 10월)
10-036	雪晴	(1378년 10월)
10-037	權尙州來 旣賦一首 因用其韻	(1378년 10월)

10-038	蒙賜田有感	(1378년 10월)
10-039	賀成政堂〈汝完〉	1378년 10월
10-040	自吟	미상
10-041	十六日 張密直來投華刺	1378년 11월 16일
10-042	十七日	1378년 11월 17일
10-043	與韓上黨將游光巖 晨起有作	(1378년 11월)
10-044	聞光岩董役官有故 更約後日 因成二絶	(1378년 11월)
10-045	早興	(1378년 11월)
10-046	古意	(1378년 11월)
10-047	仲孫在左倉洞 因其來 記舊游	(1378년 11월)
10-048	將詣光岩 曉起有感	(1378년 11월)
10-049	光岩途中	(1378년 11월)
10-050	詠幻菴方丈石燈 是夜宿燈下 正當心上	(1378년 11월)
10-051	兩朴令公設小酌	(1378년 11월)
10-052	是日 西北面元帥啓行	(1378년 11월)
10-053	借馬戲賦	(1378년 11월)
10-054	雨夜自詠	(1378년 11월)
10-055	古意 三首	(1378년 11월)
10-056	絶句	(1378년 11월)
10-057	雨晴	(1378년 11월)
10-058	對友自詠 三首	(1378년 11월)
10-059	有感	(1378년 11월)
10-060	獨坐	(1378년 11월)
10-061	奉謝全羅令公惠橘	(1378년 11월)
10-062	自詠	(1378년 11월)
10-063	夜聞簷溜 曉起錄之	(1378년 11월)
10-064	病中偶念舊游 老矣安可復追 聊著三篇 蓋傷之之甚也	(1378년 11월)
-01	巖串吟	
-02	龍山吟	
-03	長湍吟	
10-065	代書奉寄韓同年 三首	(1378년 11월)
10-066	兎郎游山後別墅	(1378년 11월)
10-067	述懷	(1378년 11월)
10-068	卽事 三首	(1378년 11월)
10-069	昨晩 子安言李密直仁敏歸鄕 早起賦此	(1378년 11월)
10-070	有感	(1378년 11월)
10-071	李密直歸京山府	(1378년 11월)
10-072	自歎	(1378년 11월)
10-073	病鶴吟	(1378년 11월)
10-074	卽事	(1378년 11월)

작품 번호	제목	저작 시기
10-075	感懷	(1378년 11월)
10-076	歌行	(1378년 11월)
10-077	卽事	(1378년 11월)
10-078	冬至	1378년 11월 21일
10-079	又吟	(1378년 11월)
10-080	廉東亭冒雪携酒見訪	(1378년 11월)
10-081	雜題 五首	(1378년 11월)
10-082	遣懷	(1378년 11월)
10-083	晨浪	(1378년 11월)
10-084	江上 三首	(1378년 11월)
10-085	門生鄭士賢告歸	(1378년 11월)
10-086	禹省郎來請表文提頭圈點	(1378년 11월)
10-087	赴朴判書席上 扶輿夜歸	(1378년 11월)
10-088	自詠	(1378년 11월)
10-089	早寒	(1378년 11월)
10-090	謝禹四宰送水墨山水八疊屛風	(1378년 11월)
10-091	望川寧 三首	(1378년 11월)
10-092	思舊游	(1378년 11월)
11-001	金龍㬋長源率門生迎其座主李大夫夫人 將擧壽觴 子姪咸集 前導後從 閭巷咨嗟 近所未有也 因記辛巳科 如夢中事 吟成一絶 以自敍云	(1378년 2월)
11-002	歸歟行	(1378년 2월)
11-003	鴟夷子歌	(1378년 2월)
11-004	鄕學上舍歌	(1378년 2월)
11-005	放懷歌	(1378년 2월)
11-006	寄東京全同年 二首	(1378년 2월)
11-007	君子惜寸陰 一篇	1378년 봄
11-008	曉雨	1378년 봄
11-009	雨後 二首	1378년 봄
11-010	謝見訪	–
11-011	天陰	1378년 봄
11-012	醉後卽事	1378년 봄
11-013	予年二十八拜內書舍人 三十拜諫大夫 四十四拜政堂 舍人上官月餘而赴天朝翰苑供職 政堂上官未三月而丁母憂 其得半年之久者諫議日也 然以言事與執政爭是非 未得從容吟嘯 以踐前輩風流之迹 夫歌詩所以形容政事之美 正人心扶世道 吾黨所宜勉焉 而予之不幸也如此 聊賦短篇 以告後來君子云	1378년 봄
11-014	二月十六日 呼高士娶話所懷	1378년 2월 16일

11-015	微雪	-
11-016	二十四日 肅拜	1378년 2월 24일
11-017	雨後卽事	-
11-018	乙巳門生携酒見訪	-
11-019	上南山賞花	-
11-020	塗遇韓平齋賞花花園 權政堂過其門知吾二人在其中 亦下馬 而庫官李判事設小酌 實僕病後第一樂事也 夜歸賦十韻	-
11-021	偶題 三首	-
11-022	又用前韻	-
11-023	吟詩有感	-
11-024	小雨	-
11-025	卽事	-
11-026	自二月二十四日 至三月二十七日 凡三十四日 參見宰執尋訪奮故 殆無遺矣 困臥之餘 小酌遣懷	1378년 3월 27일 이후
11-027	雨中有作	-
11-028	聞鄭司藝道傳在提州村莊授徒 六韻	-
11-029	燕	-
11-030	曉雨	1378년 3월 30일
11-031	又賦	1378년 3월 30일
11-032	雨中	-
11-033	紀行	-
11-034	是夜困臥頹然 夢覺天已明矣 追紀勝覽 聊以遣興	-
11-035	望山村	-
11-036	卽事	1378년 4월
11-037	八日 同韓平齋觀燈 睡起追賦 二首	1378년 4월 9일
11-038	南牕	-
11-039	有感	-
11-040	陳判書平仲 金安州孝先見訪	-
11-041	詠僧莪 其莖甚酸 僧莪鄉名	-
11-042	卽事	-
11-043	歸來兮篇	-
11-044	紀事 二首	-
11-045	偶題	-
11-046	古意 三首	-
11-047	自賦	-
11-048	聞海寇犯江郊 三首	1378년 4월
11-049	又賦	-
11-050	卽事	-
11-051	有感	-

작품 번호	제목	저작 시기
11-052	病中	–
11-053	倭賊近畿甸	1378년 4월
11-054	又賦	–
11-055	偶題	–
11-056	卽事	–
11-057	賀判三司崔相國戰退倭賊	1378년 4월
11-058	憶僧房	1378년 가을
11-059	聞文殊寺落成	–
11-060	卽事	–
11-061	自詠	1378년 가을
11-062	有感	–
11-063	演雅 二首	1378년 가을
11-064	憶山寺	–
11-065	聞旌善郡風景之僻 賦此三首	–
11-066	紀奮游	–
11-067	讀中庸有感 二首	–
11-068	詠墻上草 三首	1378년 가을
11-069	旣賦墻上草 因念澗底松之句 復作三首	–
11-070	卽事 二首	–
11-071	奉懷幻菴	–
11-072	有感 二首	–
11-073	卽事	–
11-074	秋日 奉懷懶殘子 因述所懷 吟成五首 奉呈籌室	1378년 가을
11-075	後扶桑絲吟	–
11-076	無馬	–
11-077	幽居	–
11-078	奉寄俗離山法住寺僧統	–
11-079	卽事	–
11-080	圓天台見和 對侍者口號二絶	1378년 가을
11-081	又賦	–
11-082	蒼頭皆出 樵者未還 不能拜獻 復作五首	–
11-083	有感	–
11-084	又作腸字詩	–
11-085	高歌	–
11-086	卽事	–
11-087	偶題	–
11-088	鷄頭花下有感	–
11-089	奉答松廣和尙惠茶及扇	–
11-090	圓天台見和 復作一首 就來使奉呈	–

11-091	侍者旣去 又吟五首 聞吾師將赴康安殿藏經法會故也	–
11-092	卽事 三首	–
11-093	偶有游山之興 作詩以記	–
11-094	卽事	–
11-095	幽居	–
11-096	武侯	–
11-097	初八日	1378년 9월 8일
11-098	有感 三首	(1378년 9월 8일)
11-099	憶蔡大司成漣	(1378년 9월 8일)
11-100	寄韓弘同年 因崔澍還家 附上三司左尹謝	(1378년 9월 8일)
11-101	野菊	1378년 9월 8일
11-102	重九日 早起	1378년 9월 9일
11-103	天台判事携酒見訪 曹溪猊公適至 二首	(1378년 9월 9일)
11-104	九日晩 鄭驤同年來別請詩 口號一首	1378년 9월 9일
11-105	明日 又賦	1378년 9월 10일
11-106	呈韓簽書	–
11-107	得醮酒	–
11-108	十二日 二首	1378년 9월 12일
11-109	十三日	1378년 9월 13일
11-110	憶草溪鄭判書國經	(1378년 9월)
11-111	寄伊山李吉商 孟希道持去	(1378년 9월)
11-112	訪南隣	(1378년 9월)
11-113	早興	(1378년 9월)
11-114	自詠	(1378년 9월)
11-115	述懷	(1378년 9월)
11-116	擬古	(1378년 9월)
11-117	卽事 三首	(1378년 9월)
12-001	遁村李浩然在川寧縣 見寄絶句一首 兼示所作十首 諷詠之餘 次其韻 又用其韻自詠 皆走筆也 凡二十二首	(1378년 9월)
12-002	又用前韻自詠	(1378년 9월)
12-003	得寧海族中書	(1378년 9월)
12-004	卽事	(1378년 9월)
12-005	卽事	(1378년 9월)
12-006	又賦	(1378년 9월)
12-007	求田歌	(1378년 9월)
12-008	卽事	(1378년 9월)
12-009	醴泉君明忌 設齋水精寺	1378년 9월 20일
12-010	因過泮宮謁聖	–
12-011	金剛山歌	–
12-012	卽事 三首	–

작품 번호	제목	저작 시기
12-013	題宋文中全羅廉使詩卷	-
12-014	東國禮俗 近於春秋戰國 錄之所以進之也	-
12-015	有感	-
12-016	兪伯判事來訪	-
12-017	謝俗離山法住寺僧統惠五星合 走筆	-
12-018	謝全羅都巡問使池密直惠紅大蝦 走筆	-
12-019	雷雨	1378년 늦가을
12-020	對菊	-
12-021	雨中	-
12-022	又	1378년 늦가을
12-023	卽事	-
12-024	自詠	-
12-025	有感	-
12-026	又	-
12-027	詠紅大蝦	-
12-028	偶題 二首	-
12-029	食粥吟	-
12-030	自詠	1378년 늦가을
12-031	九月晦	1378년 9월 30일
12-032	日本釋弘慧求詩	-
12-033	送日本釋 因有所感	-
12-034	卽事	-
12-035	十月朔日	1378년 10월 1일
12-036	述懷	-
12-037	杜門	-
12-038	晩歲	-
12-039	歲畵十長生〈日雲水石松竹芝龜鶴鹿〉	1378년 10월
12-040	旣賦十長生 又自詠 一首	1378년 10월
12-041	卽事 五首	미상
12-042	晨興	미상
12-043	卽事	미상
12-044	題朴摠郎詩卷十九首	미상
12-045	卽事	미상
12-046	奉上舅氏金密直致仕尊侍	미상
12-047	紀事	미상
12-048	訪韓柳巷	미상
12-049	偶題 三首	미상
12-050	又題	미상
12-051	進讀秘錄 有旨司天臣馳馹相視 明日發行	미상

12-052	韓簽書宅小酌 同庚許陽川完在座	미상
12-053	初八日	1378년 11월 8일
12-054	得料色 僉錄公緘撥賜土田	(1378년 11월 8일)
12-055	將遣家奴 踏驗新田	(1378년 11월 8일)
12-056	述懷 二首	(1378년 11월 8일)
12-057	初九日	1378년 11월 9일
12-058	眞觀僧來言孟畯能聯七言句 喜而有作	(1378년 11월 9일)
12-059	遣興	(1378년 11월 9일)
12-060	初十日	1378년 11월 10일
12-061	憶家山	(1378년 11월 10일)
12-062	十一日 四首	1378년 11월 11일
12-063	相視後蘇 諸公雪中必若 吟成一篇 以慰諸公賢勞云	1378년 11월
12-064	今月望月有蝕 故十一日毬庭習禮 賦此	1378년 11월 11일
12-065	追記索子翔語	–
12-066	有感	–
12-067	自詠	–
12-068	復禮吟	–
12-069	閔摠郎以後蘇地圖來 且言殿宇遺址宛然 山水形勢與書中所載相合 喜而記之	–
12-070	卽事	–
12-071	逢堯歌	–
12-072	讀史	–
12-073	有感	–
12-074	憶舊游	–
12-075	詠川寧思歸也	–
12-076	昨晩 里中無賴子射吾家所畜犬 拔其箭去之 及夜乃斃 哀之故誌之	–
12-077	八關會巡馬甚盛 聞之賦此	1378년 11월 15일
12-078	田廬	미상
12-079	有感	미상
12-080	爲舅氏作蓮亭記 因賦此	미상
12-081	卽事	미상
12-082	自詠 三首	미상
12-083	英豪行	미상
12-084	寄韓同年	미상
12-085	詩酒歌	미상
12-086	卽事 三首	미상
12-087	憶寧海	미상
12-088	古意	미상
12-089	用前韻	미상

작품 번호	제목	저작 시기
12-090	晨興記疇昔	미상
12-091	又用前韻	미상
12-092	山水圖	미상
12-093	觀兒戲	미상
12-094	臂痛	미상
12-095	自傷	미상
12-096	有感	미상
12-097	謝猊公見訪	미상
12-098	錄病	미상
12-099	晨興	미상
12-100	曲城侍中來訪西宅 稽承招 以病不赴 惘然有作	미상
12-101	送眞觀僧統之關東	미상
12-102	自詠 三首	미상
12-103	思鄉	미상
12-104	有感	1378년 12월 중순
12-105	夜賦	-
12-106	得寧海金左尹書	-
12-107	卽事	-
12-108	詠念珠	-
12-109	詠禪棒	-
12-110	卽事	1378년 겨울
12-111	安簽書開三子登科慶席 特來邀 僕以病未赴 明日病稍退 吟成一首錄呈	-
12-112	卽事	-
12-113	獨吟	-
12-114	有感	-
12-115	戲題	-
13-001	十二月廿二日庚申 移寓妙覺洞權判閣家	1378년 12월 22일
13-002	柳開城〈珣〉送牛蒡葱蘿蔔幷沈菜醬	-
13-003	從韓政堂索紙 因記病前每索酒 嘗而有此作	-
13-004	題權判閣南樓〈是拙翁宅 判閣其壻也〉	-
13-005	有懷山居 三首	-
13-006	灑掃庭除	-
13-007	二郎家朝餉饅頭	-
13-008	君子守	-
13-009	君子事	-
13-010	卽事	-
13-011	紀事	-

13-012	十二月廿五日 乙巳門生設宴	1378년 12월 25일
13-013	華嚴宗大選敬如在妙覺寺 携東坡詩從天台圓公受其說 因其來訪 訊之如此 喜其知慕斯文 賦詩以贈	–
13-014	夕飯	–
13-015	偶題	–
13-016	卽事	–
13-017	奉謝鐵原金同年送栗	–
13-018	新事	–
13-019	內侍朴昌齡回自寧海	–
13-020	得李侍中書送野物一首 卽刻奉謝	–
13-021	趙鈞伯和〈金公隨兄之外孫〉	–
13-022	卽事	–
13-023	與鄭簽書約同游光巖	–
13-024	謝鄭簽書見訪 三首	–
13-025	曉吟	–
13-026	紀事 是日大家多納壻	–
13-027	雪	–
13-028	敬僕在南里 招之不來	–
13-029	絶句	–
13-030	山水屛風	–
13-031	奉懷金陵	–
13-032	觀法帖	–
13-033	睡起聞雞聲 偶記初鳴盥櫛之語 因念文公小學規模節目之備 吟成八句以戒子孫云	–
13-034	卽事	–
13-035	幽居	–
13-036	詠太白	–
13-037	嚴子陵	–
13-038	自詠	–
13-039	卽事	–
13-040	柳洞	–
13-041	除日	1378년 12월 30일
13-042	謝西京林令公惠小鹿	–
13-043	守歲 用唐詩韻 三首	1378년 12월 30일
13-044	己未正月初二日 詣內肅拜 明日有作	1379년 1월 3일
13-045	述懷	–
13-046	卽事	–
13-047	又 三首	–
13-048	謝金三司送乾小魚	–
13-049	追記前日 錄呈柳巷	–

작품 번호	제목	저작 시기
13-050	誡季子參軍 長孫孟畯	-
13-051	正月	-
13-052	述懷	-
13-053	答安州朴元帥	-
13-054	晨興 二首	-
13-055	正月初二日 詣曲城府中 見梅花躑躅一時盛開 退而不能忘 因成三首	-
13-056	卽事	-
13-057	歸來篇	-
13-058	卽事	-
13-059	絶句	-
13-060	雪	-
13-061	七日 頒祿	1379년 1월 7일
13-062	雪 三首	-
13-063	大雪 同年鄭圓齋元帥携酒見訪 且誦佳作曰 晩歲名逾重 新年禮更煩 尙慚隨俗態 强起謁侯門 溪雪聊乘興 山亭可避喧 願從公學道 人事付琴尊 末句非僕所敢當也 然其自敍 皆是實錄 可以驚薄俗開後生也 不揆鄙拙 輒賦五首 且邀再賦云	-
13-064	受祿歌	-
13-065	寄圓齋	-
13-066	讀唐詩畏老身全老之句 予則幸之又幸 故衍爲三首	-
13-067	自詠 三首	-
13-068	有感	-
13-069	早春卽事	-
13-070	公權見和 戒其僕曰必取答書 故此奉呈	-
13-071	與廉政堂 韓簽書約同詣光巖陵行禮 夜坐 旣明有作	-
13-072	復用圓齋詩韻 聊以述懷	-
13-073	用前韻	-
13-074	自詠	-
13-075	將詣光巖有感 三首	-
13-076	有感 三首	-
13-077	次圓齋韻	-
13-078	夜坐	-
13-079	與廉東亭拜玄陵 夜歸有作	-
13-080	讀國淸碑	-
13-081	題牧菴卷〈覺謙〉	-
13-082	兒子輩以酒食相迓 晩食方飽 不可飮啖 携至李密直宅 會公亦獨坐 欣然獻酬 踏月而歸	-

13-083	明日又賦	–
13-084	詠鏡	–
13-085	紀事	–
13-086	粘飯	–
13-087	韓柳巷將往光巖 來告行云 與朴簽書同往 僕與廉壯元已行禮 故作此以戱之	–
13-088	雜詠	–
13-089	二公丁亥同榜故因有此作	–
13-090	感舊	–
13-091	奉謝李伊山惠牛毛 且和鄙韻 强綴俚辭 自喜將有過從之樂 其於求安 亦不敢必故云	–
13-092	十六日	1379년 1월 16일
13-093	卽事	–
13-094	曉起卽事	–
13-095	重約柳巷游光巖	–
13-096	有感	–
13-097	燕山歌	–
13-098	送聰公還山	–
13-099	有感	–
13-100	題普濟浮屠供養化疏	–
13-101	過柳巷飮 醉歸有作	–
13-102	崔仁浩被檜山所擾 來告急 偶題四絶	–
13-103	卽事	–
13-104	糴米	–
14-001	君子愼所趨	–
14-002	糴米行	–
14-003	犀帶行〈烏犀紅鞓二腰 益齋松亭所傳〉	–
14-004	卽事	–
14-005	柳巷見和 有走險之語 用其韻賦鹿詩	–
14-006	柳開城歸利川別墅 聞之晩 不及有所諮訪 吟成短篇	–
14-007	復作絶句	–
14-008	思鄕	–
14-009	連州歌〈公卿別墅所在故歌之〉	–
14-010	聞幻菴入城	–
14-011	有感	–
14-012	南村	–
14-013	奉謝韓政堂 朴簽書來訪 兼述鄙懷	–
14-014	憶西京李東秀	–
14-015	從朴密直 聞鄭先生受門生祝壽齋狀之會 喜其有先輩遺風 謹成拙詩 寄呈座下幸資一笑	–

작품 번호	제목	저작 시기
14-016	卽事	-
14-017	少年行	-
14-018	述懷	-
14-019	卽事	-
14-020	偶記日月所照 霜露所墜 凡有血氣 莫不尊親之語 作四詠	-
-01	日	
-02	月	
-03	霜	
-04	露	
14-021	卽事	-
14-022	柳浦屯營頭目求官	-
14-023	卽事	-
14-024	得同甲開天曇禪師書茶	-
14-025	因憶無說	-
14-026	自詠	-
14-027	同年李夢游年六十二求官 因賦此	-
14-028	卽事	-
14-029	夜吟	-
14-030	曉起	-
14-031	賣粉者	-
14-032	有感	-
14-033	偶題	-
14-034	眠魔行	-
14-035	書樵隱銘後	-
14-036	賦青魚	-
14-037	賦生栗	-
14-038	夜詠	-
14-039	雪	-
14-040	上永嘉君〈權皐〉	-
14-041	仲孫孟畇 歸左倉洞 因過其外祖宅	-
14-042	讀唐賢花詩	-
14-043	卽事	-
14-044	有懷鄭道傳	-
14-045	書黙軒文集後	-
14-046	古風	-
14-047	二月一日 二郎家饋粘飯	1379년 2월 1일
14-048	用前韻	-
14-049	卽事	-
14-050	有感 三首	-

14-051	卽事	–
14-052	外舅花原君忌旦 柳靈光夫人設齋 適大風作 且寒甚不能赴	–
14-053	東風	–
14-054	卽事	–
14-055	聞風聲	–
14-056	將訪朴挺執義有作	–
14-057	卽事	–
14-058	遼東衛使者還歸	–
14-059	奉寄李開城	–
14-060	海安蔡首座來過	–
14-061	自詠	–
14-062	幸哉歌	–
14-063	卽事	–
14-064	早春卽事	–
14-065	自詠	–
14-066	有感	–
14-067	尋人不遇	–
14-068	自詠 二首	–
14-069	驪江	–
14-070	狂吟	–
14-071	題眞觀寺道樹院記後	–
14-072	卽事	–
14-073	偶念辛巳同年有感	–
14-074	述懷	–
14-075	憶山中	–
14-076	小心行	–
14-077	浩歎	–
14-078	孤征	–
14-079	卽事	–
14-080	奉謝宗伯開城見訪	–
14-081	卽事	–
14-082	記事	–
14-083	深巷	–
14-084	日午	–
14-085	朝陽	–
14-086	病軀	–
14-087	君子	–
14-088	有感	–
14-089	因族子來訪賦此	–

작품 번호	제목	저작 시기
14-090	古意	–
14-091	姜用鯉尙書來訪	–
14-092	絶句	–
14-093	靑山吟	–
14-094	病中吟	–
14-095	紀事	–
14-096	君子	–
14-097	胡不歸行	–
14-098	柳學官親送春丁膰肉	1379년 2월 10일
14-099	卽事	–
14-100	有感	–
14-101	寄崔安東	–
14-102	崔大司成請僕入學 因述鄙懷	–
14-103	驪江	–
15-001	自詠	–
15-002	抱朴子	–
15-003	自詠	–
15-004	聞雁	–
15-005	卽事	–
15-006	烏皮床行	–
15-007	聞大風作短歌	–
15-008	演雅	–
15-009	巖房淸齋如一夢 慨然哦成三絶句	–
15-010	李子安病已月餘矣 因韓上黨邀 同往問候 方始知之 會僕亦病發 未能上馬 子來求藿香 因有所感 歌以自寬	–
15-011	晨興	–
15-012	卽事	–
15-013	惻惻篇	–
15-014	悠悠篇	–
15-015	憶鄭散騎	–
15-016	卽事	–
15-017	古風 三首	–
15-018	卽事	–
15-019	有感	–
15-020	紀事	–
15-021	有感	–
15-022	有懷燕都	–
15-023	興敎院奮游	–
15-024	步上	–

15-025	携酒訪朴執義不遇 庸夫政堂公適朝退在家 欣然就飲 歸途有作	–
15-026	明日 用前韻自詠	–
15-027	卽事	–
15-028	君子有所思	–
15-029	敬僮索胡桃	–
15-030	述懷 三首	–
15-031	訪柳巷不過 詠懷而歸	–
15-032	微雨	–
15-033	奉謝洪左使 權政堂携酒見訪	–
15-034	半夜歌	–
15-035	柳洞深行	–
15-036	君子有三樂	–
15-037	題孤舟禪老卷	–
15-038	自詠	–
15-039	伊川歌	–
15-040	雨	–
15-041	同年李夢游來訪 有懷諸公	–
15-042	風雨行	–
15-043	卽事	–
15-044	欹歔篇	–
15-045	卽事	–
15-046	永嘉權侍中遣其孫少大常來 致酒食拜受醉飽 吟成短律 〈典儀名近〉	–
15-047	送全羅鄭廉使〈名履〉	–
15-048	又用前韻	–
15-049	偶題	–
15-050	自嘆	–
15-051	聞忠州郭判事翀龍爲▨軍千戶	–
15-052	送孤舟禪老入金剛山	–
15-053	珠禪者求銘石鍾	–
15-054	韓柳巷來過 冷坐談笑間 朴狀元子虛適至 柳巷欣然取酒肴 酬酢旣罷 始覺半醉 吟成一首	–
15-055	去歲二月卄四日肅拜 今已周年矣 吟成絶句 喜幸之至也	1379년 2월 24일
15-056	廉東亭至 柳巷又置酒肴	–
15-057	題李生詩卷	–
15-058	吳少尹來訪 予以鄕藥一箱付之 庶其散之民間疾病 蓋終身行恕之一端 足以自悲 歌以自寬	–
15-059	代書奉謝江州元帥河狀元書惠 走筆	–
15-060	自詠 二首	–

작품 번호	제목	저작 시기
15-061	題圃隱記後	-
15-062	步屧	-
15-063	卽事	-
15-064	小雨	-
15-065	君子	-
15-066	門生洪澮來訪 云今在春州	-
15-067	蹉跎行	-
15-068	卽事	-
15-069	眞觀大選來 問唐詩語義	-
15-070	卽事	-
15-071	上巳日	1379년 3월 2일
15-072	金同年〈世珎〉退居益和久矣 今以事來京枉顧 予以驪興歸計告之 且請資我牛種 因作絶句 庶其不忘焉耳	-
15-073	卽事	-
15-074	次韻奉賀林大參	-
15-075	歸歟	-
15-076	紀事	-
15-077	題聽無聞卷 卷首有懶翁山水	-
15-078	三月三日	1379년 3월 3일
15-079	明日 醮餘至 無封不敢受	1379년 3월 4일
15-080	奉謝合浦令公惠脯	-
15-081	有感	-
15-082	卽事 三首	-
15-083	省歛行 思先王也	-
15-084	雀影行	-
15-085	唐城引	-
15-086	卽事	-
15-087	奉謝鄭圓齋 李奉翊〈玖〉 朴承旨〈晉祿〉携酒見訪 兼申拜眞之約	-
15-088	自和	-
15-089	卽事	-
15-090	九龍山歌	-
15-091	赤子吟	-
15-092	自賦	-
15-093	春眠 二首	-
15-094	聞諸將討海賊 一時啓行	-
15-095	自詠	-
15-096	賜田申省狀至 去歲十二月所申也 今年三月始得之 未及展閱向闕謝恩 吟成一首	-

15-097	晩雨	-
15-098	旱	-
15-099	李三宰求跋蓮經 因有所感	-
15-100	訪李開城不遇 獨坐松間有感	-
16-001	有感	-
16-002	川寧吟 有自川寧來訪者 因述所懷	-
16-003	謝李開城携酒見訪	-
16-004	旣書前後二篇寄呈開城 秉筆之際 吟成三首	-
16-005	卽事	-
16-006	雨中詠懷 三首	-
16-007	晩晴 贈大姨夫閔判事 慰解其志云	-
16-008	淸明節	-
16-009	有感	-
16-010	病齒	-
16-011	述懷	-
16-012	昨力疾出弔廣平侍中弟喪不遇 次謁沈宰臣出使江南回 謝僕不敏 次入廣濟寺 懶殘子酤酒 次至李開城將謝見訪不遇 適楊二相在家 又飮旣歸 頹然達旦	-
16-013	訪諸公旣歸 見林大參投剌 明日以詩往謝	-
16-014	昨謁林參政不遇 因過東亭小酌 至王參政宅盛設酒食 會韓柳巷又至 旣醉而出 入謁侍中公痛飮 扶醉晩歸 明旦錄之	-
16-015	宗壻朴判書 宗孫李政堂携酒見訪	-
16-016	韓柳巷讌門生及第	-
16-017	送酒	-
16-018	自詠	-
16-019	讚白衣	-
16-020	廉東亭席上醉歌	-
16-021	有感	-
16-022	訪朴陟山不遇	-
16-023	予以召會議都堂 還至韓政堂宅	-
16-024	酒禁	-
16-025	紀事	-
16-026	韓柳巷邀同往尹判書園林	-
16-027	尹判書席上	-
16-028	早興	-
16-029	次宗伯開城韻	-
16-030	三月卄一日 知申事臣濤奉宣醞內膳來賜 臣穡不勝感激 謹作短歌 上送史官	1379년 3월 21일
16-031	金沙八詠	-

작품 번호	제목	저작 시기
-01	西山採薇	
-02	東江釣魚	
-03	龍門斲藥	
-04	虎谷耕田	
-05	漢浦弄月	
-06	婆城望雨	
-07	長興拾栗	
-08	注邑尋梅	
16-032	詣紫門 謝宣賜酒果	-
16-033	謁鄭政堂問疾 鄭公設茶	-
16-034	曉起聞雨 用前韻自詠	-
16-035	卽事	-
16-036	卽事	-
16-037	春遊	-
16-038	晨興	-
16-039	題伯恭字說後	-
16-040	山水屛風	-
16-041	洪守謙尙書見訪	-
16-042	借馬發病	-
16-043	遣興	-
16-044	聞山鳥	-
16-045	聞吹鑼	-
16-046	有感	-
16-047	獨游	-
16-048	奉簡朱同年	-
16-049	韓柳巷邀同往昌和安簽書宅 穡以酒困辭 午後身稍健 李三宰特邀 旣至則廉東亭在座 獻酬醉倒 歸而志之 蓋雖飮食之微 若有予奪於冥冥之間者 豈不可感 吟成短篇以志	-
16-050	曉起	-
16-051	趙思謙挽詞	-
16-052	哀哉 二首	-
16-053	題嶺梅卷	-
16-054	記遊鐵洞	-
16-055	與廉東亭赴李相之招 酒病二日稍定 吟爲詩歌	-
16-056	有感	-
16-057	題妙峯卷	-
16-058	卽事	-
16-059	幽居	-

16-060	四月初八日 旣晩有小雨 入夜風雨大作	1379년 4월 8일
16-061	卽事	–
16-062	宅主訪大姨 獨坐吟成三首	–
16-063	病中	–
16-064	題畫竹	–
16-065	侍立宮門觀禮 退而志之	–
16-066	詠懷	–
16-067	昨承兩府差知印來招 至則入內庭赴宴 旣而中官傳王旨 賜坐坐于堂上西偏 二相以下列坐于庭 以次上壽 退而自省 眞如夢中 先王寵幸臣之餘澤 至今存焉 不勝感激 吟成長句四韻 以爲他日榮觀云	–
16-068	夏日卽事	1379년 5월
16-069	用前韻	–
16-070	古意	–
16-071	觀物	–
16-072	詠懷	–
16-073	韓上黨書碑神勒	1379년 5월
16-074	卽事	–
16-075	喜雨行	–
16-076	卽事	–
16-077	自詠	–
16-078	碧雲來言祈雨卽應	–
16-079	朴叢尙書談三教 旣去 吟成三篇	–
16-080	紀聞	–
16-081	卽事	–
16-082	聞楊二相回軍至廣 聞賊在鎭浦 卽刻南下	–
16-083	曉起有感	–
16-084	昨承柳巷招 飮酒半酣 身困不覺達旦 客至應接至日昃 獨吟一首	–
16-085	送黃廣州敬德	–
16-086	明日當進講書筵 追念先王寵幸之恩 不勝感激 吟成一首	–
16-087	謝全羅按部送洗鱗	–
16-088	五月卄六日 上在書筵 臣穡進講君子篤於親則民興於仁 故舊不遺則民不偸 旣訖 侍學內官高聲讀數遍 於是親賜酒 拜飮趨出 還家困臥 久而方起	1379년 5월 26일
16-089	上黨君韓公孟雲持崔判三司畫像至弊止 垂之屋梁 神彩可畏 詩以讚云	–
16-090	得權尙州書 見寄涼席	–
16-091	輟講	–
16-092	閔中立侍郞獻壽兩親 使其弟摠郞招僕 病餘畏熱不赴 走	–

작품 번호	제목	저작 시기
	筆拜呈	
16-093	有感	-
16-094	迦智英公惠茶 走筆奉謝	-
16-095	消災法席 輟講	-
16-096	遣興	-
16-097	哭李月城〈成瑞〉	-
16-098	楊二相與諸元帥班師而歸 僕以病餘力弱 不能出迓郊外 吟成短律	-
16-099	又題	-
16-100	即事	-
16-101	獨坐	-
16-102	閏月朔日	1379년 윤5월 1일
16-103	赴廉東亭招 醉歸	-
16-104	閔霽司成來訪	-
16-105	靜坐	-
16-106	即事	-
16-107	蠶婦詞前篇	-
16-108	後篇	-
16-109	架松簷移葡萄架	-
16-110	書筵 進講君子所貴乎道者三 至有司存 退而志之	-
16-111	曲城侍中 漆原同訪西隣吉昌公 鄭鷄林旣至 設盛饌 酒半行 王右丞 永寧君又至 懽然酬酢 將散有雨 諸公喜甚而去 穡幸與席末 吟成律詩八句 志喜也	-
16-112	書筵 進講曾子曰以能問於不能一章	-
16-113	詠雨	-
16-114	將詣書筵 上穿峴 遇忽只傳謁者言 雨作難於出入 止臣無來 回至家安坐 感恩吟成一首	-
16-115	南村夫人請上黨韓公書墓銘 公持示予 更定遷除歲月 因有所感	-
16-116	哭鐵原君崔孟孫	-
16-117	曉起	-
16-118	午雞	-
16-119	即事	-
16-120	登松山	-
16-121	題仲至字說後	-
16-122	遣興	-
16-123	閏五月初九日 獨坐 至日斜有微雨 日光雨點相雜 因記崔拙翁和郭密直賞蓮詩 漏雲殘照雨絲絲 心語口曰 宋詩有五月臨平山下路 藕花無數滿汀洲之句 五月政荷花	1379년 윤5월 9일

	開時也 而微雨又如此 拙詩情興可想 予以二毛 承乏領史翰 郭公玉堂老之語 先得僕之風情鬢絲也 吟成一篇爲他日池之會張本	
16-124	初十日 進講仁以爲己任不亦重乎 死而後已不亦遠乎 引易繫辭天地之大德曰生 聖人之大寶曰位 何以守位曰仁 以證重與遠之義 退而志之 蓋告君當如是也 旣歸見紬布之賜 吟成二首	1379년 윤5월 10일
16-125	奉謝江陵崔相國公云 以香徒坐廉侍中上 與淡庵對碁 又於僕有唱和 故詩及之	–
16-126	上黨韓公書南村銘於證覺寺 僕以病餘 無由陪侍 悃然有作	–
16-127	進講興於詩立於禮成於樂一章	–
16-128	柳開城 安佐郎來饋 適庸夫政堂過問 獻酬旣畢 哦成一首	–
16-129	絶句	–
16-130	進講民可使由之不可使知之一章	–
16-131	柳萬戶請名三子	–
16-132	因詠兩侍中	–
16-133	雨晴	–
16-134	哭永嘉權侍中	–
16-135	卽事	–
16-136	幽居 二首	–
16-137	種菊未訖 雨又作 作短歌	–
16-138	有感	–
16-139	自詠	–
16-140	古風 三首	–
16-141	早興	–
16-142	絶句	–
16-143	十六日 進講周公之才之美一章	1379년 윤5월 16일
16-144	散步	–
16-145	諸孫	–
16-146	玄少尹求名 因與三字 俾之自擇	–
16-147	進講三年學不志於穀不易得也一章	–
16-148	希顔手抄其先君墓銘而去 自嘆老衰尙未志韓山之塋 因作三首	–
16-149	詠杏	–
16-150	是日有臺狀 召兩府會議 以是輟講	–
16-151	進講篤信好學守死善道八字	–
16-152	過柳巷樓下 身困不能上 到家解衣盤薄 吟成三首	–
16-153	卽事	–
16-154	赴書筵 中官傳旨若曰 昨日所讀未熟 且停講 臣穡曰 此	–

작품 번호	제목	저작 시기
	章誠難讀 退而志之	
16-155	卽事	–
16-156	卄一日 中官出言 上體因暑泄痢 雖已平復 且停講 臣穡 退而志之	1379년 윤5월 21일
16-157	卽事	–
16-158	詠櫻桃	–
16-159	廟堂方擬選目 求穡爲請者頗多 自笑之餘 吟成一首	–
16-160	自詠	–
16-161	戲崔仁浩	–
16-162	自責	–
16-163	霪雨 三首	–
16-164	自責	–
16-165	絶句	–
16-166	同年任希座以匏見惠	–
17-001	題宗孫詩卷	–
17-002	遣興	–
17-003	古風	–
17-004	已矣乎歌	–
17-005	夏日卽事	1379년 여름
17-006	遣興	–
17-007	花園養花員求薦 因呈知印承制	–
17-008	遣興	–
17-009	神勒珠師以團扇見遺	–
17-010	閑居	–
17-011	自詠	–
17-012	吾生	–
17-013	讀書處歌〈幷序〉	–
17-014	柳巷門生設酌 以公奉命有神勒之行也 公親臨陋巷 招僕侑座 僕適有微恙 不獲承教 獨坐有感	–
17-015	晨興卽事	–
17-016	哭權萬戶室李夫人	–
17-017	崔翁邀僕 爲請於政房 吟成一首	–
17-018	旣示崔翁 翁曰是則是矣 然更一請如何 於是又用前韻	–
17-019	自詠	–
17-020	新油 國贐里老媼壓之云 將以送金剛山普濟影堂	–
17-021	幽人	–
17-022	貓生子	–
17-023	有感	–
17-024	織布吟二篇	–

17-025	嘗西瓜 承制所得	1379년 6월
17-026	有懷成均館	-
17-027	敬僕弄筆墨	-
17-028	趙鈞改溫求官	-
17-029	雨中忽有賞蓮之興 難於上馬 吟得三首	-
17-030	卽事	-
17-031	幽居	-
17-032	憶幻菴	-
17-033	奉寄金三司兄諸族中	-
17-034	曉吟	-
17-035	自戲	-
17-036	自和	-
17-037	退之從容軍馬間 其風不下謝安石 作一絶以詠	-
17-038	自詠	-
17-039	曉起	-
17-040	珠上人爲順同菴請記見菴	-
17-041	卽事	-
17-042	將賞蓮龍化池 花無開者	-
17-043	欲出未能 有懷雲錦	-
17-044	晩涼	-
17-045	權判事鑄以理中湯見遺 知僕泄痢也 喜而有作	-
17-046	卽事	-
17-047	偶念頒氷	-
17-048	雨晴	-
17-049	記崔翁語 申之以己見	-
17-050	卽事	-
17-051	謝那演送龍虎丹	-
17-052	李正郎廷輔請名其三子〈佋佗倜〉	-
17-053	短歌行	-
17-054	自詠	-
17-055	雨	-
17-056	奉謝松廣夫目和尙避倭靈臺寺寄茶	-
17-057	雨中有感	-
17-058	古風	-
17-059	卽事	-
17-060	卽事	-
17-061	閔祗候安仁集諸家詩藁 將續拙翁東文 予喜之甚 作短歌以勖其成	-
17-062	卽事	-
17-063	覆盆子熟 樵者採以來 因憶燈巖行	-

작품 번호	제목	저작 시기
17-064	因記自燈巖來宿甘露寺	-
17-065	有感	-
17-066	西隣見招 熱困不能赴 呈韓上黨	-
17-067	微雨	-
17-068	豆粥	-
17-069	早興	-
17-070	卽事	-
17-071	又吟	-
17-072	自詠	-
17-073	卽事	-
17-074	雲龍吟	-
17-075	賀同甲許政堂	-
17-076	天場房慈恩首座送甜瓜	-
17-077	賀兩諫議同拜承宣	-
17-078	君子	-
17-079	自嘖	-
17-080	奉寄普光兄	-
17-081	賀李南谷拜判事知部<釋之>	-
17-082	雜興	-
17-083	蝨	-
17-084	蚤	-
17-085	雞	-
17-086	犬	-
17-087	旣賦蚤蝨鷄犬 自嘆天地生物之衆而稟賦如此 安得聞鳳鳴見麟趾 以快吾方寸耶 於是吟得鳳鳴麟趾二篇	-
17-088	奉謝河按部寄茶鮑	-
17-089	偶吟 三首	-
17-090	夏涼	-
17-091	君子	-
17-092	奉答崔安東	-
17-093	自詠	-
17-094	蜂螯	-
17-095	雜錄七首	-
17-096	遣興	-
17-097	絶句	-
17-098	獨吟 三首	-
17-099	寄金剛山維那	-
17-100	次廉東亭賀姜代言詩韻	-
17-101	誤拆宰樞所公緘 投之者以完山君誤謂韓山君也 渠雖孟	-

	浪 僕亦烏得無罪 吟成三首	
17-102	卽事	–
17-103	題畫馬	–
17-104	紀事	–
17-105	午飧	–
17-106	紀夢	–
18-001	六月十五日 戲題	1379년 6월 15일
18-002	是日 賜兩府宴于紫霞洞 病中聞之 喜而有作	1379년 6월 15일
18-003	又聞無公讌 各開酒席 因成一首	1379년 6월 15일
18-004	陪先人謁老吉昌君林亭 設食有新米粥 六月望時也 其後問於人蓋藏米有法 非眞新米也 未知是否 今在近隣 適丁是時 因賦此	1379년 6월 15일
18-005	卽事	1379년 6월 15일
18-006	流頭日三詠	1379년 6월 15일
18-007	寄題舅氏池亭 池有蓮	–
18-008	又吟	–
18-009	克聰首座新入南溪院	–
18-010	仲夏以來苦欲賞蓮 一日遣長鬚往候 則雲錦池花亡久矣 獨廣濟池盛開 於是命駕而往 緣堤信馬 偶得任中郞林亭邀天台懶殘子同賞 公設食作碧筩飮 向晩鮮携 因過南溪院 旣歸則日已晩矣 吟成二首	–
18-011	聞蟬〈是日立秋〉	–
18-012	淸道新太守文益漸告行	–
18-013	賞蓮餘興 不能自已 吟成一首	–
18-014	又作〈捲浮萍 見水底花影〉	–
18-015	是日 命僮僕入池捲去浮萍 花影倒垂 上下一色 甚可愛也 因思太白日照紅粧水底明之句 卽欲足成一首 竟未能而罷 數日骨酸 雖或吟哦 不得沈思 略寫一時情景 以爲後日追述之地 衰病如此 可不悲哉	–
18-016	又賦	–
18-017	代書答全羅鄭按部	–
18-018	代書答開天行齋禪師寄茶 走筆	–
18-019	戲南溪聰首座	–
18-020	送異姓四寸弟金有暾赴任寧越郡 天水峯頭作	–
18-021	峯下蓮池盛開	–
18-022	賞蓮坐久 兒子輩取米城中設食 午後雨映東西山而不至坐上 甚可樂也 僮僕猶懼其或至也 邀入寺中 飮啖夜歸代蓮花語作	–
18-023	朝吟	–
18-024	送億政禪軫大禪師	–

작품 번호	제목	저작 시기
18-025	寄呈忠州牧使金存誠 判官金肇	-
18-026	送龍頭住持生公	-
18-027	重游天水寺 上黨韓公携酒見尋	-
18-028	登天水寺西峯 四望名山	-
18-029	天水大選以西瓜見饗	-
18-030	天水池蓮	-
18-031	是夜紀行	-
18-032	望龍頭行李	-
18-033	惠具大選見訪	-
18-034	題雪谷卷	-
18-035	奉呈舅氏	-
18-036	古風 三首	-
18-037	兒子言天台判事欲邀僕再賞蓮 喜而志之	-
18-038	奉寄雞林尹河壯元	-
18-039	前數日 登天水寺西峯 愛其勝槩 有鄙作 後有天台釋到家 訊其名則曰吹笛峯也 因記思亭題詠有用吹笛峯者 當時雖一訊之 忘之久矣 今乃豁然大悟 心自語曰 聞其名於前 履其地於後 非天台釋 猶不能融會而爲一 於是有感焉 乃作吹笛峯一篇	-
18-040	熱甚自慰	-
18-041	再賦廣濟蓮池	-
18-042	朴淵布瀑歌 熱甚故歌之 所以接水聲於耳目焉耳	1379년 6월
18-043	同甲許政堂上官 歷謁時宰 因過陋巷 熱甚 僕以困臥 故出門拜揖而已 不敢留	-
18-044	西京大東江有魚四時及賓 而冬有凍魚 夏有乾魚 乾魚於李時敏處曾知其味 三十餘年不能忘也 病中求之不得 今承制家有之 不知所從來也 命治而食之 宛有舊味 然不及前遠甚 因作短篇	-
18-045	卽事	-
18-046	柳洞南大街施漿水菰果 侑以音樂 家童走報 歌以紀之	-
18-047	曉雨	-
18-048	伊山李上舍〈吉商〉雨中來過 云將往西海道	-
18-049	送蔡首座	-
18-050	有懷九齋	-
18-051	昨至九齋坐松下 松陰薄 日將午熱尤甚 於是告諸生曰 入紫霞洞就涼冷處賦詠如何 諸生踊躍導行至安心寺前亂水坐南岸 刻燭出題 燭未半雨驟至 引諸生走入寺 衣巾盡濕 殊有佳致 賦三詩 曰松風 予所命也 曰宰相行光陽君李先生所命也 曰驟雨 上黨韓先生所命也 初持	

	馬報僕者閔祗候安仁也 從僕者閔令中理 豚犬種學也 從上黨者乃子尙敬 壻安景儉也 其邂逅者典校令金可久 典法摠郎任獻 典校副令廉廷秀也 旣歸 頹然困臥 及覺 眞如夢中 歌以錄之 日已高矣	
18-052	熱困	–
18-053	近來達官以事敗者多矣 病餘獨坐 聊述蝌蚪吟	–
18-054	君子	–
18-055	己酉生員同年會賀種德新拜丞宣也 隔壁危坐 得嘗異味 吟成一首	–
18-056	得尙州書〈權季容〉	–
18-057	卽事	1379년 7월
18-058	謝禹大夫惠新米〈玄寶〉	1379년 7월
18-059	初四日 曉吟	1379년 7월 4일
18-060	上黨與僕將訪天台懶殘子	–
18-061	使丘從往視駱駝橋水 云涉者腰以上 於是縮坐又吟	–
18-062	有感 三首	–
18-063	雨餘縮坐	–
18-064	大雨	–
18-065	有感	–
18-066	翌廊	–
18-067	卽事	–
18-068	恭遇聖誕日 曲城府院君廉公 漆原府院君尹公 吉昌君權公進紫門 將致賀禮 中官出曰停朝會 還受私覲 穡從三大人得見中官面 退而自幸 吟成一首	–
18-069	自詠	–
18-070	七夕	1379년 7월 7일
18-071	卽事	–
18-072	有感	–
18-073	哭權輿祖判事	–
18-074	輿雨	–
18-075	有感	–
18-076	卽事	–
18-077	走筆奉寄法泉僧統	–
18-078	水精葡萄	–
18-079	君子	–
18-080	秋雨	–
18-081	七月十五日	1379년 7월 15일
18-082	十六日 順正王太后韓氏忌旦也 設齋于王輪寺 奉都評議使公緘 助以加供 吟成一首	1379년 7월 16일
18-083	獨坐	–

작품 번호	제목	저작 시기
18-084	訪懶殘子	-
18-085	有感	-
18-086	次韻奉寄李遁村	-
18-087	昨日 子安 可遠修北方表章 請予潤色 病餘茅塞 吟成一首 將以舒堙鬱也	-
18-088	大哉	-
18-089	謝寧越弟送香脯	-
18-090	卽事	-
18-091	靜坐聞貓狗將接 赤脚適見而救之 心語曰 皆人畜也 何不相悅如是哉 吟得貓狗鬪一篇	-
18-092	卽事	-
18-093	卽事	-
18-094	跋閔仲玉還學燕都詩卷 因成三首	-
18-095	曉吟	-
18-096	題紺岳禪師卷	-
18-097	乘桴嘆	-
18-098	新米	-
18-099	鵲鳴	-
18-100	復馬	-
18-101	懷古	-
18-102	安禪者告歸 因寄松廣和尙	-
18-103	曉吟	-
18-104	將軍行	-
18-105	雜詠	-
18-106	賀盧承制〈嵩〉	-
18-107	自詠	-
18-108	奉懷幻菴	-
18-109	西松回自龍頭	-
18-110	古意 三首	-
18-111	柳巷喫粥	-
18-112	朝吟	-
18-113	午吟	-
18-114	偶題	-
18-115	淵明	-
18-116	自詠	-
18-117	將至光巖	-
18-118	奉題幻菴方丈	-
18-119	題栢庭行卷	-
18-120	八月初一日 游光巖 夜歸就枕 頹然達旦	1379년 8월 1일

18-121	蟬聲	1379년 가을
18-122	北庭	1379년 가을
18-123	有感	-
18-124	古風	1379년 가을
18-125	自詠	-
18-126	走筆謝閔祗候惠松茸	-
18-127	秋興 二首	1379년 가을
18-128	謝鐵原金同年惠新米 因起拾栗之興	-
19-001	雀聲篇	-
19-002	有感	-
19-003	爲鋒禪者 題刃菴	-
19-004	夜詠	1379년 가을
19-005	秋日	1379년 가을
19-006	獨吟	-
19-007	卽事	-
19-008	狂歌	-
19-009	紀事	-
19-010	六言 三首	-
19-011	有懷成均館	-
19-012	自述	-
19-013	記南郊舊遊	-
19-014	次楊碧雲老先生詩韻	-
19-015	金剛山釋來言今秋山中皆言先生必至 一粲之餘 吟成二首	-
19-016	秋夜	1379년 가을
19-017	聾啞小童	-
19-018	紀事	-
19-019	秋風歌	1379년 가을
19-020	浩歎	-
19-021	曉吟	-
19-022	卽事	-
19-023	韓上黨邀 同謁執政 言光岩碑事 因賦二首	-
19-024	自嘆	-
19-025	八月初十日	1379년 8월 10일
19-026	有感	-
19-027	秋日	-
19-028	夜吟曉錄	-
19-029	昨與上黨謁廣平侍中 至淸城侍中府 上黨入見出云 公方醉歇 不敢入至花園 朴陟山來餉 摘葡萄侑酒 回訪權希顔 同至淸城府 公欲設酌 予以醉辭趨出 旣歸就枕 頹	-

작품 번호	제목	저작 시기
	然達旦 恍如夢中 吟成一篇	
19-030	夜詠	–
19-031	憶燕都	–
19-032	有感	–
19-033	雜詠	–
19-034	卽事	–
19-035	中秋已近 興懷發詠	1379년 8월 15일 이전
19-036	自詠	–
19-037	夜吟	–
19-038	衿州	–
19-039	有感 〈進士及第有不得出謝者 賦此〉	–
19-040	詠栗	–
19-041	中秋翫月上黨樓上	1379년 8월 15일
19-042	有懷前夜	–
19-043	望三角山上雲	–
19-044	老嫗	–
19-045	早興	–
19-046	得寧海族中書	–
19-047	有感	–
19-048	曉吟	–
19-049	卽事	–
19-050	江村詩 爲鄭袤作	–
19-051	有感	–
19-052	江東歌	–
19-053	菊	–
19-054	偶念江上秋	–
19-055	紀聞	–
19-056	八月十一日 開書筵 臣穡 臣仲和進講危邦不入 亂邦不居 天下有道則見 無道則隱 邦有道 貧且賤焉恥也 邦無道 富且貴焉恥也 退而志之	1379년 8월 21일
19-057	自詠	–
19-058	奉謝東界黃令公送年魚 走筆	–
19-059	紀事 以書筵轉對 在辭房聞笛 人家近故也	–
19-060	戲題	–
19-061	二十三日 講不在其位不謀其政八字	1379년 8월 23일
19-062	書淸風太守吳思忠到界書目後	–
19-063	柳巷樓上與廉東亭飮 東亭取野鷄東海魚 而柳巷酒絶佳 近所未有 醉中又約同訪安簽書 明日 吟成一首	–
19-064	述懷	–

19-065	興國寺大街 宰樞諸君會坐䔀命 判三司公與僕言其所以蓋請上退乳母也	-
19-066	卽事	-
19-067	曉吟	-
19-068	醴泉府院君夫人蔡氏忌齋 廉侍中設行於水精寺 僕與廉相兄弟諸娚親登南峯 顧瞻山勢 但以烟靄 不辨城中萬屋 小晴則眞絶境也 隨山而下神孝寺 影殿在焉 下馬步數十步 出紅門跨馬 至橋邊別諸公 與東亭特過成均謁聖 坐明倫堂東夾室 學官三員諸生二員來謁 小歇而出至朴簽院門外 分馬而歸	1379년 8월 28일
19-069	普光社主文兄送青苧	-
19-070	龍頭大選以書來	-
19-071	承制外舅至 夫婦設酌	-
19-072	送朴甥讀書鄉寺	-
19-073	卽事	-
19-074	追記安東映湖樓夜飮	-
19-075	奉簡開天同甲	-
19-076	述懷	-
19-077	追記夏課堂舊游	-
19-078	奉謝法泉送新米	-
19-079	送門生尹商發赴官谷州	-
19-080	紅葉詩	-
19-081	廉東亭坐上 趙文昌極談先王眷憐之厚 有感而記之 重九日也	1379년 9월 9일
19-082	明日 聞韓柳巷數遣人候僕還家 蓋欲相携登高也 平時幅巾往來無有少阻 九日之會 胡爲而聯乎 吟成一首 錄呈座下以資一笑	1379년 9월 10일
19-083	柳巷携酒食來餉老夫云 今日出游籍田別墅	-
19-084	送克一上人省親益和縣	-
19-085	又賦	-
19-086	卽事	-
19-087	金漁友求銘 乃祖幽堂 因吟四首	-
19-088	夜詠	-
19-089	有懷柳巷	-
19-090	從李三宰索曲貼紙	-
19-091	曉起	-
19-092	藏經法席罷日	-
19-093	偶題	-
19-094	曉吟	-
19-095	偶題	-

작품 번호	제목	저작 시기
19-096	倩金沙釋印烏絲欄	-
19-097	待豐禪師	-
19-098	靜坐偶記九齋都會 刻燭賦詩 第其高下 激厲諸生 亦一勸學方便也 予年十六七 連歲在其中 初年得魁四五度 次年二十餘度 皆無全篇佳作 一二聯異於他作耳 其違律科外亦得一等 今思之可笑也 擊瓮圖詩曰 擊分深瓮水中天 便見兒童性命全 凜凜英姿如欲救 區區微物豈堪憐 金貂可竢鷹揚日 竹馬相隨犢走年 末句不記 松風一聯 虎嘯暗從明月起 龍吟高入白雲傳 所謂科外詩也 硯屛詩一聯云 曲圍曉榻千層嶺 倒瀉晴牕一掬泉 小池詩聯 天晴過鳥影 雨暗沸蛙聲 王昭君詩一聯 滿袖香餘宮裡錦 傾城色變筆端金 江漲絶句 李壯元資乙代予筆 江漲茫茫遠拍空 仰看星斗覺西東 南村走報苔磯沒 急喚家僮卷釣筒 此詩儘有閑適之趣 李公筆勢 今可想也 餘皆忘之矣 又於胡仲淵先生處學絶句 賦閑居詩云 籬落依依傍斷山 溪花半落鳥聲閑 幽人興味須天賦 明月清風不可刪 歲甲申朴恥菴 李月城同掌東堂試 乞罷詩賦用古賦策 予亦念詩風花雪月而已 文章豈止於此哉 於是止不爲 雖或吟哦 亦甚鮮也 僥倖以來 奔走職事 又不得專意於斯 病餘自悲 時發爲歌詩 或有求者 亦不固讓 遂致同輩譏笑以爲嗜詩 予非嗜詩者也 聊以舒吾懷耳 追錄少作數聯 以示子孫 因題一首	-
19-099	夢回月明滿牕 因吟一首	-
19-100	曉起堂背菊可愛 立賦一首	-
19-101	連日有微雪	-
19-102	詠盆松	-
19-103	詠盆菊	-
19-104	有感	-
19-105	妻兄萬戶室李氏夫人百齋 昨日雪 今日寒 不得出門 況山路耶 縮坐自悲 吟成一首	-
19-106	有感	-
19-107	卽事	-
19-108	遊山	-
19-109	分發請會議興國寺 無馬不能赴	-
19-110	卽事	-
19-111	偶記俚語	-
19-112	有懷幻菴	-
19-113	柳巷暫入城 來過陋巷 又云今日出游別墅 病僕無由 同往以寫鬱結 聊用前韻以自解耳	-

19-114	有懷	–
19-115	龍頭大選云往黃州新得寺	–
19-116	圓明寺以醴泉忌席至 有是作	–
19-117	昨謁天台懶殘子 几上有筆新舊五六枝 揀得善者二枝携以來 吟成一首錄呈	–
19-118	里正督修城丁夫	–
19-119	有感	–
19-120	晨興	–
19-121	獨酌	–
19-122	對菊有感	–
19-123	九月二十三日 玄陵忌旦 無從赴齋筵 獨坐有感	1379년 9월 23일
19-124	卽事	–
19-125	剛柔歌	–
19-126	古風 三首	–
19-127	夜吟	–
19-128	忌日不吟 今已棘口矣 援筆卽成	–
19-129	卽事	–
19-130	中童凌晨來	–
19-131	晴牕	–
19-132	徐開城穎辛巳同年進士也 今日來訪 喜之甚 吟成一首	–
19-133	安佐郎生子〈得壽〉	–
19-134	薦閔安仁改班	–
19-135	詠狂僧	–
19-136	遇興	–
19-137	倫絶礀來過	–
20-001	短歌行	–
20-002	九月晦日 携八句詩 訪籍田韓上黨別墅	1379년 9월 30일
20-003	途中	(1379년 9월 30일)
20-004	題上黨別墅	(1379년 9월 30일)
20-005	甑池峯頭小立	(1379년 9월 30일)
20-006	歸途 望天磨諸山	(1379년 9월 30일)
20-007	明日 題一首	1379년 10월 1일
20-008	又吟	–
20-009	冬初	–
20-010	蓮花池 孫氏所居	–
20-011	有感	–
20-012	久坐	–
20-013	晨興	–
20-014	趙鈞求爲膳官 又求免	–
20-015	紀事	–

작품 번호	제목	저작 시기
20-016	自詠	-
20-017	自詠	-
20-018	冬初稍寒 因憶山寺	-
20-019	曉霧	-
20-020	祖師宗派圖	-
20-021	日出	-
20-022	題烟蘿子圖	-
20-023	獨吟	-
20-024	宅主隨喜寶蓋而歸	-
20-025	夜雨大作 呼燈賦此	-
20-026	絶句	-
20-027	曉起	-
20-028	曉吟	-
20-029	江南進獻使李宰相加官 故有宰批 穡與韓簽書以玄陵碑故 皆復舊職 明當謝恩 有感發詠	-
20-030	自詠	-
20-031	肅拜	-
20-032	光岩途中	-
20-033	夜歸困臥 曉起 二首	-
20-034	具冠帶行禮合坐	-
20-035	是日 扈駕移御永安宮 故宰臣柳方啓舊宅	1379년 10월 6일 이후
20-036	至晩 太后謹妃移御	-
20-037	合坐寶源庫 庫故政丞韓公諱渥故宅 先王所嘗御 而穡初拜密直處也 今十七年矣 復來合坐於此 有感于懷 吟成一首	-
20-038	進賀禹政堂 方酌我 吳密直來 因飮數盃 旣醉 入謁禹四宰 辭酒索茶 及晩而歸	-
20-039	光岩歌	-
20-040	宰樞所考閱進獻馬	-
20-041	自詠	-
20-042	十月十三日 判密直裵公〈彦〉用半夜發程 宰樞將餞行 左侍中追不及獨回 穡於十川路上遇侍中 回至合坐所 吟成一首	1379년 10월 13일
20-043	宰樞設讌 稱觴上壽 賀新宮也	-
20-044	夜歸	-
20-045	合坐將散有雨	-
20-046	日晩 代裵公作	-
20-047	曉詠	-
20-048	十五日午後 日光穿漏 南窓明甚	1379년 10월 15일

20-049	無分發 獨坐詠懷	–
20-050	上色答書來	–
20-051	昨携酒謝魚判書兼煖房 其隣禹政堂又以法酒紫蟹來 飮於藥室 入夜而歸	–
20-052	明日晩歸 魚公携酒來餉 泥醉狂吟	–
20-053	迎賓館樓上 進獻使李評理以詩留別 宰樞次韻拜送	1379년 10월
20-054	判三司與諸將擊獸以助餞宴	–
20-055	睦二相與諸元帥發行 予以脚無力不能騎 闕於拜送 獨吟二首	1379년 10월
20-056	有感	–
20-057	卽事	–
20-058	曉吟	–
20-059	從東亭求梨	–
20-060	有感〈宰樞各出伴當一名助戰 僕無可出者〉	–
20-061	松山	–
20-062	東門合坐 餞曹五宰 權左使 相視檜岩山水	1379년 10월
20-063	代書奉答法來	–
20-064	檜岩	–
20-065	曉吟	–
20-066	謁廉侍中 因過東亭	–
20-067	無分發	–
20-068	遣興	–
20-069	曉吟	–
20-070	女眞千戶差官將謁合坐所 僕以身困先出 途中一首	–
20-071	韓簽書將行玄陵朔祭 來過陋巷	1379년 11월 1일
20-072	賜給田納玄陵願堂廣通普濟寺	–
20-073	曉吟	–
20-074	有感	–
20-075	李判事〈元弼〉商量公事	–
20-076	女眞千戶差來官進獻土物 上出御花園八角殿受其禮	–
20-077	昨承差 爲權左使洗塵 適司平巡衛府邀曺五宰及權公 大作樂設宴 馳使者邀僕 入夜甚懽 恐酒多逃出 逮曉猶醉吟成一首	–
20-078	合坐以酒困先出	–
20-079	合坐入奏請停冬至賀禮	–
20-080	朝退	–
20-081	獨坐	–
20-082	豆粥	–
20-083	與諸公携酒訪判三司 煖房也	–
20-084	是日有雨	–

작품 번호	제목	저작 시기
20-085	初七日 上幸新京 臣穡留司 以病不能望行色 俯伏吟哦 因成一首	1379년 11월 7일
20-086	是日正午 日光穿漏 西南始晴 行幸之際 鷹犬效才 天顔怡懌 蓋可想也 臣穡以病留司 又不能出門 獨坐有感	1379년 11월 7일
20-087	瑞谷吟	–
20-088	臣穡骨酸 艱於騎馬 伏想行幸將旋 無由迎謁道左 悵然吟成一首	–
20-089	至午雪作	–
20-090	腰酸縮座	–
20-091	天陰獨吟	–
20-092	省院 臺閣 誥院閱樂毬庭 承宣奉命後至 侍臣北面以迎 承宣欲其出幕外 侍臣曰 我輩亦奉命 理難出迎 於是承宣至有復命不入者 如金左使之爲承宣日是已 其後玄陵有旨宰相亦迎承宣 況侍臣乎 今吾兒種德忝命而去 未知今日又何如也	–
20-093	聞咸陽大姨夫閔判事家爲倭奴所劫	–
20-094	種學以侍臣具冠帶隨行閱樂	–
20-095	十二月十二日 上官 郎舍設酒食 微醺 入箚字房書奏狀 謝恩肅拜 退謁兩侍中又飮 大醉而歸	1379년 11월 12일
20-096	薦李伯由之父	–
20-097	浮階習儀 身困不能與	–
20-098	種學設小會日誥院酒食	–
20-099	自詠	–
20-100	浮堦賀禮	–
20-101	得法泉大師詩 有已去皆無益 將來亦可知之句 雖其自道 實獲我心 僕自登名于朝 僥倖至老 回示所爲 無絲毫上補國恩 一旦身先朝露 則其遺臭將如何哉 輒用其韻以述所懷〈宗林〉	–
20-102	大會日夜歸	1379년 11월15일
20-103	曉吟	–
20-104	曲城 漆原兩侍中訪西隣吉昌公 公使其外孫韓尙書招僕 僕方困不能赴	–
20-105	恭惟我太祖置八關兩會 未知所本 或曰 載於珠琳傳關八邪也 明日 雪 喜而有作	–
20-106	得寧越書	–
20-107	曉吟	–
20-108	法來回見訪	–
20-109	松葉	–
20-110	謁左侍中飮 次謁三宰 謝種學八關肉又飮 謁四宰 謝如前	–

	又飮 皆與韓簽書偕 將還也 簽書定親新宅 分轡而去 獨歸途中有詠	
20-111	無分發	-
20-112	偶題	-
20-113	雪	-
20-114	昨鄭判書達可 李正尹光輔 權判事希顔 李諫議子安 李三司浩然各携肉食來餉 熏然懽甚而去 夢餘明月滿窓 吟成一首	-
20-115	贈光輔	-
20-116	安簽書作同年會 僕與狀元易菴公 任右尹赴席 李知部不至 醉歸吟成二首	-
20-117	戱李知部	-
20-118	無分發	-
20-119	過庭馬至	-
20-120	文密直見訪 言忠定朝事	-
20-121	崔司公來賀復職〈名公哲〉	-
20-122	宗伯洪尙書見訪	-
20-123	尹判書虎 金理問久住携酒見訪	-
20-124	有感	-
20-125	合坐小酌 僕以病不敢飮	-
20-126	韓政堂以美食助種學詁院酒席 僕謝不卽謝 又蒙勸飮 固辭 啜茴香湯	-
20-127	月城君〈思道〉挽詞	-
20-128	卽事	-
20-129	左侍中請撰水陸齋疏語	-
20-130	昨夜庚申 熟睡達旦	-
20-131	奉寄韓弘同年戱作	-
20-132	謝寧海金三司兄送乾梨	-
20-133	謝任同年携酒見訪〈名希座〉	-
20-134	柳巷門生開酒席 賀公重拜簽書也 僕與廉東亭承招赴席 天台判事懶殘子亦被請而至 坐談妙蓮三藏時事亹亹不已 醉中聞之 樂其有舊俗遺風 旣醒錄之	-
20-135	無分發	-
20-136	有感〈時史翰議科目事〉	-
20-137	君子	-
20-138	奉懷江陵崔相國	-
20-139	卽事	-
20-140	合坐	-
20-141	吾友鄭可宗以內府副令召至 得三司祿牌 則封倉後故不得受祿 持牌求予語 因題小詩以與之	-

작품 번호	제목	저작 시기
20-142	雪	–
20-143	自詠	–
20-144	臘月初五日 忠穆王忌辰也 設齋龜山寺 宰樞入眞殿庭下肅拜而退 臣穡因有所感	1379년 12월 5일
20-145	無分發	–
20-146	自詠	–
20-147	韓柳巷臘享淸齋 僕以頻上馬未免染眼 不敢直造 聊呈拙作	–
21-001	驪興田	–
21-002	紀事	–
21-003	紀聞	–
21-004	自訟	–
21-005	十二月初八日 外姑之母判書尹公諱言孫之室 金學士諱周鼎之女之忌旦也 穡始贅花原之門 金氏猶無恙 一年而歿 其葬也 穡從衆子弟後 亦執事焉 實至正丙戌歲也 當是日 邀乞食僧 略設薦福齋 錄成一首 俾子孫無忘焉	1379년 12월 8일
21-006	侍中不出 不赴合坐所 謁李密直〈仁敏〉 李商議〈子松〉 皆不遇 入見王開城 有客不入 入東亭飮 回謁廣平侍中 又飮 微醉而歸	–
21-007	亂道有全卷不淨書者 已在舊藁中 無從再覽 忽於箱中得淨者數紙 考其次第 知其有漏網者果得之 於是有感焉	–
21-008	携酒訪庾權尙書於金判書宅 庾有詩 次韻	–
21-009	歸途	–
21-010	合坐拜飮宣賜酒	–
21-011	晨興有感	–
21-012	十二日 謹妃生辰 宰樞進手帕別膳 旣罷 與權左使奉教撰定府名 日晚未上	1379년 12월 12일
21-013	明日 又吟	1379년 12월 13일
21-014	自傷	–
21-015	乙巳門生來享 不可獨飮 邀同年順興君安公 鄰長韓簽書同席 壯元尹紹宗醉呈小詩 諸公皆見和 明日 讀之如夢中 和成一首	–
21-016	卽事	–
21-017	無分發	–
21-018	有求官者戲題	–
21-019	卽事	–
21-020	赴廉廷秀東床讌	–
21-021	妻弟判閣來寓弊止 韓簽書公以酒食相勞 僕亦與坐 微酣有作	–

21-022	龍頭書至 見種善所書大字一紙	–
21-023	朴尚眞來云 以病臥三月矣 今日始出	–
21-024	以折簡呈廣平侍中 爲妻弟判閣求官	1379년 12월
21-025	二子設酒食	–
21-026	寧海金副使兄之子系元來 得三司兄書及副使綿布之惠 因成一首	–
21-027	無分發	–
21-028	君子	–
21-029	卽事	–
21-030	得堂弟李友諒書及茶鍾一雙	–
21-031	有投三韓國大夫人洪氏索闕單目者 必誤也 不敢受	–
21-032	得金廉書	–
21-033	昨赴柳判書席上 蓋其子壻輩設燕 追慰其見謫而歸也 曉起吟得一首〈惠孫〉	–
21-034	曲城府梅花必開矣 未能進謁 自責	–
21-035	王輪歌	–
21-036	自詠	–
21-037	紀事	–
21-038	述懷	–
21-039	驅儺行〈聞之 敬書上送史官〉	–
21-040	終夜一篇 喜春近也	1379년 연말
21-041	有感	–
21-042	代李六宰〈茂方〉	1380년 2월
21-043	讀苦樂相倚曲	–
21-044	二月初九日 使來開讀册太后詔 頒降主上太尉宣命 仍賜鷹馬 臣穡以病不獲與於舞蹈之列 俯伏吟成一首	1380년 2월 9일
21-045	光巖有感 言志而已 非詠歌也	–
21-046	用前韻	–
21-047	三月初一日 陽坡先生忌旦 忘之闕助祭 因誌其過	1380년 3월 1일
21-048	有感	–
21-049	三月三日	1380년 3월 3일
21-050	絶句	–
21-051	夜雨	–
21-052	雨不止 端坐書懷	–
21-053	雨中有懷鄭圓齋〈公權〉	–
21-054	紀事	–
21-055	有感	–
21-056	狂吟	–
21-057	有懷東亭	–
21-058	自詠	–

작품 번호	제목	저작 시기
21-059	有感	-
21-060	得谷州山芥鹽菜 致謝	-
21-061	賀柳開城拜密直	-
21-062	賀安簽書新拜政堂 長子拜密直	-
21-063	偶題	-
21-064	朴昌齡歸覲寧海來告別	-
21-065	廉相菊坡以詩見贈	-
21-066	伏想南郊親幸大獵 臣穡吟成一首	-
21-067	有感	-
21-068	卽事	-
21-069	用書格 奉簡淸州牧使〈李士穎〉	-
21-070	有感	-
21-071	禹平章致事家居久矣 去冬 始得封君 予以病餘復任政堂 因過禹宅有詩曰 北崖深處禹平章 新得分茅荷寵光 入賀莫嗔遲太甚 我今依舊趁朝忙 今已半年矣 予又致事 未蒙爵命 與公無異 輒用前韻錄呈	-
21-072	梨花月	-
21-073	梨花下自詠	-
21-074	對花木發詠	-
21-075	敬奴來	-
21-076	梨花下又賦	-
21-077	病不出數日矣 邀上黨韓公登西峯賞花 旣至 又邀禮安君禹公同坐 旣而禹携我輩至其弟設酌 黙藁一聯曰 花開將爛熳 我老豈蕭條 獻酬談笑 未暇成篇 適有賓客携酒過陋巷 家僮走報 辭出馳歸又飮 大醉頹然達旦 足成一首 賓客者 版圖判書鄭達可 判閣李士渭 前左尹金九容 諫議李崇仁 司成崔彪及門生判事崔崇謙 大護軍廉廷秀也	-
21-078	自和	-
21-079	作書索茅 將圖婢僕避露濕也 有餘則益蓋虛廳 不止蔽日尤佳 然未可必 吟成一首	-
21-080	自詠	-
21-081	君子	-
21-082	卽事	-
21-083	寄吳同年奕臨	-
21-084	閱案上朋友往還簡書 得鄭同年圓齋所寄三月三日紀夢詩 始驗僕尙多忘失 自愧之餘 和成一首 錄呈圓齋座下 幸恕遲慢之罪	-
21-085	自詠	-

21-086	門生尹谷州〈商發〉送僧甘草 書曰辛甘草甚有理 因作一首 致謝	-
21-087	前內願堂雲龜谷在白蓮社 與普門社主 將重營黃岳山直指寺 書報老人 求緣化文	-
21-088	韓上黨游柳浦別墅	-
21-089	有感呈圓齋	-
21-090	又吟	-
21-091	又賦	-
21-092	寄東亭	-
21-093	晝坐	-
21-094	卽事	-
21-095	有感	-
21-096	用圓齋韻	-
21-097	圓齋又▨▨催釀載醪等語 起予者也	-
21-098	感春	1380년 3월
21-099	又吟	-
21-100	復作一篇 亦眞情也 非戲言也	-
21-101	奉謝李遁村送黑豆種	-
21-102	自敍 錄呈圓齋	-
21-103	又賦	-
21-104	卽事	-
21-105	自戲	-
21-106	戲圓齋	-
21-107	圓齋所唱風字韻七言古詩 和至十三首 圓齋之作又多 末篇有我師老行成之語 僕曰 可以止矣 近乎爭矣 讓君子道也 於是吟得絶句	-
21-108	卽事	-
21-109	偶吟	-
21-110	圓齋讚 用前韻	-
21-111	懶殘子携崔拙翁選東人詩 質問所疑 穡喜其志學也不衰 吟成一首	-
21-112	門前有一株柳 日繫馬傷其皮 蟲又入其腹久矣 春來與他柳無少異 黃嫩綠搖 甚可愛 一日有風不甚狂 暫觸之便仆 予始知傷之甚矣 人不能知 不少保護 故致如此 因念去歲風拔其根而幹不傷 故植之如前 蓋其全體完 而培之又密故也 今日之風 非有暴於前日也 而柳之厄滋甚 是雖一物 有其數在焉 種其枝凡六七 若其生則一柳分作六七矣 譬之人一身而子孫多 身雖亡其存者益多 更數世則不知其出於何人矣 此族譜之不可闕也 略書數句以志之	-

작품 번호	제목	저작 시기
21-113	前用留侯事讚圓齋 又用范蠡事自讚	-
21-114	僕旣兩讚 公示自嘲之作 不容默默 又用其韻 其題曰擬自嘲	-
21-115	近承佳作 唱和多矣 皆浮言戱語 不可示人 後二篇志於功名 自傷之甚也 嗟夫士生於世 功名而已乎 直述所懷 爲圓齋誦之	-
21-116	靑陽李三中見訪旣去 南陽洪亞相又來 病僕跫然是喜 況於高軒乎 錄之以爲閑居盛事	-
21-117	前篇意在興吾道大也不可必也 至於詩家 亦有正宗 故以少陵終焉 幸無忽	-
21-118	圓齋又以風字韻詩投僕 其序曰 詩酒敵也 公以詩誨僕 僕敢不對之以酒 予曰 酒吾所嗜也 雖欲閣吾筆 如以手障黃河 其勢不可止 順其流而導之而已 於是又作一篇	-
21-119	春晩	1380년 3월
21-120	柳密直獻壽高堂 僕承招 以病不赴	-
21-121	小雨	-
21-122	圓齋示酒頌 僕略述吾輩出處 歸飮中	-
21-123	天晴	-
21-124	有感	-
21-125	奉寄大姨夫閔判事	-
21-126	呈圓齋	-
21-127	得鄭驤同年書 賀僕重拜政堂 其御三司右尹也 喜其高而笑其不知吾之已還笏也 以絶句代書	-
21-128	送江陵盧使君〈承慶〉	-
21-129	送咸昌太守	-
21-130	自詠	-
21-131	又用前韻	-
21-132	開寧送月堂李太老以毛施木鞭見贈 以詩致謝	-
21-133	風雨有感	-
21-134	柳巷樓上	-
21-135	圓齋少年按行關東 奇觀絶景 拾之無遺餘 而其文疎蕩有神仙之風 浮屠之氣 皆關東之助也 今讀來詩 有從僕游觀之意 蓋其愛之也深 故發之於詠歌耳 又作一篇趣其行	-
21-136	監進色來請 至則李三宰 權商議又來 商議文字 以酒相獻酬 僕以病雖屢辭 亦醉歸而有作	-
21-137	偶題	-
21-138	卽事	1380년 3월
21-139	正夫朴先生至自密城 同里上黨韓先生具酒食勞之 予亦	-

	新寓里中者也 略以非禮參席 旣醉吟呈	
21-140	登松山見老松有感	–
21-141	坐寐	–
22-001	無可奈何歌	–
22-002	想寶德窟	–
22-003	偶吟	–
22-004	將游金剛山▨▨▨及寧海而行則不果 惘然有作	–
22-005	夏甲子雨	1380년 4월 4일
22-006	遣興	–
22-007	獨吟	–
22-008	三農	–
22-009	今庚申年東堂監試主司皆與僕親厚 知貢擧廉東亭從僕習擧業 且姻親也 同知貢擧朴密直先君門生 稱僕則曰宗伯 監試試員徐承旨同年之子 其習擧業也 亦以其所爲文求是正 吾老矣 病也久矣 獲覩盛事 自幸之甚 吟成一首	–
22-010	勤雨篇	–
22-011	有感	–
22-012	坐寐 李少尹來取尊公答書〈鞅〉	–
22-013	卽事	–
22-014	曉起	1380년 4월 8일
22-015	兩朝文學歌〈幷序〉	(1380년 4월 8일)
22-016	題慶尙道河按廉卷	(1380년 4월 8일)
22-017	紀事	(1380년 4월 8일)
22-018	有擧子以所課詩賦求斤正者 僕方腰痛 不能出見 使人取之 讀畢有作	(1380년 4월 8일)
22-019	詠鶴	(1380년 4월 8일)
22-020	客有談合浦萬戶府者 因有所感	1380년 4월 8일
22-021	昨夜 僕與韓柳巷陪吉昌君上西峯觀燈 歸而困臥逮曉 追錄所見 二首	1380년 4월 9일
22-022	卽事	–
22-023	喜雨篇	–
22-024	詠廳北梨樹	–
22-025	詠雨	–
22-026	紀婦夢	–
22-027	自寬	–
22-028	有懷幻菴	–
22-029	紀事	–
22-030	幽居	–
22-031	曉霧	–

작품 번호	제목	저작 시기
22-032	雜詠	-
22-033	一上人爲僕淨書 亂道間被選書大藏 追福玄陵也 僕欲請於提調諸公 得一上人 以畢吾藁 而旣自念曰 追福玄陵穡日夜望之者也 不能助之而反擾之 非穡之志也 書員出於各宗 一上人不出 則南山無人矣 書僕藁 雖勞而無所報 書大藏則國家必錄其功 此雖上人之所不以爲意 然在僕則亦不可徑情而直行也 於是 不敢發一言於提調所 但勖上人加工書大藏 以副國家追福玄陵之意 吟成一首以誌	-
22-034	漆原尹侍中在報法寺大作佛事 穡欲往觀 以病不果	-
22-035	卽事	-
22-036	柳南京來訪〈珣〉	-
22-037	敬童索飯	-
22-038	鐵原金同年送其子赴成均試 以書求僕薦於主司 有唐遺風 喜之甚 又悶其不達時變也 吟成一首	-
22-039	閔子復以本國名賢詩相示 將繼東人之文 喜之甚 因題一首	-
22-040	自慰	-
22-041	遊名山送老景 古之達士猶難之 況吾儕小人乎 綿蠻黃鳥止于丘隅 夫子釋之曰 可以人而不如鳥乎 吾今也欲遊金剛山 俯瞰東海而不之果 不如鳥也甚矣 功成名遂而身則不退 果得止其止乎 予之游山 非獨訪古迹開塵襟亦將以止吾止耳 東坡詩曰 願言畢婚嫁 携手游名山 此老猶待婚嫁之畢 非決然欲去者也 予志決矣 而低回如此 自悲之甚 嘯之爲歌 亦將自止於今所止耳 同志幸恕之	-
22-042	卽事 二首	-
22-043	子復又以詩集來 讀數首 目倦身疲 恐病作卽輟 且約子復選之 僕當再選 如此則僕可以無事矣 不然 選且不精病則或發 於吾將息之道 大戾矣	-
22-044	有感	-
22-045	卽事	-
22-046	郎舍上官 參謝宰執旣畢 因過陋巷	-
22-047	遣興	-
22-048	讀擧子詩賦有感	-
22-049	卽事	-
22-050	幽居	-
22-051	有感	-
22-052	述懷	-

22-053	承旨家上山	-
22-054	園中聽鳥語	-
22-055	昨夜月明 韓上黨邀僕登樓小酌	-
22-056	有感	-
22-057	卽事	-
22-058	聞曹溪宗開選佛試 得登階 寄判事大禪師	-
22-059	古風	-
22-060	有感	-
22-061	峨洋篇	-
22-062	坐睡	-
22-063	子復又讀數篇 僕困揖退 旣而有作	-
22-064	謝子復以法酒 乾石首魚見饋	-
22-065	卽事	-
22-066	對雨	-
22-067	得子復魚酒 因起驪江之興 作短歌	-
22-068	許迂軒題草溪客舍曲松曰 未脫名韁白髮翁 折腰非處爲時風 不關世事蒼髥叟 悅眼何人每鞠躬 敬次其韻 以明詩意	-
22-069	雨中鄭圓齋以詩見贈 次其韻 走筆	-
22-070	用前韻	-
22-071	夜雨	-
22-072	偶閱朝謝三重之銜 戲題	-
22-073	詩賦科興有感	-
22-074	浩歌	-
22-075	卽事	-
22-076	三重大匡歌	-
22-077	紀事	-
22-078	晨興	-
22-079	送柳密直出尹漢陽府	1380년 4월
22-080	因起三角山舊游之興	-
22-081	門生盤果閔子復同榜諸公 爲其恩門東亭 將設於宴廳 所以饗後門生也 問其詳於僕 僕所不知也 故不能參 以詩紀之	-
22-082	有感	-
22-083	自詠	-
22-084	爲自責	-
22-085	絶句	-
22-086	卽事	-
22-087	贈子復	-
22-088	夏日 坐讀李艾谷詩集 其孫慶尙道按廉使左尹復始辱書	-

작품 번호	제목	저작 시기
	惠 欣然題一首以寄	
22-089	憶金秘書祉	-
22-090	晨興	-
22-091	讀詩行	-
22-092	自笑	-
22-093	偶題 二首〈俗呼銅盆曰東海〉	-
22-094	同年李夢游見訪 談及洛城君金公先致園中牧丹已謝 芍藥盛開 自言日陪碁局 僕不覺動興 吟得三首錄呈	-
22-095	有感	-
22-096	晝坐 二首	-
22-097	聞鶯	-
22-098	人有自平州回者 聞州名有喜	-
22-099	湯有盤銘 太公衍之多矣 比之地名 蓋益切矣 因作一首	-
22-100	自責	-
22-101	自負	-
22-102	得西海金按廉蕁魚 代書致謝	-
22-103	漫成	-
22-104	昌和安政堂與宗孫雞林君携酒見訪云 酒禁限卄五日 是以來慰耳 予曰 政堂公兼大夫 此雖非臺家所奏 然其禁止必臺家所用心力也 禁止必嚴 故憐僕不得飮酒 雞林又愛我甚 故相與慰吾之窮耳 於是痛飮不少辭 醉題一首	1380년 4월 25일 이전
22-105	自和	-
22-106	洛城君走李同年夢游邀僕 旣至見花 吟成一首	-
22-107	寄龍頭大師	-
22-108	酒禁限卄五日 送酒如送人 分袂之際 一東一西 背之而走 雖其相逢有期 旦暮可待 然其懷抱之惡 不言可知也 牧翁貧甚 如人送人 徒以言贈 麴先生其恕之	1380년 4월 25일 이전
22-109	又賦	-
22-110	紀事	-
22-111	自戲	-
22-112	又吟	-
22-113	麴生前日發程 傾都出餞 日晩不能行 翌日追而送者尙多 予於麴生知雖不深 亦不可謂無意於斯人者也 以病閉門 竟不得望行色 吟成一首 異日麴生還朝 當爲誦之	1380년 4월 25일 이전
22-114	有感	-
22-115	蠶婦	-
22-116	樵童	-
22-117	農夫	-
22-118	漁者	-

22-119	淵明	–
22-120	自詠	–
22-121	驟雨	–
22-122	絶句	–
22-123	朗吟有懷李同年〈玖〉	–
22-124	白雲	–
22-125	閔子復送海菜	–
23-001	四月廿六日 西隣吉昌君會客 領門下曲城公 門下侍中漆原公居中面南 鄭雞林 老韓政堂在東面西 昌寧君成公 少政堂韓公在西面東 主人吉昌君在南面北 而穡忝坐於少韓之下 蓋序齒也 前開城尹權希文 前軍簿判書希天 前判事希顔三昆弟 主人公之姪也 上黨韓公孟雲 判事權顯 公之子壻也 執子弟禮 進退惟謹 而元老皆七旬以上 獨昌寧君六十三 少政堂五十六 而穡亦五十三 年最下 故內自幸焉 明日有雨 喜而歌之	1380년 4월 27일
23-002	有感 三首	–
23-003	遣興	–
23-004	悶悶	–
23-005	李商議〈成桂〉移病在暇 恐動勞 不卽問疾 今日欲往 使人候之 則上馬矣 喜躍之餘 自笑疏懶 吟成一首錄呈	–
23-006	爲同年朴判書 記其所居菊澗	–
23-007	養花員林茂來閱園中花木	–
23-008	世事	–
23-009	醉鄉	–
23-010	骨酸	–
23-011	有懷光巖	–
23-012	晨興	–
23-013	王風	–
23-014	有感	–
23-015	發嘆	–
23-016	昨遣家僮進李商議門屛 問公接客與否 將以進見也 閽者見其鄙甚 詒曰我公上馬矣 家僮走回相報 僕亦以爲實然 卽綴八句謝問疾之遲之罪 回曰 公未上馬 且慙且笑間 公以肉見饋 用前韻又賦一首	–
23-017	奉謝交州朴廉使〈宜中〉會長送乾腊 因求崖蜜野物之惠	–
23-018	疏雨	–
23-019	腰酸	–
23-020	朝來	–
23-021	歸依	–
23-022	成均試士	1380년 5월

작품 번호	제목	저작 시기
23-023	靜坐	-
23-024	紀事	-
23-025	解事漢	-
23-026	成均試日	1380년 5월
23-027	雨	-
23-028	聞閔驪江入城	-
23-029	端午 拜掃奠物 吾家承次謹備 閔兄適還京 與權判書同行 予以天陰骨酸不能與 坐題一篇 仍戒子孫云	1380년 5월 5일
23-030	有懷舊遊	1380년 5월 5일
23-031	有感	1380년 5월 5일
23-032	聞端午罷擊毬	1380년 5월 5일
23-033	絶句	-
23-034	端午日 宰樞觀擊毬 結棚臨廣陌 凡擊毬者 皆上所落點 非此莫敢與 是以宰相亦出擊 予與上黨君至市傍 遇新平君 登市樓共寓目焉 明日有雨 喜而歌之	1380년 5월 6일
23-035	又題	1380년 5월 6일
23-036	子復來 身困不能出應	1380년 5월 6일
23-037	初六日 戲題	1380년 5월 6일
23-038	有感	-
23-039	述懷	-
23-040	謝西海廉使送山藥崖蜜燈油	-
23-041	古意	-
23-042	五月初七日 徐承制考閱進士卷進呈 上出御便殿拆封 命內侍寫榜唱名 穡以困不能往觀盛事 吟成一首	1380년 5월 7일
23-043	喜晴	-
23-044	我昔	-
23-045	淸風	-
23-046	寄呈金司空〈續命〉	-
23-047	新及第進士參謝學官 謁文廟禮畢 爭出門 至有壯元方入殿上香 諸人皆走出 後出者宦不達 且早死故也 癸巳科僕忝狀頭 與諸公議曰 吾輩讀書 行己自有禮 聖人英靈如在頭上 敢蹈非禮乎 諸君皆曰然 惟命是聽 於是入殿庭一雙拜 僕上殿一雙拜 配位禮皆畢 徐下庭 東西行禮者皆至 於是又一雙拜 禮畢退 足跡相繼 不敢妄動一步出門上馬 徐驅至演福寺 序齒成禮 自是進士及第至謁文廟 必援癸巳年事 更相質約 甚者立券署名 以固其約久而漸復其初 觀者恨之 今新進士將行禮文廟 未知果如何也 情不能已 高吟成篇	-
23-048	宗孫中進士科進賀留詩	-

23-049	卽事	-
23-050	新蟹	-
23-051	有感	-
23-052	浮生	-
23-053	已矣	-
23-054	捕魚行	-
23-055	寇至	-
23-056	新進士三人來參 有公狀無冠帶而戎服 禮之僅存也 禮之大變也 蓋放榜明日 具冠帶備參狀肅拜 次參承宣重房次參省臺 次參成均館謁聖 凡三日而畢 服皀衫 分東西作二隊 謁文地諸君宰樞 是一定之規也 今者三人而止以三而分 可至三十餘隊 文地諸君宰樞豈能如是之多乎 分東西隊而至者止三人 則又何其輕蔑先進如是之甚乎 思之不得 所以吟成一首 以爲後科進士禮見先進之法 嗚呼 誰知予之望於吾儕之至情乎	-
23-057	五月十二日 早食時得點軍色公緘 云今月十日演福寺點軍 逆數三日 將責咎誰歟 國之大事如此 可乎哉	1380년 5월 12일
23-058	雨	1380년 5월 15일
23-059	華嚴惠砧大選 托種善求詩	-
23-060	卽事	-
23-061	自嘆	-
23-062	參差歌	-
23-063	寬懷	-
23-064	曉起	-
23-065	詠磨	-
23-066	詠碓	-
23-067	詠鼎	-
23-068	野花	-
23-069	爲金同年求得名紙 崔正言咸署其外封喜	-
23-070	點軍色貼左倉給諸君宰樞祿 前此所未聞也 故志之	-
23-071	僕臥病以來自念厚祿高官所致 於是乞致事 尋又封君 至于今受祿 欲辭之不受 又恐致人譏議 不敢開口 僶俛同衆久矣 庚申五月十三日 頒祿倉官 以點軍色貼給祿 故僕不得受 實合素心 詩以紀之	-
23-072	自嘆 四首	-
23-073	送家僮具軍器赴軍船	-
23-074	卽事	-
23-075	送家僮赴軍舡 因作短歌	-
23-076	雨中想棘闈	-
23-077	因有所感	-

작품 번호	제목	저작 시기
23-078	有懷李知部〈釋之〉	–
23-079	奉懷權商議〈仲和〉	–
23-080	坐嘆	–
23-081	欲如何行	–
23-082	海上	–
23-083	坐睡	–
23-084	書登科錄後	–
23-085	有感	–
23-086	閔判書夫人安氏挽詞	–
23-087	留金有暘	–
23-088	古風	–
23-089	有感	–
23-090	課童奴去庭草	–
23-091	初場放榜日	–
23-092	梔花	–
23-093	鋤草之際 蒼苔多被剷去 初不之知 應客出廳 見之傷心 作弔蒼苔一篇	–
23-094	卽事	–
23-095	晝日	–
23-096	早興	–
23-097	自嘲	–
23-098	自詠	–
23-099	中場日	–
23-100	戲題竹網帽子	–
23-101	僅	–
23-102	檜巖因有人至自彼作	–
23-103	中場放榜日曉吟	–
23-104	憶朱印成同年	–
23-105	江山	–
23-106	虛堂歌	–
23-107	有感	–
23-108	諸衛五員十將 諸君宰樞之品從 承都堂行下皆放還 吾家品從在沈令公舡 蒙其照顧 其言云	–
23-109	羅判書將刊其中順堂集於尙州 托書於僕 以求速成 甚矣其嗜詩而欲其傳於世也	–
23-110	初熱	1380년 5월 20일
23-111	知止堂歌〈幷序〉	–
23-112	卽事	–
23-113	想棘闈第三場	–

23-114	明日又吟	-
23-115	坐念金君弼同年當得何科	-
23-116	澣濯	-
23-117	我將	-
23-118	君子	-
23-119	兀坐	-
23-120	蛙鳴	-
23-121	老翁	-
23-122	述懷	-
23-123	風雨行	1380년 5월 22일
23-124	有感	-
23-125	擧子有廢業久而患其所作難中者 詩以記之	-
23-126	有感	-
23-127	雜興 三首	-
23-128	釋贊明歸全州	-
23-129	有感	-
24-001	短歌行	-
24-002	漫成	-
24-003	東堂放榜 以病不能往觀	-
24-004	自詠	-
24-005	賀權執經登第	-
24-006	甲申進士丘思平 予少也從之游 乖離已久 不知存亡久矣 尙州同年金直之言 丘公在善州支縣▨▨▨華谷 治居第甚整 置書齋 授徒三十餘人 饗賓客甚豐 金公又言其貌甚壯 且能飮啖 又言言及於僕 吟成一首 附金同年寄呈 幸笑覽	-
24-007	奉呈六益亭	-
24-008	至正癸巳四月 益齋先生 陽坡先生典貢擧 無燕會 僕與同年成行 罷則休于家 甚蕭索也 歲乙未 南村李政丞 星洞安政堂典貢擧 時李公之姑 奇后母也 因獻壽觴 故兩學士皆設燕 然比舊減十之七八 丁酉科 李樵隱 金思亭典貢擧 李略設 金亦如之 但日數多耳 庚子科 金四宰韓商議典貢擧 粗有前規 壬寅歲 駕在淸州 洪陽坡 柳商議典貢擧 如癸巳 歲乙巳 李樵隱再知貢擧 穡副之 歲己酉 又如之 歲辛亥 穡知貢擧 田政堂副之 歲甲寅 李評理 廉政堂典貢擧 皆不設宴 今上卽位 言者歸咎陽坡 復設宴享 今數科矣 糜費不爲少 言者又非之 請如己酉科 旣而又以今庚申年主司 皆有親在堂 當獻壽 於是成均試員徐承旨 以父母在鄕里 故請如癸巳 而廉公朴公皆侍親側 依舊規設禮宴 僕於廉公爲姻親 於朴公	-

작품 번호	제목	저작 시기
	爲宗伯 法當與席 坐念身與斯會 唯乙未安政堂一席而已 今又數夜骨酸睡不着 難於具冠帶 起居尊長之前 吟成一篇 拜呈東亭座下 幸電覽	
24-009	奉呈曲城大人座下	–
24-010	有感	–
24-011	獻壽	–
24-012	卽事	–
24-013	卽事	–
24-014	謹成古律二篇 奉呈朴學士座下 前篇追述錫姓之由 後篇略陳先君丁亥得人之盛 中皆言今日榮之▨謝 僕以病不能赴招也 幸▨覽	–
24-015	曉吟	–
24-016	有感	–
24-017	自詠	–
24-018	因梁甸 奉寄安邊張子溫令公	–
24-019	紀事	–
24-020	謝李先生惠靴材	–
24-021	東亭携盛饌見訪 詩以致謝	–
24-022	對客問	–
24-023	用諸賢韻 賀李亞元 次寄乃翁 遁村 次述懷 凡三首	–
24-024	獨坐	–
24-025	密城朴彦珍 辛巳同年 不見十餘年 今日投刺 觀其銜 書雲正也 視其貌 雖黑而壯甚 又言梁同年世臣老不能出門 然尙平安 喜之甚 幷志之	–
24-026	自嘆	–
24-027	覓紙作省郎書求出謝	–
24-028	泄痢求理中散	–
24-029	昨赴東亭招 夜半扶輿而歸 逮曉蘧然而覺 吟成一首	–
24-030	豆粥	–
24-031	得交州廉使朴會長崖蜜五味子 詩以致謝 走筆	–
24-032	曉吟	–
24-033	跋愚谷 益齋諸先生贈洪進士敏求歸養詩	–
24-034	晨興	–
24-035	兪邁得罪於其座主光陽君 無所告處 來言於僕 觀其意 欲僕求解於其座主也 然門生之於座主猶子之於父也 子得罪於父 豈有托旁人以求解者乎 但朝夕求哀 以俟其一旦慈愛之心之發耳 予領成均時 邁爲諸生 故不忍自外 忠告如此	–
24-036	山中吟	–

24-037	六月十日 拙翁忌旦 其壻權判書齋僧 鄕俗也 僕略以助儀與席 歸而志之	1380년 6월 10일
24-038	懷古	–
24-039	卽事	–
24-040	朴七宰普老之子大都求誌其父幽堂	–
24-041	絶句	–
24-042	僧有辦來壬戌歲灌足寺彌勒石像龍華會者 求緣化文 旣筆以與之 因記舊日陪慈堂自鎭浦浮舟而上 獲與是寺法會 癸卯冬 降香作法 皆如夢中 作短歌以記之	–
24-043	朴學士特過陋巷 邀明日之會而去	–
24-044	流頭已近	1380년 6월 15일 이전
24-045	卽事	–
24-046	採蓮曲 奉寄舅氏	–
24-047	代書寄呈金左尹兄	–
24-048	智異山多仙人釋子 短律寄懷	–
24-049	逑懷	–
24-050	偶題	–
24-051	朴學士席上	–
24-052	昨赴朴學士席 夜半醉歸 日午始起	–
24-053	六月十五日 鄕人就東流水頭作會 名曰流頭日 少之時 相邀者多 至有難於去就之日 中年官高 非大官舊故則不出 自病以來 身雖稍健 無相邀者 獨坐發詠	1380년 6월 15일
24-054	奉答裵安東到界狀 戱之也	–
24-055	有感	–
24-056	詠流頭會	–
24-057	得西海按廉金震陽書 云送乾鹿 然鹽州鮒魚又所欲者 因賦一首以寄	–
24-058	得韓左尹同年書 詩以答之	–
24-059	普德窟僧求坐禪供養緣化文	–
24-060	新樓上	–
24-061	遣興	–
24-062	園中有梨樹 六月熟 撼之則墜 以其體小故不傷 甚酸甘有味 吟成一首	–
24-063	送梨至恩門 宅夫人出別墅 詩以記之	–
24-064	對氷高詠	–
24-065	槐花	–
24-066	曉雨	–
24-067	有懷金敬之	–
24-068	芹暄歌	–
24-069	晝坐	–

작품 번호	제목	저작 시기
24-070	山蜂	–
24-071	有感	–
24-072	赤提村農奴來	–
24-073	昨分發錄事來言 明日宰樞合坐于南山巖房寺 晨興身困 難於隨行 修狀謝不赴 因吟一首	–
24-074	雨	–
24-075	聞種善讀書聲	–
24-076	偶題	–
24-077	有感	–
24-078	書通度舍利記後	1380년 6월 21일
24-079	自賦	–
24-080	聞蟬	–
24-081	書詠	–
24-082	有感	–
24-083	謹妃移御之日未明時 吟得短律	–
24-084	昨至宮前 將隨諸君肅拜 有旨權停不受禮 歸而困臥	–
24-085	立秋後雨	–
24-086	望雲歌	–
24-087	日出	–
24-088	送李進士歸覲水原	–
24-089	讀歸去來辭	–
24-090	賦藍花	–
24-091	尙州安兵馬使以瓷盤五鍾十見惠	–
24-092	前月立秋 故七月初一日稍涼甚	1380년 7월 1일
24-093	啖來禽	–
24-094	早興	–
24-095	送龍頭 與李狀元〈文和〉偕行	–
24-096	在燕都國子監 於街南賃屋一間 極熱 以瓦盆盛氷 濯手灌面 有詩結句云 惆悵江湖釣竿手 瓦盆終日弄淸波 今病餘身困 不耐寒暑 今年秋初尤熱 使小婢新汲井水 洒於扇面以搖 其風倍涼 如雨之落也 肌骨爽然 比之弄波又遠甚矣 淸泉白石 眞境不爲少 少也老也 皆托興而已 豈不悲哉 異日造物者 當何以▨我也 吟成三首	–
24-097	初六日 穡與韓淸城 廉東亭同遊九齋 又邀李▨▨ 鄭簽書 其從者豚犬種學 門生劉敬 而韓探花郞 李校勘 則隨淸城者也 於安心精舍刻燭賦詩 故其題曰游安心精舍 又一題曰槐 旣放榜 敎官以酒食見餉 醉飽而歸	1380년 7월 6일
24-098	七月初七日 主上殿下誕日也 曲城府院君爲首 諸君進手帕 穡從其後 行禮拜 飮宣賜酒 趨出 與李判開城 廉蓬	1380년 7월 7일

	城 韓淸城同至廣濟寺池邊任中郞家賞花 開者一未拆者二三而止 中郞云尙未也 今月望後當盡開 於是更約後會而歸 吳六和判書設食	
24-099	李齋亭先生以賀誕日入京 明日 與廉東亭 韓柳巷 各携酒果邀至李開城宅 開城具盛饌 侑以歌者奚琴 適洪二相又以酒果來 極懽而罷 明日錄之	–
24-100	謝西京張相送脯	–
24-101	七月初九日 天明有微雨 稍涼身健	1380년 7월 9일
24-102	題陽村卷	–
24-103	雨	–
24-104	君子	–
24-105	走筆謝鄭令公甘瓜之惠	–
24-106	寄普光兄	–
24-107	曉吟	–
24-108	西菰	–
24-109	豆粥	–
24-110	無題	–
24-111	辛亥會試門生吳毅來云 由糾正出判羅州牧 今爲張西京幕下僚佐 以事請假而來玆 又旋歸西京 呼酒欲餞之 會家中無酒 旣送吟成一首	–
24-112	題平源卷	–
24-113	朝吟	–
24-114	午詠	–
24-115	晩步	–
24-116	朝雨	–
24-117	七月十五日	1380년 7월 15일
24-118	早興	–
24-119	有感	–
24-120	謝慈恩宗師法泉長老以滿花方席見遺	–
24-121	小雨	–
24-122	鷄鳴	–
24-123	盥櫛	–
24-124	嫩涼	–
24-125	原州釋敬田中天台選 歸其鄕 求詩	–
24-126	昨詔使入城 僕方臥病 未知其何事也 因題一首	–
24-127	卽事	–
24-128	卽事	–
24-129	自嘆	–
24-130	謝任同年送新米	–
24-131	謝南京令公送新米	–

작품 번호	제목	저작 시기
24-132	聞倭人寇木州	-
24-133	吉昌君治道 使蒼頭往助之	-
24-134	我生	-
24-135	出訪禹平章 因過朴判書 微醉而歸	-
24-136	權判書在軍前 未知何日歸	-
24-137	山中葡萄熟 樵者摘以來	-
24-138	我昔	-
24-139	卽事	-
25-001	風雨發嘆	-
25-002	告風伯一章	-
25-003	嘗新栗	-
25-004	述老農語	-
25-005	詠梨樹	-
25-006	北使	1380년 7월
25-007	秋暑	-
25-008	秋風	-
25-009	有感	-
25-010	七月二十七日 契內諸兄相約同訪光巖堂頭幻菴公 諸公皆事牽 獨李右尹舒原偕僕 閔子復與種學隨至 而李又以事晩入城 老夫留一宿 坐到晨鍾 小歇而興 監役密山君朴公請予讚幻菴畫像 歸途發詠	1380년 7월 27일
25-011	歸家困臥	-
25-012	二十九日 益齋侍中忌旦也 與同年鄭簽書公赴圓明齋席 宋同年又在子壻之列 雖與於座不可以同年目之 則門生二人耳 然鄭公位樞密 僕忝省宰封君 則雖多奚益哉 獨恨庸夫商議有故不來耳	1380년 7월 29일
25-013	歷科壯元作讌曰龍頭會 凡於迎餞慶慰無不如禮 僕之僥倖也 常軒先生無恙數年 然未嘗一會 至廉東亭始辨一席 然東亭主文之後 其座主宋先生密直召至 東亭獻壽觴 以龍頭會爲名 其實榮親之例耳 今純仲會長東亭之前門生也 其還鄕也 僕與東亭及鄭判書 尹副令 鄭正言各以酒果會餞于成會長 乃尊之第一 獻一酬而罷 其風流閑雅 亦足爲一時盛事 吾病也久矣而獲與斯會 豈非天乎 旣歸便睡 明日吟成一首 錄呈諸會長座下	-
25-014	聞倭寇在錦州	1380년 7월
25-015	絶句	-
25-016	八月初二日 親幸觀稼 臣穡瞻望不及 吟成一首	1380년 8월 2일
25-017	晨興 天氣稍涼 忽起關東之興	-
25-018	奉題雙淸亭	-

25-019	昨與柳巷孟雲先生陪曲城府院君 吉昌君詣大內 內官金實傳內旨賜酒 侍中尹漆原與諸宰樞又請曲城 吉昌至合坐所 僕與孟雲隨之 既至 又小酌 既俱至移御所 勞修理官 又至旻天觀 正殿蓋瓦將畢矣 勞其監役官而各散 政堂安先生邀僕及孟雲先生 至其第 坐林亭 具酒食笑語竟日 於是主人請名其亭 予不敢辭 遂取杜工部心迹雙清之句 以塞其請 明日 既作雙清亭詩 又用其韻追記前日之事	-
25-020	代書謝李遁村送新米	-
25-021	與韓上黨同訪尹密直 醉歸有詠	-
25-022	曉起 聞今日駕回 喜而有作	-
25-023	伏聞上入御新宮 喜躍有作	-
25-024	明日 聞入御新宮 卽命駕還御時坐所	-
25-025	晨興	-
25-026	卽事	-
25-027	曉吟	-
25-028	謝同年郭判書携酒見訪	-
25-029	寄呈閔兄	-
25-030	曉霧	-
25-031	秋興	-
25-032	有感	-
25-033	曉霧	-
25-034	有感 一首 示伯至廉使	-
25-035	晨興	-
25-036	謝張西京送乾魚 走筆	-
25-037	午飧	-
25-038	聞官軍得倭舡	-
25-039	宰樞率百官肅拜 賀世子生也 既退而諸君肅拜 會府院君皆不至 穡以三重故 不獲讓 立於行頭 禮畢還家 愧汗未已 吟成一首	1380년 8월 7일 이후
25-040	微雨	-
25-041	十五日	1380년 8월 15일
25-042	中秋日陰雨 欲祈晴則恐天自晴 天若欲雨 禱又未必應 於是不知所爲 歸於順受而已	1380년 8월 15일
25-043	自感	-
25-044	午後天果晴 喜之甚 將謁霽亭同賞月 用前韻	-
25-045	奉謝慶尙廉使送銀魚	-
25-046	昨索酒欲謁霽亭先生 遣人候之 則拜冢未回 至夜天又陰 興盡坐寐 既覺 明月滿窓 欲出則犯夜 又恐先生被請他出 或子壻燕集後堂難容外客 於是就寐 及旦取曆觀之	1380년 8월 16일

작품 번호	제목	저작 시기
	則十六日之下 註曰望 又喜之甚 昨日之不幸天也 月必望而圓 圓則明之至 欣然志之	
25-047	是日 李判事子送霽亭于門外 因來陋巷 於是自嘆相違之甚 吟得一首	1380년 8월 16일
25-048	送孟畇讀書海安寺 用眞觀送長孫孟畯讀書詩韻	-
25-049	昨觀祐世君瑜伽道場 歸而志之	-
25-050	浮生	-
25-051	送伯至廉使	-
25-052	無馬不出	-
25-053	閔子復來言 已得廟學碑石將置館中 予曰 朝廷右文之美如此 斯文其興乎 吟爲一首 八月十九日也	1380년 8월 19일
25-054	兒戲	-
25-055	思歸	-
25-056	聞羅沈崔三元帥舟師回 病不能郊迓	1380년 8월
25-057	秋日	1380년 가을
25-058	哭易菴成壯元	1380년 8월
25-059	哭孫密陽君	-
25-060	有感	-
25-061	君子	-
25-062	浮雲	-
25-063	流言	-
25-064	聞諸將入城 病不能卽進致賀	-
25-065	獨吟	-
25-066	歷謁三元師賀立功 歸而獨詠	-
25-067	有感	-
25-068	判三司事領諸元師追倭賊 將啓行 僕以病難於騎馬 悃然吟成一首	-
25-069	致齋	-
25-070	齋心	-
25-071	李光輔判事索梨	-
25-072	遣懷	-
25-073	竊聞有旨留判三司事 而李商議 邊四宰 諸元師啓行 穡病作 未果拜送 悵然用前韻	1380년 8월
25-074	行三軍歌	-
25-075	自詠	-
25-076	伏蒙頒賜馬匹	-
25-077	知申事傳旨 命臣穡撰進泮宮修造碑	1380년 8월 27일
25-078	明日 進紫門謝恩肅拜 歸而自詠	1380년 8월 28일
25-079	紀聞	1380년 8월 28일

25-080	醴泉君夫人蔡氏忌旦 柳承制夫人設齋于水精寺 僕往參焉 旣罷 入成均館謁聖 一黑笠在 不問姓名 觀碑石 無龜趺 訪金敬之湯飮 子明善奉盌 謁權庸夫商議 朴判書元祥隨至 廉廷秀從僕者也 於是小酌水飯 醉飽而歸 朴公好神仙之術云	1380년 8월 28일
25-081	演雅	-
25-082	有感	-
25-083	奉題玄陵親筆坡平君尹侅眞	-
25-084	奉題玄陵親筆賜尹密直虎秋山圖	-
25-085	上黨樓上設酒食 金敬之適至	-
25-086	卽事	-
25-087	早興 聞宰樞所會議諸君 西隣吉昌君邀同往 不知議何事 吟成一首	-
25-088	旣至宰樞所 諸君皆不至 判門下曲城府院君以下諸位皆在 所欲議者進獻事也 進各司長官諭其意 使與左貳擬議呈來 於是略設堂食 不問所議如何 微醉而歸	-
25-089	吳六和判書請僕名其子 大作會 林五宰在座又請改子名 予日 俟至令第方可 明日 吟成一首	-
25-090	庸夫將扁其室 問名於予 予曰 先生居城東 庭院幽邃 丘壑可愛 請以東皐塞責如何 庸夫曰可矣 於是詩以誌之	-
25-091	寄甫城李子修判事大藏 緣化比丘請也	-
25-092	有感	-
25-093	晨興開窓 見屋上霜	-
25-094	有感	-
25-095	塗堅翼廊	-
25-096	重九已近	1380년 9월 9일 이전
25-097	同韓柳巷訪仝敬先判事 醉題	-
25-098	得門生平章安集池鱗起書云送乾獐 因索崖蜜	-
25-099	曉雨 恐負登高之興	1380년 9월 8일
25-100	喜晴	-
25-101	九日 無相邀者 走家僮問西隣柳巷公 亦曰無所適 於是戲作一首錄呈	1380년 9월 9일
25-102	伏蒙重房諸將送報恩寺祖眞殿醮酒兩甁 視其外曰奉常大夫親禦軍護軍申夏謹封 臣穡如在殿庭飮福 慶幸之至 吟成一首	-
25-103	韓柳巷與其弟判書公携酒見過 於是登東山欲坐 謂其尙低出園墻 至故萬戶朴公園 有小丘 天磨諸山 鵠峯 龍岫四顧周帀 南至三角 實勝地也 欲坐 又念山下閭里皆得仰瞻 據亢心所不安 於是依丘南直吉昌園之北 柳宰相故宅之東 陽坡之東北 吾園之西北 席地而坐 柳巷賢	1380년 9월 10일

작품 번호	제목	저작 시기
	嗣佐郞及吾豚犬種德 種學 種善皆在 迭起行酒 兩翁盤脚長嘯 月中相送 明日 吟成二首	
25-104	十日菊	1380년 9월 10일
25-105	爲光陽君李先生記溪堂	-
25-106	進漆原府 謝高軒過 小酌夜歸	-
25-107	曉吟	-
25-108	述懷	-
25-109	老年	-
25-110	有感	-
25-111	朝日照南窓	-
25-112	謁西隣吉昌公小酌 歸而高詠	-
25-113	詠罷蒙送梨	-
25-114	題權少尹廬墓詩卷	-
25-115	曉霧前篇	-
25-116	曉霧後篇	-
25-117	淸曉對菊	-
25-118	微雨	-
26-001	九月十五日 坐念秋一也 七月猶熱 九月已寒 八月秋之中 故其氣涼 涼於人最宜 此中秋之月獨爲古今人所賞也 今夜月雖明 誰復招呼燕集也哉 中乎在天者如此 盍觀乎在人者乎	1380년 9월 15일
26-002	同安政堂 韓簽書訪藥院龜谷大禪師 歸途謁慈恩祐世君 至十字街 分馬而歸	-
26-003	閔子復 閔由義 閔進士三昆季以酒食來餉 適廉東亭至 喜之甚 乃邀韓柳巷同席	-
26-004	門生劉敬回自鐵原	-
26-005	懷歸	-
26-006	掃葉	-
26-007	有感	-
26-008	絶句	-
26-009	龍辔	-
26-010	自詠	-
26-011	松風軒詩 絶磵特來索賦	-
26-012	有何不可篇	-
26-013	聞蟬	-
26-014	賦粘黍飯	-
26-015	秋雲	-
26-016	秋雨	-
26-017	有感	-

26-018	絶句	-
26-019	醴泉府院君忌旦 壻廉侍中設齋水精寺 穡長子 花原君女壻侍坐堂上 公指觀音像曰 此吾外姑蔡夫人因季子死捨財而成者也 所謂季子卽吾外舅之弟也 死於燕都無子	1380년 9월 20일
26-020	入成均館 將謁聖 廉東亭隨至 於是偕行禮趨出	-
26-021	晩承曲城招云明日陪西隣吉昌君來 喜而志之	-
26-022	早起	-
26-023	陪吉昌君至曲城府 韓政堂 尹密直亦至 坐談少日上都大都行樂甚詳 設盛饌而不多酌 甚便於病骨 歸而有詠	-
26-024	九月二十二日 葬我進士壯元成易菴于城南 予以病餘怕風寒 不能與於執紼之列 自傷衰甚 吟成一首	1380년 9월 22일
26-025	門生鄭達蒙以事至合坐所 見持捷書者來云 諸元帥圍倭賊於雲峯旦月驛之野盡殲之 喜而來報 予躍然曰 宗社威靈 吾王之德 吾相之功如此 殘生可保無事矣 嗚呼天道不僭 昭然可見 爲善可不彊乎	1380년 9월
26-026	進紫門 遇鄭令公暉 韓政堂父子皆欲還 予曰 見入直官員然後退家如何 於是再入則李那▨出傳受肅拜賜巵酒若曰 海寇之如此卿等老人之德也 趨出歷謁領三司曲城君 侍中漆原君 守侍中廣平君 判三司鐵原君賀平賊至晩乃歸	-
26-027	卄三日 玄陵上賓之日也 臣穡無分發 末由陪位助祭 惘然吟成一首	1380년 9월 23일
26-028	聞清州慶侍中仙去 悲悼之至 長言拜哭	-
26-029	有感	-
26-030	示子孫一篇	-
26-031	短歌行	-
26-032	代菊語	-
26-033	對菊	-
26-034	奉送尹密直赴雞林	-
26-035	卄五日 入聖居山 明日 設齋薦先妣 回至山臺巖 韓柳巷設食以迓 門生崔通憲亦在 晩而還家 雖遇勝景不敢吟哦 困而就寢頽然達旦 則所謂勝景十忘七八矣 恐遂遺佚 追賦數首 卄七日也[5]	1380년 9월 27일

5 〈26-035〉「卄五日 入聖居山… 追賦數首 卄七日也」는 이색이 1380년(우왕 6) 9월 25일, 26일 이틀 동안 성거산 산대암에 다녀와서 9월 27일에 지은 것으로, '數首'라고만 되어 있어 어떤 작품까지 이 시에 포함되는지가 분명치 않다. 임정기는 「入山」과 「出山」 2편만을 이 시에 포함시켰고(한국고전번역원, 한국고전종합DB/고전번역총서/목은집/목은시고 제26권), 여운필 등은 그다음의 「途中」과 「山臺巖」까지 4편을 포함시켰는데(『역주 목은시고』 9, 月印, 2005, 398-407쪽), 山臺巖이 聖居山行의 일정에 들어 있었으므로 「山臺巖」까지 포함시키는 것이 옳다고 판단했다.

작품 번호	제목	저작 시기
-01	入山	
-02	出山	
-03	途中	
-04	山臺巖	
26-036	野情	–
26-037	卽事	–
26-038	晨興	–
26-039	淡淡	–
26-040	大司徒熙菴公繼三藏住黑塔高麗僧院 天子北狩 中原兵入城 脫走東歸 玄陵請齋內庭 追念其師順菴公 從容者久之 今上命判天台宗事 旣而爲人所陷 入山中數年矣 蒙恩還京 來訪病夫 喜相逢 吟短律	–
26-041	奈何	–
26-042	將謁熙菴大司徒 出柳洞入水金巷口 而馳過崇教寺踰西嶺 故判事金師道故宅爲丘墟 又踰西嶺則松林寺在焉 入拜舍利 下山則唐寺泉洞也 又上西嶺而下長大泉洞 出大街 回視省門 鞍馬盛集 蓋都堂餞金陵計稟使 且爲捕倭軍船諸將飮至也 至佛恩寺參見司徒 坐談間 韓柳巷又至 夕飯 回訪李判事誠中 張判事輔之 皆不遇 韓公昏定而去 獨訪李同年玖 踰穿峴而歸	–
26-043	南窓	1380년 늦가을
26-044	哭宋同年夫人李氏	–
26-045	醴泉君子▨醵餞庸夫四宰金陵之行 以僕貧不令出錢 又謂僕於庸夫爲同年壯元 特令侑坐 曲城府院君邀廣平侍中同席 夜將半 兩侍中出矣 僕少留 促坐歡甚 二子見僕泥醉 扶以出 日高而起 錄爲歌章 呈四宰令邸下幸一笑	–
26-046	日西	–
26-047	病餘	–
26-048	自詠	–
26-049	大司徒趙公見和 復用前韻	–
26-050	對雨	–
26-051	進無門侍者言 吾師幻菴公今在原州瑞谷寺之洞白雲菴 走筆附呈〈無門名禧進〉	–
26-052	追記柳巷樓上	–
26-053	冬初	1380년 10월
26-054	聞李商議 邊四宰與諸元帥凱旋 病不能郊迓 吟成一首	1380년 10월
26-055	南窓	–
26-056	尹壯元來 面有酒色 坐而瞌睡 眞率可愛 然於事長之禮稍	–

	失之 故錄爲短歌 親之也 不屑之敎也〈紹宗〉	
26-057	北風	–
26-058	天晴	–
26-059	松山	–
26-060	松下飮福	–
26-061	又詠	–
26-062	卽事	–
26-063	雨不止 坐念諸元帥行李艱苦	–
26-064	冬雨	–
26-065	夜聞風聲有作 曉起錄之	–
26-066	贈偰寺丞〈慶壽〉	–
26-067	有感	–
26-068	述懷	
26-069	謝祐世君送炭〈宗林〉	–
26-070	信無及以病寓於奉先寺消災殿 予往問焉則病愈矣 殿東小室二間疏壁 三面受風稍冷 不宜冬居 益塗其壁 厚以禦寒猶可也 無及曰將入山中過冬 歸而誌之	–
26-071	訪李密直不遇	–
26-072	謝慶尙按廉全摠郞生鮑 紅柿之惠	–
26-073	同韓柳巷訪李開城 過松峯之南 訪洪二相 皆不遇 特勞金令公召還小酌 就訪鄭南▨ 又不遇 入普濟謁懶殘子飮茶 韓公昏定而去 獨歸 一首	–
26-074	紅柿子歌	–
26-075	朝吟	–
26-076	君子	–
26-077	紙浦崔洪副正求收司書	–
26-078	幽居	–
26-079	昨與同年鄭簽書 朴判書 李判事各携酒果餞庸夫四宰江南之行 唯宋判事以妻喪不至 則居京者六人耳 自癸巳至今二十八年矣 散而之四方 不幸而入九京 念之傷心 庸夫當國家危疑之際 被選入見天子 風彩傾一時 而吾四人者皆居散地 蕭索之甚 然談笑雍容 雖盛饌華筵張樂獻酬 無以過之 微醉而出 乘月而歸	–
26-080	又賦	–
26-081	黃埃	–
26-082	諸將入城	–
26-083	雀噪	–
26-084	風雨聲一篇 思歸也	–
26-085	晨興	–
26-086	諸元帥入城矣 予以天陰病作 不能進謁	–

작품 번호	제목	저작 시기
26-087	聞兒子輩餞閔中理金陵書狀之行	-
26-088	山中謠	-
26-089	海東	-
26-090	昨訪李商議設酌 以病力辭 次至邊四宰宅 會有客已過三爵 李鼈城 廉瑞城繼至 至晚客去 主人又邀僕等入翌廊張燈燭 夜將半逃出 明日 吟成一首	-
26-091	天陰	-
26-092	天晴	-
26-093	又	-
26-094	燈檠歌	-
26-095	今日天又陰	-
26-096	高吟	-
26-097	十七日 監進色以呈省事請坐 然其間尙有咨決都堂 然後可以措辭者條具以呈 三色設點心 又蒙宣醞 微醉而歸	1380년 10월 17일
26-098	曉雨	-
26-099	小童	-
26-100	卽事	-
26-101	閔驪江因其子有金陵之行與室來京 宅主往見之 略設菲食 僕以骨酸不得往 吟三首 寄呈座下	-
26-102	雨中有懷柳巷	-
26-103	自詠	-
26-104	八月十七日知申事李存性傳王旨撰進泮宮修造碑文 臣竊念先王盛德興學校 今上遹追先志 甚盛擧也 然興學校在於敎養 今也生徒散而學官罕至 殆爲茂草 臣欲措辭 未得其要 因循至今 不能緘默 吟成一首	-
26-105	無悶	-
26-106	賜田乞免官家收稅狀呈宰樞所 去後慙汗未已	-
26-107	開天曇師送紅柿	-
26-108	欲歸	-
26-109	點茶	-
26-110	改詩	-
26-111	得燕谷住持印牛書送茶 且托玉龍瑞龍田稅事 又得無說書 亦如之	-
26-112	小雨	-
26-113	坐久	-
26-114	雨中	-
26-115	門生掌試圖歌〈幷序〉	-
27-001	蒼溜吟	-
27-002	谷州仲子金思忠來 問其職 曰散員 因問其兄弟 則兄廉亦	-

	散員 弟詠未仕 予悲之 今花原外孫 壯者皆參官以上至有入兩府爲六部典書者 獨金氏子非幼也而如此 何哉 異日功名則未敢必其如何 據今所見 寧可恝然乎 第恨無力 不能薦之銓曹耳	
27-003	雀聲	1380년 10월
27-004	遣興	–
27-005	僕以成均碑事累東亭 廻示午後來 然雨不止 身益困 應接之難是懼 吟得短律 止公來	–
27-006	卽事	–
27-007	邈哉	–
27-008	謝洪二相見訪〈永通〉	–
27-009	用前韻	–
27-010	卽事	–
27-011	代書奉答無說長老	–
27-012	因詠僧居	–
27-013	紀事	–
27-014	壽權開城〈鑄〉	–
27-015	追述盛集 呈希顏座下	–
27-016	有感 二首	–
27-017	有水	–
27-018	卽事	–
27-019	枕上聞雨	1380년 11월 1일
27-020	又 一首	1380년 11월 1일
27-021	十一月初二日 微雪飄空不下地 俄而止 風大起 入室靜坐吟成一首	1380년 11월 2일
27-022	賜田收租人將行 坐吟一首	–
27-023	驪江 二首	–
27-024	晩生 三首	–
27-025	曉吟 一首	–
27-026	几坐	–
27-027	東風	–
27-028	隣翁	–
27-029	有感	–
27-030	成均試員徐承制送落名紙	–
27-031	問庸夫五宰出東門 途中腹藁 行李飄然超物	–
27-032	曉吟	–
27-033	奉謝禹平章携酒見訪〈磾〉	–
27-034	得斯文福城君權先生書〈思復〉	–
27-035	晨興有感	–
27-036	以紙十三幅送司天長房 抄曆日	–

작품 번호	제목	저작 시기
27-037	天官粘飯	–
27-038	咳嗽	–
27-039	毬庭閱樂	–
27-040	微雪	–
27-041	有感	–
27-042	古風	–
27-043	數日咳嗽發 苦痛稍止 吟成二首	–
27-044	小會	1380년 11월 14일
27-045	大會	1380년 11월 15일
27-046	崔契長元儒以前全州牧使退居于忠 今日過門曰 予亦蒙恩進授 今所尙判事 因謝而來 予喜之甚 吟成一首	–
27-047	將訪郭同年忠守 累日身不輕快 吟成一首	–
27-048	哭西隣大夫人	–
27-049	畏寒	–
27-050	冬至豆粥	1380년 冬至
27-051	冬至日 知申事李存性 代言潘福海傳旨撰表文 仍以賜酒果 明日 詣內謝恩 退而自詠	1380년 冬至 다음 날
27-052	聞宰批下 崔判三司事拜守侍中 諸位以次陞 力疾往謁崔侍中 侍中已出 諸宰樞有坐庭中待公回者 僕亦與其下 吟成一首	–
27-053	奉賀鄭圃隱拜密直	–
27-054	李二相宅醉題	–
27-055	紀出游	–
27-056	奉謝全州皇甫兵馬使送鹿脯	–
27-057	歲暮	–
27-058	卽事	–
27-059	外舅花原君之內外孫凡於慶弔迎餞相聚曰四寸會 歲二人掌其事 名曰有司 有司於歲終作會 以授其事於來歲之有司 蓋家法也 必邀父行一二人押座 庚申仲冬二十又四日 閔中立及吾豚犬種學辦其會 僕與閔判事 權判書在座 大醉而歸 日午始起 吟一首	1380년 11월 25일
27-060	聞庸夫明日行 晚至門庭 將謝不能郊餞 有以酒肉來餉者 從傍醉飽 庸夫曰 相府見留 來月發程 歸而賦云	–
27-061	風聲	–
27-062	行色	–
27-063	尖利	–
27-064	晨興卽事	–
27-065	午天	–
27-066	蓋车別駕	–

27-067	仲冬	1380년 11월 말
27-068	有感	–
27-069	自詠	–
27-070	詠雪 一首	–
27-071	山齋	–
27-072	賜田收租回 一首	–
27-073	奉寄韓弘同年	–
27-074	靜坐	–
27-075	客至	–
27-076	謝判三司洪令公見訪〈永通〉	–
27-077	慶侍中挽詩〈復興〉	–
27-078	自疑	–
27-079	自信	–
27-080	有感 三首	–
27-081	遣興 一首	–
27-082	憶家山 一首	–
27-083	齒痛	–
27-084	昨崔判事彥文携酒來過 齒痛未得吟哦 明日 痛稍止 錄成 三首	–
27-085	齒痛復作 苦不可忍 倩工擊去之 始得安眠 然於挫硬之用 又大減矣 且喜且悲 吟成一首	–
27-086	我行	–
27-087	病不能出郊送庸夫 遣二子致鄙意 坐吟三首	–
27-088	靜坐 一首	–
27-089	無題 三首	–
27-090	將進薄酒碧雲公 會身不輕快 不可風 不敢出 使二子行禮 吟成二首	–
27-091	夢廻	–
27-092	南窓	–
27-093	作者	–
27-094	老境	–
27-095	任同年來言 踏驗田畝水原府 因歸尙州	–
27-096	自詠 一首	–
27-097	鳳鳴朝陽	–
27-098	我思古人	–
27-099	大臣	–
27-100	曉雪 二首	–
27-101	有感	–
27-102	卽事	–
27-103	晨興	–

작품 번호	제목	저작 시기
27-104	日上扶桑	-
27-105	雲出泰山	-
27-106	遣家童索茶於懶殘子 去後吟成一首	-
27-107	懶殘子送茶來 又吟一首拜謝	-
27-108	有感	-
27-109	沔州米船至	-
27-110	自詠	-
27-111	錄近作數首 寄呈庸夫行軒 將以慰其客路之懷 而書狀被督行急 不及來辭馳去 僕於是益愧疏懶之甚 吟成一首以誌吾過	-
27-112	孔伯共來過云 將赴四宰行幕 書呈文	-
27-113	聞煎水聲	-
27-114	雪夜落不知也 晨興滿庭 命僮僕掃行路 餘悉存之 喜之甚也 因吟一首	1380년 12월 중순
27-115	獨坐	-
27-116	無題	-
27-117	朝唫	-
27-118	寂寂	-
27-119	聞權判書生子	1380년 12월 하순
27-120	人日	-
27-121	吉昌君夫人洪氏挽詞	-
27-122	漫興 三首	-
27-123	代書奉謝張西京餽歲 二首	-
27-124	遣興	-
27-125	歲時行	-
27-126	晨興有感	-
27-127	詠雪	1380년 12월
27-128	卽事	-
27-129	絶句	1380년 12월
27-130	奉謝曲城府院君 漆原府院君同臨陋巷	-
27-131	枕上吟 二首	-
27-132	奉答遁村	-
27-133	代書答雞林令公	-
27-134	南窓	-
27-135	東亭納贅 貧不克助禮 以黃豆二石表意 因吟一首呈去	-
27-136	卽事	1381년 1월
27-137	正月初十日 廉東亭招僕與韓柳巷拜玄陵 至則李二相 邊三宰 林商議 王商議 都右使 柳判樞 金崇敬行事已畢入謁堂頭設茶 回至國淸寺 酒饌甚盛 入城至林公宅設	1381년 1월 11일

	酌 則大醉矣 明日 吟成二首以志	
27-138	成壯元來言 歲前游合德拜掃外舅墳墓而歸 因懷思菴 走筆以寓一哀〈石珚〉	–
27-139	卽事	–
27-140	紀事 二首	–
28-001	有感	–
28-002	驪江	–
28-003	雨雪	–
28-004	哭姜政堂〈君輔〉	–
28-005	花園令史請署都目狀	–
28-006	自詠	–
28-007	聞風聲有所感 一首	–
28-008	正月二十三日 受都目狀有感 一首	1381년 1월 23일
28-009	又吟一首	–
28-010	聞昨日日本使者入城	–
28-011	枕上	–
28-012	風大作	–
28-013	次韻題鄭圓齋所得兩恩門詩卷後	–
28-014	聞報法老僧燒身 三首	–
28-015	兒啼飢 一首	–
28-016	謝懶殘子見訪 三首	–
28-017	從漆原侍中 鐵原侍中 公山侍中 吉昌君 晉川君會議都堂 爲入貢道路也	–
28-018	有感	–
28-019	從李二相索黃毛	–
28-020	錄筆語	–
28-021	客來	–
28-022	卽事	–
28-023	有懷韓弘同年	–
28-024	卽事	–
28-025	外舅忌齋 閔判事設行 歸而困甚	1381년 2월 초
28-026	里仁爲美	–
28-027	選時干謁者多 有感 一首	–
28-028	公生明	–
28-029	早春	–
28-030	得金剛山馬直木杖 三首	–
28-031	新沐	–
28-032	卽事	–
28-033	寄南城李判事 金左尹兄弟 因省珠大選南去也	–
28-034	早春卽事	–

작품 번호	제목	저작 시기
28-035	代權四宰作 三首	-
28-036	昨韓淸城携盛饌招僕 同訪懶殘子 醉歸就寢達旦 吟成一首	-
28-037	外舅花原君諸孫爲權正郎煖房 正郎張幕設筵 妓樂甚盛 請父行押坐 於是小丈人密直公居主人之位 權判書 閔判事及僕與焉 李商議 廉東亭 任大諫 廉大卿亦以醴泉外孫 皆在賓位 而東亭又其座主也 故特邀 朴密直至則兩恩門叔父姑夫內外兄弟皆在 正郎榮矣哉 入夜醉歸 明日 吟成一首 呈李密直 李商議 廉東亭 朴密直	-
28-038	得同年金君弼詩 次韻奉答走筆	-
28-039	有感 三首	-
28-040	昨偕淸城君韓孟雲携酒訪鄭圃隱 賀拜密直也 遇今政堂禹公同往 招其隣李浩然 獻酬間 簽書李公又携酒果而來 談笑吟詠 眞一時盛事也 明日 吟成一首	-
28-041	早起	-
28-042	龍頭生公來	-
28-043	殘生日數	-
28-044	遣懷	-
28-045	花園林都領以梅花來曰 朴令公所送也 踊躍喜甚 對坐半日 徐吟一篇	-
28-046	鵲巢	-
28-047	賀廉代言〈廷秀〉	-
28-048	天晴	-
28-049	種學新授典儀副令 今日肅拜	-
28-050	天心	-
28-051	述懷	-
28-052	前數日謁曲城府 有蘭無梅 予所得盆梅盛開 不敢相邀 特命種學進呈 因賦三絶 春分日也	1381년 2월
28-053	示諸子	-
28-054	東京尹公見和前韻仍送文魚 走筆奉答	-
28-055	天淸	-
28-056	君子	-
28-057	謝李二相魚雁之惠	-
28-058	古風 二首	-
28-059	與西隣淸城君隨曲城 漆原兩侍中扈駕移御 歸而獨吟二首	-
28-060	對松樹有感	-
28-061	乞茅將蓋屋 發書之際 吟成一首	-
28-062	有感	-
28-063	廉東亭招飮〈是日 東亭撫儒琴 洪相吹中笒〉	-

28-064	曩不獲讓銘烏川君之幽堂 其子典校副令鄭洪 堉內府副令安景恭以盛饌來餉 又以紫袍爲潤筆 觀其意勤且禮也 受之 當竢後日還之耳	–
28-065	有感	–
28-066	謝禹商議携酒見訪〈玄寶〉	–
28-067	病中末由扈駕觀獵 吟成短律 馳一騎奉呈李二相馬前 幸與廉政堂並轡一覽 如蒙分惠所餘 亦所不辭也	–
28-068	昨蒙溪堂先生以盛饌來訪 穡以病困不克卽謝 吟成拙詩代面陳 幸一笑	–
28-069	昨蒙慈恩都僧統祐世君來賀種德新拜密直 且設盛饌 僕雖病餘不敢辭 痛飮至醉 是晩有雨 明日 吟成三首錄呈	–
28-070	天淸 伏想郊宮樂甚 臣雖老矣 情不能已 吟成短歌	–
28-071	自詠 一首	–
28-072	無題	–
28-073	每歲	–
28-074	我雖	–
28-075	誰歟	–
28-076	踏靑歌 一首〈僕與柳巷皆領兒子〉	1381년 3월 3일
28-077	明日 又吟一首	1381년 3월 4일
28-078	晩勞庸夫四宰廻自遼東	1381년 3월
28-079	醴泉君內外孫聚飮曰四寸會 歲二人辦酒食 僕憂病▨▨餘十年 此會亦罕設 李鼇城欲振頹綱 三月初吉 盛賓客大作樂 視昔十倍 明日 追錄一首 呈鼇城座下 幸捧腹	1381년 3월 초
28-080	瑞香花	–
28-081	矮松	–
28-082	自詠	–
28-083	卽事 三首	–
28-084	奉簡韓尙書	–
28-085	晨興	–
28-086	賜田勸耕有感	–
28-087	門生金少卿來自林州	–
28-088	悠悠	–
28-089	自詠	–
28-090	偶吟	–
28-091	聞倭賊犯寧海趨江陵道元帥啓行	1381년 3월
28-092	曲城府院君命工作元巖讌集圖 追慕玄陵也 使季子承旨庭秀携以相示 誌其後 予觀山野樹林 掩映氈廬 宛然在目 而諸老讌集其傍 風采足以鎭一時 而聳動後世 故直書其事而歸之 情不能已 吟成長歌	–
28-093	天晴	–

작품 번호	제목	저작 시기
28-094	白髮	-
28-095	特過柳巷問乃子尙書病 且謝遲晚 云已平復 設酌半酣 歸而有詠	-
28-096	內願堂以廣平侍中書邀僕山水屛風詩 因吟三首	-
28-097	奉謝廣平李侍中所藏山水十二疊屛風	-
-01	春	
-02	夏	
-03	秋	
-04	冬	
-05	江月	
-06	瀑布	
-07	松亭	
-08	檜巖	
-09	梵刹	
-10	仙宮	
-11	滕王閣	
-12	黃鶴樓	
28-098	晚歸馬上	-
28-099	我生	-
28-100	聞鄭司藝還向南京 二首	-
28-101	有感	-
28-102	幽居	-
28-103	我亦	-
28-104	三月十四日 雞鳴 聞呼女奴收庭雨中麥 曉來雪在屋瓦 望山則皆白 因記癸巳歲淸明日在韓山詠雪 今廿九年矣 淸明後十餘日 杏花已開 而又見雪 未知後當如何也 吟成一首以誌	1381년 3월 14일
28-105	成均館有庚申東堂落第試卷 僕面告學官取一裹 吟呈廉東亭 朴密直	-
28-106	晚歸訪權僖判書	-
28-107	昨過東亭 門外多馬僕 奴携酒饌者又相繼 僕以病餘畏飮不敢入 向晚有言 東亭壽日者 明日吟成一首 以謝闕禮	-
28-108	合坐所招諸君各司議事 穡隨行進退 自愧無所裨益 默藁一首	-
28-109	穡與韓柳巷同赴曲城 招漆原侍中 吉昌君 康平章 金院使〈光秀〉 鄭月城〈暉〉 尹海平〈之彪〉 李光陽〈茂芳〉 韓政堂〈蕆〉 李政堂〈韌〉皆在 盛饌作樂 曲城以水精環茶合絲帶與穡 玳瑁筆鞘與韓公曰 元巖一席之流傳於後世 卿等之力也 敢以此表吾意 穡等拜受不敢辭 明日	-

	吟成三首	
28-110	同韓柳巷訪陟山君 躑躅花盛開 公設酌因言玄陵賜宴嘗插此 感慕之餘 吟成一首以誌	-
28-111	陟山君携至花園 賦蘭	-
28-112	進賀懶殘子新封福利君 醉飽而歸	-
28-113	詠雨 三首	-
28-114	奉賀圓齋拜政堂〈三月二十日作〉	1381년 3월 20일
28-115	甥朴訔下學來見 喜而志之	-
28-116	自詠	-
28-117	奉賀懶殘子新封福利君	-
28-118	家貧〈欲辨四寸會而未能 乃有此作〉	-
28-119	欲出 三首	-
28-120	三月廿二日 柳厚德送季子墳 入贅南京朴氏家 僕出餞天水寺 歸而困甚 吟成一首	1381년 3월 22일
28-121	卽事 二首	-
28-122	晨興	-
28-123	微雨 三首	-
28-124	謹成長句回韻三首 奉呈鐵原侍中座下	-
28-125	昨鄭圃隱提學公與李判閣〈士渭〉 李判事〈集〉 金大諫〈九容〉 吾門生崔〈崇謙〉携酒而來曰 賞花也前例也 廳北梨花半開 嘯吟歎甚 明日 吟成一首	-
28-126	送懶翁弟子印大藏海印寺	-
28-127	廻自天水寺途中 一首	-
28-128	我老 三首	-
28-129	看花	-
29-001	三月廿九日 領門下漆原府院君設讌 領三司曲城府院君守侍中鐵城府院君曲坐 吉昌君 康平章 李二相 尹海平韓政堂 李六宰 成知門下相次 而穡居其末 尹令公 廉東亭 柳密直又折而面北 主人公與金院使面東 三侍中風采照世 而諸公陪侍如畫中 退而錄之	1381년 3월 29일
29-002	南窓	-
29-003	庚申科及第李正言等呈名簇於其座主廉東亭 東亭呼其前門生己酉科 甲寅科 合享之 穡承招與坐 酒酣聯句有云 三領門生頭尙黑 僕亦三主禮闈 而乙巳科殿試之制未行 辛亥科殿試讀卷 別用人 獨己酉科殿試 僕亦與焉故對曰 一叨殿試面長紅 蓋近來三與試席者 東亭及穡而已 東亭年方強仕 前途未易量 穡以久病之餘 得參盛會 眞如夢中 可不錄乎 足成一首 以爲桂苑故事	-
29-004	送宏幽谷	-
29-005	得耆老宰樞書 題公緘 令穡參會 喜躍之餘 吟成一首	-

작품 번호	제목	저작 시기
29-006	慈恩祐世君在海安寺講經 種德副樞略以酒饌往餉 老夫身困 不能出城 吟成一首	-
29-007	初夏卽事 二首	1381년 4월
29-008	崔侍中將巡海豐郡 使騎來招曰聯句一夕如何 予喜甚 操筆便題一首	-
29-009	天陰	-
29-010	天晴	-
29-011	昨與韓淸城登南山賞花 歸而有作	-
29-012	承守侍中招而作 蓋公設送酒會於升天府之軍營也	-
29-013	途遇韓政堂偕行 又遇李二相 至營 廉東亭 禹政堂 柳密直繼至 韓政堂邀僕夕飯 禹▨與柳皆幞於韓公之次同飯 以異味相侑 旣而守侍中與軍官苗罷而來 大作樂 盛酒饌 送麴生 夜半而止 僕畏露宿 廉東亭携至乃翁田莊晨飯還營 則酒饌盛於前 洪判三司事奉宣醞來勞 是日重房補升天府池之堤 故重房又設盛饌 旣罷 與東亭同禹政堂 林五宰 都右使 柳判樞 李光陽 金密直還京 中途上一小峯又飮 諸妓亦被呼而集 聯句則行與坐不輟歸而小歇 種德又設酒食 喜吾能出游也 得竹城君安公書云 門生名簇會幸來相伴 喜而錄之	-
29-014	竹城君讌門生及第 爲其呈名簇也 兩侍中東面 判三司 成政堂 韓政堂及穡在北 鄭南京 閔密直 安密直西面 門生在東廳 妓樂交作 聯句樂甚 入夜而歸	-
29-015	圓齋政堂來云 今日設同年會 請日午卽來 喜而志之	-
29-016	圓齋席上 主人有詩 次其韻	-
29-017	宿酲未解 高吟一首	-
29-018	乙巳門生以酒食來 亦因酒禁也	-
29-019	晨興	-
29-020	須臾雲卷 喜甚又賦	-
29-021	李二相使其弟密直公招僕同觀燈 至則盛賓客 具酒饌 鷄鳴而罷 小歇 吟得一首	-
29-022	通州資福寺住持南可泉別一年矣 今日來 予談及同年金元粹家難 走筆以贈 兼寄金同年云	-
29-023	六言 三首	-
29-024	金大諫來訪云 昨日上官酒禁 故無黃封 旣去 吟得三首六友也	-
29-025	奉呈韓孟雲	-
29-026	金石	-
29-027	紀事	-
29-028	自詠	-

29-029	狂風	-
29-030	有感 三首	-
29-031	望雨 一首	-
29-032	喜雨 一首	-
29-033	忝赴耆老會 歸而賦此	-
29-034	奉題絶澗所寓天磨知足菴	-
29-035	雨	-
29-036	昨同韓柳巷出游醉歸	-
29-037	權四宰爲親辭職 蓋避使事也 親年八十而有萬里之行 其爲懷抱可知已 則其今日辭職之發於眞情 又可知已 然允不允在於君相 是天也 天可必乎 代作短歌 歸之於命而已	-
29-038	腰酸行	-
29-039	晨興述懷	-
29-040	東亭復入都堂 詩以陳賀	-
29-041	昨同韓柳巷歷謁新除宰樞 旣訖則謁耆老諸令公 不遇 獨尹鈴平不出 設酒食 又至鷄林李政堂宅 水飯而歸	-
29-042	家貧	-
29-043	奉謝李二相見訪〈子松〉	-
29-044	卽事	-
29-045	我身	-
29-046	錄鄉人語	-
29-047	爲羅迂叟寄黃忠州	-
29-048	我生	-
29-049	悶雨歌 一首	-
29-050	微雨題六言 三首	-
29-051	昨同韓淸城歷謁廣平侍中不遇 鐵城侍中水飯 入宮洞朴思愼開城宅又水飯 至尹政堂宅啜茶 又至林四宰宅有盛饌 至上黨君宅小酌 禁前法釀也 同辭止三爵 茗飮而歸	-
29-052	微雨	-
29-053	園中	-
29-054	小娃	-
29-055	人有自負地理學者 賦此	-
29-056	自笑 一首	-
29-057	李商議問其字及居室名 又請名其一郞 予取桂花秋皎潔字之曰仲潔 配桂莫如松 且公所重者節義也 故扁其居曰松軒 三郞之名曰芳毅 故名一郞曰某〈封註卽我恭靖大王之諱〉 果毅相須者也 吟成一篇	-
29-058	昨出謁廣平侍中 立談卽退 至李商議宅投詩而歸 困臥 明日 吟成一首	-

작품 번호	제목	저작 시기
29-059	欲雨不雨 作何哉嘆	–
29-060	有感 二首	–
29-061	微雨吟	–
29-062	天未明有雨 屋漏霑衾 驚喜作幸哉歌	–
29-063	又賦	–
29-064	韓柳巷饗氷翁 招僕侑坐	–
29-065	晨興立庭 四顧無雲	–
29-066	卽事	–
29-067	夏日詠四季花	–
29-068	讀敬亭詩卷	–
29-069	雨中	–
29-070	昨赴松軒李二相招 覽觀凱旋賀什 時方久旱 忽得一雨 擧酒相屬 所以志喜也	–
29-071	代身	–
29-072	曉陰	–
29-073	走筆奉寄密城前金海 南京 中書三兄第座下 幸同覽	–
29-074	寄金按廉 二首	–
29-075	金按廉送茶適至	–
29-076	白雲	–
29-077	端午石戰	1381년 5월 5일
29-078	端午日擊毬前例也 主上殿下憂念兵荒民多流亡 方致仄席弭災之志 宰相上體聖心禁群飮 發倉振濟 故於是日亦罷擊毬 臣穡感激之至 吟成一首以志 若其子弟習馳騁 私聚爲樂 必▨不禁也 誰能招我共觀乎	1381년 5월 5일
29-079	同閔判書 權判書拜掃外舅姑墳墓 入城欲觀石戰 馬市川邊則空無人 時南元帥出敵江陵倭賊凱旋 同往候之 至省門遇石戰 道阻而回 善竹大道又有石戰者 將登南山東麓以觀 方其未集也 入任判事家小歇 及其旣作也 廉東亭亦至 遂登而觀之 ▨雨至衣裳沾濕 亦不卹也 權判書邀至其家設食 旣又曰 遠而視之不若近之詳 於是至善竹水邊登小樓 李商議松軒 文班主又至 石戰一交於樓下 觀戰於是足矣 日且暮 各散而歸	1381년 5월 5일
29-080	西隣吉昌君邀曲城 漆原兩侍中 鄭月城 兩韓政堂設食 穡亦得與焉 歸而志之	–
29-081	晨興又賦	–
29-082	合坐所招耆老閑良會議事大事宜 旣罷 上黨君邀曲城 漆原 吉昌君 康平章設食 穡及姪政堂公與焉 晚歸發詠	–
29-083	卽事	–
29-084	有感	–

29-085	無題	–
29-086	把筆沈思 筆落微汚衣	–
29-087	代書答合浦南令公	–
29-088	有感	–
29-089	有僧欲於野渡置舟渡人者 予且喜且悲 因作一絶	–
29-090	卽事	–
29-091	寄呈無及諸大德 兼簡廉六宰 成夏城兩家	–
29-092	白雲	–
29-093	自嘆	–
29-094	安勉同年子魯生省親于鄕 歸致其父之言於僕 問無恙 因得訊其鄕先生申判事兄弟 權吉夫 金君濟及其尊公之無恙 吟成一首	–
29-095	門生尹商發送其家釀一甁	–
29-096	崔侍中拜掃廻 穡身困不克郊迓 吟成一首奉呈	–
29-097	獨吟 三首	–
29-098	仙遊	–
29-099	絶句	–
29-100	君子	–
29-101	鄭堂後渾得孟雲先生詩來示予 且告菁城之行 觀其意在於求詩 次其韻勉之 竹亭鄭之祥子也	–
29-102	我生	–
29-103	桑者	–
29-104	謁兩侍中 歸而有詠	–
29-105	無題	–
29-106	五月	1381년 5월
29-107	門生裴尙度來言海州風景	–
29-108	謝南京尹送蕈	1381년 5월
29-109	蠶婦詞	–
29-110	對花有感	–
29-111	今日	–
29-112	奉謝雲巖尊者送茶 走筆	–
29-113	有感	–
29-114	白晝	–
29-115	權可遠來言承宣房口傳成均教官 將以興學校也 臣穡不勝喜躍 吟成一首以志	–
29-116	吾道	–
29-117	嘗園中櫻桃	–
29-118	無題	–
29-119	午熱	–
29-120	慈悲嶺羅漢堂修造記 因摠持宗省珠作	–

작품 번호	제목	저작 시기
29-121	幻菴門人有求▨▨六者 戲題	-
29-122	有感	-
29-123	午睡	-
29-124	嘗大舍家新煮酒	-
29-125	微雨有嘆 三首	-
29-126	明日 又賦長句四韻一首	-
29-127	同年吳奕臨尙書子來見 因題一首	-
29-128	望雨	-
29-129	遮陽未得 吟以舒煩悶	-
29-130	學校 三首	-
29-131	天陰喜賦	-
29-132	日出又賦	-
29-133	奉謝西隣以數珠見惠 三首	-
29-134	時享	-
29-135	喜雨	-
29-136	有懷孟雲先生時遊柳浦別墅	-
29-137	東亭走其門生壯元金正言來招 僕以身困不可出 悵然吟成一首	-
29-138	天陰	-
29-139	自戲 又作自責以自解云	-
29-140	我狂	-
30-001	淸風詩 二首	-
30-002	哭李應揚〈元富〉	-
30-003	與李浩然遊紫霞洞 鄭圃隱密直 李判書士渭携酒相尋 至晩而歸	1381년 7월 7일
30-004	偶得一絶錄呈孟雲先生	-
30-005	用前韻自遣	-
30-006	韓公見和一首 末句云却憶年前此時節 蓮花處處賞亭亭 讀之興動 又吟三首錄呈	-
30-007	證覺寺西樓	-
30-008	對雨忽起賞蓮之興	-
30-009	自嘲	-
30-010	法華寺南小池有蓮 白者五六 紅者一二 開而落者已七八 未開者又數朶 而止足以慰吾之志 吟詠不能盡其意 聊以短律 爲他年再賞張本	1381년 7월 29일
30-011	奉寄惠文兄	-
30-012	廉東亭送獐肉曰 分呈兩老人故甚小 以小詩致謝	-
30-013	又作一首	-
30-014	韓柳巷邀僕及東亭賞蓮籍田村莊 雨作溪漲 難於行 病發	-

	不敢動 長吟一首	
30-015	有感	–
30-016	奉送沈商議拜掃先塋	–
30-017	曉吟	–
30-018	奉送龍頭次韻 郭同年 崔契長在其處	–
30-019	得無說書	–
30-020	拜掃恩門南陽侍中墳墓	–
30-021	中秋雨	1381년 8월 15일
30-022	有感	–
30-023	金君弼寓水原來見	–
30-024	龍頭敦公臨行 過門告別	–
30-025	邊孝子詩卷占看字	–
30-026	無題	–
30-027	寄漢陽尹	–
30-028	今日到江	–
30-029	哭內院監主龜谷大禪師	–
30-030	題姜摠郎詩卷	–
30-031	有感 三首	–
30-032	送中道廉使安諫議	–
30-033	送全羅廉使許摠郎	–
30-034	偶題	–
30-035	重九前一日 呈柳巷	1381년 9월 8일
30-036	題妙覺寺高井方丈	–
30-037	伏值主上殿下省斂南郊 無由陪侍 吟成一首	–
30-038	重九日 寄班主	1381년 9월 9일
30-039	浩然 子安 子復邀僕及韓孟雲先生登松山左麓作重九 至則鄭密直圃隱與慈恩祐世君 金山長老 李判書士渭已來相候 登其峯四眺猶不滿意 稍西徙至甘露寺南峯則敞豁益甚 酬酢吟詠 更約菊花會重開 至夜分乃歸 李清州士穎 鄭副令▨ 又其後至者也 明日追思 已如夢中情不能已 吟成一首	1381년 9월 10일
30-040	七月七日作一會 九月九日又作一會 未知後當如何 吟成一首以誌	1381년 9월 10일
30-041	又用七夕詩韻 賦九日	1381년 9월 10일
30-042	幽居 三首	–
30-043	柳景輝與室俱病同時亡 今日同葬城南	–
30-044	卽事	–
30-045	寄門生博州兵馬使金之鐸	–
30-046	正音	–
30-047	九月十五夜 柳巷招飲 對月泛菊	1381년 9월 15일

작품 번호	제목	저작 시기
30-048	賀門生盧崇拜密直提學	-
30-049	昨日迓無及于郊外 歸而困臥 晨興有感	-
30-050	卽事	-
30-051	奉寄幻菴	-
30-052	同年李判書釋之將歸龍駒別墅來告別 且徵贈言 走筆塞責	-
30-053	監進色請坐 至則都堂又來招 水飯而歸	-
30-054	玄陵忌旦設齋王輪寺 曲城 漆原 吉昌行禮影殿 穡隨其後 宰樞所邀入僧房設食 歸而志之	1381년 9월 23일
30-055	孤生	-
30-056	石房寺夜聞泉聲	-
30-057	迂叟見訪	-
30-058	卽事	-
30-059	獨坐	-
30-060	從惠民局衆官索藥 爲奴病也	-
30-061	日蝕有感	1381년 10월 1일
30-062	十月初二日 詠菊	1381년 10월 2일
30-063	謝內府諸公見訪	-
30-064	詠菊	-
30-065	絶句	-
30-066	登松山記事	-
30-067	歸而又唫	-
30-068	謝和寧尹朴令公送年魚	-
30-069	副樞回自松山	-
30-070	代送僧	-
30-071	金五宰將赴金陵	-
30-072	耆老會餞金五宰江南之行 五宰盛設餚饌 大作樂 盡歡而罷	-
30-073	有感	-
30-074	絶句	-
30-075	題壁菴卷	-
30-076	聞省歛志喜	-
30-077	紀事	-
30-078	伏値駕出西郊 以病不能從 吟成一首	-
30-079	有感	-
30-080	四季花	-
30-081	苟得	-
30-082	伏想郊宮有作	-
30-083	遣興 三首	-
30-084	〔失題〕	-

30-085	昨李商議松軒求跋華嚴經 因設酒	–
30-086	漫吟	–
30-087	送林密直焚黃祖墓	–
30-088	我生	–
30-089	自詠 三首	–
30-090	赴松軒招	–
30-091	聞擣衣	–
30-092	有感 三首	–
30-093	訪李子安 夜歸明日 吟成三首	–
30-094	宿證覺寺	–
30-095	小憩迎福亭西峯	–
30-096	謁西隣 不遇而歸	–
30-097	獨坐 二首	–
30-098	爲都令公作	–
30-099	送朴氏女適人	–
30-100	祖妣忌旦有感	–
30-101	雨	–
30-102	淸坐	–
30-103	縫衾有感	–
30-104	天晴	–
30-105	有感	–
30-106	舂米歌	–
30-107	曆訪安大夫 李開城 李雞林 各設酌 醉歸	–
30-108	自嘆	–
30-109	田出甚少	–
30-110	何處	–
30-111	白雲 一首	–
30-112	昨訪柳密直醉歸	–
30-113	昨訪新平君 入謁鄭月城 皆設酌 半酣而歸	–
30-114	昨詣判三司事洪公第 陟山君朴公先在座同飮 旣出 過密陽君朴公第看盡 啜茶而歸	–
30-115	外兄金左尹來自寧海 喜相逢 吟短律	–
30-116	伏想郊宮 吟成一首	–
30-117	賜田收租人去有感	–
30-118	紀事	–
30-119	仲冬朔日 有詠	1381년 11월 1일
30-120	自笑	–
30-121	錄婦言〈幷序〉	–
30-122	故司空柳公子壻來請先壟之銘 且以酒饌來 明日 吟成一首	–

작품 번호	제목	저작 시기
30-123	牧翁〈十一月初四日〉	1381년 11월 4일
30-124	寄中道廉使安大諫	-
30-125	自笑	-
30-126	驪江	-
30-127	喜雪	-
30-128	哭尹母崔氏	-
30-129	十一月初六日 白蓮社諸老人携酒訪金光祚令公 公設盛饌 大作樂 八夜乃罷 明日 吟成一首	1381년 11월 6일
30-130	遣興	-
30-131	赴耆老會 歸而有詠	-
30-132	無題	-
30-133	高吟	-
30-134	閱樂	-
30-135	兩街禪師言賑飢事 詞氣慷慨 喜而志之	-
30-136	李判官展來自安東 言倭賊又來	-
30-137	遣興	-
30-138	林四宰岳父挽詞	-
30-139	獨坐	-
30-140	途遇判三司事 入李二相宅飮酒 兩街禪師又至 索賑飢文 就席起草與之 因賦一首	-
30-141	答伽倻聰公寄紅柹	-
30-142	有感	-
30-143	種德副樞送八關改服茶食	-
30-144	大會日 賦曉雪	1381년 11월 15일
30-145	丁判書來言 安大夫邀同年訪郭判書 今兩會已過 未知何日高會也 作詩督之	-
30-146	晨興 三首	-
30-147	卽事	-
30-148	謝金左尹兄携酒見訪	-
30-149	得全義韓左尹書云久未奉手敎 僕亦怪其無書久矣 一笑之餘 吟成一首	-
30-150	紀事	-
30-151	謝鐵原金同年送雁	-
30-152	病僧求書於僕 從楊碧雲問藥	-
30-153	寄古樗同甲走筆	-
30-154	寄交州廉使索肉	-
30-155	數日身不寧 不得吟哦 冬至日 南窓靜坐 有作三首	-
30-156	都目狀 今日進呈	-
30-157	代書奉答惠文兄	-

30-158	門生崔判書祟謙携酒來	–
31-001	目司見歌	–
31-002	我狂	–
31-003	歲暮	–
31-004	絶句	–
31-005	有感而作	–
31-006	有感	–
31-007	謝南京尹送魚	–
31-008	謝西隣韓先生來過	–
31-009	謝鄭圃隱樞相與李陶隱 李遁村見訪	–
31-010	步上東山 由宋同年菜園出 至副樞新居 其隣趙判事携酒來 微醺騎詠而歸	–
31-011	梳髮	–
31-012	寄陜州鈴閣	–
31-013	寄靈岩寺堂頭	–
31-014	冬日	–
31-015	城南	–
31-016	謝江陵廉使送生鮑	–
31-017	寄全義韓同年	–
31-018	朴政堂稱僕曰宗伯 其門生名簇會臨門相邀扶病與席 入夜而歸 明日 代書以謝	–
31-019	我歌	–
31-020	時哉	–
31-021	卽事	–
31-022	聞曲城府梅花開	–
31-023	奉答夫目大禪師	–
31-024	柳巷先生來過	–
31-025	左尹兄見和前韻 有對床風雨之語 復作一首	–
31-026	自詠	–
31-027	得金君弼同年詩次韻	–
31-028	聞風聲有作	–
31-029	欲訪華嚴堂頭 畏寒縮坐	–
31-030	謁華嚴都室歸途 一首	–
31-031	風聲滿耳 擁衾獨坐	–
31-032	有感	–
31-033	無題	–
31-034	有感	–
31-035	遣興	–
31-036	哭宋同年	–
31-037	自笑	–

작품 번호	제목	저작 시기
31-038	有感	-
31-039	遁村來過云 將與陶隱守歲靈隱寺 中菴所居也	1381년 12월 말
31-040	謝西京朴令公餽歲	-
31-041	題隱溪卷	-
31-042	謝江陵廉使送海衣	-
31-043	戱題	1382년 봄
31-044	卽事	-
31-045	金光秀院使邀曲城 漆原兩侍中及鄭月城 權吉昌 韓政堂 永寧君 順興君 少韓政堂及穡 設盛饌作樂 而康平章坐主人之右 內官金實主人之養子也 同一內官奉兩殿仙醞以來 賓主拜飮 日黑而罷 旣醒 坐念諸老皆受元朝恩命 院使事至正帝長資政院 曲城累於朝且爲郎中東省 漆原君亦爲郎中 月城爲員外 吉昌爲王府斷事官 永寧賀正北庭拜翰林承旨 順興亦入覲拜右承 少韓政堂爲儒學提擧 穡僥倖世科供奉翰林 後爲郎中東省一年 而中國聖人出矣嗚呼 曲城 漆原同年生七十九歲 強健精敏不少衰 月城少兩侍中一歲 吉昌少三歲 老韓少五歲 永寧六十九 餘皆近六旬 穡最少居末然亦五十五歲 參興盛會豈非至幸 吟成一首 以自誇耀焉	-
31-046	閏二月初三日	1382년 윤2월 3일
31-047	金恭立以曆日相送 且饋靑魚	-
31-048	廉東亭回見訪	-
31-049	同柳巷勞東亭	-
31-050	絶磵南赴幻菴法會 過門告別 三首	-
31-051	訪柳密直藩 歸而有詠	-
31-052	昨雙淸安公投刺而去 吟成一首以寄	-
31-053	曉吟 三首	-
31-054	卽事	-
31-055	微雨	-
31-056	得同甲白雲師持書來者云 今在羅州興龍寺	-
31-057	江陵金龍壽來言兩崔無恙	-
31-058	寒食 三首	-
31-059	得書答韓同年	-
31-060	沔陽府米船至 喜而志之 先有訛言故也	-
31-061	同柳巷詣光岩拜陵 入謁長老設食 兩朴公以碑陰事先在 門生盧相兒子輩携酒迓于國淸寺 旣歸吟成一首	-
31-062	身困	-
31-063	鄭宗之見訪 代作三首	-
31-064	伏値主上殿下觀獵南郊 病躬末由陪侍 悵然吟成一首	1382년 윤2월

31-065	訪鄭圓齋醉歸	–
31-066	是日 兩韓在席	–
31-067	證覺途中	–
31-068	歸途 一首	–
31-069	東亭招飲	–
31-070	東堂知貢擧興寧君安公 判開城尹公 成均試員李崇仁落點狀下 穡聞之 以酒困不卽造門致賀 情不能已 吟成四首	–
31-071	有感	–
31-072	訪密城兩朴先生還京	–
31-073	閏月卄又四日 廣平侍中請耆老諸公設讌于興國里第 晩歸高詠	1382년 윤2월 24일
31-074	西隣來招	–
31-075	鄭簽書 金正言兩會長見訪 旣去 朴正子虛與斯文李睬又來	–
31-076	有感	–
31-077	歸法寺川上作	–
31-078	將訪尹開城成感而作	–
31-079	東亭甲寅門生設宴 昆季旣會 使騎招僕與韓孟雲侑坐 至則鄭密直圃隱先在 知門下朴學士又來 劇飮入夜而歸 閏月晦日也	1382년 윤2월 29일
31-080	西峯歸途 一首	–
31-081	朴判書密陽見訪	–
31-082	竊聞主上殿下移御泉洞 已得吉日 病臣無所事 第效封人請祝而已 吟成一首	–
31-083	三月三日 拜報恩醮酒	1382년 3월 3일
31-084	昨雙淸安公招僕與韓柳巷同飮聯句 兒子種學唱曰 雙淸亭上人如玉 往返數對而上 日且晩 同至都令公宅 有嘉禮故也 入夜而歸	1382년 3월 4일
31-085	詠櫻桃花	–
31-086	閔中立來見	–
31-087	憶燕都	–
31-088	感懷 一首	–
31-089	柳巷臨門將游城北 以身困辭 獨▨▨ 悲 發爲長歌	–
31-090	李浩然將歸奮居 僕欲從之 發爲長歌	–
31-091	史官皆有他故代宿館中 五更而起 月色正明 用諸公韻 時方酒禁	–
31-092	張方平尙書久不見今日臨門 喜而志之	–
31-093	三月初八日 主上殿下移御泉洞 以故宰相許綱宅爲宮闕 曉起盥櫛 將赴諸君之列 吟成一首	1382년 3월 8일
31-094	雨	–

작품 번호	제목	저작 시기
31-095	看花伴	–
31-096	昨晚 夏城成先生辦耆老會 臨門相邀 曉起吟成一首	–
31-097	夏城席上侍中諸老咸在 唯曲城以病不與 明日 吟成拙句錄呈	–
31-098	野人騎馬過毬庭 遇御史被縶 求書 走筆以請	–
31-099	述懷	–
31-100	江陵府使柳瑚赴任告行	–
31-101	三月十二日 六友金敬之 陶隱李子安邀與韓淸城賞花于鄭陶隱山亭 圃隱以使事出 於是至奉先寺松岡 旣而圃隱回 權判事鑄 閔判事霽 李判事浩然 李判事士穎又至 此皆與敬之有約者也 僕馳豚犬種學邀同年鄭圓齋 而同年朴判書晉祿 李判事釋之 契友崔判書元儒 李右尹舒原 皆以敬之之招而集 松下風多帷以避 聯句飛斝日將夕 李判事設晩食 醉飽乘月而歸	1382년 3월 12일
31-102	松軒李亞相臨門招飮	–
31-103	乙巳 己酉 辛亥三科諸生謂僕爲座主 具酒食來享 於是邀益齋先生嗣子開城公 又邀同年安大夫 鄭政堂 先君門生朴政堂 韓簽書押坐 而李班主樵隱之孫也 故諸生邀以來 大姨未閔開城 妻弟權大夫亦與焉 三科諸生序齒交坐 內官來賜宣醞 拜飮入夜 於旅也 僕已醉矣 言不能詳 略擧忠孝二字以勉之 明日詣闕謝恩 情有所感 形于歌章	–
31-104	赴白蓮會 歸而有感	–
31-105	玄化生公謁母南原來告行	–
31-106	晨興	–
31-107	望白雲而作	–
31-108	金恭立欲復職以榮其親 求予言 予言誰聽用 乃作一首	–
31-109	白髮	–
31-110	哭廉侍中	1382년 3월 18일
31-111	因曲城喪三日不吟 今乃吟成長句	–
31-112	追記途中 三首	–
-01	桃源亭	
-02	午飧〈李政堂元紘 權大夫季容在席〉	
-03	望松山	
31-113	絶磵倫公游靑龍回 以瓠蘆盛蕈菜相遺 又以幻菴書來投喜甚 吟成一首	–
31-114	早起	–
31-115	腰酸	–
31-116	有意	–

31-117	聞鶯 三首	–
31-118	三月卄五 喜雨 三首	1382년 3월 25일
31-119	春陰 三首	–
31-120	有感	–
31-121	奉賀同年朴密直〈晋祿〉	–
31-122	卽事 三首	–
31-123	坐睡	–
31-124	城南	–
31-125	有感呈巷柳	–
31-126	寄摠持都大禪師	–
31-127	何哉嘆	–
31-128	西隣吉昌君邀漆原侍中設食 招侍中弟密直公及穭侑坐 歸而獨吟	–
31-129	晩涼	–
32-001	晴	(1382년 4월 1일)
32-002	成均試員李陶隱以四月朔試士 天甚晴 擧子無避濕之患 喜而吟成一首	1382년 4월 1일
32-003	李伯升奔父喪來告行 以詩哭之	–
32-004	有感	–
32-005	奈何	–
32-006	鄭宗之入城見訪	–
32-007	有感 三首	–
32-008	有感	–
32-009	喜聞孟孫 孟畯中進士科	–
32-010	謝南京尹送蓴菜 走筆	–
32-011	漆原侍中及諸老餞金四宰金陵之行 歸而發詠〈名庾〉	–
32-012	金四宰臨門告行 二首	–
32-013	李陶隱招飮 送鄭圃隱赴京 夜歸	–
32-014	有感	–
32-015	奉寄東北面都巡問和寧尹張公〈孝溫〉	–
32-016	四月初八日 有感	1382년 4월 8일
32-017	晴極	–
32-018	同柳巷觀燈西峯 豚犬輩亦來 又至副樞新居山上益佳 歸途有微雨 困而就寐 晨興 尙有點滴 然不濕土 乃有所感 因題一首	1382년 4월 9일
32-019	述懷 一首	–
32-020	江南	–
32-021	遣興	–
32-022	同西隣赴漆原侍中招	–
32-023	同諸公送鄭圃隱	–

작품 번호	제목	저작 시기
32-024	今天	-
32-025	進獻使臣啓行 穡以疾發不得送于野 獨吟一首	1382년 4월
32-026	喜雨	-
32-027	治具赤脚病亡 哀之廢吟數日	-
32-028	閔中立納壻 歸途 一首	-
32-029	雨	-
32-030	家貧	-
32-031	微雨 廣明齋公來訪	-
32-032	韓柳巷追至江岸 權大夫又來 皆有子壻輩隨之 祖道旣訖 登小峯 臨流縱眺 又飮數杯相別 舟中獨坐 一首	1382년 5월 말
32-033	風止落帆	-
32-034	巖串晩宿 明日 過龍山灘 梨灘 河豚灘 新灘 遇淺則牽以行 甚則負舟 極力乃行 遇深張帆快甚 一日數十里之內 乍懼乍喜 將至重房院也 漢陽尹邀于舟中 請登新亭 固辭 數酌而行	-
32-035	幽居	-
32-036	晩宿赤灘	-
32-037	熨腰有感	-
32-038	晩宿幷灘〈驪江水與龍津水合流於此 故曰幷灘〉	-
32-039	六月初一日曉 過南政堂別墅 至禿浦理碇索 晩宿南京沙平津 明日 與冠嶽僧相別	1382년 6월 2일
32-040	是夜就寢已久 夜深潮退 順流而下 棹夫迭唱 乍夢乍驚 至引寧渡 泊舟熟睡 天明 入東江下岸 率二子馳入城	1382년 6월 2일
32-041	新婦來見	-
32-042	題東亭所藏張彥輔山水圖 曲城所畜也	-
32-043	題東亭所藏杏村墨竹	-
-01	風竹	
-02	露竹	
32-044	同柳巷勞洪五宰	1382년 6월
32-045	歷訪江南廻還使臣 金四宰路阻不果 鄭簽書面謁 金樞相不遇 李樞相面謁 因至馬井 謁二相 三宰 歸憩于種德新亭之上 其外舅柳公又來 談笑終日而歸	1382년 6월
32-046	十九日立秋	-
32-047	夜雨連明	-
32-048	謝朴政堂送酒肉	-
32-049	同柳巷勞圃隱 豚犬亦與	-
32-050	同柳巷邀光陽君觀夏課諸生 有雨不宜露坐 乃於龜山寺刻燭賦詩 敎官設酌 微醉而歸 從者柳巷次子尙敬 吾豚犬種學 種善 門生宋文中 而適値者金澍 姜淮仲 辛權	-

	朴貫 柳謙也	
32-051	同監進色諸公謁廣平侍中	–
32-052	聞上相觀戰艦江上 三首	–
32-053	急雨	–
32-054	呈柳巷	–
32-055	監進色諸公來議定遼移文	–
32-056	急雨	–
32-057	卽事	–
32-058	得耽羅性曇公書	–
32-059	子安來議賀平雲南表	–
32-060	答公州牧使崔有慶 走筆	–
32-061	陪西隣吉昌君謁漆原侍中 鐵原侍中而歸	–
32-062	陪吉昌君 韓昌城謁廣平侍中 以目病不接客	–
32-063	聞鐵原侍中辭位	–
32-064	楊碧雲來 吟出絶句 旣去和成三首	–
32-065	有感 三首	–
32-066	寄呈西隣孟雲先生	–
32-067	廿九日夜半 批下判三司事洪公 二相李公同拜侍中 而廣平領門下 鐵原領三司 餘以次升 新入省者盧公 而入樞密者權大夫 潘知申事而已	1382년 6월 29일
32-068	同孟雲陪西隣謁馬井李侍中 歇馬上黨宅 小酌而歸	–
32-069	謝鄭月城送甜苽	–
32-070	西原君洪夫人挽詞	–
32-071	蟬聲	–
32-072	卽事	1382년 7월
32-073	蒸梨	–
32-074	秋夜	1382년 7월
32-075	我亦	–
32-076	韓淸城邀順興君及僕賞蓮于其外舅別墅之池 僕適疾作 順興有微恙 人事多乖如此 走筆寄呈	–
32-077	獨坐又賦	–
32-078	是日 有雨又賦	–
32-079	秋雲	1382년 7월
32-080	哭廉侍中夫人	–
32-081	七月七日 聖誕日也 漆原府院君 領門下廣平君 領三司鐵原君 吉昌君權公 載寧君康公 鈴平君尹公 上黨君韓公 商山君金公 淸城君韓公及穡進紫門 內官金實受手帕入 有旨不受拜 旣退 入新宮周覽 勞董後衆官而歸	1382년 7월 7일
32-082	有感 一首	–
32-083	同淸城訪東嘉君李光輔	–

작품 번호	제목	저작 시기
32-084	李浩然見訪	–
32-085	後番祿受麥一石	–
32-086	急雨	–
32-087	讀史	–
32-088	詠雲	–
32-089	草屨 三首	–
32-090	曉霧	–
32-091	淸風	–
32-092	都堂請漆原府院君 領門下廣平 領三司鐵原會議 而康平章 韓上黨 成夏城 朴陟山 韓淸城與穡陪其後 堂食而罷 有雨八句	–
32-093	卽事	–
32-094	老來	–
32-095	几坐	–
32-096	出遊	–
32-097	莊頭朴莊以新米來	–
32-098	夜雨	–
32-099	自詠	–
32-100	午夢	–
32-101	大雨行	–
32-102	同年朱印成不見十年忽來過 喜甚吟成一首	–
32-103	昨夜 月色滿庭草蟲啼 有感得一句 曉起足成	–
32-104	柳巷樓上小酌	–
32-105	聞圓齋辭世 哭之	1382년 7월
32-106	秋日	–
32-107	又賦	–
32-108	公權之葬 病不果會 悲慨之餘 又題一首	–
32-109	雨中	–
32-110	呈柳巷	–
32-111	雨中獨坐 欲酌一杯而無酒 因自嘲	–
32-112	夜長	–
32-113	哭同庚黃檜山	–
32-114	西隣	–
32-115	偶題 一首	–
32-116	雲霧	–
32-117	紀事	–
32-118	哭蔡翁主	–
32-119	柳巷招游藉田別墅賞蓮 以病辭	–
32-120	遣悶	–

32-121	自詠	-
32-122	早興	-
32-123	勸耕	-
32-124	中秋前一日 呈柳巷	1382년 8월 14일
32-125	新霜	-
32-126	鄕校 一首	-
32-127	驪江秋	1382년 가을
32-128	西隣邀游藉田莊 喜甚卽題	-
32-129	藉田莊吉昌樓上 對蓮語 二首	1382년 가을
32-130	追賦八句	-
32-131	對雨書懷	-
32-132	卽事	-
32-133	貧者	-
32-134	八月初十日 葬曲城夫人權氏 冒雨困甚 明日 歸歇馬午飧 入城 日已西矣	미상
32-135	天晴	-
32-136	卽事	-
32-137	述懷	-
32-138	安學士上塚	-
33-001	中秋 初夜陰而中夜月明如晝 悔之何及 姑待來年	1382년 8월 15일
33-002	柳巷先生邀僕同訪雙清安公夜話 以眼疾辭 因題一首	-
33-003	作谷州新樓記 因題一首	-
33-004	欲出	-
33-005	柳代言夫人元氏挽詞	-
33-006	志喜	-
33-007	題呂摠郎出按慶尙道詩卷〈名称〉	-
33-008	柳巷書碑去 僕以身困不得陪侍 悵然吟成八句	-
33-009	頒祿	-
33-010	思歸	-
33-011	陪吉昌君謁漆原侍中	-
33-012	伏聞來月鴐幸南京 臣穡無官守 末由在扈從之列 悵然吟成一首	1382년 8월
33-013	任同年以園中諸菜見遺 絶句爲戱	-
33-014	疥	-
33-015	送惠生僧統住嚴川	-
33-016	寄呈幻菴走筆	1382년 9월
33-017	柳密直赴京 穡適身困不克郊餞 吟成一首	-
33-018	西隣乃子判書進酒食 公召僕侑座 醉飽而歸	-
33-019	有感	-
33-020	我自	-

작품 번호	제목	저작 시기
33-021	奉呈西隣	–
33-022	有感	–
33-023	述懷	–
33-024	兒童拾西隣栗 因題一首	–
33-025	伏値	–
33-026	多病	–
33-027	伏想郊宮天晴 聖心怡悅 武臣踊躍 思獻一技 臣穡病中唫成一首	–
33-028	未幾雲滿天 有疏雨數點 臣甚恐 數刻日光穿漏 喜甚又吟	–
33-029	松山道中	–
33-030	遇安竹城	–
33-031	松下飮福	–
33-032	陪廣平領門下 權吉昌 鄭月城 康平章 李光陽 金洞山 趙密直琳迓駕東門外 歸而獨詠	–
33-033	殘生	–
33-034	寄朱同年	–
33-035	哭辛判事云吉	–
33-036	答張子溫東北面巡問使送年魚	–
33-037	金左尹自咸昌至 喜而志之	–
33-038	李同年夢游來過	–
33-039	伊川田有爭者	–
33-040	可笑	–
33-041	赴圓齋七齋于報法寺	–
33-042	種學副令自松京載酒食來餉	–
33-043	慈恩都室 雙淸安公 柳巷韓公餞行南郊	–
33-044	東江夜吟	1382년 10월 초
33-045	天明登舟 泊引寧渡待潮 廻風作 留一日	1382년 10월
33-046	初九日 日將午 順風發船 至岩串 日未入	1382년 10월 9일
33-047	宿禿浦岩下	1382년 10월 9일
33-048	明日 宿飯淵 又明日 宿都迷院前 以水淺舟不上也	1382년 10월 11일
33-049	宿南政堂別墅	1382년 10월 12일
33-050	自禿浦 乘月到廣津宿	1382년 10월 13일
33-051	到得務浦下岸 宿南京東村旺心民舍 明日 詣行宮肅拜 歸途有詠 十月十二日也	1382년 10월 15일
33-052	潘密直齎宣醞來賜 明日 詣內謝恩 歸而有作	–
33-053	是日禹令公 朴令公携酒來 是夜南京尹與判官來餉	–
33-054	副樞歸京	–
33-055	赴闕庭 起居而歸	–
33-056	訪花山君 不遇而歸	–

33-057	有感	–
33-058	聞西隣出直而歸家	–
33-059	雜興 三首	–
33-060	偶題	–
33-061	晨興 有微雨	–
33-062	食罷坐睡 覺而有作	–
33-063	又題一絶	–
33-064	有感慈恩都堂	–
33-065	赴闕 起居而歸	–
33-066	昨聞朴判書契長卽世 曉作挽詞	–
33-067	卽事 二首	–
33-068	豪奴內石也	–
33-069	柳廉使惠酒紙席	–
33-070	西隣趙判事以阿剌吉來 名天吉	–
33-071	紀事 三首	–
33-072	紀事	–
33-073	訪慈恩都堂于藏宜寺 用前韻	–
33-074	訪李侍中 不遇而歸	–
33-075	鄭宗之携乃子應斗盛酒饌來餉 且以床榻見遺	–
33-076	昨夜過上黨公而歸 曉吟	–
33-077	大舍求豆腐來餉	–
33-078	李浩然携子翰林以酒食來 入夜而歸 吟成一首	–
33-079	昨與浩然約同訪霽亭	–
33-080	崔契長元濡携乃子御史以酒肉來僕 適韓公宅醉飽而散	–
33-081	同韓柳巷赴闕 回訪諸公而歸 前夜有微雪	–
33-082	紀事	–
33-083	題屛風	–
33-084	初八日 冬至也 韓淸城送豆粥幷蜜 副樞繼持至 府尹又送來	1382년 11월 8일
33-085	李匡那衍來賜唐飯酒食	–
33-086	古風	–
33-087	又題	–
33-088	詣內謝恩 歸而有作	–
33-089	早興	–
33-090	閱樂	–
33-091	同韓淸城 權花山詣內起居 中官出賜酒 拜飮而歸	–
33-092	淸城以岳母周年歸于松京 病不可風 無由遠送 悵然賦一首	–
33-093	卽事	–
33-094	東嘉君李光輔 上將軍李子安來 鄭宗之先在席 啜茗而散	–

작품 번호	제목	저작 시기
	獨坐有詠	
33-095	門生河判事告歸晉陽	-
33-096	自詠	-
33-097	村家	-
33-098	浮堦習儀	-
33-099	小雨述懷 二首	-
33-100	木氷	-
33-101	紀事	-
33-102	大會	1382년 11월 15일
33-103	與花山君權公 前密直李公詣內起居 都堂召議公事 設堂食 醉飽而歸	-
33-104	乘月而歸	-
33-105	借得	-
33-106	自笑	-
33-107	監進諸公就僕商量事大文字 柳判書雲奉宣醞來斯 拜飲而罷 判書亦監進一名也	-
33-108	謝慶尙廉使呂公送脯	-
33-109	表文提頭圈點 徐正言來請	-
33-110	主人夫婦來餉	-
33-111	酒	-
33-112	謝西京李少尹送平桂	-
33-113	同花山君詣公偕行 遇崔判事元濡 餞水原府使李契長舒元 朴政堂來會	-
33-114	因事有感	-
33-115	浮生	-
33-116	是月二十五日 拜判三司之命 同曹侍中宿拜 歸而紀行	1382년 11월 25일
33-117	早朝	-
33-118	合坐每請先出 有愧而作	-
33-119	送淸風安使君	-
33-120	丁亥進士同年南京初會 壯元朴公招僕侑坐 次會禹四宰又招 其辦會者廣州李判事	-
33-121	南京早春	1383년 초봄
33-122	朝議還京	1383년 2월
33-123	扈駕道中	1383년 2월
33-124	楓川納鉢	1383년 2월
33-125	長湍納鉢	1383년 2월
33-126	椒川納鉢	1383년 2월
33-127	留都宰相率百官郊迎于禪興寺之東 成均諸生進歌謠	1383년 2월
33-128	自東大門至闕門前山臺雜劇 前所未見也	1383년 2월 15일 이전

34-001	七月七日 陪漆原侍中 廣平侍中 鐵原侍中 南陽侍中 公山侍中 權吉昌及諸公賀千秋 內官金實接手帕以入 上方撝謙不受禮 賜韋帶人一條 特賜鐵原皮甲一領 拜受而退	1383년 7월 7일
34-002	謝東亭送新米	–
34-003	初八日 同安興寧 韓淸城賞蓮天水寺西池永昌君別墅 從者興寧令嗣提學公 大諫 吾豚犬三人及王正郎也	1383년 7월 8일
34-004	寄呈金司空	–
34-005	朴仲容承旨奉宣醞來賜 明日 詣紫門謝恩 內官金實出賜爵 拜飮而退	–
34-006	聞朝論將從海路入貢金陵	–
34-007	雨晴 復起賞蓮之興	–
34-008	未數刻 雨復作	–
34-009	蒙西隣再邀賞蓮 阻雨有感 吟成一首錄呈	–
34-010	喜晴	–
34-011	昨希顏 子安來訪	–
34-012	韓淸城邀安雙淸及僕賞蓮于法華寺池 設幕松樹間 取荷人一柄置于前以爲蓋 又爲碧筒飮 從游者雙淸令嗣提學公及大諫 淸城三郞 王簿 吾豚犬三人 吾門生許判事也	–
34-013	偰提學 李判書商量進貢表文	–
34-014	靜坐	–
34-015	欲赴南政堂〈佐時〉百齋 以雨不果	–
34-016	乍晴	–
34-017	群雀	–
34-018	老境	–
34-019	園丁西松來送菜	–
34-020	有感	–
34-021	謝中道廉使送醢二缸	–
34-022	謝海州牧使送小螺醢	–
34-023	寄呈鄭令公	–
34-024	雨中	–
34-025	呈柳巷	–
34-026	詠蓮	–
34-027	天明	–
34-028	卽事	–
34-029	李浩然來言 郭忠守判書仙去已出殯矣 驚呼之餘 哭以短章	–
34-030	新聞	–
34-031	雨後有懷柳巷	–
34-032	寄張子溫令公	–

작품 번호	제목	저작 시기
34-033	送李判三司事出鎭東北面	–
34-034	謝柳巷送酒	–
34-035	寄呈尹令公	–
34-036	詠百日紅 一首	–
34-037	七月十九日 益齋侍中忌旦也 子孫設齋于青郊東法幢寺 穡力疾助禮而歸 有感一首	1383년 7월 29일
34-038	聞東北面有警	–
34-039	鄭簽書病 僕亦病 兩家絶往來久矣 李浩然來曰 明日簽書啓行赴東北面元帥府也 將出郊相送 艱於騎馬 坐吟一首 歸來當歌以勞之	–
34-040	聞孟雲先生判厚德府事 喜而趨賀 途中有作 將以口號 值出而還 錄呈座下	–
34-041	賀李二相	–
34-042	賀門生尹代言〈就〉	–
34-043	寄呈韓評理	–
34-044	晨飧	–
34-045	浮雲	–
34-046	自笑	–
34-047	八月十一日 將遊德水田莊 竢種學於南大門東偏 望諸山有作	1383년 8월 11일
34-048	進奉山隔水山坡 又竢種學	–
34-049	望佛覺寺	–
34-050	望同年申翌之判書古田莊	–
34-051	田莊自笑〈幷序〉	–
34-052	種學瘧 發日是以催歸	–
34-053	途中 一首	–
34-054	奉謝西海李美生廉使送雀	–
34-055	題江陵廉使徐九思佐郎詩卷 母在江陵府	–
34-056	明日中秋賞月 未知招僕者誰歟 吟得數句	1383년 8월 14일
34-057	陪西隣吉昌君問疾雙清亭 歸途 一首	
34-058	孟雲先生在北弘慶院行香法席 欲訪未果 吟成一首	1383년 가을
34-059	北風	–
34-060	送張學錄使還〈名溥〉	1385년 10월
34-061	送周典簿使還〈名倬〉	1385년 10월
34-062	代蓮語 寄東亭	–
34-063	冢宰上塚回 都堂迓于池邊 諸公無公招 難於合坐 又代蓮語 二首	–
34-064	僕狂興欲往 舊疾相妨 遂用前韻 以答蓮語	–
34-065	錄近作	1385년 12월

34-066	示孫孟昀敬童	–
34-067	昨賞梅金判事〈龜聯〉宅 明日 寄呈三首 皆實錄也	–
34-068	遊韓州八之村舍	–
34-069	驪興淸心樓題次韻	–
34-070	驪江宴集	1391년 11월
34-071	有感 三首 一敍事 二問 三答	1391년 12월
34-072	謝郡守李公來訪	–
34-073	送全羅崔按廉〈名關〉	–
34-074	答完山柳府尹	1392년 4월
34-075	留別高城李使君〈名陟〉	1395년 가을
34-076	留別通州鄭使君〈名須〉	1395년 가을
34-077	留別通州張學長	1395년 가을
34-078	寄文州金同年〈元粹〉	1395년 가을
34-079	題西州城樓	–
34-080	題門生崔中正竹堂	1395년 가을
35-001	長湍吟, 己巳十二月初六日 巡衛府提控朴〈爲生〉來傳內敎 命臣出居長湍新居 臣向闕肅拜 且致詞兩侍中 別提控上馬至大德山下 日已夕 入感應寺借宿 門生劉敬以斗酒來餞 連數杯微醉 就寢達旦 居僧朝參 聞磬聲有作	1389년 12월 7일
35-002	長湍吟, 初七日 途中	1389년 12월 7일
35-003	長湍吟, 縣令文君來訪	–
35-004	長湍吟, 孟畯還京	–
35-005	長湍吟, 寄呈松軒侍中 謝恩也	–
35-006	長湍吟, 寄省郎諸兄	–
35-007	長湍吟, 絶句 寄權緩親從	–
35-008	長湍吟, 十六日 三郎送酒食	1389년 12월 16일
35-009	長湍吟, 赤城兪瓚判事送冬瓜 牛蒡 戱謝	–
35-010	長湍吟, 有感	–
35-011	長湍吟, 琇峯見訪而歸	–
35-012	長湍吟, 十八日	1389년 12월 18일
35-013	長湍吟, 自詠	–
35-014	長湍吟, 三郞送燒餠酒甁	–
35-015	長湍吟, 自解	–
35-016	長湍吟, 二十日 卽事	1389년 12월 20일
35-017	長湍吟, 孟昀來又去	–
35-018	長湍吟, 尹可觀夫人權氏送米及醬瓜	–
35-019	長湍吟, 金上將來	–
35-020	長湍吟, 不得請自賦	–
35-021	長湍吟, 安心	–
35-022	長湍吟, 二十八日	1389년 12월 28일

작품 번호	제목	저작 시기
35-023	長湍吟, 欲語	-
35-024	長湍吟, 二十九日	1389년 12월 29일
35-025	長湍吟, 寄松軒	-
35-026	長湍吟, 庚午正月七日 赤城兪判事以酒一瓶 月餅 油餅同一器 生鮮一首送至	1390년 1월 7일
35-027	長湍吟, 七日	1390년 1월 7일
35-028	長湍吟, 權總來別	-
35-029	長湍吟, 姨兄金敵德原君携族孫摠持僧錄以酒食來餉	-
35-030	長湍吟, 待人不至	-
35-031	長湍吟, 室人至	-
35-032	長湍吟, 立春前日	-
35-033	長湍吟, 立春帖字	-
35-034	長湍吟, 寄松軒	-
35-035	長湍吟, 有感	-
35-036	長湍吟, 赤城兪判事送藥飯	-
35-037	長湍吟, 日將午 龍鐵以藥飯來	-
35-038	長湍吟, 隣翁李尙書 朴中郎 金碩 金彥 李祐仲 孫叔畦作樗蒲戲 傍坐觀之	-
35-039	長湍吟, 望獵騎	-
35-040	長湍吟, 患疥心不安 數日不吟	-
35-041	長湍吟, 門生吉注書須次于家携老少還善州來別 一宿而去	-
35-042	長湍吟, 二十三日 寄呈松軒	1390년 1월 23일
35-043	長湍吟, 寄鄭二相 三首	-
35-044	長湍吟, 中和堂洞權密直送酒一瓶 牛肉 白米卄斗 走筆謝之	-
35-045	長湍吟, 李郎將延家會香徒設醴 老夫往與其間 微醉先出	-
35-046	長湍吟, 心詩一首 寄呈松軒	-
35-047	長湍吟, 自詠	-
35-048	長湍吟, 訪砵城兪先生不遇 夫人邀入客位 具酒飧甚厚又請登後園小山 四望日我公意也 蓋欲令老夫知其形勝也 歸而志之 三首	-
35-049	長湍吟, 敬僕來 作此因示中童	-
35-050	長湍吟, 自詠 一首	-
35-051	長湍吟, 見耕者將徧野 自笑 一首	-
35-052	長湍吟, 李判書〈丘直〉送朋酒白粲十斗 以此爲謝 當使孟昀誦之	-
35-053	長湍吟, 四月初二日 隱溪來訪留宿 口號平生行止任隨緣 貧富升沉付與天 知子不能安陋巷 聖君南面議尊賢 語	1390년 4월 2일

	意非老天所敢當 然不可無答 和成二首	
35-054	長湍吟, 是日門生趙密直送酒食 用前韻寄去	1390년 4월 2일
35-055	長湍吟, 携中童與隣長朴英起看躑躅長湍石壁	-
35-056	長湍吟, 與長湍縣令文君再游石壁 文君邀至上流合幷處 捕魚設食 晩歸 有孟昫 柳衍 門生孟思誠 李稚來報臺 省又論前事 赴處咸昌	1390년 4월 5일 이후
35-057	長湍吟, 初八日 室人來 蓋欲送我南行也	1390년 4월 8일
35-058	長湍吟, 携室人游石壁 隣朴渡水墜馬失笠	-
35-059	長湍吟, 西村金龍內官以酒食來	1390년 4월
35-060	長湍吟, 馳中童呈所志於松軒 不能不動于懷	1390년 4월
35-061	長湍吟, 幻菴送書惠 以小詩上答	1390년 4월
35-062	咸昌吟, 庚午八月十三日 到咸昌 狎送官近侍郎將朱仁起 回程 附呈兩侍中	1390년 8월 13일
35-063	咸昌吟, 寄呈黜陟令公	-
35-064	咸昌吟, 重九後日 有人之淸州 吟得一絶 報種學簽書知 吾平安 其人果不去	1390년 9월 10일
35-065	咸昌吟, 伯孫孟昫隨我南來 家人來報妹病殆甚 予勸之曰 兄弟天倫也 一死無由再見 汝宜急去 吾在此 如汝所見 親戚滿鄕日相從 何所慮 吾已老無他望 唯汝祖母尙未 來耳 孟昫乃拜而去 獨宿一夜 因有感焉 明日 乘醉乃 錄一篇	-
35-066	咸昌吟, 寄京山府金判書同年〈隨〉	-
35-067	咸昌吟, 戲題	-
35-068	咸昌吟, 贈河光祖署令詩〈小序〉	-
35-069	咸昌吟, 寄呈黜陟令公	1390년 11월 4일 이전
35-070	咸昌吟, 寄黜陟使〈辛未六月 又貶咸昌作〉	1391년 6월
35-071	咸昌吟, 寄權愼齋	-
35-072	咸昌吟, 戲題	-
35-073	咸昌吟, 有感	-
35-074	咸昌吟, 紀事	-
35-075	咸昌吟, 寄烏川	-
35-076	咸昌吟, 寄松軒	-
35-077	咸昌吟, 寄三峯	-
35-078	咸昌吟, 上都堂	-
35-079	咸昌吟, 有感	-
35-080	咸昌吟, 我寓	-
35-081	咸昌吟, 寄柳晉川君	-
35-082	咸昌吟, 寄李詹承旨	-
35-083	咸昌吟, 寄忠州牧黃同甲	-
35-084	咸昌吟, 寄驪興權知郡 二首	-

작품 번호	제목	저작 시기
35-085	咸昌吟, 七夕 主人大禪師設食 老夫酣臥 吟得小絶 明日錄呈	1391년 7월 8일
35-086	咸昌吟, 是日 監郡鄭公携酒來訪 明日 以詩謝之	-
35-087	咸昌吟, 監郡公送麥二石 脂麻五斗	-
35-088	咸昌吟, 寄尼山申監務兼定山	-
35-089	咸昌吟, 久坐	-
35-090	咸昌吟, 尙州▨授官李汝信來訪 吾門生也	-
35-091	咸昌吟, 聞蟬 二首	-
35-092	咸昌吟, 早起望松有感	-
35-093	咸昌吟, 安東權愼齋書來見次韻 復用寄呈	-
35-094	咸昌吟, 大雨歎	-
35-095	咸昌吟, 讀李白詩	-
35-096	咸昌吟, 李承吉中郎以新酒來餉者再 聊作短歌 所以報之也	-
35-097	咸昌吟, 偶題 三首	-
35-098	咸昌吟, 吟嘯	-
35-099	咸昌吟, 志喜	-
35-100	咸昌吟, 奉寄海州族長	-
35-101	咸昌吟, 遣悶 金上將携酒來 栗及靑豆侑之	-
35-102	咸昌吟, 又	-
35-103	咸昌吟, 八月初三日 尙州儒學敎授官送膰肉	1391년 8월 3일
35-104	咸昌吟, 初七日 聞黜陟令公過德通 以疾不克躬造上謁 代書寄呈	1391년 8월 7일
35-105	咸昌吟, 岑侍者告歸開天 走筆寄呈幻菴國師	-
35-106	咸昌吟, 白蓮會罷 留朴令公作中秋 過午夜就枕 天未明 公去 吾方酣睡 不之知也 曉起吟	1391년 8월 15일
35-107	咸昌吟, 謝陽山大禪師送松芝	-
35-108	咸昌吟, 寄簽書	-
35-109	咸昌吟, 感事	-
35-110	咸昌吟, 寄呈松軒	-
35-111	咸昌吟, 寄呈圃隱	1391년 11월 17일 이전
35-112	衿州吟, 洪武壬申夏四月十四日 上使司楯郞傳旨 二子與於言事失實之罪 今皆例貶矣 卿心豈得安 可居江外 臣穡蹈舞謝恩 卽出至普賢院 有雨小留	1392년 4월 14일
35-113	衿州吟, 宿臨津金龜聯判事野莊	1392년 4월 14일
35-114	衿州吟, 十五日 宿幸州柳令公野莊	1392년 4월 15일
35-115	衿州吟, 十六日 渡孔岩	1392년 4월 16일
35-116	衿州吟, 是日 至廣州村 是吾蒼頭赤脚居止處也 留數日作短歌	-

35-117	衿州吟, 偶題	-
35-118	衿州吟, 寄玄判書	-
35-119	衿州吟, 書同年姜判事壁 請予看脈 故戲之云	-
35-120	衿州吟, 寄呈姜同年靜軒先生	-
35-121	衿州吟, 題所寓村舍	-
35-122	衿州吟, 弟兄	-
35-123	衿州吟, 寄南京尹	-
35-124	衿州吟, 謝朴惇之饋魚 兼述所懷	-
35-125	衿州吟, 登舍北小山四望	-
35-126	衿州吟, 寄呈松軒	-
35-127	衿州吟, 謝玄判書送鮎魚 因有所感 三首	-
35-128	衿州吟, 冠嶽山禪覺菴澈首座惠草佐飯石茸	-
35-129	衿州吟, 卽事	-
35-130	衿州吟, 冠嶽新房菴主無及之同行也 由朔方廻居是菴 與老宿某某携食來餉	-
35-131	衿州吟, 五月十七日 馳叔畦進士八京幹事 自笑零丁至此吟成一首	1392년 5월 17일
35-132	衿州吟, 中顯知安山鄭士雲送白米十斗 乾魚十首 酒兩甁云南計定所請也 安山新京畿 南君楊廣計定使 何從而相通 必二人相好者也 於是戲賦短律	-
35-133	衿州吟, 喜晴 慰叔畦也	-
35-134	衿州吟, 卽事 三首 直述 非虛語也	-
35-135	衿州吟, 對景寫懷	-
35-136	衿州吟, 從玄判書求茅蓋新亭	-
35-137	衿州吟, 南在送尊酒奏紙	-
35-138	衿州吟, 寄廣州牧使崔恕	-
35-139	衿州吟, 昨日安養道生僧統扶携酒食來勞 今早送紙 以詩謝之	-
35-140	衿州吟, 四顧無雲 有感而作	-
35-141	衿州吟, 少選 白雲片片滿天 又吟一首	-
35-142	衿州吟, 陽城監務高▨▨送白米五斗 酒兩甁 寒食拜掃韓山返程時 護送至沙平院者也	-
35-143	衿州吟, 新亭	-
35-144	衿州吟, 近訪同年靜軒公云 吾子靑谷師書來報 近當比上公必見之 吾聞之 喜可知也 昨風聞靑谷來數日矣 幸得尊菜一缸送去 聊助侍養一味云	-
35-145	衿州吟, 判曺溪事竹菴軫公退院歸任所億政寺留岩串 以般若湯 蔬菜五星來慰吾三黜也 新亭適成 共坐移日而去	-
35-146	衿州吟, 請竹菴設非食 朴判書 姜判事 玄判書適來 談笑	-

작품 번호	제목	저작 시기
	極歡而罷 用前韻	
35-147	衿州吟, 客去獨坐樂江上之景 而不忍去 權洪州適至 呼酒小酌	-
35-148	衿州吟, 明日 送竹菴不及 同朴判書到權洪州所寓 朝湌訖 熱甚 舟浮江中 夫人魟亦來小酌 向晩乃別 是日 玄判書 龍山辛判書亦以酒食來 餞洪州也 三首	-
35-149	衿州吟, 明日 困臥微吟	-
35-150	衿州吟, 歧灘長橋 送判書朴壯元還歸田舍	-
35-151	驪興吟, 六月初七日 寄姜同年玄隣長	1392년 6월 7일
35-152	驪興吟, 十四日 謝郡守來訪	1392년 6월 14일
35-153	驪興吟, 十六日 門生徐楊根送涼席四張 作此幷謝前日携一僧統來訪	1392년 6월 16일
35-154	驪興吟, 驪興守拏舟來邀老夫同泛 中流四顧可樂也 乘興遡流而上 至鸕鶿岩小留 廻舟順流而下 信乎其快也 醇飲鮮飧 孤吹隻弄 實有餘味 晩歸樓上 如仙遊而還家也 明日 援筆錄之	-
35-155	驪興吟, 寄菩提大禪師	-
35-156	驪興吟, 示簽書	-
35-157	驪興吟, 寄上院禪師 兼簡金石諸左尹	-
35-158	驪興吟, 奉寄瓶栗金判事 兼簡權判事	-
35-159	驪興吟, 寄鄕校金少尹 黃少尹	1392년 7월
35-160	驪興吟, 寄權大老 李克明尙書	-
35-161	驪興吟, 知郡朴公之母實吾座主松堂先生之女 知郡迎養盡孝道 予幸得素食數味以饗 主人携予登舟避暑 及晩而歸	-
35-162	驪興吟, 門生權簽書來 其甥朴某之父在川寧 携酒相勞 方在鳳巖 顧舊山河 思擧一杯 而朴公至 欣然獻酬 及還 郡守求又飲大醉	-
35-163	驪興吟, 奉謝江陵鄭令公問遺	-
35-164	驪興吟, 七夕	1392년 7월 7일
35-165	驪興吟, 寄示種善	-
35-166	驪興吟, 尋蓮林外	-
35-167	驪興吟, 興法堂頭將入院來過甓寺 予與古鏡翁同浮舟 賞蓮郡池	-
35-168	驪興吟, 寄呈幻菴	-
35-169	驪興吟, 孟秋望日 記事有感	1392년 7월 15일
35-170	驪興吟, 代書奉答李向上	1392년 7월 30일 이전

『牧隱詩藁』 작품연보 해설

1. 『牧隱詩藁』 제1권

『牧隱詩藁』의 제1권에는 辭 6편, 賦 2편, 操 7편과 4言古體詩 2편 등 모두 17편의 작품이 수록되어 있다. 『牧隱詩藁』에는 무려 4,262편의 작품이 실려 있지만 위와 같은 문체의 작품들은 제1권에 실린 17편에 불과하고, 아마도 그 때문에 제1권으로 독립시켜 편집한 것이 아닌가 추측된다.

『牧隱詩藁』 제1권의 첫 번째 작품은 산중의 경치를 감상하던 중에 周頓頤와 許衡을 연상하며 지은 〈01-001〉「山中辭」이다. 작품을 지은 시기는 나타나 있지 않고, 단지 "쇠한 낯을 비추어 바로 거울이로세〔照衰顔以是監〕"라고 한 대목의 '쇠한 낯〔衰顔〕'에서 노년의 작품으로 추측된다. 이색은 50세를 넘긴 우왕 초부터 자신이 늙고 쇠약해졌다는 표현을 자주 했으므로 이 작품 역시 그 이후에 지었을 것이다. 다음 작품 〈01-002〉「閔志辭」도 "어찌하여 늙어서 깊은 골짝에 들어왔는고〔胡老大而入于幽谷兮〕"라고 한 데서 역시 노년, 즉 50세가 되는 1377년(우왕 3) 이후의 작품으로 추측된다.

〈01-003〉「永慨辭」와 〈01-004〉「流水辭」는 모두 세상이 자기를 제대로 알아주지 않는 데 대한 소회를 노래한 것으로, 각각 “천재에 나를 아는 사람이 있을진댄 / 아마도 한밤중에 길이 개탄하리라〔千載而有人兮 想永慨於中宵〕”와 “천재에 나를 아는 사람 있어 / 귀가 있으면 알아들으리〔千載有人兮 有耳其聆〕”로 종결되어 같은 시기에 지은 것으로 보인다. 그런데 〈01-004〉「流水辭」에서는 “귀밑머리가 희끗희끗하여라〔鬢毛之星星〕”라고 하여 50대의 작품임을 알 수 있고, 1381년(우왕 7) 5월경에 지은 〈29-114〉「白晝」의 “나의 삶도 이만하면 유유자적하지 않소 / 천년 뒤 언젠가는 알아주는 이 있으리다〔吾生頗自適 千載有知音〕”라는 구절에서 같은 느낌의 표현이 보이므로 이 辭 2편은 1381년 무렵에 지은 것이 아닌가 한다.

〈01-005〉「東方辭 送大司成鄭達可奉使日本國」은 “대사성 鄭達可가 사명을 받들고 일본국에 가는 것을 보내다”라는 시제에서 지은 시기를 알 수 있다. 정달가, 즉 鄭夢周가 일본에 사신으로 파견된 시기는 1377년(우왕 3) 9월이었고,[6] 이 시는 “그대는 음식의 절도를 신중히 하고 / 사려를 적게 하고 편안히 기거하여 / 그 몸을 보전해서 그 직무를 완수하라〔子其愼兮飮食也 少思慮兮興居 保厥躬兮供厥職也〕”라고 했듯이 정몽주의 장도를 기원하며 지은 것이다. 그다음의 〈01-006〉「自訟辭」는 자신의 삶을 되돌아보는 내용이어서 역시 50세 이후에 지은 것으로 추측된다. 이처럼 『牧隱詩藁』 제1권의 辭 6편 가운데 1편은 이색이 50세가 되던 1377년(우왕 3) 9월에 지었고, 나머지 5편도 모두 50세 이후, 우왕대에 지은 것으로 추정된다.

〈01-007〉「雪梅軒小賦 爲日本釋允中菴作 號息牧叟」는 시제에서 밝혔듯이 일본승려 允中菴을 위해 지었는데, 시 가운데 “문득 중도에 험한 길 만나 멈춰서 / 이에 식목수의 영접을 받았도다〔忽中道而坎止 乃息牧之相邀〕”

6 『高麗史節要』 권30, 禑王 3년 9월 “遣前大司成鄭夢周報聘于日本 且請禁賊”

라고 했으니 이색이 윤중암을 직접 만나 지은 것이다. 그런데 이색이 윤중암과 어울린 시기는 50세 무렵으로, 1378년(우왕 4) 윤중암의 방문을 받고 지은 〈09-054〉「中菴允上人見過」가 있어 대략 그즈음이 아닐까 추정된다. 그다음의 〈01-008〉「觀魚臺小賦」는 외가가 있는 영해부의 觀魚臺를 소재로 한 것이나, 지은 시기는 알 수 없다.

賦에 이어 7편이 操가 실려 있는데 모두 지은 시기를 알 수 없다. 다만 〈01-014〉「宣尼操」 뒤에 "이상 琴操 6편은 세상이 다스려지기를 생각하는 뜻에서 지은 것이다"라고 했으므로 〈01-009〉「巢父操」부터 여기까지 6편은 동시에 지은 것임을 알 수 있다. 그런데 〈01-015〉「崧高操 韓山子望松山而作」은 "우리 동방 보전했는데 / 오직 이때에 중국은 / 오계에서 원에 이르렀네 / 오계에서 원에 이르기까지 / 천명은 덧없는 것이어서 / 공경히 방물을 조공하니 / 나라가 길이 창성하도다〔保我東原 維時中夏 五季迄于元 五季迄于元 天命靡常 式修方物 邦永于昌〕"라고 하여 원과 책봉-조공 관계가 단절되기 전, 즉 1369년(공민왕 18) 이전에 지은 것으로 추정된다.

〈01-016〉「近以唱和故 家僮屢至圓齋門庭…」은 이색이 圓齋, 즉 鄭公權과 창화하면서 지은 시이다. 詩題에서 "公의 나이가 50세 가까이 되었는데 高堂께서 無恙하시다"고 했고, 정공권의 생년이 1333년(충숙왕 후2)이므로 50세가 되는 1382년(우왕 8) 가까이에 지은 작품이 될 것이다. 그런데 『牧隱詩藁』에는 이색이 정공권과 주고받은 시가 집중적으로 많이 실려 있는 부분이 있다. 1380년(우왕 6) 3월에 지은 〈21-084〉「閱案上朋友往還簡書 得鄭同年圓齋所寄三月三日紀夢詩…」부터 〈21-135〉「圓齋少年 按行關東…」까지 52편 가운데 정공권과 주고받았거나 정공권을 소재로 한 작품이 무려 20편이고,[7] 그 가운데 〈21-107〉「圓齋所唱風字韻七言古詩…」

7 『牧隱詩藁』 21-084, 閱案上朋友往還簡書… ;21-089, 有感呈圓齋 ;21-090, 又吟 ;21-096, 用圓齋韻 ;21-097, 圓齋又▨▨催釀載醪等語… ;21-099, 又吟 ;21-100, 復作一篇… ;21-102, 自

는 시제에서 "圓齋가 처음 부른 風字韻의 칠언고시를 화답한 것이 무려 열세 수에 이르렀고, 원재가 지은 것은 또 이보다 더 많다"고 했다. 이는 〈01-016〉「近以唱和故 家僮屢至圓齋門庭…」에서 "요즘 唱和하는 일 때문에 가동이 자주 圓齋의 집에 갔다"고 한 것과 정황상 일치하므로, 이 작품은 1380년(우왕 6) 3월에 지은 것이 거의 확실하다.

제1권의 마지막 작품인 〈01-017〉「陽軒詩 爲龜城君金公作」은 龜城君 金公을 위해서 지은 것으로 『牧隱文藁』에 실려 있는 「陽軒記」와 짝하는 작품이다.[8] 「양헌기」는 염흥방의 부탁을 받아 지었는데, 그 내용 중에 "東亭이 조정에 돌아오고 나서"라든가 "내가 오래도록 병이 든 몸이라서"라는 등의 표현에서 염흥방이 1375년(우왕 1)에 유배되었다가 돌아온 뒤, 그리고 이색이 오래도록 병중에 있던 시기, 즉 1378년(우왕 4) 무렵에 지은 것으로 추정된다. 〈01-017〉「陽軒詩…」도 「陽軒記」와 동시에 지었을 가능성이 크므로, 역시 1378년 무렵의 작품으로 추정할 수 있다.

2. 『牧隱詩藁』 제2권~제5권: 1348년(충목왕 4)~1360년(공민왕 9)

『牧隱詩藁』 제2권의 첫 작품 〈02-001〉「天壽節日 臣穡從本國進表陪臣入覲大明殿」은 이색이 원 황제의 생일인 천수절에 고려 사신을 따라 대명전에 입근하여 지은 것이다. 원 順帝의 천수절은 4월 17일이므로[9] 이 시는

敍 錄呈圓齋 ;21-103, 又賦 ;21-106, 戲圓齋 ;21-107, 圓齋所唱風字韻七言古詩… ;21-110, 圓齋讚… ;21-114, 僕旣兩讚 公示自嘲之作… ;21-115, 近承佳作 唱和多矣… ;21-117, 前篇意在興吾道大也不可必也… ;21-118, 圓齋又以風字韻詩投僕… ;21-122, 圓齋示酒頌… ;21-126, 呈圓齋 ;21-130, 自詠 ;21-135, 圓齋少年按行關東…

8 『牧隱文藁』 02-11, 陽軒記

9 李成珪, 「高麗와 元의 官僚 李穀(1298~1351) 年譜稿」 『東아시아 歷史의 還流』(지식산업사, 2000), 250쪽의 주 195에 따르면, 元 順帝의 天壽節은 『稼亭集』(권9)에 실려 있는 「送辛寺丞

어느 해인가 4월 17일에 지은 것인데, 뒤에 나오는 〈02-095〉「歲戊子 陪李政丞 李密直 進賀天壽聖節…」에 의하면 이색은 1348년(충목왕 4) 천수절進賀使인 李凌幹과 李公遂를 따라 원에 갔다. 따라서 『牧隱詩藁』의 제2권은 1348년 4월 17일에 지은 시로부터 시작됨을 알 수 있다. 그다음의 〈02-002〉「東門送家君」에는 이색이 원에서 이곡의 귀국을 환송하는 장면이 나온다. 『稼亭集』에 실려 있는 李穀 年譜에 따르면 이곡은 1348년 원에서 귀국해서 그해 여름 고려에서 찬성사에 올랐으므로[10] 이 시는 그해 여름에 지은 것이다. 그 뒤의 몇 편은 이색이 원에 있으면서 지었는데, 〈02-005〉「奉寄伯父」은 '秋色'이란 시어에서 가을에 지은 것임을 알 수 있고, 〈02-006〉「中秋 寄朴仲剛」은 그해 中秋, 즉 8월 15일에 지은 것이며, 계속해서 〈02-007〉「次仲剛韻」의 '紅樹'·'霜'·'菊', 〈02-009〉「雪後 復用仲剛韻」의 '雪', 〈02-010〉「除夜」의 '除夜' 같은 시어들에 가을을 거쳐 겨울에 이르는 계절의 변화가 나타난다.

이어서 〈02-011〉「與同舍同賦」는 '春草'에서 봄이 왔음을 알 수 있으므로 이때부터 해가 바뀌어 1349년(충정왕 1)이 된 것이다. 〈02-012〉「自詠」도 "봄인데도 나그네 담요엔 이가 득실거리고〔春來客榻氈猶虱〕"라고 한 것처럼 봄에 지었는데, 바로 다음의 〈02-013〉「送同舍生歸覲西川」은 "연산은 기러기 그림자 가을일레〔燕山鴈影秋〕"라고 하여 갑자기 가을로 건너뛴다. 그리고 계속해서 〈02-015〉「秋日書懷」, 〈02-021〉「寒風…」 등에 가을에서 겨울로 넘어가는 계절의 변화가 나타나 있다.

〈02-023〉「出鳳城」은 이색이 고려로 돌아오려고 鳳城을 나서면서 지은 시이다. 그런데 시 가운데 "황제가 즉위한 지 18년 만에〔皇帝龍飛十八春〕"

入朝序」의 "以四月十七日大會于京師賀天壽節"로부터 4월 17일인 것이 확인된다.

10 『稼亭集』「稼亭先生年譜」"至正七年丁亥(1347, 忠穆王 3) 還京師… 至正八年戊子(1348, 忠穆王 4)夏 拜匡靖大夫 都僉議贊成事 右文館大提學 監春秋館事 上護軍 是年東還"

라는 구절로부터 원 순제가 즉위한 지 18년이 되는 1350년(충정왕 2)임을 알 수 있다. 〈02-023〉「出鳳城」부터 〈02-067〉「用兪先生韻 呈府尹吳諫議」까지 귀국 길에 지은 시들이 이어지는데, 이들 시에는 이색이 大都(지금 北京)를 출발하여 通州, 漁陽縣, 薊門, 盧龍縣, 楡林關, 瑞州, 海州를 지나[11] 압록강을 건넌 다음 良冊驛(지금 평안북도 룡천군), 神安驛(지금 평안북도 정주시), 長林驛(지금 평안북도 박천군), 肅州(지금 평안남도 숙천군), 西京, 그리고 水原府를 거쳐 고향인 韓山으로 가는 여정이 자세하게 나타나 있다. 귀국하는 데 걸린 시간도 꽤 긴 편이어서 출발은 〈02-025〉「途中」의 "훈훈한 바람이 솔솔 소매 가득 불어오네〔颯爾薰風滿袖生〕"라고 한 데서 보듯이 봄에 했지만, 도착할 때는 〈02-062〉「肅州」에서 "문밖의 푸른 그늘이 벌써 가을을 알리네〔綠陰門外已先秋〕"라고 한 것처럼 가을로 접어들었다. 『牧隱集』의 年譜에는 이색이 1350년 가을에 원에서 돌아왔다고 되어 있는데,[12] 이것은 한산에 도착한 시기를 기준으로 한 것이다.

고려에 돌아온 뒤 이색의 행적은 〈02-068〉「十二月二十日 發王京 明年正月 還學」에서 짐작할 수 있다. 이에 따르면 이색은 귀국한 지 얼마 지나지 않아 12월 20일 개경을 출발하여 원으로 되돌아갔고, 이듬해인 1351년(충정왕 3) 1월에 원에 도착해서 이 시를 지었다. 그런데 1월 말에 아버지 이곡이 세상을 떠났으므로 이색은 곧바로 다시 귀국하여 삼년상을 치렀다. 그리고 1353년(공민왕 2) 늦은 봄, 즉 3월에 〈02-070〉「旣還學之明年正月晦 先考訃音至 奔喪歸鄕 侍慈堂終制 歲癸巳春暮也 朱同年印成有詩 次其韻」을 지었는데, 그간의 사정은 이 시의 詩題에 잘 나타나 있다.

---

11 森平雅彦, 「牧隱 李穡의 두 가지 入元 루트—몽골 시대 高麗-大都 간의 육상 교통—」(『震檀學報』 114, 2012)에 따르면 通州는 지금 중국의 北京市 通州區, 漁陽縣은 河北省 天津市 薊縣, 盧龍縣은 河北省 秦皇島市 盧龍縣, 楡林關은 河北省 秦皇島市 撫寧縣 楡關鎭, 瑞州는 遼寧省 葫蘆島市 綏中縣 前衛鎭, 海州는 遼寧省 鞍山市 海城市 중심부이다.

12 『牧隱集』「牧隱先生年譜」"至正十年庚寅(1350, 忠定王 2)秋 歸覲"

이후 〈02-072〉「淸明雪 次伯父韻」의 '淸明', 〈02-073〉「夜坐有感」에서 "봄밭에 싹이 점점 자란 게 다시 기쁘구나〔更喜春畦芽漸高〕"라고 한 데서 1353년(공민왕 2) 봄에 지었음을 알겠고, 다음의 〈02-074〉「夏四月 將抵京應擧 行次水原…」에는 시기가 4월로 밝혀져 있는데, 이 시는 이색이 과거 응시차 개경에 가는 도중에 지었다. 계속해서 〈02-075〉「在水原八呑村 候東堂日期 雜興」은 수원 八呑村에서 과거 날짜를 기다리면서, 그리고 〈02-076〉「初場」과 〈02-077〉「中場」, 〈02-078〉「終場」은 그해 5월에 과거를 치르면서 지은 시이다. 이색은 이 과거에서 장원으로 급제했는데, 〈02-079〉「次閔童子詩韻…」은 "지난날 과거장에서 나와 서로 만났더라면 / 내가 장원하기 어려웠던 걸 알겠네 그려〔棘圍前日如相遇 知我難爲第一人〕"라고 한 데서 급제 후에 지었음을 알 수 있고, 급제 후 한산에 내려가는 도중에 德水院(지금 서울시 은평구)과 沙平渡(지금 서울시 강남구)에서 〈02-080〉「將還韓山 行次德水院…」, 〈02-081〉「沙平渡歌」를 각각 지었다.

〈02-082〉「完山南樓小酌…」은 "한 편에 내린 소나기가 다시 시를 재촉하네〔半邊白雨更催詩〕"라고 한 데서 여름, 〈02-086〉「小酌」은 "가을 벼는 전야에 가득하구나〔秋禾滿田野〕"라고 한 데서 가을에 지었음을 알 수 있다. 그 뒤의 〈02-088〉「將如京應鄕擧 途中作」은 1353년 가을에 실시된 征東行省 鄕試를 보기 위해 개경으로 가는 길에 지었고, 〈02-090〉「鄕試有感」은 향시에 합격한 뒤 지은 것이다. 그리고 그해 10월 制科 응시를 위해 進賀使 金希祖의 서장관 자격으로 원에 갔는데,[13] 〈02-091〉「予將會試京師…」부터 〈02-102〉「通州」까지 12편이 西京, 安州江, 義州站, 東八站, 遼陽路, 彰義站, 大寧, 北京을 거쳐 大都 東郊의 通州로 가는 길에 지은 시이다. 원에 도착했을 때는 이미 겨울이 깊어 〈02-100〉「北京」에서는 "북

13 『高麗史』 권38, 世家38 恭愍王 2년 10월 辛酉:27일 "遣軍簿判書金希祖如元 賀册太子"

풍한설 찬바람은 밖으로 불어대네〔朔雪寒風向外吹〕"라고 할 정도였다. 그리고 〈02-103〉「崇德寺…」부터 〈03-002〉「古意」까지 7편이 이듬해 2월 제과가 실시될 때까지 지은 시인데, 그 가운데 제3권의 첫 작품인 〈03-001〉「自勉」이 '春風' 등 시어에서 봄에 지었음을 알 수 있으므로 제2권의 마지막 작품 〈02-107〉「有感」까지가 1353년(공민왕 2) 작품일 가능성이 크다.

『牧隱詩藁』의 제3권은 1354년(공민왕 3) 봄에 지은 시로 시작된다. 〈03-001〉「自勉」이 이 해 봄, 〈03-002〉「古意」가 급제를 기원한 것으로 보아 제과 이전, 〈03-003〉「殿試後自詠」과 〈03-004〉「登科有感」은 3월에 전시를 치르고 나서 지은 것이다.[14] 이색은 전시에 합격한 뒤 곧 귀국 길에 올랐는데, 〈03-005〉「自京師東歸 途中作」부터 〈03-024〉「至韓山」까지가 그 여정 중에 지은 시이다. 한산에 도착한 뒤에 지은 〈03-026〉「謝普光二上人見訪」에서 "江山에 가을이 아직 깊지 않아 배와 대추는 따 먹을 수 없는데〔江山秋未深 梨棗不堪剝〕"라고 한 데서 초가을임을 알 수 있다. 그리고 〈03-031〉「淸州宿僧房 明日 韓同年設食」의 "이불이 차니 서리가 깊음을 알겠고〔被冷知霜重〕"라는 구절에서 늦가을, 이어 〈03-032〉「同李生宿玉琴村…」의 '추위〔寒〕', 〈03-033〉「三角山下」의 '歲晩', 〈03-036〉「途中雪」의 "겨울이 깊어 눈이 한창 내리는데〔冬深雪方作〕" 등으로부터 늦가을에서 겨울로 넘어간 계절의 변화를 읽을 수 있다. 그다음의 〈03-037〉「入城 始知前月除典理正郎藝文應敎」는 이 해 11월에 전리정랑 예문응교에 임명되고[15] 그다음 달인 12월에 지었다. 이후 〈03-042〉「自詠」의 '섣달〔臘〕'도 이 시가 12월에 지어졌음을 알려주며, 〈03-047〉「早春」에서 해가 바뀌었

14 『牧隱集』「牧隱先生年譜」"至正十四年甲午(1354, 恭愍王 3) 二月 中會試 三月 殿試中第二甲第二名…"

15 『牧隱集』「牧隱先生年譜」"至正十四年甲午(1354, 恭愍王 3) 十一月 授通直郎 典理正郎 藝文應敎 知製敎 兼春秋館編修官"

으므로 그 앞의 〈03-046〉「往事」까지가 1354년(공민왕 3) 12월 작품으로 추정된다.

〈03-047〉「早春」부터 1355년(공민왕 4)으로 접어들었고, 〈03-048〉「謁告省親 是夜下批除中書舍人…」은 이색이 이 해 윤1월 20일 內書舍人에 제수된[16] 직후에 지은 것이다. 그 뒤 이색은 한산에 다녀왔는데, 〈03-049〉「出東門」부터 〈03-052〉「到家」까지는 한산에 가는 길에, 〈03-053〉「明當遠游 慨然有作」은 한산에서, 〈03-054〉「赴松京途中」과 〈03-055〉「過三角山」은 한산에서 개경으로 돌아오는 길에 지은 시이다. 그리고 이 해 3월 사은사 윤지표의 서장관으로 원에 파견되어 가는 길에 〈03-060〉「是歲春密直宰相尹之彪爲謝恩使 予忝書狀官赴都 金郊途中」을 지었다. 이후 〈03-061〉「岊嶺」부터 〈03-077〉「至京師」까지 17편은 岊嶺, 西京, 安州江, 義州, 婆娑府, 遼陽路, 栢山, 沙河, 薊門, 通州, 東嶽廟를 지나 大都에 도착하는 동안에 지은 시이다. 이 사행 길은 4월 중에 끝났는데, 大都에 도착한 뒤에 지은 〈03-079〉「蜀葵歌」가 "사월이라 화창하고 풍일이 하 좋은데〔四月淸和好風日〕"라는 구절로 시작하는 데서 알 수 있다. 그다음의 〈03-080〉「端午」는 그해 5월 5일에 지었다.

이색은 원에 수개월 동안 머물렀다가 이듬해인 1356년(공민왕 5) 1월 귀국길에 올랐다. 그 사실이 〈04-001〉「丙申正月 出齊化門東歸 明日 紀行」에 나타나 있으므로 그 앞의 〈03-144〉「院中首領官皆公差 穡權行經歷事蒙召赴省…」까지는 모두 1355년(공민왕 4)에 원에 있으면서 지은 것으로 볼 수 있다. 그 가운데 〈03-087〉「夏日」, 〈03-095〉「皇都夏日」, 〈03-100〉「夏日游城南永寧寺」 등은 여름에 지었고, 〈03-106〉「六月十五日 憶鄕里游燕」은 지은 날짜가 6월 15일로 밝혀져 있다. 〈03-111〉「新入院 述懷」는 이색이

16 『高麗史』 권38, 世家38 恭愍王 4년 윤정월 丁未:20일 "以… 李穡爲內書舍人"

이 해 8월 원 한림원의 관직에 임명된 뒤[17] 느낌을 술회한 시이고, 그로부터 "가을 깊은 물가엔 흰 구름 썰렁하고 / 비 지난 먼 산엔 붉은 나무가 많아졌구나〔秋深鷺渚白雲冷 雨過螺山紅樹多〕"라고 한 〈03-141〉「送李文會歸廬陵省親」까지는 모두 가을에 지었다. 그 뒤 〈03-143〉「送徐尙書東歸」에서는 "눈보라 길 삼천리를 가자 하니〔風雪三千里〕"라고 하였으니 겨울에 지은 것이다.

『牧隱詩藁』의 제4권은 1356년(공민왕 5) 1월에 이색이 귀국하기 위해 大都를 출발하면서 지은 작품으로 시작된다. 이색은 薊門, 盧龍縣, 楡關, 遷民鎭, 杏店, 橫川寨, 十三山, 海州, 亭子河, 龍州山 등을 거쳐[18] 개경에 도착했고(〈04-014〉「王京」), 계속 발길을 옮겨 한산에 당도했다(〈04-015〉「還家」). 1월에 시작된 여행은 봄이 다가기 전에 끝이 났는데, 한산에 도착한 뒤 성묘하면서 지은 〈04-017〉「拜掃」에서 "묵은 뿌리엔 봄이 잎을 틔우고 / 새 나무엔 비가 가지를 더하네〔宿根春吐葉 新樹雨添柯〕"라고 한 데서 알 수 있다. 바로 다음의 〈04-018〉「還松京」은 개경으로 돌아가 지은 것으로 "때마침 당 위의 제비를 보니 / 집 짓느라 좋은 자리 더럽히네〔時看堂上燕補壘汚華筵〕"라고 했으므로 아직도 봄임을 알 수 있다.

〈04-019〉「遣興」은 1356년 5월 18일에 있었던 공민왕의 반원운동을[19] 소재로 한 것이다. 그리고 그다음의 〈04-020〉「讀詔」는 "군왕은 스스로 임기응변의 지혜가 있고 / 천자는 이제 멀리 보는 안목이 돌아왔네 / … / 조서를 읽고 나서 두 줄기 눈물 줄줄 흘리며 / 천지를 향해 재생의 은혜에 사

17 『牧隱集』「牧隱先生年譜」"至正十五年乙未(1355, 恭愍王 4)八月 禮任翰林院"

18 薊門은 지금 중국의 河北省 天津市 薊縣, 盧龍縣은 河北省 秦皇島市 盧龍縣, 楡關은 河北省 秦皇島市 撫寧縣 楡關鎭, 遷民鎭은 河北省 秦皇島市 山海關口, 杏店은 遼寧省 錦州市 太和區, 橫川寨와 十三山은 遼寧省 錦州市 凌海市, 海州는 遼寧省 鞍山市 海城市이다(森平雅彦, 「牧隱 李穡의 두 가지 入元 루트—몽골 시대 高麗-大都 간의 육상 교통—」『震檀學報』114, 2012).

19 『高麗史』 권39, 世家39 恭愍王 5년 5월 丁酉:18일

례하노라〔君王自有臨時智 天子方回視遠明 … 詔書讀罷雙垂淚 又向乾坤謝再生〕" 라고 한 것으로 보아 고려와 원의 대립이 일단 진정된 다음, 즉 이 해 10월 8일 원이 공민왕의 반원운동을 묵인하는 조서를 보내온[20] 뒤에 지은 것이다. 그 뒤의 〈04-028〉「選動自詠」과 〈04-029〉「解嘲吟」은 이색이 이부시랑으로서 都目政의 選目을 아뢴 후에 지은 것이니 1356년(공민왕 5) 12월 작품이 된다.

〈04-030〉「自歎」에는 '丁酉正月', 즉 1357년(공민왕 6) 정월이라는 題註가 붙어 있어 지은 시기를 분명히 알 수 있다. 그리고 〈04-034〉「吏部偶作」은 "찬바람 쌀쌀히 불고 눈은 아직 남았는데 / 부슬부슬 가랑비 내려 봄이 또 돌아오는구나〔寒風颯颯雪猶在 小雨霏霏春又歸〕"라고 한 데서 초봄, 그다음의 〈04-035〉「新拜祭酒 謁文廟」는 이색이 1357년 2월 試國子祭酒가 된[21] 직후에 지은 것이다. 그 뒤 이색은 휴가를 내어 한산에 갔는데, 〈04-037〉「謁告省親韓山 途中有感」에서 그 사실을 알 수 있고, 이어지는 〈04-040〉「郊行」에서 "풀이 자라라 새로 비가 내렸고 / … / 봄바람에 말 발굽만 씩씩하구나〔草長新過雨 … 春風馬足驕〕"라고 한 데서 계절이 아직 봄이며, 개경에 돌아와 지은 〈04-042〉「夏日與諸公游金鍾寺」 이후는 여름이 된다.

계속해서 〈04-047〉「初拜諫議入直」은 이 해 7월 우간의대부에 임명된[22] 직후에 지은 것이고, 〈04-049〉「對月遣興」은 中秋(8월 15일), 〈04-054〉「用中秋韻 邀諸公九日之會」는 重九日(9월 9일), 〈04-055〉「九月十六日 入直 復用前韻…」은 9월 16일, 〈04-057〉「閏月邀閏重九之會」는 윤9월 9일,

20 『高麗史』 권39, 世家39 恭愍王 5년 10월 甲寅:8일

21 『牧隱集』「牧隱先生年譜」"至正十七年丁酉(1357, 恭愍王 6)二月 除中大夫 試國子祭酒 翰林直學士 兼史官編修官 知制教 知閣門事"

22 『牧隱集』「牧隱先生年譜」"至正十七年丁酉(1357, 恭愍王 6)七月 遷大中大夫 右諫議大夫 翰林直學士 兼史官編修官 知制教"

〈04-061〉「晦日 聞雨」는 晦日(윤9월 29일)에 지었다. 〈04-062〉부터는 10월에 지었을 것인데, 시기가 확인되는 것은 〈04-071〉「卽事」로 "시월의 가벼운 추위가 언뜻 몸에 부딪혀〔十月微寒乍著人〕"라는 구절이 있다. 바로 다음의 〈04-072〉「詠雪」은 그해 겨울 작품이고, 〈04-077〉「新春遣興」부터 해가 바뀌었음을 알 수 있다.

1358년(공민왕 7) 봄에는 이색이 시를 거의 짓지 않았다. 〈04-077〉「新春遣興」 바로 다음의 〈04-078〉「聞倭賊犯韓州 請暇省母途中」이 이 해 5월의 작품이기 때문이다. 이 시는 한산이 왜구의 침략을 당했다는 소식을 듣고 집에 내려가는 길에 지은 것인데, 『高麗史』에는 이 해 4월 29일에 왜구가 한산에 침구한 기록이 있다.[23] 그로부터 〈04-086〉「入京」까지는 한산에 다녀오는 동안에 지었고, 왜구를 소재로 한 〈04-087〉「扶桑吟」도 연이어 지었을 것이다. 그 뒤의 〈04-092〉「酷熱事扇」과 〈04-093〉「夏日卽事」도 역시 여름에 지었고, 〈04-095〉「題朴中書詩卷」은 "가을바람이 국화주잔 불어 움직이누나〔秋風吹動菊花杯〕"라고 한 데서 가을에 지었음을 알 수 있으며, 〈04-097〉「送東北面韓萬戶 得月字」는 8월 24일에 韓方信이 동북면병마사로 부임하는 것을[24] 전송하면서 지은 시이다. 이 무렵 이색은 강화도 마니산에 다녀오면서 연작시를 지었는데(〈04-112〉「摩尼山紀行」), 그 제2수 「次韻齋宮」에서 "가을빛을 가장 좋아해 문 열어 받아들이고〔最愛秋光開戶入〕"라고 한 것이나 제4수 「次韻」에서 "가을바람에 낙엽지고 물결도 출렁이는데〔西風木落水揚波〕"라 한 데서 이 기행이 가을에 있었음을 알 수 있다. 이어지는 〈04-113〉「送觀禪師歸淸凉」부터 〈04-116〉「寄淸風鄭司諫」까지 4편은 지은 시기를 알 수 없지만, 권이 바뀌면서 해도 바뀌어 제

23 『高麗史』 권39, 世家39 恭愍王 7년 4월 丁酉:29일 "倭寇韓州及鎭城倉"

24 『高麗史』 권39, 世家39 恭愍王 7년 8월 庚寅:24일 "以慶千興爲西北面都巡問使 韓方信爲東北面兵馬使"

5권은 1359년(공민왕 8)에 지은 시로 시작된다.

〈05-001〉「早春 寄呈伯父」는 1359년 초봄에 지은 것이다. 하지만 이 해에도 봄에는 거의 시를 짓지 않아서 바로 다음의 〈05-002〉「夏日卽事」에서 여름으로 넘어간다. 〈05-004〉「望雨」는 "성중엔 더위가 한창 혹심하구려〔城中方酷熱〕"라고 했으므로 한여름에 지은 시이지만, 〈05-016〉「直廬聞李將軍家會客」에서 "나그네는 가을 홍취가 진진한데〔客子秋饒興〕"라고 하여 벌써 가을이 되었음을 알 수 있다. 이어지는 〈05-018〉「秋興」도 가을에 지었고, 〈05-022〉「八關」은 11월 15일에 지은 것이다. 이후 〈05-024〉「聞賊在婆娑府」부터 〈05-047〉「長歌」까지 24편은 모두 홍건적의 침략과 격퇴를 소재로 한 것으로, 『高麗史』의 관련 기록과 대조하면 시를 지은 시기를 추정할 수 있다.

우선 1359년(공민왕 8) 11월 29일에 홍건적 3,000명이 압록강을 건너와 노략질을 하고 돌아가는 사건이 일어나[25] 고려에서 홍건적의 침략을 처음 알게 되었으므로 〈05-024〉「聞賊在婆娑府」는 그 뒤에 지었을 것이다. 계속해서 〈05-025〉「聞賊入松山」은 12월 8일에 의주가 함락된 뒤,[26] 〈05-026〉「聞金樞副遇害」는 12월 9일 정주가 함락되고 도지휘사 金元鳳이 살해되었다는 소식을 듣고,[27] 〈05-028〉「淸江」은 12월 16일 安祐가 淸江에서 패했다는 소식을 듣고,[28] 〈05-035〉「聞賊入西京」은 12월 28일 서경이 함락되었다는 소식을 듣고[29] 각각 지은 것이다. 전쟁 중에 해가 바뀌었고, 그 사이 전황이 호전되어 1360년(공민왕 9) 1월 19일에 서경을 수복했는

25 『高麗史』 권39, 世家39 恭愍王 8월 11월 戊午:29일 "紅頭賊三千餘人渡鴨綠江 摽竊而去…"

26 『高麗史』 권39, 世家39 恭愍王 8년 12월 丁卯:8일 "紅頭賊魁僞平章毛居敬 衆號四萬 冰渡鴨綠江 陷義州…"

27 『高麗史』 권39, 世家39 恭愍王 8년 12월 戊辰:9일 "賊陷靜州 殺都指揮使金元鳳 遂陷麟州"

28 『高麗史』 권39, 世家39 恭愍王 8년 12월 乙亥:16일 "賊復入鐵州寇掠旁縣 安祐遇于淸江破之 復戰敗績 祐退屯定州"

29 『高麗史』 권39, 世家39 恭愍王 8년 12월 丁亥:28일 "賊陷西京"

데,[30] 〈05-040〉「方家丞馳報官軍得西京 喜而志之」는 그 소식을 듣고 기뻐하며 지은 시이다. 그 뒤로도 전투가 계속되는 가운데 2월 2일 함종의 홍건적을 공격하다가 패한 일이 있는데,[31] 〈05-042〉「聞官軍將赴咸從」는 그 전에, 〈05-044〉「聞咸從戰不利」는 그 후에 지었고, 〈05-045〉「聞丁臣桂軍不却」도 2월 2일에 있었던 東北面千戶 丁臣桂의 승전 소식을[32] 듣고 지었다. 결국 2월 16일에 홍건적을 몰아내는 데 성공했고,[33] 그 뒤에 〈05-046〉「聞賊平有感」과 승리를 축하하는 〈05-047〉「長歌」를 지었다.

홍건적을 물리치고 일상으로 돌아와 지은 시 중에서 〈05-049〉「上巳」는 3월의 첫 巳日인 癸巳日(6일)에 지었으며, 계속해서 〈05-055〉「偶書」는 "하 좋은 복사꽃 오얏꽃 나무는 / 지난해의 가지에서 꽃이 또 피어 / 화려하게 사람 얼굴 비추는데 / 봄바람은 때때로 불어주누나〔灼灼桃李樹 花開去年枝 依依照人面 春風時來吹〕"라고 했으므로 봄에 지은 것이다. 그리고 계절이 바뀌어 〈05-061〉「端午日 閱舊書…」는 5월 5일, 〈05-073〉「夏夜吟…」은 여름에 지었고, 〈05-081〉「扈從白嶽山有作」은 7월 1일 왕의 백악 행차를[34] 호종하고 나서, 〈05-084〉「移御昌華 扈從有作」은 8월 5일 왕이 창화사에 행차하는 것을[35] 호종하고 나서 지었다. 〈05-086〉「途中望天磨諸山」은 "인간의 바람 햇빛은 중추를 지났구나〔人間風日過中秋〕"에서 8월 15일 이후, 〈05-087〉「卜築呈李郎中」은 "늦가을이라 바람은 처음 썰렁하고〔秋抄風初冷〕"라고 한 데서 늦가을에 지었음을 알 수 있다. 그리고 〈05-098〉「東堂放榜」은 "金得培 韓方信兩萬戶爲主司"라는 題註가 붙어 있어 1360

30 『高麗史』 권39, 世家39 恭愍王 9월 정월 丁未:19일 "我軍進攻西京…"

31 『高麗史』 권39, 世家39 恭愍王 9년 2월 己未:2일 "安祐等進軍咸從 與賊戰失利"

32 『高麗史節要』 권27, 恭愍王 9년 2월 己未:2일 "東北面千戶丁臣桂 與賊殊死戰 斬數十級"

33 『高麗史』 권39, 世家39 恭愍王 9년 2월 癸酉:16일 "安祐·李芳實等追賊至古宣州 斬數百級 餘賊三百餘人渡鴨綠江而走"

34 『高麗史』 권39, 世家39 恭愍王 9년 7월 乙卯:1일 "朔 幸白岳 相視遷都之地"

35 『高麗史』 권39, 世家39 恭愍王 9년 8월 己丑:5일 "王及公主移御昌和寺"

년(공민왕 9) 10월 1일 東堂試가[36] 끝난 뒤에 지었음을 알 수 있다. 바로 다음의 〈05-099〉「直廬」는 새 궁궐의 불비함을 토로한 것으로 보아 11월 8일 白岳 천도[37] 이후에 지었고, 〈05-100〉「直廬長歌」에서 "새로 지은 두 궁궐 구름 위에 우뚝한데〔凌雲新闕雙嶙峋〕"라고 한 것과 〈05-102〉「白嶽」에서 "밥이 차니 얼음이 입에서 녹고 / 갖옷 얇으니 눈이 몸에 가득하네〔冷飯氷消口 輕裘雪滿身〕"라고 한 것을 종합하면 백악의 새 궁궐에서 추울 때, 즉 이 해 겨울에 지은 것이다. 그 뒤의 제5권 마지막 두 편 〈05-103〉「記打圍」와 〈05-104〉「記事」에는 시기를 알 수 있는 단서가 없으나, 문집의 편집 관례상 앞의 작품들과 같은 해에 지은 것으로 추정된다.

3. 『牧隱詩藁』 제6권~제13권: 1375년(우왕 1)~1378년(우왕 4)

『牧隱詩藁』의 제6권은 「晨興」이라는 작품으로 시작된다. 이 시의 "새벽에 일어난 병골은 추위가 가장 겁나네〔病骨晨興最怯寒〕"라는 구절에서 겨울에 지었음을 알 수 있는데, 어느 해 겨울인지는 알 수 없다. 지금까지의 흐름대로라면 1360년(공민왕 9) 겨울로 보는 것이 마땅하지만, 멀지 않은 〈06-016〉「五十自詠」이 이색이 50세 되는 해, 즉 1377년(우왕 3)에 지은 것이어서 제5권의 작품들과 무려 17년의 격차가 있기 때문이다. 또 이 시에서 '病骨' 운운한 것도 30대 초반의 나이에 어울리지 않을 뿐 아니라, 오히려 이색이 50대 이후 늘 병에 시달렸던 정황과 부합하는 면이 있다. 따라서 『牧隱詩藁』의 제5권과 제6권 사이에는 많은 시차가 있고, 제6권은 1377년 가까이에 지은 작품으로 시작되는 것으로 생각된다.

36 『高麗史』 권39, 世家39 恭愍王 9년 10월 甲申:1일 "賜鄭夢周等及第"
37 『高麗史』 권39, 世家39 恭愍王 9년 11월 辛酉:8일 "移御白岳新宮"

제6권에서 지은 시기를 추정할 수 있는 첫 번째 작품은 〈06-005〉「奉謝韓政堂 鄭簽書 韓簽書踏月見訪」이다. 여기서 韓簽書는 韓脩를 가리키는데, 그는 1375년(우왕 1) 여름에 밀직제학, 같은 해 가을에 첨서밀직사사를 거쳐 이듬해 1월 밀직부사가 되었다가 곧 동지밀직사사가 되었다.[38] 따라서 한수가 簽書였던 시기는 1375년 가을부터 다음 해 1월까지 짧은 기간이었고, 이 시는 그 사이에 지은 것이다. 그런데 같은 운을 사용한 그다음의 〈06-006〉「復用前韻自詠」에서 "들 매화의 시 흥취가 다시 청신해지누나〔野梅詩興更淸新〕"라고 하여 봄 분위기가 나고, 그 앞의 〈06-004〉「雪」은 겨울에 지었으므로 〈06-005〉「奉謝韓政堂 鄭簽書 韓簽書踏月見訪」은 1376년(우왕 2) 1월에 지은 것으로 추정된다.

제6권 앞부분에서 시기를 추정할 수 있는 또 하나는 작품은 〈06-015〉「送申中顯赴榮州」이다. 이 시는 申仁甫가 영주로 부임해 가는 것을 전송하면서 지은 것으로, 신인보는 1376년 7월에 3품을 冒稱했다가 탄핵받은 일이 있었는데[39] 이 시에는 그의 품계가 종3품 中顯大夫로 되어 있어 그 사건 뒤에 지었음을 알 수 있다. 또 이 시에서 "눈 다 녹은 강남에는 봄이 일찍 왔을 텐데〔雪盡江南生早春〕"라고 한 것과, 바로 다음의 〈06-016〉「五十自詠」이 1377년(우왕 3)에 지은 시임을 종합하면 〈06-015〉「送申中顯赴榮州」는 1377년 초봄에 지은 것이 거의 확실하다.

그렇다면 이 두 작품을 기준으로 앞뒤 작품들의 詩作 시기를 추정하는 것이 가능하다. 우선 〈06-009〉「自詠」은 "해가 지금 이미 저물었도다〔歲今云暮矣〕"라고 한 데서 연말에 지었음을 알 수 있으므로 여기까지가 1376년의 작품일 것이다. 그 앞의 〈06-007〉「有感」은 "처마에 비친 아침 해는

38 韓脩墓誌銘(『高麗墓誌銘集成』, 612쪽) "歲乙卯(1375, 禑王 1)夏 進拜密直提學同知書筵 秋 陞簽書 明年正月 改副使 俄進同知"

39 『高麗史節要』 권30, 禑王 2년 7월 "憲府劾典校副令申仁甫冒稱三品職 又奸故郎將朴東朝妻 請論如法 仁甫素諂附權貴 且東朝妻乃宰相金元命之女 爲玄陵外戚故寢其事 止坐冒職 杖流長巖戍"

온기를 펼치누나〔短簷初日放微溫〕"라고 한 데서 봄의 느낌이 있으므로 1376년(우왕 2) 봄에 지은 것으로 추정된다. 또 그 앞의 〈06-004〉「雪」은 1375년(우왕 1) 겨울에 지은 것이고, 계속해서 〈06-002〉「煎茶卽事」는 "봄이 계산 찾아드니 그림도 이만 못하리〔春入溪山畫不如〕"라고 한 데서 그해 봄에 지었음을 알 수 있으며, 〈06-001〉「晨興」의 '추위'는 같은 해 초봄의 추위를 말하는 것으로 보인다. 결국 『牧隱詩藁』의 제6권은 1375년(우왕 1)의 작품으로부터 시작되며, 1361년(공민왕 10)부터 1374년(공민왕 23)까지 13년 동안의 작품이 없는 셈이다.

〈06-016〉「五十自詠」이 1377년(우왕 3)에 지은 것이므로 이어지는 〈06-018〉「卽事」와 〈06-019〉「借梅花詩」는 각각 "병든 몸이 고통 속에 또 겨울을 났는데〔病骨酸辛又過冬〕"와 "봄이 오매 병든 몸이 더욱 고통스러워〔春來病骨轉辛酸〕"라고 한 대목으로부터 같은 해 봄에 지었음을 알 수 있다. 또 그다음의 〈06-020〉「夏日謾題」는 여름, 〈06-021〉「秋日卽事」는 가을, 〈06-029〉「中秋」와 〈06-031〉「重九」는 각각 1377년 8월 15일과 9월 9일에 지은 것이다. 계속해서 〈06-034〉「代友人送日本奉使」는 1377년 9월 정몽주가 일본에 사신으로 갈 때[40] 지었고, 〈06-055〉「丁巳十月二十日晩 康子野見訪…」은 10월 20일, 〈06-062〉「送王康隨尊公進表」는 이해 12월 王昇이 북원에 하정사로 갈 때[41] 아들 王康이 따라가는 것을 전송하면서 지었다. 또 〈06-072〉「丁巳冬」은 1377년 겨울, 〈06-116〉「十二月十六日庚申 是夜女兒達旦不睡」는 12월 16일에 지었음이 시제에 나타나 있다. 『牧隱詩藁』의 제7권은 「戊午正旦後二日」, 즉 1378년(우왕 4) 1월 3일에 지은 시부터 시작되므로 제6권의 마지막 작품인 〈06-118〉「奉懷仁熙諸相國」까지는 1377년에 지었다고 할 수 있다.

40 『高麗史節要』 권30, 禑王 3년 9월 "遣前大司成鄭夢周報聘于日本 且請禁賊"

41 『高麗史』 권133, 列傳46 辛禑1 禑王 3년 12월 "遣順興君王昇如北元 賀正"

『牧隱詩藁』 제7권은 모두 1378년(우왕 4) 1월에 지은 작품들로 채워져 있으며, 〈07-001〉「戊午正旦後二日」, 〈07-030〉「正月十二日 雨…」, 〈07-082〉「正月二十三日 謝江陵廉使洪少尹惠蔆」, 〈07-101〉「正月下澣 得南來書 因憶諸公」 등은 詩題에 지은 날짜나 시기가 밝혀져 있다. 1378년 1월 작품은 제8권에도 계속되다가 〈08-024〉「二月初一日」부터 2월 작품으로 바뀐다. 계속해서 〈08-039〉「二月初八日」이 2월 8일에 지은 것인데 멀리 떨어지지 않은 〈08-064〉「七月二十日 婢有難産者 記之」가 7월 20일 작품이므로 2월 이후 6개월 동안 지은 시가 불과 40편에 불과하다. 그 전에 1월 한 달 동안 144편의 시를 지었던 것을 생각한다면 의외라고 할 수 있다.

하지만 한참 뒤에 있는 제13권의 〈13-044〉「己未正月初二日 詣內肅拜 明日有作」이 기미년, 즉 1379년(우왕 5) 1월 3일에 지은 것이고, 그 뒤로는 작품들이 시기순으로 배열되어 있다. 그렇다면 그 이전까지는 모두 1378년에 지은 것이라고 가정할 수 있으며, 제8권~제13권의 작품들을 면밀하게 검토할 필요가 있다. 1378년에 지은 작품들이 제8권부터 제13권에 수록되면서 순서가 교란되었다고 보이기 때문이다.

그렇게 보았을 때 눈에 띄는 것이 〈11-014〉「二月十六日 呼高士騣話所懷」이다. 그저 2월 26에 지었다고 되어 있는 이 시는 훨씬 앞의 〈08-064〉「七月二十日 婢有難産者 記之」가 1378년 7월 20일 작품이므로 그 이후의 2월 26일 작품이어야 하지만, 1379년 작품은 〈13-044〉「己未正月初二日 詣內肅拜 明日有作」부터 시작되므로, 1378년 작품의 배열이 교란되었음을 시사한다. 또 바로 이어지는 〈11-016〉「二十四日 肅拜」가 1379년 2월에 지은 〈15-055〉「去歲二月卄四日肅拜 今已周年矣…」에 의해 1378년 2월 24일의 肅拜를 소재로 한 것으로 확인된다. 따라서 『牧隱詩藁』에는 1378년 2월에 지은 시들이 제8권과 제11권에 나뉘어 수록되었고, 제8권 중간에서 제11권으로 건너뛰어 연결되는 것임을 알 수 있다.

그렇다면 제8권의 어디까지가 1378년(우왕 4) 2월 작품이고, 또 제11권의 어디부터가 같은 해 2월의 작품인지를 확인할 필요가 있다. 우선 제8권의 〈08-039〉「二月初八日」 뒤로 〈08-052〉「幽居絶句」의 "봄비 내린 뜰 앞에 이끼만 쑥쑥 자라네〔庭前春雨長苔痕〕", 〈08-053〉「卽事」의 "동풍에 수양버들이 이미 마을을 흔드누나〔東風楊柳已搖村〕", 〈08-054〉「又賦」의 "꽃가지에 꽃소식 온 것은 또다시 놀랍네〔又驚芳信到花枝〕" 등에서 이 시들이 봄에 지어졌음을 알 수 있다. 이 작품들을 1378년 2월에 지은 것으로 본다면, 제11권의 1378년 2월 작품들이 그 뒤를 잇게 된다. 단, 7월 작품인 〈08-064〉「七月二十日 婢有難産者 記之」 앞에 있는 〈08-055〉「詠笏」부터 〈08-063〉「靑行纏歌」까지 9편은 지은 시기를 알 수 없다.

『牧隱詩藁』의 제11권은, 처음 몇 편은 지은 시기를 알 수 없지만, 〈11-007〉「君子惜寸陰」에서 "봄바람이 한창 광대히 불어와서 / 꽃과 방초가 교외 숲에 만발하니 / 새소리는 나의 뜻을 기쁘게 하고 / 꽃 마음은 나의 시를 재촉하여라〔春風方浩蕩 紅綠生郊林 鳥聲悅我情 花意催我吟〕"라고 한 데서 역시 봄 분위기를 느낄 수 있다. 또 〈11-008〉「曉雨」의 "강가의 편평한 밭엔 연기가 아득하고요 / 산언덕 오솔길엔 여린 풀이 돋아나니〔江上平田煙漠漠 山崖細逕草纖纖〕", 〈11-009〉「雨後」의 "해에 비친 노란 버들 싹이 뜰에 드리우더니 / 오늘 아침 가랑비는 또 푸른빛을 보내주네〔鵝黃映日柳垂庭 小雨朝來又送靑〕", 〈11-011〉「天陰」의 "산 빛은 비 온 나머지 시골 정취가 생기고 / 봄 경치는 취한 가운데 쇠한 몸 일으키네〔山色雨餘生野意 春光醉裏起衰身〕", 〈11-012〉「醉後卽事」의 "봄바람은 무한하여 꽃이 바다를 이루고〔春風無限花成海〕", 〈11-013〉「予年二十八拜內書舍人…」의 "새소리는 한창 화기가 넘치고 / 봄기운은 광대하게 펼쳐지는데〔鳥聲方和悅 春氣政鴻溶〕" 등에서 역시 봄에 지었음을 알 수 있다. 그 흐름이 2월 16일에 지은 〈11-014〉「二月十六日 呼高士褧話所懷」로 이어진다. 따라서 제11권의 첫 작품부터를 1378년(우왕 4) 2월에 지은 것으로 보아 제8권 중간의 〈08-054〉「又賦」 뒤에 연결해도 무리가 없을 것이다.

계속해서 〈11-016〉「二十四日 肅拜」가 1378년 2월 24일 작품이고, 이 날부터 3월 27일까지 이색이 여러 사람들을 만나고 다녔음이 〈11-026〉「自二月二十四日 至三月二十七日 凡三十四日 參見宰執 尋訪耆故 殆無遺矣…」의 詩題에 밝혀져 있으므로 〈11-017〉「雨後卽事」부터 〈11-025〉「卽事」까지 9편은 그 사이에 지은 것이다. 또 〈11-030〉「曉雨」와 〈11-031〉「又賦」에서 각각 '三月三十日', "맑고 화창한 사월이 바로 내일부터 시작이라〔四月淸和明日是〕"라고 하였으니, 이 두 편은 1378년 3월 30일에 지었다. 이어 〈11-036〉「卽事」의 "떨어진 꽃비에 나부껴 봄 풍경은 다하였고 / 깊은 나무엔 연기 끼어 여름 경치 새로워라〔落花飄雨春光盡 深樹生煙夏景鮮〕"라고 한 데서 초여름 4월의 정취를 느낄 수 있고, 다음의 〈11-037〉「八日 同韓平齋觀燈…」은 4월 초파일 연등 다음 날 지었다. 또 〈11-048〉「聞海寇犯江郊」와 〈11-053〉「倭賊近畿甸」, 〈11-057〉「賀判三司崔相國戰退倭賊」은 개경 근처까지 침범해온 왜구를 최영이 격퇴한 것을 축하하며 지은 시인데, 이것은 1378년 4월에 일어난 일이었다.[42]

『牧隱詩藁』의 제11권은 이렇게 1378년 2월부터 4월까지 지은 작품들이 이어지다가 〈11-058〉「憶僧房」에서 갑자기 "흐르는 물에 바람은 굴에서 나오고 / 맑은 서리에 달은 숲에 가득하리〔流水風生穴 淸霜月滿林〕"라고 하여 계절이 가을로 바뀐다. 즉, 5월과 6월에 지은 작품이 보이지 않는데, 그것들은 제9권에서 찾을 수 있다. 〈09-006〉「喜雨」의 "한바탕의 비가 물가에 자욱이 쏟아지니 / 생기 넘치는 벼이삭을 아침에 보겠네〔一雨濛濛暗水涯

42 『高麗史節要』 권30, 禑王 4년 4월 "倭船大集窄梁 入昇天府 聲言將寇京城 中外大震戒嚴 分命諸軍 出屯東西江 兵衛列於闕門 以待賊至 城中洶洶 令坊里軍登城望候 判三司事崔瑩督諸軍 軍于海豐郡… 及諸元帥使人獻捷 京城解嚴 百官畢賀 朝廷以爲瑩功 賜號安社功臣"

勃興禾稼見朝來〕"라고 한 것이 여름 분위기를 자아내고, 〈09-010〉「苦熱倫絶磵見訪」은 그 시제에서 한여름임을 알 수 있다. 따라서 제9권 처음부터를 1378년(우왕 4) 4월 작품인 〈11-057〉「賀判三司崔相國戰退倭賊」 다음에 놓으면 무리 없이 연결되고, 그 흐름은 〈09-029〉「七夕」, 〈09-034〉「秋雨」, 〈09-041〉「七月十五日」로 자연스럽게 이어지며 〈09-042〉「明日又賦」는 7월 16일 작품이다. 또 그 사이에 있는 〈09-032〉「聽詔」는 이 해 7월 元에서 詔使가 온 것을[43] 소재로 했고, 〈09-045〉「卽事 是日送詔」는 "짙은 그늘 아득하고 일기 약간 서늘한데〔重陰漠漠嫩涼生〕"라고 하여 초가을인 7월에 지었음을 알 수 있다.

그런데 멀지 않은 〈09-059〉「九齋 前都將校李丁送松菌 因作三絶」이 "한창 가을 팔월이라 만물이 절로 성숙할 제〔八月高秋物自成〕"라고 하여 8월에 지은 것이므로 7월 작품인 제8권의 〈08-064〉「七月二十日 婢有難產者 記之」 이하가 그 앞에 오게 된다. 즉, 〈09-046〉「扶桑絲吟」부터 〈09-058〉「紀事」까지 13편을 시기 미상으로 남긴 채 〈09-045〉「卽事 是日送詔」 다음에 〈08-064〉「七月二十日 婢有難產者 記之」를 이으면 자연스런 흐름이 된다. 계속해서 〈08-069〉「七月初八日 聽詔征東省 拜明善學士在焉 卄一日 王太醫來…」와 〈08-072〉「二十一日 朴舍來過」가 7월 21일, 〈08-080〉「卄七日」과 〈08-081〉「卄八日」을 지나 〈08-083〉「七月二十九日 益齋先生明忌 病不能與祭 感舊述懷」가 7월 29일에 지은 것이다. 이어서 〈08-088〉「八月初一日 雨」부터가 1378년 8월 작품으로, 〈08-106〉「初八日 丁祭膰至 作詩以記」는 8월 8일, 〈08-109〉「秋仲初九日 長孫孟畇讀書城南」은 8월 9일, 〈08-110〉「明日 有懷」는 8월 10일에 각각 지었으며, 〈08-122〉「秋雨歎」은 "팔월이라 십사일 비가 뜰에 가득 내릴 제〔八月十四

43 『高麗史』 권133, 列傳46 辛禑1 禑王 4년 7월 "北元使來告其主豆叱仇帖木兒卽位…"

雨滿庭〕"라는 구절에서 8월 14일, 〈08-124〉「十五日早」와 달구경을 하며 지은 〈08-125〉「夜授韓簽書宅小酌」은 8월 15일 작품이다.

제8권 다음에 이어지는 것이 8월에 지은 제9권의 〈09-059〉「九齋 前都將校李丁送松菌 因作三絶」 이하의 작품들이다. 〈09-064〉「記事」는 京城에 호랑이가 출몰한 사건을 소재로 한 것인데, 『高麗史』에서 1378년(우왕4) 8월에 있었던 일로 확인된다.[44] 바로 다음의 〈09-065〉「二十二日夜中風雨大作 吟成一篇 曉起錄之」는 8월 22일 밤에 짓고 다음 날 새벽에 기록한 것이며, 이후 '秋色'(〈09-074〉「吉昌府 曲城侍中來訪…」), '秋風'(〈09-077〉「有感」, 〈09-083〉「有感」, 〈09-097〉「記舊作」), '露'(〈09-082〉「鉛宮詞」), '秋容'(〈09-093〉「卽事」) 등 詩語에서 가을 분위기가 이어진다. 따라서 〈09-100〉「卄八日…」은 8월 28일이고, 계속해서 '高秋'(〈09-107〉「自賦」), '기러기'(〈09-109〉「聞雁」), '秋風'(〈09-114〉「望光巖」), '국화'(〈09-115〉「詠菊」) 등 가을을 나타내는 詩語들이 나오면서 제9권이 끝난다.

제9권의 뒤를 제10권이 이어야 하지만, 〈10-002〉「冬初」에서 보듯이 제10권은 초겨울, 즉 10월 작품으로 시작되고 오히려 제11권의 〈11-102〉「重九日 早起」가 9월 9일에 지은 것이다. 따라서 제9권의 뒤를 앞에서 남겨 두었던 제11권의 〈11-058〉「憶僧房」 이후가 잇는 것이 더 어울린다. 그렇게 하면 〈11-061〉「自詠」의 "가을 꽃 고운 들 아래 홀로 문을 잠그었네〔秋花錦石獨關門〕", 〈11-063〉「演雅」의 "상 밑 귀뚜라미는 가을 소리로다〔秋聲蟋蟀牀〕" 등의 구절이나 〈11-068〉「詠墻上草」의 '秋風', 〈11-080〉「圓天台見和…」의 '秋月' 등 詩語들이 잘 연결된다. 그리고 〈11-097〉「初八日」과 〈11-101〉「野菊」은 각각 "내일이라 중양절이 장차 또 돌아오누나〔明日重陽將又回〕", "중양절이 바로 내일이건만〔重陽明日是〕"이라

44 『高麗史』 권133, 列傳46 辛禑1 禑王 4년 8월 "虎入京城 多害人物 我太祖射殪之"

고 했으므로 모두 중양절 전날인 9월 8일 작품이고, 〈11-102〉「重九日 早起」와 〈11-104〉「九日晩 鄭驤同年來別請詩…」는 9월 9일에 지었으며, 〈11-108〉「十二日」은 9월 12일, 〈11-109〉「十三日」은 9월 13일이다. 바로 다음의 〈11-110〉「憶草溪鄭判書國經」부터 제11권 끝의 〈11-117〉「卽事」까지 8편은 분명하지는 않지만 역시 9월 중에 지은 것으로 추정된다.

1378년(우왕 4) 9월 작품으로 끝맺은 제11권의 뒤는 제12권이 잇는다. 〈12-009〉「醴泉君明忌 設齋水精寺」는 예천군, 즉 權漢功의 기일에 지었는데, 권한공의 기일은 9월 20일이었다.[45] 따라서 〈12-001〉「遯村李浩然在川寧縣 見寄絶句一首…」부터 〈12-008〉「卽事」까지 8편은 1378년 9월 작품으로 추정할 수 있으며, 계속해서 '窮秋'(〈12-019〉「雷雨」), '暮秋'(〈12-022〉「又」), '秋晩'(〈12-030〉「自詠」) 등 늦가을 분위기가 계속 이어지다가, 9월 30일에 지은 〈12-031〉「九月晦」가 나온다. 〈12-035〉「十月朔日」은 10월 1일 작품이고, 〈12-039〉「歲晝十長生」은 詩序에서 '지금이 10월인데도'라고 했으므로 연작인 〈12-040〉「旣賦十長生 又自詠」까지는 10월에 지었음을 알 수 있다. 그런데 멀지 않은 〈12-062〉「十一日」에 '子月', 즉 동짓달, 〈12-063〉「相視後蘇 諸公雪中必若 吟成一篇…」에 '仲冬'이란 시어가 나와 갑자기 11월 작품으로 건너뛴다. 〈12-064〉「今月望月有蝕 故十一日毬庭習禮 賦此」는 보름날에 있을 월식을 소재로 했는데, 실제로 1378년 11월 15일에 월식이 있었다.[46] 또 〈12-069〉「閔摠郎以後蘇地圖來…」도 閔摠郎, 즉 閔中理가 道詵秘記를 들어 협계로 천도할 만하다고 상언한 것을 소재로 했는데, 역시 1378년 11월에 있던 일이었다.[47] 그렇다면 그 앞의 〈12-053〉「初八日」, 〈12-057〉「初九日」, 〈12-060〉「初十日」이 모두

45 『高麗史』 권37, 世家37 忠定王 원년 9월 戊寅:20일 "醴泉府院君權漢功卒"

46 『高麗史』 권49, 志3 天文3 月五星凌犯及星變 禑王 4년 11월 甲申:15일 "月食"

47 『高麗史』 권133, 列傳46 辛禑1 禑王 4년 11월 "前摠郎閔中理上言 詵密記所載北蘇箕達者 卽峽溪 可以遷都… 朝議 以峽溪僻在山谷 漕船不通 議遂寢"

10월이 아니라 11월 작품이 될 가능성이 크다.

1378년(우왕 4) 10월에 지은 작품은 『牧隱詩藁』의 제10권에서 찾을 수 있다. 〈10-002〉「冬初」는 물론이고 〈10-039〉「賀成政堂」도 1378년 10월에 成汝完이 政堂文學商議가 된 것을[48] 축하하며 지은 시이다. 따라서 〈10-031〉「卄一日 司天監官來傳盲六宰語 趣進秘書」는 10월 21일 작품이 된다. 이처럼 〈12-040〉「旣賦十長生 又自詠」 뒤에 〈10-001〉「寄贈金敬叔少監」 이후를 배치하면 1378년 10월에 지은 시들이 자연스럽게 연결된다. 그런데 이번에는 〈10-041〉「十六日 張密直來投華刺」이 문제가 된다. 위와 같은 흐름이라면 이것은 1378년 11월 16일이 되어야 하는데, 제12권의 〈12-064〉「今月望月有蝕 故十一日毬庭習禮 賦此」가 11월 11일에 지은 것이어서 또 한 번의 조정이 필요하다.

이 문제는 〈10-041〉「十六日 張密直來投華刺」 앞에 11월 15일 팔관회 때 지은 〈12-077〉「八關會巡馬甚盛 聞之賦此」까지의 작품들을 넣으면 해결된다. 그렇게 하면 그 앞의 〈12-062〉「十一日」, 〈12-060〉「初十日」, 〈12-057〉「初九日」, 〈12-053〉「初八日」이 모두 11월 작품이 되고, 이 시들을 10월 작품인 〈10-039〉「賀成政堂」 뒤로 연결하면 자연스럽게 이어진다. 단, 〈12-041〉「卽事」부터 〈12-052〉「韓簽書宅小酌 同庚許陽川完在座」까지 12편은 작품 배열상 10월 초 또는 11월 초의 작품이나, 여기서는 일단 미상으로 남겨두었다. 그리고 다시 제10권의 〈10-041〉「十六日 張密直來投華刺」에 이어 〈10-042〉「十七日」이 11월 17일 작품이고, 11월 작품들이 제10권의 끝까지 이어진다.

제10권의 뒤를 제12권 뒷부분의 12월 작품들이 잇는다. 즉, 〈12-104〉「有感」에서 "금년 섣달 절반은 삼조가 가까워지도록 / 물엔 얼음 안 얼고

48 『高麗史』 권133, 列傳46 辛禑1 禑王 4년 10월 "以成汝完爲政堂文學商議"

〈표〉 『목은시고』 1378년(우왕 4) 작품의 시기순 배열

순서	작품 배열	저작 시기
1	〈07-001〉「戊午正旦後二日」~ 〈08-054〉「又賦」	1378년 1월 3일~1378년 2월
	〈08-055〉「詠笏」~ 〈08-063〉「青行纏歌」	1378년 2월 또는 7월
2	〈11-001〉「金龍喉長源率門生迎其座主李大夫夫人…」 ~ 〈11-057〉「賀判三司崔相國戰退倭賊」	1378년 2월 ~1378년 4월
3	〈09-001〉「卽事」~ 〈09-045〉「卽事 是日送詔」	1378년 4월~1378년 7월
	〈09-046〉「扶桑絲吟」~ 〈09-058〉「紀事」	1378년 7월 또는 8월
4	〈08-064〉「七月二十日 婢有難産者 記之」 ~ 〈08-125〉「夜授韓簽書宅小酌」	1378년 7월 20일 ~1378년 8월 15일
5	〈09-059〉「九齋 前都將校李丁送松菌 因作三絶」 ~ 〈09-116〉「園中雜詠」	1378년 8월 ~1378년 가을
6	〈11-058〉「憶僧房」~ 〈12-040〉「旣賦十長生 又自詠」	1378년 가을~1378년 10월
	〈12-041〉「卽事」 ~ 〈12-052〉「韓簽書宅小酌 同庚許陽川完在座」	1378년 10월 또는 11월
7	〈10-001〉「寄贈金敬叔少監」~ 〈10-039〉「賀成政堂」	1378년 10월~1378년 10월
	〈10-040〉「自吟」	1378년 10월 또는 11월
8	〈12-053〉「初八日」 ~ 〈12-077〉「八關會巡馬甚盛 聞之賦此」	1378년 11월 8일 ~1378년 11월 15일
	〈12-078〉「田廬」~ 〈12-103〉「思鄕」	1378년 11월 또는 12월
9	〈10-041〉「十六日 張密直來投華刺」 ~ 〈10-092〉「思舊游」	1378년 11월 16일 ~1378년 11월
10	〈12-104〉「有感」~ 〈13-043〉「守歲 用唐詩韻」	1378년 12월~1378년 12월 30일

눈도 이내 녹아버렸네〔今年臘半近三朝 水不成氷雪旋消〕"라고 한 데서 12월 중순에 지었음을 알 수 있는데, 마침 이 해 12월에 얼음이 얼지 않은 사실이 『高麗史』에서 확인된다.[49] 따라서 이 작품부터를 1378년(우왕 4) 12월에 지은 것으로 보아 제10권 뒤에 이을 수 있을 것이다.[50] 계속해서 〈12-

49 『高麗史』 권133, 列傳46 辛禑1 禑王 4년 12월 "無冰"

50 〈12-078〉「田廬」부터 〈12-103〉「思鄕」까지 26편은 지은 시기를 알 수 없지만, 대부분이 그 해 12월 작품일 가능성이 크다. 〈12-077〉「八關會巡馬甚盛 聞之賦此」가 11월 15일, 〈10-041〉「十六日 張密直來投華刺」가 11월 16일 작품이어서 이 26편이 11월 15, 16 양일간에 지

110〉「卽事」의 "남쪽 창에 겨울 햇볕 다수우니〔南窓冬日煖〕", 〈12-112〉「卽事」의 "눈 녹은 처마 밑에 비오는 소리 주룩주룩〔雪消簷溜雨來聲〕" 등에서 겨울에 지었음을 알 수 있으므로 제12권 끝까지가 그해 12월 작품이 된다. 그리고 그 뒤를 12월 22일에 지은 제13권의 첫 작품 〈13-001〉「十二月卄二日庚申 移寓妙覺洞權判閣家」가 잇고, 〈13-012〉「十二月卄五日乙巳門生設宴」이 12월 25일, 〈13-041〉「除日」과 〈13-043〉「守歲 用唐詩韻」이 12월 30일에 지은 것이다. 이렇게 하면 흩어져 있던 『牧隱詩藁』의 1378년(우왕 4) 작품들이 나름대로 정리가 되는데, 그것을 다시 한 번 요약해서 시기순으로 배열하면 앞의 〈표〉와 같다.

4. 『牧隱詩藁』 제13권~제34권: 1379년(우왕 5)~1395년(태조 4)

『牧隱詩藁』의 1379년(우왕 5) 이후 작품들은 지어진 시기순으로 잘 배열되어 있다. 1379년 작품은 1월 3일에 지은 〈13-044〉「己未正月初二日 詣內肅拜 明日有作」으로 시작된다. 〈13-061〉「七日 頒祿」은 頒綠日인 1월 7일, 〈13-092〉「十六日」은 1월 16일에 지었고, 1월에 지은 작품들이 제14권으로 이어지다가 〈14-047〉「二月一日 二郎家饋粘飯」이 2월 1일 작품이다. 계속해서 〈14-098〉「柳學官親送春丁膰肉」은 '仲春十日', 즉 2월 10일 작품이고, 이후 2월 한 달 동안 지은 시들이 한동안 이어지고 2월 24일에 지은 〈15-055〉「去歲二月卄四日肅拜 今已周年矣…」가 나온다. 계속해서 〈15-071〉「上巳日」은 3월의 첫 巳日, 즉 己巳日인 3월 2일이고, 그 뒤를 〈15-078〉「三月三日」이 잇는다. 3월 작품은 제16권의 〈16-030〉「三月卄

어졌다고 보기는 어렵기 때문이다. 그러나 작품연보에서는 일단 미상으로 남겨두었다.

一日…」로 이어지며, 계속해서 〈16-060〉「四月初八日…」은 4월 8일, 〈16-068〉「夏日卽事」는 '仲夏', 즉 5월 작품이다. 〈16-073〉「韓上黨書碑神勒」도 1379년(우왕 5) 5월에 韓脩가 普濟禪師舍利石鐘碑를 썼을 때[51] 지은 것이다. 그리고 〈16-088〉「五月卄六日 上在書筵…」은 5월 26일, 〈16-102〉「閏月朔日」은 윤5월 1일, 〈16-123〉「閏五月初九日 獨坐…」는 윤5월 9일, 〈16-124〉「初十日 進講…」은 윤5월 10일, 〈16-143〉「十六日 進講…」은 윤5월 16일, 〈16-156〉「卄一日 中官出言…」은 윤5월 21일에 지은 것임이 詩題에 밝혀져 있다.

제17권도 제16권에 이어 1379년 윤5월 작품으로 시작되는 것으로 보이지만, 지은 시기가 밝혀져 있는 경우는 거의 없다. 다만 〈17-005〉「夏日卽事」에서 여름임을 알 수 있고, 〈17-025〉「嘗西瓜 承制所得」의 "마지막 여름이 이제 다해가니〔季夏今將盡〕"라는 구절에서 '季夏', 즉 6월로 접어들었음을 알 수 있다. 그리고 제18권의 〈18-001〉「六月十五日 戱題」와 流頭日에 지은 〈18-006〉「流頭日三詠」까지 6편은 모두 6월 15일 작품이다. 〈18-042〉「朴淵布瀑歌…」의 "유월의 무더위도 감히 침범하지 못하여〔六月炎蒸不敢逼〕"라는 구절에서 아직 6월임을 알 수 있는데, 이 해는 늦더위가 심했던 듯 〈18-046〉「柳洞南大街施漿水菰果…」의 "더운 기운 큰 화로가 천지 사방을 푹푹 찌니 / 수많은 행인들이 한창 땀을 뻘뻘 흘리다가〔暑氣洪爐蒸六合 行路汗流方雜沓〕"라든가, 〈18-052〉「熱困」의 "뜨거운 가을볕은 몸을 태우려 하는데〔秋陽燥烈欲燒身〕"라는 구절들이 눈에 띈다.

하지만 늦더위를 하소연하는 것 자체가 이미 가을로 접어들었음을 말해주는 것으로, 〈18-057〉「卽事」의 "더위 무서워 누각에 오른 밤이요 / 바람 쐬며 자리에 누운 가을이로다〔畏熱登樓夜 納涼欹枕秋〕"라는 구절과 〈18-

51 「驪州神勒寺普濟禪師舍利石鐘碑」(『朝鮮金石總覽』上, 514쪽)

058〉「謝禹大夫惠新米」의 '햅쌀〔新米〕'에서 가을이 되었음을 알 수 있다. 그리고 마침 7월 4일에 지은 〈18-059〉「初四日 曉吟」에서 날짜가 확인되고 이후 〈18-070〉「七夕」이 7월 7일, 〈18-081〉「七月十五日」이 7월 15일, 〈18-082〉「十六日 順正王太后韓氏忌旦也…」가 7월 16일, 〈18-120〉「八月初一日 游光巖…」이 8월 1일에 지은 시이다.

제19권도 제18권과 마찬가지로 〈19-004〉「夜詠」의 '秋光', 〈19-005〉「秋日」, 〈19-016〉「秋夜」, 〈19-019〉「秋風歌」 등 가을을 소재로 한 시들이 이어지고, 〈19-025〉「八月初十日」이 8월 10일 작품으로 밝혀져 있다. 계속해서 〈19-035〉「中秋已近 興懷發詠」이 8월 15일 직전, 〈19-041〉「中秋玩月 上黨樓上」이 8월 15일, 〈19-061〉「二十三日 講不在其位不謀其政八字」가 8월 23일에 지은 시이다. 그런데 그 사이의 〈19-056〉「八月十一日 開書筵…」은 8월 11일 작품으로 되어 있어 배열이 맞지 않는데, 이는 8월 21일(卄一日)의 잘못으로 생각된다. 계속해서 처외조모 채씨의 기일에 지은 〈19-068〉「醴泉府院君夫人蔡氏忌齋…」는 앞의 〈09-100〉「卄八日是醴泉君夫人蔡氏明忌」로부터 8월 28일 작품으로 확인되고, 〈19-081〉「廉東亭坐上… 重九日也」는 9월 9일, 〈19-123〉「九月二十三日 玄陵忌旦…」은 9월 23일에 지었다.

이어지는 제20권의 〈20-002〉「九月晦日 携八句詩…」는 1379년(우왕 5) 9월 30일, 〈20-007〉「明日 題一首」는 10월 1일에 지었으니, 〈20-002〉부터 〈20-006〉까지 5편은 모두 9월 30일 하루 동안 지은 것이다. 이후 〈20-035〉「是日 扈駕移御永安宮 故宰臣柳方啓舊宅」은 우왕이 柳方啓(柳芳係)의 옛집에 만든 영안궁에 행차한 날 지었는데, 『高麗史』에는 이 기사가 10월 6일 기사 다음에 실려 있어[52] 시기를 짐작할 수 있다. 이어 〈20-

52 『高麗史』 권134, 列傳47 辛禑2 禑王 5년 10월 己巳:6일 "雨木冰 禑移居梨峴新闕 本柳芳係家也…"

042〉「十月十三日 判密直裵公用半夜發程…」과 〈20-048〉「十五日午後 日光穿漏…」는 각각 10월 13일과 15일, 〈20-085〉「初七日 上幸新京…」은 11월 7일에 지었다. 그 사이의 〈20-042〉「十月十三日 判密直裵公用半夜發程…」과 〈20-053〉「迎賓館樓上 進獻使李評理以詩留別…」은 이 해 10월 裵彦과 李茂芳이 명에 파견된 사실을 소재로 했고, 〈20-055〉「睦二相與諸元帥發行…」도 역시 10월에 睦仁吉 등이 왜구 방어를 위해 전라도에 파견된 사실을 소재로 했는데, 모두 『高麗史』 등의 기록에서 뒷받침된다.[53] 또 이달에는 權仲和와 曹敏修를 檜岩에 보내 相地하도록 한 일이 있는데,[54] 이 사실이 〈20-062〉「東門合坐 餞曹五宰 權左使 相視檜岩山水」에 담겨 있다.

〈20-071〉「韓簽書將行玄陵朔祭…」는 초하루에 지내는 朔祭를 소재로 했으므로 1379년(우왕 5) 11월 1일 작품이며, 〈20-085〉「初七日 上幸新京…」은 11월 7일에 지은 것이다. 이후 11월에 지은 시들이 이어지다가 〈20-095〉「十二月十二日 上官…」에서 12월 12일로 건너뛰는데, 그 뒤의 〈20-102〉「大會日夜歸」가 팔관회 날, 즉 11월 15일에 지은 것이어서 날짜에 착오가 생긴다. 그러나 이어지는 〈20-144〉「臘月初五日 忠穆王忌辰也…」가 12월 5일, 다음 권의 〈21-005〉「十二月初八日 外姑之母判書尹公諱言孫之室 金學士諱周鼎之女之忌旦也…」가 12월 8일에 지은 것이 분명하므로 〈20-095〉「十二月十二日 上官…」은 '十一月十二日'의 잘못이다.

〈21-012〉「十二日 謹妃生辰…」은 1379년 12월 12일의 작품으로, 謹妃의 생일이 12월 12일인 것은 『高麗史』에서 확인된다.[55] 또 〈21-024〉「以折簡呈廣平侍中 爲妻弟判閣求官」은 이색이 처남인 權季容을 위해 이인임

53 『高麗史節要』 권31, 禑王 5년 10월 "遣門下平理李茂芳 判密直裴彦 如京師 進歲貢 陳情表…" ; 『高麗史』 권134, 列傳47 辛禑2 禑王 5년 10월 "遣贊成事睦仁吉 密直副使睦子安 梁濟 捕倭于全羅道…"

54 『高麗史節要』 권31, 禑王 5년 10월 "遣三司左使權仲和 門下評理曹敏修 相宅于檜巖…"

55 『高麗史』 권134, 列傳47 辛禑2 禑王 7년 12월 壬戌:12일 "以謹妃生日 宥二罪以下…"

에게 관직을 청탁한 내용을 담고 있는데 아마도 12월의 都目政을 앞둔 시기였을 것이다. 그 뒤 〈21-040〉「終夜一篇 喜春近也」는 1379년(우왕 5) 연말에 지었고, 〈21-042〉「代李六宰」는 李茂芳이 중국에 사신으로 갔다가 이듬해 2월 요동에서 길이 막혀 돌아온 것을[56] 소재로 했으므로 그 사이에 해가 바뀌었음을 알 수 있다. 그리고 〈21-044〉「二月初九日 使來開讀册太后詔 頒降主上太尉宣命…」은 1380년(우왕 6) 2월에 元에서 사신을 보내와 우왕을 太尉에 책봉한 사실을[57] 소재로 삼았다. 하지만 이 해 2월에 지은 시는 아주 적고, 〈21-047〉「三月初一日 陽坡先生忌旦…」부터 3월 작품으로 넘어간다. 계속해서 〈21-049〉「三月三日」을 거쳐, 〈21-098〉「感春」, 〈21-119〉「春晩」 등도 모두 봄, 그러니까 3월에 지었으며, 〈21-138〉「卽事」도 "문득 봄이 다했단 말 듣고 애써 산 올라라〔忽聞春盡強登山〕"라는 구절로부터 늦은 봄에 지었음을 짐작할 수 있다. 그리고 다음 권 첫머리의 〈22-005〉「夏甲子雨」에서 여름, 즉 4월로 접어든다.

제22권은 모두 1380년 4월에 지은 시로 채워져 있다. 〈22-005〉「夏甲子雨」는 4월 甲子日, 즉 4월 4일에 지었고, 〈22-014〉「曉起」는 "해마다 관등을 하던 바로 오늘 저녁이면〔歲歲觀燈是今夕〕"이라는 구절로부터 4월 8일에 지었음을 알 수 있다. 〈22-021〉「昨夜 僕與韓柳巷陪吉昌君上西峯觀燈…」을 초파일 다음 날 지었으므로 〈22-014〉「曉起」부터 〈22-020〉「客有談合浦萬戶府者…」까지 7편을 모두 4월 8일 하루에 지은 셈이다. 또 〈22-079〉「送柳密直出尹漢陽府」는 柳珣가 漢陽尹으로 부임하는 것을 전송하면서 지은 시인데, 『高麗史』에서 1380년 4월의 일로 확인된다.[58] 다만, 〈22-009〉「今庚申年東堂監試主司皆與僕親厚…」에서는 과거의 지공

56 『高麗史節要』 권31, 禑王 6년 2월 "李茂芳 裴彦至登州而還…"

57 『高麗史』 권134, 列傳47 辛禑2 禑王 6년 2월 "北元遣禮部尙書時剌問 直省舍人大都閭 册禑爲大尉 禑率百官郊迎…"

58 『高麗史』 권134, 列傳47 辛禑2 禑王 6년 4월 "以柳珣爲漢陽道都兵馬使兼漢陽尹…"

거 廉興邦, 동지공거 朴形, 監試試官 徐均衡이 모두 자신과 각별한 사이임을 밝혀 놓았는데, 이 해의 예부시와 감시는 모두 5월에 실시되었지만[59] 이 시는 그에 앞서 시관이 결정되었을 때 지은 것이다.

또 『牧隱詩藁』에서만 확인되는 사실이지만, 1380년(우왕 6) 4월에는 25일까지 酒禁이 실시되었다. 〈22-104〉「昌和安政堂與宗孫雞林君携酒見訪云 酒禁限卄五日…」, 〈22-108〉「酒禁限卄五日 送酒如送人…」, 〈22-113〉「麴生前日發程…」 등은 모두 주금과 관련된 작품으로, 4월 25일 이전에 지었다. 그리고 〈23-001〉「四月卄六日 西隣吉昌君會客…」은 權適이 酒禁이 끝난 다음 날인 4월 26일에 연회를 베푼 것을 소재로 한 작품으로, 앞의 시들과 연결된다. 이 시는 연회 다음 날인 4월 27일에 지었다. 그리고 곧 5월로 넘어갔을 것이지만 어느 작품부터인지 확인되지 않는다. 분명하기로는 〈23-022〉「成均試士」부터 〈23-026〉「成均試日」까지 5편이 1380년 5월에 있었던 국자감시 날에 지은 것이고, 〈23-029〉「端午 拜掃奠物…」부터 〈23-032〉「聞端午罷擊毬」까지 4편은 단오일인 5월 5일, 〈23-034〉「端午日 宰樞觀擊毬…」부터 〈23-037〉「初六日 戲題」까지 4편은 단오 다음 날인 5월 6일, 그리고 〈23-042〉「五月初七日 徐承制考閱進士卷進呈…」는 5월 7일에 지었다. 계속해서 〈23-057〉「五月十二日 早食時得點軍色公緘…」은 5월 12일에 지었고, 〈23-058〉「雨」는 '仲夏望'(5월 15일), 〈23-110〉「初熱」은 '五月二十日', 〈23-123〉「風雨行」은 '五月卄二'로 시 중에 지은 날짜가 밝혀져 있다.

1380년 5월 하순에는 과거가 실시되었고, 그 때문에 제24권의 앞부분에는 그와 관련된 시들이 많다. 하지만 지은 날짜를 알 수 있는 작품은 찾아

59 『高麗史』 권73, 志27 選擧1 科目1 凡選場 禑王 6년 5월 "瑞城君廉興邦知貢擧 密直使朴形同知貢擧 取進士賜李文和等三十三人明經六人及第…" ;권74, 志28 選擧2 科目2 國子試之額 禑王 6년 5월 "右代言徐均衡取李汝良等九十九人…"

볼 수 없고, 〈24-037〉「六月十日 拙翁忌旦…」에 가서야 비로소 6월 10일에 지었음이 확인된다. 그리고 〈24-044〉「流頭已近」이 流頭日인 6월 15일 직전, 〈24-053〉「六月十五日 鄕人就東流水頭作會 名曰流頭日…」은 6월 15일, 〈24-078〉「書通度舍利記後」는 이색이 通度寺 釋迦如來舍利記를 지은 날과 같은 6월 21일,[60] 〈24-092〉「前月立秋 故七月初一日稍涼甚」은 7월 1일, 〈24-097〉「初六日 穡與韓淸城 廉東亭同遊九齋…」는 7월 6일, 〈24-098〉「七月初七日 主上殿下誕日也…」는 7월 7일, 〈24-101〉「七月初九日 天明有微雨…」는 7월 9일, 〈24-117〉「七月十五日」은 7월 15일에 각각 지었다.

제25권도 1380년(우왕 6) 7월 작품들로 이어진다. 〈25-006〉「北使」에는 그해 7월에 元에서 온 사신을[61] 맞이하는 감회가 나타나 있고, 〈25-010〉「七月二十七日 契內諸兄相約同訪光巖堂頭幻菴公…」은 7월 27일, 〈25-012〉「二十九日 益齋侍中忌旦也…」는 7월 29일에 지었으며, 〈25-014〉「聞倭寇在錦州」는 7월에 왜구가 錦州 등지에 출현했다는 소식을[62] 듣고 지었다. 〈25-016〉「八月初二日 親幸觀稼…」는 8월 2일에 지은 것인데, 『高麗史』에서 우왕이 사냥을 나갔다고 한 것을[63] 시에서는 '親幸觀稼', 즉 몸소 농사를 살피러 행차했다고 표현한 것이 흥미롭다. 이후 〈25-039〉「宰樞率百官肅拜 賀世子生也…」는 1380년 8월 7일에 謹妃가 아들을 낳은 것을[64] 축하하는 자리에 다녀와서 지었고, 〈25-041〉「十五日」과 〈25-042〉「中秋日陰雨…」는 8월 15일에 지었으며, 〈25-046〉「昨索酒欲謁霽亭先生 遣人候之…」는 詩題에 8월 16일에 지었음이 밝혀져 있다. 따라서 그

60 『牧隱文藁』 03-04, 梁州通度寺釋迦如來舍利之記 "是月卄一日記"

61 『高麗史』 권134, 列傳47 辛禑2 禑王 6년 7월 "北元遣使 頒赦…"

62 『高麗史』 권134, 列傳47 辛禑2 禑王 6년 7월 "倭寇錦·沃二州 又寇咸悅·豐堤等縣…"

63 『高麗史』 권134, 列傳47 辛禑2 禑王 6년 8월 "禑獵于城南 凡五日…"

64 『高麗史』 권134, 列傳47 辛禑2 禑王 6년 8월 乙丑:7일 "謹妃生子 命名昌…"

다음의 〈25-047〉「是日 李判事子送霽亭于門外…」도 8월 16일에 지은 것이고, 〈25-053〉「閔子復來言 已得廟學碑石將置館中… 八月十九日也」는 시제에 밝혀져 있듯이 8월 19일에 지었다.

계속해서 〈25-056〉「聞羅沈崔三元帥舟師回…」는 1380년(우왕 6) 8월에 나세, 심덕부, 최무선이 진포에서 왜구를 물리친 것이[65] 소재가 되었고, 〈25-058〉「哭易菴成壯元」은 같은 달 成士達의 죽음을[66] 애도한 시이며, 〈25-073〉「竊聞有旨留判三司事 而李商議 邊四宰 諸元帥啓行…」 역시 8월에 이성계를 楊廣慶尙全羅道都巡察使, 邊安烈을 體察使로 삼아 파견한 것을[67] 소재로 했다. 그리고 〈25-077〉「知申事傳旨 命臣穡撰進泮宮修造碑」는 지신사가 왕명을 전해 泮宮修造碑를 짓도록 했다는 내용인데, 뒤에 나오는 〈26-104〉「八月十七日知申事李存性傳王旨撰進泮宮修造碑文…」에서 8월 17일에 있었던 일로 확인된다. 그러나 이 시보다 앞에 있는 〈25-053〉「閔子復來言 已得廟學碑石將置館中… 八月十九日也」가 8월 19일에 지은 것이 분명하므로 순서가 맞지 않는다. 그렇다면 〈26-104〉「八月十七日知申事李存性傳王旨撰進泮宮修造碑文…」의 '八月十七日'은 '八月卄七日'의 오기일 것이며, 〈25-077〉「知申事傳旨 命臣穡撰進泮宮修造碑」는 8월 27일 작품이 된다. 이는 바로 뒤의 〈25-080〉「醴泉君夫人蔡氏忌旦…」이 8월 28일 작품인 데서도 뒷받침되는데, 예천군부인 채씨의 기일이 8월 28일임은 앞의 〈09-100〉「卄八日 是醴泉君夫人蔡氏明忌」에서 이미 확인한 바 있다. 따라서 〈25-078〉「明日 進紫門謝恩肅拜…」와 〈25-079〉「紀聞」도 8월 28일 작품이다. 그 뒤로 〈25-096〉「重九已近」은 9월 9일 직전,

65 『高麗史』 권134, 列傳47 辛禑2 禑王 6년 8월 "羅世·沈德符·崔茂宣等 擊倭于鎭浦克之 奪所虜三百三十四人…"

66 『高麗史』 권134, 列傳47 辛禑2 禑王 6년 8월 "昌城君成士達卒"

67 『高麗史節要』 권31, 禑王 6년 8월 "以我太祖爲楊廣慶尙全羅道都巡察使 贊成事邊安烈爲體察使以副之"

〈25-099〉「曉雨 恐負登高之興」는 "중양절이라 내일은 누가 나를 불러줄꼬〔重陽明日有誰呼〕"라는 구절로부터 중양절 하루 전인 9월 8일, 〈25-101〉「九日 無相邀者…」는 9월 9일, 〈25-103〉「韓柳巷與其弟判書公携酒見過…明日 吟成二首」와 〈25-104〉「十日菊」은 9월 10일에 지은 시이다.

제26권은 1380년(우왕 6) 9월 15일에 지은 〈26-001〉「九月十五日 坐念秋一也…」로 시작된다. 이어서 〈26-019〉「醴泉府院君忌旦…」은 예천부원군 권한공의 기일인 9월 20일에,[68] 〈26-024〉「九月二十二日 葬我進士壯元成易菴于城南…」은 9월 22일에 지었다. 바로 다음의 〈26-025〉「門生鄭達蒙以事至合坐所 見持捷書者來云 諸元帥圍倭賊於雲峯旦月驛之野盡殲之…」는 이 해 9월 이성계 등이 雲峯에서 왜구를 크게 물리쳤다는 소식을[69] 듣고 지은 시이다. 〈26-027〉「卄三日 玄陵上賓之日也…」는 9월 23일에 지었고, 〈26-035〉「卄五日 入聖居山… 卄七日也」는 9월 25일, 26일 이틀 동안 聖居山에 다녀온 뒤 9월 27일에 지었다. 또 〈26-043〉「南窓」은 "가을이 이미 다 되어가는 때라서 / 기후가 점차 찬 바람이 일어나니〔▨爲秋已盡 雲物漸凄其〕"라는 구절에서 아직 늦가을, 〈26-053〉「冬初」는 초겨울이므로 그 사이에 9월에서 10월로 넘어갔음을 알 수 있다. 그리고 〈26-054〉「聞李商議 邊四宰與諸元帥凱旋…」에서는 이성계 등이 개선하는 데 마중 나가지 못하는 사정을 밝히고 있는데, 이성계의 개선은 1380년 10월의 일이었다.[70] 이후 〈26-097〉「十七日 監進色以呈省事請坐…」는 10월 17일 작품이다.

제27권도 〈27-003〉「雀聲」에서 "시월의 첫추위는 너무 이른 것도 아닌데〔十月初寒非大早〕"라고 했으므로 역시 10월에 지은 시로 시작된다. 그러다가 〈27-021〉「十一月初二日 微雪飄空不下地…」에서 11월 2일임이 확

68 『高麗史』 권37, 世家37 忠定王 원년 9월 戊寅:20일 "醴泉府院君權漢功卒"
69 『高麗史』 권134, 列傳47 辛禑2 禑王 6년 9월 "我太祖與諸將擊倭于雲峯 大破之 餘賊奔智異山"
70 『高麗史節要』 권31, 禑王 6년 10월 "我太祖振旅而還…"

인되는데, 그 앞의 〈27-019〉「枕上聞雨」가 '仲冬', 즉 11월에 지은 것이므로 이 시와 〈27-020〉「又」 두 작품은 11월 1일에 지은 것이다. 이 작품들에는 이 해 11월 1일에 비가 왔고, 기온이 떨어지면서 이튿날에는 눈으로 변한 정황이 그려져 있다. 계속해서 〈27-044〉「小會」는 팔관회 전날인 11월 14일, 〈27-045〉「大會」는 팔관회 당일인 11월 15일에 지었다.

그런데 여기서 선후 관계를 따질 작품이 하나 있다. 〈27-052〉「聞宰批下 崔判三司事拜守侍中…」이 그것이다. 이 시는 작품의 배열상 1380년(우왕 6) 11월에 지은 것으로 詩題에는 이때 판삼사사 최영을 수시중에 임명했다고 되어 있지만, 실제로 최영이 수시중에 오른 시기는 1381년(우왕 7) 2월이었다.[71] 따라서 편집 과정의 착오일 가능성을 생각해볼 수 있지만, 반드시 그런 것 같지는 않다. 이와 관련하여 뒤에 나오는 〈28-008〉「正月二十三日 受都目狀有感」이 눈길을 끈다. 1381년 1월 23일에 지은 이 시에 의하면 舊臘, 즉 전해 연말에 있었어야 할 도목정이 그때까지 지연되고 있었다고 하는데, 그렇다면 2월에 가서야 문하시중과 수시중에 대한 인사가 이루어진 사정이 이해가 된다. 따라서 최영이 수시중으로 결정된 것은 1380년 11월이었고, 어떤 사정으로 지연되다가 이듬해 2월에 정식으로 임명되었다고 보면 시의 배열이 무리 없이 이어진다.

그 뒤로 〈27-059〉「外舅花原君之內外孫凡於慶弔迎餞相聚曰四寸會…」는 權漢功의 내외손들이 11월 24일에 四寸會를 열고 그다음 날 지었음이 시제에 밝혀져 있고, 〈27-067〉「仲冬」은 "동짓달이 거의 다해 해는 저물어 가는데〔仲冬將盡歲將闌〕"라고 한 구절에서 11월 말에 지었음을 알 수 있다. 이후 곧 12월로 접어들었을텐데 〈27-114〉「雪夜落不知也 晨興滿庭…」의 "가장 기쁜 건 섣달이 절반을 지난 지금에〔最喜臘月已過半〕"라는 구절에서

71 『高麗史』 권134, 列傳47 辛禑2 禑王 7년 2월 "以李仁任爲門下侍中 崔瑩守侍中"

12월 중순 이후, 〈27-119〉「聞權判書生子」의 "섣달이라 하순에 천기 또한 하 맑아서〔臘月季旬天氣淸〕" 에서 12월 하순에 지었음을 알 수 있다. 계속해서 〈27-127〉「詠雪」의 '臈天', 〈27-129〉「絶句」의 '臈雪' 등 섣달, 즉 12월을 나타내는 시어들이 등장한다. 그러다가 〈27-136〉「卽事」의 "신년이라서 마을 안은 조용하고〔新年閭巷靜〕" 라는 구절에서 해가 바뀌어 1381년(우왕 7)이 되었고, 바로 다음의 〈27-137〉「正月初十日 廉東亭招僕與韓柳巷拜玄陵…」은 1월 10일 공민왕릉에 다녀온 다음 날 지은 시이다.

제28권도 1381년 1월의 작품들로 이어지는데, 1월 23일에 지은 〈28-008〉「正月二十三日 受都目狀有感」이 날짜를 가늠하는 기준이 된다. 그리고 〈28-025〉「外舅忌齋 閔判事設行 歸而困甚」은 이색의 장인인 權仲達의 기일에 지은 시로, 앞의 〈14-052〉「外舅花原君忌旦 柳靈光夫人設齋…」에서 2월 초임을 알 수 있다. 그리고 〈28-052〉「前數日謁曲城府… 春分日也」는 春分, 즉 2월에 지었고, 〈28-076〉「踏靑歌」는 "오늘은 바로 삼월 삼짇날이니〔今年三月又三日〕" 라고 하여 3월 3일에 지었음이 밝혀져 있다. 다만, 그 앞에 2월 작품으로 되어 있는 〈28-035〉「代權四宰作」은 權仲和가 명에 사신으로 갔다가 요동에서 되돌아온 일을 소재로 한 것인데, 『高麗史』에는 이 일이 1381년 3월에 기록되어 있어[72] 약 1개월의 차이가 있다. 이 문제는 권중화 일행이 2월에 요동을 출발해서 3월에 도착한 것으로 보아 〈28-035〉「代權四宰作」은 2월에 지었고, 뒤의 〈28-078〉「晩勞庸夫四宰廻自遼東」은 3월 권중화가 도착한 뒤에 지었다고 보면 해결된다.

계속해서 〈28-079〉「醴泉君內外孫聚飮曰四寸會…」는 詩題에 3월 초의 일로 밝혀져 있으며, 〈28-091〉「聞倭賊犯寧海趨江陵道元帥啓行」은 1381년 3월 왜구가 강릉도를 침구하므로 南佐時 등을 보내 격퇴하게 했다는

72 『高麗史』 권134, 列傳47 辛禑2 禑王 7년 3월 "權仲和等至遼東 都司以歲貢不滿定額却之 乃還"

『高麗史』의 기록과[73] 일치한다. 이어서 〈28-104〉「三月十四日 雞鳴…」은 3월 14일에 지었고, 〈28-114〉「奉賀圓齋拜政堂」에는 '3월 20일에 지었다'는 세주가 붙어 있으며, 〈28-120〉「三月卄二日 柳厚德送李子…」와 〈29-001〉「三月卄九日 領門下漆原府院君設讌…」은 각각 3월 22일과 29일 작품이다.

제29권은 1381년(우왕 7) 4월에 지은 작품들이 이어지는데, 〈29-007〉「初夏卽事」의 '四月'이 그것을 보여준다. 『高麗史』에 의하면 이 해 4월에 가뭄이 들었고,[74] 그 때문인지 이 부근에는 〈29-031〉「望雨」, 〈29-032〉「喜雨」, 〈29-049〉「悶雨歌」, 〈29-050〉「微雨題六言」, 〈29-052〉「微雨」, 〈29-059〉「欲雨不雨 作何哉嘆」, 〈29-061〉「微雨吟」, 〈29-062〉「天未明有雨 屋漏霑衾 驚喜作幸哉歌」, 〈29-065〉「晨興立庭 四顧無雲」, 〈29-069〉「雨中」 등 비를 소재로 한 작품이 많다. 계속해서 〈29-077〉「端午石戰」과 〈29-078〉「端午日擊毬前例也…」, 〈29-079〉「同閔判書 權判書拜掃外舅姑墳墓…」는 모두 단오일, 즉 5월 5일에 지었으며, 〈29-106〉「五月」과 "오월이라 띳집에 무더위 스며드는 때〔五月茅齋向暑天〕"로 시작하는 〈29-108〉「謝南京尹送蓴」 역시 5월에 지은 작품이다.

그 뒤로 한동안은 지은 날짜를 확인할 수 있는 작품이 없다. 다만, 1381년 5월에도 가뭄이 계속되었으므로[75] 이 무렵에는 祈雨를 소재로 한 작품이 많다. 〈29-125〉「微雨有嘆」, 〈29-128〉「望雨」, 〈29-131〉「天陰喜賦」, 〈29-132〉「日出又賦」, 〈29-135〉「喜雨」 등이 그것이다. 詩作 시기가 분명치 않기로는 6월과 7월의 작품들도 마찬가지이다. 그러다가 〈30-003〉「與李浩然遊紫霞洞 鄭圃隱密直 李判書士渭携酒相尋 至晚而歸」에서 우연

73 『高麗史』 권134, 列傳47 辛禑2 禑王 7년 3월 "倭寇江陵道 遣簽書密直南佐時 密直副使權玄龍擊之"

74 『高麗史』 권134, 列傳47 辛禑2 禑王 7년 4월 "以旱慮囚"

75 『高麗史』 권134, 列傳47 辛禑2 禑王 7년 5월 "書雲觀言 旱旣太甚 請禁屠殺 罷土木之役…"

히 실마리가 찾아진다. 이 시는 이색이 李集, 鄭夢周, 李士渭 등과 함께 자하동에서 놀고 온 뒤에 지었는데, 9월 9일에 이 세 사람과 다시 모임을 갖고 지은 〈30-040〉「七月七日作一會 九月九日又作一會…」에서 앞의 모임이 7월 7일의 일이었음을 밝혀놓았다. 따라서 〈30-003〉「與李浩然遊紫霞洞 鄭圃隱密直 李判書士渭携酒相尋 至晩而歸」는 1381년(우왕 7) 7월 7일 작품이 된다. 그리고 〈30-010〉「法華寺南小池有蓮…」은 시 말미에서 이제현의 기일에 지었다고 밝혔는데, 이제현의 기일은 〈25-012〉「二十九日 益齋侍中忌旦也…」에서 7월 29일로 확인된다.

계속해서 1381년 8월 작품 가운데 날짜를 확인할 수 있는 것은 8월 15일에 지은 〈30-021〉「中秋雨」가 유일하다. 그리고 〈30-035〉「重九前一日 呈柳巷」은 9월 8일, 〈30-038〉「重九日 寄班主」는 9월 9일, 〈30-039〉「浩然 子安 子復邀僕及韓孟雲先生登松山左麓作重九… 明日追思 已如夢中 情不能已 吟成一首」부터 〈30-041〉「又用七夕詩韻 賦九日」까지는 重九日 다음 날인 9월 10일, 〈30-047〉「九月十五夜 柳巷招飮 對月泛菊」은 9월 15일, 〈30-054〉「玄陵忌旦設齋王輪寺…」는 공민왕의 기일인 9월 23일에 지은 작품이다. 또 일식이 있던 날 지은 〈30-061〉「日蝕有感」은 『高麗史』로부터[76] 10월 1일임을 알 수 있고, 〈30-062〉「十月初二日 詠菊」는 10월 2일, 〈30-119〉「仲冬朔日 有詠」은 11월 1일, 〈30-123〉「牧翁 〈十一月初四日〉」은 11월 4일, 〈30-129〉「十一月初六日 白蓮社諸老人携酒訪金光祚令公…」은 11월 6일, 〈30-144〉「大會日 賦曉雪」은 팔관회 당일인 11월 15일에 지었다.

제31권도 1381년 11월과 12월에 지은 시들이 이어지는데, 어디부터가 12월 작품인지 구분되지 않는다. 〈31-003〉「歲暮」가 세밑, 즉 12월 말에

76 『高麗史』 권134, 列傳47 辛禑2 禑王 7년 10월 壬子:1일 "朔 日食"

지은 것으로 보이기도 하지만, 전해에도 같은 이름의 시를(〈27-057〉「歲暮」) 11월 하순에 지은 적이 있어 속단하기 어렵다. 또 〈31-021〉「卽事」에도 小春, 즉 10월이 지나고 추워졌다는 내용이 있어 혹시 11월에 지은 것이 아닌가 생각되기도 하지만 역시 분명치 않다. 그러다가 〈31-039〉「遁村來過云 將與陶隱守歲靈隱寺…」에서 시기를 추정할 수 있는 단서가 찾아진다. 이 詩題에 의하면 李集(遁村)이 장차 영은사에서 李崇仁(陶隱)과 함께 守歲할 것이라고 했다는데, 이것을 보면 아직 새해가 되기 전, 연말 무렵에 지었을 것으로 짐작된다.

해가 바뀌어 1382년(우왕 8) 초에는 이색이 시를 거의 짓지 않았다. 〈31-043〉「戱題」를 보면 "춘풍이 반을 넘겼는데 시를 읊지 못하다니〔春風過半不吟詩〕"라는 구절이 있는데, 말 그대로라면 봄의 반이 다가도록 시를 짓지 못했다는 뜻으로 해석된다. 〈31-046〉「閏二月初三日」이 윤2월 3일에 지은 시이므로 1월, 2월에 지은 시는 고작 몇 편에 불과하다. 〈31-064〉「伏値主上殿下觀獵南郊…」는 『高麗史』의 이 해 윤2월 우왕의 사냥 기사와[77] 대응하는 것으로 보이며, 〈31-073〉「閏月卄又四日 廣平侍中請耆老諸公設讌于興國里第…」은 1382년 윤2월 24일, 〈31-079〉「東亭甲寅門生設宴… 閏月晦日也」는 윤2월 29일 작품이다. 뒤이어 〈31-083〉「三月三日拜報恩醮酒」는 3월 3일, 〈31-084〉「昨雙淸安公招僕與韓柳巷同飮聯句…」는 다음 날인 3월 4일, 〈31-093〉「三月初八日 主上殿下移御泉洞…」은 3월 8일, 〈31-101〉「三月十二日 六友金敬之 陶隱李子安邀與韓淸城賞花于鄭陶隱山亭…」은 3월 12일에 각각 지었다. 또 〈31-110〉「哭廉侍中」은 廉悌臣이 세상을 떠난 3월 18일에,[78] 〈31-118〉「三月卄五 喜雨」는 3월 25일에 지

77 『高麗史』 권134, 列傳47 辛禑2 禑王 8년 윤2월 "禑畋于南郊"

78 『牧隱文藁』 15-04, 高麗國忠誠守義同德論道輔理功臣壁上三韓三重大匡曲城府院君贈諡忠敬公廉公神道碑〈幷序〉

었다. 이 흐름은 제32권으로 이어져 성균시가 치러진 날 지은 〈32-002〉「成均試員李陶隱以四月朔試士…」는 4월 1일 작품이고, 시험 날의 맑은 날씨를 소재로 한 그 앞의 〈32-001〉「晴」 역시 같은 날 지었을 것이다.

이후 당분간 1382년(우왕 8) 4월 작품들이 이어진다. 〈32-016〉「四月初八日 有感」은 물론이고, 〈32-025〉「進獻使臣啓行…」도 1382년 4월 金庾 등을 명에 파견한 사실을[79] 소재로 했다. 그런데 그로부터 불과 십여 편 뒤에 있는 〈32-039〉「六月初一日曉 過南政堂別墅… 明日 與冠嶽僧相別」가 6월 2일에 지은 시이므로 5월에 지은 시가 매우 적다. 이색은 이 해 5월 말부터 6월 초까지 남경을 유람했는데, 〈32-032〉「韓柳巷追至江岸…」부터 〈32-040〉「是夜就寢已久 夜深潮退 順流而下…」까지 9편이 유람 중에 지은 시이다. 뒤이어 〈32-044〉「同柳巷勞洪五宰」와 〈32-045〉「歷訪江南廻還使臣…」는 4월에 진헌사로 파견되었던 洪尙載와 金庾가 6월에 요동에서 되돌아온 뒤[80] 그들을 방문해서 지은 것이니 역시 6월 작품이고, 〈32-067〉「卄九日夜半 批下判三司事洪公 二相李公同拜侍中 而廣平領門下 鐵原領三司…」는 6월 29일에 洪永通과 李子松을 시중과 수시중, 李仁任과 崔瑩을 영문하부사와 영삼사사로 삼은 인사를[81] 소재로 했다.

곧이어 1382년 7월, 즉 가을로 접어들었는데, 〈32-072〉「卽事」의 '秋風', 〈32-074〉「秋夜」, 〈32-079〉「秋雲」 등에 가을의 분위기가 나타나 있다. 그리고 〈32-081〉「七月七日 聖誕日也…」은 우왕의 생일인 7월 7일에 지었고, 〈32-105〉「聞圓齋辭世 哭之」는 鄭公權이 세상을 떠났다는 소식을 듣고 애도한 시인데, 정공권의 죽음 역시 7월의 일이었다.[82] 그 뒤 〈32-

79 『高麗史』 권134, 列傳47 辛禑2 禑王 8년 4월 "遣門下贊成事金庾 門下評理洪尙載 知密直金寶生 同知密直鄭夢周 密直副使李海 典工判書裴行儉等如京師 進歲貢…"

80 『高麗史』 권134, 列傳47 辛禑2 禑王 8년 6월 "金庾等至遼東 不納 乃還…"

81 『高麗史』 권134, 列傳47 辛禑2 禑王 8년 6월 "以李仁任領門下府事 崔瑩領三司事 洪永通爲門下侍中 李子松守門下侍中…"

124〉「中秋前一日 呈柳巷」은 중추절 하루 전인 8월 14일, 〈32-127〉「驪江秋」는 가을, 〈32-129〉「藉田莊吉昌樓上 對蓮語」도 "바람 이슬 하늘 가득 가을색도 엷은 이때〔風露滿天秋色薄〕"라고 했으므로 역시 가을에 지었고, 제33권의 첫 작품 〈33-001〉「中秋 初夜陰而中夜月明如晝…」는 8월 15일 밤에 지었다. 그런데 〈32-124〉「中秋前一日 呈柳巷」 뒤에 있는 〈32-134〉「八月初十日 葬曲城夫人權氏 冒雨困甚 明日 歸歇馬午飧入城 日已西矣」가 8월 11일 작품처럼 보여 순서가 흐트러진다. 편집 과정에서 착오가 있었거나, 혹은 장례를 치른 뒤에 추기한 것이 아닌가 하는데 분명치 않다.

1382년(우왕 8) 8월 15일 이후에 지은 〈33-012〉「伏聞來月駕幸南京…」에서 다음 달 왕이 남경에 행차하기로 했다고 한 것은 이 해 8월에 한양천도를 결정한 일을 말한다.[83] 그리고 〈33-016〉「寄呈幻菴走筆」에서는 "강산은 저무는 가을빛 띠려는 이 때〔江山欲暮秋〕"라고 했으므로 '暮秋', 즉 9월로 접어들었음을 알 수 있다. 이후 9월 27일에 우왕이 한양에 행차했고,[84] 이색도 다음 달 초에 한양에 갔다. 〈33-044〉「東江夜吟」에서는 이색이 개경을 출발하는 날 권중화 등이 餞別宴을 열어준 사실을 기록했고, 〈33-045〉「天明登舟 泊引寧渡待潮 廻風作 留一日」부터 〈33-051〉「到得務浦下岸 宿南京東村旺心民舍 明日 詣行宮肅拜 歸途有詠 十月十二日也」까지는 한양으로 가는 도중에 지은 시이다. 그 가운데 〈33-046〉「初九日 日將午 順風發船 至巖串 日未入」은 10월 9일 해가 떨어지기 전에 巖串에 도착해서 지었고, 〈33-047〉「宿禿浦巖下」는 그날 禿浦에서 묵으면서 지었으며, 〈33-048〉「明日 宿飯淵 又明日 宿都迷院前 以水淺舟不上也」는 10월 10일 飯淵에서 묵은 다음 11일에 都迷院 앞에서 묵으면서 지었다. 그리고

82 高麗史節要』 권31, 禑王 8년 7월 "政堂文學鄭公權卒…"
83 『高麗史』 권134, 列傳47 辛禑2 禑王 8년 8월 "議定遷都漢陽 諫官上䟽止之 不聽…"
84 『高麗史』 권134, 列傳47 辛禑2 禑王 8년 9월 癸酉:27일 "禑至漢陽…"

〈33-049〉「宿南政堂別墅」는 12일에 남정당의 별서에서 묵으면서, 〈33-050〉「自禿浦 乘月到廣津宿」은 13일에 광진에서 묵으면서 지은 것이다. 그런데 그다음의 〈33-051〉「到得務浦下岸 宿南京東村旺心民舍 明日 詣行宮肅拜 歸途有詠 十月十二日也」에 10월 12일의 일로 기록되어 있어 착오가 생긴다. 하지만 이 詩題에 따르면 이색은 13일에 광진에서 묵은 다음 14일에는 得務浦에 도착해서 南京東村의 民舍에서 묵었고, 15일에 행궁에 가서 숙배하고 돌아와 이 시를 지었다. 그러므로 시제 가운데 '十月十二日也'는 '十月十五日也'로 정정해야 옳다. 그리고 그 뒤의 〈33-084〉「初八日 冬至也…」는 11월 8일, 〈33-102〉「大會」는 팔관회 날인 11월 15일에 지은 시이다.

1382년(우왕 8) 10월에 한양에 간 이색은 당분간 그곳에 머물렀다. 〈33-092〉「淸城以岳母周年歸于松京…」에서 淸城, 즉 한수가 松京으로 돌아갔다고 한 것이나, 〈33-098〉「浮堦習儀」에서 "남경에서 송악의 하늘 바라보면서 / 옛날 일 생각에 홀로 시를 읊노매라〔南京望松岳 懷古獨吟詩〕"라고 한 데서 이색이 한양에 있었음을 알 수 있다. 한양에서 이색은 외교문서를 검토하는 일을 했던 것 같은데, 〈33-107〉「監進諸公就僕商量事大文字…」나 〈33-109〉「表文提頭圈點…」에서 그러한 정황을 엿볼 수 있다. 그리고 11월에는 판삼사사로 복직되었다.[85] 그날 지은 〈33-116〉「是月二十五日 拜判三司之命 同曹侍中宿拜 歸而紀行」에 의하면 11월 25일의 일이었다.

이어 〈33-121〉「南京早春」은 해가 바뀌어 1383년(우왕 9) 초봄에 지었고, 〈33-122〉「朝議還京」부터 제33권 마지막의 〈33-128〉「自東大門至闕門前山臺雜劇 前所未見也」은 1383년 2월 개경으로 환도하는 왕을 호종하여 돌아오는 동안 지었다. 우왕이 개경에 도착한 날짜는 2월 15일이었

85 『高麗史節要』 권31, 禑王 8년 11월 "以曹敏修守侍中 李穡判三司事 穡稱疾不視事…"

다.[86] 이렇게 해서 제33권이 끝나고 제34권의 첫 작품 〈34-001〉「七月七日 陪漆原侍中…」과 〈34-003〉「初八日 同安興寧 韓淸城賞蓮天水寺西池永昌君別墅…」는 각각 7월 7일과 8일에 지었다. 따라서 이 해 3월부터 6월까지 지은 작품은 하나도 없는 셈이다. 곧이어 〈34-037〉「七月十九日 益齋侍中忌旦也…」는 7월 19일 이제현의 기일에 지었다고 되어 있지만, 이제현의 기일은 7월 29일이므로 시제의 서두를 '七月卄九日'로 고쳐야 한다. 그리고 〈34-047〉「八月十一日 將遊德水田莊…」부터 〈34-053〉「途中」까지 7편은 8월 11일부터 며칠 동안 德水의 전장에 다녀오면서 지었으며, 〈34-056〉「明日中秋賞月…」은 중추절 하루 전인 8월 14일에 지었다.

〈34-056〉「明日中秋賞月…」에서 1383년(우왕 9) 8월 14일에 이르렀던 흐름이 〈34-060〉「送張學錄使還」과 〈34-061〉「送周典簿使還」에서 갑자기 1385년(우왕 11) 10월로 건너뛴다. 張學錄(張溥)과 周典簿(周倬)는 명에서 온 사신들로 1385년 9월에 왔다가 10월에 돌아갔는데,[87] 이 두 작품은 이들을 전송하면서 지은 것이다. 그렇다면 그 사이에 있는 〈34-057〉「陪西隣吉昌君問疾雙淸亭…」부터 〈34-059〉「北風」까지 세 편이 시기 불명으로 남지만, 〈34-058〉「孟雲先生在北弘慶院行香法席…」에서 다행히 실마리를 찾을 수 있다. 이 시는 孟雲, 즉 韓脩가 살아 있을 때 지었는데, 韓脩의 몰년이 1384년(우왕 10) 2월이므로[88] 그 전에 지었음을 알 수 있다. 또 그 첫 구절에서 "가을 햇빛 맑기도 한 벽란 나루 머리에〔碧瀾渡頭秋日淸〕"라고 했으므로 1383년 가을의 작품이 된다. 따라서 그 앞의 〈34-057〉「陪西隣吉昌君問疾雙淸亭…」도 1383년 작품이지만, 〈34-059〉「北風」은 어

86 『高麗史』 권135, 列傳48 辛禑3 禑王 9년 2월 "禑發漢陽…" ;2월 己丑:15일 "禑還松京…"

87 『高麗史』 권135, 列傳48 辛禑3 禑王 11년 9월 "譯者郭海龍還自京師言 帝遣詔書使國子監學錄張溥 行人段祐 諡册使國子監典簿周倬 行人雒英來…" ;10월 "張溥·段祐等還 翼日 周倬·雒英等還…"

88 韓脩墓誌銘(『高麗墓誌銘集成』, 612쪽)

느 해 겨울에 지었는지 알 수 없다.

1385년(우왕 11) 10월에 지은 〈34-060〉「送張學錄使還」과 〈34-061〉「送周典簿使還」 다음의 몇 편도 지은 시기를 알 수 없다. 〈34-065〉「錄近作」을 보면 이색이 검교시중이 된 것을 기뻐하는 내용이 있는데, 이색은 1385년 12월에 壁上三韓三重大匡 檢校侍中 領藝文春秋館事 上護軍 韓山府院君이 되었다.[89] 따라서 〈34-065〉「錄近作」은 1385년 12월에 지었고, 그 앞의 '蓮語'를 소재로 한 연작시 〈34-062〉「代蓮語 寄東亭」, 〈34-063〉「冢宰上塚回 都堂迓于池邊… 又代蓮語」, 〈34-064〉「僕狂興欲往 舊疾相妨… 以答蓮語」 등 3편은 10월부터 12월 사이에 지은 것이다.

그 뒤로 지은 시기를 확인할 수 있는 작품은 〈34-070〉「驪江宴集」이다. 이 시는 이색이 여강에서 이숭인, 권근 등과 연회를 즐긴 다음에 지었는데, 권근의 『陽村集』에도 이 연회를 소재로 한 작품이 있고 그 시기가 1391년(공양왕 3) 11월로 밝혀져 있다.[90] 이색은 1389년(공양왕 1) 12월 6일 장단으로 유배되었고 1390년(공양왕 2) 4월 함창으로 移配되었다가 정몽주의 도움으로 11월 4일 유배에서 풀렸는데, 이 시는 바로 그 무렵에 지은 것이다. 시에서 "하지만 사환의 은혜로 뛸 듯 기쁜 이 심정은 / 야학이 새장을 벗어날 때와 정말 비슷하다 할까〔方蒙賜環自踊躍 直似野鶴辭樊籠〕"라고 하여 '賜環', 즉 죄를 용서받고 다시 조정으로 불려온 기쁨을 노래한 것은 당시 이색의 처지와 잘 어울린다. 『牧隱詩藁』에서 유배 중에 지은 작품들은 제35권에 유배지별로 묶어 편집하였지만, 유배 사이사이에 지은 시는 제34권에 수록했음을 알 수 있다.

〈34-070〉「驪江宴集」을 기준으로 하면 〈34-066〉「示孫孟畇敬童」부터 〈34-069〉「驪興淸心樓題次韻」까지 4편은 1385년 12월부터 1391년 11월

89 『牧隱集』「牧隱先生年譜」

90 『陽村集』 권7, 驪江宴集詩〈幷序〉

사이에 지은 것이 되지만 구체적인 시기는 알 수 없다. 그 뒤의 〈34-073〉「送全羅崔按廉」은 전라도안렴사로 떠나는 崔關에게 보낸 시인데, 그는 1392년(공양왕 4) 정몽주가 피살된 직후인 5월 17일에 그 당여로 지목되어 파직·유배되었고,[91] 조선 건국 후에는 직첩을 회수당하고 遠流되었으니,[92] 이 시는 그가 파직되기 전에 지은 것이다. 이색 역시 1392년 4월 14일 衿州로 유배되었으므로 이 시를 지은 시기는 1391년(공양왕 3) 12월부터 이듬해 4월 14일 사이로 좁혀진다. 그렇다면 '殘臘', 즉 세밑에 지었다고 밝혀져 있는 그 앞의 〈34-071〉「有感 三首 一敍事 二問 三答」은 1391년 12월 작품이 된다. 또 〈34-074〉「答完山柳府尹」은 "炎官이 기승부려 땀이 옷을 적시는 때〔炎官用事汗霑衣〕"라고 했으므로 여름에 지었음을 알 수 있는데, 이것과 그 앞의 〈34-072〉「謝郡守李公來訪」은 이색이 금주로 유배된 4월 14일 이전에 지었을 것이다.

제34권에 끝에 있는 6편은 조선이 건국된 뒤 1395년(태조 4) 가을에 이색이 관동 지방을 유람하면서 지은 시이다. 〈34-075〉「留別高城李使君」의 서문에 "관동의 승경이 이처럼 빼어난 데야 더 말해 무엇하겠는가. 이에 애써 四韻의 시를 지어서 고성 이 사군에게 작별 선물로 주었다"라고 한 데서 이색이 관동 유람 중 高城에서 지었음을 알 수 있고, 〈34-076〉「留別通州鄭使君」과 〈34-077〉「留別通州張學長」, 〈34-078〉「寄文州金同年」은 고성 근처의 通州와 文州에서 각각 지었다. 그리고 제34권의 마지막 작품인 〈34-080〉「題門生崔中正竹堂」은 관동 유람차 오대산에 갔다가 襄州를 거쳐 江陵에 있는 문생 崔中正의 竹堂에서 지었음을 서문에 밝혀놓았다. 다만, 그 앞의 〈34-079〉「題西州城樓」는 고향 근처의 西州 城樓에 題한 것인데, 여기 배치된 경위를 살필 수가 없다. 『牧隱詩藁』의 편집 원칙이 흔들리

91 『高麗史』 권46, 世家46 恭讓王 4년 5월 丁酉:17일

92 『太祖實錄』 권1, 太祖 원년 7월 丁未:28일

지 않았다면 이 시를 관동 유람 중에 지었든가, 마지막 작품 〈34-080〉「題門生崔中正竹堂」을 관동 유람을 마치고 고향에 돌아온 뒤에 지었든가 둘 중의 하나일 것이지만 지금으로서는 판단하기 어렵다.

5.『牧隱詩藁』 제35권: 1389년(공양왕 1)~1392년(공양왕 4)

『牧隱詩藁』의 마지막 제35권은 이색이 유배지에서 지은 시들로 채워져 있다. 여기에는 1389년(공양왕 1) 12월 7일부터 1392년(공양왕 4) 7월까지 4년 동안 지은 시들이 실려 있으며, 유배지별로 편을 나누어 長湍吟, 咸昌吟, 衿州吟, 驪興吟으로 구성되어 있다. 분량은 장단음 61편, 함창음 50편, 금주음 39편, 여흥음 20편 등 총 170편이다. 고려 말 이색의 정치적 입장은 더할 나위 없이 분명했고, 그의 행적 또한『高麗史』등 자료에 비교적 자세히 남아 있지만,『牧隱詩藁』제35권은 다른 어떤 자료들보다 이색의 행적을 상세하게 전할 뿐 아니라 생생한 심정까지도 담고 있어 고려 멸망과 조선 건국을 둘러싼 격변 과정에서 이색이 어떤 생각을 했는지 살피는 데 좋은 자료이다.

이색은 공양왕이 즉위하고 보름 만인 1389년 12월 1일에 파직되었고,[93] 12월 5일에는 간관들의 탄핵을 받아 유배가 결정되었다.[94] 이 소식이 12월 6일에 이색에게 알려졌고, 이색은 그날 곧바로 개경을 출발하여 장단(지금 경기도 파주시 장단면)으로 향했다. 그 도중에 대덕산에 이르러 감응사에서 하룻밤을 지내고 다음 날 새벽에 장단음의 첫 작품 〈35-001〉「己巳十二月

93 『高麗史』 권45, 世家45 恭讓王 원년 12월 乙未:1일 "朔 罷李穡及子種學職 廢曹敏修爲庶人"

94 『高麗史』 권45, 世家45 恭讓王 원년 12월 己亥:5일 "諫官請誅禑昌 又論李穡·李仁任等罪 瀦仁任宅 流穡父子及李崇仁·河崙 宦官李芬 徙曹敏修于三陟 權近于金海 收文達漢職牒"

初六日 巡衛府提控朴來傳內教 命臣出居長湍新居 臣向闕肅拜 且致詞兩侍中 別提控上馬至大德山下 日已夕 入感應寺借宿…」을 지었는데, 그 황망했던 이틀 동안의 정황이 詩題에 나타나 있다. 그리고는 계속해서 장단으로 가는 길에 〈35-002〉「初七日 途中」을 지었다. 장단은 개경에서 먼 곳이 아니니 곧 도착했을 것이고, 그 후 그곳에서 지은 시들이 날짜순으로 정리되어 있다. 詩題에 날짜가 밝혀져 있는 것으로 〈35-008〉「十六日 三郎送酒食」(12월 16일), 〈35-012〉「十八日」(12월 18일), 〈35-016〉「二十日 卽事」(12월 20일), 〈35-022〉「二十八日」(12월 28일), 〈35-024〉「二十九日」(12월 29일), 〈35-026〉「庚午正月七日 赤城兪判事以酒一瓶…」(1390년 1월 7일), 〈35-042〉「二十三日 寄呈松軒」(1월 23일), 〈35-053〉「四月初二日 隱溪來訪留宿…」(4월 2일) 등이 있다.

1390년(공양왕 2) 4월 5일에는 이색을 장단에서 함창(지금 경상북도 상주시 함창읍)으로 옮기기로 결정되었다.[95] 이 소식이 당일 또는 다음 날쯤 이색에게 알려졌을 것이고, 이를 듣고 지은 시가 〈35-056〉「與長湍縣令文君再游石壁…」이다. 이어 4월 8일에는 멀리 함창으로 떠날 이색을 전송하기 위해 부인 권씨가 장단에 왔고, 이날 〈35-057〉「初八日 室人來 蓋欲送我南行也」를 지었다. 다음의 〈35-058〉「携室人游石壁…」은 장단에서 부인과 함께 시간을 보내며 지은 것이고 , 그 뒤에 있는 장단음의 마지막 세 편은 4월 8일 이후 잠깐 장단에 머무는 동안 지었을 것이다. 그리고 4월 중에 함창에 도착해서 한 달이 못 되게 그곳에서 지냈는데, 그때 지은 시는 없다.

1390년 5월 1일에 소위 '尹彝·李初獄事'가 일어나자 이색은 옥사에 연루되어 5월 6일 청주옥에 갇혔다.[96] 그러나 이 옥사는 당시에도 조작이라

95 『高麗史』 권45, 世家45 恭讓王 2년 4월 戊戌:5일 "徙李穡于咸昌…"

96 『高麗史』 권45, 世家45 恭讓王 2년 5월 戊戌:6일 "又囚李穡·李琳·禹仁烈·李仁敏·鄭地·李崇仁·權近·李種學·李貴生等于淸州獄…"

는 말이 있었고, 결국 청주의 홍수를 구실로 옥사에 연루된 사람들을 모두 풀어주었는데, 이색은 이때 장단으로 돌아갔다.[97] 그러다가 8월에 다시 함창으로 유배되었고,[98] 咸昌吟의 첫 작품인 〈35-062〉「庚午八月十三日 到咸昌…」은 8월 13일 함창에 도착해서 지은 것이다. 그 뒤 11월 4일에 京外從便이 허락되었으므로[99] 함창음에는 1390년(공양왕 2) 8월 13일부터 11월 4일 전후까지 지은 시들이 수록되었는데, 〈35-062〉「庚午八月十三日 到咸昌…」부터 〈35-069〉「寄呈黜陟令公」까지 8편이 그것이다. 그 가운데 〈35-064〉「重九後日 有人之淸州 吟得一絶…」은 重九日 다음 날인 9월 10일에 지었음이 확인된다.

그 뒤 이색은 1391년(공양왕 3) 6월 13일에 또다시 함창으로 유배되었다.[100] 〈35-070〉「寄黜陟使」부터가 두 번째 함창 유배 때 지은 것으로, 이 시에는 "辛未年 6월에 또 함창으로 유배되어 지었다"는 세주가 붙어 있다. 그리고 11월 17일 유배가 풀려 소환될 때까지[101] 6개월 동안 함창에서 지은 시가 〈35-111〉「寄呈圃隱」까지 모두 42편이다. 그 가운데 〈35-085〉「七夕 主人大禪師設食… 明日 錄呈」은 七夕 다음 날인 7월 8일, 바로 다음의 〈35-086〉「是日 監郡鄭公携酒來訪 明日 以詩謝之」는 7월 9일, 〈35-103〉「八月初三日 尙州儒學敎授官送膰肉」은 8월 3일, 〈35-104〉「初七日 聞黜陟令公過德通…」은 8월 7일, 〈35-106〉「白蓮會罷 留朴令公作中秋…」는 8월 15일에 지은 것이다.

1391년 11월 17일 유배에서 풀려 개경으로 소환된 이색은 12월 24일 한

97 『牧隱集』「牧隱先生年譜」"洪武卄三年庚午(1390, 恭讓王 2)五月 逮至淸州 有水讁 蒙宥到長湍"

98 『牧隱集』「牧隱先生年譜」"洪武卄三年庚午(1390, 恭讓王 2)八月 又貶咸昌"

99 『高麗史』 권45, 世家45 恭讓王 2년 11월 壬辰:4일 "宥禹玄寶·李穡·權仲和·慶補·張夏 許京外從便…"

100 『高麗史』 권46, 世家46 恭讓王 3년 6월 戊辰:13일 "流李穡于咸昌…"

101 『高麗史』 권46, 世家46 恭讓王 3년 11월 己亥:17일 "召李穡·李崇仁·李種學…"

산부원군 영예문춘추관사에 복직되었다.[102] 이색의 소환과 복직은 정몽주의 구원에 의한 것이었다. 그러나 1392년(공양왕 4) 4월 4일 정몽주가 피살되고[103] 정세가 급반전되면서 이색에게도 江外出居의 처분이 내려져 衿州(지금 서울시 금천구)로 추방되었다.[104] 4월 13일의 일이었다. 바로 그다음 날 이색은 衿州吟의 첫 작품인 〈35-112〉「洪武壬申夏四月十四日 上使司楯郎傳旨…」를 지었다. 그리고는 곧장 개경을 출발하여 14일은 임진에 있는 金龜聯의 野莊에서, 15일은 행주에 있는 柳令公의 野莊에서 묵은 뒤 16일에 공암을 건너 廣州에 도착했다. 이 여정 중에 지은 시가 〈35-113〉「宿臨津金龜聯判事野莊」, 〈35-114〉「十五日 宿幸州柳令公野莊」, 〈35-115〉「十六日 渡孔岩」, 〈35-116〉「是日 至廣州村 是吾蒼頭赤脚居止處也 留數日作短歌」 등 4편이다. 광주에서 수일 동안 머문 뒤 衿州에 도착했는데, 〈35-117〉「偶題」부터 衿州吟의 마지막 작품 〈35-150〉「岐灘長橋 送判書朴壯元還歸田舍」까지 34편을 금주에서 지었다. 이 가운데 지은 날짜가 확인되는 작품은 〈35-131〉「五月十七日 馳叔畦進士八京幹事…」 한 편 뿐이지만, 이 해 6월 초까지 금주에 머물렀으므로 금주음의 시들은 대략 1392년(공양왕 4) 4월 중순부터 6월 초 사이에 지어졌다.

이색은 1392년 6월에 衿州에서 驪興으로 옮겨졌다.[105] 『牧隱詩藁』 제35권의 驪興吟은 6월 7일에 지은 〈35-151〉「六月初七日 寄姜同年玄隣長」으로 시작된다. 계속해서 〈35-152〉「十四日 謝郡守來訪」은 6월 14일, 〈35-153〉「十六日 門生徐楊根送涼席四張…」은 6월 16일에 지었고, 〈35-159〉

102 『高麗史』 권46, 世家46 恭讓王 3년 12월 丙子:24일 "以李穡爲韓山府院君領藝文春秋館事…"

103 『高麗史』 권46, 世家46 恭讓王 4년 4월 乙卯:4일 "判典客寺事趙英珪等殺守侍中鄭夢周…"

104 『高麗史』 권46, 世家46 恭讓王 4년 4월 甲子:13일 "放李穡于韓州…"
『高麗史』에는 이색이 이때 韓州로 추방된 것으로 되어 있지만, 『牧隱集』의 「牧隱先生年譜」에 의하면 衿州로 쫓겨났다. 『牧隱詩藁』 衿州吟을 보면 年譜가 더 정확함을 알 수 있다.

105 『陽村集』 권40, 牧隱先生李文靖公行狀 "壬申(1392, 恭讓王 4)六月 徙驪興…"

「寄鄕校金少尹 黃少尹」은 "지금 마침 가을바람이 이는 때를 만났으니〔如今正値秋風起〕"라는 구절에서 가을, 즉 7월로 접어들었음을 짐작할 수 있다. 이어서 〈35-164〉「七夕」은 7월 7일, 〈35-169〉「孟秋望日 記事有感」은 7월 15일에 지었다. 그 무렵 개경에서는 7월 12일에 공양왕이 폐위되고, 17일에 이성계가 즉위하는 커다란 사건이 일어났는데,[106] 여흥에 있던 이색도 이 소식을 시시각각 접했을 것이지만 그에 대한 소회를 담고 있는 시는 남아 있지 않다. 이색은 조선 건국 후인 1392년(태조 1) 7월 30일 장흥부로 옮겨졌다.[107] 그리고 그 이전에 지었을 〈35-170〉「代書奉答李向上」이라는 詩題의, "은어는 비를 얻어 장천을 거슬러 올라오고 / 솔 아래 새 버섯은 맛이 온전해지려는 때 / 양곡의 만두 쪄 내오면 맛이 또 그만이리니 / 가을쯤엔 남쪽으로 나도 놀러갈 생각이오〔銀魚得雨遡長川 松下新芝味欲全 暘谷饅頭蒸得好 南游準擬及秋天〕"라는, 다소 한가한 작품이 『牧隱詩藁』의 대미를 장식한다.

106 『太祖實錄』 권1, 太祖 원년 7월 辛卯:12일 ;7월 丙申:17일 "卽位于壽昌宮…"

107 『太祖實錄』 권1, 太祖 원년 7월 己酉:30일 "都評議使司請前日教書所載流放遐方者… 於是 禹玄寶徙海陽 李穡徙長興府…"

참고문헌

1. 사료

『高麗史』
『高麗史節要』
『太祖實錄』
『太宗實錄』
『元史』
『(明)太祖實錄』
『益齋亂藁』
『拙藁千百』
『稼亭集』
『牧隱集』
『圓齋稾』
『柳巷集』
『三峯集』
『陶隱集』
『陽村集』
『淡庵逸集』
『東文選』
『慶尙道地理志』
『新增東國輿地勝覽』
『安東權氏 成化譜』

『文化柳氏世譜』嘉靖版
『氏族源流』
『松窩雜說』(『大東野乘』 제56권)
『朝鮮金石總覽』
金龍善(編著), 『高麗墓誌銘集成』 第五版, 한림대학교 출판부, 2012
張東翼, 『元代麗史資料集錄』, 서울대학교 출판부, 1997
韓甫植(編著), 『中國年曆大典』(上·中·下), 嶺南大學校 出版部, 2003
金鎭英·金東建, 『牧隱 李穡 詩語 索引』(上·下), 이회, 2007
김정기·이상현, 『국역 목은집』 1-11, 민족문화추진회, 2000-2003
여운필·성범중·최재남, 『역주 목은시고』 1-12, 月印, 2000-2007

2. 저서(편저자 가나다순)

高惠玲, 『高麗後期 士大夫와 性理學 受容』, 一潮閣, 2001
金光哲, 『高麗後期世族層硏究』, 東亞大學校出版部, 1991
金塘澤, 『元干涉下의 高麗政治史』, 一潮閣, 1998
______, 『이성계와 조준·정도전의 조선왕조 개창』, 전남대학교 출판부, 2012
김순자, 『韓國 中世 韓中關係史』, 혜안, 2007
김영수, 『건국의 정치－여말선초, 혁명과 문명전환－』, 이학사, 2006
金仁昊, 『高麗後期 士大夫의 經世論 硏究』, 혜안, 1999
金昌賢, 『高麗後期 政房 硏究』, 高麗大學校 民族文化硏究院, 1998
都賢喆, 『高麗末 士大夫의 政治思想硏究』, 一潮閣, 1999
______, 『목은 이색의 정치사상 연구』, 혜안, 2011
牧隱硏究會(編), 『牧隱 李穡의 生涯와 思想』, 一潮閣, 1996
朴龍雲, 『高麗時代 蔭敍制와 科擧制 硏究』, 一志社, 1990
朴元熇, 『明初朝鮮關係史硏究』, 一潮閣, 2002
邊東明, 『高麗後期性理學受容硏究』, 一潮閣, 1995
成範重, 『惕若齋 金九容의 文學世界』, 울산대학교 출판부, 1997
성범중·박경신, 『한수(韓脩)와 그의 한시(漢詩)』, 국학자료원, 2004
申千湜, 『牧隱 李穡의 學問과 學脈』, 一潮閣, 1998
呂運弼, 『李穡의 詩文學 硏究』, 太學社, 1995
______, 『高麗後期 漢詩의 硏究』, 월인, 2004
윤은숙, 『몽골제국의 만주지배사』, 소나무, 2010
李景植, 『朝鮮前期土地制度硏究－土地分給制와 農民支配－』, 一潮閣, 1986
______, 『韓國 中世 土地制度史－高麗』, 서울대학교 출판문화원, 2011
李炳赫, 『高麗末 性理學 受容期의 漢詩 硏究』, 太學社, 1989
李炳熙, 『高麗後期 寺院經濟 硏究』, 景仁文化社, 2008
李相佰, 『李朝建國의 硏究』, 乙酉文化社, 1949
이정주, 『性理學 受容期 佛教 批判과 政治·思想的 變容－鄭道傳과 權近을 중심으로－』, 高麗大學

校 民族文化硏究院, 2007
李泰鎭, 『韓國社會史硏究－農業技術 발달과 社會變動－』, 지식산업사, 1986
張東翼, 『高麗後期外交史硏究』, 一潮閣, 1994
정두희, 『왕조의 얼굴－조선왕조의 건국사에 대한 새로운 이해－』, 서강대학교 출판부, 2010
정성식, 『정몽주(鄭夢周)』, 성균관대학교 출판부, 2009
정재철, 『이색 시의 사상적 조명』, 집문당, 2002
韓永愚, 『鄭道傳思想의 硏究』(改正版), 서울大學校 出版部, 1983
_____, 『朝鮮前期 社會經濟硏究』, 乙酉文化社, 1983
許興植, 『高麗科擧制度史硏究』, 一潮閣, 1981
洪榮義, 『高麗末 政治史 硏究』, 혜안, 2005
韓儒林(主編), 1986 『元朝史』, 人民出版社(北京), 1986

3. 논문(필자 가나다순)

高柄翊, 「麗代 征東行省의 硏究」(上·下) 『歷史學報』 14·19, 1961·1962
_____, 「元과의 關係의 變遷」 『한국사』 7, 1973
_____, 「牧隱集」 『高麗名賢集』 3, 成均館大學校 大東文化硏究院, 1973
高惠玲, 「稼亭 李穀과 元 士大夫와의 交遊」 『李佑成敎授定年退職紀念論叢』, 一潮閣, 1990
_____, 「高麗後期 士大夫의 槪念과 性格」 『許善道先生停年紀念韓國史學論叢』, 一潮閣, 1992
_____, 「崔瀣(1287~1340)의 생애와 사상」 『李基白先生古稀紀念韓國史學論叢』 上, 一潮閣, 1994
_____, 「목은(牧隱) 이색(李穡)의 사승(師承)과 교유관계(交遊關係)」 『牧隱 李穡의 生涯와 思想』, 一潮閣, 1996
_____, 「『牧隱集』을 통해 본 李穡의 불교와의 관계」 『震檀學報』 102, 2006
琴章泰, 「목은(牧隱) 이색(李穡)의 유학사상(儒學思想)」 『牧隱 李穡의 生涯와 思想』, 一潮閣, 1996
김경록, 「공민왕대 국제정세와 대외관계의 전개양상」 『역사와 현실』 64, 2007
金基德, 「14세기 후반 개혁정치의 내용과 그 성격」 『14세기 고려의 정치와 사회』, 민음사, 1994
金塘澤, 「元 干涉期末의 反元的 분위기와 高麗 政治史의 전개」 『歷史學報』 146, 1995
_____, 「고려 공민왕초의 무장세력－공민왕 3년(1354) 원에 파견된 무장들을 중심으로－」 『韓國史硏究』 93, 1996
_____, 「고려 후기의 '士族'과 '士大夫'」 『全南史學』 11, 1997
_____, 「高麗 禑王 元年(1375) 元과의 외교관계 再開를 둘러싼 정치세력 간의 갈등」 『震檀學報』 83, 1997
_____, 「高麗 禑王代 李成桂와 鄭夢周·鄭道傳의 정치적 결합」 『歷史學報』 158, 1998
_____, 「고려말의 私田改革」 『韓國史硏究』 104, 1999
_____, 「도당을 통해 본 고려 우왕대의 정치적 상황」 『歷史學報』 180, 2003
_____, 「고려 말 대외관계의 격동과 무장세력의 정치적 지향」 『한국사 시민강좌』 35, 일조각, 2004
_____, 「李成桂의 威化島回軍과 제도개혁」 『全南史學』 24, 2005

김순자, 「고려말 대중국관계의 변화와 신흥유신의 사대론」 『역사와 현실』 15, 1995
金時鄴, 「목은(牧隱)의 군자의식(君子意識)과 민생(民生)·풍속시(風俗詩)」 『牧隱 李穡의 生涯와 思想』, 一潮閣, 1996
김윤주, 「조선 태종 11년(1411) 이색(李穡) 비명(碑銘)을 둘러싼 논쟁의 정치적 성격」 『도시인문학연구』 1-1, 2009
김인호, 「이색의 자아의식과 심리적 갈등—우왕 5년기를 중심으로—」 『역사와 현실』 62, 2006
金宗鎭, 「李穀의 對元 意識」 『泰東古典研究』 1, 1984
______, 「安軸의 시세계—「關東瓦注」 소재 漢詩를 중심으로—」 『泰東古典研究』 10, 1993
金炯秀, 「14世紀末 私田革罷論者의 田制觀—鄭道傳과 趙浚을 중심으로—」 『慶北史學』 25, 2002
______, 「恭愍王 廢立과 文益漸의 使行」 『한국중세사연구』 19, 2005
金浩東, 「몽골제국과 '大元'」 『歷史學報』 192, 2006
남동신, 「목은 이색과 불교 승려의 시문(詩文) 교유」 『역사와 현실』 62, 2006
______, 「여말선초기 懶翁 현창 운동」 『韓國史研究』 139, 2007
______, 「牧隱 李穡의 전기 자료 검토」 『韓國思想史學』 31, 2008
盧明鎬, 「高麗後期의 族黨勢力」 『李載龒博士還曆紀念韓國史學論叢』, 1990
______, 「奎章閣 所藏 『高麗史』·『高麗史節要』·高麗時代 文集」 『奎章閣』 25, 2002
都賢喆, 「牧隱 李穡의 政治思想研究」 『韓國思想史學』 3, 1990
______, 「高麗後期 朱子學 受容과 朱子書 普及」 『東方學志』 77·78·79合輯, 1993
______, 「14세기 전반 유교지식인의 현실인식」 『14세기 고려의 정치와 사회』, 민음사, 1994
______, 「高麗末期 士大夫의 理想君主論」 『東方學志』 88, 1995
______, 「고려말기 사대부의 불교인식과 대응」 『역사와 현실』 20, 1996
______, 「『經濟文鑑』의 引用典據로 본 鄭道傳의 政治思想」 『歷史學報』 165, 2000
______, 「고려말 사대부의 왕안석 인식」 『역사와 현실』 42, 2001
______, 「元天錫의 顔回的 君子觀과 儒佛道 三教一致論」 『東方學志』 111, 2001 ;(재수록) 『지방지식인 원천석의 삶과 생각』, 혜안, 2007
______, 「원간섭기 『사서집주』 이해와 성리학 수용」 『역사와 현실』 49, 2003
______, 「이색과 정도전—성리학의 개선론과 개혁론—」 『한국사 시민강좌』 35, 일조각, 2004
______, 「李穡의 歷史觀과 公羊春秋論」 『歷史學報』 185, 2005
______, 「高麗末 尹紹宗의 현실인식과 정치활동」 『東方學志』 131, 2005
______, 「李穡의 隱仕觀」 『韓國史研究』 133, 2006
______, 「이색의 서연강의」 『역사와 현실』 62, 2006
______, 「李穡의 經學觀과 그 志向」 『震檀學報』 102, 2006
______, 「고려말 염흥방의 정치활동과 사상의 변화」 『東方學志』 141, 2008
______, 「대책문을 통해 본 정몽주의 국방 대책과 문무겸용론」 『한국중세사연구』 26, 2009
______, 「이색의 유교교화론과 일본인식—새로 발견된 대책문을 중심으로—」 『한국문화』 49, 2010
馬宗樂, 「麗末 登科儒臣의 사상적 동향—牧隱 李穡을 중심으로—」 『韓國中世史의 諸問題』, 2001
______, 「牧隱 李穡의 生涯와 歷史意識」 『震檀學報』 102, 2006
______, 「稼亭 李穀의 生涯와 思想」 『韓國思想史學』 31, 2008
森平雅彦, 「事元期高麗における在來王朝體制の保全問題」 『北東アジア研究』 別冊 第1號, 島根縣

立大學 北東アジア地域研究センター, 2008
______, 「牧隱 李穡의 두 가지 入元 루트—몽골 시대 高麗-大都 간의 육상 교통—」 『震檀學報』 114, 2012
文喆永, 「麗末 新興士大夫들의 新儒學 수용과 그 특징」 『韓國文化』 3, 1982
______, 「고려후기 新儒學 수용과 士大夫의 意識世界」 『韓國史論』 41·42合集, 1999
閔丙秀, 「李穡의 詩世界」 『韓國漢詩作家研究』 2, 1996
閔賢九, 「辛旽의 執權과 그 政治的 性格」(上·下) 『歷史學報』 38·40, 1968
______, 「高麗後期의 權門世族」 『한국사』 8, 국사편찬위원회, 1974
______, 「高麗 恭愍王의 卽位背景」 『韓沽劤博士停年紀念史學論叢』, 知識産業社, 1981
______, 「益齋 李齊賢의 政治活動—恭愍王代를 中心으로—」 『震檀學報』 51, 1981
______, 「白文寶研究—政治家로서의 活躍을 中心으로—」 『東洋學』 17, 1987
______, 「高麗 恭愍王의 反元的 改革政治에 대한 一考察—背景과 發端—」 『震檀學報』 68, 1989
______, 「高麗 恭愍王代 反元的 改革政治의 展開過程」 『許善道先生停年紀念韓國史學論叢』, 一潮閣, 1992
______, 「高麗 恭愍王代의 「誅奇轍功臣」에 대한 檢討—反元的 改革政治의 主導勢力—」 『李基白先生古稀紀念韓國史學論叢』 上, 一潮閣, 1994
______, 「高麗後期 安東權氏 家門의 展開 元 干涉期의 政治的 位相을 중심으로」 『道山學報』 5, 1996
______, 「新主(德興君)와 舊君(恭愍王)의 對決」 『高麗政治史論』, 고려대학교출판부, 2004
______, 「고려에서 조선으로의 왕조교체를 어떻게 이해할 것인가」 『한국사 시민강좌』 35, 일조각, 2004
______, 「高麗 恭愍王代 중엽의 정치적 변동」 『震檀學報』 107, 2009
朴京安, 「麗末 儒者들의 田制 改革論에 대하여」 『東方學志』 85, 1994
朴龍雲, 「安東權氏의 사례를 통해 본 高麗 社會의 一斷面—'成化譜'를 참고로 하여—」 『歷史教育』 94, 2005
박원호, 「고려말 조선초 대명외교의 우여곡절」 『한국사 시민강좌』 36, 2005
______, 「鐵嶺衛 설치에 대한 새로운 관점」 『韓國史研究』 136, 2007
박종기, 「이색의 당대사(當代史) 인식과 인간관—묘지명을 중심으로—」 『역사와 현실』 66, 2007
박진훈, 「高麗末 改革派士大夫의 奴婢辨正策—趙浚·鄭道傳系의 方案을 중심으로—」 『學林』 19, 1998
邊東明, 「性理學의 初期 受容者와 佛教」 『李基白先生古稀紀念韓國史學論叢』 上, 一潮閣, 1994
성범중, 「목은 이색의 書筵 進講詩 연구」 『石堂論叢』 50, 2011
宋載卲, 「우왕대(禑王代)의 목은시(牧隱詩)」 『牧隱 李穡의 生涯와 思想』, 一潮閣, 1996
宋昌漢, 「金貂의 斥佛論에 대하여—恭讓王 3年의 上疏文을 中心으로—」 『大丘史學』 27, 1985
______, 「朴礎의 斥佛論에 대하여—恭讓王 3年의 上疏文을 中心으로—」 『大丘史學』 29, 1986
______, 「金子粹의 斥佛論에 대하여—恭讓王 三年五月의 上疏文을 中心으로—」 『歷史教育論集』 13·14, 1990
______, 「牧隱 李穡의 斥佛論에 대하여—恭愍王 元年 四月의 上疏文을 중심으로—」 『大丘史學』 59, 2000
申千湜, 「목은(牧隱) 이색(李穡)의 교육사상(教育思想)」 『牧隱 李穡의 生涯와 思想』, 一潮閣,

1996
安啓賢, 「李穡의 佛敎觀」『趙明基博士華甲紀念佛敎史學論叢』, 1965
呂運弼, 「牧隱詩의 民風과 그 意味」『韓國漢詩硏究』1, 1993 ;『高麗後期 漢詩의 硏究』, 월인, 2004
______, 「牧隱詩의 民生에 대한 關心 考察」『睡蓮語文論集』20, 1993 ;『高麗後期 漢詩의 硏究』, 월인, 2004
______, 「恭讓王代의 牧隱詩 考察」『韓國漢詩硏究』6, 1998 ;『高麗後期 漢詩의 硏究』, 월인, 2004
______, 「李穡의 歷史素材 漢詩 硏究」『고려시대 역사시 연구』, 한국정신문화연구원, 1999 ;「牧隱 李穡의 歷史素材詩에 대한 硏究」『高麗後期 漢詩의 硏究』, 월인, 2004
______, 「『牧隱詩藁』의 史料的 價値」『신라대학교논문집』52, 2003 ;『高麗後期 漢詩의 硏究』, 월인, 2004
______, 「牧隱詩의 多樣한 志向과 面貌」『震檀學報』102, 2006
______, 「高麗 末期 文人의 僧侶 交遊—三隱과 僧侶의 詩的 交遊—」『고려시대의 문인과 승려』, 파미르, 2007
위은숙, 「조선 건국의 경제적 기초로서의 과전법」『한국사 시민 강좌』35, 일조각, 2004
柳柱姬, 「元天錫 硏究—그의 現實認識을 중심으로—」『朴永錫敎授華甲紀念韓國史學論叢』上, 1992 ;(재수록)『지방지식인 원천석의 삶과 생각』, 혜안, 2007
柳昌圭, 「高麗末 趙浚과 鄭道傳의 改革 방안」『國史學論叢』46, 1993
______, 「高麗末 崔瑩勢力의 형성과 遼東攻略」『歷史學報』143, 1994
尹絲淳, 「목은(牧隱) 이색(李穡)의 사상사적 위상(位相)」『牧隱 李穡의 生涯와 思想』, 一潮閣, 1996
李康漢, 「공민왕 5년(1356) '反元改革'의 재검토」『大東文化硏究』65, 2009
______, 「공민왕대 관제개편의 내용 및 의미」『歷史學報』201, 2009
______, 「공민왕대 재정운용 검토 및 충선왕대 정책지향과의 비교」『韓國史學報』34, 2009
______, 「'친원'과 '반원'을 넘어서—13~14세기사에 대한 새로운 이해—」『역사와 현실』78, 2010
이개석, 「大蒙古國—高麗 關係 연구의 재검토」『史學硏究』88, 2007
李景植, 「高麗末期의 私田問題」『東方學志』40, 1983
______, 「高麗末의 私田捄弊策과 科田法」『東方學志』42, 1991
李文遠, 「목은(牧隱)의 생애(生涯)와 역사적(歷史的) 위상(位相)」『牧隱 李穡의 生涯와 思想』, 一潮閣, 1996
李命美, 「공민왕대 초반 군주권 재구축 시도와 奇氏一家—1356년(공민왕 5) 개혁을 중심으로—」『한국문화』53, 2011
李奭求, 「『牧隱集』解說」『國譯稼亭集牧隱集』, 民族文化社, 1983
李成珪, 「高麗와 元의 官僚 李穀(1298~1351) 年譜稿」『東아시아 歷史의 還流』, 지식산업사, 2000
李延馥·李炫馥, 「목은(牧隱) 이색(李穡)의 연보(年譜)」『牧隱 李穡의 生涯와 思想』, 一潮閣, 1996
李佑成, 「高麗朝의 '吏'에 對하여」『歷史學報』23, 1964
______, 「목은(牧隱)에게 있어서 우창문제(禑昌問題) 및 전제문제(田制問題)—고려왕조(高麗王朝)의 존속(存續)을 위하여—」『牧隱 李穡의 生涯와 思想』, 一潮閣, 1996
李銀順, 「李穡硏究」『梨大史苑』4, 1962
李益柱, 「高麗 忠烈王代의 政治狀況과 政治勢力의 性格」『韓國史論』18, 1988

______, 「공민왕대 개혁의 추이와 신흥유신의 성장」 『역사와 현실』 15, 1995
______, 「권문세족과 사대부」 『한국역사입문』 2, 풀빛, 1995
______, 「高麗·元關係의 構造에 대한 硏究—소위 '世祖舊制'의 분석을 중심으로—」 『韓國史論』 36, 1996
______, 「고려말 신흥유신의 성장과 조선 건국」 『역사와 현실』 29, 1998
______, 「14세기 전반 高麗·元關係와 政治勢力 동향—忠肅王代의 瀋王擁立運動을 중심으로—」 『한국중세사연구』 9, 2000
______, 「14세기 전반 성리학 수용과 이제현의 정치활동」 『典農史論』 7, 서울시립대 국사학과, 2001
______, 「원간섭기 개혁정치의 성격」 『한국 전근대사의 주요 쟁점』, 역사비평사, 2002
______, 「고려 우왕대 이색의 정치적 위상에 대한 연구」 『역사와 현실』 68, 2002
______, 「고려 말의 정치사회적 혼돈과 신흥사대부의 성장」 『한국사 시민강좌』 35, 일조각, 2004
______, 「삼봉집 시문을 통해 본 고려말 정도전의 교유관계」 『정치가 정도전의 재조명』, 경세원, 2004
______, 「14세기 후반 원·명 교체와 한반도」 『전쟁과 동북아의 국제질서』, 일조각, 2006
______, 「『牧隱集』의 간행과 사료적 가치」 『震檀學報』 102, 2006
______, 「고려 말 정도전의 정치 세력 형성 과정 연구」 『東方學志』 134, 2006
______, 「공민왕대의 개혁정치와 한양천도론」 『鄕土서울』 68, 2006
______, 「元天錫의 생애와 현실인식 再考—고려 말 지방거주 유교지식인의 삶과 생각—」 『지방지식인 원천석의 삶과 생각』, 혜안, 2007
______, 「『牧隱詩藁』를 통해 본 고려 말 李穡의 일상—1379년(우왕 5)의 사례—」 『韓國史學報』 32, 2008
______, 「고려·몽골 관계사 연구 시각의 검토—고려·몽골 관계사에 대한 공시적, 통시적 접근—」 『한국중세사연구』 27, 2009
______, 「세계질서와 고려-몽골관계」 『동아시아 국제질서 속의 한중관계사—제언과 모색—』, 동북아역사재단, 2010
______, 「고려-몽골관계에서 보이는 책봉-조공 관계 요소의 탐색」 『13~14세기 고려-몽골관계 탐구』, 동북아역사재단, 2011
______, 「14세기 후반 동아시아 국제질서와 고려-원·명-일본 관계」 『震檀學報』 114, 2012
李貞馥, 「고려 말기의 유학고변(儒學考辨)—목은(牧隱)의 시(詩)에 나타난 성리학(性理學) 수용(受容)의 근거—」 『牧隱 李穡의 生涯와 思想』, 一潮閣, 1996
李廷柱, 「朝鮮 建國을 둘러싼 正統과 異端의 衝突—高麗 恭讓王 3年 斥佛論爭 참가자 분석—」 『韓國史學報』 10, 2001
______, 「恭讓王代의 政局動向과 斥佛運動의 性格」 『韓國史硏究』 120, 2003
李鎭漢, 「高麗後期의 異姓封君」 『史學硏究』 88, 2007
李泰鎭, 「高麗末·朝鮮初의 社會變化」 『震檀學報』 55, 1983 ; 『韓國社會史硏究—農業技術 발달과 社會變動』, 지식산업사, 1986
______, 「14세기 동아시아 국제정세와 목은(牧隱) 이색(李穡)의 외교적 역할」 『牧隱 李穡의 生涯와 思想』, 一潮閣, 1996
李亨九·李特九, 「목은(牧隱)의 사적(史蹟)」 『牧隱 李穡의 生涯와 思想』, 一潮閣, 1996

李亨雨,「高麗 禑王代의 政治的 推移와 政治勢力 硏究」(高麗大學校 史學科 博士學位論文), 1999
______,「高麗末 新進士類의 정치적 역할—朝鮮 建國勢力의 정치·사회적 기반 재검토의 일환으로—」『韓國史學報』12, 2002
林熒澤,「고려 말 문인지식층(文人知識層)의 동인의식(東人意識)과 문명의식(文明意識)—목은문학(牧隱文學)의 논리와 성격에 대한 서설(序說)—」『牧隱 李穡의 生涯와 思想』, 一潮閣, 1996
鄭玉子,「麗末 朱子性理學의 導入에 대한 試考—李齊賢을 中心으로—」『震檀學報』51, 1981
鄭載喆,「牧隱의 靑年期 漢詩에 나타난 思想的 趨向」『韓國漢文學硏究』14, 1991
______,「牧隱 李穡의 思惟樣式」『漢文學論集』12, 1994
______,「이색의 국자감 유학과 문화교류사적 의미」『고전과 해석』8, 2010
정재훈,「이색 연구의 몇 가지 문제」『韓國思想史學』31, 2008
趙啓纘,「朝鮮建國과 尹彝·李初事件」『李丙燾博士九旬紀念韓國史學論叢』, 1987
趙明濟,「牧隱 李穡의 佛敎認識 —性理學의 理解와 관련하여—」『韓國文化硏究』6, 1993
______,「元天錫의 佛敎認識—朱子學의 수용과 관련하여—」『普照思想』26, 2006 ;(재수록)『지방지식인 원천석의 삶과 생각』, 혜안, 2007
周采赫,「몽골·고려사 연구의 재검토—몽골·고려 전쟁사 연구의 시각 문제—」『애산학보』8, 1989
______,「몽골·고려사 연구의 재검토—몽골·고려사의 성격 문제—」『國史館論叢』8, 1989
蔡雄錫,「원간섭기 성리학자들의 화이관과 국가관」『역사와 현실』49, 2003
______,「『목은시고(牧隱詩藁)』를 통해서 본 이색의 인간관계망—우왕 3년(1377)~우왕 9년(1383)을 중심으로—」『역사와 현실』62, 2006
______,「고려 중·후기 기로회(耆老會)와 개경(開京) 사대부(士大夫) 사회」『역사와 현실』79, 2011
崔柄憲,「목은(牧隱) 이색(李穡)의 불교관(佛敎觀)—공민왕대(恭愍王代)의 정치개혁(政治改革)과 관련하여—」『牧隱 李穡의 生涯와 思想』, 一潮閣, 1996
최연식,「공민왕의 정치적 지향과 정치운영」『역사와 현실』15, 1995
최종석,「1356(공민왕 5)~1369(공민왕 18) 고려-몽골(원) 관계의 성격— '원간섭기'와의 연속성을 중심으로—」『歷史敎育』116, 2010
浜中昇,「高麗末期政治史序說」『歷史評論』437, 1986
韓永愚,「稼亭 李穀의 生涯와 思想」『韓國史論』40, 1998
許興植,「李穡의 18人結契로 본 高麗 靑少年의 集團 行態」『정신문화연구』70, 1998 ;(재수록)「李穡의 結契와 청소년의 행태」『고려의 문화전통과 사회사상』, 집문당, 2004
洪榮義,「恭愍王 初期 改革政治와 政治勢力의 推移」(上·下)『史學硏究』42·43·44合, 1990
______,「恭愍王의 反元政策과 廉悌臣의 軍事活動—國防政策을 中心으로—」『軍史』23, 1991
______,「고려말 신흥유신의 추이와 분기」『역사와 현실』15, 1995

찾아보기

ㄱ

ㅇ

이익주李益柱

서울대학교 인문대학 국사학과를 졸업하고 같은 학교 대학원에서 문학 석사와 박사 학위를 받았다. 현재 서울시립대학교 인문대학 국사학과 교수로 재직 중이다. 저서로는 『행촌 이암의 생애와 사상』(공저, 일지사, 2002), 『정치가 정도전의 재조명』(공저, 경세원, 2004), 『전쟁과 동북아의 국제질서』(공저, 일조각, 2006), 『동아시아 국제질서 속의 한중관계사』(공저, 동북아역사재단, 2010), 『정도전-백성을 위한 나라 만들기』(창비, 2024) 등이 있고, 그 밖에 고려 후기 정치사와 고려-원 관계사를 연구한 논문이 여럿 있다.

이색의 삶과 생각
The Life and Thoughts of Lee Saek

1판 1쇄 펴낸날 2013년 4월 20일
1판 3쇄 펴낸날 2024년 9월 6일

지은이 이익주
펴낸이 김시연

펴낸곳 (주)일조각
등록 1953년 9월 3일 제300-1953-1호(구 : 제1-298호)
주소 03176 서울시 종로구 경희궁길 39
전화 (02)734-3545 / (02)733-8811(편집부)
(02)733-5430 / (02)733-5431(영업부)
팩스 (02)735-9994(편집부) / (02)738-5857(영업부)
이메일 ilchokak@hanmail.net
홈페이지 www.ilchokak.co.kr
ISBN 978-89-337-0638-1 93910
값 38,000원

* 이 도서의 국립중앙도서관 출판시도서목록(CIP)은
서지정보유통지원시스템 홈페이지(http://seoji.nl.go.kr)와
국가자료공동목록시스템(http://www.nl.go.kr/kolisnet)에서
이용하실 수 있습니다.
(CIP제어번호: CIP2012006151)